愛知大學文學會叢書Ⅵ

中國神話人物資料集

——三皇五帝夏禹先秦資料集成——

中 島 敏 夫 編

汲 古 書 院

本書を

袁行霈教授六一先生

畏友　佐藤保、坂本健彦両氏

三氏に献ぐ

本書の構成

本書の構成
目次
序文
凡例並びに説明
文献の排列について

一　通常文獻資料
　　文獻別三皇五帝夏禹名出現一覧
　　文獻別資料
二　近年出土簡帛資料
　　解説
　　出土別三皇五帝夏禹名出現一覧
　　出土別資料
三　附　參考
　　少皞資料
　　夏后氏資料

あとがき

中國神話人物資料集

——三皇五帝夏禹先秦資料集成——

目　　次

序　文

日本及び中國において、明治維新（1868年）と辛亥革命（1911年）によって國家體制の封建制度に相前後して終止符が打たれると、兩國の學術の領域でも近代化が急速に進められた。東洋史學の分野においても近代化は進み、中國古代史研究及び中國神話の研究も1910年頃から20年代にかけて新しい段階に入ったと言える。それは期せずして日中兩國で相前後して同じような議論を生む結果を招來した。口火を切ったのは、日本の明治42年（1909）『東洋時報』に發表された白鳥庫吉の論文「中國古傳説の研究」による所謂「堯舜抹殺論」であった。この論は、中國で二千年來、聖人として中國文化の礎を築き、中國歷史開幕に位置する堯、舜、禹をそれぞれ天・地・人の觀念の人化されたものと斷じた　のである。一方、中國でもこれとは獨自に、雜誌『古史辨』に依った顧頡剛、錢玄同、胡適らによる所謂「疑古學派」の活躍が見られた。『古史辨』は1926年から1941年まで全７部（９冊）が刊行され、約 350の論文を掲載して、疑古學派の旗手の役割を担った。論争は、顧頡剛が1923年 5月、雜誌『努力』の増刊号『讀書雜誌』に掲載した「錢玄同に與え古史を論じる書」によって口火が切られた。この手紙は後に雜誌『古史辨』に掲載されたが、夏禹の信憑性を論じて、禹は元もと天神であったものが、後、人物に轉化したものだとし、更にその神は元來はとかげ、後に顧氏は修正して龍蛇であったものと斷じた。また「夏禹」と稱されるることさえ實は禹は夏王朝とは何の關係も持たない神であったが、それが上古の位置に設定されたが故に夏王朝の先端にドッキングしたと結論づけた。論中、顧氏は所謂「古代累層加上説」を提出して、この説は大方の贊同を得るに至った。つまり古代が古ければ古い程、その古代に關する説は歷史的に新しく、先秦から漢代にかけて後から前の説の上に積み重ねられていったものだとしたのである。かくて二千年來、中國史上に君臨して封建制を支える役割を担ってきた聖人の存在自體が根本から否定される事態が招來したのである。堯舜の存在は否定され、代わって神話上の神が先行し、それが歷史に轉化したとする認識が廣まっていき、それが學の主流になったのである。そうした認識の普及は日本でも同様であった。私が先師倉石武四郎先生の講義を受講した時も講義はこうした内容であった。講義の内容は後、先生の『中國文學講話』（岩波新書1968）という形となって収まっているが、冒頭の章「神話の世界」には次のように記されている。

> 今から五十年ほどまえ、わたしが第一高等學校に入學したばかりのこと（1910年頃　引用者注）、一年生の東洋史は箭内亙先生でしたが、この先生が、東洋史のはじめに、堯・舜などという帝王たちは實在の人物ではなくて後世のつ

くり話だと講義されました。そのとき、クラスのなかにいた中國の留學生が突然たちあがり、血相かえて「先生！堯舜アリマス」といって抗議したという事件がありました。

元來、堯・舜・禹が實在の人物でないというのは白鳥庫吉先生の創見で、堯については『尚書』「堯典」のなかに天文を觀測した記事があるからこれは「天」を意味し、おなじく『尚書』の「禹貢」では禹が地理をのべているから禹は「地」を意味する。そして堯典のなかで舜は人の道をおさめているから「人」を意味し、つまり堯と禹と舜で「天・地・人」の思想を擬人化したものだといわれ、それが箭内先生はじめ少壯學者に支持されたわけです。しかし、この學説は當時の漢學者からみますと、「まことにけしからん」というわけで、その論争から二十年にわたって學界をさわがしました。漢學者先生たちが堯・舜を抹殺されてはといって論議されたのは、ちょうど中國の留學生が「先生！堯舜アリマス」といったのと、ほぼおなじ心境で、今からおもうとほほえましいとさえ思われます。

堯と禹と舜が「天・地・人」の擬人化だということには、當時から漢學者でなくとも相當に反論があり、もちろん、そうとはきめられませんが、これが傳説または神話的な人物だということについては、今日ほとんど、うたがうものがなくなりました。

上の文章を讀めば、當時の雰圍氣もうかがえてたいへん興味深い。且つ、こうした堯舜禹の神話人物論つまり非歴史人物論の普及が如何に浸透していたかが充分察知されよう。これはもちろん倉石先生に止どまるものではない。わたしの先師は加藤常賢先生、藤堂明保先生、赤塚忠先生等々、すべてこうした論を講義でも論著でも説かれていて、それ以外には考えられないというのが我々學生の實情であった。従って、わたくしも大學の教師になった後、自分の大學での講義に際しては當然この線での講義を行ってきた。先師の世代はいわずもがな、次の世代の人々も前世代からの教育よろしく、ほとんど例外なくそうした考えを抱いていたと言えるだろう。だから現在の著書でもこうした考えは、手をかえ品をかえ様々な形で受け繼がれており、いまだに廣い普及が見られる。それが常識だと考える人士は後を絶たないとも言える。一方、當初、一部、學術的觀點に立つ、日本では林泰輔、中國では劉藜、胡董人らによる強力な反論も行われはしたものの、封建制に反對する知識人の中での全體的な潮流からすれば、必ずしも大勢を動かす力にはなり得なかったもののようであった。しかし、神話が先行するとなると、中國先史時代、所謂上古史の歴史の實相は如何なるものであったのかという問い掛けも實は無視し得ぬものではあったのである。

中國における人民共和國成立以後の歴史學・考古學・甲骨學には、更に新しい展開が見られるようになった。中國における學界での傾向は、再び堯舜の存在を必ずしも否定せず、氏族・部族連合の指導者として容認する方向へと傾いていった。したがって先の倉石先生の講義及び著書においても既に中國の學界での動向にはこうした傾向が進捗していたからには當然そうした傾向への瞥見が垣間見えてもよかったろうが、それがうかがえぬ程、日本における傾向は動かしがたいほど深いものだったと言えるのだろう。わたしも、そうした見解でもって講義を行っていた中で、中國から傳わってくる學術情報の中には次第にこの見解を否定する要素が目立ってくることに氣付き始めた。

それは一つには、共和國成立以後、めざましい展開を遂げた考古學上の發掘發見の成果が前記疑古學派の“實證”を次第に一つ一つ覆し否定していくという動きを見せたことである。また一つには、歴史の實相如何と問いかける先の疑問がその答えを求めた結果の認識の在り方を示しているとも言えよう。その流れは決定的な事件として起こってはいない。だが、全體が徐々にその方向へと次第次第に大きく動いていっているといえる。それは決定的に證明された結果のものではなく、歴史を文獻的に解明することの限界がそこにある。歴史學の方向としては、文獻にその證據を求め實證するという方向ではなく、考古學上の成果に立つ地域の個別文化を文獻上の傳承と對比させつつ兩者を比定していくという方向を取っているのである。その比定も推測上の比定に立つものと言わざるを得ない實情にある。

一方、中國神話學の領域では、そうした歴史學・考古學の傾向とは相反して、依然としてこれら人物の原點を歴史的人物と見做すことなく、非人間的な神話的存在と見做し扱う觀點と方法が主流を占め續けている。そうした結果、神話研究は資料でも所謂「神話」らしい荒唐無稽な説話のみを選び對象とし、説話的な展開のみを追い求める結果となっている。しかし、神話研究がこうした方法と觀點でのみ行われ、神話を包摂する中國史の實態がどうであったのか、その歴史の中で神話がどのように展開したかを考察する觀點を持たぬなら、神話の持つ真の意味を最終的に解明することは出來ない。神話研究に於いても、中國史の實態の中で「神話」がどのような位置と意味を持つのかを明らかにする方向を欠いてはならない。神話的物語と歴史的記述の兩者を二つに截然と区切るのではなく、それらを一體をなす全體として扱い、その中で兩者の意味を探るという方向でのみ歴史と神話の實態は解明出來よう。しかし、こうした方向は殘念ながら研究の確固たる方法とはなっていない。資料の編纂に於いてもそうした全面的な資料はまだ出來上がっていない現状にある。

本書の編纂の試みは、そうした歴史と神話の兩者に亙る資料の集大成を行おうとするものである。資料作成の後は、どこまで解明出來るかはともかくとして、文獻毎の〈歴史と神話〉の體系的展開を中國という時間・空間の座標の中で位置付け、考察することを可能にするだろう。限界は大きいが、それが今後の考古學的な發掘を待ちつつそれに備える、今日的立場に立った現實的な用意ではないかと考える。現状は、思いつきで論を展開すること、個々の部分的な材料を恣意的に扱うことにはほとんど何の意味もない。全面性を用意することのみが將來に對する今日の立脚點を強固たらしめるものと言えるだろう。方法論上のそうした檢討は、今後の論の中で立ち入って進めて行きたい。

採録對象とした文獻は、金文を除き、總計６９點。金文は《青銅器銘文檢索》（李旭昇・汪中文主編、文史哲出版社）によって求めた。求め得た金文資料は３點。近年出土簡帛資料は總計３７地點出土の簡帛を對象とした。

求め得た三皇五帝夏禹名は、通常文獻及び近年出土簡帛資料、兩者併せ４３７５。資料數で１７５０、參考資料（少皡・夏后氏資料）數を含めると１８６８である。

能力的な制約、時間的な制約など、樣々な條件の下で、本書には遺漏、誤りが多數あるものと思われる。こうした資料集としては最初のもの、第一歩ということでもってご寬容を賜れば幸いである。今後、そうした補遺のアーフタケヤーにどれだけ取り組めるかは心おぼつかないが、本書が多くの人士によってご利用いただければ、これまた幸いの限りである。

拙い本書を袁行霈先生、並びに佐藤保氏、坂本健彥の三氏に獻げたい。その間の事情については後書きで觸れたい。

中國神話人物資料集

——三皇五帝夏禹先秦資料集成——

凡例並びに説明

1 本書の内容

本書は先秦時代の文獻中の三皇五帝夏禹に関する資料を集めたものである。また先秦時代の資料を大量に載せる秦及び前漢時期の文獻資料をも併せ収録した。先秦時代の文獻は、現存する全ての先秦時代の文獻から収録することを目指した。秦漢時期文獻としては《尚書大傳》《淮南子》《韓詩外傳》《史記》《大戴禮》《禮記》である。

本書では「神人」という名稱を用いたが、「神人」とは、神または人、若しくは人にして且つ神なるものをいう。おそらく三皇五帝禹は人に屬するであろうが、時に神として扱われるもしくは本來神であるの見解もあり、ここでは一括して「神人」という名稱で扱った。

2 収録対象の神人名

一　本書に収録する「三皇」は伏戲・女媧・神農に限って採録し、「五帝」は 黄帝・顓頊・帝嚳・堯・舜に限って採録した。更に夏王朝の始祖とされる禹をも加えた。三皇・五帝には周知のように誰をそれとするかについて多説あり、それら説については後の注で觸れた（注）。本書では上記９名を中心にし附屬の參考として少皋（少昊）の資料も採録した。夏后氏は禹を指す場合、禹の具體的な後裔を指す場合、一般的に夏后氏を指す場合と各種あるため、一括して參考として扱った。

二　三皇五帝禹の以下の名稱の資料を収録した。その省略形も含む。

〔三皇〕

伏羲 伏戯 庖犧 宓犧 戯皇

伏（包 苞 庖 宓）　犧（戯 犧 義）

太昊氏 太皞（皋 皐）氏　太皓氏

女媧 女希

炎帝 炎神 赤帝

神農氏 烈山氏 列山氏 厲山氏 連山氏 魁隗氏 伊耆氏 伊祁氏

有焱氏 農皇

〔五帝〕

黄帝 帝鴻 軒轅氏 有熊氏 縉（搢）雲氏

黄老

顓頊 高陽氏

帝嚳 帝佶 高辛氏

堯 陶唐氏 唐 侯 放勳 放勛

（「唐堯」は「堯」と同じ扱いとし、一覧表では「堯」の項に掲載した）

舜 有虞氏 重華 帝俊

（「虞舜」は「舜」と同じ扱いとし、一覧表では「舜」の項に掲載した）

〔夏后氏〕

禹 文命 (夏后氏→參考)

〔參考〕

少昊 少皞(皋 皐) 少皓氏 帝摯 玄囂 金天氏 青陽
夏后氏

三　本書は三皇五帝夏禹の各個人について重點があり、「三皇」「五帝」の呼稱自體には重點はない。「三王」と呼ぶ場合にも「三皇」と同じ用法があるが、それについては原則として觸れていない。

3 収録對象の文獻

本書で扱った文獻には、通常の文獻に加え金文と近年出土の簡帛資料をも含めた。通常の文獻は數にして７３點である。《周易》のみは經と傳とを別けて扱い、それを一體に數えれば７２點である。金文の資料は一應現存の全ての金文を對象とした。近年出土の簡帛資料は合計３７地點で出土したものを對象にした。

〔文献一覧〕(番號は本書使用文獻番號)

01 周易(經 のみ 傳 は 19)
02 金文(1)
03 尚書
04 儀禮
05 詩經(毛詩)
06 石鼓文
07 金文(2)
08 逸周書
09 春秋
10 左氏傳
11 國語
12 鬻子
13 九章算術
14 周髀算經
15 司馬法
16 管子
17 老子
18 子華子

19 易傳(經は01)
20 文子
21 鄧析子
22 孫子
23 計倪子
24 論語
25 山海經
26 穀梁傳
27 公羊傳
28 孝經
29 子思子
30 墨子
31 呉子
32 愼子
33 甘石星經
34 尉繚子
35 爾雅
36 周禮
37 五十二病方
38 黃帝内經
39 於陵子
40 商君書
41 尸子
42 孟子
43 汲冢瑣語
44 申子
45 莊子
46 尹文子
47 孫臏兵法
48 楚帛書
49 十大經
50 晏子春秋
51 竹書紀年
52 穆天子傳
53 詛楚文
54 楚辭

55 公孫龍子
56 金文(3)
57 荀子
58 呂氏春秋
59 韓非子
60 鶡冠子
61 鬼谷子
62 世本
63 六韜
64 戰國策
65 列子
66 尚書大傳
67 淮南子
68 韓詩外傳
69 史記
70 大戴禮
71 禮記
72 金人銘（説苑より）
73 關尹子

4 文獻の配列

文獻は可能な限り文獻の時代順に配列するよう試みた。この點については次章の文獻の排列で詳細を説明する。

5 収集の方法

文献中の三皇五帝夏禹に関する資料は、主要には、香港中文大學中國文化研究所編《先秦兩漢古籍逐字索引叢刊》商務印書館発行（2001.3 月時点で刊行中、未完）を用い、検索して求めた。同叢刊で未發行のもの及びないものは他の索引によった。またＣＤロムとなっているもの及びインターネットのホームページに出る電子文獻をも利用した。これらについてはそれぞれの場所に記しておいた。インターネットのホームページではホームページ〈中華文化網〉が特にたいへん有用であり大いに利用させていただいた。だが殘念なことに 2001 年 3 月時点で同ページはインターネット上から消失している。ここを借りて〈中華文化網〉ホームページに深甚な謝意を表したい。インターネット上の文獻資料も書籍版文獻を參照し校勘した。以上のケースによってもない場合には黙視によって探し採録した（《孫臏兵法》《五行篇》《子華子》《於陵子》《甘石星經》）。最初該叢刊を全面的に依據して作業を行っていたが、その過程で本叢刊が必ずしも充分に妥當でない箇所を見出だした。例えば、《尚書》の傳・孔安國傳古文篇（所謂〈僞古文〉篇）の篇に於いて引用符號である「　」の三、四箇所を除く數十箇所に上る殆ど全ての符號が間違っていた。これは同書の信頼性を傷つけるものである。以後の作業では、できるだけ該叢刊に依據しつつも、場合によっては當方の判斷によって改めることにせざるを得なかった。

6 本書使用のテキスト

各文獻は、前記、香港中文大學中國文化研究所編《先秦兩漢古籍逐字索引叢刊》各本の索引の前に載せているテキストを本書のテキストとした。標點も原則的に同書によった。個別部分で本書編者の判斷によって改めたところもある。香港同叢刊に未刊のものはそれぞれ適時別本を用いた。合計２２點の文獻は以下のものである。本書で用いた配列順に列べた。

檢索に前記《先秦兩漢古籍逐字索引叢刊》を用いないものは次の文献である。用いた索引及びテキストを示す。なお近年出土簡帛資料については二、近年出土簡帛資料の章で記す。《先秦兩漢古籍逐次索引叢刊》でも本書作業の過程では未刊だったがその後刊行されたものも何點かある。

06 石鼓文：
郭沫若著《石鼓文研究・詛楚文考釋》
〈考古學專刊甲種第十一號〉科學出版社 1982

11 國語：
張以仁編《國語引得》中央研究院歷史研究所（臺）1976
底本：臺灣世界書局影印、嘉慶庚申讀未見書齋重雕天聖明道本
參照：《國語》上海古籍出版社 1978

16 管子：
宗青図書編輯《諸子引得——管子》宗青図書出版公司（臺）1686
四部叢刊初編本《管子》（＝上海商務印書館縮印常熟瞿氏藏宋本）
參照：湯孝順注譯《新譯管子讀本》三民書局（臺）1995

18 子華子：
《百子全書》上海掃葉山房石印本（1919）

23 計倪子：

《百子全書》上海掃葉山房石印本（1919）

29 子思子：

《四庫全書　文淵閣本影印版本》

30 墨子：

哈佛燕京學社引得《墨子引得》1965

參照：新編諸子集成本《墨子校注》中華書局 1961/1989

33 甘石星經：

《叢書集成簡編》石申（漢）《星經》

（撰者名表題は〈石申（漢）〉となっているが、内容は甘徳・石申（戰國）撰《甘石星經》）

38 黄帝内經：

《四部叢刊初編》

《四庫全書　文淵閣本影印版》

39 於陵子：

《百子全書》上海掃葉山房石印本（1919）

43 汲冢瑣語：

《百部叢書集成》據清嘉慶問經堂刊洪頤輯《經典集林》本

45 莊子：

哈佛燕京學社引得　莊子引得引得編纂處編纂《莊子引得》1965

參照：諸子集成本《莊子集解》中華書局 1954

新編諸子集成本《莊子集釋》中華書局 1961/1989

47 孫臏：

新編諸子集成本　張震澤撰《孫臏兵法校理》中華書局 1984

銀雀山漢墓竹簡整理小組編《銀雀山漢墓竹簡　孫臏兵法》文物出版社 1975

48 楚帛書：

李零著《長沙子彈庫戰國楚帛書研究》中華書局 1985

49 十大經（黄帝四經）：

《經法》（馬王堆漢墓帛書）文物出版社 1976

《馬王堆漢墓帛書》文物出版社

陳鼓應註譯《黄帝四經今註今譯——馬王堆出土漢墓帛書》臺灣商務印書館 1995

53 詛楚文：

郭沫若著《石鼓文研究・詛楚文考釋》〈考古學專刊甲種第十一號〉科學出版社 1982

54 楚辭：
竹内貞夫編輯《楚辭索引》中文出版社 1979
《楚辭補注》中華書局 1957
《楚辭補注》藝文印書館（臺）1977 版（汲古閣本影印）
59 韓非子：
周鐘靈・施孝適・許惟賢編《韓非子索引》中華書局 1982
附テキスト全文
63 六韜：
《中國兵書集成》第 1 冊所載《六韜》
即中華學藝社影《宋刻武經七書》本
解放軍出版社・遼沈書社 1987
69 史記：
《史記》中華書局版二十四史本 1985
李曉光・李波編《史記索引》中國廣播電視出版社 1989
70 大戴禮：
高明註譯《大戴禮今註今譯》臺灣商務印書館 1975

7 校勘について

前記《先秦兩漢古籍逐字索引叢刊》に記載する校勘を用いた。
そこでは次の表記に従っている。

（a）［b］

例　三四（五）［章］皆興也。

これはａ字が誤りで、ｂ字が正しいことを示し、例の場合は「三四五皆興也。」は誤りで、「三四章皆興也。」と改めるべきことを示す。該叢刊にこうした表記がなされている場合には、本書ではａ字は取らず、ｂ字のみを記した。但し三皇五帝夏禹に直接關係する場合及び必要と判斷した場合には、（ａ）［ｂ］方式に従がって表記した場合もある。また出土簡帛資料の場合は事の性格上、（ａ）［ｂ］方式ではなく、かなり多様な表記が取られている。これについては、そこに改めて記す。また上記方式によることのできない長文の校勘記の場合は、該叢刊の普及が著しいので、繁雑を避けるため省略した。該叢刊當該箇所を參照していただきたい。

8 金文及び近年出土簡帛

金文は主要に中國社會科學院考古研究所編《殷周金文集成》(全 18 冊)中華書局によった。文中の語彙檢索は周何總編、季旭昇・汪中文主編《青銅器銘文檢索》(全 6 冊) 文史哲出版社を用いた。また福開森 (John Calvin Ferguson) 編輯《歴代著録吉金目 (影印版)》(元版：商務印書館 1939 影印版：大安 1967 版) を參照し、本書中に影印、掲載した。郭沫若著《兩周金文辭大系攷釋》増訂版 1931 からも影印、掲載した。

近年出土簡帛は次の８グループの考古發掘で出た簡策の出版資料を對象にしている。

A 《馬王堆漢墓帛書（一、三、四）》
B 《銀雀山漢墓竹簡（一）》
C 《居延漢簡釋文合校》
D 《散見簡牘合輯》
E 《武威漢簡》
F 《武威漢代醫簡》
G 《睡虎地秦墓竹簡》
H 《郭店楚墓竹簡》

ＡからＧまでは香港中文大學中國文化研究所古文獻資料中心出版の 漢達古籍資料庫發行のＣＤロム《出土竹簡帛書文獻第１輯》を利用した。いずれも文物出版社から刊行された書籍に基づくものである。Ｈは荊門市博物館編《郭店楚墓竹簡》文物出版社 1998 を用いた。D散見簡牘合輯は２９種の出土簡策帛書を内容に含んでおり、これらの詳細な内容は近年出土簡帛資料の部分で挙げる。

9 本書の構成（その二）

本書三皇五帝夏禹資料部分には文獻毎に神人の出る資料を列べ、その前面に資料一覧を載せて、どの資料にどの神人が出るかを瞭然たらしめた。本書全体の前面には文獻全體の總計一覧を置いた。

資料正文が本書の本體であるが、それ以外に參考部分として少皞と夏后氏に關する資料を附した。

資料正文は通常の文獻資料と近年出土簡帛資料とに分けた。

10 資料一覧表

資料一覧表は三皇五帝夏禹の各神人毎に分けて各資料に出る神人名の數を示した。神人は呼稱を三別して名稱（または帝號）・氏族名・その他に分け、その他に出る名稱は頁の左右葉毎に注欄を設けて、注欄にその名稱を注記で示した。

名稱・氏族名は、例えば炎帝と神農を同一欄に置いたが、この兩者が常に一體であることを示すものではない。便宜的に同一欄に置いたに過ぎない。

文獻の篇名に出る名は、その篇が出る初回でのみ採録した。

參考資料として（　）を付け採録したものは原則として出現回數にカウントしていない。

此処で示す資料數は絕對的な統計的意味を持つものではない。例えば《尚書》中で堯典は資料數で 1 だが、全體が堯に關する長文の資料であり、短い文からなる斷片的な一資料と同一視はできない。資料中の神人名の數も同様に統計的な絕對的意味を持つものではない。前記《尚書》を例にすれば、堯典中で堯の名稱は數少なくとも長文の全體が堯に關する資料となっており、數によって意味が左右されるものではない。あくまでも便宜的なものである。資料の有無を示すためのものと理解されたい。また三皇五帝夏禹の個別名稱は用いないが、例えば「帝」とのみ言って實際は個別具體的な神人を指す場合が多々あるが、それらは一切拾ってはいない。

11 本書の參考部分について

本書に載せる［參考］部分には次の三つの方式を用いた。

［一］　本書全体に付けた參考

［二］　各文献の後部に付けた參考

［三］　各資料中に付けた參考

［一］全体の參考

全体の參考は、少皞に關する資料及び夏后氏に關する資料を參考として本書の後部に置いた。少皞は上記五帝に屬す五人物についで重要であり、當然採録するのが望ましいが、諸制限によりこうした方式で補ったものである。また夏后氏には禹を指す場合と禹以後の夏王朝の帝を指す場合とがあるためである。本書では禹以外の人物については収録しないので、その別を明確にしようとした。

［二］各文獻につけた參考

例えば《史記》では司馬遷以外の後世の褚少孫による記載が含まれており、この褚少孫による記載部分は本書參考として《史記》資料後部に付けた。

［三］各資料中の參考

資料部分に出る參考資料には（　　）括弧を付けて示した。資料中の人物名稱の場合も必ずしも三皇五帝夏禹の神人を指すかどうかはっきりしない場合があるが、その場合も一應（　　）括弧を付けて參考として掲げた。また少皞が出てきた場合も括弧付けで示した。また全體の理解のためにあった方が望ましい場合も括弧付け（　　）で示した。

12　本書の縱書頁について

本書中に縱書のものの影印を使用する際、本書左右葉に見開きで列べる場合には頁番號号通りに左葉を先、右葉がそれに續くように配列してある。

13　その他

本書印刷で用いた漢字フォントは中文では SimSun、日文では MS 明朝である。そのフォントにない漢字は「今昔文字鏡」（紀伊國屋 1998）を使用させてもらった。それにない漢字は、外字として作る、もしくは使用ＣＤロムが作成したフォントを使用、もしくは使用テキストからコピーし該頁に貼り付ける等した。印刷のための入力にはスキャナーを用いての讀み取りも併用した。

注

劉起釪《古史續辨》〈幾次組合紛紜錯雜的“三皇五帝”〉によれば、三皇五帝に關する諸説は次の通り。

誰が「三皇」に属するかについては、説に二つの系統がある。

一つは、伏羲等の三人の名を挙げるもので、次の６説がある。

①燧人・伏羲・神農
（《白虎通》、《尚書大傳》《風俗通議》皇覇所引《禮緯》含文嘉）

②伏羲・女媧・神農（《風俗通議》皇覇所引《春秋緯》運斗樞、唐司馬貞補《史記三皇本紀》）

③伏羲・祝融・神農（《白虎通》、《禮号謚記》、《風俗通》等）。

④伏羲・神農・共工（《資治通鑑外記》）。

⑤伏羲・神農・黄帝（《世本》、孔安国《古文尚書序》、皇甫謐《帝王世紀》）。

⑥黄帝・少昊・顓項（董仲舒<三統説>）

である。

以上より、各説を構成する神人メンバーを全員並べると以下の９名とる。

燧人・伏羲・神農・女 媧・祝融・共工・黄帝・少昊・顓項

三皇についての説の二つ目の系統は、天皇・地皇・泰皇（《史記》秦始皇本紀）、あるいは天皇・地皇・人皇（《史記補三皇本紀》所引《河圖》《三五歴記》）の名を挙げるものである。

本書では以上中から②の《史記》の唐、司馬貞の補が採用している説即ち伏羲・女媧・神農を三皇とする説によって三人に関する資料を集めた。

燧人・祝融・共工（黄帝は「五帝」に掲出、少昊は本書参考部分に掲出）及び第二の系統の天皇・地皇・泰皇（または人皇）は採っていない。採るべきでないという考えではなく、種々の条件による制限のため、今回はこれに限ったのである。また名の他に所謂氏族名、伏戲では太皞氏、神農では炎帝氏を採った。但し神農と炎帝は同一人物とする説と別人とする説がある。伏戲の名称は伏羲・庖犠（犧）・宓戲・宓羲等に表記される。本書中の一覧表中の見出しでは一律に「伏戲」のみを掲げるに止めている。資料中では字は多出しており、その該当する資料部分を参照されたい。

「五帝」は本書では黄帝、顓項、帝嚳、堯、舜の五人を採った。

誰が「五帝」に属するかについては次の諸説がある。

①黄帝・顓項・帝嚳・堯・舜
（《世本》、《大戴禮記》五帝徳、《史記》五帝本紀）

②庖犠・神農・黄帝・堯・舜
（《戰國策》趙策、《易》繋辭傳下）。

③太皞（伏戲）・炎帝（神農）・黄帝・少昊・顓項

(《呂氏春秋》、《禮記》月令、《淮南子》)。

④小昊・顓頊・嚳・堯・舜

(《漢書》律暦志引《世經》、《帝王世紀》)。

⑤嚳・堯・舜・禹・湯

(董仲舒〈三統説〉)。

⑥黄帝・小昊・顓頊・嚳・堯

(《資治通鑑外記》)

⑦黄帝・小昊・顓頊・嚳・堯・舜

(《曲禮正義》。六人を五帝の星座に当たるとするもの)

の6説(⑦の六人説をいれると7説)が挙げられる。

全員のメンバー名を列挙すると、次の11名になる。

黄帝、顓頊、帝嚳、堯、舜・庖犠(または太皞・伏戲)・神農・炎帝・少皞(または小昊)・禹・湯

内、庖犠(または太皞・伏戲)・神農・炎帝の三人は三皇に出る。禹と湯の二人の内、禹は五帝を継ぐものとして本書でも取り、湯は殷商の王として後世に入る。

文献の排列について

文獻の排列は成立・成書の時代順に排列するように努めた。しかしそれはかなり困難であり、現在は決定的な時代順排列は無理であると認めざるを得ない。その原因は大きく言って二つある。一つは未知の部分が大きいこと。二つは本來、文獻の成立過程が長期にわたり複雑であるためである。

長い長期にわたる事象を時代順に排列することの原理は大きくいって二つある。

長い時間の幅を持つものの時代排列の順序は、一つにはその上限の舊新により、古いものから列べ、上限が等しい場合はその下限の舊新による、つまり新しい影響を受けていない方を舊として前に排列する。この一次的・二次的の、重さを異にする二つの基準によって排列することが、今は適切であろう。幅を持つものも結局は或る一點でもって排列されるのである。

二つには、成立と成書、この兩事についての判斷の原理である。

マクロな観点でいえば、人類の歴史的な文化發展の流れは、聲の文化から文字の文化への移行にある。比重が少しずつその方向へと移っていくのである。中國文化も例外ではない。そして、この先秦時代という時期はまさしく聲の文化が次第に文字の文化へとその重點を移していく時代であり、初期はまだまだ聲の比重の方が大きい。先史時代、傳承時代とは、まだ文字の存在しない時代であり、情報傳達はすべて聲により、それら傳承が文字文化の時代に入って文字によって書きつけられ、結果、今日にまで傳えられることになったに他ならない。

そうした観点に立っていえば、文獻の成立・成書の＜成立＞と＜成書＞とは本來異なる二事である。語は一般に多義的であるから、この「成立」の語と「成書」の語も同様に多義的で、時に「成立」が「成書」を含み、また時に「成書」は「成立」を含み得る。きわめて嚴しく狹義でもっていえば、「成立」はその内容が口頭でもってでき上がったことを指すと取れる。例えば、『詩經』の詩篇はまさしく文字によって書き記される以前に成立し、それが採集され、文字で記録され且つ最終的に書籍になったのである。その最終的な書籍になったことが「成書」である。「成書」とはより狹く言えば、文字で記録されたこと自體さえも「成書」と呼べないわけではない。「書」とは本來的に書き記すことそのものを指すからである。しかし現在の用い方からすれば書籍になった時を指して「成書」と呼ぶのが一應穩當であろう。こうした事態は歴史の展開とともに次第に成立と成書の一致の方向へと動いていく。

現在はこの成立が成書との一致する時代である。しかし一般的に言って、先秦時代は成立と成書が別事の時代だと言える。そして『詩經』を排列する時、その詩篇の成立で排列するのか、それが今日の書（書籍）の形に完成した孔子の時點でもって排列するのか、である。つまり、一般的言い方をすれば、文獻を時代順に排列することは、一體、成立で排列するのか、成書で排列するのかという根本的な問題を内に藏している。『詩經』の場合はおそらく詩篇の成立よりは、今日の形での成書を基準とする見解が一般的であろうが、それでは次の場合はどうか。

『穀梁傳』『公羊傳』では、『穀梁傳』は「舊題戰國初年人穀梁赤撰。至西漢初年始著於竹帛。穀梁傳可能亦由穀梁赤之後學所編、爲尊師而題名。成書則至少亦應於戰國晩期」、『公羊傳』は「舊題戰國時公羊高撰。初僅口説流傳、五世相口授、至漢景帝時公羊壽乃與齊人胡母子都生著於竹帛」（復旦大學出版社『中國学術名著提要』叢書（以下、復旦『提要』と略す）《政治法律》巻）と言われる。『穀梁傳』は西漢で始めて竹帛に著せられて成書したのであり、『公羊傳』も同様に漢代の景帝（BC.157〜BC.142）時に始めて竹帛に著せられた。公羊高の五世後のことである。この場合、兩書を漢代での成書の時點に排列すべきかどうか。私は成書は漢代であっても、兩書共にその内容ができあがった穀梁赤と公羊高の時點に設定したいと考える。さらに、『莊子』ではどうか。外篇・雜篇を含めての今日の形に成書した、その時點にではなく、内篇なる莊子その人の思想が成立した時點つまり内篇の時點に設定したい。それが莊子思想の生命だからである。楚辭ではどうか。屈原の時點か、それが書として成書した時點か、である。屈原創作吟詠の時點で彼の左右で作品を筆記する者が存在したであろうが、それははっきりしない。その成書も明確ではない。明白なのは後漢王逸の書であるが、楚辭の成書をそこまで繰り下げるには抵抗がある。楚辭はやはり屈原の時點でもって排列したい。とすると、排列の基準はかならず成書でなければならないとするわけにはいかない、ということになる。しかし、例えば《大戴禮》《禮記》の場合にはその中に取られた篇（五帝徳・帝繫篇、月令）の成立をもってその書排列の基準點にするにはためらいがある。

この事態に對する答えには二面ある。一つには、成立・成書は成立・成書が持つ時間的な幅を、その長期の幅そのままに受け取るべきであるということ。二つには、成立・成書のその長期にわたる幅と排列のための基準點設定は、ちょうど物體の重さと重心の關係に似ている。重心というものはそれなりの便宜性を持つとともに最終的に物體の持つ重さそのものに代置はできない。おそらく成立と成書の兩者の内で、どこにその重點があるかを場合場合によって判斷する以外にはないのであろう。

面白いことに、「文獻」という語自身がそうした二事を内包する語であった。『論語』中の使用例ではそうした意味で使われており、「文」は文字記録を指して言い、「獻」は賢者の言（聲による言）を指して言う。それが、時代が下って元代『文獻通考』馬端臨自序中の説明によれば、一言で言えば、「文」とは「叙事」、「獻」とは「論事」である。『論語』の用法は姿を変えているものの、その展開の軌跡が明白に讀みる。

一般的な大雑把な言い方になるが、上記「文」では、それが現在の形に書き記された下限の時點が求められる。「獻」ではその内容の古い源の時點つまり上限が求められる。この「文」と「獻」の兩者を統一的に把握すること。文獻の時代順排列の困難は、實はここにある。

時代の古さと、中國史の興亡・戰亂による巨大な變化の、振幅の大が書籍の巨大な逸失を將來した。文獻成立・成書の時期の十分な解明が妨げられている原因はここにある。『七略』及び『漢書』藝文志著録の書籍の、約5百年後の梁代（『七録』）における存書と亡逸の割合は、實に前者で94.9%、後者で92.6%の書籍が逸失している。文獻成立の本來的な前記困難に加えて、この存亡によって、統一的理解への困難は更に著しい。解明自身が將來にわたって不明のままに終わる可能性は大であるが、今日次々と發掘出土する簡帛の狀況からは、現在不明の事態も、驚くべき發見が今後も相次いで次々解明されていくであろう、その期待は大きい。

以上から、本書では、事の記述では「文」（前記「文」＝文字・書・書籍）での下限（今日の形に成書したその時）を求め、傳承では前記「獻」（口頭での聲による傳承）の源、上限を求めようとつとめた。兩者をどのように統一的に把らえるかは困難であるが、ケース・バイ・ケースで判斷せざるを得なかった。便宜的と言わざるを得ない。

疑古派の「古代累層加上説」が犯した最大の過ちは、古代の口頭の聲による傳承が持つ巨大で強靱な力を計算に取り入れることができなかったことにある。書が登場した時をもってその内容が始めて成立したとしたのである。論は常に、同じ材料でも、その中のどの點を重視し強調するかによって全く違った方向に展開し得る。求められるものは、全面性である。疑古派の誤謬はその全面性において缺けるものがあった。疑古派が果たした巨大な業績は巨大な業績としてその中から諸々の成果を汲み取り、學び取っていかねばならない。しかし疑古派による“汚染”はもう一度拭い去り、原點に立ちもどって、そこから事態を見直す必要は間違いなくある。

諸子に關しては、當然＜假托＞という事態は充分考えられるが、それを承知の上で言うのだが、假托された可能性をも持つその諸子もその假托された諸子の原點へと戻して考え直してみたい。例えば、《管子》の今日の形の成書は「管仲的成就和思想在戰國至西漢時仍有很大的影響，因此陸續有人以他的名義撰寫文論，其中可能含有管仲的一些事跡和言論，而大量的則是發揮撰述者自己的思想和主張。在此基礎上形成了《管子》一書。今本《管子》相傳爲西漢末年劉向所編」「近頗有人認爲《管子》中有相當部分爲齊稷下學者的著作」（復旦《提要》經濟卷）とされる。また「關於《管子》的著作年代及有無管仲本人的作品，至今仍存在着不同意見」、「關鋒、林聿時認爲《經言》9篇和《外言》中的《五輔》是管仲本人的作品」」（復旦《提要》經濟卷）とされる。私は今日的形の成書もさることながら、そこに管仲のもの、そのものがあるか否かを問題の焦點としたいのである。

以上から、諸子に關しては、假託の可能性を承知の上でなお且つ諸子本人の時點に設定することを試みてみた。諸子の生没年の一覧を次頁に掲げ、參考とした。

以上のような限界の内でもって時代順による排列を試みた。不可能な部分は便宜的に排列した。文獻配列の判斷には全面的に復旦大學出版社《中國學術名著提要》叢書（1992～現續刊中）を參考資料として參照し、それをもとに排列の基準となる時點を考えた。また、例えば復旦《提要》が戰國時代中期というような場合には、戰國時代の中間點を求めて、便宜上そこに排列した。もちろん該書がそこに確かに位置するということではない。

排列順判斷の根據は本書で示す予定であったが、紙幅の關係で無理になった。別の機會に讓りたい。

先秦文獻 關係諸子 生卒年表 （1）

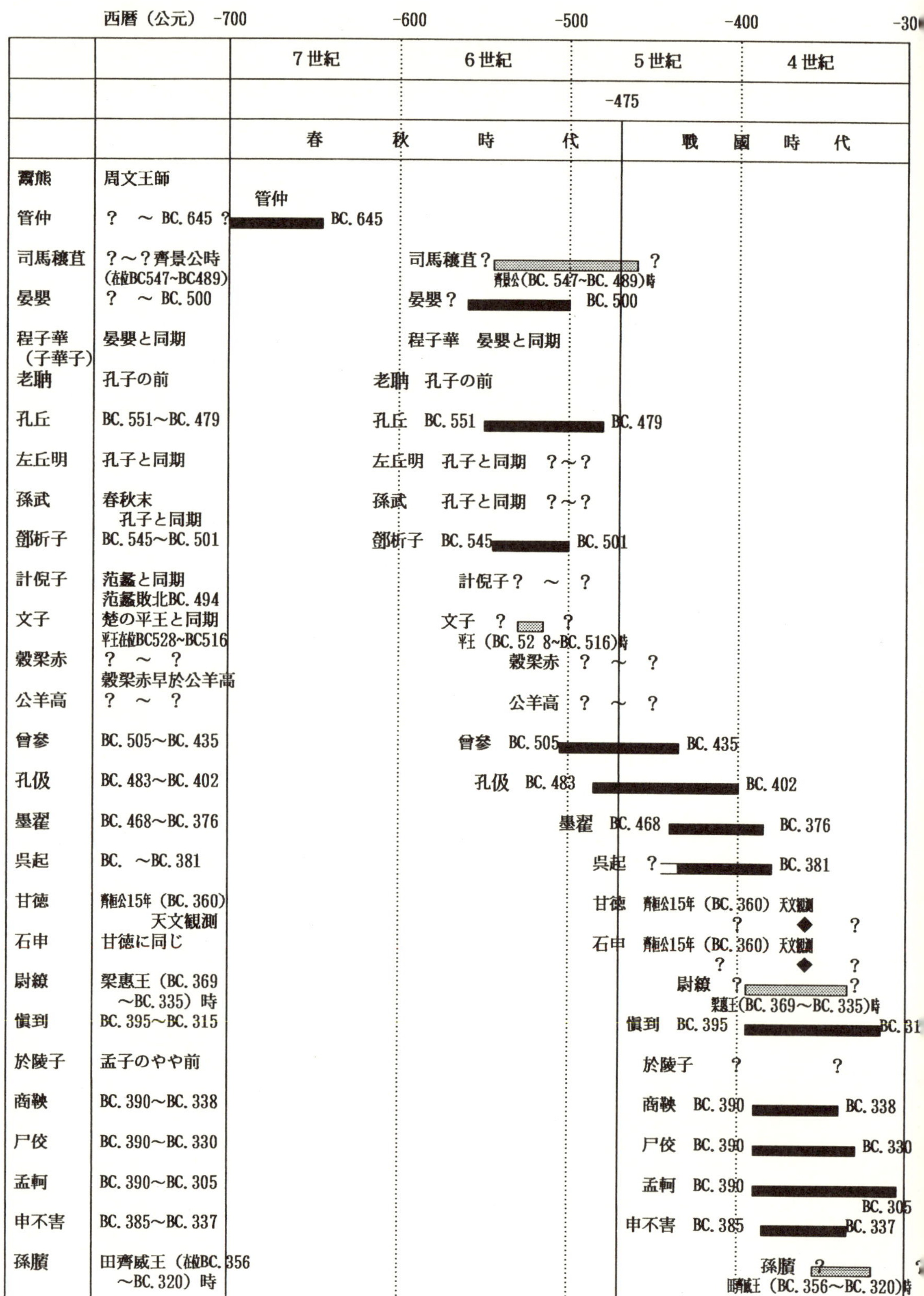

	西暦（公元）
鬻熊	周文王師
管仲	? ～ BC. 645 ?
司馬穰苴	?～?齊景公時 (在位BC547~BC489)
晏嬰	? ～ BC. 500
程子華（子華子）	晏嬰と同期
老聃	孔子の前
孔丘	BC. 551～BC. 479
左丘明	孔子と同期
孫武	春秋末 孔子と同期
鄧析子	BC. 545～BC. 501
計倪子	范蠡と同期 范蠡敗北BC. 494
文子	楚の平王と同期 平王在位BC528~BC516
穀梁赤	? ～ ? 穀梁赤早於公羊高
公羊高	? ～ ?
曾參	BC. 505～BC. 435
孔伋	BC. 483～BC. 402
墨翟	BC. 468～BC. 376
呉起	BC. ～BC. 381
甘徳	齊桓公15年（BC. 360）天文観測
石申	甘徳に同じ
尉繚	梁惠王（BC. 369 ～BC. 335）時
愼到	BC. 395～BC. 315
於陵子	孟子のやや前
商鞅	BC. 390～BC. 338
尸佼	BC. 390～BC. 330
孟軻	BC. 390～BC. 305
申不害	BC. 385～BC. 337
孫臏	田齊威王（在位BC. 356 ～BC. 320）時

先秦文獻關係諸子　生卒年表　（2）

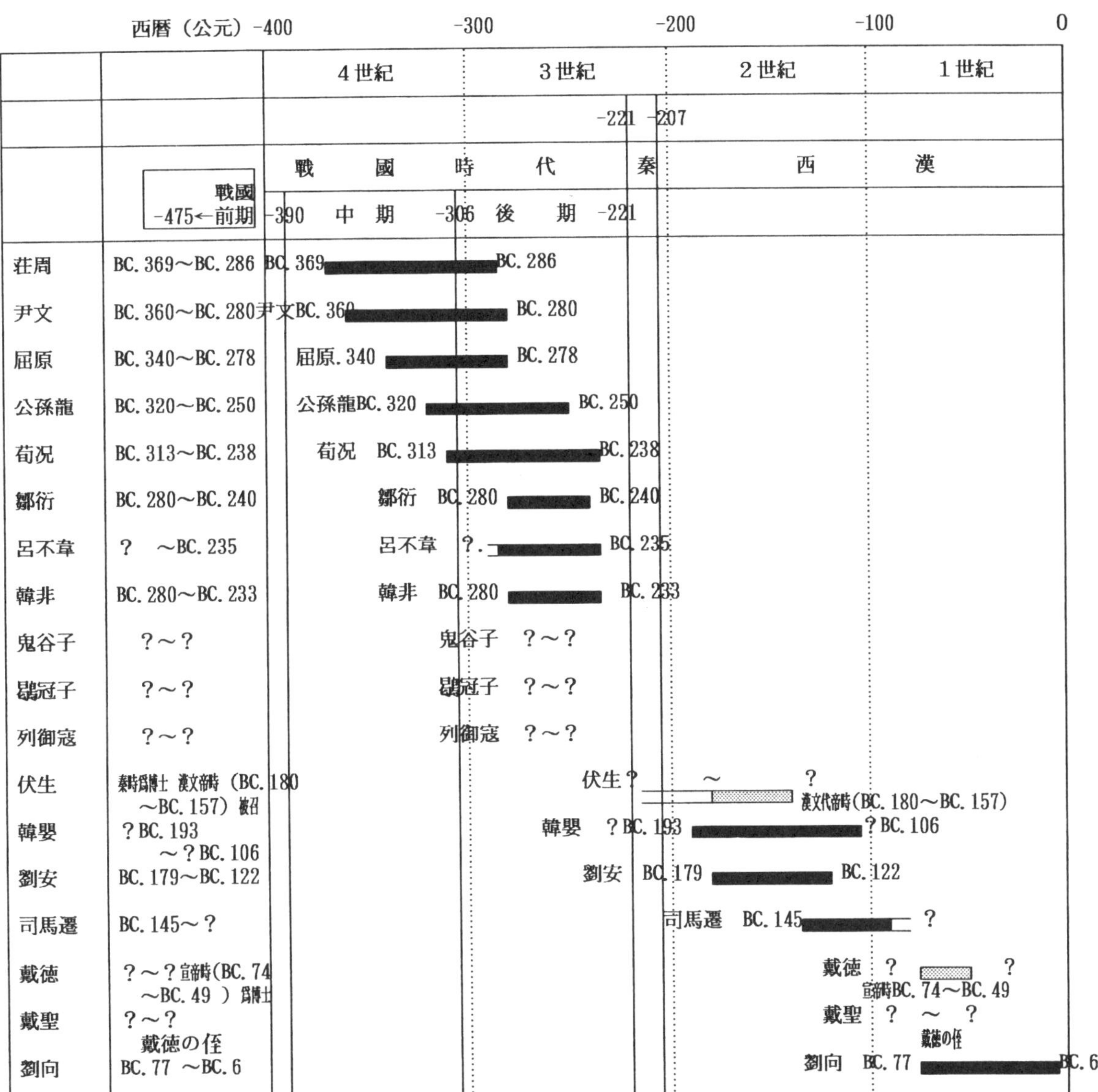

西曆（公元）-400
-300
-200
-100
0
4世紀
3世紀
2世紀
1世紀
-221
-207
戰　國　時　代
秦
西　漢
戰國
-475←前期
-390　中　期
-306　後　期　-221
莊周　BC. 369～BC. 286
BC. 369　BC. 286
尹文　BC. 360～BC. 280
尹文BC. 360　BC. 280
屈原　BC. 340～BC. 278
屈原. 340　BC. 278
公孫龍　BC. 320～BC. 250
公孫龍BC. 320　BC. 250
荀況　BC. 313～BC. 238
荀況　BC. 313　BC. 238
鄒衍　BC. 280～BC. 240
鄒衍　BC. 280　BC. 240
呂不韋　？　～BC. 235
呂不韋　？.　BC. 235
韓非　BC. 280～BC. 233
韓非　BC. 280　BC. 233
鬼谷子　？～？
鬼谷子　？～？
鶡冠子　？～？
鶡冠子　？～？
列御寇　？～？
列御寇　？～？
伏生　秦時爲博士　漢文帝時（BC. 180 ～BC. 157）被召
伏生？　～　？
漢文帝時(BC. 180～BC. 157)
韓嬰　？BC. 193 ～？BC. 106
韓嬰　？BC. 193　？BC. 106
劉安　BC. 179～BC. 122
劉安　BC. 179　BC. 122
司馬遷　BC. 145～？
司馬遷　BC. 145　？
戴德　？～？宣帝時(BC. 74 ～BC. 49 ）爲博士
戴德　？　？
宣帝時BC. 74～BC. 49
戴聖　？～？ 戴德の侄
戴聖　？　～　？
戴德の侄
劉向　BC. 77 ～BC. 6
劉向　BC. 77　BC. 6

凡例

本人の生沒年間を示す

本人の生存が確認できる期間を示す

生沒年が多説ある場合は内の一説のみ採用

中國神話人物資料集

——三皇五帝夏禹先秦資料集成——

一　通常文獻資料

文獻別　三皇五帝夏禹名出現　一覧　（左半）

文獻番号	文獻名	伏羲	太皞	其他	女媧	其他	神農	炎帝	赤帝	其他	黃帝	軒轅氏	其他	顓頊	高陽	其他
1	周易（經）															
2	金文（1）															
3	尚書															
4	儀禮															
5	詩經(毛詩)															
6	石鼓文															
7	金文（2）															
8	逸周書		1				2		2		3					
9	春秋															
10	左氏傳		3					2		1	2		2	6	1	
11	國語							4		1	10			6		
12	鬻子										5			3		
13	九章算術															
14	周髀算經	2					1									
15	司馬法															
16	管子	3					5	1			15			1		
17	老子															
18	子華子	2					3				8	2				
19	周易（傳）	2					2				2					
20	文子	2					4		1		4			1		
21	鄧析子										1					
22	孫子										2					
23	計倪子		1					1			2					
24	論語															
25	山海經		2					4			13	8	2	16		
26	穀梁傳															
27	公羊傳															
28	孝經															
29	子思子															
30	墨子														1	
31	吳子															
32	愼子	1														
33	甘石星經						1					1		3		
34	尉繚子										4					
35	爾雅															
36	周禮									2						
37	五十二病方															
38	黃帝内經						1		1		497					
39	於陵子	1										1				
40	商君書	1		1			7				4					

文獻別　三皇五帝夏禹名出現　一覧　　（右半）

帝嚳	高辛	其他	堯	陶唐	其他	舜	有虞	其他	禹	其他	三皇	五帝	文獻名	文獻別 次數	文獻別 資料數	文獻番号
													周易（經）	0	0	1
									1				金文（1）	1	1	2
			8	3	2	21	3	1	45	1			尚書	84	20	3
													儀禮	0	0	4
									6				詩經(毛詩)	6	7	5
													石鼓文	0	0	6
									2				金文（2）	2	2	7
			2	2		7	1		8			1	逸周書	29	7	8
													春秋	0	0	9
	2		8	5		10	10		13				左氏傳	65	28	10
3	1		7	1		7	6		11				國語	57	12	11
1						1			6			4	鬻子	20	4	12
													九章算術	0	0	13
									1				周髀算經	4	2	14
							2						司馬法	2	2	15
2			15	1		13	3		9			1	管子	69	25	16
													老子	0	0	17
			14			13	2		3		2	2	子華子	51	9	18
			2			2							周易（傳）	10	1	19
			3			3			2		6	7	文子	33	16	20
			4			4							鄧析子	9	4	21
													孫子	2	2	22
									1				計倪子	5	1	23
			5	1		8	1		5				論語	20	10	24
3			7	1		12		19	16				山海經	103	72	25
												1	穀梁傳	1	1	26
			2			2							公羊傳	4	1	27
													孝經	0	0	28
1			10			16	2		3				子思子	32	15	29
			28			26	1		56				墨子	112	37	30
													吳子	0	0	31
			6			4	3		3				慎子	17	10	32
												4	甘石星經	9	8	33
			1			1							尉繚子	6	2	34
													爾雅	0	0	35
							1				1	10	周禮	14	13	36
									9				五十二病方	9	9	37
													黃帝內經	499	499	38
				1			1					1	於陵子	5	3	39
			11			8			2				商君書	34	11	40

文獻番号	文獻名	伏羲	太皞	其他	女媧	其他	神農	炎帝	赤帝	其他	黄帝	軒轅氏	其他	顓頊	高陽	其他
41	尸子	2					5				8					
42	孟子						1									
43	汲冢瑣語													2		
44	申子										1					
45	莊子	5		2			9				35	1		1		
46	尹文子															
47	孫臏										2					
48	楚帛書	1			1			1								
49	十大經										17		1		3	
50	晏子春秋															
51	竹書紀年										5	1	1	3	1	
52	穆天子傳										2					
53	詛楚文															
54	楚辭	1	1		1			1				1		1	2	
55	公孫龍子										1					
56	金文（3）										1					
57	荀子	1	1													
58	呂氏春秋		3				13	2			23			7		
59	韓非子						2				4	1				
60	鶡冠子										1					
61	鬼谷子															
62	世本	15	1		8		12	8			61	1	1	31	7	
63	六韜										2					
64	戰國策	1					2				4					
65	列子	3			2		3	2			13			1		
66	尚書大傳	4	1	2			4	1		2	2			1		
67	淮南子	7	2		3		14	4	1		12	3		7		
68	韓詩外傳										7			1		
69	史記	4		2			9	4	6	1	152	12	2	28	11	
70	大戴禮								1		13	3		8	3	
71	禮記		3		1		2	3		3	5			6		
72	金人銘										1					
73	關尹子										1					
	総計	58	19	7	16	0	102	38	12	10	945	35	9	133	29	0

總　計

	伏羲	太皞	其他	女媧	其他	神農	炎帝	赤帝	其他	黄帝	軒轅氏	其他	顓頊	高陽	其他
通常文獻資料	58	19	7	16	0	102	38	12	10	945	35	9	133	29	0
近年出土簡帛資料										5					
計	58	19	7	16	0	102	38	12	10	950	35	9	133	29	0

帝嚳		其他	堯		其他	舜		其他	禹		三皇		文獻名	文獻別		文獻番号
	高辛			陶唐			有虞			其他		五帝		次數	資料數	
			30			32	5		11				尸子	93	45	41
			60	1	2	100	1		30				孟子	195	45	42
			2			1							汲冢瑣語	5	2	43
			1										申子	2	1	44
			63	1		46	10		17		6	6	莊子	202	57	45
			5			3			2			1	尹文子	11	6	46
			3			2			1			1	孫臏	9	2	47
								2	1				楚帛書	6	2	48
												1	十大經	22	8	49
			1			7	1		1			4	晏子春秋	14	5	50
1	1	1	2	1	1	5	2		8			1	竹書紀年	34	9	51
													穆天子傳	2	1	52
													詛楚文	0	0	53
1	2		5			6	1	3	8			1	楚辭	35	17	54
													公孫龍子	1	1	55
													金文（３）	1	1	56
			48			52			59			5	荀子	166	54	57
4			55	1		67	5		45		5	11	呂氏春秋	241	87	58
			82			77	1		17			1	韓非子	185	49	59
			8	1		3			1			1	鶡冠子	15	6	60
												1	鬼谷子	1	1	61
17	2		30	5		36	2	2	27		1	3	世本	270	24	62
			2						1		1		六韜	6	5	63
			26			25			16			3	戰國策	77	23	64
			10			11	1		8		3	4	列子	61	23	65
			15	6		21	10		10			2	尚書大傳	81	18	66
	1		46	7		52	9		42		1	13	淮南子	224	100	67
1			15	2		32	3		15			5	韓詩外傳	81	30	68
18	23		102	21	5	158	38	4	127	3	1	60	史記	791	202	69
4	3		12		2	17	3	2	15	3		2	大戴禮	91	13	70
4			6			12	26		7			4	禮記	82	51	71
													金人銘	1	1	72
			1			1			1				關尹子	4	2	73
60	35	1	763	61	12	924	154	33	672	7	27	161		4323	1725	総計

帝嚳		其他	堯		其他	舜		其他	禹		三皇		神人名數	資料數
	高辛			陶唐			有虞			其他		五帝		
60	35	1	763	61	12	924	154	33	672	7	27	161	4323	1725
			9	2		16	3		17				52	25
60	35	1	763	63	12	940	157	33	672	7	27	161	4375	1750

参考資料數１１８（少皞２６　夏后氏９２）　資料總計１８６８

01 周 易

三皇五帝夏禹名　無

02 金 文(1)

秦公𣪘(春秋早期)

本書収録金文目録

金文(1):　02 秦公𣪘
金文(2):　07 叔尸鐘　叔尸鎛
金文(3):　56 陳侯因𪒠敦

以下の金文資料の説明は《殷周金文集成》(中國社会科學院考古研究所編) 解説に依據。

金文(1) :「禹」資料
器名 : 秦公𣪘
関係句 :「鼏宅禹蹟」
時代 : 春秋早期
全文字數 : １２０字 (又重文３)
著録　《殷周金文集成》第８冊Ｎｏ．４３１５　１～５
　　他《三代吉金文存》(羅振玉編)、《兩周金文辭大系圖録考釋》(郭沫若編著 中國社会科學院考古研究所編輯) 他
出土 :“民国初，出于甘肅秦州”(通考)
流傳 : 舊藏皖中張氏 (貞松)
現藏 : 中國歴史博物館
拓片 : 考古研究所藏

本書採録影印は《殷周金文集成》から金文を縮小影印、《兩周金文辞大系圖録考釋》から器影と金文を影印、《兩周金文辭大系圖録考釋》、《歴代著録吉金目》(福開森編) から釋文を影印した。

《兩周金文辭大系圖録考釋》

127 秦公簋

秦公毀

禹

《殷周金文集成》 **4315·1**

《殷周金文集成》　**4315·2**

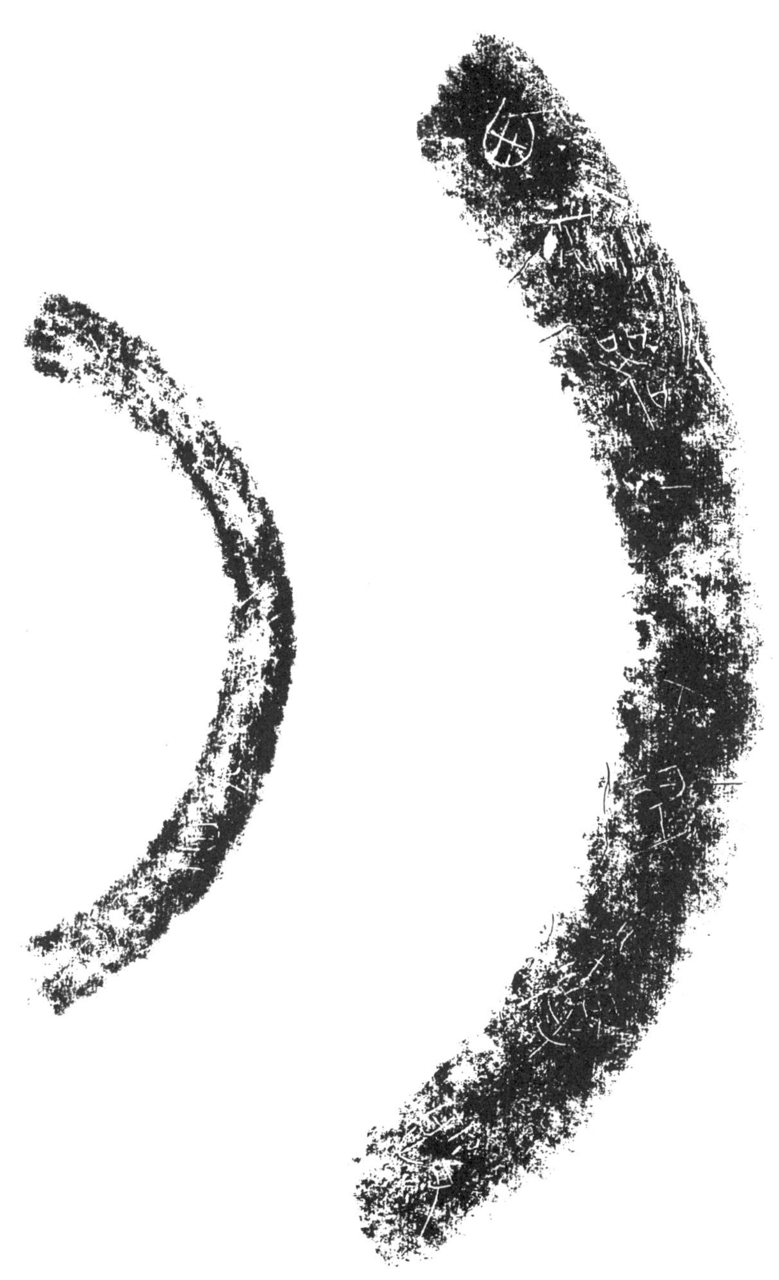

《殷周金文集成》　**4315·3**

五年為晉所滅。故城在今山西平陸縣東北六十里，一名吳城。

祖与考不眸，康為祖，孟為考。

右虞器凡二。

秦公𣪘

秦公曰：不(丕)顯朕皇且(祖)，受天命鼏宅禹賚(蹟)，十又二公，才(在)帝之矺(坏)，嚴龏夤天命，保𤔲厥秦，虩事(使)𢇁(蠻)夏。余雖小子，穆穆帥秉明德，剌剌桓桓，邁(萬)民是敕。咸畜胤士，𧼯𧼯文武，鎮(鎮)靜不廷，虔敬(敬)朕祀。乍(作)𠭯宗彝，㠯卲皇且(祖)，𡫸(其)嚴遹(歸)各。㠯受屯魯多釐，眉壽無疆，畯(峻)疐才(在)天，高弘又(有)慶，竈(造)囿(佑)三方。𡨦(宜)。

秦公鐘

𥩟(秦)公曰：不(丕)顯朕皇且(祖)，受天命，竈又(造佑)下國，十又二公，不㒸(墜)才(在)下，嚴龏夤(恭)天命，保𤔲厥𥩟，虩事𢇁(蠻)夏。曰：余雖小子，穆穆帥秉明德，叡尃(數)明井(刑)，虔敬朕祀，㠯受多福，𦅫(協)龢萬民，唬夙(夙)夕，剌剌桓桓，萬生(姓)是敕。咸畜百辟胤士，𧼯𧼯文武，鎮靜不廷，𩠋(柔)燮百邦，于𥩟執事。乍(作)盄(淑)龢[鐘]，厥名曰𠷎邦。其音鍴鍴，雝雝孔皇(煌)，㠯卲零(昭格)孝享。㠯受屯(純)魯(嘏)多釐，眉壽無疆，畯(峻)疐才(在)立(位)，高弘又有慶，匍又(數佑)三方，永寶。𡨦(宜)。

不㒸才下，才下二字原有泐損，呈ㄩㄩ二形，或釋為上帝，或釋為在上。今以𣪘銘校之，与此相當之語為在帝

《歷代著録吉金目》（福開森編）影印

秦公段　銘文　蓋器共一百二十二字

秦公曰不顯朕皇且受天命鼏宅禹賚十又二
公在帝之矿嚴龏夤天命保業厥秦虩事蠻夏
余雖学穆穆帥秉明德剌剌桓桓邁民是敕 蓋
咸畜胤士盩文武錫靜不廷虔敬朕祀 乍□宗
彝以邵皇且嬰嚴遨各以受屯魯多釐眉壽無
疆畯疐在天高弘有慶竈囿四方宜 器
□一斗七升大半升蓋 在蓋上側
卣元器一斗七升八奉段 在器底側

禹

03 尚 書

文献名：03. 尚書

資料番号	伏羲	太皞	其他	女媧	其他	神農	炎帝	赤帝	其他	黄帝	軒轅氏	其他	顓頊	高陽	其他	注(左半葉) 注a	注b
1																	
2																	
3																	
4																	
5																	
6																	
7																	
8																	
9																	
10																	
11																	
12																	
13																	
14																	
15																	
16																	
17																	
18																	
19																	
20																	
計																	

文献名：03. 尚書

帝嚳	高辛	其他	堯	陶唐	其他	舜	有虞	其他	禹	其他	三皇	五帝	注(右半葉) 注e	注f	参考	資料番号
			3			1										1
			1		1(e)	1	1						放勳			2
			1			3										3
						6		1(e)	3				重華			4
						1			3							5
									13	1(e)			文命			6
									5							7
							1		7							8
									2							9
									2							10
				1					1							11
									1							12
			1			1										13
									2							14
									1							15
				1			1									16
									1							17
									1							18
			1	1		1			2							19
			1		1(e)	7			1				放勳			20
			8	3	2	21	3	1	45	1						計

03 尚書

1 《堯典　卷一》序　堯
昔在帝堯，聰明文思，光宅天下，將遜于位，讓于虞舜，作《堯　堯 虞舜 堯
典》。

2 《堯典　卷一》
曰若稽古：帝堯曰放勳。欽、明、文、思、安安，允恭克讓，光　帝堯 放勳
被四表，格于上下。克明俊德，以親九族；九族既睦，平章百姓；百
姓昭明，協和萬邦。黎民於變時雍。乃命羲和，欽若昊天；曆象日月
星辰，敬授人時。分命羲仲，宅嵎夷，曰暘谷。寅賓出日，平秩東作。
日中星鳥，以殷仲春。厥民析；鳥獸孳尾。申命羲叔，宅南，曰大交。
平秩南訛。敬致。日永、星火，以正仲夏。厥民因；鳥獸希革。分命
和仲，宅西，曰昧谷。寅餞納日，平秩西成。宵中、星虛，以殷仲秋。
厥民夷，鳥獸毛毨。申命和叔，宅朔方，曰幽都。平在朔易。日短、
星昴，以正仲冬。厥民隩；鳥獸氄毛。帝曰：「咨汝羲暨和。期三百有
六旬有六日，以閏月定四時成歲。允釐百工，庶績咸熙。」帝曰：「疇
咨若時，登庸？」放齊曰：「胤子朱啓明。」帝曰：「吁！嚚訟，可乎？」
帝曰：「疇咨若予采？」驩兜曰：「都！共工方鳩僝功。」帝曰：「吁！
靜言庸違，象恭滔天。帝曰：「咨！四岳，湯湯洪水方割，蕩蕩懷山襄
陵，浩浩滔天；下民其咨。有能俾乂？」僉曰：「於！鯀哉！」帝曰：
「吁！咈哉！方命圮族」岳曰：「異哉。試可，乃已。」帝曰：「往，欽
哉！九載，績用弗成。」帝曰：「咨！四岳。朕在位七十載；汝能庸命，
巽朕位。」岳曰：「否德忝帝位。」曰：「明明揚側陋。」師錫帝曰：「有
鰥在下，曰虞舜。」帝曰：「俞！予聞。如何？」岳曰：「瞽子；父頑，　虞舜
母嚚，象傲。克諧以孝，烝烝乂，不格姦。」帝曰：「我其試哉！」女
于時，觀厥刑于二女。釐降二女于媯汭，嬪于虞。帝曰：「欽哉！」　虞

3 《舜典　卷二》序　舜
虞舜側微。堯聞之聰明。將使嗣位。歷試諸難。作《舜典》。　虞舜 堯 舜

4 《舜典　卷二》
曰若稽古帝舜，曰重華，協于帝。濬哲文明，溫恭允塞。玄德升　帝舜 重華
聞，乃命以位。慎徽五典，五典克從。納于百揆，百揆時敘。賓于四
門，四門穆穆。納于大麓，烈風雷雨弗迷。帝曰：「格汝舜！詢事，考　舜
言，乃言底可績，三載；汝陟帝位。」舜讓于德弗嗣。正月上日，受終　舜
于文祖。在璿璣玉衡，以齊七政。肆類于上帝，禋于六宗，望于山川，

徧于群神。輯五瑞；既月乃日，覲四岳群牧，班瑞于群后。歲二月，
東巡守，至于岱宗，柴；望秩于山川。肆覲東后。協時、月，正日；
同律、度、量、衡。修五禮、五玉、三帛、二生、一死贄、如五器，
卒乃復。五月，南巡守，至于南岳，如岱禮。八月，西巡守，至于西
岳，如初。十有一月，朔巡守，至于北岳，如西禮。歸，格于藝祖，
用特。五載一巡守，群后四朝；敷奏以言，明試以功，車服以庸。肇
十有二州，封十有二山，濬川。象以典刑。流宥五刑。鞭作官刑，扑
作教刑，金作贖刑。眚災肆、赦，怙終賊、刑。欽哉，欽哉，惟刑之
恤哉！流共工于幽州，放驩兜于崇山，竄三苗于三危，殛鯀于羽山；
四罪而天下咸服。二十有八載，帝乃殂落。百姓如喪考妣，三載，四
海遏密八音。月正元日，舜格于文祖。詢于四岳，闢四門，明四目， 舜
達四聰。咨十有二牧，曰：「食哉，惟時！柔遠能邇，惇德允元，而難
任人，蠻夷率服。」舜曰：「咨！四岳。有能奮庸熙帝之載，使宅百揆， 舜
亮采惠疇？」僉曰：「伯禹作司空。」帝曰：「俞！咨禹，汝平水土，惟 伯禹 禹
時懋哉！」禹拜稽首，讓于稷、契暨皋陶。帝曰：「俞！汝往哉！」帝 禹
曰：「棄！黎民阻飢。汝后稷，播時百穀。」帝曰：「契！百姓不親，五
品不遜。汝作司徒，敬敷五教，在寬。」帝曰：「皋陶！蠻夷猾夏，寇
賊姦宄。汝作士，五刑有服，五服三就；五流有宅，五宅三居。惟明
克允。」帝曰：「疇若予工？」僉曰：「垂哉！」帝曰：「俞！咨垂。汝
共工。」垂拜稽首，讓于殳、斨暨伯與。帝曰：「俞！往哉，汝諧。」帝
曰：「疇若予上下草木鳥獸？」僉曰：「益哉！」帝曰：「俞！咨益，汝
作朕虞。」益拜稽首，讓于朱、虎、熊、羆。帝曰：「俞！往哉，汝諧。」
帝曰：咨！四岳。有能典朕三禮？」僉曰：「伯夷。」帝曰：「俞！咨伯。
汝作秩宗。夙夜惟寅，直哉惟清。」伯拜稽首，讓于夔、龍。帝曰：「俞。
往，欽哉！」帝曰：「夔！命汝典樂，教胄子。直而溫，寬而栗，剛而
無虐，簡而無傲。詩言志，歌永言，聲依永，律和聲。八音克諧，無
相奪倫，神人以和。」夔曰：「於！予擊石拊石，百獸率舞。」帝曰：「龍！
朕堲讒說殄行，震驚朕師。命汝作納言，夙夜出納朕命，惟允。」帝曰：
「咨！汝三十有二人，欽哉！惟時亮天功。」三載考績；三考黜陟，幽
明庶績咸熙。分北三苗。舜生三十，徵庸三十，在位五十載，陟方乃 舜
死。

帝釐下土，方設居方，別生分類，作《汨作》、《九共》九篇。《槀飫》。

5 《大禹謨　卷三》序 禹

皋陶矢厥謨，禹成厥功，帝舜申之。作《大禹》、《皋陶謨》、《益 禹 帝舜 大禹
稷》。

6 《大禹謨　卷三》

曰若稽古大禹，曰：「文命敷於四海，祇承于帝。」曰：「后克艱厥 大禹 文命
后，臣克艱厥臣，政乃乂，黎民敏德。」帝曰：「俞！允若茲，嘉言罔
攸伏。野無遺賢，萬邦咸寧。稽于衆。舍己從人，不虐無告，不廢困
窮。惟帝時克。」益曰：「都！帝德廣運，乃聖乃神，乃武乃文。皇天
眷命，奄有四海，爲天下君。」禹曰：「惠迪吉，從逆凶，惟影響。」益 禹
曰：「吁！戒哉！儆戒無虞，罔失法度，罔遊于逸，罔淫于樂。任賢勿
貳，去邪勿疑。疑謀勿成，百志惟熙。罔違道以干百姓之譽，罔咈百
姓以從己之欲。無怠無荒，四夷來王。」禹曰：「於！帝念哉。德惟善 禹
政，政在養民。水、火、金、木、土、穀，惟修；正德利用厚生，惟
和；九功惟敘，九敘惟歌。戒之用休，董之用威，勸之以九歌，俾勿
壞。」帝曰：「俞！地平天成。六府三事允治，萬世永賴，時乃功。」帝
曰：「格汝禹！朕宅帝位，三十有三載，耄期倦于勤；汝惟不怠，摠朕 禹
師。」禹曰：「朕德罔克，民不依。皋陶邁種德，德乃降。黎民懷之。 禹
帝念哉。念茲在茲，釋茲在茲，名言茲在茲，允出茲在茲。惟帝念功。」
帝曰：皋陶！惟茲臣庶。罔或于予正。汝作士。明于五刑，以弼五教。
期于予治，刑期于無刑，民協于中。時乃功。懋哉！」皋陶曰：「帝德
罔愆，臨下以簡，御衆以寬；罰弗及嗣，賞延于世；宥過無大，刑故
無小。罪疑惟輕，功疑惟重。與其殺不辜，寧失不經。好生之德，洽
于民心。茲用不犯于有司。」帝曰：「俾予從欲以治。四方風動，惟乃
之休。」帝曰：「來！禹。降水儆予。成允成功。惟汝賢，克勤于邦， 禹
克儉于家，不自滿假。惟汝賢，汝惟不矜，天下莫與汝爭能。汝惟不
伐，天下莫與汝爭功。予懋乃德，嘉乃丕績。天之歷數在汝躬。汝終
陟元后。人心惟危，道心惟微。惟精惟一，允執厥中。無稽之言勿聽，
弗詢之謀勿庸。可愛非君？可畏非民？衆非元后何戴？后非衆，罔與
守邦。欽哉！愼乃有位。敬修其可願。四海困窮，天祿永終。惟口出
好興戎。朕言不再。」禹曰：「枚卜功臣，惟吉之從。」帝曰：「禹！官 禹 禹
占，惟先蔽志，昆命于元龜。朕志先定，詢謀僉同，鬼神其依，龜筮
協從，卜不習吉。」禹拜稽首固辭。帝曰：「毋！惟汝諧。」正月朔旦， 禹
受命于神宗；率百官，若帝之初。帝曰：「咨禹！惟時有苗弗率，汝徂 禹
征！」禹乃會群后，誓于師曰：「濟濟有衆，咸聽朕命。蠢茲有苗，昏 禹
迷不恭，侮慢自賢，反道敗德。君子在野，小人在位。民棄不保，天
降之咎。肆予以爾衆士，奉辭伐罪。爾尚一乃心力，其克有勳。」三旬，
苗民逆命。益贊于禹曰：「惟德動天，無遠弗屆。滿招損，謙受益，時 禹
乃天道。帝初于歷山，往于田，日號泣于旻天于父母。負罪引慝，祇
載見瞽瞍，夔夔齋慄。瞽亦允若。至誠感神，矧茲有苗？」禹拜昌言 禹
曰：「俞！」班師振旅。帝乃誕敷文德，舞干羽于兩階。七旬，有苗格。

7 《皋陶謨　卷四》

曰若稽古，皋陶曰：「允迪厥德，謨明弼諧。」禹曰：「俞！如何？」 禹
皋陶曰：「都！愼厥身修，思永。惇敘九族，庶明勵翼，邇可遠在茲。」
禹拜昌言，曰：「俞！」皋陶曰：「都！在知人，在安民。」禹曰：「吁！ 禹 禹
咸若時，惟帝其難之。知人則哲，能官人；安民則惠，黎民懷之。能
哲而惠，何憂乎驩兜？何遷乎有苗？何畏乎巧言令色孔壬？」皋陶曰：
「都！亦行有九德。亦言其人有德，乃言曰：載采采。」禹曰：「何？」 禹
皋陶曰：「寬而栗，柔而立，愿而恭，亂而敬，擾而毅，直而溫，簡而
廉，剛而塞，彊而義；彰厥有常，吉哉！日宣三德，夙夜浚明，有家。
日嚴祗敬六德，亮采有邦。翕受敷施，九德咸事，俊乂在官，百僚師
師，百工惟時；撫于五辰，庶績其凝。無教逸欲有邦，兢兢業業，一
日二日萬幾。無曠庶官，天工，人其代之。天敘有典，勑我五典五惇
哉！天秩有禮，自我五禮有庸哉！同寅協恭和衷哉！天命有德，五服
五章哉！天討有罪，五刑五用哉！政事懋哉懋哉！天聰明，自我民聰
明；天明畏，自我民明威。達于上下，敬哉有土！」皋陶曰：「朕言惠，
可厎行。」禹曰：「俞！乃言厎可績。」皋陶曰：「予未有知思，曰贊贊 禹
襄哉！」

8 《益稷　卷五》

帝曰：「來！禹，汝亦昌言。」禹拜曰：「都！帝。予何言？予思日 禹 禹
孜孜。」皋陶曰：「吁！如何？」禹曰：「洪水滔天，浩浩懷山襄陵；下 禹
民昏墊　。予乘四載，隨山刊木。暨益奏庶鮮食。予決九川，距四海；
濬畎澮，距川。暨稷播奏庶艱食、鮮食，懋遷有無化居。烝民乃粒，
萬邦作乂。」皋陶曰：「俞！師汝昌言。」禹曰：「都！帝。愼乃在位。」 禹
帝曰：「俞！」禹曰：「安汝止，惟幾惟康；其弼直，惟動丕應。徯志 禹
以昭受上帝，天其申命用休。」帝曰：「吁！臣哉鄰哉！鄰哉臣哉！」
禹曰：「俞！」帝曰：「臣作朕股肱耳目，予欲左右有民，汝翼；予欲 禹
宣力四方，汝爲；予欲觀古人之象，日、月、星辰、山、龍、華蟲、
作會，宗彝、藻、火、粉米、黼黻，絺繡，以五采彰施于五色，作服，
汝明；予欲聞六律、五聲、八音，在治忽，以出納五言，汝聽；予違，
汝弼；汝無面從，退有後言。欽四鄰，庶頑讒說，若不在時，侯以明
之，撻以記之；書用識哉，欲並生哉。工以納言，時而颺之；格則承
之庸之；否則威之。」禹曰：「俞哉！帝。光天之下，至于海隅蒼生， 禹
萬邦黎獻共惟帝臣。惟帝時舉，敷納以言，明庶以功，車服以庸。誰
敢不讓？敢不敬應？帝不時，敷同日奏罔功。無若丹朱傲，惟慢遊是
好，敖虐是作，罔晝夜頟頟；罔水行舟。朋淫于家；用殄厥世。予創
若時，娶于塗山，辛壬癸甲；啓呱呱而泣，予弗子，惟荒度土功。弼
成五服，至于五千；州十有二師。外薄四海，咸建五長。各迪有功，

苗頑弗即工，帝其念哉！」帝曰：「迪朕德，時乃功惟敘　。皋陶方祗厥敘，方施象刑，惟明。夔曰戛擊鳴球，搏拊琴瑟，以詠，祖考來格。虞賓在位，群后德讓。下管鼗、鼓、合止柷敔，笙鏞以閒；鳥獸蹌蹌。 虞
簫韶九成，鳳皇來儀。」夔曰：「於！予擊石拊石，百獸率舞，庶尹允諧。」帝庸作歌。曰：「勑天之命，惟時惟幾。」乃歌曰：「股肱喜哉！元首起哉！百工熙哉！」皋陶拜手稽首，颺言曰：「念哉！率作興事，慎乃憲，欽哉！屢省乃成，欽哉！」乃賡載歌曰：「元首明哉，股肱良哉，庶事康哉！」又歌曰：「元首叢脞哉，股肱惰哉，萬事墮哉！」帝拜曰：「俞，往，欽哉！」

9 《禹貢　卷六》序 禹

禹別九州隨山濬川。任土作《貢》。 禹

10 《禹貢　卷六》

禹敷土，隨山刊木，奠高山大川。冀州既載，壺口，治梁及岐。 禹
既修太原，至于岳陽；覃懷厎績，至於衡漳。厥土惟白壤，厥賦惟上上錯，厥田惟中中。恆、衛既從，大陸既作。島夷皮服，夾右碣石入于河。濟、河惟兗州。九河既道，雷夏既澤，灉、沮會同。桑土既蠶，是降丘宅土。厥土黑墳，厥草惟繇，厥木惟條，厥田惟中下，厥賦貞。作十有三載乃同。厥貢漆、絲，厥篚織文。浮于濟、漯，達于河。海岱惟青州。嵎夷既略，濰、淄其道。厥土白墳，海濱廣斥。厥田惟上下，厥賦中上。厥貢鹽、絺，海物惟錯，岱畎絲、枲、鉛、松、怪石。萊夷作牧。厥篚檿、絲。浮于汶，達于濟。海岱及淮惟徐州。淮、沂其乂，蒙、羽其藝。大野既豬，東原厎平。厥土赤埴墳。草木漸包。厥田惟上中，厥賦中中。厥貢惟土五色，羽畎夏翟，嶧陽孤桐，泗濱浮磬，淮夷蠙珠暨魚；厥篚玄、纖、縞。浮于淮、泗，達于河。淮海惟揚州。彭蠡既豬，陽鳥攸居。三江既入，震澤厎定。篠、簜既敷；厥草惟夭，厥木惟喬。厥上惟塗泥。厥田惟下下，厥賦下上、上錯。厥貢惟金三品，瑤、琨、篠、簜、齒、革、羽、毛、惟木。島夷卉服。厥篚織貝；厥包橘、柚，錫貢。沿于江海，達于淮、泗。荊及衡陽惟荊州。江、漢朝宗于海，九江孔殷，沱潛既道，雲夢土作乂。厥土惟塗泥。厥田惟下中，厥賦上下。厥貢羽、毛、齒、革，惟金三品，杶、榦、栝、柏、礪、砥、砮、丹；惟箘簬、楛，三邦厎貢厥名；包匭菁茅；厥篚玄、纁、璣組；九江納錫大龜。浮于江、沱、潛、漢，逾于洛，至于南河。荊、河惟豫州。伊、洛、瀍、澗，既入于河。滎波既豬。導菏澤，被孟豬。厥土惟壤，下土墳壚。厥田惟中上，厥賦錯上中。厥貢漆、枲、絺、紵，厥篚纖、纊，錫貢磬錯。浮于洛，達于河。華陽黑水惟梁州。岷、嶓既藝，沱、潛既道，蔡、蒙旅平，和夷厎績。

厥土青黎。厥田惟下上，厥賦下中三錯。厥貢璆、鐵、銀、鏤、砮、
磬，熊、羆、狐、貍、織皮。西傾因桓是來，浮于潛，逾于沔，入于
渭，亂于河。黑水西河惟雍州：弱水既西，涇屬渭汭。漆、沮既從，
灃水攸同。荊、岐既旅，終南、惇物至于鳥鼠。原隰厎績，至于豬野。
三危既宅，三苗丕敘。厥土惟黃壤。厥田惟上上，厥賦中下。厥貢惟
球、琳、琅玕。浮于積石，至于龍門西河，會于渭汭。織皮崑崙、析
支、渠搜，西戎即敘。導岍及岐至于荊山。逾于河；壺口、雷首至于
太岳；厎柱、析城至于王屋；大行、恆山至于碣石，入于海；西傾、
朱圉、鳥鼠至于太華；熊耳、外方、桐柏至于陪尾。導嶓冢，至于荊
山；內方至于大別。岷山之陽至于衡山，過九江，至于敷淺原。導弱
水至于合黎，餘波入于流沙。導黑水至于三危，入于南海。導河積石，
至于龍門，南至于華陰，東至于厎柱，又東至于孟津；東過洛汭，至
于大伾；北過降水，至于大陸；又北播爲九河，同爲逆河，入于海。
嶓冢導漾，東流爲漢，又東爲滄浪之水，過三澨，至于大別，南入于
江；東匯澤爲彭蠡，東爲北江，入于海。岷山導江，東別爲沱，又東
至于澧；過九江，至于東陵，東迆北會于匯，東爲中江，入于海。導
沇水，東流爲濟，入于河，溢爲滎，東出于陶丘北，又東至于菏，又
東北會于汶，又北東入于海。導淮自桐柏，東會于泗、沂，東入于海。
導渭自鳥鼠同穴，東會于灃，又東會于涇，又東過漆、沮，入于河。
導洛自熊耳，東北會于澗、瀍，又東會于伊，又東北入于河。九州攸
同，四隩既宅。九山刊旅，九川滌源，九澤既陂。四海會同。六府孔
修。庶土交正，厎慎財賦，咸則三壤成賦。中邦錫土姓：「祗台德先，
不距朕行。」五百里甸服：百里賦納總，二百里納銍，三百里納秸服，
四百里粟，五百里米。五百里侯服：百里采，二百里男邦，三百里諸
侯。五百里綏服：三百里揆文教，二百里奮武衛。五百里要服：三百
里夷，二百里蔡。五百里荒服：三百里蠻，二百里流。東漸于海，西
被于流沙，朔、南暨：聲教訖于四海。禹錫玄圭，告厥成功。 禹

11 《五子之歌　卷八》

太康尸位以逸豫，滅厥德，黎民咸貳。乃盤遊無度，畋于有洛之
表，十旬弗反。有窮后羿，因民弗忍，距于河。厥弟五人，御其母以
從，徯于洛之汭。五子咸怨，述大禹之戒以作歌。其一曰：「皇祖有訓。 大禹
民可近，不可下。民惟邦本，本固邦寧。予視天下。愚夫愚婦，一能
勝予。一人三失，怨豈在明？不見是圖。予臨兆民，懍乎若朽索之馭
六馬。爲人上者，柰何不敬！」其二曰：「訓有之，內作色荒。外作禽
荒。甘酒嗜音，峻宇彫牆；有一于此，未或不亡。」其三曰：「惟彼陶 陶唐
唐，有此冀方。今失厥道，亂其紀綱，乃厎滅亡。」其四曰：「明明我
祖，萬邦之君。有典有則，貽厥子孫。關石和鈞，王府則有。荒墜厥

緒，覆宗絕祀。」其五曰：「嗚呼曷歸！予懷之悲。萬姓仇予，予將疇
依？鬱陶乎予心，顏厚有忸怩。弗慎厥德，雖悔可追。」

12 《仲虺之誥　卷十一》

成湯放桀于南巢，惟有慚德。曰：「予恐來世以台爲口實。」仲虺
乃作誥曰：「嗚呼！惟天生民有欲，無主乃亂。惟天生聰明時乂。有夏
昏德，民墜塗炭；天乃錫王勇智，表正萬邦，纘禹舊服，茲率厥典， 禹
奉若天命。夏王有罪，矯誣上天，以布命于下。帝用不臧，式商受命，
用爽厥師。簡賢附勢，寔繁有徒，肇我邦于有夏，若苗之有莠，若粟
之有秕。小大戰戰，罔不懼于非辜。矧予之德，言足聽聞。惟王不邇
聲色，不殖貨利，德懋懋官，功懋懋賞，用人惟己，改過不吝，克寬
克仁，彰信兆民。乃葛伯仇餉，初征自葛。東征西夷怨，南征北狄怨。
曰：『奚獨後予？』攸徂之民，室家相慶。曰：『徯予后。后來其蘇。』
民之戴商，厥惟舊哉。佑賢輔德，顯忠遂良；兼弱攻昧，取亂侮亡；
推亡固存，邦乃其昌。德日新，萬邦惟懷，志自滿，九族乃離。王懋
昭大德，建中于民，以義制事，以禮制心，垂裕後昆。予聞曰：『能自
得師者王，謂人莫己若者亡。好問則裕，自用則小。』嗚呼！慎厥終，
惟其始。殖有禮，覆昏暴。欽崇天道，永保天命。」

13 《說命下　卷二十三》

王曰：「來汝說！台小子舊學于甘盤，既乃遯于荒野，入宅于河，
自河徂亳。暨厥終罔顯。爾惟訓于朕志，若作酒醴，爾惟麴糵；若作
和羹，爾惟鹽梅。爾交脩予，罔予棄。予惟克邁乃訓。」說曰：「王！
人求多聞，時惟建事。學于古訓乃有獲。事不師古以克永世，匪說攸
聞。惟學遜志，務時敏，厥脩乃來。允懷于茲，道積于厥躬。惟斅學
半，念終始典于學，厥德脩罔覺。監于先王成憲，其永無愆。惟說式
克欽承，旁招俊乂，列于庶位。」王曰：「嗚呼！說！四海之內，咸仰
朕德，時乃風。股肱惟人，良臣惟聖。昔先正保衡作我先王。乃曰：『予
弗克俾厥后惟堯舜，其心愧恥，若撻于市。』一夫不獲，則曰時予之辜。 堯 舜
佑我烈祖，格于皇天。爾尚明保予，罔俾阿衡專美有商。惟后非賢不
乂，惟賢非后不食。其爾克紹乃辟于先王，永綏民。」說拜稽首曰：「敢
對揚天子之休命。」

14 《洪範　卷三十二》

惟十有三祀，王訪于箕子。王乃言曰：「嗚呼！箕子。惟天陰騭下
民，相協厥居，我不知其彝倫攸敘。」箕子乃言曰：「我聞在昔鯀陻洪
水，汩陳其五行。帝乃震怒，不畀洪範九疇，彝倫攸斁。鯀則殛死，
禹乃嗣興。天乃錫禹洪範九疇，彝倫攸斁。初一曰五行，次二曰敬用 禹 禹

五事，次三曰農用八政，次四曰協用五紀，次五曰建用皇極，次六曰乂用三德，次七曰明用稽疑，次八曰念用庶徵，次九曰嚮用五福，威用六極。一、五行：一曰水，二曰火，三曰木，四曰金，五曰土。水曰潤下，火曰炎上，木曰曲直，金曰從革，土爰稼穡。潤下作鹹，炎上作苦，曲直作酸，從革作辛，稼穡作甘。二、五事：一曰貌，二曰言，三日視，四曰聽，五曰思。貌曰恭，言曰從，視曰明，聽曰聰，思曰睿。恭作肅，從作乂，明作哲，聰作謀，睿作聖。三、八政：一曰食，二曰貨，三曰祀，四曰司空，五曰司徒，六曰司寇，七曰賓，八曰師。四、五紀：一曰歲，二曰月，三曰日，四曰星辰，五曰曆數。五、皇極：皇建其有極，斂時五福，用敷錫厥庶民，惟時厥庶民于汝極，錫汝保極。凡厥庶民，無有淫朋，人無有比德，惟皇作極。凡厥庶民，有猷有爲有守，汝則念之。不協于極，不罹于咎，皇則受之。而康而色，曰：予攸好德，汝則錫之福，時人斯其惟皇之極。無虐煢獨而畏高明。人之有能有爲，使羞其行，而邦其昌。凡厥正人，既富方穀，汝弗能使有好于而家，時人斯其辜。于其無好，汝雖錫之福，其作汝用咎。無偏無陂，遵王之義；無有作好，遵王之道；無有作惡，遵王之路。無偏無黨，王道蕩蕩；無黨無偏，王道平平；無反無側，王道正直。會其有極，歸其有極。曰皇極之敷言，是彝是訓，于帝其訓。凡厥庶民，極之敷言，是訓是行，以近天子之光。曰天子作民父母，以爲天下王。六、三德：一曰正直，二曰剛克，三曰柔克。平康正直。彊弗友剛克，燮友柔克。沈潛剛克，高明柔克。惟辟作福，惟辟作威，惟辟玉食；臣無有作福作威玉食。臣之有作福作威玉食，其害于而家，凶于而國。人用側頗僻，民用僭忒。七、稽疑：擇建立卜筮人。乃命卜筮：曰雨，曰霽，曰圛，曰雺，曰克，曰貞，曰悔，凡七。卜五，占用二，衍忒。立時人作卜筮，三人占，則從二人之言。汝則有大疑，謀及乃心，謀及卿士，謀及庶人，謀及卜筮。汝則從、龜從、筮從、卿士從、庶民從，是之謂大同。身其康彊，子孫其逢吉。汝則從、龜從、筮從、卿士逆、庶民逆，吉。卿士從、龜從、筮從、汝則逆、庶民逆，吉。庶民從、龜從、筮從、汝則逆、卿士逆，吉。汝則從、龜從、筮逆、卿士逆、庶民逆，作內，吉，作外，凶。龜筮共違于人，用靜，吉；用作，凶。八、庶徵：曰雨、曰暘、曰燠、曰寒、曰風、曰時。五者來備，各以其敘，庶草蕃廡。一極備，凶；一極無，凶。曰休徵：曰肅，時雨若；曰乂，時暘若；曰哲，時燠若；曰謀，時寒若；曰聖，時風若。曰咎徵：曰狂，恆雨若；曰僭，恆暘若；曰豫，恆燠若；曰急，恆寒若；曰蒙，恆風若。曰王省惟歲，卿士惟月，師尹惟日。歲、月、日時無易，百穀用成，乂用明，俊民用章，家用平康。日、月、歲時既易，百穀用不成，乂用昏不明，俊民用微，家用不寧。庶民惟星，星有好風，星有好雨。日月之行，則有冬有夏。月之從星，則以風雨。九、五福：一曰壽，二曰富，三曰康寧，四曰攸好德，五曰考終命。六極：一曰凶短折，二曰疾，三曰憂，四曰貧，五曰惡，六曰弱。」

15 《立政　卷四十七》

周公若曰：「拜手稽首，告嗣天子王矣。」用咸戒于王，曰：「王左右常伯、常任、準人、綴衣、虎賁。」周公曰：「嗚呼！休茲，知恤鮮哉！古之人迪惟有夏，乃有室大競，籲俊尊上帝，迪知忱恂于九德之行。乃敢告教厥后曰：『拜手稽首后矣。』曰：『宅乃事，宅乃牧，宅乃準，茲惟后矣。謀面用丕訓德，則乃宅人，茲乃三宅無義民。』桀德惟乃弗作往任，是惟暴德、罔後。亦越成湯陟，丕釐上帝之耿命。乃用三有宅，克即宅；曰三有俊，克即俊。嚴惟丕式，克用三宅三俊。其在商邑，用協于厥邑；其在四方，用丕式見德。嗚呼！其在受德暋，惟羞刑暴德之人，同于厥邦；乃惟庶習逸德之人，同于厥政。帝欽罰之，乃伻我有夏，式商受命奄甸萬姓。亦越文王、武王，克知三有宅心，灼見三有俊心；以敬事上帝，立民長伯。立政：任人、準夫、牧，作三事。虎賁、綴衣、趣馬、小尹，左右攜僕、百司庶府。大都、小伯、藝人、表臣、百司，太史、尹伯、庶常吉士。司徒、司馬、司空、亞、旅。夷、微、盧、烝。三亳、阪尹。文王惟克厥宅心，乃克立茲常事、司牧人，以克俊有德。文王罔攸兼于庶言。庶獄、庶慎、惟有司之牧夫，是訓用違。庶獄、庶慎，文王罔敢知于茲。亦越武王率惟敉功，不敢替厥義德；率惟謀從容德，以竝受此丕丕基。嗚呼！孺子王矣！繼自今我其立政、立事。準人、牧夫，我其克灼知厥若，丕乃俾亂；相我受民，和我庶獄、庶慎。時則勿有間之，自一話一言。我則末惟成德之彥，以乂我受民。嗚呼！予旦已受人之徽言，咸告孺子王矣！繼自今文子文孫，其勿誤于庶獄、庶慎，惟正是乂之。自古商人，亦越我周文王，立政、立事：牧夫、準人，則克宅之，克由繹之，茲乃俾乂。國則罔有立政用憸人，不訓于德，是罔顯在厥世。繼自今立政，其勿以憸人，其惟吉士用勱相我國家。今文子文孫，孺子王矣。
其勿誤于庶獄，惟有司之牧夫。其克詰爾戎兵，以陟禹之迹。方行天　禹
下，至于海表，罔有不服。以覲文王之耿光，以揚武王之大烈。嗚呼！繼自今後王立政，其惟克用常人。」周公若曰：「太史！司寇蘇公！式敬爾由獄，以長我王國。茲式有慎，以列用中罰。」

16 《周官　卷四十八》

惟周王撫萬邦，巡侯甸，四征弗庭，綏厥兆民。六服群辟，罔不承德。歸于宗周，董正治官。王曰：「若昔大猷，制治于未亂，保邦于
未危。」曰：「唐虞稽古，建官惟百，內有百揆四岳，外有州牧侯伯。　唐虞

庶政惟和，萬國咸寧。夏商官倍，亦克用乂。明王立政，不惟其官，惟其人。今予小子祗勤于德，夙夜不逮。仰惟前代時若訓，迪厥官。立太師、太傅、太保，茲惟三公。論道經邦，燮理陰陽。官不必備，惟其人。少師、少傅、少保，曰三孤。貳公弘化，寅亮天地，弼予一人。冢宰掌邦治，統百官，均四海。司徒掌邦教，敷五典，擾兆民。宗伯掌邦禮，治神人，和上下。司馬掌邦政，統六師，平邦國。司寇掌邦禁，詰姦慝，刑暴亂。司空掌邦土，居四民，時地利。六卿分職，各率其屬以倡九牧，阜成兆民。六年五服一朝。又六年，王乃時巡。考制度于四岳，諸侯各朝于方岳，大明黜陟。」王曰：「嗚呼！凡我有官君子，欽乃攸司，慎乃出令，令出惟行弗惟反。以公滅私，民其允懷。學古入官，議事以制，政乃不迷。其爾典常作之師，無以利口亂厥官。蓄疑敗謀，怠忽荒政，不學牆面，莅事惟煩。戒爾卿士，功崇惟志，業廣惟勤，惟克果斷，乃罔後艱。位不期驕，祿不期侈。恭儉惟德，無載爾僞。作德，心逸日休；作僞，心勞日拙。居寵思危，罔不惟畏，弗畏入畏。推賢讓能，庶官乃和；不和政厖。舉能其官，惟爾之能；稱匪其人，惟爾不任。」王曰：「嗚呼！三事暨大夫，敬爾有官，亂爾有政，以佑乃辟，永康兆民，萬邦惟無斁。」

17 《呂刑　卷五十五》

惟呂命。王享國百年耄荒，度作刑以詰四方。王曰：「若古有訓，
蚩尤惟始作亂，延及于平民。罔不寇賊，鴟義姦宄，奪攘矯虔。苗民
弗用靈，制以刑；惟作五虐之刑，曰法。殺戮無辜。爰始淫爲劓刵椓
黥；越茲麗刑并制，罔差有辭。民興胥漸，泯泯棼棼；罔中于信，以
覆詛盟。虐威庶戮，方告無辜于上。上帝監民，罔有馨香，德刑發聞
惟腥。皇帝哀矜庶戮之不辜，報虐以威，遏絕苗民，無世在下。乃命
重黎絕地天通，罔有降格。群后之逮在下，明明棐常，鰥寡無蓋。皇
帝清問下民，鰥寡有辭于苗。德威惟畏，德明惟明。乃命三后恤功于
民：伯夷降典，折民惟刑；禹平水土，主名山川；稷降播種，農殖嘉 禹
穀。三后成功，惟殷于民。士制百姓于刑之中，以教祗德。穆穆在上，
明明在下，灼于四方，罔不惟德之勤。故乃明于刑之中，率乂于民棐
彝。典獄，非訖于威，惟訖于富。敬忌，罔有擇言在身。惟克天德，
自作元命，配享在下。」王曰：「嗟！四方司政典獄。非爾惟作天牧？
今爾何監？非時伯夷播刑之迪？其今爾何懲？惟時苗民匪察于獄之
麗；罔擇吉人，觀于五刑之中；惟時庶威奪貨，斷制五刑以亂無辜。
上帝不蠲，降咎于苗；苗民無辭于罰，乃絕厥世。」王曰：「嗚呼！念
之哉！伯父、伯兄，仲叔季弟，幼子、童孫，皆聽朕言，庶有格命。
今爾罔不由慰，日勤，爾罔或戒不勤。天齊于民，俾我，一日非終，
惟終在人。爾尚敬逆天命，以奉我一人。雖畏勿畏，雖休勿休。惟敬

五刑，以成三德。一人有慶，兆民賴之，其寧惟永。」王曰：「吁！來！有邦有土，告爾祥刑。在今爾安百姓，何擇、非人？何敬、非刑？何度、非及？兩造具備，師聽五辭。五辭簡孚，正于五刑。五刑不簡，正于五罰。五罰不服，，正于五過。五過之疵，惟官，惟反，惟內，惟貨，惟來。其罪惟均，其審克之。五刑之疑有赦，五罰之疑有赦，其審克之。簡孚有衆，惟貌有稽；無簡不聽，具嚴天威。墨辟疑赦，其罰百鍰，閱實其罪。劓辟疑赦，其罰惟倍，閱實其罪。剕辟疑赦，其罰倍差，閱實其罪。宮辟疑赦，其罰六百鍰，閱實其罪。大辟疑赦，其罰千鍰，閱實其罪。墨罰之屬千，劓罰之屬千，剕罰之屬五百，宮罰之屬三百，大辟之罰其屬二百：五刑之屬三千。上下比罪，無僭亂辭，勿用不行；惟察惟法，其審克之。上刑適輕，下服。下刑適重，上服。經重諸罰有權。刑罰世輕世重，惟齊非齊，有倫有要。罰懲非死，人極于病。非佞折獄，惟良折獄，罔非在中。察辭于差，非從惟從。哀敬折獄，明啓刑書胥占，咸庶中正。其刑其罰，其審克之。獄成而孚，輸而孚。其刑上備，有并兩刑。」王曰：「嗚呼！敬之哉，官伯族姓！朕言多懼。朕敬于刑，有德惟刑。今天相民，作配在下，明清于單辭。民之亂，罔不中聽獄之兩辭；無或私家于獄之兩辭。獄貨非寶，惟府辜功，報以庶尤。永畏惟罰，非天不中，惟人在命。天罰不極，庶民罔有令政在于天下。」王曰：「嗚呼！嗣孫！今往何監？非德于民之中，尚明聽之哉！哲人惟刑；無疆之辭，屬于五極；咸中有慶，受王嘉師，監于茲祥刑。」

〔尚書逸文〕

18 《湯誥》

維三月，王自至於東郊。告諸侯群后：「毋不有功於民，勤力迺事。
予乃大罰殛女，毋予怨。曰：古禹、皋陶久勞于外，其有功乎民，民 禹
乃有安。東爲江，北爲濟，西爲河，南爲淮，四瀆已修，萬民乃有居。后稷降播，農殖百穀。三公咸有功于民，故后有立。昔蚩尤與其大夫作亂百姓，帝乃弗予，有狀。先王言不可不勉。曰：不道，毋之在國，女毋我怨。」（見《史記・殷本紀》引《湯誥》）

19 《虞夏書》

堯子不肖，舜使居丹淵爲諸侯，故號丹朱。（見《太平御覽》卷 63） 堯 舜

禹七年水。（見《墨子・七患篇》引《夏書》） 禹

禹抑洪水，十三年過家不入門。陸行載車，水行載舟，泥行蹈毳， 禹
山行即橋。（見《史記・河渠書》引《夏書》）

惟彼陶唐，帥彼天常，有此冀方。今失其行．亂其紀綱，乃滅而 陶唐

亡。（見《左傳· 哀公六年》引《夏書》）

20 疑逸《書》

堯曰：「咨爾舜！天之歷數在爾躬，允執其中。四海困窮，天祿永 堯 舜
終。」（見《論語· 堯曰篇》）

放勳曰：「勞之，來之，匡之，直之，輔之，翼之，使自得之，又 放勳
從而振德之。」（見《孟子· 滕文公上》）

舜往于田，號泣于旻天。（見《孟子· 萬章上》） 舜

帝使其子，九男二女，百官牛羊倉廩備，以事舜於畎畝之中。 舜
（見《孟子· 萬章上》）

父母使舜完廩，捐階；瞽瞍焚廩。使浚井，出，從而揜之。象曰： 舜
「謨蓋都君，咸我績。牛羊父母，倉廩父母，干戈朕，琴朕，弤朕，
二嫂使治朕棲。」象往入舜宮，舜在床琴。象曰：「鬱陶思君爾。」忸怩。 舜 舜
舜曰：「惟茲臣庶，汝其于予治」。（見《孟子· 萬章上》） 舜

禹曰：「濟濟有衆，咸聽朕言。非惟小子，敢行稱亂；蠢茲有苗， 禹
用天之罰。若予既率爾群對諸群，以征有苗。」（見《墨子· 兼愛下》引
《禹誓》）

04 儀禮

三皇五帝夏禹名　無

05 詩經（毛詩）

文献名：05. 詩經

資料番号	伏羲	太皞	其他	女媧	其他	神農	炎帝	赤帝	其他	黄帝	軒轅氏	其他	顓頊	高陽	其他	注(左半葉) 注a	注b
1-1																	
1-2																	
2																	
3																	
4																	
5																	
6																	
7																	
計																	

文献名：05. 詩經

帝嚳	高辛	其他	堯	陶唐	其他	舜	有虞	其他	禹	其他	三皇	五帝	注(右半葉) 注e	注f	参考	資料番号
									(e)				禹		参考	1-1
									1							1-2
									1							2
									1							3
									1							4
									1							5
									1							6
			(e)										堯		参考	7
									6							計

05 詩 經

1　《小雅》210〈信南山〉

1-1　（序）《信南山》、刺幽王也。不能脩成王之業，疆理天下，以奉
参考　禹功，故君子思古焉。 禹

1-2　信彼南山，維禹甸之。畇畇原隰，曾孫田之。我疆我理，南東其畝。 禹

上天同雲，雨雪雰雰。益之以霢霂，既優既渥，既霑既足，生我百穀。

疆埸翼翼，黍稷彧彧。曾孫之穡，以爲酒食。畀我尸賓，壽考萬年！

中田有廬，疆埸有瓜。是剝是菹，獻之皇祖。曾孫壽考，受天之祜！

祭以清酒，從以騂牡，享于祖考：執其鸞刀，以啓其毛，取其血膋。

是烝是享，苾苾芬芬，祀事孔明。先祖是皇：報以介福，萬壽無疆！

2　《大雅》244〈文王有聲〉

《文王有聲》、繼伐也。武王能廣文王之聲，卒其伐功也。

文王有聲，遹駿有聲。遹求厥寧。遹觀厥成。文王烝哉！
文王受命，有此武功。既伐于崇，作邑于豐，文王烝哉！
築城伊淢，作豐伊匹。匪棘其欲，遹追來孝。王后烝哉！
王公伊濯，維豐之垣。四方攸同，王后維翰。王后烝哉！
豐水東注，維禹之績。四方攸同，皇王維辟。皇王烝哉！ 禹
鎬京辟廱！自西自東，自南自北，無思不服。皇王烝哉！
考卜維王，宅是鎬京。維龜正之，武王成之。武王烝哉！
豐水有芑，武王豈不仕？詒厥孫謀，以燕翼子。武王烝哉！

3　《大雅》261〈韓奕〉

《韓奕》、尹吉甫美宣王也。能錫命諸侯。

奕奕梁山，維禹甸之。有倬其道。韓侯受命，王親命之：纘戎祖考！無廢朕命！夙夜匪解，虔共爾位，朕命不易。榦不庭方，以佐戎辟。 禹

四牡奕奕，孔脩且張。韓侯入覲，以其介圭，入覲于王。王錫韓侯：淑旂綏章，簟茀錯衡。玄袞赤舄，鉤膺鏤鍚。鞹鞃淺幭，鞗革金

厄。

韓侯出祖，出宿于屠。顯父餞之，清酒百壺。其殽維何？炰鱉鮮魚。其蔌維何？維筍及蒲。其贈維何？乘馬路車。籩豆有且，侯氏燕胥。

韓侯取妻，汾王之甥，蹶父之子。韓侯迎止，于蹶之里。百兩彭彭，八鸞鏘鏘，不顯其光？諸娣從之，祁祁如雲。韓侯顧之，爛其盈門！

蹶父孔武！靡國不到。爲韓姞相攸、莫如韓樂。孔樂韓土！川澤訏訏，魴鱮甫甫，麀鹿噳噳。有熊有羆，有貓有虎。慶既令居，韓姞燕譽！

溥彼韓城！燕師所完。以先祖受命，因時百蠻。王錫韓侯：其追其貊，奄受北國，因以其伯。實墉實壑，實畝實藉。獻其貔皮，赤豹黃羆。

4 《魯頌》300〈閟宮〉

《閟宮》、頌僖公能復周公之宇也。

閟宮有侐！實實枚枚。赫赫姜嫄！其德不回，上帝是依。無災無害，彌月不遲。是生后稷，降之百福：黍稷重穋，稙穉菽麥。奄有下國，俾民稼穡。有稷有黍，有稻有秬。奄有下土，纘禹之緒。 禹

后稷之孫，實維大王。居岐之陽，實始翦商。至于文武，纘大王之緒。致天之屆，于牧之野：無貳無虞！上帝臨女。敦商之旅，克咸厥功。王曰叔父！建爾元子，俾侯于魯。大啓爾宇，爲周室輔。

乃命魯公，俾侯于東。錫之山川，土田附庸。周公之孫，莊公之子。龍旂承祀，六轡耳耳。春秋匪解，享祀不忒：皇皇后帝！皇祖后稷！享以騂犧，是饗是宜，降福既多。周公皇祖，亦其福女。

秋而載嘗，夏而楅衡。白牡騂剛，犧尊將將。毛炰胾羹，籩豆大房。萬舞洋洋，孝孫有慶。俾爾熾而昌，俾爾壽而臧。保彼東方！魯邦是常。不虧不崩，不震不騰。三壽作朋，如岡如陵。

公車千乘，朱英綠縢，二矛重弓。公徒三萬，貝胄朱綅，烝徒增增。戎狄是膺，荊舒是懲，則莫我敢承！俾爾昌而熾，俾爾壽而富。黃髮台背，壽胥與試。俾爾昌而大，俾爾耆而艾。萬有千歲，眉壽無有害！

泰山巖巖，魯邦所詹：奄有龜蒙，遂荒大東。至于海邦，淮夷來同。莫不率從，魯侯之功！

保有鳧繹，遂荒徐宅，至于海邦，淮夷蠻貊。及彼南夷，莫不率從，莫敢不諾，魯侯是若！

天錫公純嘏！眉壽保魯。居常與許，復周公之宇。魯侯燕喜，令妻壽母。宜大夫庶士，邦國是有，既多受祉，黃髮兒齒！

徂來之松，新甫之柏，是斷是度，是尋是尺。松桷有舄！路寢孔碩，新廟奕奕。奚斯所作：孔曼且碩，萬民是若！

5 《商頌》304〈長發〉

《長發》、大禘也。

濬哲維商！長發其祥。洪水芒芒，禹敷下土方。外大國是疆，幅 禹
隕既長。有娀方將，帝立子生商！

玄王桓撥！受小國是達，受大國是達。率履不越，遂視既發。相土烈烈，海外有截！

帝命不違！至于湯齊。湯降不遲，聖敬日躋。昭假遲遲；上帝是祗，帝命式于九圍。

受小球大球，爲下國綴旒，何天之休。不競不絿，不剛不柔，敷政優優；百祿是遒！

受小共大共，爲下國駿厖，何天之龍。敷奏其勇；不震不動，不戁不竦。百祿是總！

武王載旆，有虔秉鉞。如火烈烈，則莫我敢曷。苞有三蘖，莫遂莫達。九有有截；韋顧既伐，昆吾夏桀！

昔在中葉，有震且業。允也天子！降予卿士，實維阿衡，實左右商王！

6 《商頌》305〈殷武〉

《殷武》、祀高宗也。

撻彼殷武！奮伐荊楚。罙入其阻，裒荊之旅。有截其所，湯孫之緒！

維女荊楚！居國南鄉。昔有成湯；自彼氐羌，莫敢不來享，莫敢不來王，曰商是常！

天命多辟，設都于禹之績；歲事來辟，勿予禍適！稼穡匪解！ 禹

天命降監，下民有嚴。不僭不濫，不敢怠遑。命于下國，封建厥福。

商邑翼翼，四方之極。赫赫厥聲，濯濯厥靈。壽考且寧，以保我後生！

陟彼景山，松柏丸丸。是斷是遷，方斲是虔。松桷有梴，旅楹有閑，寢成孔安！

7 參考

《國風・唐風》114〈蟋蟀〉

（序）《蟋蟀》、刺晉僖公也。儉不中禮，故作是詩以閔之，欲其及時以禮自虞樂也。此晉也，而謂之唐。本其風俗，憂深思遠，儉而

用禮，乃有堯之遺風焉。 堯

蟋蟀在堂，歲聿其莫。今我不樂，日月其除。無已大康，職思其居。好樂無荒，良士瞿瞿！

蟋蟀在堂，歲聿其逝。今我不樂，日月其邁。無已大康，職思其外。好樂無荒，良士蹶蹶！

蟋蟀在堂，役車其休。今我不樂，日月其慆。無已大康，職思其憂。好樂無荒，良士休休！

06 石 鼓 文

三皇五帝夏禹名　無

07 金 文(2)

叔尸鐘

叔尸鎛

(春秋晩期)

金文資料説明は《殷周金文集成》(中國社会科學院考古研究所編) 解説に依據した。

金文(2):「禹」資料
器名:叔尸鐘(全１３鐘) 叔尸鎛(鎛１)
(一名齊公鐘・齊公鎛)
関係句:「處禹之堵」 二資料ともに同じ
時代:春秋晩期(齊靈公)
著録:《殷周金文集成》第１冊Ｎｏ．２７２～Ｎｏ．２８４ Ｎｏ．２８５
文字數:

資料１ 叔尸鐘(全１３鐘)Ｎｏ．２７２～Ｎｏ．２８４
字數:
Ｎｏ．２７２:８４字(又合文１字)
Ｎｏ．２７３:７６字(又合文２字)
Ｎｏ．２７４:７１字(又合文１字)
Ｎｏ．２７５:６７字(又重文１字，合文２字)
Ｎｏ．２７６:８１字
Ｎｏ．２７７:７０字(又重文２字)
Ｎｏ．２７８:４１字(又重文１字)
Ｎｏ．２７９:１４字
Ｎｏ．２８０:２８字(又重文１字)
Ｎｏ．２８１:２０字
Ｎｏ．２８２:２０字
Ｎｏ．２８３:１６字
Ｎｏ．２８４:１４字
合計６０２字(又重文５字合字６字)

資料２ 叔尸鎛Ｎｏ．２８５
字數:
４８０字(又重文６字，合文８字)

他著録：

　　《三代吉金文存》(羅振玉編)

　　《兩周金文辭大系圖録考釋》(郭沫若編著　中國社会科學院考古研究所編輯) 他

出土："宣和五年（１１２３）青州臨淄縣民於齊故城耕地得古器物數十種，其間鐘十枚，
　有款識，尤奇，最多者幾五百字"(金石録)

拓片：薛氏（叔尸鐘）嘯氏（叔尸鎛）

本書採録影印は《殷周金文集成》、《兩周金文辭大系》、《歴代著録吉金目》を影印した。
　《殷周金文集成》はなお約１／３に縮小しての影印であり、また原拓本自体が手抄のもののみしか残らず、かなり影薄く、良質なものではない。また同書の叔尸鐘の第八（Ｎｏ．２７９）と第九（Ｎｏ．２８０）は倒錯しているように思われる。

《両周金文辭大系圖録考釋》

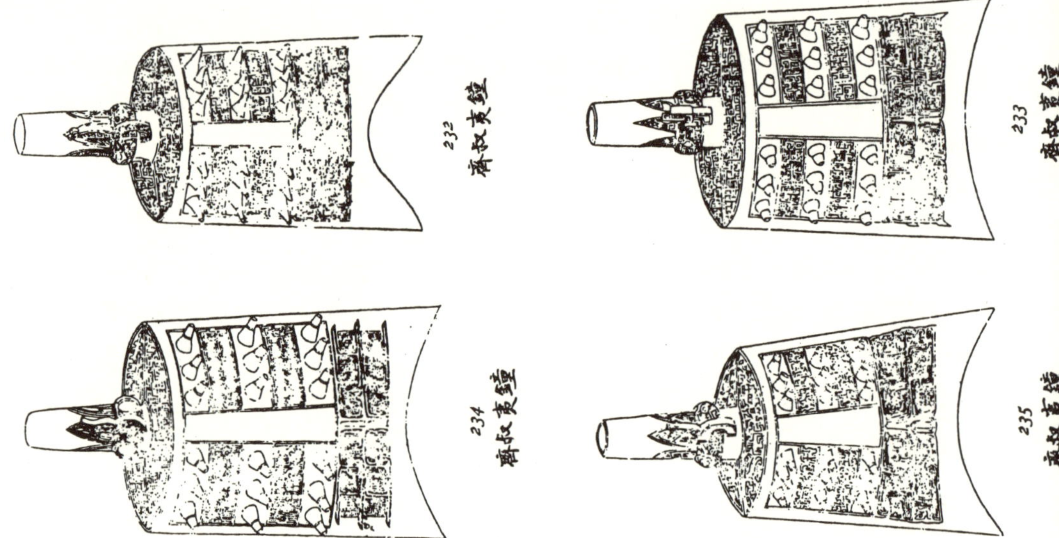

232 齊叔夷鐘

233 齊叔夷鐘

234 齊叔夷鐘

235 齊叔夷鐘

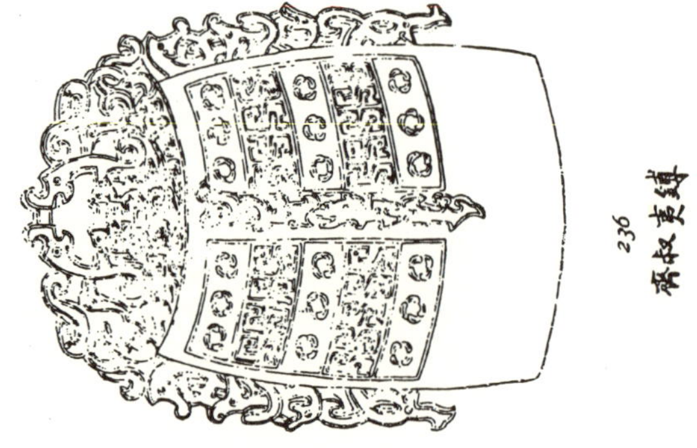

236 齊叔夷鎛

《殷周金文集成》

叔尸鐘一

272·1

272·2

叔尸鐘二

273·1

273·2

叔尸鐘三

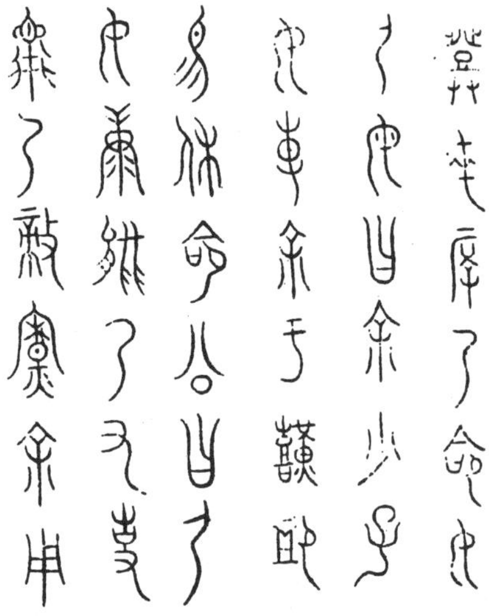

274·1

274·2

叔尸鐘四

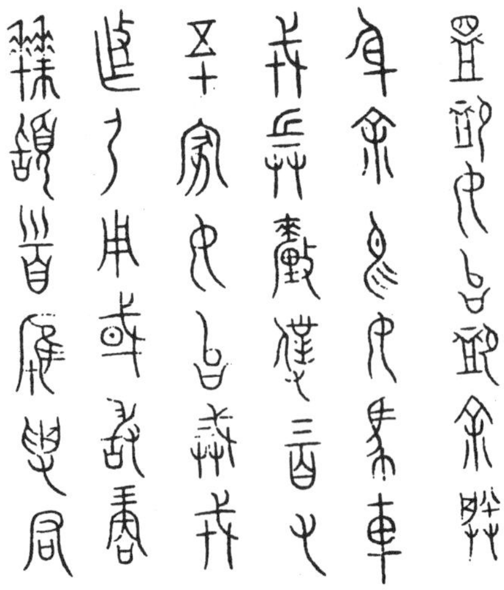

275·1

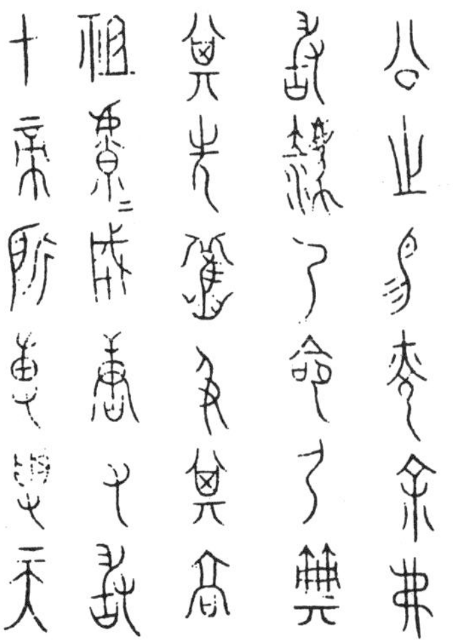

275·2

叔尸鐘五

276·1

276·2

叔尸鐘六

277·1

277·2

叔尸鐘七

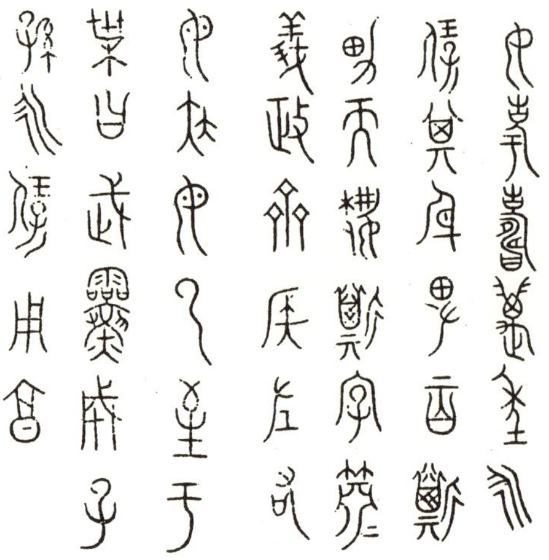

278

叔尸鐘八

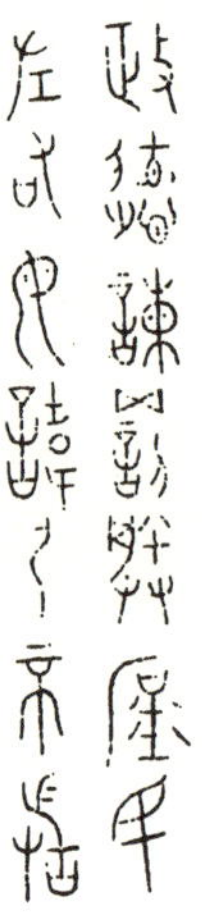

279

叔尸鐘九

280

叔尸鐘十

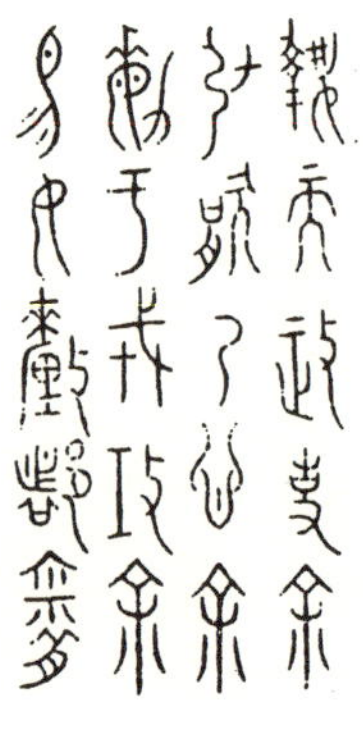

281

叔尸鐘十一

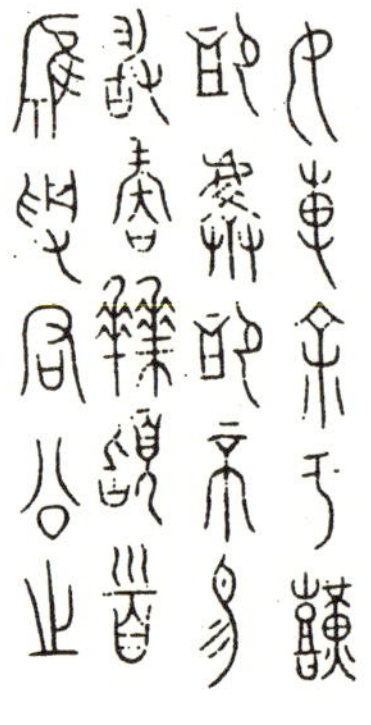

282

叔尸鐘十二

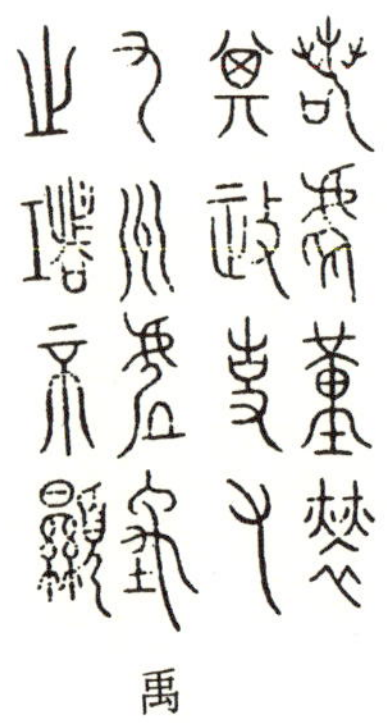

禹

283

叔尸鐘十三

284

叔尸鎛

285 · 2

285 · 1

285 · 4

285 · 3

禹

285·6

285·5

285·8

285·7

鑄生殷、師𡨦殷均从𠕁。字复从貝者，𩰫乃貝古文每互譌也。𡨦通宓，孫詒讓云「尒雅釋詁『宓，靜也』，書無逸曰『不敢荒寧，嘉靖殷邦』，史記魯世家嘉作密，是密靜二字連文之證。」「古籀拾遺」中·三一·孫引洪頤煊讀書叢錄釋為鼏，雖據譌刻為說，要不失為創見。

叔夷鐘

隹王五月，辰才在戊寅，師師于𦵂𣶒。公曰：「女汝尸夷，余經乃先具祖，余既尃乃心，女汝忎小心愄畏忌，女汝不㒸墜，𡖊夙夜宦執而尒政事，余弘猒乃心，余命女汝政于朕三軍，𦗐肅成朕師旟之政德，諫罰朕庶民左右母毋諱，尸不敢弗憼戒，虔卹氒死尸事，戮龢和三軍徒旓，雩氒行師師，昚慎中氒罰。」公曰：「尸，女汝敬共辝予命，女汝雁鬲公家，

女汝巩勞朕行師師，女汝肇勄敏于戎攻。余易錫女汝𨸏都𩐋劇，其縣三百。余命女汝𤔲辝予𨸏𣶒鄙，鎛文作𨟻，从邑造鐵徒四千，為女汝敵寮。」尸敢用拜稽首，弗敢不對揚朕辟皇君之易錫休命。公曰：「尸，女汝康能乃又有事，𧗼逕乃敵寮，余用登純厚乃命。女汝尸，母毋曰『余少小子』，女汝尃余于𧥺卹，虔卹不易，左右余一人一人。」余命女汝𢦏職差左正鎛無此字卿，「鎛文此下有『為大事』三字」兼命于外內之事，中尃盟刑，女汝台以尃戒公家，雁卹余于盟明卹，女汝台以卹余朕身。余易錫女汝馬車鎛作車馬戎兵，𨸏僕三百又五十家，女（汝以）台戒戎㑰作。尸用或又敢再拜稽首，雁受君公之易錫光，余弗敢灋廢乃命。尸箕其先舊及其高祖，鎛文作具虩虩成唐湯，又敢有嚴才在帝所，尃受天命，𠜴伐夏司祀，敗氒靈師師，伊少小臣隹輔咸

禹

有九州，處墉禹之堵土。不顯穆公之孫，其配襄公之妣，而鹹
公之女，雩生吊叔尸，是辟于齊侯之所。是恣小心龏恭遼靈
力若虎，堇蓘其政事，又有共供于𥫗武靈公之所。此句鎛銘作「又共于
公所」，少四字。𥫗武霝公易錫尸吉金鈇鎬玄鏐鐪鋁，尸用饮作鑄
鑄其寶鐘。之所下二十一字，鎛銘為「𢽳擇吉金鈇鎬鐪鋁，用饮鑄其寶鎛」，十四字。用享于其皇
祖，鎛作具。皇妣妣，皇母皇考，用旂祈眉壽，霝命難老老。不顯皇
祖，鎛作具。其乍祚福元孫，其萬福屯純，鰛魯龢協而尔又有
事，卑俾若鐘鼓。外内剴辟，𢦚𢦚譻譻，遷而尔倗剸，母毋或有
承肯頪。女汝考壽萬年，永鎛作羕保其身，卑俾百斯男而埶
埶斯字，肅肅義政，齊侯左右，母毋疾母毋已，至于枼曰武
靈成誠。子子孫孫永鎛作羕保用享。
此鐘作者名為叔尸，尸讀為夷。尸字原作𡰥，与同銘

齊侯鐘一　銘文八十四

惟王五月辰在戊寅師于淄陲公曰汝及余經
乃先祖余既敷乃心汝忠畏忌汝不墜夙夜宦
執而政事余宏猷乃心余命汝政于朕三軍肅
成朕師旟之政德諫罰朕庶民左右毋諱及不
敢弗敬戒虔卹故死事穆和三

齊侯鐘二　銘文七十六

軍徒𢓜雩故行師慎中乃罰公曰及汝敬恭辭
命汝應格公家汝恐恪朕行師汝肇敏于戎攻
余錫汝釐都𦫽爵其縣音余命汝司辭釐造國
徒𠦪為汝敵寮乃敢用拜稽首弗敢不對揚朕
辟皇君之

齊侯鐘三　銘文七十二

錫休命公曰及汝康能乃有事率乃敵寮余用
登純厚乃命汝及毋曰余小子汝敷余于艱卹
虔卹不錫左右余天余命汝緘差正響繼命于外
内之事中敷溫刑以敷戒公家應卹余于

齊侯鐘四　銘文六十七

溫卹汝以卹余朕身余錫汝馬車戎兵釐僕音
有𠦪家汝以戒戎作及用或敢再拜稽首應受
君公之錫光余弗敢廢乃命及典其先舊及其
高祖虩成唐又敢在帝所敷受天

齊侯鐘五　銘文八十一

命刻伐履司敗乃靈師保少臣惟輔咸有九州
處禹之都不顯穆公之孫其配夔公之妊而鋮
公之女粵生叔及是辟于齊侯之所是小心龔
齊靈力若虎謹恪其政事有恭于桓武靈公之
所桓武靈公錫及吉金

齊侯鐘六　銘文七十一

鈇鎬元鏐鉼銘及用作鑄其寶鐘用享于其皇
祖皇妣皇母皇考用祈眉壽令命難老不顯皇
祖其作福元孫其萬福純魯和協而九事俾若
鐘鼓外内開闢都俞俞造而朋剸毋或承類

齊侯鐘七　銘文四十二

汝考壽萬年永保其身俾百斯男而執斯字肅
肅義政齊侯左右毋央毋已至于葉曰武靈成
子孫永保用高

齊侯鐘八　銘文二十九

斯男而執斯字肅肅義政齊侯左右毋公之孫
其配夔公之妊而鋮公之女

禹

齊侯鐘九　銘文十四

政德諫罰朕庶民左右毋諱及不敢

齊侯鐘十　銘文二十

執而政事余宏猷乃心余敏于戎攻余錫汝釐
都允

齊侯鐘十一　銘文二十

汝敷余于艱卹虔卹不易敢再拜稽首應受君
公之

齊侯鐘十二　銘文十六

九州處禹之堵不顯若虎謹恪其政事有

齊侯鐘十三　銘文十四

畀若鐘鼓外内其皇祖皇妣皇母皇

齊侯鎛鐘　銘文四百八十二

惟王五月辰在戊寅師于淄陲公曰汝及余經
乃先祖余既敷乃心汝忠畏忌汝不墜夙夜宦
執而政事余宏猷乃心余命汝政于朕三軍肅
成朕師旟之政德諫罰朕庶民左右毋諱及不
敢弗敬戒虔卹故死事穆和三軍徒𢓊雩故行
師慎中故罰公曰及汝敬恭辭命汝應格公家
汝恐恪朕行師汝肇敏于戎攻余錫汝釐都允
爵其縣音余命汝司辭釐造國徒辛為汝敵寮
乃敢用拜稽首弗敢不對揚朕辟皇君之錫休
命公曰及汝康能乃有事率乃敵寮余用登純
厚乃命汝及毋曰余学汝敷余于艱卹虔卹不
錫左右余大余命汝緘差卿為大事繼命于外
内之事中敷溫刑汝以敷戒公家應卹余于溫
卹汝以卹余朕身余錫汝車馬戎兵釐僕音有
卉家汝以戒戎作及用或敢再拜稽首應受君
公之錫光余弗敢廢乃命及典其先舊及其高
祖虩虩成唐又敢在帝所敷受天命刻伐履同
貫乃靈師保少臣唯輔咸有九州處禹之堵不
顯穆公之孫其配襄公之妣而鹹公之女雩生
叔及是辟于齊侯之所是忠龔齊靈力若虎謹
恪其政事有恭于公所穀擇吉金鈇鎬鏻鋁用
作鑄其寶鎛用享于其皇祖皇妣皇母皇考用
祈眉壽令命難老不顯皇祖其作福元孫其萬
福純魯和協而有事俾若鐘鼓外内開闢都俞
俞造而朋剔毋或承類汝考壽萬年永保其身
俾百斯男而執斯字綴義政齊侯左右毋疾毋
已至于葉曰武靈成子孫永保用享

禹

08　逸 周 書

文献名：08. 逸周書

資料番号	伏羲	太皞	其他	女媧	其他	神農	炎帝	赤帝	其他	黄帝	軒轅氏	其他	顓頊	高陽	其他	注(左半葉) 注a	注b
1																	
2																	
3																	
4								2		1							
5																	
6		1															
7						2				2							
計		1				2		2		3							

文献名：08.逸周書

嚳		其他	堯		其他	舜		其他	禹		三皇		注(右半葉)		参考	資料
	高辛			陶唐			有虞			其他		五帝	注e	注f		番号
									1							1
									1							2
									1							3
									2			1				4
				2			1									5
			1			7			3							6
			1													7
			2	2		7	1		8			1				計

08 逸周書

1 《大聚解　第三十九》

維武王勝殷，撫國綏民，乃觀於殷政，告周公旦曰：「嗚呼！殷政
總總若風草，有所積，有所虛，和此如何？」周公曰：「聞之文考，來
遠賓，廉近者，道別其陰陽之利，相土地之宜，水土之便，營邑制，
命之曰大聚。先誘之以四郊，王親在之，賓大夫免列以選，赦刑以寬，
復亡解辱，削赦口重，旨有數，此謂行風。乃令縣鄙商旅曰：『能來三
室者，與之一室之祿。』闢關修道，五里有郊，十里有井，二十里有舍。
遠旅來至，關人易資，舍有委，市有五均，早暮如一，送行逆來，振
乏救窮，老弱疾病，孤子寡獨，惟政所先，民有欲畜，發令以國爲邑，
以邑爲鄉，以鄉爲閭，禍災相卹，資喪比服。五戶爲伍，以首爲長；
十夫爲什，以年爲長；合閭立教，以威爲長；合旅同親，以敬爲長。
飲食相約，與彈相庸，耦耕口耘，男女有婚，墳墓相連，民乃有親。
六畜有群，室屋既完，民乃歸之。鄉立巫醫，具百藥以備疾災，畜百
草以備五味。立勤人以職孤，立正長以順幼，立職喪以卹死，立大葬
以正同，立君子以脩禮樂，立小人以教用兵，立鄉射以習容，春和獵
耕耘以習遷行，教芧與樹藝，比長立職，與田疇皆通；立祭祀與歲穀
登下厚薄，此謂德教。若其凶土陋民，賤食貴貨，是不知政。山林藪
澤，以因其口；工匠役工，以攻其材；商賈趣市，以合其用。外商資
貴而來，貴物益賤，資賤物，出貴物，以通其器。夫然則關夷市平，
財無鬱廢，商不乏資，百工不失其時，無患不教，口無窮乏，則此謂
和德。若有不言，乃政其凶，陂溝道路，藂苴丘墳，不可樹穀者，樹
之材木。春發枯槁，夏發葉榮，秋發實蔬，冬發薪烝，以匡窮困。揖
其民力，相更爲師，因其土宜，以爲民資，則生無乏用，使無傳尸，
此謂仁德。旦聞禹之禁，春三月山林不登斧，以成草木之長；夏三月　禹
川澤不入網罟，以成魚鱉之長。且以並農力，執成男女之功，夫然則
土不失其宜，萬物不失其性，人不失其事，天下不失其時，以成萬財。
萬財既成，放此爲人，此謂正德。泉深而魚鱉歸之，草木茂而鳥獸歸
之。稱賢使能，官有材而士歸之。關市平，商賈歸之。分地薄斂，農
民歸之。水性歸下，民性歸利，王若欲來天下民，先設其利而民自至，
譬之若冬日之陽，夏日之陰，不召而民自來，此謂歸德。五德既明，
民乃知常。」武王再拜曰：「嗚呼！允哉！天民側側，余知其極有宜。」
乃召昆吾，冶而銘之金版，藏府而朔之。

2 《世俘解　第四十》

維四月乙未日，武王成辟四方，通殷命有國。惟一月丙辰旁生魄，

若翼日丁巳，王乃步自于周，征伐商王紂，越若來二月既死魄，越五日甲子，朝至接于商，則咸劉商王紂，執矢惡臣百人，太公望命禦方來，了卯望至，告以馘俘，戊辰，王遂禦循追祀文王，時日王立政。呂他命伐越戲方，壬申，荒新至，告以馘俘，侯來命伐靡，集于陳，辛巳，至，告以馘俘。甲申，百弇以虎賁誓命伐衛，告以馘俘。辛亥，薦俘殷王鼎，武王乃翼，矢珪矢憲，告天宗上帝，王不格服，格于廟，秉語治庶國，籥人九終，王烈祖自太王、太伯、王季、虞公、文王、邑考、以列升，維告殷罪，籥人造，王秉黃鉞正國伯。壬子，王服袞衣矢琰格廟，籥人造，王秉黃鉞正邦君。癸酉，薦殷俘王士百人，籥人造，王矢琰秉黃鉞執戈，王奏庸，大享一終，王拜手稽首，王定奏庸，大享三終。甲寅，謁我戎殷于牧野，王佩赤白旂，籥人奏武，王入，進萬獻明明三終。乙卯，籥人奏崇禹生開三鐘終，王定。庚子， 禹
陳本命伐磨，百韋命伐宣方，新荒命伐蜀。乙巳，陳本命新荒蜀磨至，告禽霍侯，俘艾佚侯小臣四十有六，禽禦八百有三百兩，告以馘俘，百韋至，告以禽宣方，禽禦三十兩，告以馘俘，百韋命伐厲，告以馘俘。武王狩，禽虎二十有二，貓二，糜五千二百三十五，犀十有二，氂七百二十有一，熊百五十有一，羆百一十有八，豕三百五十有二，貉十有八，麈十有六，麝五十，麋三十，鹿三千五百有八。武王遂征四方，凡憝國九十有九國，馘魔億有十萬七千七百七十有九，俘人三億萬有二百三十，凡服國六百五十有二。時四月既旁生魄，越六日庚戌武王朝至燎于周，維予沖子綏文，武王降自車，乃俾史佚繇書于天號，武王乃廢于紂矢惡臣人百人，伐右厥甲小子鼎大師，伐厥四十夫家君鼎，帥司徒司馬初厥于郊號，武王乃夾于南門用俘，皆施佩衣衣先馘入，武王在祀，太師負商王紂懸首白旂，妻二首赤旂乃以先馘入，燎于周廟。若翼日辛亥，祀于位，用籥于天位，越五日乙卯，武王乃以庶祀馘于國周廟，翼予沖子，斷牛六，斷羊二，庶國乃竟告于周廟曰：「古朕聞文考，修商人典，以斬紂身。」告于天于稷，用小牲羊犬豕於百神水土于誓社，曰：「惟予沖子綏文考，至於沖子。」用牛于天于稷五百有四，用小牲羊豕于百神水土社二千七百有一。商王紂于商郊，時甲子夕，商王紂取天智玉琰，瑿身厚以自焚，凡厥有庶，告焚玉四千，五日，武王乃俾於千人求之，四千庶玉則銷，天智玉五，在火中不銷，凡天智玉，武王則寶與同，凡武王俘商，得舊寶玉萬四千，佩玉億有八萬。

3 《商誓解　第四十三》

王若曰：「告爾伊舊何父，□□□□，幾耿肅執，乃殷之舊，官人序文，□□□□，及太史比，小史昔，及百官，里居獻民，□□□，來尹師之，敬諸戒，疾聽朕言，用胥生蠲尹。」王曰：「嗟爾眾！予言

非敢顧天命，予來致上帝之威命明罰，今惟新誥命爾，敬諸，朕話言，自一言至于十話言，其惟明命爾。」王曰：「在昔后稷，惟上帝之言，克播百穀，登禹之績，凡在天下之庶民，罔不維后稷之元穀用蒸享， 禹
在商先哲王，明祀上帝，□□□□，亦維我后稷之元穀，用告和，用胥飲食，肆商先哲王維厥故，斯用顯我西土，今在商紂，昏憂天下，弗顯上帝，昏虐百姓，奉天之命，上帝弗顯，乃命朕文考曰：『殪商之多罪紂。』肆予小子發不敢忘，天命朕考，胥翕稷政，肆上帝曰：『必伐之。』予惟甲子，剋致天之大罰，□帝之來，革紂之□，予亦無敢違天命，敬諸！昔在我西土，我其齊言，胥告商之百無罪，其維一夫，予既殛紂，承天命，予亦來休，命爾百姓里居君子，其周即命，□□□□□□□□□□□□□□□□□□□□□□□□□□□□□□□□，爾冢邦君，無敢其有不告，見于我有周，其比冢邦君，我無攸愛，上帝曰：『必伐之。』今予惟明告爾，予其往追□紂，達臻集之于上帝，天王其有命爾，百姓獻民其有綴艿，夫自敬其有斯天命，不令爾百姓無告，西土疾勤，其斯有何重，天維用重勤，興起我罪勤，我無克乃一心，爾多子，其人自敬，助天永休于我西土，爾百姓其亦有安處在彼，宜在天命，□及惻興亂，予保奭其介有斯勿用天命，若朕言在周，曰：『商百姓無罪。』朕命在周，其乃先作我肆罪疾，予惟以先王之道御復正爾，百姓越則，非朕負亂，惟爾在我。」王曰：「百姓，我聞古商先哲王成湯，克辟上帝，保生商民，克用三德，疑商民弗懷，用辟厥辟，今紂棄成湯之典，肆上帝命我小國曰：『革商國。』肆予明命汝百姓，其斯弗用朕命，其斯爾冢邦君，商庶百姓，予則□劉滅之。」王曰：「靏予天命，維既咸汝，克承天休于我有周，斯小國于有命不易，昔我盟津，帝休辨商，其有何國？命予小子肆我殷戎，亦辨百度□□美，左右予予，肆劉殷之命，今予維篤祐爾，予史太史違，我史視爾，靖疑，胥敬請，其斯一話敢逸僭，予則上帝之明命予，爾拜拜□百姓，越爾庶義庶刑，子維及西土，我乃其來即刑，乃敬之哉，庶聽朕言，罔胥告。」

4 《嘗麥解　第五十六》

維四年孟夏，王初祈禱于宗廟，乃嘗麥于太祖。是月，王命大正正刑書，爽明，僕告既駕，少祝導王，亞祝迎王，降階，即假于大宗小宗少秘于社，各牡羊一，牡豕三，史導王于北階，王涉階，在東序，乃命太史尚，太正即居于戶西，南向，九州□伯咸進在中，西向，宰乃承王中升自客階，作莢，執莢從中，宰坐，尊中于大正之前，太祝以王命作莢，莢告太宗，王命□□祕作莢，許諾，乃北向繇書于內楹之門，王若曰：「宗掩大正，昔天之初，□作二后，乃設建典，命赤帝 赤帝
分正二卿，命蚩尤于宇少昊，以臨四方，司□□上天末成之慶，蚩尤 (少昊)
乃逐帝，爭于涿鹿之阿，九隅無遺，赤帝大懾，乃說于黃帝，執蚩尤 赤帝 黃帝

殺之于中冀，以甲兵釋怒，用大正，順天思序，紀于大帝，用名之曰
絕轡之野，乃命少昊請司馬鳥師，以正五帝之官，故名曰質，天用大 (少昊) 五帝
成，至於今不亂，其在殷之五子，忘伯禹之命，假國無正，用胥興作 伯禹
亂，遂凶厥國，皇天哀禹，賜以彭壽，思正夏略，今予小子，聞有古 禹
遺訓，而不述朕文考之言，不易。予用皇威，不忘祇天之明典，令□
我大治，用我九宗正州伯教告于我，相在大國，有殷之□辟，自其作
□于古，是威厥邑，無類于冀州，嘉我小國，小國其命余克長國王。
嗚呼！敬之哉！如木既顛厥巢，其猶有枝葉作休，爾弗敬恤爾執，以
屏助予一人，集天之顯，亦爾子孫，其能常憂恤乃事，勿畏多寵，無
愛乃囂，亦無或刑于鰥寡非罪，惠乃其常，無別于民。」眾臣咸興，受
太正書乃降，太史筴形書九篇，以升授太正，乃左還自兩柱之間，□
箴大正曰：「欽之哉，諸正敬功，爾頌審三節，無思民因順，爾臨獄無
頗，正刑有掇，夫循乃德，式監不遠，以有此人，保寧爾國，克戒爾
服，世世是其不殆，維公咸若。」太史乃降，太正坐舉書乃中降，再拜
稽首，王命太史正升，拜于上，王則退。是月，士師乃命太宗序于天
時，祠大暑，乃命少宗祠風雨百享，士師用受其馘，以爲之資邑，乃
命百姓，遂享于富，無思民疾，供百享，歸祭閭率里君，以爲之資野，
宰乃命冢邑縣都祠于太祠，乃風雨也，宰用受其職馘，以爲之資采，
君乃命天御豐穡享祠爲施，大夫以爲資威，太史乃藏之于盟府，以爲
歲典。

5 《史記解　第六十一》

維正月王在成周，昧爽，召三公右史戎夫，曰：「今夕朕寤，遂事
驚予，乃取遂事之要戒，俾戎夫言之，朔望以聞，信不行，義不立，
則哲士凌君政禁而生亂，皮氏以亡；諂諛日近，方正日遠，則邪人專
國政禁而生亂，華氏以亡；好貨財珍怪，則邪人進，邪人進，則賢良
日蔽而遠，賞罰無位，隨財而行，夏后氏以亡；嚴兵而不□者，其臣
懾，其臣懾而不敢忠，不敢忠，則民不親其吏，刑始於親，遠者寒心，
殷商以亡；樂專於君者，權專於臣，權專於臣，則刑專於民，君娛於
樂，臣爭於權，民盡於刑，有虞氏以亡；奉孤以專命者，謀主必畏其 有虞氏
威而疑其前事，挾德而責數日疏，位均而爭，平林以亡；大臣有錮職
譁誅者危，昔者質沙三卿，朝而無禮，君怒而久拘之，譁而弗加，譁
卿謀變，質沙以亡；外內相間，下撓其民，民無所附，三苗以亡；弱
小在疆大之間，存亡將由之，則無天命矣；不知命者死。有夏之方興
也，扈氏弱而下恭，身死國亡；嬖子兩重者亡，昔者義渠氏有兩子，
異母皆重，君疾，大臣分黨而爭，義渠以亡；功大不賞者危，昔平州
之臣，功大而不賞，諂臣日賞貴，功臣日怒而生變，平州之君以走出；
召遠不親者危，昔有林氏召離戎之君而朝之，至而不禮，留而弗親，

離戎逃而去之，林氏誅之，天下叛林氏；昔者曲集之君，伐智而專事，
彊力而不賤其臣，忠良皆伏，愉州氏伐之，君孤而無使，曲集以亡；
昔者有巢氏有亂臣而貴，任之以國，假之以權，擅國而主斷，君已而
奪之，臣怒而生變，有巢以亡。斧小不勝柯者亡，昔有鄶君嗇儉，滅
爵損祿，群臣卑讓，上下不臨，後□小弱，禁罰不行，重氏伐之，鄶
君以亡；久空重位者危，昔有共工自賢，自以無臣，久空大官，下官
交亂，民無所附，唐氏伐之，共工以亡；犯難爭權疑者死，昔有林氏、 唐氏
上衡氏爭權，林氏再戰而勝，上衡氏偽義弗克，俱身死國亡；知能均
而不親，並重事君者危，昔有南氏有二臣貴寵，力鈞勢敵，竟進爭權，
下爭朋黨，君弗禁，南氏以分；昔有果氏好以新易故，故者疾怨，新
故不和，內爭朋黨，陰事外權，有果氏以亡；爵重祿輕，比□不成者
亡，昔有畢程氏，損祿增爵，群臣貌匱，比而戾民，畢程氏以亡；好
變故易常者亡，昔陽氏之君，自伐而好變，事無故業，官無定位，民
運於下，陽氏以亡；業形而愎者危，昔谷平之君，愎類無親，破國弗
克，業形用國，外內相援，谷平以亡；武不止者亡，昔阪泉氏用兵無
已，誅戰不休，並兼無親，文無所立，智士寒心，徙居至于獨鹿，諸
侯畔之，阪泉以亡；佷而無親者亡，昔者縣宗之君，佷而無聽，執事
不從，宗職者疑發大事，群臣解體，國無立功，縣宗以亡。昔者玄都
賢鬼道，廢人事天，謀臣不用，龜策是從，神巫用國，哲士在外，玄
都以亡；文武不行者亡，昔者西夏性仁非兵，城郭不脩，武士無位，
惠而好賞，財屈而無以賞，唐氏伐之，城郭不守，武士不用，西夏以 唐氏
亡；美女破國，昔者績陽彊力四征，重丘遺之美女，績陽之君悅之，
熒惑不治，大臣爭權，遠近不相聽，國分為二；宮室破國，昔者有洛
氏宮室無常，池囿廣大，工功日進，以後更前，民不得休，農失其時，
飢饉無食，成商伐之，有洛以亡。」

6 《太子晉解　第六十四》

晉平公使叔譽于周，見太子晉而與之言，五稱而五窮，逡巡而退， 舜 禹
其言不遂。歸告公曰：「太子晉行年十五，而臣弗能與言，君請歸聲就
復與田，若不反，及有天下，將以為誅。」平公將歸之，師曠不可曰：
「請使暝臣往與之言，若能幪予，反而復之。」師曠見太子稱曰：「吾
聞王子之語，高於泰山，夜寢不寐，晝居不安，不遠長道，而求一言。」
王子應之曰：「吾聞太師將來，甚喜而又懼，吾年甚少，見子而懾，盡
忘吾度。」師曠曰：「吾聞王子古之君子，甚成不驕，自晉如周，行不
知勞。」王子應之曰：「古之君子，其行至慎，委積施關，道路無限，
百姓悅之，相將而遠，遠人來驩，視道如尺。」師曠告善，又稱曰：「古
之君子，其行可則、由舜而下，其孰有廣德？」王子應之曰：「如舜者 舜 舜
天，舜居其所，以利天下，奉翼遠人，皆得己仁，此之謂天。如禹者， 舜 禹

聖勞而不居，以利天下：好取不好與，必度其正，是之謂聖。如文王者，其大道仁，其小道惠，三分天下而有其二，敬人無方，服事於商，既有其衆而返失其身，此之謂仁。如武王者，義殺一人而以利天下，異姓同姓，各得其所是之謂義。」師曠告善，又稱曰：「宣辨名命，異姓惡方，王侯君公，何以爲尊？何以爲上？」王子應之曰：「人生而重丈夫，謂之胄子。胄子成人，能治上官，謂之士。士率衆時作，謂之伯。伯能移善於衆，與百姓同，謂之公。公能樹名，生物與天道俱，謂之侯。侯能成群謂之君。君有廣德，分任諸侯而敦信，曰：「予一人」。善至於四海，曰「天子」，達於四荒，曰「天王」，四荒至，某有怨訾，乃登爲帝。」師曠罄然，又稱曰：「溫恭敦敏，方德不改，聞物□□，
下學以起，尚登帝臣，乃參天子，自古誰？」王子應之曰：「穆穆虞舜， 虞舜
明明赫赫，立義治律，萬物皆作，分均天財，萬物熙熙，非舜而誰？」 舜
師曠束躅其足曰：「善哉！善哉！」王子曰：「大師何舉足驟？」師曠曰：「天寒足躅，是以數也。」王子曰：「請入坐。」遂敷席注瑟，師曠歌《無射》曰：「國誠寧矣，遠人來觀。修義經矣，好樂無荒。」乃注瑟於王子，王子歌《嶠》曰：「何自南極，至于北極，絕境越國，弗愁道遠。」師曠蹶然起曰：「瞑臣請歸。」王子賜之乘車四馬曰：「太師亦善御之。」師曠對曰：「御，吾未之學也。」王子曰：「汝不爲夫詩，詩云：『馬之剛矣，轡之柔矣。馬亦不剛，轡亦不柔。志氣麃麃，取予不疑。』以是御之。」師曠對曰：「瞑臣無見，爲人辯也。唯耳之恃，而耳又寡聞而易窮。王子，汝將爲天下宗乎？」王子曰：「太師，何汝戲我
乎？自太皞以下至于堯、舜、禹，未有一姓而再有天下者。夫大當時 太皞 堯 舜 禹
而不伐，天何可得？且吾聞汝知人年之長短，告吾。」師曠對曰：「汝聲清汗，汝色赤白，火色不壽。」王子曰：「然吾後三年，將上賓于帝所，汝慎無言，殃將及汝。」師曠歸，未及三年，告死者至。

〔逸周書逸文　嘉定朱右曾亮甫著〕

7 神農之時天雨粟，神農耕而種之，作陶冶斤斧，破木爲耜鉏耨，以墾草莽，然後五穀興，以助果蓏之實。

8 黃帝作井，始甑竈，亨穀爲粥，蒸穀爲飯，燔肉爲炙。

9 少昊曰：「清清者，黃帝之子青陽也。」

10 日本有十，迭次而出，運照無窮，堯時爲妖，十日並出，故爲羿所射死。

09 春 秋

三皇五帝夏禹名　無

10 左 氏 傳

文献名：10. 左氏傳

資料番号	伏羲			女媧		神農				黄帝			顓頊			注(左半葉)	
	伏羲	太皞	其他	女媧	其他	神農	炎帝	赤帝	其他	黄帝	軒轅氏	其他	顓頊	高陽	其他	注a	注b
1																	
2																	
3		1															
4										1							
5																	
6																	
7												2 (a) (b)	1	1		帝鴻氏	縉雲氏
8																	
9																	
10																	
11																	
12																	
13																	
14																	
15																	
16																	
17																	
18																	
19																	
20													1				
21													1				
22		1					1			1			1				
23		1											1				
24									1 (a)				1			烈山氏	
25																	
26																	
27																	
28							1										
計		3					2		1	2		2	6	1			

10 左氏傳

文献名：10. 左氏傳

帝嚳	高辛	其他	堯	陶唐	其他	舜	有虞	其他	禹	其他	三皇	五帝	注(右半葉)		参考	資料番号
													注e	注f		
									1							1
							1									2
																3
																4
						1			1							5
									1							6
	1		7			6	1									7
									1							8
							1									9
									1							10
				1												11
									1							12
				1			1									13
				1					1							14
							1									15
									3							16
	1															17
							1		1							18
			1													19
						1	2									20
																21
																22
																23
				1		2										24
							2		1							25
				1												26
									1							27
																28
	2		8	5		10	10		13							計

10 左氏傳

1 〈莊公 11 年〉

秋，宋大水。公使弔焉，曰:「天作淫雨，害於粢盛，若之何不弔？」
對曰:「孤實不敬，天降之災，又以爲君憂，拜命之辱。」

臧文仲曰:「宋其興乎！禹、湯罪己，其興也悖焉。桀、紂罪人， 禹
其亡也忽焉。且列國有凶，稱孤，禮也。言懼而名禮，其庶乎！」既
而聞之曰:「公子御說之辭也。」臧孫達曰:「是宜爲君，有恤民之心。」

2 〈莊公 32 年〉

秋七月，有神降于莘。

惠王問諸內史過曰:「是何故也？」對曰:「國之將興，明神降之，
監其德也；將亡，神又降之，觀其惡也。故有得神以興，亦有以亡，
虞、夏、商、周皆有之。」王曰:「若之何？」對曰:「以其物享焉。其 虞
至之日，亦其物也。」王從之。內史過往，聞虢請命，反曰:「虢必亡
矣。虐而聽於神。」

神居莘六月。虢公使祝應、宗區、史嚚享焉。神賜之土田。史嚚曰:
「虢其亡乎！吾聞之：國將興，聽於民；將亡，聽於神。神、聰明正
直而壹者也，依人而行。虢多涼德，其何土之能得？」

3 〈僖公 21 年〉

任、宿、須句、顓臾，風姓也，實司大皞與有濟之祀，以服事諸 大皞
夏。邾人滅須句。須句子來奔，因成風也。成風爲之言於公，曰:「崇
明祀，保小寡，周禮也；蠻夷猾夏，周禍也。若封須句，是崇皞、濟
而脩祀、紓禍也。」

4 〈僖公 25 年〉

秦伯師于河上，將納王。狐偃言於晉侯曰:「求諸侯，莫如勤王。
諸侯信之，且大義也。繼文之業，而信宣於諸侯，今爲可矣。」

使卜偃卜之，曰:「吉。遇黃帝戰于阪泉之兆。」公曰:「吾不堪也。」 黃帝
對曰:「周禮未改，今之王，古之帝也，」公曰:「筮之！」筮之，遇《大
有》䷍之《睽》䷥，曰:「吉。遇『公用享于天子』之卦也。戰克而王
饗，吉孰大焉？且是卦也，天爲澤以當日，天子降心以逆公，不亦可
乎？《大有》去《睽》而復，亦其所也。」

晉侯辭秦師而下。三月甲辰，次于陽樊，右師圍溫，左師逆王。
夏四月丁巳，王入于王城。取大叔于溫，殺之于隰城。

戊午，晉侯朝王。王饗醴，命之宥。請隧，弗許，曰:「王章也。

未有代德，而有二王，亦叔父之所惡也。」與之陽樊、溫、原、欑茅之田。晉於是始起南陽。

陽樊不服，圍之。蒼葛呼曰：「德以柔中國，刑以威四夷，宜吾不敢服也。此，誰非王之親姻，其俘之也？」乃出其民。

5 〈僖公 33 年〉

狄伐晉，及箕。八月戊子，晉侯敗狄于箕。郤缺獲白狄子。

先軫曰，匹夫逞志於君，而無討，敢不自討乎，免冑入狄師，死焉。狄人歸其元，面如生。

初，臼季使，過冀，見冀缺耨，其妻饁之，敬，相待如賓。與之歸，言諸文公曰：「敬、德之聚也。能敬必有德。德以治民，君請用之！臣聞之：出門如賓，承事如祭，仁之則也。」公曰：「其父有罪，可乎？」對曰：「舜之罪也殛鯀，其舉也興禹。管敬仲、桓之賊也，實相以濟。 舜 禹
《康誥》曰：『父不慈，子不祇；兄不友，弟不共；不相及也。』《詩》曰：『采葑采菲，無以下體。』君取節焉可也。」文公以爲下軍大夫。反自箕，襄公以三命命先且居將中軍，以再命命先茅之縣賞胥臣，曰：「舉郤缺，子之功也。」以一命命郤缺爲卿，復與之冀，亦未有軍行。

6 〈文公 2 年〉

秋八月丁卯，大事于大廟，躋僖公，逆祀也。於是夏父弗忌爲宗伯，尊僖公，且明見曰：「吾見新鬼大，故鬼小。先大後小，順也。躋聖賢，明也。明、順、禮也。」

君子以爲失禮：「禮無不順。祀、國之大事也，而逆之，可謂禮乎？子雖齊聖，不先父食久矣。故禹不先鯀，湯不先契，文、武不先不窋。 禹
宋祖帝乙，鄭祖厲王，猶上祖也。是以《魯頌》曰：『春秋匪解，享祀不忒，皇皇后帝，皇祖后稷。』君子曰『禮』，謂其后稷親而先帝也。《詩》曰：『問我諸姑，遂及伯姊。』君子曰『禮』，謂其姊親而先姑也。」

仲尼曰：「臧文仲其不仁者三，不知者三。下展禽，廢六關，妾織蒲，三不仁也。作虛器，縱逆祀，祀爰居，三不知也。」

7 〈文公 18 年〉

莒紀公子生大子僕，又生季佗，愛季佗而黜僕，且多行禮於國。僕因國人以弒紀公，以其寶玉來奔，納諸宣公。公命與之邑，曰：「今日必授！」季文子使司寇出諸竟，曰：「今日必達！」公問其故。季文子使大史克對，曰：「先大夫臧文仲教行父事君之禮，行父奉以周旋，弗敢失隊，曰：「見有禮於其君者，事之，如孝子之養父母也；見無禮於其君者，誅之，如鷹鸇之逐鳥雀也。」先君周公制周禮曰：「則以觀德，德以處事，事以度功，功以食民。」作誓命曰：「毀則爲賊，掩賊

爲藏。竊賄爲盗，盗器爲姦。主藏之名，賴姦之用，爲大凶德，有常，無赦。在九刑不忘。」行父還觀莒僕，莫可則也。孝敬、忠信爲吉德，盗賊、藏姦爲凶德。夫莒僕則其孝敬，則弒君父矣；則其忠信，則竊寶玉矣。其人、則盗賊也，其器、則姦兆也。保而利之，則主藏也。以訓則昏，民無則焉。不度於善，而皆在於凶德，是以去之。

「昔高陽氏有才子八人，蒼舒、隤敳、檮戭、大臨、尨降、庭堅、 高陽氏
仲容、叔達，齊、聖、廣、淵、明、允、篤、誠，天下之民謂之『八
愷』。高辛氏有才子八人，伯奮、仲堪、叔獻、季仲、伯虎、仲熊、叔 高辛氏
豹、季貍，忠、肅、共、懿、宣、慈、惠和，天下之民謂之『八元』。
此十六族也，世濟其美，不隕其名。以至於堯，堯不能舉。舜臣堯， 堯 堯 舜 堯
舉八愷，使主后土，以揆百事，莫不時序，地平天成。舉八元，使布
五教于四方，父義、母慈、兄友、弟共、子孝，內平，外成。

「昔帝鴻氏有不才子，掩義隱賊，好行凶德；醜類惡物。頑嚚不 帝鴻氏
友，是與比周，天下之民謂之『渾敦』。少皡氏有不才子，毀信廢忠， (少皡氏)
崇飾惡言；靖譖庸回，服讒蒐慝，以誣盛德，天下之民謂之『窮奇』。
顓頊氏有不才子，不可教訓，不知話言；告之則頑，舍之則嚚，傲很 顓頊氏
明德，以亂天常，天下之民謂之『檮杌』。此三族也，世濟其凶，增其
惡名，以至于堯，堯不能去。縉雲氏有不才子，貪于飲食，冒于貨賄， 堯 堯
侵欲崇侈，不可盈厭，聚斂積實，不知紀極，不分孤寡，不恤窮匱，
天下之民以比三凶，謂之『饕餮』。舜臣堯，賓于四門，流四凶族，渾 舜 堯
敦、窮奇、檮杌、饕餮，投諸四裔，以禦螭魅。是以堯崩而天下如一， 堯
同心戴舜，以爲天子，以其舉十六相，去四凶也。故《虞書》數舜之 舜 虞 舜
功，曰：「愼徽五典，五典克從。」無違教也。曰：「納于百揆，百揆時
序。」無廢事也。曰：「賓于四門，四門穆穆。」無凶人也。

「舜有大功二十而爲天子，今行父雖未獲一吉人，去一凶矣。於 舜
舜之功，二十之一也，庶幾免於戾乎！」 舜

8 〈宣公16年〉

十六年春，晉士會帥師滅赤狄甲氏及留吁鐸辰。

三月，獻狄俘。晉侯請于王，戊申，以黻冕命士會將中軍，且爲
大傅。於是晉國之盗逃奔于秦。羊舌職曰：「吾聞之：『禹稱善人，不 禹
善人遠』，此之謂也夫。《詩》曰：『戰戰兢兢，如臨深淵，如履薄冰』，
善人在上也。善人在上，則國無幸民。諺曰：『民之多幸，國之不幸也』，
是無善人之謂也。」

9 〈成公13年〉

夏四月戊午，晉侯使呂相絕秦，曰：「昔逮我獻公及穆公相好，勠力同心，申之以盟誓，重之以昏姻。天禍晉國，文公如齊，惠公如秦。

無祿，獻公即世。穆公不忘舊德，俾我惠公用能奉祀于晉。又不能成大勳，而爲韓之師。亦悔于厥心，用集我文公，是穆之成也。文公躬擐甲冑，跋履山川，踰越險阻，征東之諸侯，虞、夏、商、周之胤而 虞
朝諸秦，則亦既報舊德矣。鄭人怒君之疆埸，我文公帥諸侯及秦圍鄭，秦大夫不詢于我寡君，擅及鄭盟。諸侯疾之，將致命于秦。文公恐懼，綏靜諸侯，秦師克還無害，則是我有大造于西也。無祿，文公即世，穆爲不弔，蔑死我君，寡我襄公，迭我殽地，奸絕我好，伐我保城，殄滅我費滑，散離我兄弟，撓亂我同盟，傾覆我國家。我襄公未忘君之舊勳，而懼社稷之隕，是以有殽之師。猶願赦罪于穆公。穆公弗聽，而即楚謀我。天誘其衷，成王隕命，穆公是以不克逞志于我。穆、襄即世，康、靈即位。康公、我之自出，又欲闕翦我公室，傾覆我社稷，帥我蝥賊，以來蕩搖我邊疆，我是以有令狐之役。康猶不悛，入我河曲，伐我涑川，俘我王官，翦我羈馬，我是以有河曲之戰。東道之不通，則是康公絕我好也。

「及君之嗣也，我君景公引領西望曰：『庶撫我乎！』君亦不惠稱盟，利吾有狄難，入我河縣，焚我箕、郜，芟夷我農功，虔劉我邊陲，我是以有輔氏之聚。君亦悔禍之延，而欲徼福于先君獻、穆，使伯車來命我景公曰：『吾與女同好棄惡，復脩舊德，以追念前勳。』言誓未就，景公即世，我寡君是以有令狐之會。君又不祥，背棄盟誓。白狄及君同州，君之仇讎，而我之昏姻也。君來賜命曰：『吾與女伐狄。』寡君不敢顧昏姻，畏君之威，而受命于吏。君有二心於狄，曰：『晉將伐女。』狄應且憎，是用告我。楚人惡君之二三其德也，亦來告我曰：『秦背令狐之盟，而來求盟于我：「昭告昊天上帝、秦三公、楚三王曰：『余雖與晉出入，余唯利是視。』不穀惡其無成德，是用宣之，以懲不壹。」諸侯備聞此言，斯是用痛心疾首，暱就寡人，寡人帥以聽命，唯好是求。君若惠顧諸侯，矜哀寡人，而賜之盟，則寡人之願也，其承寧諸侯以退，豈敢徼亂？君若不施大惠，寡人不佞，其不能以諸侯退矣。敢盡布之執事，俾執事實圖利之。』」

秦桓公既與晉厲公爲令狐之盟，而又召狄與楚，欲道以伐晉，諸侯是以睦於晉。晉欒書將中軍，荀庚佐之；士燮將上軍，郤錡佐之；韓厥將下軍，荀罃佐之；趙旃將新軍，郤至佐之。郤毅御戎，欒鍼爲右。孟獻子曰：「晉帥乘和，師必有大功。」五月，丁亥，晉師以諸侯之師，及秦師戰于麻隧。秦師敗績，獲秦成差及不更女父。曹宣公卒于師。師遂濟涇，及侯麗而還。迓晉侯于新楚。

成肅公卒于瑕。

10 〈襄公 4 年〉

無終子嘉父使孟樂如晉，因魏莊子納虎豹之皮以請和諸戎。晉侯

曰：「戎狄無親而貪，不如伐之。」魏絳曰：「諸侯新服，陳新來和，將觀於我。我德，則睦；否，則攜貳。勞師於戎，而楚伐陳，必弗能救，是棄陳也。諸華必叛。戎，禽獸也。獲戎、失華，無乃不可乎！《夏訓》有之曰：「有窮后羿。」公曰：「后羿何如？」對曰：「昔有夏之方衰也，后羿自鉏遷于窮石，因夏民以代夏政。恃其射也，不脩民事，而淫于原獸，棄武羅、伯因、熊髡、尨圉，而用寒浞。寒浞、伯明氏之讒子弟也，伯明后寒棄之，夷羿收之，信而使之，以爲己相。浞行媚于內，而施賂于外，愚弄其民，而虞羿于田。樹之詐慝，以取其國家，外內咸服。羿猶不悛，將歸自田，家衆殺而亨之，以食其子，其子不忍食諸，死于窮門。靡奔有鬲氏。浞因羿室，生澆及豷；恃其讒慝詐僞，而不德于民，使澆用師，滅斟灌及斟尋氏。處澆于過，處豷于戈。靡自有鬲氏，收二國之燼，以滅浞而立少康。少康滅澆于過，后杼滅豷于戈，有窮由是遂亡，失人故也。昔周辛甲之爲大史也，命百官，官箴王闕。於《虞人之箴》曰：『芒芒禹迹，畫爲九州，經啓九 禹
道。民有寢、廟，獸有茂草；各有攸處，德用不擾。在帝夷羿，冒于原獸，忘其國恤，而思其麀牡。武不可重，用不恢于夏家。獸臣司原，取告僕夫。』《虞箴》如是，可不懲乎？」於是晉侯好田，故魏絳及之。

公曰：「然則莫如和戎乎？」對曰：「和戎有五利焉，戎狄荐居，貴貨易土，土可賈焉，一也。邊鄙不聳，民狎其野，穡人成功，二也。戎狄事晉，四鄰振動，諸侯威懷，三也。以德綏戎，師徒不動，甲兵不頓，四也。鑒于后羿，而用德度，遠至邇安，五也。君其圖之！」

公說，使魏絳盟諸戎。脩民事，田以時。

11 〈襄公 9 年〉

九年春，宋災，樂喜爲司城以爲政，使伯氏司里。火所未至，徹小屋，塗大屋，陳畚、挶；具綆、缶，備水器；量輕重，蓄水潦，積土塗；巡丈城，繕守備，表火道。使華臣具正徒，令隧正納郊保，奔火所。使華閱討右官，官庀其司。向戌討左，亦如之。使樂遄庀刑器，亦如之。使皇鄖命校正出馬，工正出車，備甲兵，庀武守。使西鉏吾庀府守，令司宮、巷伯儆宮。二師令四鄉正敬享，祝宗用馬于四墉，祀盤庚于西門之外。

晉侯問於士弱曰：「吾聞之，宋災於是乎知有天道，何故？」對曰：「古之火正，或食於心，或食於咮，以出內火。是故咮爲鶉火，心爲
大火。陶唐氏之火正閼伯居商丘，祀大火，而火紀時焉。相土因之， 陶唐氏
故商主大火。商人閱其禍敗之釁，必始於火，是以日知其有天道也。」公曰：「可必乎？」對曰：「在道。國亂無象，不可知也。」

12 〈襄公 21 年〉

欒桓子娶於范宣子，生懷子。范鞅以其亡也，怨欒氏，故與欒盈爲公族大夫而不相能。桓子卒，欒祁與其老州賓通，幾亡室矣。懷子患之。祁懼其討也，愬諸宣子曰：「盈將爲亂，以范氏爲死桓主而專政矣，曰：「吾父逐鞅也，不怒而以寵報之，又與吾同官而專之。吾父死而益富。死吾父而專於國，有死而已，吾蔑從之矣。」其謀如是，懼害於主，吾不敢不言。」范鞅爲之徵。懷子好施，士多歸之。宣子畏其多士也，信之。懷子爲下卿，宣子使城著而遂逐之。秋，欒盈出奔楚。宣子殺箕遺、黃淵、嘉父、司空靖、邴豫、董叔、邴師、申書、羊舌虎、叔羆，囚伯華、叔向、籍偃。人謂叔向曰：「子離於罪，其爲不知乎？」叔向曰：「與其死亡若何？詩曰：「優哉游哉，聊以卒歲」，知也。

欒王鮒見叔向，曰：「吾爲子請。」叔向弗應。出，不拜。其人皆咎叔向。叔向曰：「必祁大夫。」室老聞之，曰：「欒王鮒言於君，無不行，求赦吾子，吾子不許。祁大夫所不能也，而曰必由之，何也？」叔向曰：「欒王鮒，從君者也，何能行？祁大夫外舉不棄讎，內舉不失親，其獨遺我乎？詩曰：「有覺德行，四國順之。」夫子覺者也。」

晉侯問叔向之罪於欒王鮒。對曰：「不棄其親，其有焉。」於是祁奚老矣，聞之，乘馹而見宣子，曰：「《詩》曰：『惠我無疆，子孫保之。』《書》曰：『聖有暮勳，明徵定保。』夫謀而鮮過、惠訓不倦者，叔向有焉，社稷之固也，猶將十世宥之，以勸能者。今壹不免其身，以棄社稷，不亦惑乎？鯀殛而禹興；伊尹放大甲而相之，卒無怨色；管、 禹
蔡爲戮，周公右王。若之何其以虎也棄社稷？子爲善，誰敢不勉？多殺何爲？」宣子說，與之乘，以言諸公而免之。不見叔向而歸，叔向亦不告免焉而朝。

初，叔向之母妬叔虎之母美而不使，其子皆諫其母。其母曰：「深山大澤，實生龍蛇。彼美，余懼其生龍蛇以禍女。女、敝族也。國多大寵，不仁人間之，不亦難乎？余何愛焉？使往視寢，生叔虎，美而有勇力，欒懷子嬖之，故羊舌氏之族及於難。

欒盈過於周，周西鄙掠之。辭於行人曰：「天子陪臣盈得罪於王之守臣，將逃罪。罪重於郊甸，無所伏竄，敢布其死：昔陪臣書能輸力於王室，王施惠焉。其子黶不能保任其父之勞。大君若不棄書之力，亡臣猶有所逃。若棄書之力，而思黶之罪，臣、戮餘也，將歸死於尉氏。不敢還矣。敢布四體，唯大君命焉。」王曰：「尤而效之，其又甚焉。」使司徒禁掠欒氏者，歸所取焉，使候出諸轘轅。

13 〈襄公 24 年〉

傳二十四年春，穆叔如晉，范宣子逆之，問焉，曰：「古人有言曰，
『死而不朽』，何謂也？」穆叔未對。宣子曰：「昔匄之祖，自虞以上 虞
爲陶唐氏，在夏爲御龍氏，在商爲豕韋氏，在周爲唐杜氏，晉主夏盟 陶唐氏

爲范氏，其是之謂乎！」穆叔曰：「以豹所聞，此之謂世祿，非不朽也。魯有先大夫曰臧文仲，既沒，其言立，其是之謂乎！豹聞之：『大上有立德，其次有立功，其次有立言。』雖久不廢，此之謂不朽。若夫保姓受氏，以守宗祊，世不絕祀，無國無之。祿之大者，不可謂不朽。」

14 〈襄公 29 年〉

吳公子札來聘，見叔孫穆子，說之。謂穆子曰：「子其不得死乎！好善而不能擇人。吾聞君子務在擇人。吾子爲魯宗卿，而任其大政，不愼舉，何以堪之？禍必及子！」

請觀於周樂。使工爲之歌《周南》、《召南》，曰：「美哉！始基之矣，猶未也，然勤而不怨矣。爲之歌《邶》、《鄘》、《衛》，曰：「美哉淵乎！憂而不困者也。吾聞衛康叔、武公之德如是，是其《衛風》乎！」爲之歌《王》，曰：「美哉！思而不懼，其周之東乎！」爲之歌《鄭》，曰：「美哉！其細已甚，民弗堪也。是其先亡乎！」爲之歌《齊》，曰：「美哉，泱泱乎！大風也哉！表東海者，其大公乎！國未可量也。」爲之歌《豳》，曰：「美哉，蕩乎！樂而不淫，其周公之東乎！」爲之歌《秦》，曰：「此之謂夏聲。夫能夏則大，大之至也，其周之舊乎！」爲之歌《魏》，曰：「美哉，渢渢乎！大而婉，險而易行，以德輔此，則明主也。」爲之歌《唐》，曰：「思深哉！其有陶唐氏之遺風乎！不然，何其憂之遠也？非令德之後，誰能若是？」爲之歌《陳》，曰：「國無主，其能久乎！」自《鄶》以下，無譏焉。爲之歌《小雅》曰：「美哉！思而不貳，怨而不言，其周德之衰乎？猶有先王之遺民焉。」爲之歌《大雅》，曰：「廣哉，熙熙乎！曲而有直體，其文王之德乎！」爲之歌《頌》，曰：「至矣哉！直而不倨，曲而不屈，邇而不偪，遠而不攜，遷而不淫，復而不厭，哀而不愁，樂而不荒，用而不匱，廣而不宣，施而不費，取而不貪，處而不底，行而不流。五聲和，八風平。節有度，守有序，盛德之所同也。」

陶唐氏

見舞《象箾》、《南籥》者，曰：「美哉，猶有憾。」見舞《大武》者，曰：「美哉！周之盛也其若此乎！」見舞《韶濩》者，曰：「聖人之弘也，而猶有慚德，聖人之難也。」見舞《大夏》者，曰：「美哉！勤而不德，非禹其誰能脩之？」見舞《韶箾》者，曰：「德至矣哉，大矣！如天之無不幬也，如地之無不載也。雖甚盛德，其蔑以加於此矣，觀止矣。若有他樂，吾不敢請已。」

禹

其出聘也，通嗣君也。故遂聘于齊，說晏平仲，謂之曰：「子速納邑與政。無邑無政，乃免於難。齊國之政將有所歸，未獲所歸，難未歇也。」故晏子因陳桓子以納政與邑，是以免於欒、高之難。

聘於鄭，見子產，如舊相識。與之縞帶，子產獻紵衣焉。謂子產曰：「鄭之執政侈，難將至矣，政必及子。子爲政，愼之以禮。不然，鄭國將敗。」

適衛，說蘧瑗、史狗、史鰌、公子荊、公叔發、公子朝，曰：「衛多君子，未有患也。」

自衛如晉，將宿於戚，聞鍾聲焉，曰：「異哉！吾聞之也，辯而不德，必加於戮。夫子獲罪於君以在此，懼猶不足，而又何樂？夫子之在此也，猶燕之巢於幕上。君又在殯，而可以樂乎？」遂去之。文子聞之，終身不聽琴瑟。

適晉，說趙文子、韓宣子、魏獻子，曰：「晉國其萃於三族乎！」說叔向。將行，謂叔向曰：「吾子勉之！君侈而多良，大夫皆富，政將在家。吾子好直，必思自免於難。」

15 〈昭公元年〉

季武子伐莒，取鄆。莒人告於會。楚告於晉曰：「尋盟未退，而魯伐莒，瀆齊盟，請戮其使。」

樂桓子相趙文子，欲求貨於叔孫，而爲之請。使請帶焉，弗與。梁其踁曰：「貨以藩身，子何愛焉？」叔孫曰：「諸侯之會，衛社稷也。我以貨免，魯必受師，是禍之也，何衛之爲，人之有牆，以蔽惡也。牆之隙壞，誰之咎也？衛而惡之，吾又甚焉。雖怨季孫，魯國何罪？叔出季處，有自來矣，吾又誰怨？然鮒也賄，弗與，不已。」召使者，裂裳帛而與之，曰：「帶其褊矣。」趙孟聞之，曰：「臨患不忘國，忠也；思難不越官，信也；圖國忘死，貞也；謀主三者，義也。有是四者，又可戮乎？」乃請諸楚曰：「魯雖有罪，其執事不辟難，畏威而敬命矣。子若免之，以勸左右，可也。若子之群吏，處不辟污，出不逃難，其何患之有？患之所生，污而不治，難而不守，所由來也。能是二者，又何患焉？不靖其能，其誰從之？魯叔孫豹可謂能矣，請免之以靖能者。子會而赦有罪，又賞其賢，諸侯其誰不欣焉望楚而歸之，視遠如邇？疆場之邑，一彼一此，何常之有？王、伯之令也，引其封疆，而樹之官，舉之表旗，而著之制令，過則有刑，猶不可壹。於是乎虞有 虞
三苗，夏有觀、扈，商有姺、邳，周有徐、奄。自無令王，諸侯逐進，狎主齊盟，其又可壹乎？恤大舍小，足以爲盟主，又焉用之？封疆之削，何國蔑有？主齊盟者，誰能辯焉？吳、濮有釁，楚之執事豈其顧盟？莒之疆事，楚勿與知，諸侯無煩，不亦可乎？莒、魯爭鄆，爲日久矣。苟無大害於其社稷，可無亢也。去煩宥善，莫不競勸。子其圖之。」固請諸楚，楚人許之，乃免叔孫。

16 〈昭公元年〉

天王使劉定公勞趙孟於穎，館於雒汭。劉子曰：「美哉禹功！明德 禹
遠矣。微禹，吾其魚乎！吾與子弁冕、端委，以治民、臨諸侯，禹之 禹 禹

力也。子盍亦遠績禹功而大庇民乎！」對曰：「老夫罪戾是懼，焉能恤 禹
遠？吾儕偷食，朝不謀夕，何其長也？」劉子歸，以語王曰：「諺所謂
老將知而耄及之者，其趙孟之謂乎！爲晉正卿，以主諸侯，而儕於隸
入，朝不謀夕，棄神、人矣。神怒、民叛，何以能久？趙孟不復年矣。
神怒，不歆其祀；民叛，不即其事。祀、事不從，又何以年？」

17 〈昭公元年〉

晉侯有疾，鄭伯使公孫僑如晉聘，且問疾。叔向問焉，曰：「寡君
之疾病，卜人曰：『實沈、臺駘爲祟』，史莫之知。敢問此何神也？」
子產曰：「昔高辛氏有二子，伯曰閼伯，季曰實沈，居于曠林，不相能 高辛氏
也，日尋干戈以相征討。后帝不臧，遷閼伯于商丘，主辰。商人是因，
故辰爲商星。遷實沈于大夏，主參，唐人是因，以服事夏、商。其季
世曰唐叔虞。當武王邑姜方震大叔，夢帝謂己：『余命而子曰虞，將與
之唐，屬諸參，而蕃育其子孫。』及生，有文在其手曰虞，遂以命之。
及成王滅唐，而封大叔焉，故參爲晉星。由是觀之，則實沈、參神也。
昔金天氏有裔子曰昧，爲玄冥師，生允格、臺駘。臺駘能業其官，宣 （金天氏）
汾、洮，障大澤，以處大原。帝用嘉之，封諸汾川，沈、姒、蓐、黃
實守其祀。今晉主汾而滅之矣。由是觀之，則臺駘、汾神也。抑此二
者不及君身。山川之神，則水旱癘疫之災於是乎禜之；日月星辰之神，
則雪霜風雨之不時，於是乎禜之。若君身，則亦出入、飲食、哀樂之
事也，山川、星辰之神又何爲焉？僑聞之，君子有四時：朝以聽政，
晝以訪問，夕以脩令，夜以安身。於是乎節宣其氣，勿使有所壅閉湫
底以露其體，茲心不爽，而昏亂百度。今無乃壹之，則生疾矣。僑又
聞之，內官不及同姓，其生不殖。美先盡矣，則相生疾，君子是以惡
之。故《志》曰：『買妾不知其姓，則卜之。』違此二者，古之所慎也。
男女辨姓，禮之大司也。今君內實有四姬焉，其無乃是也乎？若由是
二者，弗可爲也已。四姬有省猶可無則，必生疾矣。」叔向曰：「善哉！
肸未之聞也，此皆然矣。」

叔向出，行人揮送之。叔向問鄭故焉，且問子皙。對曰：「其與幾
何！無禮而好陵人，怙富而卑其上，弗能久矣。」

晉侯聞子產之言，曰：「博物君子也。」重賄之。

晉侯求醫於秦，秦伯使醫和視之，曰：「疾不可爲也，是謂近女，
室疾如蠱。非鬼非食，惑以喪志。良臣將死，天命不祐。」公曰：「女
不可近乎？」對曰：「節之。先王之樂，所以節百事也，故有五節；遲
速本末以相及，中聲以降。五降之後，不容彈矣。於是有煩手淫聲，
慆堙心耳，乃忘平和，君子弗聽也。物亦如之。至於煩，乃舍也已，
無以生疾。君子之近琴瑟，以儀節也，非以慆心也。天有六氣，降生
五味，發爲五色，徵爲五聲。淫生六疾。六氣曰陰、陽、風、雨、晦、

明也，分爲四時，序爲五節，過則爲菑：陰淫寒疾，陽淫熱疾，風淫末疾，雨淫腹疾，晦淫惑疾，明淫心疾。女陽物而晦時，淫則生內熱惑蠱之疾。今君不節不時能無及此乎？」

出，告趙孟。趙孟曰：「誰當良臣？」對曰：「主是謂矣。主相晉國，於今八年，晉國無亂，諸侯無闕，可謂良矣。和聞之，國之大臣，榮其寵祿，任其寵節。有菑禍興，而無改焉，必受其咎。今君至於淫以生疾，將不能圖恤社稷，禍孰大焉？主不能禦，吾是以云也。」趙孟曰：「何謂蠱？」對曰：「淫溺惑亂之所生也。於文，皿蟲爲蠱。穀之飛亦爲蠱。在周易，女惑男、風落山謂之蠱☶。皆同物也。」趙孟曰：「良醫也。」厚其禮而歸之。

18 〈昭公 6 年〉

三月，鄭人鑄刑書。叔向使詒子產書，曰：「始吾有虞於子，今則已矣。昔先王議事以制，不爲刑辟，懼民之有爭心也。猶不可禁禦，是故閑之以義，糾之以政，行之以禮，守之以信，奉之以仁；制爲祿位，以勸其從；嚴斷刑罰，以威其淫。懼其未也，故誨之以忠，聳之以行，教之以務，使之以和，臨之以敬，涖之以彊，斷之以剛；猶求聖哲之上，明察之官、忠信之長、慈惠之師，民於是乎可任使也，而不生禍亂。民知有辟，則不忌於上。並有爭心，以徵於書，而徼幸以成之，弗可爲矣。

「夏有亂政，而作《禹刑》；商有亂政，而作《湯刑》；周有亂政，而作《九刑》；三辟之興，皆叔世也。今吾子相鄭國，作封洫，立謗政，制參辟，鑄刑書，將以靖民，不亦難乎？《詩》曰：『儀式刑文王之德，日靖四方。』又曰：『儀刑文王，萬邦作孚。』如是，何辟之有？民知爭端矣，將棄禮而徵於書，錐刀之末，將盡爭之。亂獄滋豐，賄賂並行。終子之世，鄭其敗乎？肸聞之：『國將亡，必多制』，其此之謂乎！」 禹

復書曰：「若吾子之言，僑不才，不能及子孫，吾以救世也。既不承命，敢忘大惠！」

士文伯曰：「火見，鄭其火乎！火未出而作火以鑄刑器，藏爭辟焉。火如象之，不火何爲？」

19 〈昭公 7 年〉

鄭子產聘于晉。晉侯疾，韓宣子逆客，私焉，曰：「寡君寢疾，於今三月矣，並走群望，有加而無瘳。今夢黃熊入于寢門，其何厲鬼也！」對曰：「以君之明，子爲大政，其何厲之有？昔堯殛鯀于羽山，其神化爲黃熊，以入于羽淵，實爲夏郊，三代祀之。晉爲盟主，其或者未之祀也乎！韓子祀夏郊。晉侯有間，賜子產莒之二方鼎。 堯

20 〈昭公 8 年〉

陳公子招歸罪於公子過而殺之。九月，楚公子棄疾帥師奉孫吳圍陳，宋戴惡會之。冬十一月壬午，滅陳。輿嬖袁克殺馬毀玉以葬。楚人將殺之，請寘之，既又請私。私於幄，加絰於顙而逃。

使穿封戌爲陳公，曰：「城麇之役不諂。侍飲酒於王，王曰：「城麇之役，女知寡人之及此，女其辟寡人乎！」對曰：「若知君之及此，臣必致死禮以息楚。」

晉侯問於史趙曰：「陳其遂亡乎！」對曰：「未也。」公曰：「何故？」
對曰：「陳、顓頊之族也，歲在鶉火，是以卒滅。陳將如之。今在析木　顓頊
之津，猶將復由。且陳氏得政于齊而後陳卒亡。自幕至于瞽瞍無違命，
舜重之以明德，寘德於遂。遂世守之。及胡公不淫，故周賜之姓，使　舜
祀虞帝。臣聞盛德必百世祀。虞之世數未也，繼守將在齊，其兆既存　虞帝 虞
矣。」

21 〈昭公 10 年〉

十年春，王正月，有星出于婺女。鄭裨竈言於子產曰：「七月戊子，
晉君將死。今茲歲在顓頊之虛，姜氏、任氏實守其地，居其維首，而　顓頊
有妖星焉，告邑姜也。邑姜、晉之妣也。天以七紀，戊子逢公以登，星斯於是乎出，吾是以譏之。」

22 〈昭公 17 年〉

秋，郯子來朝，公與之宴。昭子問焉曰：「少皞氏鳥名官，何故也？」　(少皞氏)
郯子曰：「吾祖也，我知之。昔者黃帝氏以雲紀，故爲雲師而雲名；炎　黃帝氏 炎帝
帝氏以火紀，故爲火師而火名；共工氏以水紀，故爲水師而水名；大　大皞氏
皞氏以龍紀，故爲龍師而龍名。我高祖少皞摯之立也，鳳鳥適至，故　(少皞摯)
紀於鳥，爲鳥師而鳥名：鳳鳥氏，歷正也；玄鳥氏，司分者也；伯趙氏，司至者也；青鳥氏，司啓者也；丹鳥氏，司閉者也。祝鳩氏，司徒也；鴡鳩氏，司馬也；鳲鳩氏，司空也；爽鳩氏，司寇也；鶻鳩氏，司事也。五鳩，鳩民者也。五雉爲五工正，利器用、正度量，夷民者
也。九扈爲九農正，扈民無淫者也。自顓頊以來，不能紀遠，乃紀於　顓頊
近。爲民師而命以民事，則不能故也。」

仲尼聞之，見於郯子而學之。既而告人曰：「吾聞之，『天子失官，學在四夷』，猶信。」

23 〈昭公 17 年〉

冬，有星孛于大辰，西及漢。申須曰：「彗所以除舊布新也。天事恆象，今除於火，火出必布焉，諸侯其有火災乎！」梓慎曰：「往年吾見之，是其徵也。火出而見，今茲火出而章，必火入而伏，其居火也

久矣，其與不然乎？火出，於夏爲三月，於商爲四月，於周爲五月。
夏數得天，若火作，其四國當之，在宋、衛、陳、鄭乎！宋、大辰之
虛也，陳、大皞之虛也，鄭、祝融之虛也，皆火房也。星孛及漢，漢、 大皞
水祥也。衛、顓頊之虛也，故爲帝丘，其星爲大水，水、火之牡也。 顓頊
其以丙子若壬午作乎！水火所以合也。若火入而伏，必以壬午，不過
其見之月。」

鄭裨竈言於子產曰：「宋、衛、陳、鄭將同日火。若我用瓘斝玉瓚，
鄭必不火。」子產弗與。

24 〈昭公 29 年〉

秋，龍見于絳郊。魏獻子問於蔡墨曰：「吾聞之，蟲莫知於龍，以
其不生得也，謂之知，信乎？」對曰：「人實不知，非龍實知。古者畜
龍，故國有豢龍氏，有御龍氏。」獻子曰：「是二氏者，吾亦聞之，而
不知其故，是何謂也？對曰：「昔有飂叔安，有裔子曰董父，實甚好龍，
能求其耆欲以飲食之，龍多歸之，乃擾畜龍，以服事帝舜，帝賜之姓 帝舜
曰董，氏曰豢龍，封諸鬷川，鬷夷氏其後也。故帝舜氏世有畜龍。及 帝舜氏
有夏孔甲，擾于有帝，帝賜之乘龍，河、漢各二，各有雌雄。孔甲不
能食，而未獲豢龍氏。有陶唐氏既衰，其後有劉累，學擾龍于豢龍氏， 陶唐氏
以事孔甲，能飲食之夏后嘉之，賜氏曰御龍。以更豕韋之後。龍一雌
死，潛醢以食夏后。夏后饗之，既而使求之。懼而遷于魯縣，范氏其
後也。」獻子曰：「今何故無之？」對曰：「夫物、物有其官，官脩其方，
朝夕思之。一日失職，則死及之。失官不食。官宿其業，其物乃至。
若泯棄之，物乃坻伏，鬱湮不育。故有五行之官，是謂五官，實列受
氏姓，封爲上公，祀爲貴神。社稷五祀，是尊是奉。木正曰句芒，火
正曰祝融，金正曰蓐收，水正曰玄冥，土正曰后土。龍、水物也，水
官棄矣，故龍不生得。不然，《周易》有之：在《乾》䷀之《姤》䷫，
曰『潛龍勿用』；其《同人》䷌曰『見龍在田』；其《大有》䷍曰『飛
龍在天』；其《夬》䷪曰『亢龍有悔』，其《坤》䷁曰『見群龍無首，
吉』；《坤》之《剝》䷖曰『龍戰于野』。若不朝夕見，誰能物之？」獻
子曰：「社稷五祀，誰氏之五官也？」對曰：「少皞氏有四叔，曰重、 (少皞氏)
曰該、曰脩、曰熙，實能金、木及水。使重爲句芒，該爲蓐收，脩及
熙爲玄冥，世不失職，遂濟窮桑，此其三祀也。顓頊氏有子曰犁，爲 顓頊氏
祝融；共工氏有子曰句龍，爲后土，此其二祀也。后土爲社；稷、田
正也。有烈山氏之子曰柱爲稷，自夏以上祀之。周棄亦爲稷，自商以 烈山氏
來祀之。

25 〈哀公元年〉

吳王夫差敗越于夫椒，報檇李也。遂入越。越子以甲楯五千保于

會稽，使大夫種因吳大宰嚭以行成。吳子將許之。伍員曰：「不可。臣聞之：「樹德莫如滋，去疾莫如盡。」昔有過澆殺斟灌以伐斟鄩，滅夏后相，后緡方娠，逃出自竇，歸于有仍，生少康焉。爲仍牧正，惎澆能戒之。澆使椒求之，逃奔有虞，爲之庖正，以除其害。虞思於是妻 (有虞)(虞)
之以二姚，而邑諸綸，有田一成，有衆一旅。能布其德，而兆其謀，以收夏衆，撫其官職；使女艾諜澆，使季杼誘豷。遂滅過、戈，復禹 禹
之績，祀夏配天，不失舊物。今吳不如過，而越大於少康，或將豐之，不亦難乎！句踐能親而務施，施不失人，親不棄勞。與我同壤，而世爲仇讎，於是乎克而弗取，將又存之，違天而長寇讎，後雖悔之，不可食已。姬之衰也，日可俟也。介在蠻夷，而長寇讎，以是求伯，必不行矣。」弗聽。退而告人曰：「越十年生聚，而十年教訓，二十年之外，吳其爲沼乎！」三月，越及吳平。吳入越，不書，吳不告慶、越不告敗也。

26 〈哀公 6 年〉

秋七月，楚子在城父，將救陳。卜戰，不吉；卜退，不吉。王曰：「然則死也。再敗楚師，不如死；棄盟、逃讎，亦不如死。死一也，其死讎乎！」命公子申爲王，不可；則命公子結，亦不可；則命公子啓，五辭而後許。將戰，王有疾。庚寅，昭王攻大冥，卒于城父。子閭退，曰：「君王舍其子而讓，群臣敢忘君乎？從君之命，順也；立君之子，亦順也。二順不可失也。」與子西、子期謀，潛師，閉塗，逆越女之子章，立之，而後還。

是歲也，有雲如衆赤鳥，夾日以飛三日。楚子使問諸周大史。周大史曰：「其當王身乎！若禜之，可移於令尹、司馬。」王曰：「除腹心之疾，而寘諸股肱，何益？」不穀不有大過，天其夭諸？有罪受罰，又焉移之？」遂弗禜。

初，昭王有疾，卜曰：「河爲祟。」王弗祭。大夫請祭諸郊。王曰：「三代命祀，祭不越望。江、漢、睢、章，楚之望也。禍福之至，不是過也。不穀雖不德，河非所獲罪也。」遂弗祭。

孔子曰：「楚昭王知大道矣。其不失國也，宜哉！《夏書》曰：『惟彼陶唐，帥彼天常，有此冀方。今失其行，亂其紀綱，乃滅而亡。』又 陶唐
曰：『允出茲在茲。』由己率常，可矣。」

27 〈哀公 7 年〉

季康子欲伐邾，乃饗大夫以謀之。子服景伯曰：「小所以事大，信也；大所以保小，仁也。背大國，不信；伐小國，不仁。民保於城，城保於德。失二德者，危，將焉保？」孟孫曰：「二三子以爲何如？惡賢而逆之？」對曰：「禹合諸侯於塗山，執玉帛者萬國。今其存者，無 禹

數十焉，唯大不字小，小不事大也。知必危，何故不言？魯德如邾而以衆加之，可乎？」不樂而出。

秋，伐邾，及范門，猶聞鍾聲。大夫諫，不聽。茅成子請告於吳，不許，曰：「魯擊柝聞於邾，吳二千里，不三月不至，何及於我？且國內豈不足？」成子以茅叛，師遂入邾，處其公宮。衆師晝掠，邾衆保于繹。師宵掠，以邾子益來，獻于亳社，囚諸負瑕，負瑕故有繹。

28 〈哀公 9 年〉

晉趙鞅卜救鄭，遇水適火，占諸史趙、史墨、史龜。史龜曰：「『是謂沈陽，可以興兵，利以伐姜，不利子商。』伐齊則可，敵宋不吉。」史墨曰：「盈、水名也，子、水位也。名位敵，不可干也。炎帝爲火師，姜姓、其後也。水勝火，伐姜則可。」史趙曰：「是謂如川之滿，不可游也。鄭方有罪，不可救也。救鄭則不吉，不知其他。」陽虎以《周易》筮之，遇《泰》䷊之《需》䷄，曰：「宋方吉，不可與也。微子啓、帝乙之元子也。宋、鄭，甥舅也。祉、祿也。若帝乙之元子歸妹而有吉祿，我安得吉焉？」乃止。 炎帝

11 國語

文献名：11. 國語

資料番号	伏羲	太皞	其他	女媧	其他	神農	炎帝	赤帝	其他	黄帝	軒轅氏	其他	顓頊	高陽	其他	注(左半葉) 注a	注b
1																	
2							1			1							
3													1				
4									1 (a)	3			4			烈山氏	
5							3			6							
6																	
7																	
8																	
9																	
10																	
11													1				
12																	
計							4		1	10			6				

文献名：11. 國語

帝嚳	高辛	其他	堯	陶唐	其他	舜	有虞	其他	禹	其他	三皇	五帝	注(右半葉) 注e	注f	参考	資料番号
			1													1
			1				1		3							2
1																3
2			2			3	2		3							4
							1		2							5
																6
						1			1							7
				1			1									8
	1		1			1	1		1							9
			1			1										10
			1													11
						1			1							12
3	1		7	1		7	6		11							計

11 國語

1 《周語上　卷一》

十五年，有神降於莘，王問於內史過，曰：「是何故？固有之乎？」對曰：「有之．國之將興，其君齊明、衷正、精潔、惠和，其德足以昭其馨香，其惠足以同其民人．神饗而民聽，民神無怨，故明神降之，觀其政德而均布福焉．國之將亡，其君貪冒、辟邪、淫佚、荒怠、麤穢、暴虐；其政腥臊，馨香不登；其刑矯誣，百姓攜貳．明神不蠲而民有遠志，民神怨痛，無所依懷，故神亦往焉，觀其苛慝而降之禍．是以或見神以興，亦或以亡．昔夏之興也，融降于崇山；其亡也，回祿信於聆隧．商之興也，檮杌次於丕山；其亡也，夷羊在牧．周之興也，鸑鷟鳴於岐山；其衰也，杜伯射王於鄗．是皆明神之志者也．」

王曰：「今是何神也？」對曰：「昔昭王娶於房，曰房后，實有爽德，協於丹朱，丹朱憑身以儀之，生穆王焉．是實臨照周之子孫而禍福之．夫神壹不遠徙遷，若由是觀之，其丹朱之神乎？」王曰：「其誰受之？」對曰：「在虢土．」王曰：「然則何爲？」對曰：「臣聞之：道而得神，是謂逢福；淫而得神，是謂貪禍．今虢少荒，其亡乎？」王曰：「吾其若之何？」對曰：「使太宰以祝、史帥狸姓，奉犧牲、粢盛、玉帛往獻焉，無有祈也．」

王曰：「虢其幾何？」對曰：「昔堯臨民以五，今其胄見，神之見 堯
也，不過其物。若由是觀之，不過五年。」王使太宰忌父帥傅氏及祝、史奉犧牲、玉鬯往獻焉。內史過從至虢，虢公亦使祝、史請土焉。內史過歸，以告王曰：「虢必亡矣，不禋於神而求福焉，神必禍之；不親於民而求用焉，人必違之。精意以享，禋也；慈保庶民，親也。今虢公動匱百姓以逞其違，離民怒神而求利焉，不亦難乎！」十九年，晉取虢。

2 《周語下　卷三》

靈王二十二年，穀、洛鬬，將毀王宮。王欲壅之，太子晉諫曰：「不可。晉聞古之長民者，不墮山，不崇藪，不防川，不竇澤。夫山，土之聚也；藪，物之歸也；川，氣之導也；澤，水之鍾也。夫天地成而聚於高，歸物於下。疏爲川谷，以導其氣；陂塘汙庳，以鍾其美。是故聚不阤崩，而物有所歸；氣不沈滯，而亦不散越。是以民生有財用，而死有所葬。然則無夭、昏、札、瘥之憂，而無飢、寒、乏、匱之患，故上下能相固，以待不虞，古之聖王唯此之愼。

「昔共工棄此道也，虞于湛樂，淫失其身，欲壅防百川，墮高堙
庳，以害天下。皇天弗福，庶民弗助，禍亂並興，共工用滅。其在有 有虞

虞，有崇伯鮌，播其淫心，稱遂共工之過，堯用殛之于羽山。其後伯禹念前之非度，釐改制量，象物天地，比類百則，儀之于民，而度之于羣生，共之從孫四嶽佐之，高高下下，疏川導滯，鍾水豐物，封崇九山，決汨九川，陂鄣九澤，豐殖九藪，汨越九原，宅居九隩，合通四海。故天無伏陰，地無散陽，水無沈氣，火無災燀，神無閒行，民無淫心，時無逆數，物無害生。帥象禹之功，度之于軌儀，莫非嘉績，克厭帝心。皇天嘉之，祚以天下，賜姓曰『姒』、氏曰『有夏』，謂其能以嘉祉殷富生物也。祚四嶽國，命以侯伯，賜姓曰『姜』、氏曰『有呂』，謂其能爲禹股肱心膂，以養物豐民人也。 　　鮌 伯禹 禹 禹

「此一王四伯，豈緊多寵？皆亡王之後也。唯能釐舉嘉義，以有胤在下，守祀不替其典。有夏雖衰，杞、鄫猶在；申、呂雖衰，齊、許猶在．唯有嘉功，以命姓受祀，迄于天下。及其失之也，必有慆淫之心閒之。故亡其氏姓，踣斃不振；絕後無主，湮替隸圉。夫亡者豈緊無寵？皆黃、炎之後也。唯不帥天地之度，不順四時之序，不度民神之義，不儀生物之則，以殄滅無胤，至于今不祀。及其得之也，必有忠信之心閒之。度於天地而順於時動，和於民神而儀於物則，故高朗令終，顯融昭明，命姓受氏，而附之以令名。若啟先王之遺訓，省其典圖刑法，而觀其廢興者，皆可知也。其興者，必有夏、呂之功焉；其廢者，必有共、鮌之敗焉。今吾執政無乃實有所避，而滑夫二川之神，使至於爭明，以妨王宮，王而飾之，無乃不可乎！ 黃 炎

3 《周語下　卷三》

王曰：「七律者何？」對曰：「昔武王伐殷，歲在鶉火，月在天駟，日在析木之津，辰在斗柄，星在天黿。星與日辰之位，皆在北維。顓頊之所建也，帝嚳受之。我姬氏出自天黿，及析木者，有建星及牽牛焉，則我皇妣大姜之姪伯陵之後，逄公之所憑神也。歲之所在，則我有周之分野也。月之所在，辰馬農祥也。我太祖后稷之所經緯也，王欲合是五位三所而用之。自鶉及駟七列也。南北之揆七同也，凡人神以數合之，以聲昭之。數合聲和，然後可同也。故以七同其數，而以律和其聲，於是乎有七律。 顓頊 帝嚳

4 《魯語上　卷四》

海鳥曰「爰居」，止於魯東門之外三日，臧文仲使國人祭之。展禽曰：「越哉，臧孫之爲政也！夫祀，國之大節也；而節，政之所成也。故愼制祀以爲國典。今無故而加典，非政之宜也。

「夫聖王之制祀也，法施於民則祀之，以死勤事則祀之，以勞定國則祀之，能禦大災則祀之，能扞大患則祀之。非是族也，不在祀典。昔烈山氏之有天下也，其子曰柱，能殖百穀百蔬；夏之興也，周棄繼 烈山氏

之，故祀以爲稷。共工氏之伯九有也，其子曰后土，能平九土，故祀
以爲社。黃帝能成命百物，以明民共財，顓頊能修之。帝嚳能序三辰　黃帝 顓頊
以固民，堯能單均刑法以儀民，舜勤民事而野死，鮌鄣洪水而殛死，　堯 舜
禹能以德修鮌之功，契爲司徒而民輯，冥勤其官而水死，湯以寬治民　禹
而除其邪，稷勤百穀而山死，文王以文昭，武王去民之穢。故有虞氏　有虞氏
禘黃帝而祖顓頊，郊堯而宗舜；夏后氏禘黃帝而祖顓頊，郊鮌而宗禹；　黃帝 顓頊
商人禘舜而祖契，郊冥而宗湯；周人禘嚳而郊稷，祖文王而宗武王；　黃帝 顓頊
幕，能帥顓頊者也。有虞氏報焉；杼，能帥禹者也，夏后氏報焉；上　舜 嚳
甲微，能帥契者也，商人報焉；高圉、大王，能帥稷者也，周人報焉。　顓頊 有虞氏
凡禘、郊、祖、宗、報，此五者國之典祀也。

「加之以社稷山川之神，皆有功烈於民者也；及前哲令德之人，所以爲明質也；及天之三辰，民所以瞻仰也；及地之五行，所以生殖也；及九州名山川澤，所以出財用也。非是不在祀典。

「今海鳥至，己不知而祀之，以爲國典，難以爲仁且智矣。夫仁者講功，而智者處物。無功而祀之，非仁也；不知而不能問，非智也。今茲海其有災乎？夫廣川之鳥獸，恆知避其災也。」

是歲也，海多大風，冬煖。文仲聞柳下季之言，曰：「信吾過也，季子之言不可不法也。」使書以爲三筴。

5 《魯語下　卷五》

吳伐越，墮會稽，獲骨焉，節專車。吳子使來好聘，且問之仲尼，曰：「無以吾命。」賓發幣於大夫，及仲尼，仲尼爵之。既徹俎而宴，客執骨而問曰：「敢問骨何爲大？」仲尼曰：「丘聞之：昔禹致羣神於　禹
會稽之山，防風氏後至，禹殺而戮之，其骨節專車。此爲大矣。」客曰：　禹
「敢問誰守爲神？」仲尼曰：「山川之靈，足以紀綱天下者，其守爲神；社稷之守者，爲公侯。皆屬於王者。」客曰：「防風何守也？」仲尼曰：「汪芒氏之君也，守封、嵎之山者也，爲漆姓。在虞、夏、商爲汪芒氏，於周爲長狄，今爲大人。」客曰：「人長之極幾何？」仲尼曰：「僬僥氏長三尺，短之至也。長者不過十之，數之極也。」

6 《晉語四　卷十》

秦伯歸女五人，懷嬴與焉。公子使奉匜沃盥，既而揮之。嬴怒曰：「秦、晉匹也，何以卑我？」公子懼，降服囚命。秦伯見公子曰：「寡人之適，此爲才。子圉之辱，備嬪嬙焉，欲以成婚，而懼離其惡名。非此，則無故。不敢以禮致之，懽之故也。公子有辱，寡人之罪也。唯命是聽。」

公子欲辭，司空季子曰：「同姓爲兄弟。黃帝之子二十五人，其同　黃帝
姓者二人而已，唯青陽與夷鼓皆爲己姓。青陽，方雷氏之甥也。夷鼓，

彤魚氏之甥也。其同生而異姓者，四母之子別爲十二姓。凡黃帝之子，　黃帝
二十五宗，其得姓者十四人爲十二姓。姬、酉、祁、己、滕、箴、任、
荀、僖、姞、儇、依是也。唯青陽與蒼林氏同于黃帝，故皆爲姬姓。　黃帝
同德之難也如是。昔少典娶于有蟜氏，生黃帝、炎帝。黃帝以姬水成，　黃帝 炎帝 黃帝
炎帝以姜水成。成而異德，故黃帝爲姬，炎帝爲姜，二帝用師以相濟　炎帝 黃帝 炎帝
也，異德之故也。異姓則異德，異德則異類。異類雖近，男女相及，
以生民也。同姓則同德，同德則同心，同心則同志。同志雖遠，男女
不相及，畏黷敬也。黷則生怨，怨亂毓災，災毓滅姓。是故娶妻避其
同姓，畏亂災也。故異德合姓，同德合義。義以導利，利以阜姓。姓
利相更，成而不遷，乃能攝固，保其土房。今子於子圉，道路之人也，
取其所棄，以濟大事，不亦可乎？」

公子謂子犯曰：「何如？」對曰：「將奪其國，何有於妻，唯秦所命從也。」謂子餘曰：「何如？」對曰：「禮志有之曰：『將有請於人，必先有入焉。欲人之愛己也，必先愛人。欲人之從己也，必先從人。無德於人，而求用於人，罪也。』今將婚媾以從秦，受好以愛之，聽從以德之，懼其未可也，又何疑焉？」乃歸女而納幣，且逆之。

7 《晉語五　卷十一》

臼季使，舍於冀野。冀缺薅，其妻饁之，敬，相待如賓。從而問
之，冀芮之子也，與之歸；既復命，而進之曰：「臣得賢人，敢以告。」
文公曰：「其父有罪，可乎？」對曰：「國之良也，滅其前惡，是故舜　舜
之刑也殛鮌，其舉也興禹。今君之所聞也。齊桓公親舉管敬子，其賊　禹
也。」公曰：「子何以知其賢也？」對曰：「臣見其不忘敬也。夫敬，德
之恪也。恪於德以臨事，其何不濟！」公見之，使爲下軍大夫。

8 《晉語八　卷十四》

魯襄公使叔孫穆子來聘，范宣子問焉，曰：「人有言曰『死而不朽』，
何謂也？」穆子未對。宣子曰：「昔匄之祖，自虞以上爲陶唐氏，在夏　虞 陶唐氏
爲御龍氏，在商爲豕韋氏，在周爲唐、杜氏。周卑，晉繼之，爲范氏，
其此之謂也？」對曰：「以豹所聞，此之謂世祿，非不朽也。魯先大夫
臧文仲，其身歿矣，其言立於後世，此之謂死而不朽。」

9 《鄭語　卷十六》

桓公爲司徒，甚得周衆與東土之人，問於史伯曰：「王室多故，余
懼及焉，其何所可以逃死？」史伯對曰：「王室將卑，戎、狄必昌，不
可偪也。當成周者，南有荊蠻、申、呂、應、鄧、陳、蔡、隨、唐；
北有衛、燕、狄、鮮虞、潞、洛、泉、徐、蒲；西有虞、虢、晉、隗、　（虞）
霍、楊、魏、芮；東有齊、魯、曹、宋、滕、薛、鄒、莒；是非王之

支子母弟甥舅也，則皆蠻、荊、戎、狄之人也。非親則頑，不可入也。其濟、洛、河、潁之間乎！是其子男之國，虢、鄶爲大，虢叔恃勢，鄶仲恃險，是皆有驕侈怠慢之心，而加之以貪冒。君若以周難之故，寄孥與賄焉，不敢不許。周亂而弊，是驕而貪，必將背君，君若以成周之衆，奉辭伐罪，無不克矣。若克二邑，鄔、弊、補、舟、依、㽥、歷、華，君之土也。若前華後河，右洛左濟，主芣、騩而食溱、洧，修典刑以守之，是可以少固。」

公曰：「南方不可乎？」對曰：「夫荊子熊嚴生子四人：伯霜、仲
雪、叔熊、季紃。叔熊逃難於濮而蠻，季紃是立，薳氏將起之，禍又
不克。是天啟之心也，又甚聰明和協，蓋其先王。臣聞之，天之所啟，
十世不替。夫其子孫必光啟土，不可偪也。且重、黎之後也，夫黎爲
高辛氏火正，以淳燿敦大，天明地德，光照四海，故命之曰『祝融』， 高辛氏
其功大矣。

「夫成天地之大功者，其子孫未嘗不章，虞、夏、商、周是也。 虞
虞幕能聽協風，以成樂物生者也。夏禹能單平水土，以品處庶類者也。 夏禹
商契能和合五教，以保于百姓者也。周棄能播殖百穀蔬，以衣食民人
者也。其後皆爲王公侯伯。祝融亦能昭顯天地之光明，以生柔嘉材者
也，其後八姓於周未有侯伯。佐制物於前代者，昆吾爲夏伯矣，大彭、
豕韋爲商伯矣。當周未有。己姓昆吾、蘇、顧、溫、董，董姓鬷夷、
豢龍，則夏滅之矣。彭姓彭祖、豕韋、諸稽，則商滅之矣，秃姓舟人，
則周滅之矣。妘姓鄔、鄶、路、偪陽，曹姓鄒、莒，皆爲采衛，或在
王室，或在夷、狄，莫之數也。而又無令聞，必不興矣。斟姓無後。
融之興者，其在芈姓乎？芈姓夔越不足命也。蠻芈蠻矣，唯荊實有昭
德，若周衰，其必興矣。姜、嬴、荊、芈，實與諸姬代相干也。姜，
伯夷之後也，嬴，伯翳之後也。伯夷能禮於神以佐堯者也，伯翳能議 堯
百物以佐舜者也。其後皆不失祀而未有興者，周衰其將至矣。」 舜

10 《楚語上　卷十七》

莊王使士亹傅太子箴，辭曰：「臣不才，無能益焉。」王曰：「賴子
之善善之也。」對曰：「夫善在太子，太子欲善，善人將至；若不欲善，
善則不用。故堯有丹朱，舜有商均，啟有五觀，湯有太甲，文王有管、 堯 舜
蔡．是五王者，皆有元德也，而有姦子。夫豈不欲其善，不能故也。
若民煩，可教訓。蠻、夷、戎、狄，其不賓也久矣，中國所不能用也。」
王卒使傅之。

11 《楚語下　卷十八》

昭王問於觀射父，曰：「周書所謂重、黎寔使天地不通者，何也？若無然，民將能登天乎？」

對曰：「非此之謂也。古者民神不雜。民之精爽不攜貳者，而又能齊肅衷正，其智能上下比義，其聖能光遠宣朗，其明能光照之，其聰能聽徹之，如是則明神降之，在男曰覡，在女曰巫。是使制神之處位次主，而爲之牲器時服，而後使先聖之後之有光烈，而能知山川之號、高祖之主、宗廟之事、昭穆之世、齊敬之勤、禮節之宜、威儀之則、容貌之崇、忠信之質、禋絜之服，而敬恭明神者，以爲之祝。使名姓之後，能知四時之生、犧牲之物、玉帛之類、采服之儀、彝器之量、次主之度、屏攝之位、壇場之所、上下之神、氏姓之出，而心率舊典者爲之宗。於是乎有天地神民類物之官，是謂五官，各司其序，不相亂也。民是以能有忠信，神是以能有明德，民神異業，敬而不瀆，故神降之嘉生，民以物享，禍災不至，求用不匱。

「及少皞之衰也，九黎亂德，民神雜糅，不可方物。夫人作享，家爲巫史，無有要質。民匱於祀，而不知其福。烝享無度，民神同位。民瀆齊盟，無有嚴威。神狎民則，不蠲其爲。嘉生不降，無物以享。禍災薦臻，莫盡其氣。顓頊受之，乃命南正重司天以屬神，命火正黎司地以屬民，使復舊常，無相侵瀆，是謂絕地天通。 (少皞) 顓頊

「其後，三苗復九黎之德，堯復育重、黎之後，不忘舊者，使復典之。以至於夏、商，故重、黎氏世敍天地，而別其分主者也。其在周，程伯休父其後也，當宣王時，失其官守，而爲司馬氏。寵神其祖，以取威於民，曰：『重寔上天，黎寔下地。』遭世之亂，而莫之能禦也。不然，夫天地成而不變，何比之有？」 堯

12 《吳語　卷十九》

吳王夫差既許越成，乃大戒師徒，將以伐齊。申胥進諫曰：「昔天以越賜吳，而王弗受。夫天命有反，今越王句踐恐懼而改其謀，舍其愆令，輕其征賦，施民所善，去民所惡，身自約也，裕其眾庶，其民殷眾，以多甲兵。越之在吳，猶人之有腹心之疾也。夫越王之不忘敗吳，於其心也(伇)然，服士以伺吾閒。今王非越是圖，而齊、魯以爲憂。夫齊、魯譬諸疾，疥癬也，豈能涉江、淮而與我爭此地哉？將必越實有吳土。

「王其盍亦鑑於人，無鑑於水。昔楚靈王不君，其臣箴諫以不入。乃築臺於章華之上，闕爲石郭，陂漢，以象帝舜。罷弊楚國，以閒陳、蔡。不修方城之內，踰諸夏而圖東國，三歲於沮、汾以服吳、越。其民不忍饑勞之殃，三軍叛王於乾谿。王親獨行，屏營仿偟於山林之中，三日乃見其涓人疇。王呼之曰：『余不食三日矣。』疇趨而進，王枕其股以寢於地。王寐，疇枕王以墣而去之。王覺而無見也，乃匍匐將入於棘闈，棘闈不納，乃入芋尹申亥氏焉。王縊，申亥負王以歸，而土埋之其室。此志也，豈遽忘於諸侯之耳乎？ 帝舜

「今王既變鯀、禹之功，而高高下下，以罷民於姑蘇。天奪吾食， 禹
都鄙荐饑。今王將很天而伐齊。夫吳民離矣，體有所傾，譬如羣獸然，
一个負矢，將百羣皆奔，王其無方收也。越人必來襲我，王雖悔之，
其猶有及乎？」

12 鬻 子

文献名：12. 鬻子

資料番号	伏羲	太皞	其他	女媧	其他	神農	赤帝	炎帝	其他	黄帝	軒轅氏	其他	顓頊	高陽	其他	注a	注b
1										1							
2										4			3				
3																	
4																	
計										5			3				

1 卷上《貴道五帝三王周政乙第五》 五帝

昔之帝王所以爲明者，以其吏也。昔之君子，其所以爲功者，以
其民也。力生於神，而功最於吏，福歸於君。昔者五帝之治天下也， 五帝
其道昭昭若日月之明然，若以晝代夜然。故其道首首然，萬世爲福、
萬世爲教者，唯從黄帝以下、舜禹以上而已矣。君王欲緣五帝之道而 黄帝 舜 禹
不失，則可以長久。

2 卷下《數始五帝治天下第七》 五帝

昔者帝顓頊年十五而佐黄帝，二十而治天下。其治天下也，上緣 顓頊 黄帝
黄帝之道而行之，學黄帝之道而常之。昔者帝嚳年十五而佐帝顓頊， 黄帝 黄帝 帝
三十而治天下。其治天下也，上緣黄帝之道而明之，學帝顓頊之道而 顓頊 黄帝
行之。

3 卷下《禹政第六》 禹

禹之治天下也，得臯陶，得杜了業，得既子，得施子黯，得季子 禹
甯，得然子堪，得輕子玉。得七大夫以佐其身，以治天下，以天下治。

4 卷下《上禹政第六》

禹之治天下也，以五聲聽。門懸鐘鼓鐸磬，而置鞀，以得四海之 禹
士。爲銘於簨虡，曰：「教寡人以道者擊鼓，教寡人以義者擊鐘，教寡
人以事者振鐸，語寡人以憂者擊磬，語寡人以獄訟者揮鞀。」此之謂五
聲。是以禹嘗據一饋而七十起，日中而不暇飽食，曰：「吾猶恐四海之 禹
士留於道路。」是以四海之士皆至，是以禹當朝，廷間也可以羅爵。 禹

文献名：12. 鬻子

帝嚳	高辛	其他	堯	陶唐	其他	舜	有虞	其他	禹	其他	三皇	五帝	注(右半葉) 注e	注f	参考	資料番号
						1			1			3				1
1												1				2
									2							3
									3							4
1						1			6			4				計

13 九 章 算 術

三皇五帝夏禹名　無

14 周 髀 算 經

文献名：14. 周髀算經

資料番号	伏羲	太皞	其他	女媧	其他	神農	炎帝	赤帝	其他	黃帝	軒轅氏	其他	顓頊	高陽	其他	注(左半葉) 注a	注b
1	1																
2	1					1											
計	2					1											

1 《卷上之一》

昔者周公問於商高曰：「竊聞乎大夫善數也。請問古者包犧立周天 包犧
曆度。夫天不可階而升，地不可將尺寸而度。請問數從安出。」

商高曰：「數之法，出於圓方。圓出於方，方出於矩。矩出於九九
八十一。故折矩，以爲勾廣三，股修四，徑隅五。既方之外，半其一
矩，環而共盤，得成三四五。兩矩共長二十有五，是謂積矩。故禹之 禹
所以治天下者，此數之所生也。」

周公曰：「大哉言數，請問用矩之道？」

商高曰：「平矩以正繩，偃矩以望高，覆矩以測深，臥矩以知遠，環矩以爲圓，合矩以爲方。方屬地，圓屬天。天圓地方，方數爲典。以方出圓，笠以寫天。天青黑，地黃赤。天數之爲笠也。青黑爲表，丹黃爲裏。以象天地之位。是故知地者智，知天者聖，智出於勾，勾出於矩。夫矩之於數，其裁制萬物，唯所爲耳。」

周公曰：「善哉。」

2 《卷下之三》

冬至晝極短，日出辰而入申。陽照三，不覆九。東西相當，正南方。夏至晝極長，日出寅而入戌。陽照九，不覆三。東西相當，正北方。日出左而入右，南北行。故冬至從坎陽在子。日出巽而入坤，見日光少，故曰寒。夏至從離陰在午。日出艮而入乾，見日光多，故曰暑。日月失度，而寒暑相姦。往者詘，來者信也。故屈信相感。故冬至之後，日右行。夏至之後，日左行。左者往，右者來。故月與日合，爲一月。日復日，爲一日。日復星，爲一歲。外衡冬至，內衡夏至。六氣復返。皆謂中氣。

陰陽之數，日月之法，十九歲爲一章。四章爲一蔀，七十六歲。

文献名：14. 周髀算經

帝嚳	高辛	其他	堯	陶唐	其他	舜	有虞	其他	禹	其他	三皇	五帝	注(右半葉) 注e	注f	参考	資料番号
									1							1
																2
									1							計

二十蔀爲一遂。遂千五百二十歲。三遂爲一首，首四千五百六十歲。七首爲一極，極三萬一千九百二十歲。生數皆終，萬物復始。天以更元作紀曆。

何以知天三百六十五度四分度之一，而日行一度，而月後天十三度十九分度之七。二十九日九百四十分日之四百九十九，爲一月。十二月十九分月之七，爲一歲。周天除之，其不足除者，如合朔。古者包犧神農，制作爲曆。度元之始，見三光未如其則。日月列星，未有分度。日主晝，月主夜。晝夜爲一日。日月俱起建星。月度疾，日度遲。日月相逐於二十九日三十日間，而日行天二十九度餘。未有定分。於是三百六十五日南極影長，明日反短。以歲終日影反長。故知之三百六十五日者三，三百六十六日者一。故知一歲三百六十五日四分日之一，歲終也。月積後天十三周。又與百三十四度餘。無慮後天十三度十九分度之七，未有定。於是日行天七十六周，月行天千一十六周，及合於建星。置月行後天之數，以日後天之數除之，得一十三度十九分度之七，則月一日行天之度。復置七十六歲之積月，以七十六歲除之，得十二月十九分月之七，則一歲之月。置周天度數，以十二月十九分月之七除之，得二十九日九百四十分日之四百九十九，則一月日之數。

包犧 神農

15 司馬法

文献名：15. 司馬法

資料番号	伏羲	太皞	其他	女媧	其他	神農	炎帝	赤帝	其他	黄帝	軒轅氏	其他	顓頊	高陽	其他	注(左半葉) 注a	注b
1																	
2																	
計																	

1 《天子之儀　第二》

有虞氏戒於國中，欲民體其命也。夏后氏誓於軍中，欲民先成其 有虞氏
慮也。殷誓於軍門之外，欲民先意以行事也。周將交刃而誓之，以致民志也。夏后氏正其德也，未用兵之刃。故其兵不雜。殷義也，始用兵之刃矣。周力也，盡用兵之刃矣。夏賞於朝，貴善也。殷戮於市，威不善也。周賞於朝，戮於市，勸君子，懼小人也。三王章其德一也。

2 《天子之儀　第二》

古者，賢王明民之德，盡民之善，故無廢德，無簡民，賞無所生，
罰無所試。有虞氏不賞不罰而民可用，至德也。夏賞而不罰，至教也。 有虞氏
殷罰而不賞，至威也。周以賞罰，德衰也。賞不踰時，欲民速得為善之利也。罰不遷列，欲民速覩為不善之害也。大捷不賞，上下皆不伐善。上苟不伐善，則不驕矣；下苟不伐善，必亡等矣。上下不伐善若此，讓之至也。大敗不誅，上下皆以不善在己。上苟以不善在己，必悔其過；下苟以不善在己，必遠其罪。上下分惡若此，讓之至也。

文献名：15. 司馬法

帝嚳	高辛	其他	堯	陶唐	其他	舜	有虞	其他	禹	其他	三皇	五帝	注(右半葉) 注e	注f	参考	資料番号
							1									1
							1									2
							2									計

16 管子

文献名：16. 管子

資料番号	伏羲	太皞	其他	女媧	其他	神農	炎帝	赤帝	其他	黄帝	軒轅氏	其他	顓頊	高陽	其他	注(左半葉) 注a	注b
1																	
2																	
3																	
4										1							
5																	
6																	
7																	
8																	
9						1											
10										4							
11										2							
12																	
13																	
14	1					1	1			1			1				
15										1							
16						1											
17																	
18																	
19																	
20										2							
21										1							
22						1											
23										1							
24																	
25	2					1				2							
計	3					5	1			15			1				

文献名：16.管子

嚳	高辛	其他	堯	陶唐	其他	舜	有虞	其他	禹	其他	三皇	五帝	注(右半葉) 注e	注f	参考	資料番号
			1													1
			1													2
			1			2			1							3
				1		1	1		1							4
									2							5
			1			1										6
1			1													7
			1													8
																9
																10
			2													11
												1				12
						2										13
1			1			1			1							14
			1			1			1							15
									1							16
			1			1										17
						2										18
									2							19
																20
			2			2										21
																22
							1									23
			2													24
							1									25
2			15	1		13	3		9			1				計

16 管 子

1 《宙合　第十一》

左操五音，右執五味，懷繩與準鉤，多備規軸，減溜大成，是唯時德之節。春采生，秋采蓏，夏處陰，冬處陽，大賢之德長。明乃哲，哲乃明，奮乃苓，明哲乃大行。毒而無怒，怨而無言，欲而無謀。大揆度儀，若覺臥，若晦明，若敖之在堯也。毋訪于佞，毋蓄于諂，毋育于凶，毋監于讒，不正廣其荒，不用其區區。鳥飛準繩，譩充末衡，易政利民，毋犯其凶。毋邇其求，而遠其憂；高爲其居，危顛莫之救。可淺可深，可浮可沈，可曲可直，可言可默。天不一時，地不一利；人不一事，可正而視；定而履，深而迹。夫天地一險一易，若鼓之有椁，擿擋則擊。天地萬物之橐，宙合有橐天地。 堯

2 《宙合　第十一》

「大揆度儀，若覺臥，若晦明」，言淵色以自詰也，靜默以審慮，依賢可用也。仁良既明，通於可不利害之理，循發蒙也。故曰，若覺臥，若晦明，若敖之在堯也。 堯

3 《樞言　第十二》

愛人甚而不能利也，憎人甚而不能害也。故先王貴當，貴周。周者不出于口，不見于色，一龍一蛇，一日五化之謂周，故先王不以一過二，先王不獨舉，不擅功。先王不約束，不結紐，約束則解，結紐則絕。故親不在約束結紐。先王不貨交，不列地，以爲天下。天下不可改也，而可以鞭箠使也。時也利也。出爲之也。餘目不明，餘耳不聰。是以能繼天子之容。官職亦然。時者得天，義者得人，既時且義，故能得天與人。先王不以勇猛爲邊竟，則邊竟安。邊竟安，則鄰國親。鄰國親，則舉當矣。人故相憎也，人之心悍。故爲之法。法出于禮，禮出于治，治禮道也，萬物待治禮而後定。凡萬物，陰陽兩生而參視，先王因其參而愼所入所出。以卑爲卑，卑不可得，以尊爲尊，尊不可得，桀舜是也，先王之所以最重也。得之必生，失之必死者，何也？ 舜
唯無得之，堯舜禹湯文武孝已，斯待以成，天下必待以生，故先王重之。一日不食，比歲歉。三日不食，比歲饑。五日不食，比歲荒。七日不食，無國土，十日不食，無疇類盡死矣。 堯 舜 禹

4 《法法　第十六》

凡論人有要：矜物之人，無大士焉，彼矜者，滿也；滿者，虛也。滿虛在物，在物爲制也，矜者，細之屬也。凡論人而遠古者，無高士

焉。既不知古而易其功者，無智士焉。德行成於身而遠古，卑人也。事無資，遇時而簡其業者，愚士也。釣名之人，無賢士焉。釣利之君，無王主焉。賢人之行其身也，忘其有名也。王主之行其道也，忘其成功也。賢人之行，王主之道，其所不能已也。明君公國一民以聽於世。忠臣直進以論其能。明君不以祿爵私所愛，忠臣不誣能以干爵祿。君不私國，臣不誣能，行此道者，雖未大治，正民之經也。今以誣能之臣，事私國之君，而能濟功名者，古今無之。誣能之人易知也。臣度之先王者。舜之有天下也，禹爲司空，契爲司徒，皋陶爲李，后稷爲田，此四士者，天下之賢人也，猶尚精一德。以事其君；今誣能之人，服事任官，皆兼四賢之能，自此觀之，功名之不立，亦易知也；故列尊祿重，無以不受也。勢利官大，無以不從也。以此事君，此所謂誣能篡利之臣者也。世無公國之君，則無直進之士；無論能之主，則無成功之臣。昔者三代之相授也，安得二天下而殺之，貧民傷財，莫大於兵，危國憂主，莫速於兵。此四患者明矣，古今莫之能廢也。兵當廢而不廢，則古今惑也。此二者不廢，而欲廢之，則亦惑也。此二者，傷國一也。黃帝唐虞，帝之隆也，資有天下，制在一人；當此之時也，兵不廢；今德不及三帝，天下不順，而求廢兵，不亦難乎？故明君知所擅，知所患，國治而民務積，此所謂擅也。動與靜，此所患也；是故明君審其所擅，以備其所患也。猛毅之君，不免於外難；懦弱之君，不免於內亂。猛毅之君者輕誅，輕誅之流，道正者不安。道正者不安，則材能之臣去亡矣，彼智者知吾情僞，爲敵謀我，則外難自是至矣。故曰：「猛毅之君，不免於外難」。懦弱之君者重誅，重誅之過，行邪者不革，行邪者久而不革，則群臣比周，群臣比周，則蔽美揚惡；蔽美揚惡，則內亂自是起矣；故曰：「懦弱之君，不免於內亂」。明君不爲親戚危其社稷，社稷戚於親。不爲君欲變其令，令尊於君。不爲重寶分其威，威貴於寶。不爲愛民虧其法，法愛於民。

舜 禹

黃帝 唐 虞

5 《中匡　第十九》

桓公曰：「昔三王者，既弑其君，今言仁義，則必以三王爲法度，不識其故何也？」對曰：「昔者禹平治天下，及桀而亂之。湯放桀，以定禹功也。湯平治天下，及紂而亂之，武王伐紂，以定湯功也。且善之伐不善也，自古至今，未有改之。君何疑焉？」公又問曰：「古之亡國，其何失？」對曰：「計得地與寶而不計失諸侯，計得財委而不計失百姓；計見親而不計見棄；三者之屬，一足以削，遍而有者亡矣。古之隳國家隕社稷者，非故且爲之也。必少有樂焉。不知其陷於惡也。」

禹

禹

6 《霸言　第二十三》

夫無土而欲富者憂。無德而欲王者危。施薄而求厚者孤。夫上夾

而下苴，國小而都大者弑。主尊臣卑，上威下敬，令行人服，理之至
也。使天下兩天子。天下不可理也。一國而兩君，一國不可理也。一
家而兩父，一家不可理也。夫令不高不行，不摶不聽，堯舜之人，非 堯 舜
生而理也。桀紂之人，非生而亂也，故理亂在上也。夫霸王之所始也，
以人爲本，本理則國固，本亂則國危；故上明則下敬，政平則人安；
士教和，則兵勝敵。使能則百事理，親仁則上不危，任賢則諸侯服。

7 《侈靡　第三十五》

問曰：古之時與今之時同乎？曰：「同。」其人同乎？不同乎？曰：
「不同。」可與政其誅。俈堯之時，混吾之美在下，其道非獨出人也。 俈 堯
山不同而用掞，澤不弊而養足。耕以自養，以其餘應良天子，故平。
牛馬之牧不相及，人民之俗不相知，不出百里而來足，故卿而不理，
靜也。其獄一踦腓一踦屨而當死。今周公斷滿稽，斷首滿稽，斷足滿
稽，而死民不服，非人性也，敝也。地重人載，毀敝而養不足，事末
作而民興之；是以下名而上實也，聖人者，省諸本而游諸樂，大昏也，
博夜也。

8 《侈靡　第三十五》

視其不可使，因以爲民等。擇其好名，因使長民，好而不已，是
以爲國紀。功未成者，不可以獨名，事未道者，不可以言名，成功然
後可以獨名，事道然後可以言名，然後可以承致酢，先其士者之爲自
犯，後其民者之爲自贍。輕國位者國必敗，疏貴戚者謀將泄，毋仕異
國之人，是爲失經。毋數變易，是爲敗成。大臣得罪，勿出封外，是
爲漏情。毋數據大臣之家而飲酒，是爲使國大消。三堯在臧於縣，返 堯
於連比，若是者，必從是䶋亡乎！辟之若尊譚未勝其本，亡流而下，
不平令，苟下不治，高下者不足以相待，此謂殺。

9 《侈靡　第三十五》

沮平氣之陽，若如辭靜，餘氣之潛然而動，愛氣之潛然而哀，胡
得而治動。對曰：得之衰時，位之觀之。佁美然後有煇。修之心，其
殺以相待。故有滿虛哀樂之氣也。故書之帝八，神農不與存。爲其無 神農
位，不能相用。問運之合滿安臧。二十歲而可廣，十二歲而聶廣，百
歲傷神。周鄭之禮移矣，則周律之廢矣。則中國之草木有移於不通之
野者。然則人君聲服變矣。則臣有依駟之祿。婦人爲政，鐵之重反旅
金。而聲好下曲，食好鹹苦，則人君日退亟，則谿陵山谷之神之祭更，
應國之稱號亦更矣。視之亦變，觀之風氣，古之祭，有時而星，有時
而星熺，有時而煏，有時而朐，鼠應廣之實，陰陽之數也。華若落之，
名祭之號也。是故天子之爲國圖具其樹物也。

10 《五行　第四十一》

一者本也。二者器也。三者充也。治者四也。教者五也。守者六
也。立者七也。前者八也。終者九也。十者，然後具五官於六府也。
五聲於六律也，六月日至，是故人有六多，六多所以街天地也。天道
以九制，地理以八制，人道以六制。以天爲父，以地爲母，以開乎萬
物，以總一統，通乎九制六府三充，而爲明天子。修槩水上，以待乎
天菫，反五藏，以視不親。治祀之下，以觀地位。貨曋神廬，合於精
氣。已合而有常，有常而有經。審合其聲，修十二鍾。以律人情，人
情已得，萬物有極。然後有德。故通乎陽氣，所以事天也。經緯日月，
用之於民。通乎陰氣，所以事地也。經緯星曆，以視其離。通若道然
後有行，然則神筮不靈。神龜衍不卜，黃帝澤參，治之至也。昔者黃　黃帝 黃帝
帝得蚩尤而明於天道，得大常而察於地利，得奢龍而辯於東方，得祝
融而辯於南方，得大封而辯於西方，得后土而辯於北方，黃帝得六相　黃帝
而天地治，神明至。蚩尤明乎天道，故使爲當時。大常察乎地利，故
使爲廩者。奢龍辨乎東方，故使爲土師。祝融辨乎南方，故使爲司徒，
大封辨於西方，故使爲司馬。后土辨乎北方，故使爲李，是故春者土
師也，夏者司徒也，秋者司馬也，冬者李也。昔黃帝以其緩急，作五　黃帝
聲，以政五鍾。令其五鍾，一曰青鍾，大音，二曰赤鍾，重心，三曰
黃鍾，灑光，四曰景鍾，昧其明，五曰黑鍾，隱其常。五聲既調，然
後作立五行，以正天時。五官以正人位，人與天調，然後天地之美生。
日至，睹甲子木行御，天子出令，命左右士師內御，總別列爵，論賢
不肖士吏，賦秘賜賞於四境之內，發故粟以田數。出國衡，順山林，
禁民斬木，所以愛草木也。然則冰解而凍釋，草木區萌，贖蟄蟲卵菱，
春辟勿時，苗足本。不癘雛鷇，不夭麑麌，毋傅速。亡傷繈葆，時則
不凋。七十二日而畢，睹丙子，火行御，天子出令，命行人內御。令
掘溝澮津舊塗，發臧任君賞賜，君子修游馳以發地氣，出皮幣，命行
人修春秋之禮於天下，諸侯通，天下遇者兼和。然則天無疾風，草木
發奮，鬱氣息。民不疾而榮華蕃。七十二日而畢，睹戊子，土行御，
天子出令，命左右司徒內御，不誅不貞，農事爲敬。大揚惠言，寬刑
死，緩罪人。出國司徒令，命順民之功力以養五穀，君子之靜居，而
農夫修其功力極。然則天爲粵宛。草木養長，五穀蕃實秀大。六畜犧
牲具。民足財，國富，上下親，諸侯和。七十二日而畢，睹庚子，金
行御，天子出令，命祝宗選禽獸之禁，五穀之先熟者，而薦之祖廟與
五祀，鬼神饗其氣焉，君子食其味焉。然則涼風至，白露下，天子出
令，命左右司馬，衍組甲厲兵，合什爲伍以修於四境之內。諛然告民
有事，所以待天地之殺斂也。然則晝炙陽，夕下露，地競環，五穀鄰
熟。草木茂實，歲農豐，年大茂。七十二日而畢，睹壬子，水行御，
天子出令，命左右使人內御御其氣，足則發而止，其氣不足，則發撊

瀆盜賊，數剝竹箭，伐檀柘，令民出獵禽獸，不釋巨少而殺之，所以貴天地之所閉藏也。然則羽卵者不段，毛胎者不牘，䴡婦不銷棄，草木根本美。七十二日而畢，睹甲子，木行御，天子不賦，不賜賞，而大斬伐傷。君危，不殺，太子危，家人夫人死，不然，則長子死。七十二日而畢，睹丙子，火行御，天子敬行急政，旱札苗死民厲。七十二日而畢，睹戊子，土行御，天子修宮室，築臺榭，君危，外築城郭，臣死。七十二日而畢，睹庚子，金行御，天子攻山擊石，有兵作戰而敗士死，喪執政。七十二日而畢，睹壬子，水行御，天子決塞動大水，王后夫人薨；不然，則羽卵者段，毛胎者牘，䴡婦銷棄，草木根本不美，七十二日而畢也。

11 《任法　第四十五》

聖君任法而不任智，任數而不任說，任公而不任私，任大道而不任小物，然後身佚而天下治，失君則不然，舍法而任智，故民舍事而好譽。舍數而任說，故民舍實而好言。舍公而好私，故民離法而妄行。舍大道而任小物，故上勞煩，百姓迷惑，而國家不治。聖君則不然，守道要，處佚樂，馳騁弋獵，鐘鼓竽瑟，宮中之樂，無禁圉也，不思不慮，不憂不圖，利身體，便形軀，養壽命，垂拱而天下治。是故人主有能用其道者不事心，不勞意，不動力，而土地自辟，囷倉自實，蓄積自多，甲兵自彊，群臣無詐僞，百官無姦邪，奇術技藝之人，莫敢高言孟行，以過其情，以遇其主矣。昔者堯之治天下也，猶埴已埏也。唯陶之所以爲。猶金之在鑪，恣冶之所以鑄。其民引之而來，推之而往，使之而成，禁之而止，故堯之治也，善明法禁之令而已矣。黃帝之治天下也，其民不引而來，不推而往，不使而成，不禁而止。故黃帝之治也，置法而不變，使民安其法者也，所謂仁義禮樂者皆出於法，此先聖之所以一民者也。周書曰：國法不一，則有國者不祥。民不道法則不祥國更立法以典民則祥，群臣不用禮義教訓則不祥。百官伏事者離法而治則不祥。故曰：法者，不可恆也。存亡治亂之所從出，聖君所以爲天下大儀也。君臣上下貴賤皆發焉，故曰：法古之法也。世無請謁任舉之人，無閒識博學辨說之士，無偉服，無奇行，皆囊於法以事其主。故明王之所恆者二：一曰明法而固守之。二曰禁民私而收使之，此二者，主之所恆也。夫法者，上之所以一民使下也。私者，下之所以侵法亂主也；故聖君置儀設法而固守之，然故諶杵習士，聞識博學之人不可亂也。衆彊富貴私勇者不能侵也，信近親愛者不能離也，珍怪奇物不能惑也，萬物百事非在法之中者不能動也；故法者天下之至道也，聖君之實用也。今天下則不然，皆有善法而不能守也，然故諶杵習士，聞識博學之士，能以其智亂法惑上，衆彊富貴私勇者，能以其威犯法侵陵；鄰國諸侯能以其權置子立相；大臣能以

堯
堯
黃帝
黃帝

其私附百姓，翦公財以祿私士，凡如是而求法之行，國之治，不可得也。聖君則不然，卿相不得翦其私，群臣不得辟其所親愛。聖君赤明其法而固守之，群臣修通輻湊以事其主，百姓輯睦聽令道法以從其事故曰：有生法，有守法，有法於法。夫生法者君也，守法者臣也，法於法者民也，君臣上下貴賤皆從法，此謂爲大治；故主有三術。

12 《正世　第四十七》

古之欲正世調天下者必先觀國政，料事務，察民俗，本治亂之所生，知得失之所在，然後從事故法可立而治可行。夫萬民不和，國家不安，失非在上，則過在下。今使人君行逆不修道，誅殺不以理，重賦斂，得民財，急使令，罷民力。財竭，則不能毋侵奪，力罷，則不能母墮倪。民已侵奪墮倪，因以法隨而誅之，則是誅罰重而亂愈起。夫民勞苦困不足，則簡禁而輕罪，如此，則失在上；失在上，而上不變，則萬民無所託其命；今人主輕刑政，寬百姓，薄賦斂，緩使令，然民淫躁行私，而不從制，飾智任詐，負力而爭，則是過在下。過在下，人君不廉而變，則暴人不勝，邪亂不止；暴人不勝，邪亂不止，則君人者勢傷，而威日衰矣。故爲人君者，莫貴於勝；所謂勝者，法立令行之謂勝；法立令行，故群臣奉法守職。百官有常，法不繁匿，萬民敦愨，反本而儉力。故賞必足以使，威必足以勝，然後下從；故古之所謂明君者，非一君也，其設賞有薄有厚，其立禁有輕有重，迹行不必同，非故相反也，皆隨時而變，因俗而動。夫民躁而行僻，則賞不可以不厚，禁不可以不重；故聖人設厚賞，非侈也；立重禁，非戾也；賞薄，則民不利；禁輕，則邪人不畏；設人之所不利，欲以使，則民不盡力；立人之所不畏，欲以禁，則邪人不止；是故陳法出令，而民不從；故賞不足勸，則士民不爲用。刑罰不足畏，則暴人輕犯禁。民者服於威殺，然後從。見利，然後用。被治，然後正。得所安，然後靜者也。夫盜賊不勝，邪亂不止，彊劫弱，衆暴寡，此天下之所憂，萬民之所患也；憂患不除，則民不安其居；民不安其居，則民望絕於上矣。夫利莫大於治，害莫大於亂，夫五帝三王所以成功立名顯於後 五帝
世者，以爲天下致利除害也。事行不必同，所務一也。夫民貪行躁而誅罰輕，罪過不發，則是長淫亂而便邪僻也。有愛人之心，而實合於傷民，此二者不可不察也。夫盜賊不勝，則良民危；法禁不立，則姦邪繁。故事莫急於當務，治莫貴於得齊。制民急則民迫，民迫則窘，窘則民失其所葆，緩則縱，縱則淫，淫則行私，行私則離公，離公則難用；故治之所以不立者，齊不得也。齊不得，則治難行；故治民之齊，不可不察也。

13 《治國　第四十八》

16 管子

凡治國之道，必先富民；民富則易治也，民貧則難治也；奚以知其然也？民富則安鄉重家，安鄉重家，則敬上畏罪；敬上畏罪，則易治也；民貧則危鄉輕家；危鄉輕家，則敢陵上犯禁；凌上犯禁，則難治也。故治國常富，而亂國常貧；是以善爲國者，必先富民，然後治之。昔者七十九代之君，法制不一，號令不同，然俱王天下者何也？必國富而粟多也；夫富國多粟，生於農；故先王貴之。凡爲國之急者，必先禁末作文巧；末作文巧禁，則民無所游食；民無所游食，則必農；民事農，則田墾；田墾，則粟多；粟多，則國富；國富者兵彊；兵彊者戰勝；戰勝者地廣；是以先王知衆民彊兵，廣地富國之必生於粟也，故禁末作，止奇巧，而利農事。今爲末作奇巧者，一日作而五日食，農夫終歲之作，不足以自食也；然則民舍本事而事末作，捨本事而事末作，則田荒而國貧矣。凡農者月不足而歲有餘者也，而上徵暴急無時，則民倍貸以給上之徵矣。耕耨者有時，而澤不必足，則民倍貸以取庸矣。秋糴以五，春糶以束，是又倍貸也。故以上之徵而倍取於民者四。關市之租，府庫之徵，粟什一，廝輿之事，此四時亦當一倍貸矣。夫以一民養四主，故逃徙者刑，而上不能止者，粟少而民無積也。常山之東，河汝之間，蚤生而晚殺，五穀之所蕃孰也，四種而五穫，中年畝二石，一夫爲粟二百石；今也倉廩虛而民無積，農夫以粥子者，上無術以均之也。故先王使農士商工四民交能易作，終歲之利，無道相過也。是以民作一而得均。民作一，則田墾，姦巧不生；田墾，則粟多；粟多，則國富。姦巧不生，則民治富而治，此王之道也。不生粟之國亡，粟生而死者霸，粟生而不死者王。粟也者，民之所歸也；粟也者，財之所歸也；粟也者，地之所歸也；粟多則天下之物盡至矣；故舜一徙成邑，貳徙成都，參徙成國；舜非嚴刑罰，重禁令，而民歸之矣，去者必害，從者必利也。先王者，善爲民除害興利；故天下之民歸之。所謂興利者，利農事也；所謂除害者，禁害農事也；農事勝則入粟多；入粟多則國富；國富則安鄉重家；安鄉重家，則雖變俗易習，敺衆移民，至於殺之，而民不惡也，此務粟之功也。上不利農，則粟少；粟少則人貧；人貧則輕家，輕家則易去；易去則上令不能必行；上令不能必行，則禁不能必止；禁不能必止，則戰不必勝，守不必固矣。夫令不必行，禁不必止，戰不必勝，守不必固，命之曰寄生之君。此由不利農，少粟之害也。粟者，王之本事也，人主之大務，有人之塗，治國之道也。

舜 舜

14 《封禪　第五十》

桓公既霸，會諸侯於葵丘，而欲封禪。管仲曰：「古者封泰山禪梁父者七十二家，而夷吾所記者十有二焉。昔無懷氏，封泰山。禪云云，虙羲封泰山，禪云云。神農封泰山，禪云云。炎帝封泰山，禪云云。

虙羲 神農 炎

黃帝封泰山，禪亭亭。顓頊封泰山，禪云云。帝佶封泰山，禪云云。堯封泰山，禪云云。舜封泰山，禪云云。禹封泰山，禪會稽。湯封泰山，禪云云。周成王封泰山，禪社首。皆受命然後得封禪。」桓公曰：「寡人北伐山戎，過孤竹，西伐大夏，涉流沙，束馬懸車，上卑耳之山。南伐至召陵，登熊耳山，以望江漢。兵車之會三，而乘車之會六，九合諸侯，一匡天下，諸侯莫違我。昔三代受命，亦何以異乎？」於是管仲睹桓公不可窮以辭，因設之以事曰：古之封禪，鄗上之黍，北里之禾，所以爲盛，江淮之間，一茅三脊，所以爲藉也。東海致比目之魚，西海致比翼之鳥。然後物有不召而自至者十有五焉。今鳳凰麒麟不來，嘉穀不生，而蓬蒿藜莠茂，鴟梟數至，而欲封禪，毋乃不可乎，於是桓公乃止。

黃帝 顓頊 帝佶
堯 舜 禹

15 《桓公問　第五十六》

齊桓公問管子曰：「吾念有而勿失，得而勿忘，爲之有道乎？」對曰：「勿創勿作，時至而隨，毋以私好惡害公正，察民所惡以自爲戒。黃帝立明臺之議者，上觀於賢也，堯有衢室之問者，下聽於人也。舜有告善之旌，而主不蔽也。禹立建鼓於朝，而備訊唉。湯有總街之庭，以觀人誹也。武王有靈臺之復，而賢者進也。此古聖帝明王所以有而勿失，得而勿忘者也。桓公曰：「吾欲效而爲之，其名云何？」對曰：「名曰嘖室之議，曰法簡而易行，刑審而不犯，事約而易從，求寡而易足。人有非上之所過，謂之正士，內於嘖室之議，有司執事者咸以厥事奉職而不忘，爲此嘖室之事也，請以東郭牙爲之，此人能以正事爭於君前者也。」桓公曰：「善！」

黃帝 堯 舜
禹

16 《形勢解　第六十四》

古者三王五伯，皆人主之利天下者也，故身貴顯，而子孫被其澤。桀紂幽厲，皆人主之害天下者也，故身困傷，而子孫蒙其禍，故曰：「疑今者察之古，不知來者視之往，神農教耕生穀，以致民利，禹身決瀆，斬高橋下，以致民利，湯武征伐無道，誅殺暴亂，以致民利；故明王之動作雖異，其利民同也；故曰：「萬事之任也，異起而同歸，古今一也。」

神農 禹

17 《形勢解　第六十四》

堯舜古之明主也，天下推之而不倦，譽之而不厭，久遠而不忘者，有使民不忘之道也；故其位安而民來之；故曰：「久而不忘焉，可以來矣。」

堯 舜

18 《版法解　第六十六》

凡所謂能以所不利利人者，舜是也；舜耕歷山，陶河濱，漁雷澤， 舜 舜
不取其利，以教百姓，百姓舉利之。此所謂能以所不利利人者也。所謂能以所不有予人者，武王是也；武王伐紂，士卒往者，人有書社，入殷之日，決鉅橋之粟，散鹿臺之錢，殷民大說，此所謂能以所不有予人者也。

19 《山權數　第七十五》

桓公問管子曰：「請問權數？」管子對曰：「天以時爲權，地以財爲權，人以力爲權，君以令爲權；失天之權，則人地之權亡。」桓公曰：「何爲夫天之權則人地之權亡？」管子對曰：「湯七年旱，禹五年水， 禹
民之無糟賣子者，湯以莊山之金鑄幣，而贖民之無糟賣子者；禹以歷 禹
山之金鑄幣，而贖民之無糟賣子者，故天權失，人地之權皆失也；故王者歲守十分之參三年與少半，成歲三十一年而藏十一年與少半，藏參之一，不足以傷民，而農夫敬事力作，故天毀埊，凶旱水泆，民無入於溝壑乞請者也，此守時以待天權之道也。」桓公曰：「善，吾欲行三權之數。爲之奈何？」管子對曰：「梁山之陽，綪絤夜石之幣，天下無有。」管子曰：「以守國穀歲守一分，以行五年，國穀之重，什倍異日。」管子曰：「請立幣，國銅以二年之粟顧之，立黔落，力重與天下調。彼重則見射，輕則見泄，故與天下調。泄者失權也，見射者失筴也。不備天權，下相求備，准下陰相隸。此刑罰之所起，而亂之之本也。故平則不平，民富則不如貧，委積則虛矣，此三權之失也已。」桓公曰：「守三權之數奈何？」管子對曰：「大豐則藏分，阸亦藏分。」桓公曰：「阸者所以益也，何以藏分？」管子對曰：「隘則易益也，一可以爲十，十可以爲百，以阸守豐，阸之准數一上十，豐之筴數十去九，則吾九爲餘於數，筴豐則三權皆在君，此之謂國權。」

20 《地數　第七十七》

桓公曰：「地數可得聞乎？」管子對曰：「地之東西二萬八千里，南北二萬六千里，其出水者八千里，受水者八千里，出銅之山四百六十七山，出鐵之山三千六百九山，此之所以分壤樹穀也。戈矛之所發，刀幣之所起也，能者有餘，拙者不足。封於泰山，禪於梁父。封禪之王，七十二家，得失之數，皆在此內，是謂國用。」桓公曰：「何謂得失之數皆在此？」管子對曰：「昔者桀霸有天下，而用不足。湯有七十里之薄，而用有餘。天非獨爲湯雨菽粟，而地非獨爲湯出財物也。伊尹善通移輕重，開闔決塞，通於高下徐疾之筴，坐起之費時也。黃帝 黃帝
問於伯高曰：『吾欲陶天下而以爲一家，爲之有道乎？』伯高對曰：『請刈其莞而樹之，吾謹逃其蚤牙。則天下可陶而爲一家。』黃帝曰：『此 黃帝
若言可得聞乎？』伯高對曰：『上有丹沙者，下有黃金。上有慈石者，

下有銅金。上有陵石者，下有鉛錫赤銅。上有赭者，下有鐵。』此山之見榮者也。苟山之見其榮者，君謹封而祭之。距封十里而爲一壇，是則使乘者下行，行者趨，若犯令者罪死不赦。然則與折取之遠矣。修教十年，而葛盧之山發而出水，金從之，蚩尤受而制之以爲劍鎧矛戟，是歲相兼者諸侯九，雍狐之山發而出水，金從之，蚩尤受而制之，以爲雍狐之戟芮戈，是歲相兼者諸侯十二，故天下之君，頓戟壹怒，伏尸滿野，此見戈之本也。」

21 《揆度　第七十八》

齊桓公問於管子曰：「自燧人以來，其大會可得而聞乎？」管子對曰：「燧人以來未有不以輕重爲天下也。共工之王，水處什之七，陸處什之三，乘天勢以隘制天下。至於黄帝之王，謹逃其爪牙，不利其器，燒山林，破增藪，焚沛澤，逐禽獸，實以益人。然後天下可得而牧也。至於堯舜之王，所以化海內者，北用禺氏之玉，南貴江漢之珠，其勝禽獸之仇，以大夫隨之。」桓公曰：「何謂也？」管子對曰：「令諸侯之子將委質者，皆以雙武之皮，卿大夫豹飾，列大夫豹幨。大夫散其邑粟，與其財物，以市武豹之皮，故山林之人刺其猛獸，若從親戚之仇。此君冕服於朝，而猛獸勝於外，大夫已散其財物，萬人得受其流，此堯舜之數也。」

黄帝　堯 舜　堯 舜

22 《揆度　第七十八》

上農挾五，中農挾四，下農挾三。上女衣五，中女衣四，下女衣三，農有常業，女有常事。一農不耕，民有爲之飢者，一女不織，民有爲之寒者。飢寒凍餓，必起於糞土，故先王謹於其始。事再其本，民無糟者賣其子。三其本，若爲食。四其本，則鄉里給。五其本，則遠近通，然後死得葬矣。事不能再其本，而上之求焉無止，然則姦涂不可獨遵，貨財不安於拘，隨之以法，則中內摲民也。輕重不調，無糟之民不可責理，鬻子不可得使。君失其民，父失其子，亡國之數也。」管子曰：「神農之數曰：『一穀不登，減一穀，穀之法什倍。二穀不登，減二穀，穀之法再什倍，夷疏滿之。無食者予之陳，無種者貸之新。』故無什倍之賈，無倍稱之民。」

神農

23 《國准　第七十九》

桓公問於管子曰：「國准可得聞乎？」管子對曰：「國准者，視時而立儀。」桓公曰：「何謂視時而立儀？」對曰：「黄帝之王，謹逃其爪牙。有虞之王，枯澤童山。夏后之王，燒增藪，焚沛澤，不益民之利。殷人之王，諸侯無牛馬之牢，不利其器。周人之王，官能以備物，五家之數殊而用一也。」

黄帝　有虞

桓公曰：「然則五家之數籍何者爲善也？」管子對曰：「燒山林，破增藪，焚沛澤，猛獸衆也。童山竭澤者，君智不足也。燒增藪，焚沛澤，不益民利。逃械器，閉智能者，輔己者也。諸侯無牛馬之牢，不利其器者，曰淫器而一民心者也。以人御人，逃戈刃，高仁義，乘天國，以安己也，五家之數殊而用一也。」

24 《輕重甲　第八十》

桓公曰：「寡人欲籍於室屋」，管子對曰：「不可，是毀成也。」「欲籍於萬民」，管子曰：「不可，是隱情也。」「欲籍於六畜」，管子對曰：「不可，是殺生也。」「欲籍於樹木。」管子對曰：「不可，是伐生也。」「然則寡人安籍而可？」管子對曰：「君請籍於鬼神。」桓公忽然作色曰：「萬民室屋，六畜樹木，且不可得籍，鬼神乃可得而籍夫？」管子對曰：「厭宜乘勢，事之利得也，計議因權，事之囿大也。王者乘勢，
聖人乘幼，與物皆耳？」桓公曰：「行事奈何？」管子對曰：「昔堯之 堯
五吏，五官無所食，君請立五厲之祭，祭堯之五吏，春獻蘭，秋斂落 堯
原。魚以爲脯，鯢以爲郁；若此，則澤魚之正，伯倍異日，則無屋粟邦布之籍，此之謂設之以祈祥，推之以禮義也，然則自足，何求於民也？」

25 《輕重戊　第八十四》

桓公問於管子曰：「輕重安施？」管子對曰：「自理國虙戲以來， 虙戲
未有不以輕重而能成其王者也。」公曰：「何謂？」管子對曰：「虙戲作 虙戲
造六峜，以迎陰陽，作九九之數，以合天道，而天下化之。神農作樹 神農
五穀淇山之陽，九州之民，乃知穀食，而天下化之。黃帝作鑽鐩生火， 黃帝
以熟葷臊，民食之無茲胃之病，而天下化之。黃帝之王，童山竭澤。 黃帝
有虞之王，燒曾藪，斬群害，以爲民利，封土爲社，置木爲閭，始民 有虞
知禮也。當是其時，民無慍惡不服，而天下化之。夏人之王，外鑿二十虻，韘十七湛，疏三江，鑿五湖，道四涇之水，以商九州之高，以治九藪，民乃知城郭門閭室屋之築，而天下化之。殷人之王，立帛牢，服牛馬，以爲民利，而天下化之。周人之王，循六峇，合陰陽，而天下化之。」公曰：「然則當世之王者何行而可？」管子對曰：「并用而毋俱盡也。」公曰：「何謂？」管子對曰：「帝王之道備矣，不可加也，公其行義而已矣。」公曰：「其行義奈何？」管子對曰：「天子幼弱，諸侯亢強，聘享不上，公其弱強繼絕，率諸侯以起周室之祀。」公曰：「善。」

17 老 子

三皇五帝夏禹名　無

18 子華子

文献名：18. 子華子

資料番号	伏羲	太皞	其他	女媧	其他	神農	炎帝	赤帝	其他	黄帝	軒轅氏	其他	顓頊	高陽	其他	注(左半葉) 注a	注b
1										6							
2																	
3																	
4						2											
5										1	1						
6																	
7	1										1						
8																	
9	1					1				1							
計	2					3				8	2						

献名：18. 子華子

嚳	高辛	其他	堯	陶唐	其他	舜	有虞	其他	禹	其他	三皇	五帝	注(右半葉) 注e	注f	参考	資料番号
									2							1
			5			5										2
			1			1										3
			2			2			1							4
																5
			5			4	1				2	2				6
																7
							1									8
			1			1										9
			14			13	2		3		2	2				計

18　子華子

1　《卷上》〈陽城胥渠問〉

公仲承問於程子曰：「人有常言，黃帝之治天下也，百神出而受職　黃帝
於明堂之庭。帝乃采銅於首山，作大爐焉。鑄神鼎於山上。鼎成，羣
龍下迎。乘彼白雲，至於帝鄉。羣小臣不得上升，攀龍之鬚。力顫而
絕，帝之弓裘墜焉。於是百姓奉之以長號，名之曰：烏號之弓。而藏
其衣冠於橋陵。信有之乎？」程子曰：「否。甚矣，世之好譎怪也。聖
人與人同類也。類同則形同，形同則氣同，氣同則知識同矣。類異則
形異，形異則氣異，氣異則知識異矣。人之所以相君長者類也，相使
者形也，相管攝者氣也，相維持者知識也。人之異於龍，龍之異於鼎，
鼎之異於雲，言之辨也。惡足以相感召，而實使之耶？其不然也必矣。
世之好譎怪也，吾聞之，太古之聖人，所以範世訓俗者，有直言者，
有曲言者。直言者，直以情貢也。曲言者，假以指喻也。言之致曲，
則其傳也久。傳久而譌，則知者正之。譌甚而殽亂，則知者止之失。
黃帝之治天下也，其精微之感蕩，上浮而下沈。故爲百福之宗。爲百　黃帝
福之所宗，則是百神受職於庭也。帝乃采銅者，鍊剛質也。登彼首山，
就高明也。作爲大爐，鼓神化也。神鼎熟物之器也。上水而下火，二
氣升降以相濟，中和之實也。羣龍者，衆陽氣也。雲者，龍屬也。帝
鄉者，靈臺之關，而心術之變也。帝之謂所類也，形也，氣也，知識
也，雖與人同爾，然而每成而每上也。每成而每上，則其精微之所徹
達，神明之所之適，其去人也遠矣。羣小臣知識之所不及者也。攀龍
之鬚，有見於下也。不得上升，無見於上也。有見於下、無見於上者
士也。上下無見者民也。弓裘衣冠者，帝所以善世制俗之具也。民無
見也，懷其所以治我者而已矣。故帝之逝也，號以決其慕，藏以奉其
傳。尚假以指喻之言也。而人且亟傳之，以相詆欺。甚矣世之好譎怪
也。千世之後，必有人主，好高而慕大，以久生輕舉，而爲羨慕者，
其左右狡詐希寵之臣，又從而逢之。是將甘心於黃帝之所造者矣。夫　黃帝
人之大常，生而少壯，轉而爲衰老，轉而爲死，仁聖凡之所共也。上
知之所弗幸免焉者也。且自故記之所傳，若存而若亡。大庭、中黃、
赫胥、尊盧以來所謂聖人者不一族。吾誠恐大圜之上，嶢榭聯累，雖
處什佰不足以處也。而復何所主宰，臣何所使，而其昏昏默默以至於
今也。是不然之甚者也。然而世之人，知者歆羨，愚者矜跂。甚矣，
世之好譎怪也。夫周之九鼎，禹所以圖神姦也。黃帝之鑄一，禹之鑄　禹 黃帝 禹
九，其造爲者同。而所以之適焉者頓異。是可以決疑矣。且世之傳疑
也，不惟其傳。昔宋有丁氏。家故無井，而出漑汲焉。常一日而一人
居外。憊其如是也。鳩工而穿井於庭，家相與語曰：「今吾日之穿井，

得一人矣。」有聞而傳之者曰：「丁氏穿井而得一人也。」國人更相道之。語徹於宋君。宋君召其人而質之，丁氏對曰：「自臣穿井，家獲一人之力，非得一人於井也。」是故黃帝之鑄神鼎，是井中人之譬也。知者正之，是宋君召其人而質之之譬也。千世之後，必有人主，好高而慕大，以久生輕舉，而爲羨慕者，其左右狡詐希寵之臣，又從而逢之，是以甘心於黃帝之所造者矣。此吾之所以反之復之，而不能已者也。小子志之。 黃帝 黃帝

2 《卷上》〈北宮子仕〉

北宮子將仕於衛。子華子曰：「意，來。子之所以自事其心者，亦嘗有以語我乎？」北宮子曰：「意。未得以卒業也。以是樵蘇之弗繼，餬其口頰於人。雖然，謹志其所欲爲於善，而違其惡也，庶幾於完。」子華子愀然變乎容，有閒曰：「意，是何言歟？善奚足願，而惡奚足違？吾語若。聖人不出，天下潰潰，日趨於迷，欲以有己，而卒於喪己。欲以達之於人而卒於失人。凡以善故，王者作興，將以濯洗今世之惛。去善，其殆可乎哉。善弗去，亂未艾也。而又奚以善爲？」北宮子曰：「嘻，有是哉。願畢其說。」子華子曰：「人中虛圓不徑寸，神明舍焉。事物交滑，如理亂棼，如涉驚浸。一則以之怵惕，一則以之忌諱，一則以之懲創。是則一日之閒，一時之頃，而徑寸之地，如炎如冰矣。夫所謂神明者，其若之何而堪之。神弗留則蠹，明弗居則耗，而又奚以善爲？古之知道者，泊兮如太羹之未調，譝譝兮如將孩。隨推而遷，因蕩而還。其精白津津，若遺而復存。其神明休休，常與道謀，去羨去慕，孰知其故。今子之言曰：謹志於爲善，則不善者將誰與耶？違子之所惡，則惡將誰歸耶？予而勿受，歸而勿納，則必有忿悁之心，起而與我立敵矣。以我矜願之意，而接彼忿悁之心，何爲而不鬭？鬭且不止，小則囂凌詬誶，大則碎首穴胸。夫以若之言，而幸於完，其幾于殆矣。」北宮子曰：「噫嘻，顧若是其甚也。」子華子曰：「有是哉，吾語若，禍之所自起，亂之所由生，皆存乎欲善而違惡。今天下老師先生，端弁帶而說，乃以是召亂者，學者相與熏沐其中扁，而亦惟此之事，是事禍也。父以是故不慈，子以是故不孝，兄以是故不友，弟以是故不敬，夫以是故不帥，婦以是故不從，君以是故不仁，臣以是故不忠。大倫蠹敗，人紀消亡。結轍以趨之，而猶恐其弗及也。悲夫。石碏欲完其名，而殺厚，公子輒欲專其國，而拒蒯聵，寤生克段，忽出而突入，季友鴆慶父，叔向誅鮒，雍糾之妻，尸糾於朝，莊仲子欲托其帑於魯，而先斃其室，先君厲公，一言而殺三郤，華督父并忽于與夷，毛舉其目，尚不勝爲數也。是皆名爲求得所欲，而能違所不欲者矣。然且大倫斁敗，人紀消亡，結轍以趨之，而猶恐其弗及也。悲夫。吾語若，亂之所由生，禍之所自起，皆存於欲善而違惡。夫人之

中虛也，不得其所欲則疑，得其所不欲則惑。疑惑載於中虛，則荊棘
生矣。父不疑於其子，子必孝。兄不疑於其弟，弟必恭。夫不疑於其
婦，婦必貞。君不疑於其臣，臣必忠。是還至而效者也。百事成而一
事疑，道必廢。三人行而一人惑，議必格。大道之世，上下洞達，而
無疑志。堯舜三代之王也，無意於王，而天下治，所循者直道故也。 堯 舜
是以天下和平。天下之所以平者，政平也。政之所以平者，人平也。
人之所以平者，心平也。夫平猶權衡然，加銖兩則移矣。載其所不欲，
其爲銖兩者倍矣。故曰：矜功者不立，虛願者不至。非惟不足以得福，
而行又以召禍。故吾不悅於子之言。今子亦平其所養，而直以行之，
何往而不得，何營而不就，而又奚以善爲？且善不可以有爲也。堯曰： 堯
「若之何而善於予之事？」舜亦曰：「若之何而善於予之事？」是上與 舜
下爭爲善也。上與下爭爲善，是兩實也。兩實則烏得平？平不施焉，
則惡得直？失其所以平直，則堯無以爲堯矣，舜無以爲舜矣。吾子謹 堯 堯 舜 舜
志於堯舜也，而又奚以善爲？」北宮子之衛，主於叔車氏。叔車氏寵 堯 舜
於衛君，國人害其嬖而將討之。北宮子喟然嘆曰：「吾爲是違夫子之言
也，是以獲戾於此也。吾何以衛，爲致其所以爲臣。」而歸。

3 《卷上》〈虎會問〉

虎會以其私問於程子曰：「主君何如主也？」程子曰：「昔堯舜在 堯 舜
上，塗說而巷議所不廢也。是是非非之謂士。試爲吾子推言之。本也不敢以古事爲考，先大夫文子之志也。好學而能受規諫。立若不勝衣，言若不出口。身舉士於白屋之下者四十有六人。皆能獲其赤心。公家賴焉。及其歿也，四十有六人者皆就賓位。是其無私，德也。夫好學，知也。受規諫，仁也。無私德焉，忠也。江之源出於汶山，其大如甕口，其流可以濫觴。順流而下，控諸羣莿，廣袤數千里。方舟然後可以濟。此無他故也，所受於下流者非一壑也。夫先大夫文子，其訓於是矣。是以有孝德以出公族，有恭德以升在位，有武德以羞爲正卿。用能光融於晉國，顯輔其君，以主盟於諸侯。天下賴其仁，兵稍之不試者，垂十許年。今主君懋昭其勳庸，而光賁於趙宗，無以則先大夫文子是焉。取則尚德率義，以宏大其光烈。其將有譽於四方也。乃若范氏、中行氏弗自克也。而以覆其宗卿。此則主君之所知也。」

4 《卷上》〈虎會問〉

子華子見齊景公。公問所以爲國，柰何而治。子華子對曰：「臣愚以爲國不足爲也，事不足治也。有意於爲則狹矣，有意於治則陋矣。夫有國者有大物也，所以持之者大矣。狹且陋者，果不足以有爲也。臣愚以爲國不足爲也，事不足治也。」公曰：「然則國不可以爲矣乎？」子華子曰：「非然也。臣之所治者，道也。道之爲治，厚而不博。敬守

其一，正性内足。羣衆不周，而務成一能。盡能既成，四境以平。惟彼天符，不周而同。此神農氏之所以長也。堯舜氏之所以章也。夏后氏之所以勤也。夫人主自智而愚人，自巧而拙人。若此則愚拙者請矣，巧智者詔矣。詔多，則請者加多矣。請者加多，則是無不請也。主雖巧智，未無不知也。以未無不知，應無不請，其道固窮。爲人主而數窮於其下，將何以君人乎？窮而不知其窮，又將目以爲多。夫是之謂重塞之國。上有諱言之君，下有茍且之俗，其禍起於欲爲也，其禍起於願治也。夫有欲爲願治之心，而獲重塞之禍，是以臣愚以爲國不足爲也，事不足治也。昔者有道之世，因而不爲，責而不詔。去想去意，靜虚以待。不伐之言，不奪之事。循名覈實，官庀其司。以不知爲道，以柰何爲寶。神農曰：「若何而和萬物、調三光？」堯曰：「若何而爲日月之所燭？」舜曰：「若何而服四荒之外？」禹曰：「若何而治青北九陽奇怪之所際？」是故此王者，天下以爲功，後世以爲能。故記之以道，而君之所知也。臣戆而不知，方始而至於朝也，竊有疑焉。齊之所以爲齊者，抑以異矣。鐘鼓柷圉，日以耺考而和聲不聞。司空之刀鋸，斷斷如也，而罪罟滋長。諸侯之賓客，膏其脣吻，而爭進諛言。左右在廷之人，主爲蔽蒙。僮夫豎隸，曉然皆知公上之有慆心也。造爲謌謠，以蠱君心。君曾不知之也。冕旒清晨，位宁以聽。愸焉以古人自耦，君之心則泰矣。夫其誰而顧肯以其一介之鄙，試嘗君之嗜好，而以干其不測之禍？臣戆而不知，方始而至於朝也，竊有疑焉。夷考所由來，以君之心勝故也。心勝則道不集矣。羣臣之不肖者，又隨而揚之。故其弊日以深，其固如性。而君曾不之知也。夫以君之明，疏瀹其所底滯，而開之以鄉導。夫孰能禦之？抑臣聞之，萬物之變也，萬事之化也，不可爲也，不可究也。因其然而推之，則無不得其要者矣。故臣愚以爲國不足爲也，事不足治也。公曰：「洋洋乎而之所以言。吾欲以有說，而無所措吾辭。而之道，博大而無倪。吾所不能爲也。嘗曰：『有以拂吾之陋心』。」子華子退而食於晏氏。

神農氏 堯 舜

神農 堯 舜 禹

5 《卷上》〈晏子〉

晏子問於子華子曰：「齊之公室，懼卑柰何？」子華子曰：「夫人之有欲也，天必隨之。齊將卑是求，夫何懼而不獲？昔者軒轅二十五宗，故黃祚衍於天下，於今未忘也。宗周之主也，姬姓之封者，凡七十。夫指之不能率其臂，猶臂之不能運其體也。今齊自襄、桓以來，斬斬焉，朝無公姓，野無公田。帶甲横兵，挾轂而能戰，非公士也。結綬纚纚，位列而籍居，非公臣也。公族之子若其孫，散而之于四方也。惟童隸是伍，公所以與俱者，自有肺腸者也。於詩有之：『豈無他人，不如我同姓』。何以是踽踽，而以臨於人上也。齊將卑是求，夫何懼而不獲？今之人，分財賄而設鉤策焉。非以夫鉤策者，爲能均也。

軒轅 黃(祚)

使善惡多寡，無所歸其怨也。是以聖人窮造物以爲識量。然且龜卜筮蓍以爲決，所以立言於公也。聲出而應律，身出而協度。然且權量尺石以爲器，所以立正於公也。義適而理訓，舉天下無敢以容其議。然且書契章程以爲式，所以立信於公也。德澤汪濊，威制宏遠，盡四海之大，無不面納。然且法度禮籍以爲準，所以立義於公也。今齊則不然。所以爲國，舉出於私矣。非止乎此而已也。而又公斂其怨，私受其福矣。公竊其名，私享其實矣。齊之忘於公室也，非一日也。故齊將卑是求，夫何懼而不獲。子華子曰：「昔先王之制法也，有本衍焉，有末度焉。因而弗作，守而弗爲。去羨去慕，與四時分其敍，與寒暑一其度。不言而民以之化，不令而民以之服。是以能因則大矣，能守則固矣。夫有心於作，法之細也，作而因其眞，法之原也。法也者，治世之粗迹也。而且不可以容心焉。而況於營道術乎？於傳有之，循道理之數，而以輔萬物之自然，六合不足均也。七十九代之君，其爲法不同，而俱王於天下，用此道也。」

6　《卷下》〈晏子問黨〉

晏子問於子華子曰：「聖人尚儉，於傳有之乎？」子華子曰：「有
之。夫儉聖人之寶也，所以御世之具也。三皇五帝之所留察也。」晏子　三皇 五帝
曰：「嬰聞之，堯不以土階爲陋，而有虞氏怵戒於塗髹。其尚儉之謂歟？」　堯 有虞氏
子華子曰：「何哉，大夫之所謂儉者。夫儉在內，不在外也。儉在我，
不在物也。心居中虛以治五官。精氣動薄，神化回濡。嗇其所以出，
而謹節其所受。然後神宇泰定，而精不搖。其格物也明，其遇事也剛。
此之謂儉，而聖人之所寶也，所以御世之具也，三皇五帝之所留察也。　三皇 五帝
何哉，大夫之所謂儉者。夫視入以爲出，庾氏之職業也。操贏而制餘，
商賈子之所爲也。中人之家，計口然後食，閭里之志也。乃若天子者，
大官也。有天下者，大器也。臨萬品，御萬民，窮天之產，罄地之毛，
無有不共，無有不備。此則古今常尊之執也。奈何而以閭里之所志，
商賈子之所爲，庾氏之職業，仰而議夫堯舜之量哉。此腐儒之所守，　堯 舜
而污俗之所以相欺者也。土階塗髹之說，野人之所稱道，而於傳所不
傳者也。本聞之，堯居於衢室之宮，垂衣而襞幅，邃如神明之居，輯　堯
五瑞以見羣后。帶幅舄而入覲者，如衆星之拱北。堯則若固有之也。　堯
舜遊於嚴廊之上，被袗衣，鼓五絃之琴，畫日月於太常，備十有二章，　舜
黼黻元黃，爛如也。出則有鸞和，動則有珮環。步趨中於簫韶之節。
舜亦若固有之也。夫堯舜之備物也如比，而惡有所謂土階三尺茅茨不　舜 堯 舜
翦者，惡有所謂塗髹以自怵戒者？此腐儒之所守，而污俗之所以相欺
者也。故記所不道也。桀紂之亡天下也，以不仁而不以奢也。戒奢者
有禮存焉。禮之所存，可約則殺，可豐則腆。豈有攬四海之賦，受九
畡之經。入而土階以居，欲有塗髹而不敢也，其不然也必矣。且先王

之制也，改玉則改行旂旒冕璪以示登降之品。今汙世人，不通於禮也。處尊而偪賤。居大而侵小。夫以王公之尊而圉隸以自奉，難爲其下矣。不惟以陋於厥躬也，而又旁無以施其族黨上不豐其宗祧。曰：吾以是爲儉也不亦夷貊之人矣乎？」晏子曰：「善，微吾子，嬰無所聞之也。終不敢以論約。」

7 《卷下》〈執中〉

子華子曰：「天之精氣，其大數，常出三而入一。其在人，呼則出也，吸則入也。是故一之謂專，二之謂耦，三之謂化。專者才也，耦者幹也，化者神也。凡精氣以三成。三者，成數矣。宓犧、軒轅所柄以計者也。赫胥、大庭，惝怳而有所遺者也。故曰：出於一，立於兩，成於三。連山以之而成形，歸藏以之而御氣，大易以之而立數也。」 宓犧 軒轅

8 《卷下》〈北宮意問〉

北宮意問曰：「上古之世，天不愛其寶。是以日月淑清而揚光。五星循晷而不失其次。鳳凰至，蓍龜兆，甘露下，竹實滿，流黃出，朱草生。敢問何所修爲而至於是也？」子華子曰：「異乎吾所聞。夫禎祥瑞應之物，有之，足以備其數。無之，不缺於治也。聖王不識也，君子不道也，治世所無有也。上古之世，居有以虛，宰多以少，所以同於人者，用舍也。所以異於人者，神明也。神明之運其由也，甚微其效也。甚徑與變相，蕩遷與化。相推移陰陽，不能更四序，不能虧。洞於纖微之域，通於恍惚之庭，挹之而不沖，注之而不滿。彼其視鳳凰麒麟也，豢牢之養爾。彼其視豐液甘露也，甽澮之寫爾。彼其視芝房竹實，凡草木之異者，畦圃之毓爾。彼其視玉石瓌怪，凡種種之族者，篋襲之藏爾。故曰：聖王不識也，君子不道也，治世所無有也。昔者有虞氏彈五弦之琴，以歌南風之詩，而光被四表，格乎上下。周公之佐成王也，肴膳不徹於前，鐘鼓不解於懸。而歌雍詠勺，六服承德。凡禎祥瑞應之物，有之足以備其數，無之不缺於治。聖王已沒，天下大亂。父子失性，君臣失紀，未有甚於今日也。然且日月星辰衡陳於上，與治世同焉而已矣。故曰天道遠，人道邇。待蓍龜而襲吉福之末也，顛蹶望拜而謁焉。其待則薄矣。故聖王不識也，君子不道也，治世所無有也。吾恐後世之人主，方且睢睢盱盱，唯此之事而爲人臣者，巧詐誕譎，以容悅於其君。舍其所當治而責成於天，借或氣然而數繆也。忽有鍾其變者色澤狀貌，非耳目之所屬也。於是奉以爲祥，君臣動色，士庶革聽，以至作爲聲歌，而薦之於郊廟。錯采繢畫，而以夸諸其臣民，奄然以爲後世莫我之如也。彼其卻數於上，世其所謂豢牢之養也，甽澮之寫也，畦圃之毓也，篋襲之藏也。章章焉如日星之在上也。乃始矜跂而以爲希有之事，夷世而不可以幸冀者也。甚矣，

有虞氏

其亦弗該於帝王之量者矣。

9 《卷下》〈神氣〉

子華子曰：「古之至人，探幾而鈎深。與天通心，清明在躬。與帝同功。是以進爲而在上，則至精之感，流通而無礙。以上行而際浮，以下行而極憂，以旁行而塞於四表。不言而從化，不召而效證。以其所以感之者，內也。伏羲、神農之世，其民童蒙、瞑瞑蹎蹎，不知所以然而然，是以永年。黃帝堯舜之世，其民樸以有立，職職植植，而弗鄙弗夭，是以難老。末世之俗則不然。煩稱文辭，而實不效，知譎相誕，而情不應，蓋先霜霰以戒裘爐者矣。機栝存乎中而羣有詐心者族攻之於外。是以父哭其子，兄喪其弟，長短頡牾，百疾俱作，四方疾癘，道有繈負，盲禿狂傴，萬怪以生。所以然者，氣之所感故也。夫神氣之所以動，可謂微矣。日月薄食，虹蜺晝見，五緯相淩，四時相乘，水竭山崩，宵光晝冥，石言犬痾，夏霜冬雷，繆盭之族，諸禍之物，不約而總至。所以然者，氣之所感故也。夫神氣之所以動，可謂微矣。故曰天之與人，其有以相通者。此之謂也。」

伏羲 神農
黃帝 堯

19　易 傳　(經は01)

文献名：19. 周易傳

資料番号	伏羲	太皞	其他	女媧	其他	神農	炎帝	赤帝	其他	黄帝	軒轅氏	其他	顓頊	高陽	其他	注(左半葉) 注a	注b
1	2					2				2							
計	2					2				2							

1　《繫辭傳下　第八》

古者包犧氏之王天下也，仰則觀象於天，俯則觀法於地，觀鳥獸　包犧氏
之文與地之宜，近取諸身，遠取諸物，於是始作八卦，以通神明之德，
以類萬物之情。作結繩而爲罔罟，以佃以漁，蓋取諸離，包犧氏沒，　包犧氏
神農氏作，斲木爲耜，揉木爲耒，耒耨之利，以教天下，蓋取諸益。　神農氏
日中爲市，致天下之民，聚天下之貨，交易而退，各得其所，蓋取諸
噬嗑。神農氏沒，黄帝、堯、舜氏作，通其變，使民不倦，神而化之，　神農氏 黄帝
使民宜之。易窮則變，變則通，通則久。是以自天祐之，吉无不利。　舜氏
黄帝、堯、舜垂衣裳而天下治，蓋取諸乾坤。刳木爲舟，剡木爲楫，　黄帝 堯 舜
舟楫之利，以濟不通，致遠以利天下，蓋取諸渙。服牛乘馬，引重致
遠，以利天下，蓋取諸隨。重門擊柝，以待暴客，蓋取諸豫。斷木爲
杵，掘地爲臼，臼、杵之利，萬民以濟，蓋取諸小過。弦木爲弧，剡
木爲矢，弧、矢之利，以威天下，蓋取諸睽。上古穴居而野處，後世
聖人易之以宮室，上棟下宇，以待風雨，蓋取諸大壯。古之葬者，厚
衣之以薪，葬之中野，不封不樹，喪期无數，後世聖人易之以棺椁，
蓋取諸大過。上古結繩而治，後世聖人易之以書契，百官以治，萬民
以察，蓋取諸夬。

献名：01.周易

嚳	高辛	其他	堯	陶唐	其他	舜	有虞	其他	禹	其他	三皇	五帝	注(右半葉) 注e	注f	参考	資料番号
			2			2										1
			2			2										計

20 文 子

文献名：20. 文子

資料番号	伏羲	太皞	其他	女媧	其他	神農	炎帝	赤帝	其他	黄帝	軒轅氏	其他	顓頊	高陽	其他	注(左半葉) 注a	注b
1																	
2	1									2							
3																	
4																	
5																	
6																	
7																	
8																	
9																	
10						1											
11						1											
12																	
13								1		1			1				
14						1											
15	1					1				1							
16																	
計	2					4		1		4			1				

献名：20. 文子

嚳			堯			舜			禹				注(右半葉)		参考	資料番号
	高辛	其他		陶唐	其他		有虞	其他		其他	三皇	五帝	注e	注f		
											1					1
																2
											1	1				3
											1	1				4
											1	1				5
			1			1										6
												1				7
											1	1				8
			1			1			1							9
			1			1			1							10
																11
											1	1				12
																13
																14
																15
												1				16
			3			3			2		6	7				計

20 文子

1 《道原》

老子曰：「有物混成，先天地生，惟象無形，窈窈冥冥，寂寥澹泊，不聞其聲，吾強爲之名，字之曰道。」夫道者，高不可極，深不可測，苞裹天地，稟受無形，源流泏泏，沖而不盈，濁以靜之徐清，施之無窮，無所朝夕，表卷之不盈一握，約而能張，幽而能明，柔而能剛，含陰吐陽，而章三光；山以之高，淵以之深，獸以之走，鳥以之飛，鱗以之游，鳳以之翔，星曆以之行；以亡取存，以卑取尊，以退取先。古者三皇，得道之統，立於中央，神與化游，以撫四方。是故能天運 三皇
地墆，輪轉而無廢，水流而不止，與物終始。風興雲蒸，雷聲雨降，並應無窮，已雕已琢，還復於樸。無爲爲之而合乎生死，無爲言之而通乎道德，恬愉無矜而得乎和，有萬不同而便乎生。和陰陽，節四時，調五行，潤乎草木，浸乎金石，禽獸碩大，毫毛潤澤，鳥卵不敗，獸胎不殰，父無喪子之憂，兄無哭弟之哀，童子不孤，婦人不孀，虹蜺不見，盜賊不行，含德之所致也。大常之道，生物而不有，成化而不宰，萬物恃之而生，莫之知德，恃之而死，莫之能怨，收藏畜積而不加富，布施稟受而不益貧；忽兮怳兮，不可爲象兮，怳兮忽兮，用不詘兮，窈兮冥兮，應化無形兮，遂兮通兮，不虛動兮，與剛柔卷舒兮，與陰陽俛仰兮。

2 《精誠》

老子曰：昔黃帝之治天下，調日月之行，治陰陽之氣，節四時之 黃帝
度，正律曆之數，別男女，明上下，使強不掩弱，衆不暴寡，民保命而不夭，歲時熟而不凶，百官正而無私，上下調而無尤，法令明而不闇，輔佐公而不阿，田者讓畔，道不拾遺，市不預賈，故於此時，日月星辰不失其行，風雨時節，五穀豐昌，鳳凰翔於庭，麒麟游於郊。
虙犧氏之王天下也，枕石寢繩，殺秋約冬，負方洲，抱圓天，陰陽所 虙犧氏
擁沉滯不通者竅理之，逆氣戾物傷民厚積者、絕上止之，其民童蒙不知西東，視瞑瞑，行蹎蹎，侗然自得，莫知其所由，浮游汎然，不知所本，自養不知所如往；當此之時，禽獸蟲蛇無不懷其爪牙，藏其螫毒，功揆天地。至黃帝，要繆乎太祖之下，然而不章其功，不揚其名， 黃帝
隱眞人之道，以從天地之固然，何則？道德上通，而智故消滅也。

3 《精誠》

老子曰：賑窮補急則名生，起利除害即功成，世無災害，雖聖無所施其德，上下和睦，雖賢無所立其功。故至人之治，含德抱道，推

誠樂施，抱無窮之智，寢說而不言，天下莫之知貴其不言者，故「道可道，非常道也，名可名，非常名也。」著於竹帛，鏤於金石，可傳於人者，皆其粗也。三皇五帝三王，殊事而同心，異路而同歸，末世之學也，不知道之所一體，德之所總要，取成事之迹，跪坐而言之，雖博學多聞，不免於亂。 三皇 五帝

4 《九守》〈守弱九〉

老子曰：天道極即反，盈即損，日月是也。故聖人日損而沖氣不敢自滿，日進以牝，功德不衰，天道然也，人之情性皆好高而惡下，好得而惡亡，好利而惡病，好尊而惡卑，好貴而惡賤，衆人爲之，故不能成，執之，故不能得。是以聖人法天，弗爲而成，弗執而得，與人同情而異道，故能長久。故三皇五帝有戒之器，命曰侑卮，其中則正，其滿則覆。夫物盛則衰，日中則移，月滿則虧，樂終而悲，是故聰明廣智守以愚，多聞博辯守以儉，武力勇毅守以畏，富貴廣大守以狹，德施天下守以讓，此五者先王所以守天下也。「服此道者不欲盈，是以能弊不新成。」 三皇 五帝

5 《道德》

老子曰：執一世之法籍，以非傳代之俗，譬猶膠柱調瑟。聖人者，應時權變，見形施宜，世異則事變，時移則俗易，論世立法，隨時舉事。上古之王，法度不同，非故相反也，時務異也，是故不法其已成之法，而法其所以爲法者，與化推移。聖人之法可觀也，其所以作法不可原也，其言可聽也，其所以言不可形也。三皇五帝輕天下，總萬物，齊死生，同變化，抱道推誠，以鏡萬物之情，上與道爲友，下以化爲人。今欲學其道，不得其清明，時君守其法籍，行其憲令，必不能以爲治矣。 三皇 五帝

6 《道德》

平王問文子曰：吾聞子得道於老聃，今賢人雖有道，而遭淫亂之世，以一人之權，而欲化久亂之民，其庸能乎？文子曰：夫道德者，匡衺以爲正，振亂以爲治，化淫敗以爲樸，醇德復生，天下安寧，要在一人。人主者，民之師也，上者，下之儀也，上美之則下食之，上有道德即下有仁義，下有仁義即無淫亂之世矣。積德成王，積怨成亡，積石成山，積水成海，不積而能成者，未之有也。積道德者，天與之，地助之，鬼神輔之，鳳鳥翔其庭，麒麟游其郊，蛟龍宿其沼。故以道蒞天下，天下之德也，無道蒞天下，天下之賊也。以一人與天下爲讎，雖欲長久，不可得也，堯舜以是昌，桀紂以是亡。平王曰：寡人敬聞命矣。 堯 舜

7 《微明》

老子曰：仁者人之所慕也，義者人之所高也，爲人所慕，爲人所高，或身死國亡者。不周於時也，故知仁義而不知世權者，不達於道也。五帝貴德，三王用義，五伯任力，今取帝王之道，而施五伯之世， 五帝
非其道也。故善否同，非譽在俗，趨行等，逆順在時。知天之所爲，知人之所行，即有以經於世矣；知天而不知人，即無以與俗交，知人而不知天，無以與道游。直志適情，即堅強賊之，以身役物，即陰陽食之。得道之人，外化而內不化，外化所以知人也，內不化所以全身也，故內有定一之操，而外能屈伸，與物推移，萬舉而不陷，所貴乎道者，貴其能變也。守一節，推一行，雖以成滿猶不易，拘於小好而塞於大道。道者，寂寞以虛無，非有爲於物也，不以有爲於己也，是故舉事而順道者，非道者之所爲，道之所施也。天地之所覆載，日月之所照明，陰陽之所煦，雨露之所潤，道德之所扶，皆同一和也。是故能戴大圓者履大方，鏡太清者視大明，立太平者處大堂，能游於冥冥者，與日月同光，無形而生於有形。是故眞人託期於靈臺，而歸居於物之初，視於冥冥，聽於無聲，冥冥之中獨有曉焉，寂寞之中獨有照焉。其用之也乃不用，不用而後能用之也，其知之也乃不知，不知而後能知之也。道者，物之所道也，德者，生之所扶也，仁者，積恩之證也，義者，比於心而合於衆適者也。道滅而德興，德衰而仁義生，故上世道而不德，中世守德而不懷，下世繩繩而恐失仁義。故君子非義無以生，失義即失其所以生，小人非利無以活，失利則失其所以活，故君子懼失義，小人懼失利，觀其所懼，禍福異矣。

8 《自然》

老子曰：樸，至大者無形狀，道，至大者無度量，故天圓不中規，地方不中矩。往古來今謂之宙，四方上下謂之宇，道在其中而莫知其所，故見不遠者，不可與言大，其知不博者，不可與論至。夫稟道與物通者，無以相非，故三皇五帝法籍殊方，其得民心一也。若夫規矩 三皇 五帝
勾繩，巧之具也，而非所以爲巧也；故無絃雖師文不能成其曲，徒絃即不能獨悲，故絃、悲之具也，非所以爲悲也；至於神和，游於心手之間，放意寫神，論變而形於絃者，父不能以教子，子亦不能受之於父，此不傳之道也。故蕭條者形之君也，而寂寞者音之主也。

9 《自然》

老子曰：天之所覆，地之所載，日月之所照，形殊性異，各有所安；樂所以爲樂者，乃所以爲悲也，安所以爲安者，乃所以爲危也。故聖人養牧民也，使各便其性，安其居，處其宜，爲其所能，周其所適，施其所宜，如此則萬物一齊，無由相過。天下之物，無貴無賤，

因其所貴而貴之，物無不貴，因其所賤而賤之，物無不賤，故不尚賢者，言不放魚於木，不沉鳥於淵。昔堯之治天下也，舜爲司徒，契爲司馬，禹爲司空，后稷爲田疇，奚仲爲工師，其導民也，水處者漁，林處者採，谷處者牧，陸處者田，地宜其事，事宜其械，械宜其材，皋澤織網，陵阪耕田，如是則民得以所有易所無，以所工易所拙，以所長易所短。是以離叛者寡，聽從者衆，若風之過蕭，忽然而感之，各以清濁應，物莫不就其所利，避其所害。是以鄰國相望，雞狗之音相聞，而足迹不接於諸侯之境，車軌不結於千里之外，皆安其居也。故亂國若盛，治國若虛，亡國若不足，存國若有餘。虛者，非無人也，各守其職也；盛者，非多人也，皆徼於末也；有餘者，非多財也，欲節而事寡也；不足者，非無貨也，民鮮而費多也；故先王之法，非所作也，所因也，其禁誅，非所爲也，所守也，上德之道也。 堯 舜 禹

10 《自然》

老子曰：古之立帝王者，非以奉養其欲也，聖人踐位者，非以逸樂其身也，爲天下之民，強凌弱，衆暴寡，詐者欺愚，勇者侵怯；又爲其懷智不以相教，積財不以相分，故立天子以齊一之。爲一人之明，不能徧照海內，故立三公九卿以輔翼之。爲絕國殊俗，不得被澤，故立諸侯以教誨之。是以天地四時無不應也，官無隱事，國無遺利，所以衣寒食飢，養老弱，息勞倦，無不以也。神農形悴，堯瘦臞，舜黧黑，禹胼胝，伊尹負鼎而干湯，呂望鼓刀而入周，百里奚傳賣，管仲束縛，孔子無黔突，墨子無煖席，非以貪祿慕位，將欲起天下之利，除萬民之害也。自天子至於庶人，四體不勤，思慮不困，於事求贍者，未之聞也。 神農 堯 舜 禹

11 《上仁》

文子問曰：何行而民親其上？老子曰：使之以時而敬愼之，如臨深淵，如履薄冰。天地之間，善即吾畜之，不善即吾讎也，昔者商夏之臣，反讎桀紂，而臣湯武，宿沙之民，自攻其君，而歸神農氏，故曰：「人之所畏，不可不畏也。」 神農氏

12 《上義》

老子曰：天下幾有常法哉！當於世事，得於人理，順於天地，詳於鬼神，即可以正治矣。昔者三皇無制令而民從，五帝有制令而無刑罰，夏后氏不負言，殷人誓，周人盟。末世之衰也，忍垢而輕辱，貪得而寡羞，故法度制令者，論民俗而節緩急，器械者，因時變而制宜適。夫制於法者，不可與遠舉，拘禮之人，不可使應變，必有獨見之明，獨聞之聰，然後能擅道而行。夫知法之所由生者，即應時而變， 三皇 五帝

不知治道之源者，雖循終亂；今爲學者，循先襲業，握篇籍，守文法，欲以爲治，猶持方枘而內圓鑿也，欲得宜適亦難矣。夫存危治亂，雖智不能，道先稱古，雖愚有餘，故不用之法，聖人不行也，不驗之言，明主不聽也。

13 《上義》

老子曰：道德之倫猶日月也，夷狄蠻貊不能易其指，趣舍同即非譽在俗，意行均即窮達在時，事周於世即功成，務合於時即名立。是故立功名之人，簡於世而謹於時，時之至也，閒於容息。古之用兵者，非利土地而貪寶賂也，將以存亡平亂爲民除害也，貪叨多欲之人，殘賊天下，萬民騷動，莫寧其所。有聖人勃然而起，討強暴，平亂世，爲天下除害，以濁爲清，以危爲寧，故不得不中絕。赤帝爲火災，故黃帝擒之，共工爲水害，故顓頊誅之。教之以道，導之以德而不聽，即臨之以威武，臨之不從，則制之以兵革。殺無罪之民，養不義之主，害莫大焉；殫天下之財，贍一人之欲，禍莫深焉；肆一人之欲，而長海內之患，此天倫所不取也。所爲立君者，以禁暴亂也，今乘萬民之力，反爲殘賊，是以虎傅翼，何爲不除。夫畜魚者，必去其猵獺，養禽獸者，必除其豺狼，又況牧民乎！是故兵革之所爲起也。

赤帝
黃帝 顓頊

14 《上義》

老子曰：爲國之道，上無苛令，官無煩治，士無僞行，工無淫巧，其事任而不擾，其器完而不飾。亂世即不然，爲行者相揭以高，爲禮者相矜以僞，車輿極於雕琢，器用遂於刻鏤，求貨者爭難得以爲寶，詆文者逐煩撓以爲急，事爲僞辯，久稽而不決，無益於治，有益於亂，工爲奇器，歷歲而後成，不周於用。夫神農之法曰：丈夫丁壯不耕，天下有受其飢者，婦人當年不織，天下有受其寒者。故身親耕，妻親織，以爲天下先，其導民也，「不貴難得之貨」，不重無用之物。是故耕者不強，無以養生，織者不力，無以衣形，有餘不足，各歸其身，衣食饒裕，姦邪不生，安樂無事，天下和平，智者無所施其策，勇者無所措其威。

神農

15 《上禮》

老子曰：上古眞人，呼吸陰陽，而群生莫不仰其德以和順，當此之時，莫不領理，隱密自成，純樸未散，而萬物大優。及世之衰也，至虙犧氏，昧昧懋懋，皆欲離其童蒙之心，而覺悟乎天地之閒，其德煩而不一。及至神農、黃帝，覈領天下，紀綱四時，和調陰陽，於是萬民莫不竦身而思，戴視聽而視，故治而不能和。下至夏、殷之世，嗜欲連於物，聰明誘於外，性命失其眞。施及周室，澆醇散樸，離道

虙犧氏
神農 黃帝

以爲僞，險德以爲行，知巧萌生，狙學以擬聖，華誕以脅衆，琢飾詩書，以賈名譽，各欲以行其智僞，以容於世，而失大宗之本，故世有喪性命，衰漸所由來久矣。是故至人之學也，欲反性於無，游心於虛；世俗之學，耀德擢性，內愁五藏，暴行越知，以譊名聲於世，此至人所不爲也。耀德自見也，擢性絕生也，若夫至人定乎生死之意境，通乎榮辱之理，舉世而譽之不加勸，舉世而非之不加沮，得至道之要也。

16 《上禮》

老子曰：古者被髮而無卷領，以王天下，其德生而不殺，與而不奪，天下不非其服，同懷其德；當此之時，陰陽和平，萬物蕃息，飛鳥之巢，可俛而探也，走獸可係而從也。及其衰也，鳥獸蟲蛇，皆爲人害，故鑄鐵鍛刃，以禦其難，夫民迫其難即求其便，因其患即造其備，各以其智，去其所害，就其所利，常故不可循，器械不可因，故先王法度，有變易者也，故曰「名可名，非常名也。」五帝異道而德覆 五帝
天下，三王殊事而名立後世，此因時而變者也。譬猶師曠之調五音也，所推移上下無常，尺寸以度，而靡不中者，故通於樂之情者能作音，有本主於中，而知規矩鉤繩之所用者能治人，故先王之制，不宜即廢之，末世之事，善即著之。故聖人之制禮樂者，不制於禮樂，制物者，不制於物，制法者，不制於法，故曰「道可道，非常道也。」

21 鄧 析 子

文献名：21. 鄧析子

資料番号	伏羲	太皞	其他	女媧	其他	神農	炎帝	赤帝	其他	黃帝	軒轅氏	其他	顓頊	高陽	其他	注(左半葉) 注a	注b
1																	
2										1							
3																	
4																	
計										1							

1 《無厚篇》

天於人，無厚也。君於民，無厚也。父於子，無厚也。兄於弟，
無厚也。何以言之？天不能屏勃厲之氣，全夭折之人，使爲善之民必
壽，此於民無厚也。凡民有穿窬爲盜者，有詐僞相迷者，此皆生於不
足，起於貧窮，而君必執法誅之，此於民無厚也。堯舜位爲天子，而　堯 舜
丹朱商均爲布衣，此於子無厚也。周公誅管蔡，此於弟無厚也。推此
言之，何厚之有？

2 《無厚篇》

慮不先定，不可以應卒。兵不閑習，不可以當敵。廟筭千里，帷
幄之奇。百戰百勝，黃帝之師。　黃帝

3 《轉辭篇》

治世之禮，簡而易行。亂世之禮，煩而難遵。上古之樂，質而不
悲。當今之樂，邪而爲淫。上古之民，質而敦朴。今世之民，詐而多
行。上古象刑而民不犯；教有墨劓，不以爲恥，斯民所以亂多治少也。
堯置敢諫之鼓，舜立誹謗之木，湯有司直之人，武有戒愼之銘。此四　堯 舜
君子者，聖人也，而猶若此之勤。至於栗陸氏殺東里子，宿沙氏戮箕
文，桀誅龍逢，紂刳比干，四主者亂君，故其疾賢若仇。是以賢愚之
相覺，若百丈之谿，與萬仞之山；若九地之下，與重山之巔。

4 《轉辭篇》

夫人情發言欲勝，舉事欲成。故明者不以其短，疾人之長。不以
其拙，病人之工。言有善者，則而賞之。言有非者，顯而罰之。塞邪
枉之路，蕩淫辭之端。臣下閔之，左右結舌，可謂明君。爲善者君與

献名：21. 鄧析子

嚳	高辛	其他	堯	陶唐	其他	舜	有虞	其他	禹	其他	三皇	五帝	注(右半葉) 注e	注f	参考	資料番号
			1			1										1
																2
			1			1										3
			2			2										4
			4			4										計

之賞。爲惡者君與之罰，因其所以來而報之，循其所以進而答之。聖
人因之，故能用之。因之循理，故能長久。今之爲無堯舜之才，而慕 堯 舜
堯舜之治，故終顚殞乎混冥之中，而事不覺於昭明之術。是以虛慕欲 堯 舜
治之名，無益亂世之理也。

22 孫 子

文献名：22. 孫子

資料番号	伏羲	太皞	其他	女媧	其他	神農	炎帝	赤帝	其他	黄帝	軒轅氏	其他	顓頊	高陽	其他	注(左半葉) 注a	注b
1										1							
2										1							
計										2							

1 《行軍篇》

孫子曰：凡處軍相敵，絕山依谷，視生處高，戰隆無登，此處山
之軍也。絕水必遠水；客絕水而來，勿迎之於水內，令半濟而擊之，
利；欲戰者，無附於水而迎客；視生處高，無迎水流，此處水上之軍
也。絕斥澤，惟亟去無留。若交軍於斥澤之中，必依水草而背眾樹。
旌旗動者，亂也；吏怒者，倦也。粟馬肉食、軍無懸缶、不返其舍者，
窮寇也。諄諄翕翕、徐與人言者，失眾也；數賞者，窘也；數罰者，
困也；先暴而後畏其眾者，不精之至也。來委謝者，欲休息也。兵怒
而相迎，久而不合，又不相去，必謹察之。兵非益多也，惟無武進，
奔走而陳兵車者，期也；半進半退者，誘也。杖而立者，飢也；汲而
先飲者，渴也；見利而不進者，勞也。烏集者，虛也；夜呼者，恐也；
軍擾者，將不重也；烏起者，伏也；獸駭者，覆也。塵高而銳者，車
來也；卑而廣者，徒來也；散而條達者，樵採也；少而往來者，營軍
也。辭卑而益備者，進也；辭彊而進驅者，退也。輕車先出居其側者，
陳也；無約而請和者，謀也。凡地有絕澗、天井、天牢、天羅、天陷、
天隙，必亟去之，勿近也。吾遠之，敵近之；吾迎之，敵背之。軍行
有險阻潢井葭葦山林蘙薈者，必謹覆索之，此伏姦之所處也。敵近而
靜者，恃其險也；遠而挑戰者，欲人之進也；其所居易者，利也。眾
樹動者，來也；眾草多障者，疑也；此處斥澤之軍也。平陸處易，而
右背高，前死後生，此處平陸之軍也。凡此四軍之利，黃帝之所以勝 黃帝
四帝也。

献名：22.孫子

嚳	高辛	其他	堯	陶唐	其他	舜	有虞	其他	禹	其他	三皇	五帝	注(右半葉) 注e	注f	参考	資料番号
																1
																2
																計

2 《行軍篇(武經七書本)》

孫子曰：凡處軍相敵，絕山依谷，視生處高，戰隆無登，此處山之軍也。絕水必遠水；客絕水而來，勿迎之於水內，令半濟而擊之，利；欲戰者，無附於水而迎客；視生處高，無迎水流，此處水上之軍也。絕斥澤，唯亟去無留。若交軍於斥澤之中，必依水草而背眾樹，此處斥澤之軍也。平陸處易，右背高，前死後生，此處平陸之軍也。
凡此四軍之利，黃帝之所以勝四帝也。凡軍好高而惡下，貴陽而賤陰， 黃帝
養生處實，軍無百疾，是謂必勝。丘陵隄防，必處其陽而右背之。此兵之利，地之助也。

23 計 倪 子

文献名：23. 計倪子

資料番号	伏羲	太皞	其他	女媧	其他	神農	炎帝	赤帝	其他	黄帝	軒轅氏	其他	顓頊	高陽	其他	注(左半葉 注a	注
1		1					1			2							
計		1					1			2							

1 《内經》

昔者越王勾踐既得反國，欲陰圖吳。乃召計倪而問焉。

……越王曰：「善。請問其方。吾聞先生明於治歲，萬物盡長。欲
問其治術，可以爲教常。子明以告我，寡人弗敢忘。」計倪對曰：「人
之生無幾。必先憂積蓄，以備妖祥。凡人生或老或弱，或強或怯。不
早備生，不能相葬。王其審之。必先省賦斂，勸農桑。飢饉在問。或
水或塘。因熟積以備四方。師出無時，未知所當。應變而動，隨物常
羊。卒然有師。彼日以弱，我日以強。得世之和，擅世之陽。王無忽
忘。愼無如會稽之飢，不可再更。王其審之。嘗言息貨，王不聽臣，
故退而不言。處于吳楚越之閒，以漁三邦之利。乃知天下之易反也。
臣聞君自耕，夫人自織。此竭於庸力，而不斷時與智也。時斷則循。
智斷則備。知此三者形於體。萬物之情，短長逆順，可觀而已。臣聞
炎帝有天下，以傳黄帝。黄帝於是上事天，下治地。故少昊治西方， 炎帝 黄帝
蚩尤佐之，使主金。玄冥治北方，白辨佐之，使主水。太皞治東方， 少昊 太皞
袁何佐之，使主木。祝融治南方，僕程佐之，使主火。后土治中央，
后稷佐之，使主土。並有五方，以爲綱紀。是以易地而輔，萬物之常。
王審用臣之議。大則可以王，小則可以霸。於何有哉。越王曰：「請問
其要。」計倪對曰：「太陰三歲處金則穰，三歲處水則毀，三歲處木則
康，三歲處火則旱。故散有時積，糴有時領，則決萬物不過三歲而發
矣。以智論之，以決斷之。以道佐之，斷長續短。一歲再倍，其次一
倍，其次而反。水則資舟，旱則資車，物之理也。天下六歲一穰，六
歲一康。凡十二歲一飢。是以民相離也。故聖人早知天地之反，爲之
預防。昔湯之時，比七年旱而民不飢。禹之時，比九年水而民不流。 禹

文献名：23. 計倪子

嚳	高辛	其他	堯	陶唐	其他	舜	有虞	其他	禹	其他	三皇	五帝	注(右半葉) 注e	注f	参考	資料番号
									1							1
									1							計

其主能通習源流，以任賢任能。能習則於千里外貨可來也。不習則百里之内不可致也。人主所求，其價十倍。其所擇者，則無價矣。夫人主利源流，非必身爲之也。視民所不足，及其有餘，爲之命以利之，而來諸侯，守法度，任賢使能。償其成事傳其驗而已。如此則邦富兵強而不衰矣。羣臣無空恭之禮，淫泆之行，務有於道術。不習源流，又不任賢使能，諫者則誅，則邦貧兵弱刑繁，則羣臣多空恭之禮，淫泆之行矣。夫諛者反有，德忠者反有刑。去刑就德，人之情也。邦貧兵弱致亂，雖有聖臣亦不諫也。務在諛主而已矣。今夫萬民有明父母，亦如邦有明主。父母利源流，明其法術以任賢子，徼成其事而已。則家富而不衰矣。不能利源流，又不任賢子。賢子有諫者憎之。如此者不習於道術也。愈信其意而行其言。後雖有敗，不自過也。夫父子之爲親也，非得不諫。諫而不聽，家貧致亂。雖有聖子，亦不治也。務在於諛之而已。父子不和，兄弟不調，雖欲富也，必貧而日衰。越王曰：「善。子何年少，於物之長也。」計倪對曰：「人固不同，惠種生聖，癡種生狂。桂實生桂，桐實生桐。先生者未必能知，後生者未必不能明。是故賢主置臣，不以少長。有道者進，無道者退。愚者日以退，聖者日以長。人主無私。賞者有功。」

24 論 語

文献名：24.論語

資料	伏羲		其他	女媧		神農		赤帝		黄帝		其他	顓頊		其他	注(左半葉)	
番号		太皞			其他		炎帝		其他		軒轅氏			高陽		注a	注b
1																	
2																	
3																	
4																	
5																	
6																	
7																	
8																	
9																	
10																	
計																	

献名：24.論語

嚳	高辛	其他	堯	陶唐	其他	舜	有虞	其他	禹	其他	三皇	五帝	注(右半葉) 注e	注f	参考	資料番号
			1			1										1
						1			1							2
			2													3
				1		1	1									4
									2							5
						1										6
									1							7
			1			1										8
						1										9
			1			2			1							10
			5	1		8	1		5							計

24 論語

1 《雍也篇　第六》

子貢曰:「如有博施於民而能濟衆，何如？可謂仁乎？」子曰:「何
事於仁！必也聖乎！堯舜其猶病諸！夫仁者，己欲立而立人，己欲達 堯 舜
而達人。能近取譬，可謂仁之方也已。」

2 《泰伯篇　第八》

子曰:「巍巍乎，舜禹之有天下也，而不與焉。」 舜 禹

3 《泰伯篇　第八》

子曰:「大哉堯之爲君也，巍巍乎，唯天爲大，唯堯則之，蕩蕩乎， 堯 堯
民無能名焉。巍巍乎，其有成功也，煥乎，其有文章。」

4 《泰伯篇　第八》

舜有臣五人，而天下治。武王曰:「予有亂臣十人。」孔子曰:「才 舜
難，不其然乎，唐虞之際，於斯爲盛，有婦人焉，九人而已。三分天 唐 虞
下有其二以服事殷，周之德，其可謂至德也已矣。」

5 《泰伯篇　第八》

子曰:「禹吾無閒然矣，菲飲食，而致孝乎鬼神，惡衣服，而致美 禹
乎黻冕，卑宮室而盡力乎溝洫，禹吾無閒然矣。」 禹

6 《顏淵篇　第十二》

樊遲問仁。子曰:「愛人。」問知。子曰:「知人。」樊遲未達。子
曰:「舉直錯諸枉，能使枉者直。」樊遲退，見子夏。曰:「鄕也吾見於
夫子而問知，子曰，『舉直錯諸枉，能使枉者直』，何謂也？」子夏曰:
「富哉言乎！舜有天下，選於衆，舉皋陶，不仁者遠矣。湯有天下， 舜
選於衆，舉伊尹，不仁者遠矣。」

7 《憲問篇　第十四》

南宮适問於孔子曰:「羿善射，奡盪舟，倶不得其死然；禹稷躬稼， 禹
而有天下。」夫子不答，南宮适出。子曰:「君子哉若人！尚德哉若人！」

8 《憲問篇　第十四》

子路問「君子」。子曰:「修己以敬。」

曰:「如斯而已乎？」曰:「修己以安人。」

曰：「如斯而已乎？」曰：「修己以安百姓。修己以安百姓，堯舜其猶病諸。」 堯 舜

9 《衛靈公篇　第十五》

子曰：「無爲而治者，其舜也與！夫何爲哉？恭己正南面而已矣。」 舜

10 《堯曰篇　第二十》

堯曰：「咨！爾舜！天之曆數在爾躬，允執其中！四海困窮，天祿永終。」 堯 舜

舜亦以命禹。 舜 禹

曰：「予小子履，敢用玄牡，敢昭告于皇皇后帝：有罪不敢赦，帝臣不蔽，簡在帝心。朕躬有罪，無以萬方；萬方有罪，罪在朕躬。」

周有大賚，善人是富。「雖有周親，不如仁人；百姓有過，在予一人。」

謹權量，審法度，修廢官，四方之政行焉。興滅國，繼絕世，舉逸民，天下之民歸心焉。

所重民：食、喪、祭。

寬則得衆，信則民任焉。敏則有功，公則說。

25　山 海 經

文献名：25. 山海經

資料番号	伏羲	太皞	其他	女媧	其他	神農	炎帝	赤帝	其他	黃帝	軒轅氏	其他	顓頊	高陽	其他	注(左半葉) 注a	注b
1																	
2										2							
3											1						
4											1						
5							1										
6																	
7																	
8																	
9																	
10																	
11											3						
12																	
13																	
14																	
15																	
16																	
17																	
18																	
19																	
20													1				
21													1				
22																	
23																	
24												2 (a) (b)				帝鴻	帝鴻
25																	
26										1							
27																	
28																	
29										1							
30																	
31																	
32													1				
33																	
34																	
35																	
36													1				
37																	

献名：25. 山海經

嚳	高辛	其他	堯	陶唐	其他	舜	有虞	其他	禹	其他	三皇	五帝	注(右半葉) 注e	注f	参考	資料番号
			1													1
																2
																3
																4
																5
									1							6
			1													7
			1													8
									1							9
1			1													10
																11
									2							12
									1							13
			1													14
									1							15
						3										16
									1							17
1			1			1										18
						1										19
						1										20
																21
								1 (e)					帝俊			22
								1 (e)					帝俊			23
								1 (e)					帝俊			24
								1 (e)					帝俊			25
																26
						1										27
								1 (e)					帝俊			28
																29
						1										30
						1		1 (e)					帝俊			31
																32
								2 (e) (f)					帝俊	俊		33
						1										34
									1							35
																36
1			1			1										37

文献名：25. 山海經

資料番号	伏羲	太皞	其他	女媧	其他	神農	炎帝	赤帝	其他	黄帝	軒轅氏	其他	顓頊	高陽	其他	注(左半葉) 注a	注b
38																	
39																	
40													1				
41																	
42										1							
43											2						
44											1						
45													1				
46																	
47													1				
48													1				
49							1										
50													2				
51													2				
52													1				
53																	
54																	
55																	
56										4							
57										1							
58													1				
59													1				
60										1			1				
61		1								1							
62		1															
63																	
64							1										
65										1							
66																	
67																	
68																	
69																	
70																	
71							1										
72																	
参考1																	
参考2																	
計		2					4			13	8	2	16				

献名：25. 山海經

嚳	高辛	其他	堯	陶唐	其他	舜	有虞	其他	禹	其他	三皇	五帝	注(右半葉) 注e	注f	参考	資料番号
								1(e)					帝俊			38
									1							39
																40
								1(e)					帝俊			41
																42
																43
																44
																45
								1(e)					帝俊			46
																47
																48
																49
																50
								1(e)					帝俊			51
																52
									1							53
									1							54
									2							55
																56
																57
																58
																59
																60
				1												61
																62
						1										63
																64
																65
								1(e)					帝俊			66
								1(e)					帝俊			67
								1(e)					帝俊			68
								1(e)					帝俊			69
								1(e)	1				帝俊			70
																71
									2							72
								1(e)					俊			参考1
								1(e)					俊			参考2
3			7	1		12		19	16							計

25　山海經

1 《第一　南山經》

参考　又東三百四十里曰堯光之山，其陽多玉，其陰多金。有獸焉，其狀如人而彘鬣，穴居而冬蟄，其名曰猾褢，其音如斲木，見則縣有大繇。 (堯光)

2 《第二　西山經》

又西北四百二十里，曰峚山，其上多丹木，員葉而赤莖，黃華而赤實，其味如飴，食之不飢。丹水出焉，西流注于稷澤，其中多白玉，是有玉膏，其源沸沸湯湯，黃帝是食是饗。是生玄玉。玉膏所出，以灌丹木。丹木五歲，五色乃清，五味乃馨。黃帝乃取峚山之玉榮，而投之鍾山之陽。瑾瑜之玉爲良，堅粟精密，濁黑而有光。五色發作，以和柔剛。天地鬼神，是食是饗；君子服之，以禦不祥。自峚山至于鍾山，四百六十里，其閒盡澤也。是多奇鳥、怪獸、奇魚，皆異物焉。 黃帝 黃帝

3 《第二　西山經》

又西四百八十里，曰軒轅之丘，無草木。洵水出焉，南流注于黑水，其中多丹粟，多青雄黃。 軒轅

4 《第三　北山經》

又東北二百里，曰軒轅之山，其上多銅，其下多竹。有鳥焉，其狀如梟而白首，其名曰黃鳥，其鳴自詨，食之不妬。 軒轅

5 《第三　北山經》

又北二百里，曰發鳩之山，其上多柘木。有鳥焉，其狀如烏，文首、白喙、赤足，名曰精衛，其鳴自詨。是炎帝之少女名曰女娃，女娃游于東海，溺而不返，故爲精衛，常銜西山之木石，以堙于東海。漳水出焉，東流注于河。 炎帝

6 《第五　中山經》

又東十里，曰青要之山，實惟帝之密都。北望河曲是多駕鳥。南望墠渚，禹父之所化，是多僕纍、蒲盧。䰠武羅司之，其狀人面而豹文，小腰而白齒，而穿耳以鐻，其鳴如鳴玉。是山也，宜女子。畛水出焉，而北流注于河。其中有鳥焉，名曰鴢，其狀如鳧，青身而朱目赤尾，食之宜子。有草焉，其狀如葌，而方莖黃華赤實，其本如藁本，名曰荀草，服之美人色。 禹父

7 《第五　中山經》

又東北百里，曰大堯之山，其木多松柏，多梓桑，多机，其草多竹，其獸多豹虎麢㚟。 大堯

8 《第五　中山經》

又東南一百五十九里，有堯山，其陰多黃堊，其陽多黃金，其木多荊芑柳檀，其草多藷藇茱。 堯

9 《第五　中山經》

禹曰：天下名山，經五千三百七十山，六萬四千五十六里，居地也。言其五臧，蓋其餘小山甚衆，不足記云。天地之東西二萬八千里，南北二萬六千里，出水之山者八千里，受水者八千里，出銅之山四百六十七，出鐵之山三千六百九十。此天地之所分壤樹穀也，戈矛之所發也，刀鎩之所起也，能者有餘，拙者不足。封于太山，禪于梁父，七十二家，得失之數，皆在此內，是謂國用。 禹

10 《第六　海外南經》

狄山，帝堯葬于陽，帝嚳葬于陰。爰有熊、羆、文虎、蜼、豹、離朱、視肉。吁咽、文王皆葬其所。一曰湯山。一曰爰有熊、羆、文虎、蜼、豹、離朱、鴟久、視肉、虖交。有范林方三百里。 帝堯 帝嚳

11 《第七　海外西經》

軒轅之國在此窮山之際，其不壽者八百歲。在女子國北。人面蛇身，尾交首上。 軒轅

窮山在其北，不敢西射，畏軒轅之丘。在軒轅國北。其丘方，四蛇相繞。 軒轅 軒轅

12 《第八　海外北經》

共工之臣曰相柳氏，九首，以食于九山。相柳之所抵，厥爲澤谿。禹殺相柳，其血腥，不可以樹五穀種。禹厥之，三仞三沮，乃以爲衆帝之臺。在崑崙之北，柔利之東。相柳者，九首人面，蛇身而青。不敢北射，畏共工之臺。臺在其東。臺四方，隅有一蛇，虎色，首衝南方。 禹 禹

13 《第八　海外北經》

禹所積石之山在其東，河水所入。 禹

14 《第九　海外東經》

嗟丘，爰有遺玉、青馬、視肉、楊柳、甘柤、甘華，百果所生。
在東海，兩山夾丘，上有樹木。一曰嗟丘，一曰百果所在，在堯葬東。 堯

15 《第九　海外東經》

帝命豎亥步，自東極至于西極，五億十選九千八百步。豎亥右手
把算，左手指青丘北。一曰禹令豎亥。一曰五億十萬九千八百步。 禹

16 《第十　海內南經》

兕在舜葬東，湘水南，其狀如牛，蒼黑，一角。 舜

蒼梧之山，帝舜葬于陽，帝丹朱葬于陰。 帝舜

氾林方三百里，在狌狌東。

狌狌知人名，其爲獸如豕而人面，在舜葬西。 舜

17 《第十一　海內西經》

河水出東北隅，以行其北，西南又入渤海，又出海外，即西而北，
入禹所導積石山。 禹

18 《第十二　海內北經》

帝堯臺、帝嚳臺、帝丹朱臺、帝舜臺，各二臺，臺四方，在崑崙 帝堯 帝嚳
東北。

19 《第十二　海內北經》

舜妻登比氏生宵明、燭光，處河大澤，二女之靈能照此所方百里。 舜
一曰登北氏。

20 《第十三　海內東經》

岷三江：首…大江出汶山，北江出曼山，南江出高山。高山在成
都西。入海，在長州南。浙江出三天子都，在蠻東。在閩西北，入海，
餘暨南。廬江出三天子都，入江，彭澤西。一曰天子鄣。淮水出餘山，
餘山在朝陽東，義鄉西，入海，淮浦北。湘水出舜葬東南陬，西環之。 舜
入洞庭下。一曰東南西澤。漢水出鮒魚之山，帝顓頊葬于陽，九嬪葬 帝顓頊
于陰，四蛇衛之。濛水出漢陽西，入江，聶陽西。溫水出崆峒，崆峒
山在臨汾南，入河，華陽北。潁水出少室，少室山在雍氏南，入淮西
鄢北。一曰緱氏。汝水出天息山，在梁勉鄉西南，入淮極西北。一曰
淮在期思北。涇水出長城北山，山在郁郅長垣北，入渭，戲北。渭水
出鳥鼠同穴山，東注河，入華陰北。白水出蜀，而東南注江，入江州
城下。沅水出象郡鐔城西，東注江，入下雋西，合洞庭中。贛水出聶
都東山，東北注江，入彭澤西。泗水出魯東北而南，西南過湖陵西，

而東南注東海，入淮陰北。鬱水出象郡，而西南注南海，入須陵東南。肄水出臨晉西南，而東南注海，入番禺西。潢水出桂陽西北山，東南注肄水，入敦浦西。洛水出洛西山，東北注河，入成皋西。汾水出上窳北，而西南注河，入皮氏南。沁水出井陘山東，東南注河，入懷東南。濟水出共山南東丘，絕鉅鹿澤，注渤海，入齊琅槐東北。潦水出衛皋東，東南注渤海，入潦陽。虖沱水出晉陽城南，而西至陽曲北，而東注渤海，入章武北。漳水出山陽東，東注渤海，入章武南。

21 《第十四　大荒東經》

東海之外大壑，少昊之國。少昊孺帝顓頊于此，棄其琴瑟。有甘山者，甘水出焉，生甘淵。 (少昊) (少昊) 顓頊

22 《第十四　大荒東經》

有中容之國。帝俊生中容，中容人食獸，木實，使四鳥：豹、虎、熊、羆。 帝俊

23 《第十四　大荒東經》

有司幽之國。帝俊生晏龍，晏龍生司幽，司幽生思士，不妻；思女，不夫。食黍，食獸，是使四鳥。 帝俊

24 《第十四　大荒東經》

有白民之國。帝俊生帝鴻，帝鴻生白民，白民銷姓，黍食，使四鳥：虎、豹、熊、羆。 帝俊 帝鴻 帝鴻

25 《第十四　大荒東經》

有黑齒之國。帝俊生黑齒，姜姓，黍食，使四鳥。 帝俊

26 《第十四　大荒東經》

東海之渚中，有神，人面鳥身，珥兩黃蛇，踐兩黃蛇，名曰禺虢。黃帝生禺虢，禺虢生禺京，禺京處北海，禺虢處東海，是爲海神。 黃帝

27 《第十四　大荒東經》

有困民國，勾姓而食。有人曰王亥，兩手操鳥，方食其頭。王亥託于有易、河伯僕牛。有易殺王亥，取僕牛。河念有易，有易潛出，爲國於獸，方食之，名曰搖民。帝舜生戲，戲生搖民。 帝舜

28 《第十四　大荒東經》

有五采之鳥，相鄉棄沙，惟帝俊下友，帝下兩壇，采鳥是司。 帝俊

29 《第十四　大荒東經》

東海中有流波山，入海七千里。其上有獸，狀如牛，蒼身而無角，一足，出入水則必風雨，其光如日月，其聲如雷，其名曰夔。黃帝得之，以其皮爲鼓，橛以雷獸之骨，聲聞五百里，以威天下。 黃帝

30 《第十五　大荒南經》

有阿山者。南海之中，有氾天之山，赤水窮焉。赤水之東，有蒼梧之野，舜與叔均之所葬也。爰有文貝、離俞、鴟久、鷹、賈、委維、熊、羆、象、虎、豹、狼、視肉。 舜

31 《第十五　大荒南經》

大荒之中，有不庭之山，榮水窮焉。有人三身，帝俊妻娥皇，生此三身之國，姚姓，黍食，使四鳥。有淵四方，四隅皆達，北屬黑水，南屬大荒，北旁名曰少和之淵，南旁名曰從淵，舜之所浴也。 帝俊 舜

32 《第十五　大荒南經》

又有成山，甘水窮焉。有季禺之國，顓頊之子，食黍。有羽民之國，其民皆生毛羽。有卵民之國，其民皆生卵。 顓頊

33 《第十五　大荒南經》

有襄山。又有重陰之山。有人食獸，曰季釐。帝俊生季釐，故曰季釐之國。有緡淵。少昊生倍伐，倍伐降處緡淵，有水四方，名曰俊壇。 帝俊 (少昊)(俊壇

34 《第十五　大荒南經》

有臷民之國。帝舜生無淫，降臷處，是謂巫臷民。巫臷民朌姓，食穀，不績不經，服也；不稼不穡，食也。爰有歌舞之鳥，鸞鳥自歌，鳳鳥自舞。爰有百獸，相群爰處。百穀所聚。 帝舜

35 《第十五　大荒南經》

大荒之中，有山名死塗之山，青水窮焉。有雲雨之山，有木名曰欒。禹攻雲雨，有赤石焉生欒，黃本，赤枝，青葉，群帝焉取藥。 禹

36 《第十五　大荒南經》

有國曰顓頊，生伯服，食黍。有鼬姓之國。有苕山。又有宗山。又有姓山。又有壑山。又有陳州山。又有東州山。又有白水山，白水出焉，而生白淵，昆吾之師所浴也。 顓頊

37 《第十五　大荒南經》

帝堯、帝嚳、帝舜葬於岳山。爰有文貝、離俞、鴟久、鷹、賈、延維、視肉、熊、羆、虎、豹；朱木，赤支，青華，玄實。有申山者。　帝堯 帝嚳 帝舜

38 《第十五　大荒南經》

東南海之外，甘水之閒，有羲和之國。有女子名曰羲和，方日浴於于甘淵。羲和者，帝俊之妻，生十日。　帝俊

39 《第十六　大荒西經》

西北海之外，大荒之隅，有山而不合，名曰不周負子，有兩黃獸守之。有水曰寒暑之水。水西有濕山，水東有幕山。有禹攻共工國山。　禹

40 《第十六　大荒西經》

有國名曰淑士，顓頊之子。　顓頊

41 《第十六　大荒西經》

有西周之國，姬姓，食穀。有人方耕，名曰叔均。帝俊生后稷，稷降以百穀。稷之弟曰台璽，生叔均。叔均是代其父及稷播百穀，始作耕。有赤國妻氏。有雙山。　帝俊

42 《第十六　大荒西經》

有北狄之國。黃帝之孫曰始均，始均生北狄。　黃帝

43 《第十六　大荒西經》

有軒轅之臺，射者不敢西嚮射，畏軒轅之臺。　軒轅 軒轅

44 《第十六　大荒西經》

有軒轅之國。江山之南棲爲吉。不壽者乃八百歲。　軒轅

45 《第十六　大荒西經》

大荒之中，有山名日月山，天樞也。吳姖天門，日月所入。有神，人面無臂，兩足反屬于頭山，名曰噓。顓頊生老童，老童生重及黎，帝令重獻上天，令黎邛下地，下地是生噎，處於西極，以行日月星辰之行次。　顓頊

46 《第十六　大荒西經》

有女子方浴月。帝俊妻常羲，生月十有二，此始浴之。　帝俊

47 《第十六　大荒西經》

有池名孟翼之攻顓頊之池。 顓頊

48 《第十六　大荒西經》

大荒之中，有山名曰大荒之山，日月所入。有人焉三面，是顓頊之子，三面一臂，三面之人不死，是謂大荒之野。 顓頊

49 《第十六　大荒西經》

有互人之國。炎帝之孫名曰靈恝，靈恝生互人，是能上下于天。 炎帝

50 《第十六　大荒西經》

有魚偏枯，名曰魚婦。顓頊死即復蘇。風道北來，天乃大水泉， 顓頊
蛇乃化爲魚，是爲魚婦。顓頊死即復蘇。 顓頊

51 《第十七　大荒北經》

東北海之外，大荒之中，河水之閒，附禺之山，帝顓頊與九嬪葬 顓頊
焉。爰有鴟久、文貝、離俞、鸞鳥、鳳鳥、大物、小物。有青鳥、琅鳥、玄鳥、黄鳥、虎、豹、熊、羆、黄蛇、視肉、璿、瑰、瑶、碧，
皆出於山。衛丘方圓三百里，丘南帝俊竹林在焉，大可爲舟。竹南有 帝俊
赤澤水，名曰封淵。有三桑無枝。丘西有沈淵，顓頊所浴。 顓頊

52 《第十七　大荒北經》

有叔歜國。顓頊之子，黍食，使四鳥：虎、豹、熊、羆。有黑蟲如熊狀，名曰猎猎。 顓頊

53 《第十七　大荒北經》

大荒之中，有山名曰先檻大逢之山，河濟所入，海北注焉。其西有山，名曰禹所積石。 禹

54 《第十七　大荒北經》

有毛民之國，依姓，食黍，使四鳥。禹生均國，均國生役采，役采生修鞈，修鞈殺綽人。帝念之，潛爲之國，是此毛民。 禹

55 《第十七　大荒北經》

共工臣名曰相繇，九首蛇身，自環，食于九土。其所歍所尼，即
爲源澤，不辛乃苦，百獸莫能處。禹湮洪水，殺相繇，其血腥臭，不 禹
可生穀，其地多水，不可居也。禹湮之，三仞三沮，乃以爲池，群帝 禹
因是以爲臺。在崑崙之北。

56 《第十七　大荒北經》

有係昆之山者，有共工之臺，射者不敢北嚮。有人衣青衣，名曰黃帝女魃。蚩尤作兵伐黃帝，黃帝乃令應龍攻之冀州之野。應龍畜水，蚩尤請風伯雨師，縱大風雨。黃帝乃下天女曰魃，雨止，遂殺蚩尤。魃不得復上，所居不雨。叔均言之帝，後置之赤水之北。叔均乃爲田祖。魃時亡之。所欲逐之者，令曰：「神北行！」先除水道，決通溝瀆。

黃帝 黃帝 黃帝 黃帝

57 《第十七　大荒北經》

大荒之中，有山名曰融父山，順水入焉。有人名曰犬戎。黃帝生苗龍，苗龍生融吾，融吾生弄明，弄明生白犬，白犬有牝牡，是爲犬戎，肉食。有赤獸，馬狀無首，名曰戎宣王尸。

黃帝

58 《第十七　大荒北經》

西北海外，流沙之東，有國曰中輻，顓頊之子，食黍。

顓頊

59 《第十七　大荒北經》

西北海外，黑水之北，有人有翼，名曰苗民。顓頊生驩頭，驩頭生苗民，苗民百姓，食肉。有山名曰章山。

顓頊

60 《第十八　海內經》

流沙之東，黑水之西，有朝雲之國、司彘之國。黃帝妻雷祖，生昌意，昌意降處若水，生韓流。韓流擢首、謹耳、人面、豕喙、麟身、渠股、豚止，取淖子曰阿女，生帝顓頊。

黃帝 顓頊

61 《第十八　海內經》

有九丘，以水絡之：名曰陶唐之丘、有叔得之丘、孟盈之丘、昆吾之丘、黑白之丘、赤望之丘、參衛之丘、武夫之丘、神民之丘。有木，青葉紫莖，玄華黃實，名曰建木，百仞無枝，有九欘，下有九枸，其實如麻，其葉如芒，大皞爰過，黃帝所爲。

陶唐 大皞 黃帝

62 《第十八　海內經》

西南有巴國。大皞生咸鳥，咸鳥生乘釐，乘釐生後照，後照是始爲巴人。

大皞

63 《第十八　海內經》

南方蒼梧之丘，蒼梧之淵，其中有九嶷山，舜之所葬，在長沙零陵界中。

舜

64 《第十八　海內經》

炎帝之孫伯陵，伯陵同吳權之妻阿女緣婦，緣婦孕三年，是生鼓、延、殳。始爲侯，鼓、延是始爲鍾，爲樂風。 炎帝

65 《第十八　海內經》

黄帝生駱明，駱明生白馬，白馬是爲鯀。 黄帝

66 《第十八　海內經》

帝俊生禺號，禺號生淫梁，淫梁生番禺，是始爲舟。番禺生奚仲，奚仲生吉光，吉光是始以木爲車。 帝俊

67 《第十八　海內經》

帝俊賜羿彤弓素矰，以扶下國，羿是始去恤下地之百艱。 帝俊

68 《第十八　海內經》

帝俊生晏龍，晏龍是爲琴瑟。 帝俊

69 《第十八　海內經》

帝俊有子八人，是始爲歌舞。 帝俊

70 《第十八　海內經》

帝俊生三身，三身生義均，義均是始爲巧倕，是始作下民百巧。 帝俊
后稷是播百穀。稷之孫曰叔均，始作牛耕。大比赤陰，是始爲國。禹 禹
鯀是始布土，均定九州。

71 《第十八　海內經》

炎帝之妻，赤水之子聽訞生炎居，炎居生節並，節並生戲器，戲器生祝融，祝融降處于江水，生共工，共工生術器，術器首方顛，是復土穰，以處江水。共工生后土，后土生噎鳴，噎鳴生歲十有二。 炎帝

72 《第十八　海內經》

洪水滔天。鯀竊帝之息壤以堙洪水，不待帝命。帝令祝融殺鯀於羽郊。鯀復生禹。帝乃命禹卒布土以定九州。 禹 禹

参考1《第十四　大荒東經》

大荒之中，有山名曰鞠陵于天、東極、離瞀、日月所出。名曰折丹，東方曰折，來風曰俊，處東極以出入風。 (俊)

参考２《第十四　大荒東經》

東荒之中，有山名曰壑明俊疾，日月所出。有中容之國。　　　　　　　　（俊）

26 穀梁傳

文献名：26. 穀梁傳

資料番号	伏羲	太皞	其他	女媧	其他	神農	炎帝	赤帝	其他	黃帝	軒轅氏	其他	顓頊	高陽	其他	注(左半葉	
																注a	注b
1																	
計																	

1 《隱公八年》

秋七月庚午，宋公、齊侯、衛侯盟于瓦屋。外盟不日，此其日何
也？諸侯之參盟於是始，故謬而日之也。誥誓不及五帝，盟詛不及三 五帝
王，交質子不及二伯。

献名：26.穀梁傳

嚳	高辛	其他	堯	陶唐	其他	舜	有虞	其他	禹	其他	三皇	五帝	注(右半葉) 注e	注f	参考	資料番号
												1				1
												1				計

27　公 羊 傳

文献名：27.公羊傳

資料	伏羲		其他	女媧		神農		赤帝		黃帝		其他	顓頊		其他	注(左半葉	
番号		太皞			其他		炎帝		其他		軒轅氏			高陽		注a	注
1																	
計																	

1　〈哀公 14 年〉

十有四年春，西狩獲麟。何以書？記異也。何異爾？非中國之獸也。然則孰狩之？薪采者也。薪采者則微者也，曷爲以狩言之？大之也。曷爲大之？爲獲麟大之也。曷爲爲獲麟大之？麟者、仁獸也。有王者則至，無王者則不至。有以告者曰：「有麕而角者。」孔子曰：「孰爲來哉！孰爲來哉！」反袂拭面，涕沾袍。顏淵死，子曰：「噫！天喪予。」子路死，子曰：「噫！天祝予。」西狩獲麟，孔子曰：「吾道窮矣。」《春秋》何以始乎隱？祖之所逮聞也，所見異辭，所聞異辭，所傳聞異辭。何以終乎哀十四年？曰：「備矣！」君子曷爲爲《春秋》？撥亂世，反諸正，莫近諸《春秋》。則未知其爲是與？其諸君子樂道堯、舜　堯 舜
之道與？末不亦樂乎堯、舜之知君子也？制《春秋》之義以俟後聖，　堯 舜
以君子之爲亦有樂乎此也。

献名：27. 公羊傳

嚳	高辛	其他	堯	陶唐	其他	舜	有虞	其他	禹	其他	三皇	五帝	注(右半葉) 注e	注f	参考	資料番号
			2			2										1
			2			2										計

28 孝 經

三皇五帝夏禹名　無

29 子 思 子

文献名：29 子思子

資料番号	伏羲	太皞	其他	女媧	其他	神農	炎帝	赤帝	其他	黄帝	軒轅氏	其他	顓頊	高陽	其他	注(左半葉)	
																注a	注b
1																	
2																	
3																	
4																	
5																	
6																	
7																	
8																	
9																	
10																	
11																	
12																	
13																	
14																	
15																	
計																	

文献名：29 子思子

帝嚳	高辛	其他	堯	陶唐	其他	舜	有虞	其他	禹	其他	三皇	五帝	注(右半葉) 注e	注f	参考	資料番号
						3										1
						1										2
			1			1										3
			1			1										4
						1			1							5
			1			1										6
						1			1							7
1																8
							1									9
			1			1										10
			1			1			1							11
			1			1										12
			2			2	1									13
			1			1										14
			1			1										15
1			10			16	2		3							計

29 子 思 子

(参考) 子思子全書　宋汪晫編

1 《内篇天命第一》

仲尼曰:「舜其大知也與!舜好問而好察,邇言隱惡而揚善,執其 舜 舜
兩端,用其中於民。其斯以爲舜乎。」 舜

2 《内篇鳶魚第二》

仲尼曰:「舜其大孝也與!德爲聖人,尊爲天子,富有四海之内, 舜
宗廟饗之,子孫保之。故大德必得其位,必得其祿,必得其名,必得其壽。故天之生物,必因其材而篤焉。故栽者培之、傾者覆之。詩曰:『嘉樂君子,憲憲令德。宜民宜人,受祿于天。保佑命之,自天申之。』故大德者必受命。」

3 《内篇誠明第三》

子思曰:「仲尼祖述堯舜,憲章文武。上律天時,下襲水土,辟如 堯 舜
天地之無不持載,無不覆幬。辟如四時之錯行,如日月之代明。萬物並育,而不相害。道並行,而不相悖。小德川流,大德敦化。此天地之所以爲大也。」

4 《外篇無憂第四》

仲尼閒居,喟然而嘆。子思再拜,請曰:「意,子孫不脩,將忝祖
乎?羨堯舜之道,恨不及乎。」仲尼曰:「爾孺子,安知吾志?」子思 堯 舜
對曰:「伋於進善亟聞夫子之教。其父析薪,其子弗克負荷。是謂不肖。伋每思之,所以大恐而不懈也。」仲尼忻然笑曰:「然乎,吾無憂矣。世不廢業,其克昌乎。」

5 《外篇胡母豹第五》

曾子謂子思曰:「昔者,吾從夫子遊於諸侯。夫子未嘗失人臣之禮,而猶聖道不行。今吾觀子有傲世主之心。無乃不容乎?」子思曰:「時移世異,各有宜也。當吾先君,周制雖毀,君臣固位,上下相持,若一體然。夫欲行其道,不執禮以求之,則不能入也。今天下諸侯方欲力爭,競招英雄以自輔翼。此乃得士則昌,失士則亡之秋也。伋於此
時,不自高,人將下吾。不自貴,人將賤吾。舜禹揖讓,湯武用師, 舜 禹
非故相詭,乃各時也。」

6 《外篇魯繆公第七》

子思問於仲尼曰：「伋聞，夫子之詔正俗化民之政，莫善於禮樂也。管子任法以治齊，而天下稱仁焉。是法與禮樂，異用而同功也。何必但禮樂哉。」仲尼曰：「堯舜之化，百世不輟。仁義之風，遠也。管仲任法，身死則法息嚴而寡恩也。若管仲之知，足以定法材。非管仲而專任法，終必亂成矣。」 堯 舜

7 《外篇魯繆公第七》

魯繆公訪於子思曰：「寡人不德，嗣先君之業，三年矣。未知所以爲令名者。且欲掩先君之惡，以揚先君之善，使談者有述焉。爲之若何？願先生教之也。」子思對曰：「以伋所聞，舜禹之於其父，非勿欲也。以爲私情之細，不如公義之大。故弗敢私之耳。責以虚飾之教，又非伋所得言。」公曰：「思之可以利民者。」子思曰：「願有惠百姓之心，則莫如一切除非法之事也。毀不居之室以賜窮民，奪嬖寵之祿以賑困匱，無令人有悲怨，而後世有聞見。抑亦可乎。」公曰：「諾。」 舜 禹

8 《外篇魯繆公第七》

申詳問曰：「殷人自契至湯而王。周人自棄至武王而王。同嚳之後也。周人追王大王、王季、文王而殷人獨否。何也？」子思曰：「文質之異也。周人之所追大王，王迹起焉。又曰：「文王受命，斷虞芮之訟，伐崇邦，退夷狄，追王大王、王季。何也？」子思曰：「狄人攻大王，召耆老而問焉，曰：『狄人何來？』耆老曰：『欲得菽粟財貨。』大王曰：『與之，與之。』至無而狄人不止。大王又問耆老曰：『狄人何欲？』耆老曰：『欲土地。』大王曰：『與之。』耆老曰：『君不爲社稷乎？』大王曰：『社稷所以爲民也。不可以所爲亡民也。』耆老曰：『君縱不爲社稷，不爲宗廟乎？』大王曰：『宗廟者，私也。不可以吾私害民。』遂杖策而去。過梁山，止乎岐山之下。豳民之束脩奔而從之者，三十餘乘。一止而成三十乘之邑。此王道之端也。成王於是追而王之。王季，其子也。承其業，廣其基焉。雖同追王，不亦可乎？」 嚳

9 《外篇魯繆公第七》

子思遊齊陳。莊伯與登泰山而觀見古天子巡守之銘焉。陳子曰：「我生獨不及帝王封禪之世。」子思曰：「子不欲爾。今周室卑微，諸侯無霸。假以齊之衆，率鄰國以輔文武子孫之有德者，則齊桓晉文之事，不足言也。」陳子曰：「非不說斯道。力不堪也。子，聖人之後。吾願有聞焉。敢問昔聖帝明王巡守之禮，可得聞乎？」子思曰：「凡求聞者，爲求行之也。今子自計必不能行。欲聞何焉？」陳子曰：「吾雖不敏，亦樂先王之道。於子何病而不吾告也？」子思乃告之曰：「古者天子將

巡守，必先告於祖禰，命史告羣廟及社稷圻内名山大川，告者七日而徧親告，用牲，史告，用幣，申命冢宰而後道而出。或以遷廟之主，行載乎。齊車每舍，奠焉。及所經五嶽四瀆，皆有牲幣。歲二月，東巡守至於岱宗。柴於上帝，望秩于山川。所過諸侯，各待于境。天子先問百年者所在而親見之。然後覲方嶽之諸侯，有功德者則發爵賜服，以順陽義。無功者則削黜貶退，以順陰義。命史採民詩謠以觀其風。命市納賈察民之所好所惡，以知志。命典禮，正制度，均量衡，考衣服之等，協時月日星辰。入其疆，土地荒蕪，遺老失賢，掊克在位，則其君免。山川社稷有不親舉者，則貶秩削土，土荒民遊，爲無教，無教者，則君退。民淫僭上，爲無法，無法者，則君罪。入其疆，土地墾辟，養老尊賢，俊傑在位，則君有慶。遂南巡，五月至于南嶽。又西巡，八月至于西嶽。又北巡，十有一月至于北嶽。其禮皆如岱宗。歸反，舍于外，次三日。齊親告於祖禰，用特命、有司告羣廟社稷及圻内名山大川而後入聽朝。此古者明王巡守之禮也。」陳子曰：「諸侯朝於天子，盟會霸主，則亦告山川宗廟乎？」子思曰：「告哉。」陳子曰：「王者巡守，不及四嶽。諸侯會盟，不越鄰國。斯其禮何以異乎？」子思曰：「天子封圻千里，公侯百里，伯七十里，子男五十里。虞夏殷
周之常制也。其或出此封者，則其禮與巡守朝會無變。其不越於封境， 虞
雖行，如在國。」陳子曰：「旨哉，古之義也。吾今而後知不學者淺之爲人也。」

10 《外篇任賢第八》

子思在齊。齊尹文子生子不類。怒而杖之。告子思曰：「此非吾子
也。吾妻殆不婦。吾將黜之。」子思曰：「若子之言，則堯舜之妃，復 堯 舜
可疑也。此二帝，聖者之英，而丹朱商均，不及匹夫。以是推之，豈可類乎。然舉其多者有此父斯有此子人，道之常也。若夫賢父之有愚子。此由天道自然。非子之妻之罪也。」尹文子曰：「先生止之，願無言文。」留妻矣。

11 《外篇過齊第九》

子思適齊。齊君之嬖臣美鬚眉立側。齊君指之而笑，且言曰：「假貌可相易。寡人不惜此之鬚眉於先生也。」子思曰：「非所願也。所願者，唯君脩禮義，富百姓。而伋得寄帑於君之境内，從襁負之列，其
榮多矣。若無此，鬚鬣非伋所病也。昔堯身修十尺，眉乃八彩。聖舜 堯 舜
身修八尺，有奇面，頷無毛。亦聖禹湯文武及周公，勤思勞體，或折 禹
臂望視，或禿骭背僂，亦聖，不以鬚眉美鬣爲稱也。人之賢聖，在德。豈在貌乎？且吾先君，生無鬚眉，而天下王侯，不損其敬。由是言之，伋徒患德之不紹，不病毛鬚之不茂也。」

12 《外篇過齊第九》

孟軻問子思曰：「堯舜文武之道，可力而致乎？」子思曰：「彼， 堯 舜
人也。我，人也。稱其言，履其行，夜思之，晝行之，滋滋焉，汲汲
焉。如農之赴時，商之趨利，惡有不至者乎。」

13 《外篇過齊第九》

子思年十六適宋。宋大夫樂朔與之言學焉。朔曰：「尚書虞夏數四 虞
篇，善也。下此以訖於秦費，効堯舜之言耳。殊不如也。」子思曰：「事 堯 舜
變有極，正自當耳。假令周公堯舜，更時易處，其書同矣。」樂朔曰： 堯 舜
「凡書之作，欲以諭民也。簡易爲上。而乃故作難知之辭，不以繁乎。」
子思曰：「書之意，兼複深奧，訓詁成義。古人所以爲典雅也。昔魯委
巷亦有似君之言者。伋聞之曰：『道爲知者傳。苟非其人，道不傳矣。』
今君何似之甚也。」樂朔不說而退曰：「孺子辱吾。」其徒曰：「此雖以
宋爲舊。然世有讐焉。請攻之。」遂圍子思。宋君聞之，駕而救子思。
子思既免。曰：「文王厄於羑里，作周易。祖君屈於陳蔡，作春秋。吾
困於宋，可無作乎。」

14 《外篇過齊第九》

縣子問子思曰：「顏回問爲邦。夫子曰：『行夏之時。』若是，殷周
異正，爲非乎？」子思曰：「夏數得天，堯舜之所同也。殷周之王，征 堯 舜
伐革命，以應乎天，因改正朔。若云天時之改爾，故不相因也。夫受
禪於人者，則襲其統。受命於天者，則革之。所以神其事，如天道之
變然也。三統之義，夏得其正。是以夫子云。」

15 《外篇過齊第九》

孟軻尚幼，請見子思。子思見之，甚說其志。命白侍坐焉。禮甚
敬崇。子上不願也。客退，子上請曰：「白聞，士無介不見，女無媒不
嫁，孟孺子無介而見大人。說而敬之，白也未喻。敢問？」子思曰：「然。
吾昔從夫子於郯，遇程子於途，傾蓋而語，終日而別，命子路將束帛
贈焉。以其道同於君子也。今孟子車孺子也。言稱堯舜，性樂仁義， 堯 舜
世所希有也。事之猶可。況加敬乎，非爾所及也。」

30 墨 子

文献名：30. 墨子

資料番号	伏羲	太皞	其他	女媧	其他	神農	炎帝	赤帝	其他	黄帝	軒轅氏	其他	顓頊	高陽	其他	注(左半葉) 注a	注b
1																	
2																	
3																	
4																	
5																	
6																	
7																	
8																	
9																	
10																	
11																	
12																	
13																	
14														1			
15																	
16																	
17																	
18																	
19																	
20																	
21																	
22																	
23																	
24																	
25																	
26																	
27																	
28																	
29																	
30																	
31																	
32																	
33																	
34																	
35																	
36																	
37																	
計														1			

献名：30. 墨子

嚳	高辛	其他	堯	陶唐	其他	舜	有虞	其他	禹	其他	三皇	五帝	注(右半葉) 注e	注f	参考	資料番号
						1			1							1
									2							2
									1							3
			2			2										4
			2			2			2							5
			1			1			1							6
			2			2			1							7
									2							8
			2			2			2							9
			3			3			1							10
			1			2			3							11
									2							12
									6							13
									4							14
			1													15
			1			1			1							16
			1			1			1							17
			1			1			1							18
									3							19
			2			2			2							20
			1			1			1							21
			1			1			1							22
			1			1			1							23
									2							24
									2							25
							1		1							26
						1										27
																28
			2													29
			1													30
			2													31
									6							32
			1			1			1							33
									1							34
									3							35
									1							36
						1										37
			28			26	1		56							計

30 墨 子

1 卷之一《所染　第三》

非獨染絲然也，國亦有染。舜染於許由、伯陽，禹染於皋陶、伯 舜 禹
益，湯染於伊尹仲虺，武王染於太公、周公。此四王者所染當，故王
天下，立爲天子，功名蔽天地。舉天下之仁義顯人，必稱此四王者。
夏桀染於干辛、推哆，殷紂染於崇侯、惡來，厲王染於厲公長父、榮
夷終，幽王染於傅公夷、蔡公穀。

2 卷之一《法儀　第四》

昔之聖王禹湯文武，兼愛天下之百姓，率以尊天事鬼，其利人多， 禹
故天福之，使立爲天子，天下諸侯皆賓事之。暴王桀紂幽厲，兼惡天
下之百姓，率以詬天侮鬼，其賊人多，故天禍之，使遂失其國家，身
死爲僇於天下，後世子孫毀之，至今不息。故爲不善以得禍者，桀、
紂、幽、厲是也，愛人利人以得福者，禹湯文武是也。愛人利人以得 禹
福者有矣，惡人賊人以得禍者亦有矣。

3 卷之一《七患　第五》

今有負其子而汲者，隊其子於井中，其母必從而道之。今歲凶、
民飢、道饉，此疚重於隊其子，其可無察邪？故時年歲善，則民仁且
良；時年歲凶，則民吝且惡。夫民何常此之有？爲者寡，食者衆，則
歲無豐。故曰財不足則反之時，食不足則反之用。故先民以時生財。
固本而用財，則財足。故雖上世之聖王，豈能使五穀常收，而旱水不
至哉？然而無凍餓之民者何也？其力時急，而自養儉也。故夏書曰：『禹 禹
七年水』，殷書曰：『湯五年旱』，此其離凶餓甚矣，然而民不凍餓者何
也？其生財密，其用之節也。

4 卷之一《三辯　第七》

子墨子曰：「昔者堯舜有第期者，且以爲禮，且以爲樂；湯放桀於 堯 舜
大水，環天下自立以爲王，事成功立，無大後患，因先王之樂，又自
作樂，命曰護，又脩九招；武王勝殷殺紂，環天下自立以爲王，事成
功立，無大後患，因先王之樂，又自作樂，命曰象；周成王因先王之
樂，又自作樂，命曰騶虞。周成王之治天下也，不若武王，武王之治
天下也，不若成湯，成湯之治天下也，不若堯舜。故其樂逾繁者，其 堯 舜
治逾寡。自此觀之，樂非所以治天下也。」

5 卷之二《尚賢上　第八》

故古者聖王之爲政，列德而尚賢，雖在農與工肆之人，有能則舉之，高予之爵，重予之祿，任之以事，斷予之令，曰：「爵位不高則民弗敬，蓄祿不厚則民不信，政令不斷則民不畏。」舉三者授之賢者，非爲賢賜也，欲其事之成。故當是時，以德就列，以官服事，以勞殿賞，量功而分祿。故官無常貴，而民無終賤，有能則舉之，無能則下之，舉公義，辟私怨，此若言之謂也。故古者堯舉舜於服澤之陽，授之政， 堯 舜
天下平；禹舉益於陰方之中，授之政，九州成；湯舉伊尹於庖廚之中， 禹
授之政，其謀得；文王舉閎夭泰顛於罝罔之中，授之政，西土服。故當是時，雖在於厚祿尊位之臣，莫不敬懼而施，雖在農與工肆之人，莫不競勸而尚意。故士者所以爲輔相承嗣也。故得士則謀不困，體不勞，名立而功成，美章而惡不生，則由得士也。是故子墨子言曰：得
意賢士不可不舉，不得意賢士不可不舉，尚欲祖述堯舜禹湯之道，將 堯 舜 禹
不可不以尚賢。夫尚賢者，政之本也。

6 卷之二《尚賢中　第九》

賢者之治國也，蚤朝晏退，聽獄治政，是以國家治而刑法正。賢者之長官也，夜寢夙興，收斂關市、山林、澤梁之利，以實官府，是以官府實而財不散。賢者之治邑也，蚤出莫入，耕稼、樹藝、聚菽粟，是以菽粟多而民足乎食。故國家治則刑法正，官府實則萬民富。上有以絜爲酒醴粢盛，以祭祀天鬼；外有以爲皮幣，與四鄰諸侯交接，內有以食飢息勞，將養其萬民。外有以懷天下之賢人。是故上者天鬼富之，外者諸侯與之，內者萬民親之，賢人歸之，以此謀事則得，舉事
則成，入守則固，出誅則彊。故唯昔三代聖王堯、舜、禹、湯、文、 堯 舜 禹
武，之所以王天下正諸侯者，此亦其法已。

7 卷之二《尚賢中　第九》

今王公大人中實將欲治其國家，欲脩保而勿失，胡不察尚賢爲政之本也？且以尚賢爲政之本者，亦豈獨子墨子之言哉！此聖王之道，先王之書距年之言也。傳曰：『求聖君哲人，以裨輔而身』，湯誓曰：『遂求元聖，與之戮力同心，以治天下。』則此言聖之不失以尚賢使能爲政也。故古者聖王唯能審以尚賢使能爲政，無異物雜焉，天下皆得其列。
古者舜耕歷山，陶河瀕，漁雷澤，堯得之服澤之陽，舉以爲天子，與 舜 堯
接天下之政，治天下之民。伊摯，有莘氏女之私臣，親爲庖人，湯得之，舉以爲己相，與接天下之政，治天下之民。傅說被褐帶索。庸築乎傅巖，武丁得之，舉以爲三公，與接天下之政，治天下之民。此何故始賤卒而貴，始貧卒而富？則王公大人明乎以尚賢使能爲政。是以民無飢而不得食，寒而不得衣，勞而不得息，亂而不得治者。故古聖王唯以審以尚賢使能爲政，而取法於天。雖天亦不辯貧富、貴賤、遠

邇、親疏、賢者舉而尚之，不肖者抑而廢之。

然則富貴爲賢，以得其賞者誰也？曰若昔者三代聖王堯、舜、禹、湯、文、武者是也。所以得其賞何也？曰其爲政乎天下也，兼而愛之，從而利之，又率天下之萬民以尚尊天、事鬼、愛利萬民，是故天鬼賞之，立爲天子，以爲民父母，萬民從而譽之曰『聖王』，至今不已。則此富貴爲賢，以得其賞者也。 堯 舜 禹

8 卷之二《尚賢中　第九》

然則天之所使能者誰也？曰若昔者禹、稷、皋陶是也。何以知其 禹
然也？先王之書呂刑道之曰：「皇帝清問下民，有辭有苗。曰群后之肆在下，明明不常，鰥寡不蓋，德威維威，德明維明。乃名三后，恤功於民，伯夷降典，哲民維刑。禹平水土，主名山川。稷隆播種，農殖 禹
嘉穀。三后成功，維假於民。」則此言三聖人者，謹其言，愼其行，精其思慮，索天下之隱事遺利，以上事天，則天鄉其德，下施之萬民，萬民被其利，終身無已。故先王之言曰：「此道也，大用之天下則不窕，小用之則不困，脩用之則萬民被其利，終身無已。」周頌道之曰：「聖人之德，若天之高，若地之普，其有昭於天下也。若地之固，若山之承，不坼不崩。若日之光，若月之明，與天地同常。」則此言聖人之德，章明博大，埴固，以脩久也。故聖人之德蓋總乎天地者也。

9 卷之二《尚賢下　第十》

子墨子言曰：「天下之王公大人皆欲其國家之富也，人民之衆也，刑法之治也，然而不識以尚賢爲政其國家百姓，王公大人本失尚賢爲政之本也。若苟王公大人本失尚賢爲政之本也，則不能毋舉物示之乎？今若有一諸侯於此，爲政其國家也，曰：『凡我國能射御之士，我將賞貴之，不能射御之士，我將罪賤之。』問於若國之士，孰喜孰懼？我以爲必能射御之士喜，不能射御之士懼。我賞因而誘之矣，曰：『凡我國之忠信之士，我將賞貴之，不忠信之士，我將罪賤之。』問於若國之士，孰喜孰懼？我以爲必忠信之士喜，不忠信之士懼。今唯毋以尚賢爲政其國家百姓，使國爲善者勸，爲暴者沮，大以爲政於天下，使天下之
爲善者勸，爲暴者沮。然昔吾所以貴堯舜禹湯文武之道者，何故以哉？ 堯 舜 禹
以其唯毋臨衆發政而治民，使天下之爲善者可而勸也，爲暴者可而沮
也。然則此尚賢者也，與堯舜禹湯文武之道同矣。 堯 舜 禹

10 卷之二《尚賢下　第十》

是故古之聖王之治天下也，其所富，其所貴，未必王公大人骨肉
之親、無故富貴、面目美好者也。是故昔者舜耕於歷山，陶於河瀕， 舜
漁於雷澤，灰於常陽堯得之服澤之陽，立爲天子，使接天下之政，而 堯

治天下之民。昔伊尹爲莘氏女師僕，使爲庖人，湯得而舉之，立爲三公，使接天下之政，治天下之民。昔者傅說居北海之洲，圜土之上，衣褐帶索，庸築於傅巖之城，武丁得而舉之，立爲三公，使之接天下之政，而治天下之民。是故昔者堯之舉舜也，湯之舉伊尹也，武丁之 堯 舜
舉傅說也，豈以爲骨肉之親、無故富貴、面目美好者哉？唯法其言，用其謀，行其道，上可而利天，中可而利鬼，下可而利人，是故推而上之。

古者聖王既審尚賢欲以爲政，故書之竹帛，琢之槃盂，傳以遺後世子孫。於先王之書呂刑之書然，王曰：『於！來！有國有士，告女訟刑，在今而安百姓，女何擇言人，何敬不刑，何度不及。』能擇人而敬爲刑，堯、舜、禹、湯、文、武之道可及也。是何也？則以尚賢及之， 堯 舜 禹
於先王之書豎年之言然，曰：『晞夫聖、武、知人，以屏輔而身。』此言先王之治天下也，必選擇賢者以爲其群屬輔佐。

11 卷之二《尚賢下　第十》

曰今也天下之士君子，皆欲富貴而惡貧賤。然女何爲而得富貴而辟貧賤？曰莫若爲賢。爲賢之道將柰何？曰有力者疾以助人，有財者勉以分人，有道者勸以教人。若此則飢者得食，寒者得衣，亂者得治。若飢則得食，寒則得衣，亂則得治，此安生生。今王公大人其所富，其所貴，皆王公大人骨肉之親，無故富貴、面目美好者也。今王公大人骨肉之親，無故富貴、面目美好者，焉故必知哉！若不知，使治其國家，則其國家之亂可得而知也。

今天下之士君子皆欲富貴而惡貧賤。然女何爲而得富貴，而辟貧賤哉？曰莫若爲王公大人骨肉之親，無故富貴、面目美好者。王公大人骨肉之親，無故富貴、面目美好者，此非可學能者也。使不知辯，德行之厚若禹、湯、文、武不加得也，王公大人骨肉之親，躄、瘖、 禹
瘖、聾，暴爲桀、紂，不加失也。是故以賞不當賢，罰不當暴，其所賞者已無故矣，其所罰者亦無罪。是以使百姓皆放心解體，沮以爲善，垂其股肱之力而不相勞來也；腐臭餘財，而不相分資也，隱慝良道，而不相教誨也。若此，則飢者不得食，寒者不得衣，亂者不得治。（推而土之以。）［校注本無此五字］

是故昔者堯有舜，舜有禹，禹有皋陶，湯有小臣，武王有閎夭、 堯 舜 舜 禹 禹
泰顛、南宮括、散宜生，得此推而上之，以而天下和，庶民阜，是以近者安之，遠者歸之。日月之所照，舟車之所及，雨露之所漸，粒食之民莫不勸譽。且今天下之王公大人士君子，中實將欲爲仁義，求爲上士，上欲中聖王之道，下欲中國家百姓之利，故尚賢之爲說，而不可不察此者也。尚賢者，天鬼百姓之利，而政事之本也。」

12 卷之四《兼愛中　第十五》

然而今天下之士君子曰：「然，乃若兼則善矣。雖然，不可行之物
也，譬若挈太山越河濟也。」子墨子言：「是非其譬也。夫挈太山而越
河濟，可謂畢劼有力矣，自古及今未有能行之者也。況乎兼相愛，交
相利，則與此異，古者聖王行之。何以知其然？古者禹治天下，西爲 禹
西河漁竇，以泄渠孫皇之水；北爲防原泒，注后之邸，嘑池之竇，洒
爲底柱，鑿爲龍門，以利燕、代、胡、貉與西河之民；東方漏之陸防
孟諸之澤，灑爲九澮，以楗東土之水，以利冀州之民；南爲江、漢、
淮、汝，東流之，注五湖之處，以利荊、楚、干、越與南夷之民。此
言禹之事，吾今行兼矣。昔者文王之治西土，若日若月，乍光于四方 禹
于西土，不爲大國侮小國，不爲衆庶侮鰥寡，不爲暴勢奪穡人黍、稷、
狗、彘。天屑臨文王慈，是以老而無子者，有所得終其壽；連獨無兄
弟者，有所雜於生人之閒；少失其父母者，有所放依而長。此文王之
事，則吾今行兼矣。昔者武王將事泰山隧，傳曰：『泰山，有道曾孫周
王有事，大事既獲，仁人尚作，以祗商夏，蠻夷醜貉。雖有周親，不
若仁人，萬方有罪，維予一人。』此言武王之事，吾今行兼矣。」

是故子墨子言曰：「今天下之士君子，忠實欲天下之富，而惡其貧；欲天下之治，而惡其亂，當兼相愛，交相利，此聖王之法，天下之治道也，不可不務爲也。」

13 卷之四《兼愛下　第十六》

然而天下之士非兼者之言，猶未止也。曰：「兼即仁矣，義矣。雖
然，豈可爲哉？吾譬兼之不可爲也，猶挈泰山以超江河也。故兼者直
願之也，夫豈可爲之物哉？」子墨子曰：「夫挈泰山以超江河，自古之
及今，生民而來未嘗有也。今若夫兼相愛，交相利，此自先聖六王者
親行之。」何以知先聖六王之親行之也？子墨子曰：「吾非與之並世同
時，親聞其聲，見其色也。以其所書於竹帛，鏤於金石，琢於槃盂，
傳遺後世子孫者知之。泰誓曰：『文王若日若月，乍照，光于四方于西
土。』即此言文王之兼愛天下之博大也，譬之日月兼照天下之無有私
也。」即此文王兼也，雖子墨子之所謂兼者，於文王取法焉。「且不唯
泰誓爲然，雖禹誓即亦猶是也。禹曰：『濟濟有衆，咸聽朕言，非惟小 禹 禹
子，敢行稱亂，蠢茲有苗，用天之罰，若予既率爾群對諸群，以征有
苗。』禹之征有苗也，非以求以重富貴、干福祿、樂耳目也，以求興天 禹
下之利，除天下之害。」即此禹兼也。雖子墨子之所謂兼者，於禹求焉。 禹 禹
「且不唯禹誓爲然雖湯說即亦猶是也。湯曰：『惟予小子履，敢用玄牡， 禹
告於上天后曰：「今天大旱，即當朕身履，未知得罪于上下，有善不敢
蔽，有罪不敢赦，簡在帝心。萬方有罪，即當朕身，朕身有罪，無及
萬方。」即此言湯貴爲天子，富有天下，然且不憚以身爲犧牲，以祠說

于上帝鬼神。』即此湯兼也。雖子墨子之所謂兼者，於湯取法焉。「且不唯誓命與湯說爲然，周詩即亦猶是也。周詩曰：『王道蕩蕩，不偏不黨，王道平平，不黨不偏。其直若矢，其易若厎，君子之所履，小人之所視』，若吾言非語道之謂也，古者文武爲正，均分賞賢罰暴，勿有親戚弟兄之所阿。」即此文武兼也。雖子墨子之所謂兼者，於文武取法焉。不識天下之人，所以皆聞兼而非之者，其故何也？

14 卷之五《非攻下　第十九》

今逮夫好攻伐之君，又飾其說以非子墨子曰：「以攻伐之爲不義，非利物與？昔者禹征有苗，湯伐桀，武王伐紂，此皆立爲聖王，是何故也？」子墨子曰：「子未察吾言之類，未明其故者也。彼非所謂攻，謂誅也。昔者有三苗大亂，天命殛之，日妖宵出，雨血三朝，龍生於廟，犬哭乎市，夏冰，地坼及泉，五穀變化，民乃大振。高陽乃命玄宮，禹親把天之瑞令以征有苗，四電誘祇，有神人面鳥身，若瑾以侍，搤矢有苗之祥，苗師大亂，后乃遂幾。禹既已克有三苗，焉磨爲山川，別物上下，鄉制大極，而神民不違，天下乃靜。則此禹之所以征有苗也。逮至乎夏王桀，天有誥命，日月不時，寒暑雜至，五穀焦死，鬼呼國，鶴鳴十夕餘。天乃命湯於鑣宮，用受夏之大命，夏德大亂，予既卒其命於天矣，往而誅之，必使汝堪之。湯焉敢奉率其衆，是以鄉有夏之境，帝乃使陰暴毀有夏之城。少少有神來告曰：『夏德大亂，往攻之，予必使汝大堪之。予既受命於天，天命融隆火，于夏之城間西北之隅。湯奉桀衆以克有夏，屬諸侯於薄，薦章天命，通于四方，而天下諸侯莫敢不賓服。則此湯之所以誅桀也。逮至乎商王紂天不序其德，祀用失時。兼夜中，十日雨土于薄，九鼎遷止，婦妖宵出，有鬼宵吟，有女爲男，天雨肉，棘生乎國道，王兄自縱也。赤鳥銜珪，降周之岐社，曰：『天命周文王伐殷有國。』泰顛來賓，河出綠圖，地出乘黃。武王踐功，夢見三神曰：予既沈漬殷紂于酒德矣，往攻之，予必使汝大堪之』。武王乃攻狂夫，反商作周，天賜武王黃鳥之旗。王既已克殷，成帝之來，分主諸神，祀紂先王，通維四夷，而天下莫不賓，焉襲湯之緒，此即武王之所以誅紂也。若以此三聖王者觀之，則非所謂攻也，所謂誅也」。

禹
高陽
禹
禹
禹

15 卷之六《節用中　第二十一》

是故古者聖王，制爲節用之法曰：「凡天下群百工，輪車、鞼鞄、陶、冶、梓匠，使各從事其所能」，曰：「凡足以奉給民用諸加費不加于民利，則止。」

古者聖王制爲飲食之法曰：「足以充虛繼氣，強股肱，使耳目聰明，則止。」不極五味之調，芬香之和，不致遠國珍怪異物。何以知其然？

古者堯治天下，南撫交阯北降幽都，東西至日所出入，莫不賓服。逮至其厚愛，黍稷不二，羹胾不重，飯於土熘，啜於土形，斗以酌。俛仰周旋威儀之禮，聖王弗爲。 堯

16 卷之六《節葬下　第二十五》

今逮至昔者三代聖王既沒，天下失義，後世之君子，或以厚葬久喪以爲仁也，義也，孝子之事也；或以厚葬久喪以爲非仁義，非孝子之事也。曰二子者，言則相非，行即相反，皆曰：『吾上祖述堯舜禹湯文武之道者也。』而言即相非，行即相反，於此乎後世之君子，皆疑惑乎二子者言也。若苟疑惑乎之二子者言，然則姑嘗傳而爲政乎國家萬民而觀之。計厚葬久喪，奚當此三利者哉？我意若使法其言，用其謀，厚葬久喪實可以富貧衆寡，定危治亂乎，此仁也，義也，孝子之事也，爲人謀者不可不勸也。仁者將求興之天下，誰佰而使民譽之，終勿廢也。意亦使法其言，用其謀，厚葬久喪實不可以富貧衆寡，定危治亂乎，此非仁非義，非孝子之事也，爲人謀者不可不沮也。仁者將求除之天下，誰賈廢而使民非之，終身勿爲。且故興天下之利，除天下之害，今國家百姓之不治也，自古及今，未嘗之有也。 堯 舜 禹

17 卷之六《節葬下　第二十五》

今執厚葬久喪者之言曰：「厚葬久喪雖使不可以富貧衆寡，定危治亂，然此聖王之道也。」子墨子曰：「不然。昔者堯北教乎八狄，道死，葬蛩山之陰，衣衾三領，穀木之棺，葛以緘之，既氾而後哭，滿埳無封。已葬，而牛馬乘之。舜西教乎七戎，道死，葬南己之市，衣衾三領，穀木之棺，葛以緘之，已葬，而市人乘之。禹東教乎九夷，道死，葬會稽之山，衣衾三領，桐棺三寸，葛以緘之，絞之不合，道之不埳，土地之深，下毋及泉，上毋通臭。既葬，收餘壤其上，壟若參耕之畝，則止矣。若以此若三聖王者觀之，則厚葬久喪果非聖王之道。故三王者，皆貴爲天子，富有天下，豈憂財用之不足哉？以爲如此葬埋之法。 堯 舜 禹

18 卷之六《節葬下　第二十五》

今王公大人之爲葬埋，則異於此。必大棺中棺，革闠三操，璧玉即具，戈劍鼎鼓壺濫，文繡素練，大鞅萬領，輿馬女樂皆具，曰必捶垛差通，壟雖凡山陵。此爲輟民之事，靡民之財，不可勝計也，其爲毋用若此矣。」是故子墨子曰：「鄉者，吾本言曰，意亦使法其言，用其謀，計厚葬久喪，請可以富貧衆寡，定危治亂乎，則仁也，義也，孝子之事也，爲人謀者，不可不勸也；意亦使法其言，用其謀，若人厚葬久喪，實不可以富貧衆寡，定危治亂乎，則非仁也，非義也，非孝子之事也，爲人謀者，不可不沮也。是故求以富國家，甚得貧焉；

欲以衆人民，甚得寡焉；欲以治刑政，甚得亂焉；求以禁止大國之攻
小國也，而既已不可矣；欲以干上帝鬼神之福，又得禍焉。上稽之堯 堯
舜禹湯文武之道而政逆之，下稽之桀紂幽厲之事，猶合節也。若以此 舜 禹
觀，則厚葬久喪其非聖王之道也。」

19 卷之七《天志上　第二十六》

曰且夫義者政也，無從下之政上，必從上之政下。是故庶人竭力
從事，未得次己而爲政，有士政之；士竭力從事，未得次己而爲政，
有將軍大夫政之；將軍大夫竭力從事，未得次己而爲政，有三公諸侯
政之；三公諸侯竭力聽治，未得次己而爲政，有天子政之；天子未得
次己而爲政，有天政之。天子爲政於三公、諸侯、士、庶人，天下之
士君子固明知之，天之爲政於天子，天下百姓未得之明知也。故昔三
代聖王禹湯文武，欲以天之爲政於天子，明說天下之百姓，故莫不犓 禹
牛羊，豢犬彘，潔爲粢盛酒醴，以祭祀上帝鬼神，而求祈福於天。我
未嘗聞天下之所求祈福於天子者也，我所以知天之爲政於天子者也。
故天子者，天下之窮貴也，天下之窮富也，故欲富且貴者，當天意而
不可不順，順天意者，兼相愛，交相利，必得賞。反天意者，別相惡，
交相賊，必得罰。然則是誰順天意而得賞者？誰反天意而得罰者？」
子墨子言曰：「昔三代聖王禹湯文武，此順天意而得賞也。昔三代之暴 禹
王桀紂幽厲，此反天意而得罰者也。然則禹湯文武其得賞何以也？」 禹
子墨子言曰：「其事上尊天，中事鬼神，下愛人，故天意曰：『此之我
所愛，兼而愛之；我所利，兼而利之。愛人者此爲博焉，利人者此爲
厚焉。』故使貴爲天子，富有天下，業萬世子孫，傳稱其善，方施天下，
至今稱之，謂之聖王。」然則桀紂幽厲得其罰何以也？」子墨子言曰：
「其事上詬天，中誣鬼，下賊人，故天意曰：『此之我所愛，別而惡之，
我所利，交而賊之。惡人者此爲之博也，賊人者此爲之厚也。』故使不
得終其壽，不歿其世，至今毀之，謂之暴王。

20 卷之七《天志中　第二十七》

夫愛人利人，順天之意，得天之賞者誰也？曰若昔三代聖王，堯 堯
舜禹湯文武者是也。堯舜禹湯文武焉所從事？曰從事兼，不從事別。 舜 禹 堯 舜 禹
兼者，處大國不攻小國，處大家不亂小家，強不劫弱，衆不暴寡，詐
不謀愚，貴不傲賤。觀其事，上利乎天，中利乎鬼，下利乎人，三利
無所不利，是謂天德。聚斂天下之美名而加之焉，曰：此仁也，義也，
愛人利人，順天之意，得天之賞者也。不止此而已，書於竹帛，鏤之
金石，琢之槃盂，傳遺後世子孫。曰將何以爲？將以識夫愛人利人，
順天之意，得天之賞者也。皇矣道之曰：『帝謂文王，予懷明德，不大
聲以色，不長夏以革，不識不知，順帝之則。』帝善其順法則也，故舉

般以賞之，使貴爲天子，富有天下，名譽至今不息。故夫愛人利人，順天之意，得天之賞者，既可得而知已。

21 卷之七《天志下　第二十八》

且天之愛百姓也，不盡物而止矣。今天下之國，粒食之民，國殺一不辜，必有一不祥。曰誰殺不辜？曰人也。孰予之不祥？曰天也。若天之中實不愛此民也，何故而人有殺不辜，而天予之不祥哉？且天之愛百姓厚矣，天之愛百姓別矣，既可得而知也。何以知天之愛百姓也？吾以賢者之必賞善罰暴也。何以知賢者之必賞善罰暴也？吾以昔者三代之聖王知之。故昔也三代之聖王堯舜禹湯文武之兼愛天下也，從而利之，移其百姓之意焉，率以敬上帝山川鬼神，天以爲從其所愛而愛之，從其所利而利之，於是加其賞焉，使之處上位，立爲天子以法也，名之曰『聖人』，以此知其賞善之證。是故昔也三代之暴王桀紂幽厲之兼惡天下也，從而賊之，移其百姓之意焉，率以詬侮上帝山川鬼神，天以爲不從其所愛而惡之，不從其所利而賊之，於是加其罰焉，使之父子離散，國家滅亡，抎失社稷，憂以及其身。是以天下之庶民屬而毀之，業萬世子孫繼嗣，毀之賁不之廢也，名之曰『失王』，以此知其罰暴之證。今天下之士君子，欲爲義者，則不可不順天之意矣。

堯 舜 禹

22 卷之七《天志下　第二十八》

所謂小物則知之者何若？今有人於此，入人之場園，取人之桃李瓜薑者，上得且罰之，衆聞則非之，是何也？曰不與其勞，獲其實，已非其有所取之故，而況有踰於人之牆垣，格人之子女者乎？與角人之府庫，竊人之金玉蚤絫者乎？與踰人之欄牢，竊人之牛馬者乎？而況有殺一不辜人乎？今王公大人之爲政也，自殺一不辜人者；踰人之牆垣，格人之子女者；與角人之府庫，竊人之金玉蚤絫者；與踰人之欄牢，竊人之牛馬者；與入人之場園，竊人之桃李瓜薑者，今王公大人之加罰此也，雖古之堯舜禹湯文武之爲政，亦無以異此矣。今天下之諸侯，將猶皆侵凌攻伐兼并，此爲殺一不辜人者，數千萬矣；此爲踰人之牆垣，格人之子女者，與角人府庫，竊人金玉蚤絫者，數千萬矣；踰人之欄牢，竊人之牛馬者，與入人之場園，竊人之桃李瓜薑者，數千萬矣，而自曰義也。故子墨子言曰：「是蕡義者，則豈有以異是蕡黑白甘苦之辯者哉！今有人於此，少而示之黑謂之黑，多示之黑謂白，必曰吾目亂，不知黑白之別。今有人於此，能少嘗之甘謂甘，多嘗謂苦，必曰吾口亂，不知其甘苦之味。今王公大人之政也，或殺人，其國家禁之，此蚤越有能多殺其鄰國之人，因以爲大義，此豈有異蕡白黑、甘苦之別者哉？」

堯 舜 禹

23 卷之八《明鬼下　第三十一》

今執無鬼者曰：「夫衆人耳目之請，豈足以斷疑哉？柰何其欲爲高士君子於天下，而有復信衆之耳目之請哉？」子墨子曰：若以衆之耳目之請，以爲不足信也，不以斷疑。不識若昔者三代聖王堯舜禹湯文武者，足以爲法乎？故於此乎，自中人以上皆曰：若昔者三代聖王，足以爲法矣。若苟昔者三代聖王足以爲法，然則姑嘗上觀聖王之事。昔者，武王之攻殷誅紂也，使諸侯分其祭曰：『使親者受內祀，疏者受外祀。』故武王必以鬼神爲有，是故攻殷誅紂，使諸侯分其祭。若鬼神無有，則武王何祭分哉？非惟武王之事爲然也，故聖王其賞也必於祖，其僇也必於社。賞於祖者何也？告分之均也；僇於社者何也？告聽之中也。　堯 舜 禹

24 卷之八《明鬼下　第三十一》

且周書獨鬼，而商書不鬼，則未足以爲法也。然則姑嘗上觀乎商書，曰：『嗚呼！古者有夏，方未有禍之時，百獸貞蟲，允及飛鳥，莫不比方。矧隹人面，胡敢異心？山川鬼神，亦莫敢不寧。若能共允，隹天下之合，下土之葆』。察山川鬼神之所以莫敢不寧者，以佐謀禹也。此吾所以知商書之鬼也。且商書獨鬼，而夏書不鬼，則未足以爲法也。然則姑嘗上觀乎夏書禹誓曰：『大戰于甘，王乃命左右六人，下聽誓于中軍，曰：「有扈氏威侮五行，怠棄三正，天用剿絕其命。」有曰：「日中。今予與有扈氏爭一日之命。且爾卿大夫庶人，予非爾田野葆士之欲也，予共行天之罰也。左不共于左，右不共于右，若不共命，御非爾馬之政，若不共命」』。是以賞于祖而僇于社。賞于祖者何也？言分命之均也。僇于社者何也？言聽獄之事也。故古聖王必以鬼神爲賞賢而罰暴，是故賞必於祖而僇必於社。此吾所以知夏書之鬼也。故尚書夏書，其次商周之書，語數鬼神之有也，重有重之，此其故何也？則聖王務之。以若書之說觀之，則鬼神之有，豈可疑哉？於古曰：『吉日丁卯，周代祝社方，歲於社者考，以延年壽』。若無鬼神，彼豈有所延年壽哉！」　禹　禹

25 卷之九《非命下　第三十七》

故昔者三代聖王禹湯文武方爲政乎天下之時，曰：必務舉孝子而勸之事親，尊賢良之人而教之爲善。是故出政施教，賞善罰暴。且以爲若此，則天下之亂也，將屬可得而治也，社稷之危也，將屬可得而定也。若以爲不然，昔桀之所亂，湯治之；紂之所亂，武王治之。當此之時，世不渝而民不易，上變政而民改俗。存乎桀紂而天下亂，存乎湯武而天下治。天下之治也，湯武之力也；天下之亂也，桀紂之罪也。若以此觀之，夫安危治亂存乎上之爲政也，則夫豈可謂有命哉！　禹

故昔者禹湯文武方爲政乎天下之時，曰『必使飢者得食，寒者得衣， 禹
勞者得息，亂者得治』，遂得光譽令問於天下。夫豈可以爲命哉？故以
爲其力也！今賢良之人，尊賢而好功道術，故上得其王公大人之賞，
下得其萬民之譽，遂得光譽令問於天下。亦豈以爲其命哉？又以爲力
也！然今執有命者，不識昔也三代之聖善人與，意亡昔三代之暴不肖
人與？若以說觀之，則必非昔三代聖善人也，必暴不肖人也。

26 卷之九《非命下　第三十七》

昔者暴王作之，窮人術之，此皆疑衆遲樸，先聖王之患之也，固
在前矣。是以書之竹帛，鏤之金石，琢之盤盂，傳遺後世子孫。曰何
書焉存？禹之總德有之曰：「允不著，惟天民不而葆，既防凶心，天加 禹
之咎，不愼厥德，天命焉葆」？仲虺之告曰：「我聞有夏，人矯天命，
于下，帝式是增，用爽厥師。」彼用無爲有，故謂矯，若有而謂有，夫
豈謂矯哉！昔者，桀執有命而行，湯爲仲虺之告以非之。太誓之言也，
於去發曰：「惡乎君子！天有顯德，其行甚章，爲鑑不遠，在彼殷王。
謂人有命，謂敬不可行，謂祭無益，謂暴無傷，上帝不常，九有以亡，
上帝不順，祝降其喪，惟我有周，受之大帝。」昔者紂執有命而行，武
王爲太誓、去發以非之。曰：「子胡不尚考之乎商周虞夏之記，從十簡 虞
之篇以尚，皆無之(將何若者)也？」

27 卷之九《非儒下　第三十九》

孔丘與其門弟子閒坐，曰：「夫舜見瞽叟就然，此時天下圾乎！周 舜
公旦非其人也邪？何爲舍亓家室而託寓也？」孔丘所行，心術所至也。
其徒屬弟子皆效孔丘。子貢、季路輔孔悝亂乎衛，陽虎亂乎齊，佛肹
以中牟叛，桼雕刑殘，莫大焉。夫爲弟子後生，其師，必脩其言，法
其行，力不足，知弗及而後已。今孔丘之行如此，儒士則可以疑矣。

28·29 卷之十《經下　第四十一》、《經說下　第四十三》

〈經〉十七、在諸其所然未者然，說在於是。

〈說〉：「在」。堯善治，自今在諸古也。自古在之今，則堯不能治 堯 堯
也。

30·31 卷之十《經下　第四十一》、卷之十《經說下　第四十三》

〈經〉五十三、堯之義也，（生）〔聲〕於今而處於古，而異時， 堯
說在所義。

〈說〉：堯、霍，或以名視人，或以實視人。擧友富商也，是以名 堯
視人也。指是臛也，是以實視人也。堯之義也，是聲也於今，所義之 堯
實處於古。若殆於城門與？於臧也？

32 卷之十一《大取　第四十四》

義可厚，厚之；義可薄，薄之，之謂倫列。德行、君上、老長、親戚，此皆所厚也。爲長厚，不爲幼薄。親厚，厚。親薄，薄。親至，薄不至。義，厚親不稱行而類行。

爲天下厚禹，非爲禹厚也。爲天下厚愛禹，乃爲禹之愛人也。厚 禹 禹 禹 禹
禹之爲加於天下，而厚禹不加於天下。若惡盜之爲加於天下，而惡盜 禹 禹
不加於天下。

愛人不外己，己在所愛之中。己在所愛，愛加於己。倫列之愛己，愛人也。

聖人惡疾病，不惡危難。正體不動。

欲人之利也，非惡人之愛也。

聖人不爲其室，臧之故，在於臧。

聖人不得爲子之事。聖人之法，死亡親，爲天下也。厚親，分也，以死亡之，體渴興利。有厚薄而毋倫列，之興利爲己。

33 卷之十二《貴義　第四十七》

子墨子曰：「凡言凡動，利於天鬼百姓者爲之；凡言凡動，害於天
鬼百姓者舍之；凡言凡動，合於三代聖王堯舜禹湯文武者爲之；凡言 堯 舜 禹
凡動，合於三代暴王桀紂幽厲者舍之。」

34 卷之十二《貴義　第四十七》

子墨子曰：「今瞽曰：『鉅者白也，黔者黑也。』雖明目者無以易之。
兼白黑，使瞽取焉，不能知也。故我曰瞽不知白黑者，非以其名也，
以其取也。今天下之君子之名仁也，雖禹湯無以易之。兼仁與不仁， 禹
而使天下之君子取焉，不能知也。故我曰天下之君子不知仁者，非以
其名也，亦以其取也。」

35 卷之十二《公孟　第四十八》

子墨子謂程子曰：「儒之道足以喪天下者，四政焉。儒以天爲不明，以鬼爲不神，天鬼不說，此足以喪天下。又厚葬久喪，重爲棺槨，多爲衣衾，送死若徙，三年哭泣，扶後起，杖後行，耳無聞，目無見，此足以喪天下。又弦歌鼓舞，習爲聲樂，此足以喪天下。又以命爲有，貧富壽夭，治亂安危有極矣，不可損益也，爲上者行之，必不聽治矣；爲下者行之，必不從事矣，此足以喪天下。」程子曰：「甚矣！先生之毀儒也。」子墨子曰：「儒固無此若四政者，而我言之，則是毀也。今儒固有此四政者，而我言之，則非毀也，告聞也。」程子無辭而出。子墨子曰：「逆之！」反，復坐，進復曰：「鄉者先生之言有可聞者焉，
若先生之言，則是不譽禹，不毀桀紂也。」子墨子曰：「不然，夫應孰 禹

辭，稱議而爲之，敏也。厚攻則厚吾，薄攻則薄吾。應孰辭而稱議，是猶荷轅而擊蛾也。」

子墨子與程子辯，稱於孔子。程子曰：「非儒，何故稱於孔子也？」子墨子曰：「是亦當而不可易者也。今鳥聞熱旱之憂則高，魚聞熱旱之憂則下，當此雖禹湯爲之謀，必不能易矣。鳥魚可謂愚矣，禹湯猶云因焉。今翟曾無稱於孔子乎？」 禹 禹

36 卷之十三《魯問　第四十九》

魯君謂子墨子曰：「吾恐齊之攻我也，可救乎？」子墨子曰：「可。昔者，三代之聖王禹湯文武，百里之諸侯也，說忠行義，取天下。三代之暴王桀紂幽厲，讎怨行暴，失天下。吾願主君，之上者尊天事鬼，下者愛利百姓，厚爲皮幣，卑辭令，亟遍禮四鄰諸侯，敺國而以事齊，患可救也，非願，無可爲者。」 禹

37 卷之十三《魯問　第四十九》

魯之南鄙人，有吳慮者，冬陶夏耕，自比於舜。子墨子聞而見之。吳慮謂子墨子曰：「義耳義耳，焉用言之哉？」子墨子曰：「子之所謂義者，亦有力以勞人，有財以分人乎？」吳慮曰：「有。」子墨子曰：「翟嘗計之矣。翟慮耕而食天下之人矣，盛，然後當一農之耕，分諸天下，不能人得一升粟。籍而以爲得一升粟，其不能飽天下之飢者，既可睹矣。翟慮織而衣天下之人矣，盛，然後當一婦人之織，分諸天下，不能人得尺布。籍而以爲得尺布，其不能煖天下之寒者，既可睹矣。翟慮被堅執銳救諸侯之患，盛，然後當一夫之戰，一夫之戰其不御三軍，既可睹矣。翟以爲不若誦先王之道，而求其說，通聖人之言，而察其辭，上說王公大人，次說匹夫徒步之士。王公大人用吾言，國必治；匹夫徒步之士用吾言，行必脩。故翟以爲雖不耕而食飢，不織而衣寒，功賢於耕而食之、織而衣之者也。故翟以爲雖不耕織乎，而功賢於耕織也。」 舜

31 呉 子

三皇五帝夏禹名　無

32 愼 子

文献名：32. 愼子

資料番号	伏羲	太皞	其他	女媧	其他	神農	炎帝	赤帝	其他	黄帝	軒轅氏	其他	顓頊	高陽	其他	注(左半葉) 注a	注
1																	
2																	
3																	
4																	
5																	
6																	
7	1																
8																	
9																	
10																	
計	1																

献名：32. 愼子

嚳	高辛	其他	堯	陶唐	其他	舜	有虞	其他	禹	其他	三皇	五帝	注(右半葉) 注e	注f	参考	資料番号
			1													1
			2			1										2
									2							3
							2									4
			1			1										5
							1									6
																7
			1			1										8
			1			1										9
									1							10
			6			4	3		3							計

32 愼子

1 《威德》

天有明，不憂人之暗也。地有財，不憂人之貧也。聖人有德，不憂人之危也。天雖不憂人之暗，闢戶牖必取已明焉，則天無事也。地雖不憂人之貧，伐木刈草必取已富焉，則地無事也。聖人雖不憂人之危，百姓準上而比於下，其必取已安焉，則聖人無事也。故聖人處上，能無害人。不能使人無己害也，則百姓除其害矣。聖人之有天下也，受之也。非取之也。百姓之於聖人也，養之也。非使聖人養己也，則聖人無事矣。毛嬙，西施，天下之至姣也。衣之以皮倛，則見者皆走。易之以元緆，則行者皆止。由是觀之，則元緆色之助也。姣者辭之，則色厭矣。走背跋蹁窮谷野走十里，藥也。走背辭藥則足廢。故騰蛇遊霧，飛龍乘雲。雲罷霧霽，與蚯蚓同，則失其所乘也。故賢而屈於不肖者，權輕也。不肖而服於賢者，位尊也。堯爲匹夫，不能使其鄰 堯
家，至南面而王，則令行禁止。由此觀之，賢不足以服不肖，而勢位足以屈賢矣。故無名而斷者，權重也。弩弱而矰高者，乘於風也。身不肖而令行者，得助於衆也。故舉重越高者，不慢於藥。愛赤子者，不慢於保。絕險歷遠者，不慢於御。此得助則成，釋助則廢矣。夫三王五伯之德，參於天地，通於鬼神。周於生物者，其得助博也。

2 《知忠》

亂世之中，亡國之臣，非獨無忠臣也。治國之中，顯君之臣，非獨能盡忠也。治國之人，忠不偏於其君。亂世之人，道不偏於其臣。然而治亂之世，同世有忠道之人。臣之欲忠者不絕世，而君未得寧其上。無遇比干子胥之忠，而毀瘁主君於闇墨之中，遂染溺滅名而死。由是觀之，忠未足以救亂世，而適足以重非。何以識其然也。曰：父有良子而舜放瞽叟，桀有忠臣而過盈天下。然則孝子不生慈父之家， 舜
而忠臣不生聖君之下。故明主之使其臣也，忠不得過職，而職不得過官。是以過修於身，而下不敢以善驕矜守職之吏，人務其治，而莫敢淫偷其事，官正以敬其業，和順以事其上。如此，則至治已。亡國之君，非一人之罪也。治國之君，非一人之力也。將治亂，在乎賢使任職而不在於忠也。故智盈天下，澤及其君。忠盈天下，害及其國。故桀之所以亡，堯不能以爲存。然而堯有不勝之善，而桀有運非之名， 堯 堯
則得人與失人也。故廊廟之材，蓋非一木之枝也。粹白之裘，蓋非一狐之皮也。治亂安危，存亡榮辱之施，非一人之力也。

3 《愼子逸文》

厝鈞石，使禹察錙銖之重，則不識也。懸於權衡，則氂髮之不可 禹
差，則不待禹之智。中人之知，莫不足以識之矣。《御覧》830 引 禹

4 《愼子逸文》

有虞之誅，以幪巾當墨，以草纓當劓，以菲履當刖，以韠當宮。 有虞
布衣無領當大辟，此有虞之誅也。斬人肢體，鑿其肌膚，謂之刑。畫 有虞
衣冠，異章服，謂之戮。上世用戮而民不犯也，當世用刑而民不從。《御覧》645 引

5 《愼子逸文》

堯讓許由，舜讓善卷，皆辭爲天子而退爲匹夫。《御覧》424 引 堯 舜

6 《愼子逸文》

孔子云，有虞氏不賞不罰，夏后氏賞而不罰，殷人罰而不賞，周 有虞氏
人賞且罰。罰，禁也。賞，使也。《御覧》633 引

7 《愼子逸文》

蒼頡在庖犧之前。《尚書》序・疏引 庖犧

8 《愼子逸文》

桀紂之有天下也，四海之內皆亂。關龍逢、王子比干不與焉，而
謂之皆亂。其亂者衆也。堯舜之有天下也，四海之內皆治。而丹朱商 堯 舜
均不與焉，而謂之皆治。其治者衆也。。《長短經・勢運篇》注

9 《愼子逸文》

與天下於人，大事也，煦煦者以爲惠，而堯舜無德色，取天下於 堯 舜
人，大嫌也，潔潔者以爲污，而湯武無愧容，惟其義也。

10 《愼子逸文》

法非從天下，非從地出，發於人間，合乎人心而已，治水者，茨
防決塞，九州四海，相似如一，學之於水，不學之於禹也。 禹

33 甘 石 星 經

文献名：33.甘石星經

資料番号	伏羲	太皞	其他	女媧	其他	神農	炎帝	赤帝	其他	黄帝	軒轅氏	其他	顓頊	高陽	其他	注(左半葉) 注a	注b
1																	
2																	
3																	
4																	
5											1						
6													2				
7						1											
8													1				
計						1					1		3				

献名：33. 甘石星經

嚳	高辛	其他	堯	陶唐	其他	舜	有虞	其他	禹	其他	三皇	五帝	注(右半葉) 注e	注f	参考	資料番号
												1				1
												1				2
												1				3
												3				4
																5
																6
																7
																8
												6				計

33 甘 石 星 經

1 《卷上》〈鉤陳〉
鉤陳六星在五帝下，爲後宮大帝正妃，又主天子六軍將軍，又主三公， 五帝
若星暗人主凶惡之象矣。

2 《卷上》〈天皇〉
天黃大帝一星，在鉤陳中央也，不記數皆是一星，在五帝前坐萬神輔 五帝
錄圖也，其神曰耀魄寶，主御群靈也。

3 《卷上》〈華蓋〉
華蓋十六星，星在五帝座上，正吉，帝道昌，星傾邪，大凶，扛九星， 五帝
爲華蓋之柄也。上七星爲庶子之官，若星明，主匡天下，不明，主亂
期八年，國無主也。

4 《卷上》〈五帝座〉 五帝
五帝內座，在華蓋下覆帝座也，五帝同座也，正色上吉，色變爲災凶 五帝 五帝
也。

5 《卷上》〈文昌〉
文昌七星。如半月形。在北斗魁前，天府主營計天下事。其六星各有
名。六司法大理。色黃光潤則天下安，萬物成，青黑及細微。多所殘
害。搖動移處。三公被誅，不然皇后崩，文昌與三公攝提軒轅，共爲 軒轅
一體。通占木土星守之，天下安，火星守。國亂兵起。金星守，兵大
起。若彗孛流星入之。大將返叛亂也。

6 《卷上》〈顓頊〉 顓頊
顓頊二星，在折威東南，主治獄官拷囚情狀察眞僞也。 顓頊

7 《卷下》〈帝座〉
帝座一星，在市中，神農所貴，色明潤，天子威令行，微小凶，亡大 神農
惡之，入尾十五度，去北辰七十一度。

8 《卷下》〈虛宿〉
虛二星，主廟堂哭泣，金星，春夏水秋冬金，一名㐅枵二名顓項三名 顓頊
大卿，亦曰臨官，星敧枕斜，上下不比，則饗祀失禮，木星守，昭穆
失序人饑多病，木星與土合守，名陰陽盡，爲大水災，魚行人道，民

流亡不居其處，期三年當大旱，赤地千里，火星守，赤地千里，女子多死，萬物不成，有土功役，天子愁兵，久守人饑，米貴十倍，土守，風雨不時，大旱多風，米貴，金星守，臣謀主，國政急，兵起殺人流血，水星守旱，萬物不成，客守其分，有災疫，若凌犯環遶鉤巳，國亂，彗孛行犯，久有兵入相殺流血如川，屍如业，大星如半月守，名天賊，爲帝主者奉郊廟以銷災，齊州，日圍虛，兵動人饑。

34 尉繚子

文献名：34.尉繚子

資料	伏羲		其他	女媧		神農		赤帝		黃帝		其他	顓頊		其他	注(左半葉)	
番号		太皞			其他		炎帝		其他		軒轅氏			高陽		注a	注b
1										4							
2																	
計										4							

1 《天宮　第一》

梁惠王問尉繚子曰：「 吾聞黃帝有刑德，可以百戰百勝，其有之 黃帝
乎？」尉繚子對曰：「不然，黃帝所謂刑德者，刑以伐之，德以守之， 黃帝
非世之所謂刑德也。世之所謂刑德者，天官時日陰陽向背者也。黃帝 黃帝
者，人事而已矣。何者？今有城於此，從其東西攻之不能取，從其南北攻之不能取，四方豈無順時乘之者邪？然不能敗者何？城高池深，兵器備具，財穀多積，豪士一謀者也。若乃城下、池淺、守弱，則取之矣。由是觀之，天官時日，不若人事也。案《天官》曰：『背水陳者爲絕地，向阪陳者爲廢軍。』武王之伐紂也，背濟水、向山阪而陳，以二萬二千五百人擊紂之億萬而滅商，豈紂不得天官之陳哉！然不得勝者何？人事不得也。楚將公子心與齊人戰，時有彗星出，柄在齊。柄所在勝，不可擊。公子心曰：『慧星何知？以彗鬭者，固倒而勝焉。』
明日與齊戰，大破之。黃帝曰：『先神先鬼，先稽我智。』謂之天時， 黃帝
人事而已。」

2 《將里　第九》

今世諺云：千金不死，首金不刑。試聽臣之言，行臣之術，雖有
堯舜之智，不能關一言；雖有萬金，不能用一銖。 堯 舜

献名：34.尉繚子

嚳	高辛	其他	堯	陶唐	其他	舜	有虞	其他	禹	其他	三皇	五帝	注(右半葉) 注e	注f	参考	資料番号
																1
			1			1										2
			1			1										計

35 爾 雅

三皇五帝夏禹名　無

36 周禮

文献名：36.周禮

資料番号	伏羲	太皞	其他	女媧	其他	神農	炎帝	赤帝	其他	黄帝	軒轅氏	其他	顓頊	高陽	其他	注(左半葉 注a	注
1																	
2																	
3																	
4																	
5																	
6																	
7																	
8																	
9																	
10																	
11																	
12									1(a)							伊耆氏	
13									1(a)							伊耆氏	
計									2								

献名：36. 周禮

嚳	高辛	其他	堯	陶唐	其他	舜	有虞	其他	禹	其他	三皇	五帝	注(右半葉) 注e	注f	参考	資料番号
												1				1
												1				2
												1				3
												1				4
												1				5
												1				6
											1	1				7
												1				8
												1				9
												1				10
							1									11
																12
																13
							1				1	10				計

36 周禮

1 《第一　天官冢宰》

大宰之職，掌建邦之六典，以佐王治邦國：一曰治典，以經邦國，以治官府，以紀萬民；二曰教典，以安邦國，以教官府，以擾萬民；三曰禮典，以和邦國，以統百官，以諧萬民；四曰政典，以平邦國，以正百官，以均萬民；五曰刑典，以詰邦國，以刑百官，以糾萬民；六曰事典，以富邦國，以任百官，以生萬民。以八法治官府：一曰官屬，以舉邦治；二曰官職，以辨邦治；三曰官聯，以會官治；四曰官常，以聽官治；五曰官成，以經邦治；六曰官法，以正邦治；七曰官刑，以糾邦治；八曰官計，以弊邦治。以八則治都鄙：一曰祭祀，以馭其神；二曰法則，以馭其官；三曰廢置，以馭其吏；四曰祿位，以馭其士；五曰賦貢，以馭其用；六曰禮俗，以馭其民；七曰刑賞，以馭其威；八曰田役，以馭其衆。以八柄詔王馭群臣：一曰爵，以馭其貴；二曰祿，以馭其富；三曰予，以馭其幸；四曰置，以馭其行；五曰生，以馭其福；六曰奪，以馭其貧；七曰廢，以馭其罪；八曰誅，以馭其過。以八統詔王馭萬民：一曰親親，二曰敬故，三曰進賢，四曰使能，五曰保庸，六曰尊貴，七曰達吏，八曰禮賓。以九職任萬民：一曰三農，生九穀；二曰園圃，毓草木；三曰虞衡，作山澤之材；四曰藪牧，養蕃鳥獸；五曰百工，飭化八材；六曰商賈，阜通貨賄；七曰嬪婦，化治絲枲；八曰臣妾，聚斂疏材；九曰閒民，無常職，轉移執事。以九賦斂財賄：一曰邦中之賦，二曰四郊之賦，三曰邦甸之賦，四曰家削之賦，五曰邦縣之賦，六曰邦都之賦，七曰關市之賦，八曰山澤之賦，九曰弊餘之賦。以九式均節財用：一曰祭祀之式，二曰賓客之式，三曰喪荒之式，四曰羞服之式，五曰工事之式，六曰幣帛之式，七曰芻秣之式，八曰匪頒之式，九曰好用之式。以九貢致邦國之用：一曰祀貢，二曰嬪貢，三曰器貢，四曰幣貢，五曰材貢，六曰貨貢，七曰服貢，八曰斿貢，九曰物貢。以九兩繫邦國之民：一曰牧，以地得民；二曰長，以貴得民；三曰師，以賢得民；四曰儒，以道得民；五曰宗，以族得民；六曰主，以利得民；七曰吏，以治得民；八曰友，以任得民；九曰藪，以富得民。正月之吉，始和，布治于邦國都鄙，乃縣治象之法于象魏，使萬民觀治象，挾日而斂之。乃施典于邦國，而建其牧，立其監，設其參，傅其伍，陳其殷，置其輔。乃施則于都鄙，而建其長，立其兩，設其伍，陳其殷，置其輔。乃施法于官府，而建其正，立其貳，設其攷，陳其殷，置其輔。凡治，以典待邦國之治，以則待都鄙之治，以法待官府之治，以官成待萬民之治，以禮待賓客之治。祀五帝，則掌百官之誓戒，與其具脩。前期十日， 五帝帥執事而卜日，遂戒。及執事，眡滌濯。及納亨，贊王牲事。及祀之日，贊玉幣爵之事。祀大神示，亦如之。享先王亦如之，贊玉几玉爵。大朝覲會同，贊玉幣、玉獻、玉几、玉爵。大喪，贊贈玉、含玉。作大事，則戒于百官，贊王命。王眡治朝，則贊聽治。眡四方之聽朝，亦如之。凡邦之小治，則冢宰聽之。待四方之賓客之小治。歲終，則令百官府各正其治，受其會，聽其致事，而詔王廢置。三歲，則大計群吏之治而誅賞之。

2 《第一　天官冢宰》

掌次掌王次之法，以待張事。王大旅上帝，則張氈案，設皇邸。朝日，祀五帝，則張大次、小次，設重帟重案。合諸侯亦如之。師田，則張幕，設重帟重案。諸侯朝覲會同，則張大次、小次，師田，則張幕設案。孤卿有邦事，則張幕設案。凡喪，王則張帟三重，諸侯再重，孤卿大夫不重。凡祭祀，張其旅幕，張尸次。射，則張耦次。掌凡邦之張事。 五帝

3 《第二　地官司徒》

大司徒之職，掌建邦之土地之圖，與其人民之數，以佐王安擾邦國。以天下土地之圖，周知九州之地域、廣輪之數，辨其山林川澤丘陵墳衍原隰之名物。而辨其邦國都鄙之數，制其畿疆而溝封之，設其社稷之壝而樹之田主，各以其野之所宜木，遂以名其社與其野。以土會之法辨五地之物生。一曰山林，其動物宜毛物，其植物宜早物，其民毛而方。二曰川澤，其動物宜鱗物，其植物宜膏物，其民黑而津。三曰丘陵，其動物宜羽物，其植物宜覈物，其民專而長。四曰墳衍，其動物宜介物，其植物宜莢物，其民晳而瘠。五曰原隰，其動物宜臝物，其植物宜叢物，其民豐肉而庳。因此五物者民之常，而施十有二教焉。一曰以祀禮教敬，則民不苟；二曰以陽禮教讓，則民不爭；三曰以陰禮教親，則民不怨；四曰以樂禮教和，則民不乖；五曰以儀辨等，則民不越；六曰以俗教安，則民不偷；七曰以刑教中，則民不虣；八曰以誓教恤，則民不怠；九曰以度教節，則民知足；十曰以世事教能，則民不失職；十有一曰以賢制爵，則民慎德；十有二曰以庸制祿，則民興功。以土宜之法辨十有二土之名物，以相民宅，而知其利害，以阜人民，以蕃鳥獸，以毓草木，以任土事。辨十有二壤之物，而知其種，以教稼穡樹蓺。以土均之法辨五物九等，制天下之地征，以作民職，以令地貢，以斂財賦，以均齊天下之政。以土圭之法測土深，正日景以求地中。日南則景短，多暑；日北則景長，多寒；日東則景夕，多風；日西則景朝，多陰。日至之景，尺有五寸，謂之地中，天地之所合也，四時之所交也，風雨之所會也，陰陽之所和也，然則百

物阜安，乃建王國焉，制其畿方千里，而封樹之。凡建邦國，以土圭土其地而制其域。諸公之地，封疆方五百里，其食者半；諸侯之地，封疆方四百里，其食者參之一；諸伯之地，封疆方三百里，其食者參之一；諸子之地，封疆方二百里，其食者四之一；諸男之地，封疆方百里，其食者四之一。凡造都鄙，制其地域而封溝之。以其室數制之。不易之地家百晦，一易之地，家二百晦，再易之地，家三百晦。乃分地職，奠地守，制地貢，而頒職事，焉以爲地法，而待政令。以荒政十有二聚萬民：一曰散利，二曰薄征，三曰緩刑，四曰弛力，五曰舍禁，六曰去幾，七曰眚禮，八曰殺哀，九曰蕃樂，十曰多昏，十有一曰索鬼神，十有二曰除盜賊。以保息六養萬民：一曰慈幼，二曰養老，三曰振窮，四曰恤貧，五曰寬疾，六曰安富。以本俗六安萬民：一曰媺宮室，二曰族墳墓，三曰聯兄弟，四曰聯師儒，五曰聯朋友，六曰同衣服。正月之吉，始和布教于邦國都鄙，乃縣教象之法于象魏，使萬民觀教象，挾日而斂之，乃施教法于邦國都鄙，使之各以教其所治民。令五家爲比，使之相保；五比爲閭，使之相受；四閭爲族，使之相葬；五族爲黨，使之相救；五黨爲州，使之相賙；五州爲鄉，使之相賓。頒職事十有二于邦國都鄙，使以登萬民。一曰稼穡，二曰樹蓺，三曰作材，四曰阜蕃，五曰飭材，六曰通財，七曰化材，八曰斂材，九曰生材，十曰學藝，十有一曰世事，十有二曰服事。以鄉三物教萬民而賓興之。一曰六德，知、仁、聖、義、忠、和；二曰六行，孝、友、睦、婣、任、恤；三曰六藝，禮、樂、射、御、書、數。以鄉八刑糾萬民：一曰不孝之刑，二曰不睦之刑，三曰不婣之刑，四曰不弟之刑，五曰不任之刑，六曰不恤之刑，七曰造言之刑，八曰亂民之刑。以五禮防萬民之僞而教之中，以六樂防萬民之情而教之和。凡萬民之不服教，而有獄訟者，與有地治者，聽而斷之，其附于刑者歸于士。祀五帝，奉牛牲，羞其肆，享先王亦如之。大賓客，令野脩道委積。 五帝
大喪，帥六鄉之衆庶，屬其六引，而治其政令。大軍旅，大田役，以旗致萬民，而治其徒庶之政令。若國有大故，則致萬民於王門，令無節者不行於天下。大荒、大札，則令邦國移民、通財、舍禁、弛力、薄征、緩刑。歲終，則令教官正治而致事。正歲，令于教官曰：「各共爾職，脩乃事，以聽王命。其有不正，則國有常刑。」

4 《第二　地官司徒》

充人掌繫祭祀之牲牷。祀五帝，則繫于牢芻之三月。享先王，亦 五帝
如之。凡散祭祀之牲，繫于國門，使養之。展牲，則告牷；碩牲，則贊。

5 《第三　春官宗伯》

小宗伯之職，掌建國之神位，右社稷，左宗廟。兆五帝於四郊，四望四類亦如之。兆山川丘陵墳衍，各因其方。掌五禮之禁令與其用等。辨廟祧之昭穆。辨吉凶之五服、車旗、宮室之禁。掌三族之別，以辨親疏。其正室皆謂之門子，掌其政令。毛六牲，辨其名物，而頒之于五官，使共奉之。辨六齍之名物與其用，使六宮之人共奉之。辨六彝之名物，以待果將。辨六尊之名物，以待祭祀、賓客。掌衣服、車旗、宮室之賞賜。掌四時祭祀之序事與其禮。若國大貞，則奉玉帛以詔號。大祭祀，省牲，眡滌濯。祭之日，逆齍省鑊，告時于王，告備于王。凡祭祀、賓客，以時將瓚果。詔相祭祀之小禮。凡大禮，佐大宗伯。賜卿大夫士爵，則儐。小祭祀掌事，如大宗伯之禮。大賓客，受其將幣之齎。若大師，則帥有司而立軍社，奉主車。若軍將有事，則與祭，有司將事于四望。若大甸，則帥有司而饁獸于郊，遂頒禽。大災，及執事禱祠于上下神示。王崩大肆，以秬鬯渳；及執事涖大斂、小斂，帥異族而佐；縣衰冠之式于路門之外；及執事眡葬獻器，遂哭之；卜葬兆甫竁，亦如之；既葬，詔相喪祭之禮；成葬而祭墓，爲位。凡王之會同、軍旅、甸役之禱祠，肄儀爲位。國有禍災，則亦如之。凡天地之大災，類社稷宗廟，則爲位。凡國之大禮，佐大宗伯；凡小禮，掌事，如大宗伯之儀。　五帝

6 《第三　春官宗伯》

司服掌王之吉凶衣服，辨其名物，與其用事。王之吉服，祀昊天、上帝，則服大裘而冕，祀五帝亦如之。享先王則衮冕，享先公、饗、射則鷩冕，祀四望、山、川則毳冕，祭社、稷、五祀則希冕，祭群小祀則玄冕。凡兵事，韋弁服。眡朝，則皮弁服。凡甸，冠弁服。凡凶事，服弁服。凡弔事，弁絰服。凡喪，爲天王斬衰，爲王后齊衰。王爲三公六卿錫衰，爲諸侯緦衰，爲大夫士疑衰，其首服皆弁絰。大札、大荒、大災，素服。公之服，自衮冕而下如王之服；侯伯之服，自鷩冕而下如公之服；子男之服，自毳冕而下如侯伯之服；孤之服，自希冕而下如子男之服；卿大夫之服，自玄冕而下如孤之服；其凶服，加以大功小功；士之服，自皮弁而下如大夫之服；其凶服亦如之。其齊服有玄端素端。凡大祭祀、大賓客，共其衣服而奉之。大喪，共其復衣服、斂衣服、奠衣服、廞衣服，皆掌其陳序。　五帝

7 《第三　春官宗伯》

外史掌書外令，掌四方之志，掌三皇五帝之書，掌達書名于四方。若以書使于四方，則書其令。　三皇 五帝

8 《第五　秋官司寇》

大司寇之職，掌建邦之三典，以佐王刑邦國，詰四方，一曰，刑新國用輕典，二曰，刑平國用中典，三曰，刑亂國用重典。以五刑糾萬民，一曰野刑，上功糾力；二曰軍刑，上命糾守；三曰鄉刑，上德糾孝；四曰官刑，上能糾職；五曰國刑，上愿糾暴。以圜土聚教罷民，凡害人者，寘之圜土而施職事焉，以明刑恥之。其能改過，反于中國，不齒三年；其不能改而出圜土者，殺。以兩造禁民訟，入束矢於朝，然後聽之。以兩劑禁民獄，入鈞金三日，乃致于朝，然後聽之。以嘉石平罷民，凡萬民之有罪過而未麗於法而害於州里者，桎梏而坐諸嘉石，役諸司空。重罪旬有三日坐，朞役；其次九日坐，九月役；其次七日坐，七月役；其次五日坐，五月役；其下罪三日坐，三月役。使州里任之，則宥而舍之。以肺石遠窮民，凡遠近惸獨老幼之欲有復於上而其長弗達者，立於肺石，三日，士聽其辭，以告於上而罪其長。正月之吉，始和，布刑于邦國都鄙，乃縣刑象之法于象魏。使萬民觀刑象，挾日而斂之。凡邦之大盟約，涖其盟書，而登之于天府，大史、內史、司會及六官皆受其貳而藏之。凡諸侯之獄訟，以邦典定之；凡卿大夫之獄訟，以邦法斷之；凡庶民之獄訟，以邦成弊之。大祭祀，奉犬牲。若禋祀五帝，則戒之日，涖誓百官，戒于百族。及納亨，前 五帝
王；祭之日，亦如之。奉其明水火。凡朝覲會同，前王，大喪，亦如之。大軍旅，涖戮于社。凡邦之大事，使其屬蹕。

9 《第五　秋官司寇》

小司寇之職，掌外朝之政，以致萬民而詢焉。一曰詢國危，二曰詢國遷，三曰詢立君。其位：王南鄉，三公及州長、百姓北面，群臣西面，群吏東面。小司寇擯以敘進而問焉，以衆輔志而弊謀。以五刑聽萬民之獄訟，附于刑，用情訊之。至于旬，乃弊之，讀書則用法。凡命夫命婦，不躬坐獄訟。凡王之同族有罪，不即市。以五聲聽獄訟，求民情。一曰辭聽，二曰色聽，三曰氣聽，四曰耳聽，五曰目聽。以八辟麗邦法，附刑罰：一曰議親之辟，二曰議故之辟，三曰議賢之辟，四曰議能之辟，五曰議功之辟，六曰議貴之辟，七曰議勤之辟，八曰議賓之辟。以三刺斷庶民獄訟之中：一曰訊群臣，二曰訊群吏，三曰訊萬民。聽民之所刺宥，以施上服下服之刑。及大比，登民數，自生齒以上，登于天府。內史、司會、冢宰貳之，以制國用。小祭祀，奉犬牲。凡禋祀五帝，實鑊水，納亨亦如之。大賓客，前王而辟，后、 五帝
世子之喪亦如之。小師，涖戮。凡國之大事，使其屬蹕。孟冬祀司民，獻民數於王，王拜受之，以圖國用而進退之。歲終，則令群士計獄弊訟，登中于天府。正歲，帥其屬而觀刑象，令以木鐸，曰：「不用法者，國有常刑」。令群士，乃宣布于四方，憲刑禁。乃命其屬入會，乃致事。

10 《第五　秋官司寇》

士師之職，掌國之五禁之法，以左右刑罰，一曰宮禁，二曰官禁，三曰國禁，四曰野禁，五曰軍禁，皆以木鐸徇之于朝，書而縣于門閭。以五戒先後刑罰，毋使罪麗于民：一曰誓，用之于軍旅；二曰誥，用之于會同；三曰禁，用諸田役；四曰糾，用諸國中；五曰憲，用諸都鄙。掌鄉合州黨族閭比之聯，與其民人之什伍，使之相安相受，以比追胥之事，以施刑罰慶賞。掌官中之政令。察獄訟之辭，以詔司寇斷獄弊訟，致邦令。掌士之八成：一曰邦汋，二曰邦賊，三曰邦諜，四曰犯邦令，五曰撟邦令，六曰爲邦盜，七曰爲邦朋，八曰爲邦誣。若邦凶荒，則以荒辯之法治之，令移民、通財、糾守、緩刑。凡以財獄訟者，正之以傅別、約劑。若祭勝國之社稷，則爲之尸。王燕出入，則前驅而辟。祀五帝，則沃尸及王盥，洎鑊水。凡刉珥，則奉犬牲。　五帝
諸侯爲賓，則帥其屬而蹕于王宮；大喪亦如之。大師，帥其屬而禁逆軍旅者與犯師禁者而戮之。歲終，則令正要會。正歲，帥其屬而憲禁令于國，及郊野。

11 《第六　冬官考工記》

國有六職，百工與居一焉。或坐而論道，或作而行之，或審曲面埶，以飭五材，以辨民器，或通四方之珍異以資之，或飭力以長地財，或治絲麻以成之。坐而論道，謂之王公；作而行之，謂之士大夫；審曲面埶以飭五材，以辨民器，謂之百工；通四方之珍異以資之，謂之商旅；飭力以長地財，謂之農夫；治絲麻以成之，謂之婦功。粵無鎛，燕無函，秦無廬，胡無弓、車。粵之無鎛也，非無鎛也，夫人而能爲鎛也；燕之無函也，非無函也，夫人而能爲函也；秦之無廬也，非無廬也，夫人而能爲廬也；胡之無弓車也，非無弓車也，夫人而能爲弓車也。知者創物，巧者述之，守之世，謂之工。百工之事，皆聖人之作也。爍金以爲刃，凝土以爲器，作車以行陸，作舟以行水，此皆聖人之所作也。天有時，地有氣，材有美，工有巧，合此四者，然後可以爲良。材美工巧，然而不良，則不時，不得地氣也。橘踰淮而北爲枳，鸜鵒不踰濟，貉踰汶則死，此地氣然也。鄭之刀，宋之斤，魯之削，吳粵之劍，遷乎其地而弗能爲良，地氣然也。燕之角，荊之幹，妢胡之笴，吳粵之金、錫，此材之美者也。天有時以生，有時以殺，草木有時以生，有時以死，石有時以泐，水有時以凝，有時以澤，此天時也。凡攻木之工七，攻金之工六，攻皮之工五，設色之工五，刮摩之工五，摶埴之工二。攻木之工，輪、輿、弓、廬、匠、車、梓。攻金之工，築、冶、鳧、㮚、段、桃。攻皮之工，函、鮑、韗、韋、裘。設色之工，畫、繢、鍾、筐、㡛。刮摩之工，玉、楖、雕、矢、磬。摶埴之工，陶旊，有虞氏上陶，夏后氏上匠，殷人上梓，周人上　有虞氏

輿。故一器而工聚焉者，車爲多。車有六等之數：車軫四尺，謂之一等；戈柲六尺，有六寸，既建而迆，崇於軫四尺，謂之二等；人長八尺，崇於戈四尺，謂之三等；殳長，尋有四尺，崇於人四尺，謂之四等；車戟常崇於殳四尺，謂之五等；酋矛常有四尺，崇於戟四尺，謂之六等。車謂之六等之數。凡察車之道，必自載於地者始也，是故察車自輪始。凡察車之道，欲其樸屬而微至。不樸屬，無以爲完久也；不微至，無以爲戚速也。輪已崇，則人不能登也；輪已庳，則於馬終古登阤也。故兵車之輪六尺有六寸；田車之輪六尺有三寸，乘車之輪六尺有六寸。六尺有六寸之輪，軹崇三尺有三寸也，加軫與轐焉四尺也。人長八尺，登下以爲節。

12　《秋官司寇》

参考　惟王建國，辨方正位，體國經野，設官分職，以爲民極。乃立秋官司寇，使帥其屬而掌邦禁，以佐王刑邦國。刑官之屬，大司寇卿一人，小司寇中大夫二人，士師下大夫四人，鄉士上士八人，中士十有六人，旅下士三十有二人，府六人，史十有二人，胥十有二人，徒百有二十人。遂士中士十有二人，府六人，史十有二人，胥十有二人，徒百有二十人。縣士中士三十有二人，府八人，史十有六人，胥十有六人，徒百有六十人。方士中士十有六人，府八人，史十有六人，胥十有六人，徒百有六十人。訝士中士八人，府四人，史八人，胥八人，徒八十人。朝士中士六人，府三人，史六人，胥六人，徒六十人。司民中士六人，府三人，史六人，胥三人，徒三十人。司刑中士二人，府一人，史二人，胥二人，徒二十人。司刺下士二人，府一人，史二人，徒四人。司約下士二人，府一人，史二人，徒四人，司盟下士二人，府一人，史二人，徒四人。職金上士二人，下士四人，府二人，史四人，胥八人，徒八十人。司厲下士二人，史一人，徒十有二人。犬人下士二人，府一人，史二人，賈四人，徒十有六人。司圜中士六人，下士十有二人，府三人，史六人，胥十有六人，徒百有六十人。掌囚下士十有二人，府六人，史十有二人，徒百有二十人。掌戮下士二人，史一人，徒十有二人。司隸中士二人，下士十有二人，府五人，史十人，胥二十人，徒二百人。罪隸百有二十人。蠻隸百有二十人。閩隸百有二十人。夷隸百有二十人。貉隸百有二十人。布憲中士二人，下士四人，府二人，史四人，胥四人，徒四十人。禁殺戮下士二人，史一人，徒十有二人。禁暴氏下士六人，史三人，胥六人，徒六十人。野廬氏下士六人，胥十有二人，徒百有二十人。蜡氏下士四人，徒四十人。雍氏下士二人，徒八人。萍氏下士二人，徒八人。司寤氏下士二人，徒八人。司烜氏下士六人，徒十有六人。條狼氏下士六人，胥六人，徒六十人。脩閭氏下士二人，史一人，徒十有二人。冥氏下士二人，徒八人。庶氏下士一人，徒四人。穴氏下士一人，徒四人。翨氏下士二人，徒八人。柞氏下士八人，徒二十人。薙氏下士二人，徒二十人。硩蔟氏下士一人，徒二人。翦氏下士一人，徒二人。赤犮氏下士一人，徒二人。蟈氏下士一人，徒二人。壺涿氏下士一人，徒二人。庭氏下士一人，徒二人。銜枚氏下士二人，徒八人。伊耆氏下士一人，徒二人。大行人中大夫二人，小行人下大夫四人，司儀上士八人，中士十有六人，行夫下士三十有二人，府四人，史八人，胥八人，徒八十人。環人中士四人，史四人，胥四人，徒四十人。象胥每翟上士一人，中士二人，下士八人，徒二十人。掌客上士二人，下士四人，府一人，史二人，胥二人，徒二十人。掌訝中士八人，府二人，史四人，胥四人，徒四十人。掌交中士八人，府二人，史四人，徒三十有二人。掌察四方中士八人，史四人，徒十有六人。掌貨賄下士十有六人，史四人，徒三十有二人。朝大夫每國上士二人，下士四人，府一人，史二人，庶子八人，徒二十人。都則中士一人，下士二人，府一人，史二人，庶子四人，徒八十人。都士中士二人，下士四人，府二人，史四人，胥四人，徒四十人，家士亦如之。 （伊耆氏）

13　《秋官司寇》

参考　伊耆氏掌國之大祭祀，共其杖咸，軍旅授有爵者杖。共王之齒杖。　（伊耆氏）

37 五十二病方

文献名：37 五十二病方

資料番号	伏羲	太皞	其他	女媧	其他	神農	炎帝	赤帝	其他	黄帝	軒轅氏	其他	顓頊	高陽	其他	注(左半葉 注a	注
1																	
2																	
3																	
4																	
5																	
6																	
7																	
計																	

1　《蚖》

一，湮汲一音（杯）入奚蠡中，左承之，北鄉（嚮），鄉（嚮）人
禹步三，問其名，即曰：「某某年□今□」。飲半音（杯），曰：「病□ 禹
□已，徐去徐已。」即復（覆）奚蠡，去之。

2　《尤（疣）者》

一，以月晦日日下餔（晡）時，取凷（塊）大如鷄卵者，男子七，
女子二七。先以凷（塊）置室後，令南北列，以晦往之凷（塊）所，
禹步三，道南方始，取凷（塊）言曰凷言曰：「今日月晦，靡（磨）尤 禹
（疣）北。」凷（塊）一靡（磨）□。已靡（磨），置凷（塊）其處，
去勿顧。靡（磨）大者。

3　《腸穨（癩）》

穨（癩）：操柏杵，禹步三，曰：「賁者一襄胡，濆者二襄胡，濆 禹
者三襄胡。柏杵臼穿，一母一□，□獨有三。賁者潼（禾），若以柏杵
七，令某僓（癩）毋一。」必令同族抱□穨（癩）者，直（置）東鄉（嚮）
窗道外，攺椎之。

献名：37 五十二病方

嚳	高辛	其他	堯	陶唐	其他	舜	有虞	其他	禹	其他	三皇	五帝	注(右半葉) 注e	注f	参考	資料番号
									1							1
									1							2
									1							3
									1							4
									1							5
									1							6
									1							7
									7							計

4 《腸積(癪)》

一，瘩， 以月十六日始毀，禹步三，曰：「月與日相當，日與月相當，」各三；「父乖母強，等與人產子，獨產積（癪）亢，乖已，操葮（鍛）石毄（擊）而母。」即以鐵椎𣪠段之二七。以日出為之，令積（癪）者東鄉（嚮）。 禹

5 《腸𩓞(癪)》

一以辛卯日，立堂下東鄉（嚮），鄉（嚮）日，今人挾提積（癪）者，曰：「今日辛卯，更名曰禹。」 禹

6 《蟲蝕》

一，蟲蝕：取禹□□□塞傷痏□□□□□□□□。・令。 禹

7 《鬾》

鬾：禹步三，取桃東枳（枝），中別為□□□之僧而笄門戶上各一。 禹

38 黄帝内經

文献名：38　黄帝内經

1
2
3素問（黄帝）
4靈樞（黄帝）

『黄帝内經』はその全書を黄帝についての当時の資料とすることができる。しかし量的にその全部を収録することはできないので、ここでは、その内『黄帝内經』に出る黄帝以外である神農と赤帝の資料各1のみを最初に掲げ、その他黄帝関係資料、合計497（その内、〈素問〉83、〈靈樞〉414）は、〈素問〉の最初の資料のみを収録し、その他資料はおのおの冒頭部分1行分のみを掲げるに止めた。黄帝関係資料は「黄帝」と出る部分はすべて取ったが、「帝」と出る部分も実際は黄帝を指していて、実質は「黄帝」と異なるわけではない。しかしここでは採録していない。始めに言うように『黄帝内經』は黄帝の名に仮託されたものではあるが、その全書が黄帝についての当時の資料となし得る。

1　神農　《素問》　〈著至教論篇　第七十五〉

黄帝坐明堂召雷公而問之曰：子知醫之道乎？雷公對曰：誦而頗能解，解而未能別，別而未能明，明而未能彰，足以治群僚，不足至侯王。願得受樹天之度，四時陰陽合之，別星辰與日月光，以彰經衡，後世益明，上通神農，著至教，疑於二皇。

2　赤帝　《靈樞》　〈陰陽二十五人　第六十四〉

火形之人，比於上徵，似於赤帝。其爲人赤色廣朋脫面小頭，好肩背，髀腹小手足，行安地疾心，行搖肩背肉滿。有氣輕財少信多慮，見事明好顔，急心不壽暴死。能春夏不能秋冬，秋冬感而病生，手少陰核核然。

3《黃帝内經　素問》　「黃帝」資料

1. 《上古天眞論篇　第一》

昔在黃帝，生而神靈，弱而能言，幼而徇齊，長而敦敏，成而登天。乃問于天師曰：余聞上古之人，春秋皆度百歲，而動作不衰；今時之人，年半百而動作皆衰者，時世異耶？人將失之耶？岐伯對曰：上古之人，其知道者，法于陰陽，和于術數，食飲有節，起居有常，不妄作勞，故能形與神俱，而盡終其天年，度百歲乃去。今時之人不然也，以酒爲漿，以妄爲常，醉以入房，以欲竭其精，以耗散其眞，不知持滿，不時御神，務快其心，逆于生樂，起居無節，故半百而衰也。夫上古聖人之教下也，皆謂之虛邪賊風避之有時，恬惔虛無，眞氣從之，精神内守，病安從來。是以志閑而少欲，心安而不懼，形勞而不倦，氣從以順，各從其欲，皆得所願。故美其食，任其服，樂其俗，高下不相慕，其民故曰樸。是以嗜欲不能勞其目，淫邪不能惑其心，愚智賢不肖，不懼于物，故合于道。所以能年皆度百歲而動作不衰者，以其德全不危也。帝曰：人年老而無子者，材力盡邪？將天數然也？岐伯曰：女子七歲腎氣盛，齒更髮長。二七而天癸至，任脈通，太沖脈盛，月事以時下，故有子。三七腎氣平均，故眞牙生而長極。四七筋骨堅，髮長極，身體盛壯。五七陽明脈衰，面始焦，髮始墮。六七三陽脈衰于上，面皆焦，髮始白。七七任脈虛，太沖脈衰少，天癸竭，地道不通，故形壞而無子也。丈夫八歲腎氣實，髮長齒更。二八腎氣盛，天癸至，精氣溢瀉，陰陽和，故能有子。三八腎氣平均，筋骨勁強，故眞牙生而長極。四八筋骨隆盛，肌肉滿壯。五八腎氣衰，髮墮齒槁。六八陽氣衰竭於上，面焦，髮鬢頒白。七八肝氣衰，筋不能動，天癸竭，精少，腎臟衰，形體皆極。八八則齒髮去。腎者主水，受五臟六腑之精而藏之，故五臟盛，乃能瀉。今五臟皆衰，筋骨解墮，天癸盡矣，故髮鬢白，身體重，行步不正，而無子耳。帝曰：有其年已老，而有子者：何也？岐伯曰：此其天壽過度，氣脈常通，而腎氣有餘也。此雖有子，男子不過盡八八，女子不過盡七七，而天地之精氣皆竭矣。帝曰：夫道者年皆百歲，能有子乎？岐伯曰：夫道者能卻老而全形，身年雖壽，能生子也。

2. 《上古天眞論篇　第一》黃帝曰：余聞上古有眞人者，提挈天地，把握陰陽，呼吸精氣，獨立守神……
3. 《生氣通天論篇　第三》黃帝曰：夫自古通天者，生之本，本于陰陽。
4. 《金匱眞言論篇　第四》黃帝問曰：天有八風，經有五風，何謂？
5. 《陰陽應象大論篇　第五》黃帝曰：陰陽者天地之道也，萬物之綱紀也，變化之父母，生殺之本始……
6. 《陰陽離合篇　第六》黃帝問曰：余聞天爲陽，地爲陰，日爲陽，月爲陰。大小月三百六十日成一……
7. 《陰陽別論篇　第七》黃帝問曰：人有四經，十二從，何謂？岐伯對曰：四經，應四時；十二從，……
8. 《靈蘭秘典論篇　第八》黃帝問曰：願聞十二臟之相使，貴賤何如？
9. 《靈蘭秘典論篇　第八》黃帝曰：善哉，余聞精光之道，大聖之業，而宣明大道，非齊戒擇吉日不……
10. 《靈蘭秘典論篇　第八》黃帝乃擇吉日良兆，而藏靈蘭之室，以傳保焉。
11. 《六節藏象論篇　第九》黃帝問焉：余聞以六六之節，以成一歲，人以九九制會，計人亦有三百……
12. 《五藏別論篇　第十一》黃帝問曰：余聞方士，或以腦髓爲臟，或以腸胃爲臟，或以爲腑。敢問……
13. 《異法方宜論篇　第十二》黃帝問曰：醫之治病也，一病而治各不同，皆愈何也？岐伯對曰：地……
14. 《移精變氣論篇　第十三》黃帝問曰：余聞古之治病，惟其移精變氣，可祝由而已。今世治病，……
15. 《湯液醪醴論篇　第十四》黃帝問曰：爲五穀湯液及醪醴奈何？岐伯對曰：必以稻米，炊之稻薪……
16. 《玉版論要篇　第十五》黃帝問曰：余聞揆度奇_，所指不同，用之奈何？岐伯對曰：揆度者，度……

17.《診要經終論篇　第十六》黃帝問曰：診要何如？岐伯對曰：正月二月，天氣始方，地氣始發，……
18.《脈要精微論篇　第十七》黃帝問曰：診法何如？岐伯對曰：診法常以平旦，陰氣未動，陽氣未……
19.《平人氣象論篇　第十八》黃帝問曰：平人何如？
20.《玉機眞藏論篇　第十九》黃帝問曰：春脈如弦，何如而弦？
21.《玉機眞藏論篇　第十九》黃帝曰：五臟相通，移皆有次。五臟有病，則各傳其所勝，不治。法……
22.《玉機眞藏論篇　第十九》黃帝曰：見眞臟曰死，何也？岐伯曰：五臟者，皆稟氣於胃，胃者五……
23.《玉機眞藏論篇　第十九》黃帝曰：凡治病察其形氣色澤，脈之盛衰，病之新故，乃治之無後其……
24.《玉機眞藏論篇　第十九》黃帝曰：余聞虛實以決死生，願聞其情？岐伯曰：五實死，五虛死。……
25.《三部九候論篇　第二十》黃帝問曰：余聞九針于夫子，衆多博大，不可勝數。余願聞要道，以……
26.《經脈別論篇　第二十一》黃帝問曰：人之居處動靜勇怯，脈亦爲之變乎？岐伯對曰：凡人之驚……
27.《藏氣法時論篇　第二十二》黃帝問曰：合人形以法四時五行而治，何如而從，何如而逆？得失……
28.《寶命全形論篇　第二十五》黃帝問曰：天復地載，萬物悉備，莫貴於人。人以天地之氣生，四……
29.《八正神明論篇　第二十六》黃帝問曰：用針之服，必有法則焉，今何法何則？岐伯對曰：法天……
30.《離合眞邪論篇　第二十七》黃帝問曰：余聞九針九篇，夫子乃因而九之，九九八十一篇餘盡通……
31.《通評虛實論篇　第二十八》黃帝問曰：何謂虛實？岐伯對曰：邪氣盛則實，精氣奪則虛。
32.《通評虛實論篇　第二十八》黃帝曰：黃疸、暴痛、癲狂、厥狂、久逆之所生也。五臟不平，六……
33.《太陰陽明論篇　第二十九》黃帝問曰：太陰陽明爲表_，脾胃脈也。生病而異者何也？
34.《陽明脈解篇　第三十》黃帝問曰：足陽明之脈病，惡人與火，聞木音則惕然而驚，鐘鼓不爲動……
35.《熱論篇　第三十一》黃帝問曰：今夫熱病者，皆傷寒之類也，或愈或死，其死皆以六七日之閒……
36.《評熱病論篇　第三十三》黃帝問曰：有病溫者，汗出輒復熱而脈躁疾，不爲汗衰，狂言不能食……
37.《逆調論篇　第三十四》黃帝問曰：人身非常溫也，非常熱也，爲之熱而煩滿者何也？岐伯對曰……
38.《瘧論篇　第三十五》黃帝問曰：夫痎瘧皆生於風，其蓄作有時者何也？岐伯對曰：瘧之始發也……
39.《氣厥論篇第三十七》黃帝問曰：五臟六腑寒熱相移者何？
40.《欬論篇　第三十八》黃帝問曰：肺之令人咳何也？岐伯對曰：五臟六腑皆令人咳，非獨肺也。
41.《舉痛論篇　第三十九》黃帝問曰：余聞善言天者，必有驗於人，善言古者，必有合於今；善言……
42.《腹中論篇　第四十》黃帝問曰：有病心腹滿，旦食則不能暮食，此爲何病？岐伯對曰：名爲鼓脹。
43.《風論篇　第四十二》黃帝問曰：風之傷人也，或爲寒熱，或爲熱中，或爲寒中，或爲癘風，或……
44.《痺論篇　第四十三》黃帝問曰：痺之安生？岐伯對曰：風寒濕三氣雜至合而爲痺也。
45.《痿論篇　第四十四》黃帝問曰：五臟使人痿何也？
46.《厥論篇　第四十五》黃帝問曰：厥之寒熱者，何也？岐伯對曰：陽氣衰於下則爲寒厥，陰氣衰……
47.《病能論篇　第四十六》黃帝問曰：人病胃脘癰者，診當何如？岐伯對曰：診此者，當候胃脈，……
48.《奇病論篇　第四十七》黃帝問曰：人有重身，九月而瘖，此爲何也？岐伯對曰：胞之絡脈絕也。
49.《刺要論篇　第五十》黃帝問曰：願聞刺要？
50.《刺齊論篇　第五十一》黃帝問曰：願聞刺淺深之分。岐伯對曰：刺骨者無傷筋，刺筋者勿傷肉……
51.《刺禁論篇　第五十二》黃帝問曰：願聞禁數？
52.《刺志論篇　第五十三》黃帝問曰：願聞虛實之要？岐伯對曰：氣實形實，氣虛形虛，此其常也……
53.《鍼解篇　第五十四》黃帝問曰：願聞九針之解，虛實之道。岐伯對曰：刺虛則實之者，針下熱……
54.《皮部論篇　第五十六》黃帝問曰：余聞皮有分部，脈有經紀，筋有結絡，骨有度量，其所生病……
55.《經絡論篇　第五十七》黃帝問曰：夫絡脈之見也，其五色各異，青黃赤白黑不同，其故何也？
56.《氣穴論篇　第五十八》黃帝問曰：余聞氣穴三百六十五以應一歲，未知其所，願卒聞之。
57.《骨空論篇　第六十》黃帝問曰：余聞風者，百病之始也。以針治之奈何？
58.《水熱穴論篇　第六十一》黃帝問曰：少陰何以主腎，腎何以主水？岐伯對曰：腎者至陰也。至……

59.《調經論篇　第六十二》黃帝問曰：余聞刺法言，有餘瀉之，不足補之，何謂有餘，何謂不足？……
60.《繆刺論篇　第六十三》黃帝問曰：余聞繆刺，未得其意，何謂繆刺？
61.《標本病傳論篇　第六十五》黃帝問曰：病有標本，刺有逆從奈何？
62.《天元紀大論篇　第六十六》黃帝問曰：天有五行御五位，以生寒暑燥濕風。人有五臟化五氣，……
63.《五運行大論篇　第六十七》黃帝坐明堂，始正天綱，臨觀八極，考建五常。
64.《六微旨大論篇　第六十八》黃帝問曰：嗚呼，遠哉！天之道也，如迎浮雲，若視深淵尚可測，……
65.《氣交變大論篇　第六十九》黃帝問曰：五運更治，上應天期，陰陽往復，寒暑迎隨，眞邪相薄……
66.《氣交變大論篇　第六十九》黃帝曰：其應奈何？岐伯曰：各從其氣化也。
67.《氣交變大論篇　第六十九》黃帝曰：其行之徐疾逆順何如？
68.《五常致大論篇　第七十》黃帝問曰：太虛寥廓，五運回薄，盛衰不同，損益相從，願聞平氣，……
69.《六元正紀大論篇　第七十一》黃帝問曰：六化六變，勝復淫治，甘苦辛鹹酸淡先後，余知之矣……
70.《六元正紀大論篇　第七十一》黃帝問曰：五運六氣之應見，六化之正，六變之紀何如？岐伯對……
71.《六元正紀大論篇　第七十一》黃帝問曰：婦人重身，毒之何如？岐伯曰：有故無損，亦無殞也……
72.《至眞要大論篇　第七十四》黃帝問曰：五氣交合，盈虛更作，余知之矣。六氣分治，司天地者……
73.《著至教論篇　第七十五》黃帝坐明堂召雷公而問之曰：子知醫之道乎？雷公對曰：誦而頗能解……
74.《示從容論　第七十六》黃帝燕坐，召雷公而問之曰：汝受術誦書者，若能覽觀雜學，及于比類……
75.《疏五過論篇　第七十七》黃帝曰：嗚呼遠哉！閔閔乎若視深淵，若迎浮云，視深淵尚可測，迎……
76.《徵四失論篇　第七十八》黃帝在明堂，雷公侍坐。
77.《徵四失論篇　第七十八》黃帝曰：夫子所通書，受事衆多矣。試言得失之意，所以得之，所以……
78.《陰陽類論篇　第七十九》孟春始至，黃帝燕坐臨觀八極，正八風之氣，而問雷公曰：陰陽之類……
79.《陰陽類論篇　第七十九》雷公曰：請問短期，黃帝不應。
80.《陰陽類論篇　第七十九》雷公復問，黃帝曰：在經論中
81.《陰陽類論篇　第七十九》黃帝曰：冬三月之病，病合於陽者，至春正月，脈有死證，皆歸出春。
82.《方盛衰論篇　第八十》雷公請問氣之多少，何者爲逆，何者爲從？黃帝答曰：陽從左，陰從右……
83.《解精微論篇　第八十一》黃帝在明堂，雷公請曰：臣授業傳之行教，以經論從容，形法、陰陽……

4《黃帝內經　靈樞》　「黃帝」資料

1.《九鍼十二原　第一》黃帝問於岐伯曰：余子萬民，養百姓而收其租稅；余哀其不給而屬有疾病。
2.《九鍼十二原　第一》黃帝曰：願聞五臟六腑所出之處。
3.《本輸　第二》黃帝問於岐伯曰：凡刺之道，必通十二經絡之所終始，絡脈之所別處，五俞之所留…
4.《邪氣藏府病形　第四》黃帝問於岐伯曰：邪氣之中人也奈何？
5.《邪氣藏府病形　第四》黃帝曰：高下有度乎？
6.《邪氣藏府病形　第四》黃帝曰：陰之與陽也，異名同類，上下相會，經絡之相貫，如環無端。邪…
7.《邪氣藏府病形　第四》黃帝曰：其中於陰，奈何？
8.《邪氣藏府病形　第四》黃帝曰：此故傷其藏乎？
9.《邪氣藏府病形　第四》黃帝曰：邪之中人臟奈何？
10.《邪氣藏府病形　第四》黃帝曰：五臟之中風，奈何？
11.《邪氣藏府病形　第四》黃帝曰：善哉。
12.《邪氣藏府病形　第四》黃帝問於岐伯曰：首面與身形也，屬骨連筋，同血合於氣耳。天寒則裂地…

13. 《邪氣藏府病形　第四》黃帝曰：邪之中人，其病形何如？
14. 《邪氣藏府病形　第四》黃帝曰：善哉。
15. 《邪氣藏府病形　第四》黃帝問於岐伯曰：余聞之，見其色，知其病，命曰明。按其脈，知其病……
16. 《邪氣藏府病形　第四》黃帝曰：願卒聞之。
17. 《邪氣藏府病形　第四》黃帝問於岐伯曰：五臟之所生，變化之病形何如？
18. 《邪氣藏府病形　第四》黃帝曰：色脈已定，別之奈何？
19. 《邪氣藏府病形　第四》黃帝曰：調之奈何？
20. 《邪氣藏府病形　第四》黃帝曰：請問脈之緩、急，小、大，滑、澀之病形何如？
21. 《邪氣藏府病形　第四》黃帝曰：病之六變者，刺之奈何？
22. 《邪氣藏府病形　第四》黃帝曰：余聞五臟六府之氣，滎、俞所入爲合，令何道從入，入安連過……
23. 《邪氣藏府病形　第四》黃帝曰：滎俞與合，各有名乎？
24. 《邪氣藏府病形　第四》黃帝曰：治內府奈何？
25. 《邪氣藏府病形　第四》黃帝曰：合各有名乎？
26. 《邪氣藏府病形　第四》黃帝曰：取之奈何？
27. 《邪氣藏府病形　第四》黃帝曰：願聞六府之病。
28. 《邪氣藏府病形　第四》黃帝曰：刺之有道乎？
29. 《根結　第五》黃帝曰：逆順五體者，言人骨節之大小，肉之堅脆，皮之厚薄，血之淸濁，氣之滑…
30. 《根結　第五》黃帝曰：形氣之逆順奈何？
31. 《壽夭剛柔　第六》黃帝問於少師曰：余聞人之生也，有剛有柔，有弱有強，有短有長，有陰有……
32. 《壽夭剛柔　第六》黃帝問於伯高曰：余聞形氣之病先後，外內之應奈何？
33. 《壽夭剛柔　第六》黃帝曰：刺之奈何？
34. 《壽夭剛柔　第六》黃帝曰：外內之病，難易之治奈何？
35. 《壽夭剛柔　第六》黃帝問於伯高曰：余聞形有緩急，氣有盛衰，骨有大小，肉有堅脆，皮有厚薄…
36. 《壽夭剛柔　第六》黃帝曰：何謂形之緩急？
37. 《壽夭剛柔　第六》黃帝曰：余聞壽夭，無以度之。
38. 《壽夭剛柔　第六》黃帝曰：形氣之相勝，以立壽夭奈何？
39. 《壽夭剛柔　第六》黃帝曰：余聞刺有三變，何謂三變？
40. 《壽夭剛柔　第六》黃帝曰：刺三變者奈何？
41. 《壽夭剛柔　第六》黃帝曰：營衛寒痺之爲病奈何？
42. 《壽夭剛柔　第六》黃帝曰：刺寒痺內熱奈何？
43. 《壽夭剛柔　第六》黃帝曰：藥熨奈何？
44. 《本神　第八》黃帝問於岐伯曰：凡刺之法，先必本於神。血、脈、營、氣、精神，此五臟之所藏…
45. 《經脈　第十》雷公問於黃帝曰：「禁脈」之言，凡刺之理，經脈爲始，營其所行，制其度量，內…
46. 《經脈　第十》黃帝曰：人始生，先成精，精成而腦髓生，骨爲幹，脈爲營，筋爲剛，肉爲牆，皮…
47. 《經脈　第十》雷公曰：願卒聞經脈之始也。黃帝曰：經脈者，所以能決死生、處百病、調虛實，…
48. 《經脈　第十》雷公曰：何以知經脈之與絡脈異也？黃帝曰：經脈者，常不可見也，其虛實也，以…
49. 《經脈　第十》雷公曰：細子無以明其然也。黃帝曰：諸絡脈皆不能經大節之閒，必行絕道而出入…
50. 《經別　第十一》黃帝問於岐伯曰：余聞人之合於天地道也，內有五臟，以應五音、五色、五時、…
51. 《經水　第十二》黃帝問於岐伯曰：經脈十二者，外合於十二經水，而內屬於五臟六腑。
52. 《經水　第十二》黃帝曰：余聞之，快於耳不解於心，願卒聞之。
53. 《經水　第十二》黃帝曰：夫經水之應經脈也，其遠近淺深，水血之多少，各不同，合而以刺之奈…
54. 《經水　第十二》黃帝曰：夫經脈之大小，血之多少，膚之厚薄，肉之堅脆及膕之大小，可爲量度…

55.《骨度　第十四》黃帝問於伯高曰：脈度言經脈之長短，何以立之？
56.《骨度　第十四》黃帝曰：願聞眾人之度。人長七尺五寸者，其骨節之大小長短各幾何？
57.《五十營　第十五》黃帝曰：余願聞五十營奈何？
58.《營氣　第十六》黃帝曰：營氣之道，內穀爲寶。穀入於胃，乃傳之肺，流溢於中，布散於外，精…
59.《脈度　第十七》黃帝曰：願聞脈度。岐伯答曰：手之六陽，從手至頭，長五尺，五六三丈。
60.《脈度　第十七》黃帝曰：蹻脈安起安止，何氣榮水？
61.《脈度　第十七》黃帝曰：氣獨行五臟，不榮六腑，何也？
62.《脈度　第十七》黃帝曰：蹻脈有陰陽，何脈當其數？
63.《營衛生會　第十八》黃帝問於岐伯曰：人焉受氣？陰陽焉會？何氣爲營？何氣爲衛？營安從生？…
64.《營衛生會　第十八》黃帝曰：老人之不夜瞑者，何氣使然？少壯之人，不晝瞑者，何氣使然？
65.《營衛生會　第十八》黃帝曰：願聞營衛之所行，皆何道從來？
66.《營衛生會　第十八》黃帝曰：願聞三焦之所出。岐伯答曰：上焦出於胃上口，並咽以上，貫膈，…
67.《營衛生會　第十八》黃帝曰：人有熱，飲食下胃，其氣未定，汗則出，或出於面，或出於背，或…
68.《營衛生會　第十八》黃帝曰：願聞中焦之所出。
69.《營衛生會　第十八》黃帝曰：夫血之與氣，異名同類。何謂也？
70.《營衛生會　第十八》黃帝曰：願聞下焦之所出。
71.《營衛生會　第十八》黃帝曰：人飲酒，酒亦入胃，穀未熟，而小便獨先下，何也？
72.《營衛生會　第十八》黃帝曰：善。余聞上焦如霧，中焦如漚，下焦如瀆，此之謂也。
73.《四時氣　第十九》黃帝問於岐伯曰：夫四時之氣，各不同形，百病之起，皆有所生，灸刺之道，…
74.《周痺　第二十七》黃帝問於岐伯曰：周痺之在身也，上下移徙隨脈，其上下左右相應，間不容空…
75.《周痺　第二十七》黃帝曰：願聞眾痺。岐伯對曰：此各在其處，更發更止，更居更起，以右應左…
76.《周痺　第二十七》黃帝曰：善。刺之奈何？
77.《周痺　第二十七》黃帝曰：刺之奈何？
78.《周痺　第二十七》黃帝曰：善。此痛安生？何因而有名？
79.《周痺　第二十七》黃帝曰：善。余已得其意矣，亦得其事也。九者經巽之理，十二經脈陰陽之……
80.《口問　第二十八》黃帝閒居，辟左右而問於岐伯曰：余已聞九針之經，論陰陽逆順，六經已畢，…
81.《口問　第二十八》黃帝曰：願聞口傳。
82.《口問　第二十八》黃帝曰：人之欠者，何氣使然？
83.《口問　第二十八》黃帝曰：人之噦者，何氣使然？
84.《口問　第二十八》黃帝曰：人之唏者，何氣使然？
85.《口問　第二十八》黃帝曰：人之振寒者，何氣使然？
86.《口問　第二十八》黃帝曰：人之噫者，何氣使然？
87.《口問　第二十八》黃帝曰：人之嚏者，何氣使然？
88.《口問　第二十八》黃帝曰：人之嚲者，何氣使然？
89.《口問　第二十八》黃帝曰：人之哀而泣涕出者，何氣使然？
90.《口問　第二十八》黃帝曰：人之太息者，何氣使然？
91.《口問　第二十八》黃帝曰：人之涎下者，何氣使然？
92.《口問　第二十八》黃帝曰：人之耳中鳴者，何氣使然？
93.《口問　第二十八》黃帝曰：人之自嚙舌者，何氣使然？
94.《口問　第二十八》黃帝曰：治之奈何？
95.《師傳　第二十九》黃帝曰：余聞先師，有所心藏，弗著於方，余願聞而藏之，則而行之，上以……
96.《師傳　第二十九》黃帝曰：順之奈何？

97. 《師傳　第二十九》黃帝曰：便病人奈何？
98. 《師傳　第二十九》黃帝曰：胃欲寒飲，腸欲熱飲，兩者相逆，便之奈何？且夫王公大人，血食……
99. 《師傳　第二十九》黃帝曰：治之奈何？
100. 《師傳　第二十九》黃帝曰：便其相逆者奈何？
101. 《師傳　第二十九》黃帝曰：本藏以身形肢節䐃肉，候五臟六腑之大小焉。今夫王公大人，臨朝……
102. 《師傳　第二十九》黃帝曰：五藏之氣，閱於面者，余已知之矣，以肢節知而閱之，奈何？
103. 《師傳　第二十九》黃帝曰：善。
104. 《師傳　第二十九》岐伯曰：五藏六府，心爲之主，缺盆爲之道，骷骨有餘以候髑骬。黃帝曰：善。
105. 《師傳　第二十九》岐伯曰：肝者，主爲將，使之候外，欲知堅固，視目小大。黃帝曰：善。
106. 《師傳　第二十九》岐伯曰：脾者，主爲衛，使之迎糧，視唇舌好惡，以知吉凶。黃帝曰：善。
107. 《師傳　第二十九》岐伯曰：腎者，主爲外，使之遠聽，視耳好惡，以知其性。黃帝曰：善。
108. 《決氣　第三十》黃帝曰：余聞人有精、氣、津、液、血、脈，余意以爲一氣耳，今乃辨爲六名……
109. 《決氣　第三十》黃帝曰：六氣有，有餘不足，氣之多少，腦髓之虛實，血脈之清濁，何以知之……
110. 《決氣　第三十》黃帝曰：六氣者，貴賤何如？
111. 《腸胃　第三十一》黃帝問於伯高曰：余願聞六府傳谷者，腸胃之大小長短，受谷之多少奈何？
112. 《平人絕穀　第三十二》黃帝曰：願聞人之不食，七日而死，何也？
113. 《海論　第三十三》黃帝問於岐伯曰：余聞刺法於夫子，夫子之所言，不離於營衛血氣。
114. 《海論　第三十三》黃帝曰：遠乎者，夫子之合人天地四海也，願聞應之奈何？
115. 《海論　第三十三》黃帝曰：定之奈何？
116. 《海論　第三十三》黃帝曰：凡此四海者，何利何害？何生何敗？岐伯曰：得順者生，得逆者敗……
117. 《海論　第三十三》黃帝曰：四海之逆順奈何？
118. 《海論　第三十三》黃帝曰：余已聞逆順，調之奈何？
119. 《海論　第三十三》黃帝曰：善。
120. 《五亂　第三十四》黃帝曰：經脈十二者，別爲五行，分爲四時，何失而亂？何得而治？
121. 《五亂　第三十四》黃帝曰：何謂相順？
122. 《五亂　第三十四》黃帝曰：何爲逆而亂。
123. 《五亂　第三十四》黃帝曰：五亂者，刺之有道乎？
124. 《五亂　第三十四》黃帝曰：善。願聞其道。
125. 《五亂　第三十四》黃帝曰：補瀉奈何？
126. 《五亂　第三十四》黃帝曰：允乎哉道，明乎哉論，請著之玉版，命曰治亂也。
127. 《脹論　第三十五》黃帝曰：脈之應於寸口，如何而脹？
128. 《脹論　第三十五》黃帝曰：何以知藏府之脹也。
129. 《脹論　第三十五》黃帝曰：夫氣之令人脹也，在於血脈之中耶，臟腑之內乎？
130. 《脹論　第三十五》黃帝曰：願聞脹之舍。
131. 《脹論　第三十五》黃帝曰：臟腑之在胸脅腹里之內也，若匣匱之藏禁器也，名有次舍，異名而……
132. 《脹論　第三十五》黃帝曰：願聞脹形。
133. 《脹論　第三十五》黃帝曰：脹者焉生？何因而有？
134. 《脹論　第三十五》黃帝曰：善。何以解惑？岐伯曰：合之於眞，三合而得。帝曰：善。
135. 《脹論　第三十五》黃帝問於岐伯曰：脹論言無問虛實，工在疾瀉，近者一下，遠者三下，今有……
136. 《五癃津液別　第三十六》黃帝問於岐伯曰：水穀入於口，輸於腸胃，其液別爲五，天寒衣薄，……
137. 《五閱五使　第三十七》黃帝問於岐伯曰：余聞刺有五官五閱，以觀五氣。五氣者，五臟之使也……
138. 《五閱五使　第三十七》黃帝曰：願聞其所出，令可爲常。

139. 《五閱五使　第三十七》黃帝曰：願聞五官。
140. 《五閱五使　第三十七》黃帝曰：以官何候？岐伯曰：以候五臟。故肺病者，喘息鼻張；肝病者……
141. 《五閱五使　第三十七》黃帝曰：五脈安出，五色安見，其常色殆者如何？岐伯曰：五官不辨，……
142. 《五閱五使　第三十七》黃帝曰：五色之見於明堂，以觀五臟之氣，左右高下，各有形乎？
143. 《逆順肥瘦　第三十八》黃帝問于岐伯曰：余聞針道于夫子，衆多畢悉矣。夫子之道，應若失，……
144. 《逆順肥瘦　第三十八》黃帝曰：願聞自然奈何？岐伯曰：臨深決水，不用功力，而水可竭也。
145. 《逆順肥瘦　第三十八》黃帝曰：願聞人之白黑肥瘦小長，各有數乎？岐伯曰：年質壯大，血氣……
146. 《逆順肥瘦　第三十八》黃帝曰：刺瘦人奈何？岐伯曰：瘦人者，皮薄色少，肉廉廉然，薄唇輕……
147. 《逆順肥瘦　第三十八》黃帝曰：刺常人奈何？岐伯曰：視其白黑，各爲調之，其端正敦厚者，……
145. 《逆順肥瘦　第三十八》黃帝曰：刺壯士眞骨者，奈何？岐伯曰：刺壯士眞骨，堅肉緩節，監監……
146. 《逆順肥瘦　第三十八》黃帝曰：刺嬰兒奈何？岐伯曰：嬰兒者，其肉脆，血少氣弱，刺此者，……
147. 《逆順肥瘦　第三十八》黃帝曰：臨深決水，奈何？岐伯曰：血清氣濁（滑），疾瀉之則氣竭焉。
148. 《逆順肥瘦　第三十八》黃帝曰：循掘決沖，奈何？岐伯曰：血濁氣澀，疾瀉之，則經可通也。
149. 《逆順肥瘦　第三十八》黃帝曰：脈行之逆順，奈何？岐伯曰：手之三陰，從臟走手；手之三陽……
150. 《逆順肥瘦　第三十八》黃帝曰：少陰之脈獨下行，何也？岐伯曰：不然，夫沖脈者，五臟六腑……
151. 《逆順肥瘦　第三十八》黃帝曰：何以明之？岐伯曰：以言導之，切而驗之，其非必動，然後仍……
152. 《逆順肥瘦　第三十八》黃帝曰：窘乎哉！聖人之爲道也。明于日月，微于毫釐，其非夫子，孰……
153. 《血絡論　第三十九》黃帝曰：願聞其奇邪而不在經者。岐伯曰：血絡是也。
154. 《逆順肥瘦　第三十八》黃帝曰：刺血絡而仆者，何也？血出而射者，何也？血少黑而濁者，何也？
155. 《逆順肥瘦　第三十八》黃帝曰：相之奈何？岐伯曰：血脈者，盛堅橫以赤，上下無常處……
156. 《逆順肥瘦　第三十八》黃帝曰：針入而肉著者，何也？岐伯曰：熱氣因于針，則針熱……
157. 《陰陽清濁　第四十》黃帝曰：余聞十二經脈，以應十二經水者，其五色各異，清濁不同……
158. 《陰陽清濁　第四十》黃帝曰：余問一人，非問天下之衆。岐伯曰：夫一人者，亦有亂氣……
159. 《陰陽清濁　第四十》黃帝曰：願聞人氣之清濁。岐伯曰：受穀者濁，受氣者淸。淸者注陰……
160. 《陰陽清濁　第四十》黃帝曰：夫陰淸而陽濁，濁者有淸，淸者有濁，淸濁別之奈何？
161. 《陰陽清濁　第四十》黃帝曰：諸陽皆濁，何陽濁甚乎？岐伯曰：手太陽獨受陽之濁……
162. 《陰陽清濁　第四十》黃帝曰：治之奈何？岐伯曰：淸者其氣滑，濁者其氣澀，此氣之常也。
163. 《陰陽繫日月　第四十一》黃帝曰：余聞天爲陽，地爲陰，日爲陽，月爲陰，其合之於人，奈何？
164. 《陰陽繫日月　第四十一》黃帝曰：合之於脈，奈何？岐伯曰：寅者，正月之生陽也……
165. 《陰陽繫日月　第四十一》黃帝曰：以治之奈何？岐伯曰：正月二月三月，人氣在左……
166. 《陰陽繫日月　第四十一》黃帝曰：五行以東方爲甲乙木主春。春者，蒼色，主肝，肝者，足厥陰也。
167. 《病傳　第四十二》黃帝曰：余受九針于夫子，而私覽于諸方，或有導引行氣……
168. 《病傳　第四十二》黃帝曰：此乃所謂守一勿失，萬物畢者也。今余已聞陰陽之要……
169. 《病傳　第四十二》黃帝曰：何謂日醒？岐伯曰：明於陰陽，如惑之解，如醉之醒。
170. 《病傳　第四十二》黃帝曰：何謂夜瞑？岐伯曰：瘖乎其無聲，漠乎其無形，折毛發理……
171. 《病傳　第四十二》黃帝曰：大氣入臟，奈何？岐伯曰：病先發於心，一日而之肺……
172. 《淫邪發夢　第四十三》黃帝曰：願聞淫邪泮衍，奈何？岐伯曰：正邪從外襲內，而未有定舍……
173. 《淫邪發夢　第四十三》黃帝曰：有餘不足，有形乎？岐伯曰：陰氣盛，則夢涉大水而恐懼……
174. 《順氣一日分爲四時　第四十四》黃帝曰：夫百病之所始生者，必起於燥溼寒暑風雨陰陽喜怒飲……
175. 《順氣一日分爲四時　第四十四》黃帝曰：願聞四時之氣。岐伯曰：春生，夏長，秋收，冬藏……
176. 《順氣一日分爲四時　第四十四》黃帝曰：有時有反者何也？岐伯曰：是不應四時之氣，臟獨主……
177. 《順氣一日分爲四時　第四十四》黃帝曰：治之奈何？岐伯曰：順天之時，而病可與期。順者爲……

178.《順氣一日分爲四時　第四十四》黃帝曰：善，余聞刺有五變，以主五輸。願聞其數。
179.《順氣一日分爲四時　第四十四》黃帝曰：願聞五變。岐伯曰：肝爲牡藏，其色青，其時春，其……
180.《順氣一日分爲四時　第四十四》黃帝曰：以主五輸奈何？藏主冬，冬刺井；色主春，春刺滎；……
181.《順氣一日分爲四時　第四十四》黃帝曰：諸原安和，以致五輸。岐伯曰：原獨不應五時，以經……
182.《順氣一日分爲四時　第四十四》黃帝曰：何謂藏主冬，時主夏，音主長夏，味主秋，色主春。
183.《外揣　第四十五》黃帝曰：余願聞針道，非國事也。岐伯曰：夫治國者，夫惟道焉，非道……
184.《外揣　第四十五》黃帝曰：願卒聞之。岐伯曰：日與月焉，水與鏡焉，鼓與響焉。
185.《外揣　第四十五》黃帝曰：窘乎哉！昭昭之明不可蔽，其不可蔽，不失陰陽也。合而察之……
186.《五變　第四十六》黃帝問於少俞曰：余聞百疾之始期也，必生於風雨寒暑……
187.《五變　第四十六》黃帝曰：一時遇風，同時得病，其病各異，願聞其故。
188.《五變　第四十六》黃帝曰：以人應木，奈何？少俞答曰：木之所傷也，皆傷其枝。
189.《五變　第四十六》黃帝曰：人之善病風厥漉汗者，何以候之？少俞答曰：內不堅，腠理疏……
190.《五變　第四十六》黃帝曰：何以候肉之不堅也？少俞答曰：䐃肉不堅，而無分理。
191.《五變　第四十六》黃帝曰：人之善病消癉者，何以候之？少俞答曰：五臟皆柔弱者，善病消癉。
192.《五變　第四十六》黃帝曰：何以知五臟之柔弱也？少俞答曰：夫柔弱者，必有剛強……
193.《五變　第四十六》黃帝曰：何以候柔弱之與剛強？少俞答曰：此人薄皮膚……
194.《五變　第四十六》黃帝曰：人之善病寒熱者，何以候之？少俞答曰：小骨弱肉者，善病寒熱。
195.《五變　第四十六》黃帝曰：何以候骨之小大，肉之堅脆，色之不一也？少俞答曰：顴骨者……
196.《五變　第四十六》黃帝曰：何以候人之善病痺者？少俞答曰：麤理而肉不堅者，善病痺。
197.《五變　第四十六》黃帝曰：痺之高下有處乎？少俞答曰：欲知其高下者，各視其部。
198.《五變　第四十六》黃帝曰：人之善病腸中積聚者，何以候之？少俞答曰：皮膚薄而不澤……
199.《五變　第四十六》黃帝曰：余聞病形，已知之矣！願聞其時。少俞答曰：先立其年，以知其時。
200.《本藏　第四十七》黃帝問於岐伯曰：人之血氣精神者，所以奉生而周於性命者也；經脈者……
201.《本藏　第四十七》黃帝曰：何以知其然也？岐伯曰：赤色小理者，心小；麤理者，心大。
202.《本藏　第四十七》黃帝曰：願聞六腑之應。岐伯答曰：肺合大腸，大腸者，皮其應……
203.《本藏　第四十七》黃帝曰：應之奈何？岐伯曰：肺應皮。皮厚者，大腸厚，皮薄者……
204.《本藏　第四十七》黃帝曰：厚薄美惡，皆有形，願聞其所病。岐伯答曰：視其外應……
205.《禁服　第四十八》雷公問於黃帝曰：細子得受，通於九針六十篇，旦暮勤服之，近者編絕……
206.《禁服　第四十八》黃帝曰：善乎哉問也。此先師之所禁，坐私傳之也，割臂歃血之盟也……
207.《禁服　第四十八》黃帝乃與俱入齋室，割臂歃血……
208.《禁服　第四十八》黃帝親祝曰：今日正陽，歃血傳方，有敢背此言者，反受其殃。
209.《禁服　第四十八》黃帝乃左握其手，右授之書曰：慎之慎之，吾爲子言之，凡刺之理……
210.《禁服　第四十八》黃帝曰：夫約方者，猶約囊也，囊滿而弗約，則輸泄，方成弗約……
211.《禁服　第四十八》黃帝曰：未滿而知約之以爲工，不可以爲天下師。
212.《禁服　第四十八》黃帝曰：寸口主中，人迎主外，兩者相應，俱往俱來，若引繩大小齊等。
213.《五色　第四十九》雷公問於黃帝曰：五色獨決於明堂乎？小子未知其所謂也。
214.《五色　第四十九》黃帝曰：明堂者，鼻也；闕者，眉間也；庭者，顏也；蕃者，頰側也……
215.《五色　第四十九》黃帝曰：明堂骨高以起，平以直，五臟次於中央，六腑挾其兩側……
216.《五色　第四十九》黃帝曰：五色之見也，各出其色部。部骨陷者，必不免於病矣。
217.《五色　第四十九》黃帝曰：青黑爲痛，黃赤爲熱，白爲寒，是謂五官。
218.《五色　第四十九》黃帝曰：外內皆在焉。切其脈口，滑小緊以沉者，病益甚，在中……
219.《五色　第四十九》黃帝曰：其色麤以明，沉夭者爲甚，其色上行者，病益甚；其色下行……

220.《五色　第四十九》黄帝曰：常候闕中，薄澤爲風，沖濁爲痺。在地爲厥。此其常也……
221.《五色　第四十九》黄帝曰：大氣入於臟腑者，不病而卒死矣。
222.《五色　第四十九》黄帝曰：赤色出兩顴，大如拇指者，病雖小愈，必卒死。
223.《五色　第四十九》黄帝曰：察色以言其時。雷公曰：善乎！願卒聞之。
224.《五色　第四十九》黄帝曰：庭者，首面也；闕上者，咽喉也；闕中者，肺也；下極者……
225.《論勇　第五十》黄帝問於少俞曰：有人於此，并行并立，其年之長少等也，衣之厚薄均也，卒……
226.《論勇　第五十》黄帝曰：願盡聞之。少俞曰：春青風夏陽風，秋涼風，冬寒風。
227.《論勇　第五十》黄帝曰：四時之風，病人如何？少俞曰：黄色薄皮弱肉者……
228.《論勇　第五十》黄帝曰：黑色不病乎？少俞曰：黑色而皮厚肉堅，固不傷於四時之風……
229.《論勇　第五十》黄帝曰：善。
230.《論勇　第五十》黄帝曰：夫人之忍痛與不忍痛，非勇怯之分也。夫勇士之不忍痛者……
231.《論勇　第五十》黄帝曰：願聞勇怯之所由然。少俞曰：勇士者，目深以固，長沖直揚……
232.《論勇　第五十》黄帝曰：願聞怯士之所由然。少俞曰：怯士者，目大而不減，陰陽相失……
233.《論勇　第五十》黄帝曰：怯士之得酒，怒不避勇士者，何臟使然？
234.《背腧　第五十一》黄帝問於岐伯曰：願聞五臟之腧，出於背者。岐伯曰：背中大腧……
235.《衛氣　第五十二》黄帝曰：五臟者，所以藏精神魂魄者也；六腑者，所以受水谷而行化物者也。
236.《論痛　第五十三》黄帝問於少俞曰：筋骨之強弱，肌肉之堅脆，皮膚之厚薄，腠理之疏密……
237.《論勇　第五十》黄帝曰：其耐火焫者，何以知之？少俞答曰：加以黑色而美骨者，耐□_。
238.《論勇　第五十》黄帝曰：其不耐針石之痛者，何以知之？少俞曰：堅肉薄皮者……
239.《論勇　第五十》黄帝曰：人之病，或同時而傷，或易已，或難已，其故何如？
240.《論勇　第五十》黄帝曰：人之勝毒，何以知之？少俞曰：胃厚、色黑、大骨及肥骨者……
241.《天年　第五十四》黄帝問於岐伯曰：願聞人之始生，何氣築爲基，何立而爲楯，何失而死……
242.《論勇　第五十》黄帝曰：何者爲神？岐伯曰：血氣已和，營衛已通，五臟已成……
243.《論勇　第五十》黄帝曰：人之壽夭各不同，或夭壽，或卒死，或病久，願聞其道。
244.《論勇　第五十》黄帝曰：人之壽百歲而死，何以致之？岐伯曰：使道隧以長……
245.《論勇　第五十》黄帝曰：其氣之盛衰，以至其死，可得聞乎？岐伯曰：人生十歲……
246.《論勇　第五十》黄帝曰：其不能終壽而死者，何如？岐伯曰：其五臟皆不堅，使道不長……
247.《逆順　第五十五》黄帝問於伯高曰：余聞氣有逆順，脈有盛衰，刺有大約，可得聞乎？
248.《論勇　第五十》黄帝曰：候之奈何？伯高曰：兵法曰無迎逢逢之氣，無擊堂堂之陣。
249.《論勇　第五十》黄帝曰：候其可刺奈何？伯高曰：上工，刺其未生者也；其次……
250.《五味　第五十六》黄帝曰：願聞谷氣有五味，其入五臟，分別奈何？
251.《五味　第五十六》黄帝曰：營衛之行奈何？伯高曰：谷始入於胃，其精微者……
252.《五味　第五十六》黄帝曰：谷之五味，可得聞乎？
253.《水脹　第五十七》黄帝問於岐伯曰：水與膚脹、鼓脹、腸覃、石瘕、石水，何以別之？
254.《五味　第五十六》黄帝曰：膚脹何以候之？
255.《五味　第五十六》黄帝曰：膚脹鼓脹，可刺邪？
256.《賊風　第五十八》黄帝曰：夫子言賊風邪氣傷人也，令人病焉，今有其不離屏蔽……
257.《賊風　第五十八》黄帝曰：今夫子之所言者，皆病人之所自知也。其毋所遇邪氣……
258.《賊風　第五十八》黄帝曰：其祝而已者，其故何也？
259.《衛氣失常　第五十九》黄帝曰：衛氣之留於腹中，搐積不行，菀蘊不得常所，使人支脅胃中滿……
260.《衛氣失常　第五十九》黄帝曰：取之奈何？伯高對曰：積於上，瀉人迎、天突、喉中……
261.《衛氣失常　第五十九》黄帝曰：善。

262.《衛氣失常　第五十九》黃帝問於伯高曰：何以知皮肉氣血筋骨之病也？
263.《衛氣失常　第五十九》黃帝曰：病形何如，取之奈何？
264.《衛氣失常　第五十九》黃帝曰：願聞其故。
265.《衛氣失常　第五十九》黃帝曰：取之奈何？
266.《衛氣失常　第五十九》黃帝問於伯高曰：人之肥瘦大小溫寒，有老壯少小，別之奈何？
267.《衛氣失常　第五十九》黃帝曰：何以度知其肥瘦？伯高曰：人有肥、有膏、有肉。
268.《衛氣失常　第五十九》黃帝曰：別此奈何？伯高曰：膕肉堅，皮滿者，肥。膕肉不堅，皮緩者，膏。
269.《衛氣失常　第五十九》黃帝曰：身之寒溫何如？
270.《衛氣失常　第五十九》黃帝曰：其肥瘦大小奈何？伯高曰：膏者，多氣而皮縱緩，故能縱腹垂腴。
271.《衛氣失常　第五十九》黃帝曰：三者之氣血多少何如？
272.《衛氣失常　第五十九》黃帝曰：眾人奈何？
273.《衛氣失常　第五十九》黃帝曰：善。治之奈何？
274.《玉版　第六十》黃帝曰：余以小針爲細物也，夫子乃言上合之于天，下合之于地……
275.《玉版　第六十》黃帝曰：病之生時，有喜怒不測，飲食不節，陰氣不足，陽氣有餘……
276.《玉版　第六十》黃帝曰：其已形，不予遭，膿已成，不予見；爲之奈何？
277.《玉版　第六十》黃帝曰：其已有膿血而後遭乎？不導之以小針治乎？
278.《玉版　第六十》黃帝曰：多害者其不可全乎？岐伯曰：其在逆順焉。
279.《玉版　第六十》黃帝曰：願聞逆順。
280.《玉版　第六十》黃帝曰：諸病皆有逆順，可得聞乎？
281.《玉版　第六十》黃帝曰：夫子之言針甚駿，以配天地，上數天文，下度地紀，内別五臟……
282.《玉版　第六十》黃帝曰：余聞之，則爲不仁，然願聞其道，弗行於人。
283.《玉版　第六十》黃帝曰：願卒聞之。
284.《玉版　第六十》黃帝曰：上下有數乎？
285.《玉版　第六十》黃帝曰：願卒聞之。
286.《玉版　第六十》黃帝曰：善乎方，明哉道，請著之玉版，以爲重寶，傳之後世……
287.《五禁　第六十一》黃帝問於岐伯曰：余聞刺有五禁，何謂五禁？岐伯曰：禁其不可刺也。
288.《玉版　第六十》黃帝曰：余聞刺有五奪。岐伯曰：無瀉其不可奪者也。
289.《玉版　第六十》黃帝曰：余聞刺有五過。岐伯曰：補瀉無過其度。
290.《玉版　第六十》黃帝曰：余聞刺有五逆。岐伯曰：病與脈相逆，命曰五逆。
291.《玉版　第六十》黃帝曰：余聞刺有九宜。岐伯曰：明知九針之論，是謂九誼。
292.《玉版　第六十》黃帝曰：何謂五禁，願聞其不可刺之時。
293.《玉版　第六十》黃帝曰：何謂五奪？
294.《玉版　第六十》黃帝曰：何謂五逆？
295.《動輸　第六十二》黃帝曰：經脈十二，而手太陰、足少陰、陽明，獨動不休，何也？
296.《動輸　第六十二》黃帝曰：氣之過於寸口也，上十焉息，下八焉伏，何道從還？不知其極。
297.《動輸　第六十二》黃帝曰：足之陽明，何因而動？
298.《動輸　第六十二》黃帝曰：足少陰何因而動？
299.《動輸　第六十二》黃帝曰：營衛之行也，上下相貫，如環之無端，今有其卒然遇邪風……
300.《動輸　第六十二》黃帝曰：善。此所謂如環無端，莫知其紀，終而復始，此之謂也。
301.《五味論　第六十三》黃帝問於少俞曰：五味入於口也，各有所走，各有所病，酸走筋……
302.《五味論　第六十三》黃帝曰：鹹走血，多食之，令人渴，何也？
303.《五味論　第六十三》黃帝曰：辛走氣，多食之，令人洞心，何也？

304.《五味論　第六十三》黃帝曰：苦走骨，多食之，令人變嘔，何也？
305.《五味論　第六十三》黃帝曰：甘走肉，多食之。令人悗心，何也？
306.《陰陽二十五人　第六十四》黃帝曰：余聞陰陽之人何如？伯高曰：天地之間，六合之內，不離……
307.《陰陽二十五人　第六十四》黃帝避席遵循而卻曰：余聞之得其人弗教，是謂重失，得而泄之……
308.《陰陽二十五人　第六十四》黃帝曰：願卒聞之。岐伯曰：慎之慎之，臣請言之。
309.《陰陽二十五人　第六十四》形於之人，比於上宮，似於上古黃帝，其爲人黃色圓面、大頭、美……
310.《陰陽二十五人　第六十四》黃帝曰：得其形，不得其色何如？
311.《陰陽二十五人　第六十四》黃帝曰：夫子之言脈之上下，血氣之候似知形氣，奈何？
310.《陰陽二十五人　第六十四》黃帝曰：二十五人者，刺之有約乎？
311.《陰陽二十五人　第六十四》黃帝曰：刺其諸陰陽奈何？。
312.《五音五味　第六十五》黃帝曰：婦人無鬚者，無血氣乎？岐伯曰：沖脈任脈皆起於胞中……
313.《五音五味　第六十五》黃帝曰：士人有傷於陰，陰氣絕而不起，陰不用，然其鬚不去，其故何也？
314.《五音五味　第六十五》黃帝曰：其有天宦者，未嘗被傷，不脫於血，然其鬚不生其故何也？
315.《五音五味　第六十五》黃帝曰：善乎哉！聖人之通萬物也，若日月之光影，音聲鼓響……
316.《百病始生　第六十六》黃帝問於岐伯曰：夫百病之始生也，皆於風雨寒暑，清濕喜怒……
317.《五音五味　第六十五》黃帝曰：余固不能數，故問先師願卒聞其道。
318.《五音五味　第六十五》黃帝曰：願盡聞其所由然。
319.《五音五味　第六十五》黃帝曰：積之始生，至其已成，奈何？
320.《五音五味　第六十五》黃帝曰：其成積奈何？
321.《五音五味　第六十五》黃帝曰：其生於陰者，奈何？
322.《五音五味　第六十五》黃帝曰：善治之奈何？
323.《行鍼　第六十七》黃帝問於岐伯曰：余聞九針於夫子，而行之於百姓，百姓之血氣……
324.《行鍼　第六十七》黃帝曰：重陽之人而神不先行者，何也？岐伯曰：此人頗有陰者也。
325.《行鍼　第六十七》黃帝曰：何以知其頗有陰者也。
326.《行鍼　第六十七》黃帝曰：其氣與針相逢，奈何？
327.《行鍼　第六十七》黃帝曰：針已出而氣獨行者，何氣使然？
328.《行鍼　第六十七》黃帝曰：數刺乃知，何氣使然？
329.《行鍼　第六十七》黃帝曰：針入而氣逆者，何氣使然？
330.《上膈　第六十八》黃帝曰：氣爲上膈者，食飲入而還出，余已知之矣。蟲爲下膈。……
331.《上膈　第六十八》黃帝曰：刺之奈何？岐伯曰：微按其癰，視氣所行，先淺刺其傍……
332.《憂恚無言　第六十九》黃帝問於少師曰：人之卒然憂恚，而言無音者，何道之塞？何氣出行？……
333.《憂恚無言　第六十九》黃帝曰：刺之奈何？
334.《寒熱　第七十》黃帝問於岐伯曰：寒熱瘰_在於頸腋者，皆何氣使生？
335.《寒熱　第七十》黃帝曰：去之奈何？
336.《寒熱　第七十》黃帝曰：去之奈何？岐伯曰：請從其本引其末，可使衰去，而絕其寒熱。
337.《寒熱　第七十》黃帝曰：決其生死奈何？岐伯曰：反其目視之，其中有赤脈……
338.《邪客　第七十一》黃帝問於伯高曰：夫邪氣之客人也，或令人目不瞑不臥出者，何氣使然？
339.《邪客　第七十一》黃帝曰：善。治之奈何？
340.《邪客　第七十一》黃帝曰：善。此所謂決瀆壅塞，經絡大通，陰陽和得者也。願聞其方。
341.《邪客　第七十一》黃帝問於伯高曰：願聞人之肢節以應天地奈何？
342.《邪客　第七十一》黃帝問於岐伯曰：余願聞持針之數，內針之理，縱舍之意，扞皮開腠理……
343.《邪客　第七十一》黃帝曰：願卒聞之。岐伯曰：手太陰之脈，出於大指之端，內屈……

344.《邪客　第七十一》黃帝曰：手太陰之脈，獨無俞，何也?
345.《邪客　第七十一》黃帝曰：少陰獨無俞者，不病乎?
346.《邪客　第七十一》黃帝曰：持針縱舍奈何?
347.《邪客　第七十一》黃帝曰：持針縱舍，餘未得其意也。
348.《邪客　第七十一》黃帝曰：扞皮開腠理奈何?
349.《邪客　第七十一》黃帝問於岐伯曰：人有八虛，各何以候?
350.《通天　第七十二》黃帝問於少師曰：余嘗聞人有陰陽，何謂陰人?何謂陽人?
351.《通天　第七十二》黃帝曰：願略聞其意，有賢人聖人，心能備而行之乎?
352.《通天　第七十二》黃帝曰：其不等者，可得聞乎?
353.《通天　第七十二》黃帝曰：治人之五態奈何?
354.《通天　第七十二》黃帝曰：夫五態之人者，相與毋故，卒然新會，未知其行也，何以別之?
355.《通天　第七十二》黃帝曰：別五態之人，奈何?
356.《官能　第七十三》黃帝問於岐伯曰：余聞九針於夫子，眾多矣不可勝數，餘推而論之……
357.《官能　第七十三》黃帝曰：用針之理，必知形氣之所在，左右上下，陰陽表_，血氣多少……
358.《官能　第七十三》雷公問於黃帝曰：針論曰：得其人乃傳，非其人勿言，何以知其可傳?
359.《官能　第七十三》黃帝曰：各得其人，任之其能，故能明其事。雷公曰：願聞官能奈何?
360.《官能　第七十三》黃帝曰：明目者，可使視色；聰耳者，可使聽音；捷疾辭語者……
361.《論疾診尺　第七十四》黃帝問岐伯曰：余欲無視色持脈，獨調其尺，以言其病，從外知內……
362.《刺節眞邪　第七十五》黃帝問於岐伯曰：余聞刺有五衛，奈何?
363.《刺節眞邪　第七十五》黃帝曰：夫子言五衛，余未知其意。
364.《刺節眞邪　第七十五》黃帝曰：刺衛言振埃，夫子乃言刺外經，去陽病，余不知其所謂也。
365.《刺節眞邪　第七十五》黃帝曰：善。取之何如?岐伯曰：取之天容。
366.《刺節眞邪　第七十五》黃帝曰：其咳上氣窮拙胸痛者，取之奈□轄Ｈ岐伯曰：取之廉泉。
367.《刺節眞邪　第七十五》黃帝曰：取之有數乎?岐伯曰：取天容者，無過一里，取廉泉者，血變……
368.《刺節眞邪　第七十五》黃帝曰：刺衛言發蒙，餘不得其意。夫發蒙者，耳無所聞，目無所見……
369.《刺節眞邪　第七十五》黃帝曰：善。願卒聞之。
370.《刺節眞邪　第七十五》黃帝曰：善。何謂聲聞於耳?
371.《刺節眞邪　第七十五》黃帝曰：善。此所謂弗見爲之，而無目視，見而取之，神明相得者也。
372.《刺節眞邪　第七十五》黃帝曰：刺衛言去爪，夫子乃言刺關節肢絡，願卒聞之。……帝曰：善。
373.《刺節眞邪　第七十五》黃帝曰：刺衛言徹衣，夫子乃言盡刺諸陽之奇俞，未有常處也。願卒聞之。
374.《刺節眞邪　第七十五》黃帝曰：善。取之奈何?
375.《刺節眞邪　第七十五》黃帝曰：善。
376.《刺節眞邪　第七十五》黃帝曰：刺衛言解惑，夫子乃言盡知調陰陽，補瀉有餘不足，相傾移也……
377.《刺節眞邪　第七十五》黃帝曰：善。取之奈何?
378.《刺節眞邪　第七十五》黃帝曰：善。請藏之靈蘭之室，不敢妄出也。
379.《刺節眞邪　第七十五》黃帝曰：余聞刺有五邪，何謂五邪?
380.《刺節眞邪　第七十五》黃帝曰：刺五邪奈何?
381.《刺節眞邪　第七十五》黃帝曰：官針奈何?
382.《刺節眞邪　第七十五》黃帝曰：有一脈生數十病者，或痛，或癰，或熱，或寒，或癢，或痺……
383.《刺節眞邪　第七十五》黃帝曰：余聞氣者，有眞氣，有正氣，有邪氣。何謂眞氣?
384.《衛氣行　第七十六》黃帝問於岐伯曰：願聞衛氣之行，出入之合，何如?
385.《衛氣行　第七十六》黃帝曰：衛氣之在於身也，上下往來不以期，候氣而刺之，奈何?

386.《九鍼論　第七十八》黃帝曰：余聞九針於夫子，衆多博大矣，余猶不能寤，敢問九針焉生……
387.《九鍼論　第七十八》黃帝曰：以針應九之數，奈何？
388.《九鍼論　第七十八》黃帝曰：針之長短有數乎？
389.《九鍼論　第七十八》黃帝曰：願聞身形，應九野，奈何？
390.《歲露論　第七十九》黃帝問於岐伯曰：經言夏日傷暑，秋病瘧，瘧之發以時，其故何也？
391.《歲露論　第七十九》黃帝曰：衛氣每至於風府，腠理乃發，發則邪入焉。
392.《歲露論　第七十九》黃帝曰：善。夫風之與瘧也，相與同類，而風常在，而瘧特以時休，何也……
393.《歲露論　第七十九》黃帝問於少師曰：余聞四時八風之中人也，故有寒暑……
394.《歲露論　第七十九》黃帝曰：有寒溫和適，腠理不開，然有卒病者，其故何也？
395.《歲露論　第七十九》黃帝曰：可得聞乎？
396.《歲露論　第七十九》黃帝曰：其有卒然暴死暴病者，何也？
397.《歲露論　第七十九》黃帝曰：願聞三虛。少師曰：乘年之衰，逢月之空，失時之和，因爲賊風……
398.《歲露論　第七十九》黃帝曰：善乎哉論！明乎哉道！請藏之金匱，命曰三實。然，此一夫之論也。
399.《歲露論　第七十九》黃帝曰：願聞歲之所以皆同病者，何因而然？
400.《歲露論　第七十九》黃帝曰：候之奈何？
401.《歲露論　第七十九》黃帝曰：虛邪之風，其所傷貴賤何如，候之奈何？
402.《大惑論　第八十》黃帝問於岐伯曰：余嘗上於淸冷之台，中階而顧，匍匐而前，則惑。
403.《大惑論　第八十》黃帝曰：余疑其然。余每之東苑，未曾不惑，去之則復……
404.《大惑論　第八十》黃帝曰：人之善忘者，何氣使然？
405.《大惑論　第八十》黃帝曰：人之善飢而不嗜食者，何氣使然？
406.《大惑論　第八十》黃帝曰：病而不得臥者，何氣使然？
407.《大惑論　第八十》黃帝曰：病目而不得視者，何氣使然？
408.《大惑論　第八十》黃帝曰：人之多臥者，何氣使然？。
409.《大惑論　第八十》黃帝曰：其非常經也，卒然多臥者，何氣使然？
410.《大惑論　第八十》黃帝曰：善。治此諸邪，奈何？
411.《癰疽　第八十一》黃帝曰：余聞腸胃受穀，上焦出氣，以溫分肉，而養骨節，通腠理。
412.《癰疽　第八十一》黃帝曰：願盡聞癰疽之形，與忌曰名。
413.《癰疽　第八十一》黃帝曰：夫子言癰疽，何以別之？
414.《癰疽　第八十一》黃帝曰：何謂疽？

39 於 陵 子

文献名：39. 於陵子

資料番号	伏羲	太皞	其他	女媧	其他	神農	炎帝	赤帝	其他	黃帝	軒轅氏	其他	顓頊	高陽	其他	注(左半葉) 注a	注b
1											1						
2																	
3	1																
計	1										1						

1　〈畏人〉

於陵子畏人。東田大夫曰：「仲尼亦有言，羽毛弗可與同羣。今子
畏我冠帶，將疇與倫？請殿其故。」於陵子永息撝沫，辟牖而言曰：「嘻
乎。夫噬螯蜇于賓俎，血肉胎于晏笑。淩柣而吳越趾趾者，曉且夜也。
彼沉世者，昧欲反之，顧復戚之可無畏耶？今大夫請其故。畏莫畏乎
大夫矣。」大夫曰：「奚畏。」於陵子曰：「予觀大夫，心山川乎，戰予
蹐涉也。貌桎梏乎，械子肢體也。睩鷹鸇乎，不知其欲也。言風雲乎，
不知其變也。夫如是，奚不畏也。」大夫曰：「亡行，故醜於德。然未
嘗毀，則公朝縣罪郊境。薰以形馬，則軒虞而下，將滅景與？非則人　　軒 虞
將畏子矣。」於陵子曰：「梶哉言大夫也。夫聖人弗以形形。以形而形
者，至今四海矣。以是不形予于景光，不貌予于淵監者，畏我也。然
猶未爾。謂神君混樸而辱予智，謂自然靡飭而放予禮。謂情素澄塞。
亡使美利刺吾耳。毀譽刃吾舌。由今且弗謂我存，懼未足不我畏也。
乃大夫徙知我之畏人，而未知我之畏我久矣。」

2　〈遺蓋〉

於陵子休于青丘之門。去而遺其蓋。天將雨。識者獲而馳反之於
陵子。於陵子曰：「我固忘蓋。子胡誣我蓋也？」識者曰：「何言乎誣
先生蓋也。適先生遺之青丘之門。方天雨，不忍先生亡蓋。因馳而反
馬。何言乎誣先生蓋也。於陵子笑曰：「子隘矣。夫帝唐一旦謝九五而　　帝唐
天下不有也。吾既遺之矣。惡得有之以重于天下哉。」行遂不顧。天大
雨。識者曰：「雨既降矣。吾將與先生胥而庇之。」於陵子曰：「齊君與
吾同姓，不以賤而庇其貴。齊卿與吾伯仲，不以貧而庇其富。今一雨

文献名：39. 於陵子

帝嚳	高辛	其他	堯	陶唐	其他	舜	有虞	其他	禹	其他	三皇	五帝	注(右半葉) 注e	注(右半葉) 注f	参考	資料番号
							1									1
				1												2
												1				3
				1			1					1				計

之患不加於貧賤，而半蓋之庇卒重於富貴。非吾不庇于人之意也。請子庇子之蓋。我庇我之意而已。」

3 〈大盜〉

有淵人亡珠于市。於陵子過之而疑焉。遂聽直于市長。於陵子澤色亡與辯也。市長投座起曰：「此於陵先生也。天下所共與廉者。今子獨穢及焉。吾怵汝尸巷衎矣。」於陵子漂涕交臆，愁不荷言。市長曰：「夫貌不舉于知心，神不抑于昧已。固眞人不爲世撼也。今亡行亡敢謂知先生而廉先生。彼淵人不足謂昧先生而盜先生。然欣戚偭施，庸有以耶。」於陵子蹙然曰：「夫木不戎于斧斤而戎乎桁械者，爲身害小而爲名害大也。今珠吾沒齒悼盜。孰與廉吾百世盜耶？蓋沒齒易盡，百世亡忘。亡忘誠所悲也。」市長曰：「夫行由表立，名捷景赴。廉奚盜也。」於陵子曰：「子不聞赫胥之上，大道百行，匹夫共而不有。庖 庖羲
羲之下，元風夏德，至人有而不矜。迨夫五帝鑿民，心心自私。于是 五帝
道德行于五品相委，盜知術于蒙樸未開。公輸巧而衆人愚，離朱明而天下瞽矣。且其不近盜之日月，而久盜之天地，久不已也，則聲盜之雷霆。聲不已也，則鬼盜之神明。茲其情貌。非古今所謂大盜耶。今天下不幸而旅去其廉，獨使大盜歸我哀微肩矣。」須臾有拾遺者聞之，以其珠歸市長。市長曰：「於陵先生方悲盜廉也。請子亡盜義。我其敢盜能聽也哉。」

40 商君書

文献名：40. 商君書

資料番号	伏羲	太皞	其他	女媧	其他	神農	炎帝	赤帝	其他	黄帝	軒轅氏	其他	顓頊	高陽	其他	注(左半葉) 注a	注b
1	1					1				1							
2						2											
3						1											
4																	
5																	
6																	
7			1(a)			3				3						昊英	
8																	
9																	
10																	
11																	
計	1		1			7				4							

献名：40. 商君書

嚳	高辛	其他	堯	陶唐	其他	舜	有虞	其他	禹	其他	三皇	五帝	注(右半葉) 注e	注f	参考	資料番号
			1			1										1
			2			2										2
																3
			2													4
			1			1										5
			1			1										6
																7
			1			1										8
									1							9
			1													10
			2			2			1							11
			11			8			2							計

40 商君書

1 《第一　更法》

孝公平畫，公孫鞅、甘龍、杜摯三大夫御於君，慮世事之變，討正法之本，使民之道。

君曰：「代立不忘社稷，君之道也；錯法務民主長，臣之行也。今吾欲變法以治，更禮以教百姓，恐天下之議我也。」

公孫鞅曰：……

公孫鞅曰：「前世不同教，何古之法？帝王不相復，何禮之循？伏　伏羲
羲神農教而不誅，黃帝堯舜誅而不怒，及至文武，各當時而立法，因　神農 黃帝
事而制禮。禮法以時而定，制令各順其宜，兵甲器備各便其用。臣故
曰：『治世不一道，便國不必法古。』湯武之王也，不循古而興；商夏
之滅也，不易禮而亡。然則反古者未可必非，循禮者未足多是也。君
無疑矣。」

2 《第六　算地》

今則不然。世主之所以加務者，皆非國之急也。身有堯舜之行，　堯 舜
而功不及湯武之略，此執柄之罪也。臣請語其過。夫治國舍勢而任說
說，則身修而功寡。故事詩書談說之士，則民游而輕其君；事處士，
則民追而非其上；事勇士，則民競而輕其禁；投藝之民用則民剽而易
徙；商賈之事佚且利，則民緣而議其上。故五民者加於國用，則田荒
而兵弱。談說之士，資在於口；處士，資在於意；勇士，資在於氣；
技藝之士，資在於手；商賈之士，資在於身。故天子一宅，而環身資
民；資重於身，而偏託勢於外。挾重資，歸偏家，堯舜之所難也；故　堯 舜
湯武禁之，則功立而名成。聖人非能以世之所易，勝其所難也；必以
其所難，勝其所易。故民愚，則智可以勝之；世智，則力可以勝之。
民愚，則易力而難巧；世巧，則易智而難力。故神農教耕而王天下，　神農
師其智也；湯武致強而征諸侯，服其力也。今世巧而民淫，方倣湯武
之時，而行神農之事，以隨世禁，故千乘式亂。此其所加務者，過也。　神農

3 《第七　開塞》

故曰：「王道有繩。」夫王道一端，而臣道亦一端；所道則異，而
所繩則一也。故曰：「民愚，則智可以王；世智，則力可以王。」民愚，
則力有餘而智不足；世智，則巧有餘而力不足。民之生，不智則學，
力盡而服。故神農教耕而王天下，師其知也；湯武致強而征諸侯，服　神農
其力也。夫民愚，不懷智而問；世智，無餘力而服。故以愛王天下者，
并刑；力征諸侯者，退德。

4 《第十四　修權》

世之爲治者，多釋法而任私議，此國之所以亂也。先王縣權衡，立尺寸，而至今法之，其分明也。夫釋權衡而斷輕重，廢尺寸而意長短，雖察，商賈不用，爲其不必也。夫倍法度而任私議，皆不類者也。不以法論智能賢不肖者，唯堯，而世不盡爲堯，是故先王知自議譽私之不可任也，故立法明分，中程者賞之，毀公者誅之。賞誅之法，不失其議，故民不爭。授官予爵，不以其勞，則忠臣不進。行賞賦祿，不稱其功，則戰士不用。　堯 堯

5 《第十四　修權》

凡人臣之事君也，多以主所好事君。君好法，則臣以法事君；君好言，則臣以言事君。君好法，則端直之士在前；君好言，則毀譽之臣在側。公私之分明，則小人不疾賢，而不肖者不妬功。故堯舜之位天下也，非私天下之利也，爲天下位天下也。論賢舉能而傳焉，非疏父子，親越人也，明於治亂之道也。故三王以義親，五伯以法正諸侯，皆非私天下之利也，議爲天下治天下。是故擅其名，而有其功，天下樂其政，而莫之能傷也。今亂世之君臣，區區然皆擅一國之利，而當一官之重，以便其私，此國之所以危也。故公私之敗，存亡之本也。　堯 舜

6 《第十五　徠民》

齊人有東郭敞者，猶多願，願有萬金。其徒請賙焉，不與，曰：「吾將以求封也。」其徒怒而去之宋，曰：「此無於愛也，故不如與之有也。」今晉有民，而秦愛其復，此愛非其有以失其有也，豈異東郭敞之愛非其有以亡其徒乎？且古有堯舜，當時而見稱；中世有湯武，在位而民服。此三王者，萬世之所稱以爲聖王者也。然其道猶不能取用於後。今復之三世，而三晉之民可盡也，是非王賢力今時，而使後世爲王用乎？然則非聖別說，而聽聖人難也。　堯 舜

7 《第十八　畫策》

昔者昊英之世，以伐木殺獸，人民少而木獸多。黃帝之世，不麛不卵，官無供備之民，死不得用槨。事不同，皆王者，時異也。神農之世，公耕而食，婦織而衣，刑政不用而治，甲兵不起而王。神農既沒，以強勝弱，以衆暴寡。故黃帝作爲君臣上下之義，父子兄弟之禮，夫婦妃匹之合；內行刀鋸，外用甲兵，故時變也。由此觀之，神農非高於黃帝也，然其名尊者，以適於時也。故以戰去戰，雖戰可也；以殺去殺，雖殺可也；以刑去刑，雖重刑可也。　昊英 黃帝 神農 神農 黃帝 神農 黃帝

8 《第二十三　君臣》

古者未有君臣上下之時，民亂而不治。是以聖人別貴賤，制節爵位，立名號，以別君臣上下之義。地廣，民衆，萬物多，故分五官而守之。民衆而姦邪生，故立法制爲度量以禁之。是故有君臣之義，五官之分，法制之禁，不可不慎也。處君位而令不行，則危；五官分而無常，則亂；法制設而私善行，則民不畏刑。君尊則令行，官修則有常事，法制明則民畏刑。法制不明，而求民之行令也，不可得也。民不從令，而求君之尊也，雖堯舜之智，不能以治。明王之治天下也， 堯 舜
緣法而治，按功而賞。凡民之所疾戰不避死者，以求爵祿也。明君之治國也，士有斬首捕虜之功，必其爵足榮也，祿足食也。農不離廛者，足以養二親，治軍事。故軍士死節，而農民不偷也。

9 《第二十五　慎法》

凡世莫不以其所以亂者治。故小治而小亂，大治而大亂。人主莫能世治其民，世無不亂之國。奚謂以其所以亂者治？夫舉賢能，世之所以治也；而治之所以亂。世之所謂賢者，言正也；所以爲善正也，黨也。聽其言也，則公爲能；問其黨，以爲然。故貴之，不待其有功；誅之，不待其有罪也。此其勢，正使汚吏有資而成其姦險，小人有資而施其巧詐。初假吏民姦詐之本，而求端慤其末，禹不能以使十人之 禹
衆，庸主安能以御一國之民？彼而黨與人者，不待我而有成事者也。上舉一與民，民倍主位而嚮私交。倍主位而嚮私交，則君弱而臣強。君人者不察也，非侵於諸侯，必卻於百姓。彼言說之勢，愚智同學之。士學於言說之人，則民釋實事而誦虛詞。民釋實事而誦虛詞，則力少而非多。君人者不察也，以戰必損其將，以守必賣其城。

10 《第二十五　慎法》

千乘能以守者，自存也；萬乘能以戰者，自完也；雖桀爲主，不肯詘半辭以下其敵。外不能戰，內不能守，雖堯爲主，不能以不臣諧 堯
謂所不若之國。自此觀之，國之所以重，主之所以尊者，力也。於此戰二者，力本。而世主莫能致力者，何也？使民之所苦者無耕，危者無戰。二者，孝子難以爲其親，忠臣難以爲其君。今欲敺其衆民，與之孝子忠臣之所難，臣以爲非劫以刑，而敺以賞莫可。而今夫世俗治者，莫不釋法度而任辯慧，後功力而進仁義，民故不務耕戰。彼民不歸其力於耕，即食屈於內；不歸其節於戰，則兵弱於外。入而食屈於內，出而兵弱於外，雖有地萬里，帶甲百萬，與獨立平原一也。且先王能令其民蹈白刃，被矢石，其民之欲爲之，非如學之，所以避害。故吾教令民之欲利者，非耕不得；避害者，非戰不免。境內之民，莫不先觸耕戰而後得其所樂。故地少粟多，民少兵強。能行二者於境內，則霸王之道畢矣。

11 《第二十六　定分》

法令者，民之命也，爲治之本也，所以備民也。爲治而去法令，猶欲無饑而去食也，欲無寒而去衣也，欲東西行也，其不幾亦明矣。一兔走，百人逐之，非以兔也。夫賣者滿市，而盜不敢取，由名分已定也。故名分未定，堯舜禹湯且皆如物而逐之；名分已定，貪盜不取。 堯 舜 禹
今法令不明，其名不定，天下之人得議之，其議人異而無定。人主爲法於上，下民議之於下，是法令不定，以下爲正也。此所謂名分之不定也。夫名分不定，堯舜猶將皆折而姦之，而況衆人乎？此令姦惡大 堯 舜
起，人主奪威勢，之國滅社稷之道也。今先聖人爲書，而傳之後世，必師受之，乃知所謂之名；不師受之，而人以其心意議之，至死不能知其名與其意。故聖人必爲法令置官也，置吏也，爲天下師，所以定名分也。名分定，則大詐貞信，民皆愿慤，而各自治也。故夫名分定，勢治之道也；名分不定，勢亂之道也。故勢治者不可亂，勢亂者不可治。夫勢亂而治之愈亂，勢治而治之則治。故聖王治治不治亂。

41 尸 子

文献名：41. 尸子

資料番号	伏羲	太皞	其他	女媧	其他	神農	炎帝	赤帝	其他	黄帝	軒轅氏	其他	顓頊	高陽	其他	注(左半葉) 注a	注b
1																	
2																	
3																	
4																	
5																	
6																	
7																	
8	1																
9	1																
10						1											
11						2											
12						1											
13										2							
14										1							
15										1							
16																	
17																	
18																	
19																	
20																	
21																	
22																	
23																	
24																	
25																	
26																	
27																	
28																	
29																	
30																	
31										1							
32										1							
33										1							
34						1											
35																	
36																	
37																	
38																	
39																	
40																	

文献名：41.尸子

嚳	高辛	其他	堯	陶唐	其他	舜	有虞	其他	禹	其他	三皇	五帝	注(右半葉) 注e	注f	参考	資料番号
			1			2										1
			1			2	2									2
			2			2										3
			1				1									4
			3			4			1							5
			1			2			1							6
			2			2										7
																8
																9
																10
			1													11
																12
																13
																14
																15
			1													16
			1													17
			1													18
			5													19
						1										20
						1										21
			1			1										22
			1			2										23
						1										24
						1										25
						1										26
									2							27
									1							28
									1							29
									1							30
			1			1										31
							1									32
			1			1										33
							1									34
			1			1			1							35
						1										36
			2			2										37
			1													38
			1			1										39
						1										40

文献名：41. 尸子

資料番号	伏羲	太皞	其他	女媧	其他	神農	炎帝	赤帝	其他	黄帝	軒轅氏	其他	顓頊	高陽	其他	注(左半葉) 注a	注b
41																	
42										1							
43																	
44																	
45																	
計	2					5				8							

献名：41. 尸子

嚳	高辛	其他	堯	陶唐	其他	舜	有虞	其他	禹	其他	三皇	五帝	注(右半葉) 注e	注f	参考	資料番号
			1			1										41
																42
									2							43
									1							44
						1										45
			30			32	5		11							計

41 尸子

1 《卷上》〈明堂〉

夫高顯尊貴，利天下之徑也，非仁者之所以輕也。何以知其然耶？
日之能燭遠，勢高也。使日在井中，則不能燭十步矣。舜之方陶也， 舜
不能利其巷，及南面而君天下，蠻夷戎狄皆被其福。目在足下，則不
可以視矣。天高明，然後能燭臨萬物；地廣大，然後能載任群體。其
本不美，則其枝葉莖心不得美矣。此古今之大徑也。是故聖王謹修其
身以君天下，則天道至焉，地道稽焉，萬物度焉。

古者明王之求賢也，不避遠近，不論貴賤，卑爵以下賢，輕身以先
士。故堯從舜於畎畝之中，北面而見之，不爭禮貌。此先王之所以能 堯 舜
正天地、利萬物之故也。今諸侯之君，廣其土地之富，而奮其兵革之
強以驕士；士亦務其德行、美其道術以輕上。此仁者之所非也。曾子
曰：「取人者必畏，與人者必驕。」今說者懷畏，而聽者懷驕，以此行
義，不亦難乎！非求賢務士而能致大名於天下者，未之嘗聞也。夫士
不可妄致也。覆巢破卵，則鳳皇不至焉；刳胎焚夭，則麒麟不往焉；
竭澤漉魚，則神龍不下焉。夫禽獸之愚而不可妄致也，而況於火食之
民乎！是故曰：待士不敬，舉士不信，則善士不往焉。聽言耳目不瞿，
視聽不深，則善言不往焉。孔子曰：「大哉河海乎！」下之也。夫河下
天下之川故廣，人下天下之士故大。故曰：下士者得賢，下敵者得友，
下衆者得譽。故度於往古，觀於先王，非求賢務士而能立功於天下、
成名於後世者，未之嘗有也。夫求士不遵其道而能致士者，未之嘗見
也。然則先王之道可知已，務行之而已矣。（《群書治要》卷三十六）

2 《卷上》〈分〉

明王之道易行也。勞不進一步，聽獄不後皋陶；食不損一味，富民
不後虞舜；樂不損一日，用兵不後湯武。書之不盈尺簡，南面而立， 虞舜
一言而國治，堯舜復生，弗能更也。身無變而治，國無變而王，湯武 堯 舜
復生，弗能更也。執一之道，去智與巧。有虞之君天下也，使天下貢 有虞
善；殷周之君天下也，使天下貢才。夫至衆賢而能用之，此有虞之盛 有虞
德也。

3 《卷上》〈發蒙〉

明君之立也正，其貌莊，其心虛，其視不躁，其聽不淫，審分應
辭以立於廷，則隱匿疏遠雖有非焉，必不多矣。明君不用長耳目，不
行間諜，不強聞見，形至而觀，聲至而聽，事至而應。近者不過則遠
者治矣，明者不失則微者敬矣。家人子姪和，臣妾力，則家富，丈人

雖厚衣食無傷也。子姪不和，臣妾不力，則家貧，丈人雖薄衣食無益也，而況於萬乘之君乎！國之所以不治者三：不知用賢，此其一也；雖知用賢，求不能得，此其二也；雖得賢，不能盡，此其三也。正名以御之，則堯舜之智必盡矣；明分以示之，則桀紂之暴必止矣。賢者盡，暴者止，則治民之道不可以加矣。聽朝之道，使人有分。有大善者，必問其孰進之；有大過者，必問其孰任之；而行賞罰焉，且以觀賢不肖也。今有大善者不問孰進之，有大過者不問孰任之，則有分無益已。問孰任之而不行賞罰，則問之無益已。是非不得盡見謂之蔽，見而弗能知謂之虛，知而弗能賞謂之縱。三者，亂之本也。明分則不蔽，正名則不虛，賞賢罰暴則不縱。三者，治之道也。於群臣之中，賢則貴之，不肖則賤之；治則使之，不治則口之；忠則愛之，不忠則罪之。賢不肖，治不治，忠不忠，以道觀之，由白黑也。陳繩而斲之，則巧拙易知也。夫觀群臣亦有繩，以名引之，則雖堯舜不服矣。慮事而當，不若進賢；進賢而當，不若知賢。知賢又能用之，備矣！治天下之要，在於正名。正名去僞，事成若化。苟能正名，天成地平。爲人臣者以進賢爲功，爲人君者以用賢爲功。爲人臣者進賢，是自爲置上也。自爲置上而無賞，是故不爲也。進不肖者，是自爲置下也。自爲置下而無罪，是故爲之也。使進賢者必有賞，進不肖者必有罪，無敢進也者爲無能之人。若此，則必多進賢矣。（《群書治要》卷三十六）

堯 舜

堯 舜

4 《卷上》〈治天下〉

治天下有四術：一曰忠愛，二曰無私，三曰用賢，四曰度量。度量通，則財足矣：用賢，則多功矣；無私，百智之宗也；忠愛，父母之行也。奚以知其然？父母之所畜子者，非賢強也，非聰明也，非俊智也。愛之憂之，欲其賢己也，人利之與我利之無擇也，此父母所以畜子也。然則愛天下欲其賢己也，人利之與我利之無擇也，則天下之畜亦然矣，此堯之所以畜天下也。

堯

有虞氏盛獨，見人有善，如己有善；見人有過，如己有過。天無私於物，地無私於物，襲此行者謂之天子。誠愛天下者得賢。奚以知其然也？弱子有疾，慈母之見秦醫也，不爭禮貌：在囹圄，其走大吏也，不愛資財。視天下若子，是故其見醫者，不爭禮貌：其奉養也，不愛資財。故文王之見太公望也，一日五反：桓公之奉管仲也，列城有數。此所以國甚僻小，身至穢污，而爲正於天下也。鄭簡公謂子産曰：「飲酒之不樂，鍾鼓之不鳴，寡人之任也；國家之不乂，朝廷之不治，與諸侯交之不得志，子之任也。子無入寡人之樂，寡人無入子之朝。」自是已來，子産治鄭，城門不閉，國無盜賊，道無餓人。孔子曰：「若鄭簡公之好樂，雖抱鍾而朝可也。」夫用賢，身樂而名附，事少而功多，國治而能逸。

有虞氏

5 《卷上》〈仁意〉

治水潦者禹也，播五種者后稷也，聽獄折衷者皋陶也。舜無爲也，而天下以爲父母，愛天下莫甚焉。天下之善者，惟仁也。夫喪其子者，苟可以得之，無擇人也。仁者之於善也亦然。是故堯舉舜於畎畝，湯舉伊尹於雍人。內舉不避親，外舉不避讎。仁者之於善也，無擇也，無惡也，惟善之所在。堯問於舜曰：「何事？」舜曰：「事天。」問：「何任？」曰：「任地。」問：「何務？」曰：「務人。」平地而注水，水流溼，均薪而施火，火從燥，召之類也。是故堯爲善而衆美至焉，桀爲非而衆惡至焉。（《群書治要》卷三十六） 禹 舜 堯 舜 堯 舜 舜 堯

6 《卷上》〈綽子〉

堯養無告，禹愛辜人，湯武及禽獸，此先王之所以安危而懷遠也。聖人於大私之中也爲無私，其於大好惡之中也爲無好惡。舜曰：「南風之薰兮，可以解吾民之慍兮！」舜不歌禽獸而歌民。湯曰：「朕身有罪，無及萬方；萬方有罪，朕身受之。」湯不私其身而私萬方。文王曰：「苟有仁人，何必周親。」文王不私其親而私萬國。先王非無私也，所私者與人不同也。（《群書治要》卷三十六） 堯 禹 舜 舜

7 《卷上》〈處道〉

孔子曰：「欲知則問，欲能則學，欲給則豫，欲善則肆。國亂，則擇其邪人而去之，則國治矣；胸中亂，則擇其邪欲而去之，則德正矣。天下非無盲者也，美人之貴，明目者衆也；天下非無聾者也，辨士之貴，聰耳者衆也；天下非無亂人也，堯舜之貴，可教者衆也。」孔子曰：「君者盂也，民者水也，盂方則水方，盂圓則水圓。」上何好而民不從！昔者，句踐好勇而民輕死，靈王好細腰而民多餓。夫死與餓，民之所惡也，君誠好之，百姓自然，而況仁義乎！桀紂之有天下也，四海之內皆亂，而關龍逢、王子比干不與焉；而謂之皆亂，其亂者衆也。堯舜之有天下也，四海之內皆治，而丹朱、商均不與焉；而謂之皆治，其治者衆也。故曰：君誠服之，百姓自然；卿大夫服之，百姓若逸；官長服之，百姓若流。夫民之可教者衆，故曰猶水也。 堯 舜 堯 舜

8 《卷下》

虙犧氏之世，天下多獸，故教民以獵。（《廣韻，二十九葉》、《太平御覽》八百三十二、《北堂書鈔》十、《路史・後紀一》） 虙犧氏

9 《卷下》

伏羲始畫八卦，列八節而化天下。（《北堂書鈔・歲時部》） 伏羲

10 《卷下》
神農氏治天下，欲雨則雨。五日爲行雨，旬爲穀雨，旬五日爲時 神農氏
雨。正四時之制，萬物咸利，故謂之神。（《藝文類聚》二、《太平御覽》十、八百七十二、《路史・後紀三》注、<餘論一>）

11 《卷下》
神農氏夫負妻戴以治天下。堯曰：「朕之比神農，猶旦與昏也。」（《太 神農氏 堯
平御覽・皇王部》） 神農

12 《卷下》
神農氏七十世有天下，豈每世賢哉？牧民易也。（《太平御覽・皇 神農氏
王部》）

13 《卷下》
子貢問孔子曰：「古者黃帝四面，信乎？」孔子曰：「黃帝取合己 黃帝 黃帝
者四人，使治四方。不謀而親，不約而成，大有成功。此之謂四面也。」（《太平御覽・皇王部》、<人事部>）

14 《卷下》
黃帝斬蚩尤於中冀。（《事物紀原》十） 黃帝

15 《卷下》
四夷之民，有貫匈者，有深目者，有長肱者。黃帝之德嘗致之。（《山 黃帝
海經・海外南經》注）

16 《卷下》
堯有建善之旌。（《初學記・政理部》） 堯

17 《卷下》
堯立誹謗之木。（《史記・孝文本紀》索隱、<後紀十一>注） 堯

18 《卷下》
堯南撫交阯，北懷幽都，東西至日月之所出入，有餘日而不足於 堯
治者，恕也。（《荀子・王霸篇》注）

19 《卷下》
人之言君天下者，瑤臺九累，而堯白屋；黼衣九種，而堯大布； 堯 堯
宮中三市，而堯鶉居；珍羞百種，而堯糲飯菜粥；騏驎青龍，而堯素 堯 堯 堯

車玄駒。(《太平御覽》八十、《文選・辨命論》注)

20 《卷下》

舜兼愛百姓，務利天下。其田歷山也，荷彼耒耜，耕彼南畝，與 舜
四海俱有其利。其漁雷澤也，旱則爲耕者鑿瀆，儉則爲獵者表虎。故
有光若日月，天下歸之若父母。(《太平御覽》八十一)

21 《卷下》

舜事親養老，爲天下法。其遊也得六人，曰雒陶、方回、續牙、 舜
伯陽、東不識、秦不空，皆一國之賢者也。(《漢書・古今人表》注、《北
堂書鈔・設官部》、《太平御覽・皇王部》)

22 《卷下》

舜一徙成邑，再徙成都，三徙成國。其致四方之士，堯聞其賢， 舜 堯
徵之草茅之中。與之語禮樂而不逆；與之語政，至簡而易行；與之語
道，廣大而不窮。於是妻之以媓，媵之以娥，九子事之而託天下焉。(《藝
文類聚・帝王部》、《太平御覽・皇王部》〈皇親部〉、〈州郡部〉)

23 《卷下》

舜受天下，顏色不變；堯以天下與舜，顏色不變。知天下無能損 舜 堯 舜
益於己也。(《太平御覽・皇王部》)

24 《卷下》

務成昭之教舜曰：「避天下之逆，從天下之順，天下不足取也；避 舜
天下之順，從天下之逆，天下不足失也。」(《荀子・大略篇》注)

25 《卷下》

舜云：「從道必吉，反道必凶，如影如響。」(《太平御覽・皇王部》) 舜

26 《卷下》

舜舉三后而四死除。何爲四死：飢渴、寒暍、勤勞、鬬爭。(《太 舜
平御覽・皇王部》)

27 《卷下》

古者龍門未闢，呂梁未鑿，河出於孟門之上，大溢逆流，無有邱
陵，高阜滅之，名曰洪水。禹於是疏河決江，十年不窺其家。手不爪， 禹
脛不生毛，生偏枯之病，步不相過，人曰禹步。(《山海經》三注、《荀 禹
子・非相篇》注、《太平御覽》四十、八十二、《天中記》十一)

28 《卷下》

禹治水，爲喪法曰：「毀必杖，哀必三年。」是則水不救也。故使死於陵者葬於陵，死於澤者葬於澤。桐棺三寸，制喪三日。（《後漢書・王符傳》注、《宋書・禮志》、《太平御覽・禮儀部》） 禹

29 《卷下》

禹興利除害，爲萬民種也。（《文選・曹子建〈求自試表〉》注） 禹

30 《卷下》

禹長頸鳥喙，面貌亦惡矣，天下從而賢之者，好學也。（《初學記》九、又十九、《太平御覽》八十二、三百六十五、三百六十九、三百八十二） 禹

31 《卷下》

人之欲見毛嬙、西施，美其面也。夫黃帝、堯、舜、湯、武美者，非其面也，人之所欲觀焉，其行也；所欲聞焉，其言也。而言之與行，皆在《詩》、《書》矣。（《太平御覽・皇王部》） 黃帝 堯 舜

32 《卷下》

黃帝曰合宮，有虞氏曰總章，殷人曰陽館，周人曰明堂，此皆所以名休其善也。（《初學記》十三、《藝文類聚》三十八、《太平御覽》五百三十三、《隋書・宇文愷傳》、《唐會要》十一、《事物紀原》二、< 後紀十二> 注） 黃帝 有虞氏

33 《卷下》

欲觀黃帝之行於合宮，觀堯舜之行於總章。（《文選・東京賦》注） 黃帝 堯 舜

34 《卷下》

有虞氏身有南畝，妻有桑田；神農並耕而王，所以勸耕也。（《北堂書鈔・帝王部》、《藝文類聚・產業部》、《太平御覽・資産部》） 有虞氏 神農

35 《卷下》

堯瘦，舜墨，禹脛不生毛，文王至日昃不暇飲食。故富有天下，貴爲天子矣。（《太平御覽・皇王部》） 堯 舜 禹

36 《卷下》

昔者，舜兩眸子，是謂重明。作事成法，出言成章。（《荀子・非相篇》注、《太平御覽》八十一、三百六十六） 舜

37 《卷下》

夫堯舜所起，至治也；湯武所起，至亂也。問其成功孰治，則堯舜治；問其孰難，則湯武難。（《太平御覽》七十七） 堯 舜 堯 舜

38 《卷下》

人戴冠躡履，譽堯非桀，敬士侮慢。故敬侮之，譽毀知，非其取也。（《太平御覽・皇王部》） 堯

39 《卷下》

夫馬者，良工御之，則和馴端正，致遠道矣；僕人御之，則馳奔毀車矣。民者，譬之馬也。堯舜御之，則天下端正；桀紂御之，則天下奔歷山。（《太平御覽・工藝部》） 堯 舜

40 《卷下》

蒲衣生八年，舜讓以天下；周王太子晉生八年而服師曠。（《莊子・應帝王篇》釋文、《太平御覽・人事部》） 舜

41 《卷下》

賢者之於義，曰：「貴乎？義乎？」曰：「義。」是故堯以天下與舜。曰：「富乎？義乎？」曰：「義。」是故子罕以不受玉爲寶。曰：「生乎？義乎？」曰：「義。」是故務光投水而殪。三者人之所重，而不足以易義。（《太平御覽》四百二十一、《天中記》六） 堯 舜

42 《存疑》

黄帝時，公玉帶造合宮明堂，見尸子。（《元和姓纂》十、《通志・氏族略四》） 黄帝

43 《存疑》

禹理洪水，觀於河，見白面長人魚身。出曰：「吾河精也。」授禹《河圖》而還於淵中。（《廣博物志》十四） 禹 禹

44 《存疑》

禹有進善之鼓，備訊唉也。（《升庵外集》六十四） 禹

45 《存疑》

虞舜灰於常羊，什器於壽邱，就時於負夏，未嘗暫息。頓邱買貴，於是販於頓邱；傳虛賣賤，於是債於傳虛。以均救之。（《繹史》十） 虞舜

42 孟 子

文献名：42. 孟子

資料番号	伏羲	太皞	其他	女媧	其他	神農	炎帝	赤帝	其他	黃帝	軒轅氏	其他	顓頊	高陽	其他	注(左半葉) 注a	注b
1																	
2																	
3																	
4																	
5						1											
6																	
7																	
8																	
9																	
10																	
11																	
12																	
13																	
14																	
15																	
16																	
17																	
18																	
19																	
20																	
21																	
22																	
23																	
24																	
25																	
26																	
27																	
28																	
29																	
30																	
31																	
32																	
33																	
34																	
35																	
36																	
37																	
38																	
39																	
40																	

献名：42. 孟子

嚳	高辛	其他	堯	陶唐	其他	舜	有虞	其他	禹	其他	三皇	五帝	注(右半葉) 注e	注f	参考	資料番号
			1			1										1
						1			1							2
			1			1										3
			1			2										4
			6		1(e)	6			3				放勳			5
			1			1										6
			2			1			3							7
			1			1										8
			3			2										9
						1										10
						2										11
						1										12
						1										13
									1							14
									2							15
						3										16
									4							17
			1			1										18
						5										19
						10										20
						2										21
			5		1(e)	6							放勛			22
			10			8										23
			3	1		9	1		11							24
			7			7										25
			1			1										26
						2										27
			1			2										28
			1			1										29
			6			2										30
						1										31
			1			1										32
			2			2										33
									3							34
						1										35
						1										36
						2										37
			1			1										38
						5										39
			2			2										40

文献名：42. 孟子

資料番号	伏羲	太皞	其他	女媧	其他	神農	炎帝	赤帝	其他	黄帝	軒轅氏	其他	顓頊	高陽	其他	注(左半葉) 注a	注b
41																	
42																	
43																	
44																	
45																	
計						1											

文献名：42. 孟子

帝嚳	高辛	其他	堯	陶唐	其他	舜	有虞	其他	禹	其他	三皇	五帝	注(右半葉) 注e	注f	参考	資料番号
						1										41
									1							42
			1			1										43
			1			1										44
			1			1			1							45
			60	1	2	100	1		30							計

42 孟子

1 《卷三　公孫丑上》

公孫丑問曰：「夫子加齊之卿相，得行道焉，雖由此霸王不異矣。如此，則動心否乎？」

孟子曰：「否。我四十不動心。」

……

「敢問夫子惡乎長？」

曰：「我知言，我善養吾浩然之氣。」

「敢問何謂浩然之氣？」

……

「宰我、子貢善爲說辭，冉牛、閔子、顏淵善言德行。孔子兼之，曰：『我於辭命則不能也。』然則夫子既聖矣乎？」

曰：「惡！是何言也？昔者子貢、問於孔子曰：『夫子聖矣乎？』孔子曰：『聖則吾不能，我學不厭而教不倦也。』子貢曰：『學不厭，智也；教不倦，仁也。仁且智，夫子既聖矣！』夫聖，孔子不居，是何言也？」

「昔者竊聞之：子夏、子游、子張皆有聖人之一體，冉牛、閔子、顏淵則具體而微。敢問所安。」

曰：「姑舍是。」

曰：「伯夷、伊尹何如？」

曰：「不同道。非其君不事，非其民不使；治則進，亂則退，伯夷也。何事非君，何使非民；治亦進，亂亦進，伊尹也。可以仕則仕，可以止則止，可以久則久，可以速則速，孔子也。皆古聖人也，吾未能有行焉；乃所願，則學孔子也。」

「伯夷、伊尹於孔子，若是班乎？」

曰：「否。自有生民以來，未有孔子也。」

曰：「然則有同與？」

曰：「有。得百里之地而君之，皆能以朝諸侯有天下。行一不義、殺一不辜而得天下，皆不爲也。是則同。」

曰：「敢問其所以異？」

曰：「宰我、子夏、有若，智足以知聖人，汙不至阿其所好。宰我曰：『以予觀於夫子，賢於堯、舜遠矣。』子貢曰：『見其禮而知其政， 堯 舜
聞其樂而知其德，由百世之後，等百世之王，莫之能違也。自生民以來，未有夫子也。』有若曰：『豈惟民哉？麒麟之於走獸，鳳凰之於飛鳥，泰山之於丘垤，河海之於行潦，類也。聖人之於民，亦類也。出於其類。拔乎其萃，自生民以來，未有盛於孔子也。』」

2 《卷三　公孫丑上》

孟子曰：「子路，人告之以有過，則喜。禹聞善言，則拜。大舜有大焉，善與人同，舍己從人，樂取於人以爲善。自耕稼、陶、漁以至爲帝，無非取於人者。取諸人以爲善，是與人爲善者也。故君子莫大乎與人爲善。」 禹 舜

3 《卷三　公孫丑上》

孟子將朝王，王使人來曰：「寡人如就見者也，有寒疾，不可以風。朝，將視朝，不識可使寡人得見乎？」

對曰：「不幸而有疾，不能造朝。」

明日出弔於東郭氏。公孫丑曰：「昔者辭以病，今日弔，或者不可乎？」

曰：「昔者疾，今日愈，如之何不弔？」

王使人問疾，醫來。

孟仲子對曰：「昔者有王命，有采薪之憂，不能造朝。今病小愈，趨造於朝，我不識能至否乎？」

使數人要於路，曰：「請必無歸，而造於朝！」

不得已而之景丑氏宿焉。

景子曰：「內則父子，外則君臣，人之大倫也。父子主恩，君臣主敬。丑見王之敬子也，未見所以敬王也。」

曰：「惡！是何言也！齊人無以仁義與王言者，豈以仁義爲不美也？其心曰：『是何足與言仁義也。』云爾，則不敬莫大乎是。我非堯舜之道不敢以陳於王前。故齊人莫如我敬王也。」 堯 舜

景子曰：「否，非此之謂也。禮曰：『父召，無諾；君命召，不俟駕。』固將朝也，聞王命而遂不果，宜與夫禮若不相似然。」

曰：「豈謂是與？曾子曰：『晉楚之富，不可及也。彼以其富，我以吾仁；彼以其爵，我以吾義，吾何慊乎哉？』夫豈不義而曾子言之？是或一道也。天下有達尊三：爵一，齒一，德一。朝廷莫如爵，鄉黨莫如齒，輔世長民莫如德。惡得有其一，以慢其二哉？故將大有爲之君，必有所不召之臣。欲有謀焉，則就之。其尊德樂道，不如是不足以有爲也。故湯之於伊尹，學焉而後臣之，故不勞而王；桓公之於管仲，學焉而後臣之，故不勞而霸。今天下地醜德齊，莫能相尚。無他，好臣其所教，而不好臣其所受教。湯之於伊尹，桓公之於管仲，則不敢召。管仲且猶不可召，而況不爲管仲者乎？」

4 《卷五　滕文公上》

滕文公爲世子，將之楚，過宋而見孟子。孟子道性善，言必稱堯舜。 堯 舜

世子自楚反，復見孟子。孟子曰：「世子疑吾言乎？夫道一而已矣！成覸謂齊景公曰：『彼、丈夫也，我、丈夫也；吾何畏彼哉？』顏淵曰：『舜、何人也？予、何人也？有爲者亦若是。』公明儀曰：『文王，我師也；周公豈欺我哉？』今滕，絕長補短，將五十里也，猶可以爲善國。《書》曰：『若藥不瞑眩，厥疾不瘳。』」 舜

5 《卷五　滕文公上》

有爲神農之言者許行，自楚之滕，踵門而告文公曰：「遠方之人聞君行仁政，願受一廛而爲氓。」 神農

文公與之處。

其徒數十人，皆衣褐，捆屨，織席以爲食。

陳良之徒陳相與其弟辛負耒耜而自宋之滕，曰：「聞君行聖人之政，是亦聖人也，願爲聖人氓。」

陳相見許行而大悅，盡棄其學而學焉。

陳相見孟子，道許行之言曰：「滕君，則誠賢君也；雖然，未聞道也。賢者與民並耕而食，饔飧而治。今也滕有倉廩府庫，則是厲民而以自養也，惡得賢？」

孟子曰：「許子必種粟而後食乎？」

曰：「然。」

「許子必織布然後衣乎？」

曰：「否，許子衣褐。」

「許子冠乎？」

曰：「冠。」

曰：「奚冠？」

曰：「冠素。」

曰：「自織之與？」

曰：「否，以粟易之。」

曰：「許子奚爲不自織？」

曰：「害於耕。」

曰：「許子以釜甑爨，以鐵耕乎？」

曰：「然。」

「自爲之與？」

曰：「否，以粟易之。」

「以粟易械器者，不爲厲陶冶；陶冶亦以械器易粟者，豈爲厲農夫哉？且許子何不爲陶冶，舍皆取諸其宮中而用之？何爲紛紛然與百工交易？何許子之不憚煩？」

曰：「百工之事固不可耕且爲也。」

「然則治天下獨可耕且爲與？有大人之事，有小人之事。且一人

之身，而百工之所爲備，如必自爲而後用之，是率天下而路也。故曰：或勞心，或勞力；勞心者治人，勞力者治於人；治於人者食人，治人者食於人，天下之通義也。

「當堯之時，天下猶未平，洪水橫流，氾濫於天下；草木暢茂，禽獸繁殖，五穀不登，禽獸偪人，獸蹄鳥迹之道交於中國。堯獨憂之，舉舜而敷治焉。舜使益掌火，益烈山澤而焚之，禽獸逃匿。禹疏九河，瀹濟漯而注諸海，決汝漢，排淮泗而注之江，然後中國可得而食也。當是時也，禹八年於外，三過其門而不入，雖欲耕，得乎？ 堯 堯 舜 舜 禹 禹

后稷教民稼穡。樹藝五穀，五穀熟而民人育。人之有道也，飽食、煖衣、逸居而無教，則近於禽獸。聖人有憂之，使契爲司徒，教以人倫：父子有親，君臣有義，夫婦有別，長幼有序，朋友有信。放勳曰：『勞之來之，匡之直之，輔之翼之，使自得之，又從而振德之。』聖人之憂民如此，而暇耕乎？ 放勳

「堯以不得舜爲己憂，舜以不得禹皋陶爲己憂。夫以百畝之不易爲己憂者，農夫也。分人以財謂之惠，教人以善謂之忠，爲天下得人者謂之仁。是故以天下與人易，爲天下得人難。孔子曰：『大哉堯之爲君！惟天爲大，惟堯則之，蕩蕩乎民無能名焉！君哉舜也！巍巍乎有天下而不與焉！』堯舜之治天下，豈無所用其心哉？亦不用於耕耳。 堯 舜 舜 禹 堯 堯 舜 堯 舜

吾聞用夏變夷者，未聞變於夷者也。陳良，楚產也。悅周公、仲尼之道，北學於中國。北方之學者，未能或之先也。彼所謂豪傑之士也。子之兄弟事之數十年，師死而遂倍之。昔者孔子沒，三年之外，門人治任將歸，入揖於子貢，相嚮而哭，皆失聲，然後歸。子貢反，築室於場，獨居三年，然後歸。他日，子夏、子張、子游以有若似聖人，欲以所事孔子事之，彊曾子。曾子曰：『不可。江漢以濯之，秋陽以暴之，皜皜乎不可尚已。』今也南蠻鴃舌之人，非先王之道，子倍子之師而學之，亦異於曾子矣。吾聞出於幽谷遷于喬木者，未聞下喬木而入于幽谷者。魯頌曰：『戎狄是膺，荊舒是懲。』周公方且膺之，子是之學，亦爲不善變矣。」

「從許子之道，則市賈不貳，國中無僞。雖使五尺之童適市，莫之或欺。布帛長短同，則賈相若；麻縷絲絮輕重同，則賈相若；五穀多寡同，則賈相若；屨大小同，則賈相若。」
曰：「夫物之不齊，物之情也；或相倍蓰，或相什伯，或相千萬。子比而同之，是亂天下也。巨屨小屨同賈，人豈爲之哉？從許子之道，相率而爲僞者也，惡能治國家？」

6 《卷六　滕文公下》

彭更問曰：「後車數十乘，從者數百人，以傳食於諸侯，不以泰乎？」

孟子曰：「非其道，則一簞食不可受於人；如其道，則舜受堯之天 舜 堯

下不以爲泰，子以爲泰乎？」

曰：「否；士無事而食，不可也。」

曰：「子不通功易事，以羨補不足，則農有餘粟，女有餘布；子如通之，則梓匠輪輿皆得食於子。於此有人焉，入則孝，出則悌，守先王之道，以待後之學者，而不得食於子。子何尊梓匠輪輿而輕爲仁義者哉？」

曰：「梓匠輪輿，其志將以求食也；君子之爲道也，其志亦將以求食與？」

曰：「子何以其志爲哉？其有功於子，可食而食之矣。且子食志乎？食功乎？」曰：「食志。」

曰：「有人於此，毀瓦畫墁，其志將以求食也，則子食之乎？」曰：「否。」

曰：「然則子非食志也，食功也。」

7 《卷六　滕文公下》

公都子曰：「外人皆稱夫子好辯，敢問何也？」

孟子曰：「予豈好辯哉？予不得已也。天下之生久矣，一治一亂。
當堯之時，水逆行，氾濫於中國；蛇龍居之，民無所定；下者爲巢，　堯
上者爲營窟。《書》曰：『洚水警余。』洚水者、洪水也。使禹治之。禹　禹 禹
掘地而注之海，驅蛇龍而放之菹；水由地中行，江、淮、河、漢是也。
險阻既遠，鳥獸之害人者消，然後人得平土而居之。

「堯舜既沒，聖人之道衰，暴君代作，壞宮室以爲汙池，民無所　堯 舜
安息；棄田以爲園囿，使民不得衣食。邪說暴行又作，園囿、汙池、沛澤多而禽獸至。及紂之身，天下又大亂。周公相武王誅紂，伐奄三年討其君，驅飛廉於海隅而戮之，滅國者五十，驅虎、豹、犀、象而遠之，天下大悅。《書》曰：『丕顯哉，文王謨！丕承哉，武王烈！佑啓我後人，咸以正無缺。』

世衰道微，邪說暴行有作，臣弒其君者有之，子弒其父者有之。孔子懼，作春秋。春秋，天子之事也，是故孔子曰：『知我者，其惟春秋乎；罪我者，其惟春秋乎。』

聖王不作，諸侯放恣，處士橫議，楊朱墨翟之言，盈天下，天下之言，不歸楊則歸墨。楊氏爲我，是無君也；墨氏兼愛，是無父也。無父無君。是禽獸也。公明儀曰：『庖有肥肉，廄有肥馬，民有飢色，野有餓莩，此率獸而食人也。』楊墨之道不息，孔子之道不著，是邪說誣民，充塞仁義也。仁義充塞，則率獸食人，人將相食。吾爲此懼。閑先聖之道，距楊墨，放淫辭，邪說者，不得作，作於其心，害於其事，作於其事，害於其政，聖人復起，不易吾言矣。

「昔者禹抑洪水而天下平，周公兼夷狄，驅猛獸而百姓寧，孔子　禹

成《春秋》而亂臣賊子懼。《詩》云：『戎狄是膺，荊舒是懲，則莫我敢承。』無父無君，是周公所膺也。我亦欲正人心，息邪說，距詖行，放淫辭，以承三聖者；豈好辯哉？予不得已也。能言距楊墨者，聖人之徒也。」

8 《卷七　離婁上》

孟子曰：「離婁之明，公輸子之巧，不以規矩，不能成方員；師曠之聰，不以六律，不能正五音；堯舜之道，不以仁政，不能平治天下。 堯 舜
今有仁心仁聞而民不被其澤，不可法於後世者，不行先王之道也。故曰：徒善不足以爲政。徒法不能以自行。《詩》云：『不愆不忘，率由舊章。』遵先王之法而過者，未之有也。聖人既竭目力焉，繼之以規矩準繩，以爲方員平直，不可勝用也；既竭耳力焉，繼之以六律正五音，不可勝用也；既竭心思焉，繼之以不忍人之政，而仁覆天下矣。故曰：爲高必因丘陵，爲下必因川澤；爲政不因先王之道，可謂智乎？是以惟仁者宜在高位。不仁而在高位，是播其惡於衆也。上無道揆也，下無法守也，朝不信道，工不信度，君子犯義，小人犯刑，國之所存者幸也。故曰：城郭不完，兵甲不多，非國之災也；田野不辟，貨財不聚，非國之害也；上無禮，下無學，賊民興，喪無日矣。《詩》曰：『天之方蹶，無然泄泄。』泄泄猶沓沓也。事君無義，進退無禮，言則非先王之道者，猶沓沓也。故曰：責難於君謂之恭，陳善閉邪謂之敬，吾君不能謂之賊。」

9 《卷七　離婁上》

孟子曰：「規矩、方員之至也，聖人、人倫之至也。欲爲君，盡君道；欲爲臣，盡臣道。二者皆法堯舜而已矣。不以舜之所以事堯事君， 堯 舜 舜 堯
不敬其君者也；不以堯之所以治民治民，賊其民者也。孔子曰：『道二， 堯
仁與不仁而已矣。』暴其民甚，則身弒國亡；不甚，則身危國削。名之曰『幽』『厲』，雖孝子慈孫，百世不能改也。《詩》云：『殷鑒不遠，在夏后之世。』此之謂也。」

10 《卷七　離婁上》

孟子曰：「不孝有三，無後爲大。舜不告而娶，爲無後也。君子以 舜
爲猶告也。」

11 《卷七　離婁上》

孟子曰：「天下大悅而將歸己，視天下悅而歸己，猶草芥也，惟舜 舜
爲然。不得乎親，不可以爲人；不順乎親，不可以爲子。舜盡事親之 舜
道而瞽瞍•底豫，瞽瞍底豫而天下化，瞽瞍底豫而天下之爲父子者定，

此之謂大孝。」

12 《第八　離婁下》

孟子曰：「舜生於諸馮，遷於負夏，卒於鳴條，東夷之人也。文王 舜
生於岐周，卒於畢郢，西夷之人也。地之相去也，千有餘里；世之相
後也，千有餘歲。得志行乎中國，若合符節，先聖後聖，其揆一也。」

13 《第八　離婁下》

孟子曰：「人之所以異於禽獸者幾希，庶民去之，君子存之。舜明 舜
於庶物，察於人倫，由仁義行，非行仁義也。」

14 《第八　離婁下》

孟子曰：「禹惡旨酒而好善言。湯執中，立賢無方。文王視民如傷， 禹
望道而未之見。武王不泄邇，不忘遠。周公思兼三王，以施四事；其
有不合者，仰而思之，夜以繼日；幸而得之，坐以待旦。」

15 《第八　離婁下》

孟子曰：「天下之言性也，則故而已矣。故者以利爲本。所惡於智
者，爲其鑿也。如智者若禹之行水也，則無惡於智矣。禹之行水也， 禹 禹
行其所無事也。如智者亦行其所無事，則智亦大矣。天之高也，星辰
之遠也，苟求其故，千歲之日至，可坐而致也。」

16 《第八　離婁下》

孟子曰：「君子所以異於人者，以其存心也。君子以仁存心，以禮
存心。仁者愛人，有禮者敬人。愛人者，人恆愛之；敬人者，人恆敬
之。有人於此，其待我以橫逆，則君子必自反也；我必不仁也，必無
禮也，此物奚宜至哉？其自反而仁矣，自反而有禮矣，其橫逆由是也，
君子必自反也，我必不忠。自反而忠矣，其橫逆由是也，君子曰：『此
亦妄人也已矣。如此，則與禽獸奚擇哉？於禽獸又何難焉？』「是故，
君子有終身之憂，無一朝之患也。乃若所憂則有之；舜、人也，我、 舜
亦人也。舜爲法於天下，可傳於後世，我由未免爲鄉人也，是則可憂 舜
也。憂之如何？如舜而已矣。若夫君子所患則亡矣。非仁無爲也，非 舜
禮無行也。如有一朝之患。則君子不患矣。」

17 《第八　離婁下》

禹、稷當平世，三過其門而不入，孔子賢之。顏子當亂世，居於 禹
陋巷，一簞食，一瓢飲；人不堪其憂，顏子不改其樂，孔子賢之。孟
子曰：「禹、稷、顏回同道。禹思天下有溺者，由己溺之也；稷思天下 禹 禹

有飢者，由己飢之也，是以如是其急也。禹、稷、顏子易地則皆然。 禹
今有同室之人鬭者，救之，雖被髮纓冠而救之，可也；鄉鄰有鬭者，
被髮纓冠而往救之，則惑也，雖閉戶可也。」

18 《第八　離婁下》
　　儲子曰：「王使人瞯夫子，果有以異於人乎？」
　　孟子曰：「何以異於人哉？堯舜與人同耳。」 堯 舜

19 《卷九　萬章上》
　　萬章問曰：「舜往于田，號泣于旻天。何爲其號泣也？」 舜
　　孟子曰：「怨慕也。」
　　萬章曰：「『父母愛之，喜而不忘；父母惡之，勞而不怨。』然則舜 舜
怨乎？」
　　曰：「長息問於公明高曰：『舜往于田，則吾既得聞命矣。號泣于 舜
旻天，于父母，則吾不知也。』公明高曰：『是非爾所知也。』夫公明高
以孝子之心，爲不若是恝，我竭力耕田，共爲子職而已矣，父母之不
我愛，於我何哉？帝使其子九男二女，百官牛羊倉廩備，以事舜於畎 舜
畝之中，天下之士多就之者，帝將胥天下而遷之焉。爲不順於父母，
如窮人無所歸。天下之士悅之，人之所欲也，而不足以解憂；好色、
人之所欲，妻帝之二女，而不足以解憂，富、人之所欲，富有天下，
而不足以解憂；貴、人之所欲，貴爲天子，而不足以解憂。人悅之、
好色、富貴，無足以解憂者，惟順於父母可以解憂。人少，則慕父母；
知好色，則慕少艾；有妻子，則慕妻子；仕則慕君，不得於君則熱中。
大孝終身慕父母。五十而慕者，予於大舜見之矣。」 舜

20 《卷九　萬章上》
　　萬章問曰：「《詩》云：『娶妻如之何？必告父母。』信斯言也，宜
莫如舜。舜之不告而娶，何也？」 舜 舜
　　孟子曰：「告則不得娶，男女居室，人之大倫也。如告，則廢人之
大倫，以懟父母，是以不告也。」
　　萬章曰：「舜之不告而娶，則吾既得聞命矣；帝之妻舜而不告，何 舜 舜
也？」
　　曰：「帝亦知告焉則不得妻也。」
　　萬章曰：「父母使舜完廩，捐階，瞽瞍焚廩；使浚井，出，從而揜 舜
之。象曰：『謨蓋都君咸我績；牛羊父母，倉廩父母，干戈朕，琴朕，
弤朕；二嫂使治朕棲。』象往入舜宮，舜在床琴。象曰：『鬱陶思君爾。』 舜 舜
忸怩。舜曰：『唯茲臣庶，汝其于予治。』不識舜不知象之將殺己與？」 舜 舜
　　曰：「奚而不知也！象憂亦憂，象喜亦喜。」

曰：「然則舜僞喜者與？」 舜

曰：「否。昔者有饋生魚於鄭子產，子產使校人畜之池；校人烹之，反命曰：『始舍之，圉圉焉；少則洋洋焉；攸然而逝。』子產曰：『得其所哉！得其所哉！』校人出，曰：『孰謂子產智？予既烹而食之，曰：「得其所哉，得其所哉。」』故君子可欺以其方，難罔以非其道。彼以愛兄之道來，故誠信而喜之；奚僞焉？」

21 《卷九　萬章上》

萬章問曰：「象日以殺舜爲事，立爲天子則放之，何也？」 舜

孟子曰：「封之也；或曰，放焉。」

萬章曰：「舜流共工于幽州，放驩兜于崇山，殺三苗于三危，殛鯀 舜
于羽山，四罪而天下咸服，誅不仁也。象至不仁，封之有庳，有庳之人奚罪焉？仁人固如是乎，在他人則誅之。在弟則封之？」

曰：「仁人之於弟也，不藏怒焉，不宿怨焉，親愛之而已矣。親之，欲其貴也，愛之，欲其富也。封之有庳，富貴之也，身爲天子，弟爲匹夫，可謂親愛之乎？」

「敢問或曰放者，何謂也？」

曰：「象不得有爲於其國，天子使吏治其國，而納其貢稅焉，故謂之放，豈得暴彼民哉？雖然，欲常常而見之，故源源而來。『不及貢，以政接于有庳』，此之謂也。」

22 《卷九　萬章上》

咸丘蒙問曰：「語云：『盛德之士，君不得而臣，父不得而子。』舜 舜
南面而立，堯帥諸侯北面而朝之，瞽瞍亦北面而朝之。舜見瞽瞍，其 堯 舜
容有蹙。孔子曰：『於斯時也，天下殆哉，岌岌乎！』不識此語誠然乎哉？」

孟子曰：「否；此非君子之言，齊東野人之語也。堯老而舜攝也。 堯 舜
《堯典》曰：『二十有八載，放勛乃徂落，百姓如喪考妣，三年，四海 堯 放勛
遏密八音。』孔子曰：『天無二日，民無二王。』舜既爲天子矣，又帥天 舜
下諸侯以爲堯三年喪，是二天子矣！」 堯

咸丘蒙曰：「舜之不臣堯，則吾既得聞命矣。《詩》云：『普天之下， 舜 堯
莫非王土；率土之濱，莫非王臣。』而舜既爲天子矣，敢問瞽瞍之非臣 舜
如何？」

曰：「是詩也，非是之謂也；勞於王事而不得養父母也。曰：『此莫非王事，我獨賢勞也。』故說詩者，不以文害辭，不以辭害志。以意逆志，是爲得之。如以辭而已矣，《雲漢》之詩曰：『周餘黎民，靡有孑遺。』信斯言也，是周無遺民也。孝子之至，莫大乎尊親；尊親之至，莫大乎以天下養。爲天子父，尊之至也；以天下養，養之至也。《詩》

曰：『永言孝思，孝思維則。』此之謂也。《書》曰：『祇載見瞽瞍，夔
夔齋栗，瞽瞍亦允若。』是爲父不得而子也？」

23 《卷九　萬章上》

萬章曰：「堯以天下與舜，有諸？」　堯 舜

孟子曰：「否。天子不能以天下與人。」

「然則舜有天下也，孰與之？」　舜

曰：「天與之。」

「天與之者，諄諄然命之乎？」

曰：「否。天不言，以行與事示之而已矣。」

曰：「以行與事示之者，如之何？」

曰：「天子能薦人於天，不能使天與之天下；諸侯能薦人於天子，
不能使天子與之諸侯；大夫能薦人於諸侯，不能使諸侯與之大夫。昔
者，堯薦舜於天，而天受之；暴之於民，而民受之；故曰，天不言，　堯 舜
以行與事示之而已矣。」

「曰：敢問薦之於天，而天受之；暴之於民，而民受之，如何？」

曰：「使之主祭，而百神享之，是天受之，使之主事，而事治，百
姓安之，是民受之也。天與之，人與之，故曰，天子不能以天下與人。
舜相堯二十有八載，非人之所能爲也，天也。堯崩，三年之喪畢，舜　舜 堯 堯 舜
避堯之子於南河之南。天下諸侯朝覲者，不之堯之子而之舜；訟獄者，　堯 堯 舜
不之堯之子而之舜；謳歌者，不謳歌堯之子而謳歌舜，故曰，天也。　堯 舜 堯 舜
夫然後之中國，踐天子位焉。而居堯之宮，逼堯之子，是簒也，非天　堯 堯
與也。

《泰誓》曰：『天視自我民視，天聽自我民聽。』此之謂也。」

24 《卷九　萬章上》

萬章問曰：「人有言：『至於禹而德衰，不傳於賢，而傳於子。』有　禹
諸？」

孟子曰：「否，不然也；天與賢，則與賢；天與子，則與子。昔者
舜薦禹於天，十有七年，舜崩，三年之喪畢，禹避舜之子於陽城，天　舜 禹 舜 禹 舜
下之民從之，若堯崩之後不從堯之子而從舜也。禹薦益於天，七年，　堯 堯 舜 禹
禹崩，三年之喪畢，益避禹之子於箕山之陰。朝覲訟獄者不之益而之　禹 禹
啓，曰，『吾君之子也。』謳歌者不謳歌益而謳歌啓，曰，『吾君之子也。』
丹朱之不肖，舜之子亦不肖。舜之相堯、禹之相舜也，歷年多，施澤　舜 舜 堯 禹 舜
於民久。啓賢，能敬承繼禹之道。益之相禹也，歷年少，施澤於民未　禹 禹
久。舜、禹、益相去久遠，其子之賢不肖，皆天也，非人之所能爲也。　舜 禹
莫之爲而爲者，天也；莫之致而至者，命也。匹夫而有天下者，德必
若舜禹，而又有天子薦之者，故仲尼不有天下。繼世而有天下，天之　舜 禹

所廢，必若桀紂者也，故益、伊尹、周公不有天下。伊尹相湯以王於
天下，湯崩，太丁未立，外丙二年，仲壬四年，太甲顛覆湯之典刑，
伊尹放之於桐，三年，太甲悔過，自怨自艾，於桐處仁遷義，三年，
以聽伊尹之訓己也，復歸于亳。周公之不有天下，猶益之於夏，伊尹
之於殷也。孔子曰：『唐虞禪，夏后殷周繼，其義一也。』」 唐 虞

25 《卷九　萬章上》

萬章問曰：「人有言，『伊尹以割烹要湯，』有諸？」

孟子曰：「否，不然；伊尹耕於有莘之野，而樂堯舜之道焉。非其 堯 舜
義也，非其道也，祿之以天下，弗顧也；繫馬千駟，弗視也。非其義
也，非其道也，一介不以與人，一介不以取諸人。湯使人以幣聘之，
囂囂然曰：『我何以湯之聘幣爲哉？我豈若處畎畝之中，由是以樂堯舜 堯 舜
之道哉？』湯三使往聘之，既而幡然改曰：『與我處畎畝之中，由是以
樂堯舜之道，吾豈若使是君爲堯舜之君哉？吾豈若使是民爲堯舜之民 堯 舜 堯
哉？吾豈若於吾身親見之哉？天之生此民也，使先知覺後知，使先覺
覺後覺也。予、天民之先覺者也；予將以斯道覺斯民也。非予覺之，
而誰也？』思天下之民匹夫匹婦有不被堯舜之澤者，若己推而內之溝 堯 舜
中。其自任以天下之重如此，故就湯而說之以伐夏救民。吾未聞枉己
而正人者也，況辱己以正天下者乎？聖人之行不同也，或遠，或近；
或去，或不去；歸潔其身而已矣。吾聞其以堯舜之道要湯，未聞以割 堯 舜
烹也。《伊訓》曰：『天誅造攻自牧宮，朕載自亳。』」

26 《卷十　萬章下》

孟子曰：「伯夷、目不視惡色，耳不聽惡聲。非其君不事，非其民不使。治則進，亂則退。橫政之所出，橫民之所止，不忍居也。思與鄉人處，如以朝衣朝冠坐於塗炭也。當紂之時，居北海之濱，以待天下之清也。故聞伯夷之風者，頑夫廉，懦夫有立志。

「伊尹曰：『何事非君？何使非民？』治亦進，亂亦進。曰：『天之生斯民也，使先知覺後知，使先覺覺後覺。予、天民之先覺者也。
予將以此道覺此民也。』思天下之民匹夫匹婦有不與被堯舜之澤者，如 堯 舜
己推而內之溝中，其自任以天下之重也。

「柳下惠，不羞汙君，不辭小官。進不隱賢，必以其道。遺佚而不怨，阨窮而不憫。與鄉人處，由由然不忍去也。『爾爲爾，我爲我，雖袒裼裸裎於我側，爾焉能浼我哉？』故聞柳下惠之風者，鄙夫寬，薄夫敦。

「孔子之去齊，接淅而行；去魯，曰：『遲遲吾行也。』去父母國之道也。可以速而速，可以久而久，可以處而處，可以仕而仕，孔子也。」

孟子曰：「伯夷，聖之清者也；伊尹，聖之任者也；柳下惠，聖之和者也；孔子，聖之時者也。孔子之謂集大成。集大成也者，金聲而玉振之也。金聲也者，始條理也；玉振之也者，終條理也。始條理者，智之事也；終條理者，聖之事也。智，譬則巧也；聖，譬則力也。由射於百步之外也，其至，爾力也；其中，非爾力也。」

27 《卷十　萬章下》

萬章問曰：「敢問友。」

孟子曰：「不挾長，不挾貴，不挾兄弟而友。友也者，友其德也，不可以有挾也。孟獻子、百乘之家也，有友五人焉：樂正裘、牧仲，其三人則予忘之矣。獻子之與此五人者友也，無獻子之家者也。此五人者，亦有獻子之家，則不與之友矣。非惟百乘之家爲然也，雖小國之君亦有之。費惠公曰，『吾於子思，則師之矣；吾於顏般，則友之矣；王順、長息則事我者也。』非惟小國之君爲然也，雖大國之君亦有之。晉平公之於亥唐也，入云則入，坐云則坐，食云則食；雖蔬食菜羹，未嘗不飽，蓋不敢不飽也。然終於此而已矣。弗與共天位也，弗與治天職也，弗與食天祿也，士之尊賢者也，非王公之尊賢也。舜尚見帝，帝館甥于貳室，亦饗舜，迭爲賓主。是天子而友匹夫也。用下敬上，謂之貴貴，用上敬下，謂之尊賢。貴貴尊賢，其義一也。」

舜
舜

28 《卷十　萬章下》

萬章曰：「士之不託諸侯，何也？」

孟子曰：「不敢也。諸侯失國，而後託於諸侯，禮也；士之託於諸侯，非禮也。」

萬章曰：「君餽之粟，則受之乎？」

曰：「受之。」

「受之何義也？」

曰：「君之於氓也，固周之。」

曰：「周之則受，賜之則不受，何也？」

曰：「不敢也。」

曰：「敢問其不敢何也？」

曰：「抱關擊柝者，皆有常職以食於上。無常職而賜於上者，以爲不恭也。」

曰：「君餽之，則受之，不識可常繼乎？」

曰：「繆公之於子思也，亟問，亟餽鼎肉。子思不悅。於卒也，摽使者出諸大門之外，北面稽首再拜而不受。曰：『今而後知君之犬馬畜伋。』蓋自是臺無餽也。悅賢不能舉，又不能養也，可謂悅賢乎？」

曰：「敢問國君欲養君子，如何斯可謂養矣？」

曰：「以君命將之，再拜稽首而受。其後廩人繼粟，庖人繼肉，不 堯
以君命將之。子思以爲鼎肉使己僕僕爾亟拜也，非養君子之道也。堯 舜 舜
之於舜也，使其子九男事之，二女女焉，百官牛羊倉廩備，以養舜於
畎畝之中，後舉而加諸上位。故曰：王公之尊賢者也。」

29 《卷十一　告子上》

公都子曰：「告子曰：『性無善無不善也.』或曰：『性可以爲善，
可以爲不善；是故文、武興，則民好善；幽、厲興，則民好暴。』或曰：
『有性善，有性不善；是故以堯爲君而有象；以瞽瞍爲父而有舜；以 堯 舜
紂爲兄之子，且以爲君，而有微子啓、王子比干。』今曰『性善』，然
則彼皆非歟？」

30 《卷十二　告子下》

曹交問曰：「人皆可以爲堯舜，有諸？」 堯 舜

孟子曰：「然.」

交聞文王十尺，湯九尺，今交九尺四寸以長，食粟而已，如何則
可？」

曰：「奚有於是？亦爲之而已矣．有人於此，力不能勝一匹雛，則
爲無力人矣；今曰舉百鈞，則爲有力人矣．然則舉烏獲之任，是亦爲
烏獲而已矣．夫人豈以不勝爲患哉？弗爲耳。徐行後長者謂之弟，疾
行先長者謂之不弟。夫徐行者、豈人所不能哉？所不爲也。堯舜之道， 堯 舜
孝悌而已矣。子服堯之服，誦堯之言，行堯之行，是堯而已矣。子服 堯 堯 堯
桀之服，誦桀之言，行桀之行，是桀而已矣。」

曰：「交得見於鄒君，可以假館，願留而受業於門。」

曰：「夫道若大路然，豈難知哉？人病不求耳。子歸而求之，有餘
師。」

31 《卷十二　告子下》

公孫丑問曰：「高子曰：《小弁》、小人之詩也。」

孟子曰：「何以言之？」

曰：「怨。」

曰：「固哉，高叟之爲詩也！有人於此，越人關弓而射之，則己談笑而道之；無他，疏之也。其兄關弓而射之，則己垂涕泣而道之；無他，戚之也。《小弁》之怨，親親也。親親、仁也。固矣夫高叟之爲詩也！」

曰：「《凱風》何以不怨？」

曰：「《凱風》、親之過小者也；《小弁》、親之過大者也。親之過大而不怨，是愈疏也；親之過小而怨，是不可磯也。愈疏、不孝也；不

可磯、亦不孝也。孔子曰：『舜其至孝矣，五十而慕.』」 舜

32 《卷十二　告子下》

魯欲使愼子爲將軍。孟子曰：「不教民而用之謂之殃民。殃民者，不容於堯舜之世。一戰勝齊，遂有南陽，然且不可。」 堯 舜

愼子勃然不悅曰：「此則滑釐所不識也。」

曰：「吾明告子。天子之地方千里；不千里，不足以待諸侯。諸侯之地方百里；不百里，不足以守宗廟之典籍。周公之封於魯，爲方百里也；地非不足，而儉於百里。太公之封於齊也，亦爲方百里也；地非不足也，而儉於百里。今魯方百里者五，子以爲有王者作，則魯在所損乎，在所益乎？徒取諸彼以與此，然且仁者不爲，況於殺人以求之乎？君子之事君也，務引其君以當道，志於仁而已。」

33 《卷十二　告子下》

白圭曰：「吾欲二十而取一，何如？」

孟子曰：「子之道，貉道也。萬室之國，一人陶，則可乎？」

曰：「不可，器不足用也。」

曰：「夫貉，五穀不生，惟黍生之；無城郭、宮室、宗廟、祭祀之禮，無諸侯幣帛饔飧，無百官有司，故二十取一而足也。今居中國，去人倫，無君子，如之何其可也？陶以寡，且不可以爲國，況無君子乎？欲輕之於堯舜之道者，大貉小貉也；欲重之於堯舜之道者，大桀小桀也。」 堯 舜 堯 舜

34 《卷十二　告子下》

白圭曰：「丹之治水也愈於禹。」 禹

孟子曰：「子過矣。禹之治水，水之道也。是故禹以四海爲壑，今吾子以鄰國爲壑。水逆行謂之洚水，洚水者、洪水也，仁人之所惡也。吾子過矣。」 禹 禹

35 《卷十二　告子下》

孟子曰：「舜發於畎畝之中，傅說舉於版築之閒，膠鬲舉於魚鹽之中，管夷吾舉於士，孫叔敖舉於海，百里奚舉於市。故天將降大任於是人也，必先苦其心志，勞其筋骨，餓其體膚，空乏其身，行拂亂其所爲，所以動心忍性，曾益其所不能。人恒過，然後能改；困於心，衡於慮，而後作；徵於色，發於聲，而後喻。入則無法家拂士，出則無敵國外患者，國恒亡。然後知生於憂患而死於安樂也。」 舜

36 《卷十三　盡心上》

孟子曰：「舜之居深山之中，與木石居，與鹿豕遊，其所以異於深山之野人者幾希。及其聞一善言，見一善行，若決江河，沛然莫之能禦也。」 舜

37 《卷十二　告子下》

孟子曰：「雞鳴而起，孳孳爲善者，舜之徒也。雞鳴而起，孳孳爲利者，蹠之徒也。欲知舜與蹠之分，無他，利與善之閒也。」 舜 舜

38 《卷十二　告子下》

孟子曰：「堯舜，性之也；湯武，身之也；五霸，假之也。久假而不歸，惡知其非有也。」 堯 舜

39 《卷十二　告子下》

桃應問曰：「舜爲天子，皋陶爲士，瞽瞍殺人，則如之何？」 舜

孟子曰：「執之而已矣。」

「然則舜不禁與？」 舜

曰：「夫舜惡得而禁之？夫有所受之也。」 舜

「然則舜如之何？」 舜

曰：「舜視棄天下，猶棄敝蹝也。竊負而逃，遵海濱而處，終身訢然，樂而忘天下。」 舜

40 《卷十二　告子下》

孟子曰：「知者無不知也，當務之爲急；仁者無不愛也，急親賢之爲務。堯舜之知而不徧物，急先務也；堯舜之仁不徧愛人，急親賢也。不能三年之喪，而緦、小功之察；放飯流歠，而問無齒決，是之謂不知務。」 堯 舜 堯

41 《卷十四　盡心下》

孟子曰：「舜之飯糗茹草也，若將終身焉；及其爲天子也，被袗衣，鼓琴，二女果，若固有之。」 舜

42 《卷十四　盡心下》

高子曰：「禹之聲，尚文王之聲。」 禹

孟子曰：「何以言之？」

曰：「以追蠡。」

曰：「是奚足哉？城門之軌，兩馬之力與？」

43 《卷十四　盡心下》

孟子曰：「堯舜，性者也；湯武，反之也。動容周旋中禮者，盛德之至也；哭死而哀，非爲生者也；經德不回，非以干祿也；言語必信，非以正行也。君子行法，以俟命而已矣。」 堯 舜

44 《卷十四　盡心下》

萬章問曰：「孔子在陳曰：『盍歸乎來！吾黨之小子狂簡，進取，不忘其初。』孔子在陳，何思魯之狂士？」

孟子曰：「孔子『不得中道而與之，必也狂獧乎！狂者進取，獧者有所不爲也』。孔子豈不欲中道哉？不可必得，故思其次也。」

「敢問何如斯可謂狂矣？」

曰：「如琴張、曾皙、牧皮者，孔子之所謂狂矣。」

「何以謂之狂也？」

曰：「其志嘐嘐然，曰『古之人，古之人』。夷考其行而不掩焉者也。狂者又不可得，欲得不屑不潔之士而與之，是獧也，是又其次也。孔子曰：『過我門而不入我室，我不憾焉者，其惟鄉原乎！鄉原，德之賊也。』」曰：「何如斯可謂之鄉原矣？」

曰：「『何以是嘐嘐也？言不顧行，行不顧言，則曰：古之人，古之人。行何爲踽踽涼涼？生斯世也，爲斯世也，善斯可矣。』閹然媚於世也者，是鄉原也。」

萬子曰：「一鄉皆稱原人焉，無所往而不爲原人，孔子以爲德之賊，何哉？」

曰：「非之無舉也，刺之無刺也；同乎流俗，合乎汙世；居之似忠信，行之似廉潔；衆皆悅之，自以爲是，而不可與入堯舜之道，故曰 堯 舜
『德之賊』也。孔子曰：『惡似而非者：惡莠，恐其亂苗也；惡佞，恐其亂義也；惡利口，恐其亂信也；惡鄭聲，恐其亂樂也；惡紫，恐其亂朱也；惡鄉原，恐其亂德也。』君子反經而已矣。經正，則庶民興；庶民興，斯無邪慝矣。」

45 《卷十四　盡心下》

孟子曰：「由堯舜至於湯，五百有餘歲，若禹、皋陶，則見而知之； 堯 舜 禹
若湯，則聞而知之。由湯至於文王，五百有餘歲，若伊尹、萊朱則見而知之；若文王，則聞而知之。由文王至於孔子，五百有餘歲，若太公望、散宜生，則見而知之；若孔子，則聞而知之。由孔子而來至於今，百有餘歲，去聖人之世，若此其未遠也；近聖人之居，若此其甚也，然而無有乎爾，則亦無有乎爾。」

43 汲冢瑣語

文献名：43. 汲冢瑣語

資料番号	伏羲	太皞	其他	女媧	其他	神農	炎帝	赤帝	其他	黄帝	軒轅氏	其他	顓頊	高陽	其他	注(左半葉) 注a	注b
1																	
2													2				
計	0	0	0	0	0	0	0	0	0	0	0	0	2	0	0		

44 申子

文献名：44. 申子

資料番号	伏羲	太皞	其他	女媧	其他	神農	炎帝	赤帝	其他	黄帝	軒轅氏	其他	顓頊	高陽	其他	注(左半葉) 注a	注b
1										1							
計	0	0	0	0	0	0	0	0	0	1	0	0	0	0	0		

43 汲冢瑣語

1　舜囚堯于平陽。取之帝位。今見有囚堯城。　舜 堯 堯

2　晉平公夢見赤熊闚。屏惡之而有疾。使問子產。子產曰：昔共工
之卿曰浮游。既敗於顓頊。自沒沈淮之淵。其色赤。其言善笑。共行　顓頊
善顧。其狀如熊。常爲天王崇見之堂，則正天下者死。見之堂下，則
邦人駭。見之門，則近臣憂。見之庭，則無傷。今窺君之屏病而無傷。
祭顓頊共工，則瘳。公如其言，而疾間。　顓頊

文献名：43. 汲冢瑣語

帝嚳	高辛	其他	堯	陶唐	其他	舜	有虞	其他	禹	其他	三皇	五帝	注(右半葉) 注e	注f	参考	資料番号
			2			1										1
																2
0	0	0	2	0	0	1	0	0	0	0	0	0				計

文献名：44. 申子

帝嚳	高辛	其他	堯	陶唐	其他	舜	有虞	其他	禹	其他	三皇	五帝	注(右半葉) 注e	注f	参考	資料番号
			1													1
0	0	0	1	0	0	0	0	0	0	0	0	0				計

44 申 子

1　堯之治也，善明法察令而已。聖君任法而不任智，任數而不任說。　堯
黃帝之治天下，置法而不變，使民安樂其法也。　黃帝

45 莊子

文献名：45. 莊子

資料番号	伏羲	太皞	其他	女媧	其他	神農	炎帝	赤帝	其他	黃帝	軒轅氏	其他	顓頊	高陽	其他	注(左半葉) 注a	注b
1																	
2																	
3																	
4	1																
5																	
6	1									1			1				
7										1							
8			2 (a) (b)													泰氏	泰氏
9																	
10	1					1					1						
11																	
12										1							
13										4							
14										2							
15																	
16																	
17																	
18																	
19																	
20																	
21										1							
22																	
23							1 (a)			1						有炎氏	
24																	
25										1							
26	1					1				1							
27																	
28																	
29																	
30										1							
31						1				1							
32						1				1							
33																	
34																	
35																	
36	1									1							
37										7							
38																	
39																	

献名：45.荘子

嚳	高辛	其他	堯	陶唐	其他	舜	有虞	其他	禹	其他	三皇	五帝	注(右半葉) 注e	注f	参考	資料番号
			3			1										1
									1							2
			1			2										3
			1			1			2							4
			1			1										5
			1				1									6
			3													7
							2									8
			1			1										9
																10
			1													11
			2			1										12
																13
																14
			2													15
			6													16
			5			4			3							17
			1			1										18
							4									19
			1			1										20
			5			4										21
			1			1										22
																23
											2	2				24
			2			3			3		4(e)	3	三王			25
				1			1									26
			3			1						1				27
			1			1										28
									1							29
																30
			1			1										31
																32
			1													33
						1			1							34
							1									35
																36
																37
						2										38
			1													39

文献名：45. 莊子

資料番号	伏羲	太皞	其他	女媧	其他	神農	炎帝	赤帝	其他	黄帝	軒轅氏	其他	顓頊	高陽	其他	注(左半葉) 注a	注b
40						3											
41										1							
42																	
43										5							
44																	
45										1							
46																	
47																	
48																	
49																	
50																	
51																	
52																	
53						1											
54						1				3							
55																	
56																	
57										1							
計	5		2			9				35	1		1				

献名：45. 莊子

嚳	高辛	其他	堯	陶唐	其他	舜	有虞	其他	禹	其他	三皇	五帝	注(右半葉) 注e	注f	参考	資料番号
																40
							1									41
			2			2										42
																43
			1													44
																45
			3													46
			1			4										47
			2			2										48
			1													49
			1													50
			1			4										51
			1			1										52
																53
			3			3			1							54
			1			1										55
			1			1										56
			1			1			5							57
			63	1		46	10		17		6	6				計

45 莊 子

〔内篇〕

1　《逍遙遊　第一》

堯讓天下於許由，曰：「日月出矣而爝火不息，其於光也，不亦難乎！時雨降矣而猶浸灌，其於澤也，不亦勞乎！夫子立而天下治，而我猶尸之，吾自視缺然。請致天下。」 堯

許由曰：「子治天下，天下既已治也。而我猶代子，吾將爲名乎？名者，實之賓也。吾將爲賓乎？鷦鷯巢於深林，不過一枝；偃鼠飲河，不過滿腹。歸休乎君，予无所用天下爲！庖人雖不治庖，尸祝不越樽俎而代之矣。」

肩吾問於連叔曰：「吾聞言於接輿，大而无當，往而不返。吾驚怖其言，猶河漢而无極也；大有逕庭，不近人情焉。」

連叔曰：「其言謂何哉？」

曰：「藐姑射之山，有神人居焉，肌膚若冰雪，綽約若處子。不食五穀，吸風飲露。乘雲氣，御飛龍，而遊乎四海之外。其神凝，使物不疵癘而年穀熟。吾以是狂而不信也。」

連叔曰：「然。瞽者无以與乎文章之觀，聾者无以與乎鐘鼓之聲。豈唯形骸有聾盲哉？夫知亦有之。是其言也，猶時女也。之人也，之德也，將旁礴萬物以爲一世蘄乎亂，孰弊弊焉以天下爲事！之人也，物莫之傷，大浸稽天而不溺，大旱金石流土山焦而不熱。是其塵垢粃
穅，將猶陶鑄堯舜者也，孰肯以物爲事！宋人資章甫而適諸越，越人 堯 舜
斷髮文身，無所用之。堯治天下之民，平海内之政，往見四子藐姑射 堯
之山，汾水之陽，窅然喪其天下焉。」

2　《齊物論　第二》

非彼无我，非我无所取。是亦近矣，而不知其所爲使。若有眞宰，而特不得其眹。可行己信，而不見其形，有情而无形。百骸，九竅，六藏，賅而存焉，吾誰與爲親？汝皆說之乎？其有私焉？如是皆有爲臣妾乎？其臣妾不足以相治乎？其遞相爲君臣乎？其有眞君存焉？如求得其情與不得，無益損乎其眞。一受其成形，不忘以待盡。與物相刃相靡，其行盡如馳，而莫之能止，不亦悲乎！終身役役而不見其成功，苶然疲役而不知其所歸，可不哀邪！人謂之不死，奚益！其形化，其心與之然，可不謂大哀乎？人之生也，固若是芒乎？其我獨芒，而人亦有不芒者乎？夫隨其成心而師之，誰獨且无師乎？奚必知代而心自取者有之？愚者與有焉。未成乎心而有是非，是今日適越而昔至也。

是以無有爲有。無有爲有，雖有神禹，且不能知，吾獨且柰何哉！ 禹

3 《齊物論　第二》

夫道未始有封，言未始有常，爲是而有畛也，請言其畛：有左，有右，有倫，有義，有分，有辯，有競，有爭，此之謂八德。六合之外，聖人存而不論；六合之內，聖人論而不議。春秋經世先王之志，聖人議而不辯。故分也者，有不分也；辯也者，有不辯也。曰：何也？聖人懷之，衆人辯之以相示也。故曰辯也者有不見也。夫大道不稱，大辯不言，大仁不仁，大廉不嗛，大勇不忮。道昭而不道，言辯而不及，仁常而不成，廉清而不信，勇忮而不成。五者园而幾向方矣，故知止其所不知，至矣。孰知不言之辯，不道之道？若有能知，此之謂天府。注焉而不滿，酌焉而不竭，而不知其所由來，此之謂葆光。

故昔者堯問於舜曰：「我欲伐宗、膾、胥敖，南面而不釋然。其故何也？」舜曰：「夫三子者，猶存乎蓬艾之間。若不釋然，何哉？昔者十日並出，萬物皆照，而況德之進乎日者乎！」 堯 舜 舜

4 《人間世　第四》

顏回見仲尼，請行。

曰：「奚之？」

曰：「將之衛。」

曰：「奚爲焉？」

曰：「回聞衛君，其年壯，其行獨；輕用其國，而不見其過；輕用民死，死者以國量乎澤若蕉，民其无如矣。回嘗聞之夫子曰：『治國去之，亂國就之，醫門多疾。』願以所聞思其則，庶幾其國有瘳乎！」

仲尼曰：「譆！若殆往而刑耳！夫道不欲雜，雜則多，多則擾，擾則憂，憂而不救。古之至人，先存諸己而後存諸人。所存於己者未定，何暇至於暴人之所行！且若亦知夫德之所蕩而知之所爲出乎哉？德蕩乎名，知出乎爭。名也者，相札也；知也者，爭之器也。二者凶器，非所以盡行也。且德厚信矼，未達人氣，名聞不爭，未達人心。而強以仁義繩墨之言術暴人之前者，是以人惡有其美也，命之曰菑人。菑人者，人必反菑之，若殆爲人菑夫！且苟爲悅賢而惡不肖，惡用而求有以異？若唯无詔，王公必將乘人而鬬其捷。而目將熒之，而色將平之，口將營之，容將形之，心且成之。是以火救火，以水救水，名之曰益多。順始无窮，若殆以不信厚言，必死於暴人之前矣。且昔者桀殺關龍逢，紂殺王子比干，是皆修其身以下傴拊人之民，以下拂其上者也，故其君因其修以擠之。是好名者也。昔者堯攻叢枝、胥敖，禹攻有扈，國爲虛厲，身爲刑戮，其用兵不止，其求實无已。是皆求名實者也，而獨不聞之乎？名實者，聖人之所不能勝也，而況若乎！雖 堯 禹

然，若必有以也，嘗以語我來！」

顏回曰：「端而虛，勉而一，則可乎？」

曰：「惡！惡可！夫以陽爲充孔揚，采色不定，常人之所不違，因案人之所感，以求容與其心。名之曰日漸之德不成，而況大德乎！將執而不化，外合而內不訾，其庸詎可乎！」

「然則我內直而外曲，成而上比。內直者，與天爲徒。與天爲徒者，知天子之與己皆天之所子，而獨以己言蘄乎而人善之，蘄乎而人不善之邪？若然者，人謂之童子，是之謂與天爲徒。外曲者，與人之爲徒也。擎跽曲拳，人臣之禮也，人皆爲之，吾敢不爲邪！爲人之所爲者，人亦无疵焉，是之謂與人爲徒。成而上比者，與古爲徒。其言雖教，讁之實也。古之有也，非吾有也。若然者，雖直而不病，是之謂與古爲徒。若是則可乎？」

仲尼曰：「惡！惡可！大多政，法而不諜，雖固亦无罪。雖然，止是耳矣，夫胡可以及化！猶師心者也。」

顏回曰：「吾无以進矣，敢問其方。」

仲尼曰：「齋，吾將語若！有而爲之，其易邪？易之者，皞天不宜。」

顏回曰：「回之家貧，唯不飲酒不茹葷者數月矣。如此，則可以爲齋乎？」

曰：「是祭祀之齋，非心齋也。」

回曰：「敢問心齋。」

仲尼曰：「若一志，无聽之以耳而聽之以心，无聽之以心而聽之以氣！聽止於耳，心止於符。氣也者，虛而待物者也。唯道集虛。虛者，心齋也。」

顏回曰：「回之未始得使，實自回也；得使之也，未始有回也；可謂虛乎？」

夫子曰：「盡矣。吾語若！若能入遊其樊而無感其名，入則鳴，不入則止。無門無毒，一宅而寓於不得已，則幾矣。

絕迹易，无行地難。爲人使易以僞，爲天使難以僞。聞以有翼飛者矣，未聞以无翼飛者也；聞以有知知者矣，未聞以无知知者也。瞻彼闋者，虛室生白，吉祥止止。夫且不止，是之謂坐馳。夫徇耳目內通而外於心知，鬼神將來舍，而況人乎！是萬物之化也，禹舜之所紐 禹 舜
也，伏戲几蘧之所行終，而況散焉者乎！」 伏戲

5 《德充符　第五》

魯有兀者王駘，從之遊者與仲尼相若。常季問於仲尼曰：「王駘，兀者也，從之遊者與夫子中分魯。立不教，坐不議，虛而往，實而歸。固有不言之教，無形而心成者邪？是何人也？」

仲尼曰：「夫子，聖人也，丘也直後而未往耳。丘將以爲師，而況不若

丘者乎！奚假魯國！丘將引天下而與從之。」

常季曰：「彼兀者也，而王先生，其與庸亦遠矣。若然者，其用心也獨若之何？」

仲尼曰：「死生亦大矣，而不得與之變，雖天地覆墜，亦將不與之遺。審乎无假而不與物遷，命物之化而守其宗也。」

常季曰：「何謂也？」

仲尼曰：「自其異者視之，肝膽楚越也；自其同者視之，萬物皆一也。夫若然者，且不知耳目之所宜，而遊心乎德之和；物視其所一而不見其所喪，視喪其足猶遺土也。」

常季曰：「彼爲己以其知，得其心以其心。得其常心，物何爲最之哉？」

仲尼曰：「人莫鑑於流水而鑑於止水，唯止能止衆止。受命於地，唯松
柏獨也在冬夏青青；受命於天，唯舜獨也正，幸能正生，以正衆生。 舜
夫保始之徵，不懼之實。勇士一人，雄入於九軍。將求名而能自要者，而猶若是，而況官天地，府萬物，直寓六骸，象耳目，一知之所知，而心未嘗死者乎！彼且擇日而登假，人則從是也。彼且何肎以物爲事乎！」

申徒嘉，兀者也，而與鄭子產同師於伯昏无人。子產謂申徒嘉曰：「我先出則子止，子先出則我止。」其明日，又與合堂同席而坐。子產謂申徒嘉曰：「我先出則子止，子先出則我止。今我將出，子可以止乎，其未邪？且子見執政而不違，子齊執政乎？」申徒嘉曰：「先生之門，固有執政焉如此哉？子而說子之執政而後人者也？聞之曰：『鑑明則塵垢不止，止則不明也。久與賢人處則無過。』今子之所取大者，先生也，而猶出言若是，不亦過乎！」

子產曰：「子既若是矣，猶與堯爭善，計子之德不足以自反邪？」 堯

申徒嘉曰：「自狀其過以不當亡者衆，不狀其過以不當存者寡。知不可柰何而安之若命，唯有德者能之。遊於羿之彀中。中央者，中地也；然而不中者，命也。人以其全足笑吾不全足者多矣，我怫然而怒；而適先生之所，則廢然而反。不知先生之洗我以善邪？吾與夫子遊十九年矣，而未嘗知吾兀者也。今子與我遊於形骸之內，而子索我於形骸之外，不亦過乎！」

子產蹵然改容更貌曰：「子无乃稱！」

6 《大宗師　第六》

死生，命也，其有夜旦之常，天也。人之有所不得與，皆物之情也。彼特以天爲父，而身猶愛之，而況其卓乎！人特以有君爲愈乎己，而身猶死之，而況其眞乎！

泉涸，魚相與處於陸，相呴以濕，相濡以沫，不如相忘於江湖。

與其譽堯而非桀也，不如兩忘而化其道。夫大塊載我以形，勞我以生，佚我以老，息我以死。故善吾生者，乃所以善吾死也。 堯

夫藏舟於壑，藏山於澤，謂之固矣。然而夜半有力者負之而走，昧者不知也。藏小大有宜，猶有所遯。若夫藏天下於天下而不得所遯，是恆物之大情也。特犯人之形而猶喜之。若人之形者，萬化而未始有極也，其爲樂可勝計邪！故聖人將遊於物之所不得遯而皆存。善妖善老，善始善終，人猶效之，又況萬物之所係，而一化之所待乎！

夫道，有情有信，无爲无形；可傳而不可受，可得而不可見；自本自根，未有天地，自古以固存；神鬼神帝，生天生地；在太極之先而不爲高，在六極之下而不爲深，先天地生而不爲久，長於上古而不爲老。狶韋氏得之，以挈天地；伏戲氏得之，以襲氣母；維斗得之，終古不忒；日月得之，終古不息；堪坏得之，以襲崐崘；馮夷得之，以遊大川；肩吾得之，以處大山；黃帝得之，以登雲天；顓頊得之，以處玄宮；禺強得之，立乎北極；西王母得之，坐乎少廣，莫知其始，莫知其終；彭祖得之，上及有虞，下及五伯；傅說得之，以相武丁，奄有天下，乘東維，騎箕尾，而比於列星。 伏戲氏 黃帝 顓頊 有虞

7 《大宗師　第六》

意而子見許由。許由曰：「堯何以資汝？」 堯

意而子曰：「堯謂我：『汝必躬服仁義而明言是非。』」 堯

許由曰：「而奚來爲軹？夫堯既已黥汝以仁義，而劓汝以是非矣，汝將何以遊夫遙蕩恣睢轉徙之塗乎？」 堯

意而子曰：「雖然，吾願遊於其藩。」

許由曰：「不然。夫盲者无以與乎眉目顏色之好，瞽者无以與乎青黃黼黻之觀。」

意而子曰：「夫无莊之失其美，據梁之失其力，黃帝之亡其知，皆在鑪捶之間耳。庸詎知夫造物者之不息我黥而補我劓，使我乘成以隨先生邪？」 黃帝

許由曰：「噫！未可知也。我爲汝言其大略。吾師乎！吾師乎！齏萬物而不爲義，澤及萬世而不爲仁，長於上古而不爲老，覆載天地刻彫衆形而不爲巧。此所遊已。」

8 《應帝王　第七》

齧缺問於王倪，四問而四不知。齧缺因躍而大喜，行以告蒲衣子。

蒲衣子曰：「而乃今知之乎？有虞氏不及泰氏。有虞氏，其猶藏仁以要人；亦得人矣，而未始出於非人。泰氏，其臥徐徐，其覺于于；一以己爲馬，一以己爲牛；其知情信，其德甚眞，而未始入於非人。」 有虞氏 泰 有虞氏 泰

〔外篇〕

9 《胠篋　第十》

將爲胠篋探囊發匱之盜而爲守備，則必攝緘縢，固扃鐍，此世俗之所謂知也。然而巨盜至，則負匱揭篋擔囊而趨，唯恐緘縢扃鐍之不固也。然則鄉之所謂知者，不乃爲大盜積者也？

故嘗試論之，世俗之所謂知者，有不爲大盜積者乎？所謂聖者，有不爲大盜守者乎？何以知其然邪？昔者齊國鄰邑相望，雞狗之音相聞，罔罟之所布，耒耨之所刺，方二千餘里。闔四竟之內，所以立宗廟社稷，治邑屋州閭鄉曲者，曷嘗不法聖人哉！然而田成子一旦殺齊君而盜其國。所盜者豈獨其國邪？並與其聖知之法而盜之。故田成子有乎盜賊之名，而身處堯舜之安；小國不敢非，大國不敢誅，十二世有齊國。則是不乃竊齊國，並與其聖知之法以守其盜賊之身乎？ 堯 舜

嘗試論之，世俗之所謂至知者，有不爲大盜積者乎？所謂至聖者，有不爲大盜守者乎？

何以知其然邪？昔者龍逢斬，比干剖，萇弘胣，子胥靡，故四子之賢而身不免乎戮。故跖之徒問於跖曰：「盜亦有道乎？」跖曰：「何適而无有道邪！」夫妄意室中之藏，聖也；入先，勇也；出後，義也；知可否，知也；分均，仁也。五者不備而能成大盜者，天下未之有也。由是觀之，善人不得聖人之道不立，跖不得聖人之道不行；天下之善人少而不善人多，則聖人之利天下也少而害天下也多。故曰，脣竭則齒寒，魯酒薄而邯鄲圍，聖人生而大盜起。掊擊聖人，縱舍盜賊，而天下始治矣。

10 《胠篋　第十》

子獨不知至德之世乎？昔者容成氏、大庭氏、伯皇氏、中央氏、栗陸氏、驪畜氏、軒轅氏、赫胥氏、尊盧氏、祝融氏、伏犧氏、神農氏，當是時也，民結繩而用之，甘其食，美其服，樂其俗，安其居，鄰國相望，雞狗之音相聞，民至老死而不相往來。若此之時，則至治已。今遂至使民延頸舉踵曰，「某所有賢者」，贏糧而趣之，則內棄其親而外去其主之事，足跡接乎諸侯之境，車軌結乎千里之外。則是上好知(也)[之]過也。上誠好知而无道，則天下大亂矣。 軒轅氏 伏犧氏 神農氏

何以知其然邪？夫弓弩畢弋機變之知多，則鳥亂於上矣；鉤餌罔罟罾笱之知多，則魚亂於水矣；削格羅落罝罘之知多，則獸亂於澤矣；知詐漸毒頡滑堅白解垢同異之變多，則俗惑於辯矣。故天下每每大亂，罪在於好知。故天下皆知求其所不知而莫知求其所已知者，皆知非其所不善而莫知非其所已善者，是以大亂。故上悖日月之明，下爍山川之精，中墮四時之施；惴耎之蟲，肖翹之物，莫不失其性。甚矣夫好

知之亂天下也！自三代以下者是已，舍夫種種之民而悅夫役役之佞，釋夫恬淡无爲而悅夫啍啍之意，啍啍已亂天下矣！

11 《在宥　第十一》

聞在宥天下，不聞治天下也。在之也者，恐天下之淫其性也；宥之也者，恐天下之遷其德也。天下不淫其性，不遷其德，有治天下者
哉！昔堯之治天下也，使天下欣欣焉人樂其性，是不恬也；桀之治天 堯
下也，使天下瘁瘁焉人苦其性，是不愉也。夫不恬不愉，非德也。非德也而可長久者，天下无之。

人大喜邪？毗於陽；大怒邪？毗於陰。陰陽並毗，四時不至，寒暑之和不成，其反傷人之形乎！使人喜怒失位，居處无常，思慮不自得，中道不成章，於是乎天下始喬詰卓鷙，而後有盜跖曾史之行。故舉天下以賞其善者不足，舉天下以罰其惡者不給，故天下之大不足以賞罰。自三代以下者，匈匈焉終以賞罰爲事，彼何暇安其性命之情哉！

而且說明邪？是淫於色也；說聰邪？是淫於聲也；說仁邪？是亂於德也；說義邪？是悖於理也；說禮邪？是相於技也；說樂邪？是相於淫也；說聖邪？是相於藝也；說知邪？是相於疵也。天下將安其性命之情，之八者，存可也，亡可也；天下將不安其性命之情，之八者，乃始臠卷獊囊而亂天下也。而天下乃始尊之惜之，甚矣天下之惑也！豈直過也而去之邪！乃齊戒以言之，跪坐以進之，鼓歌以儛之，吾若是何哉！

故君子不得已而臨莅天下，莫若无爲。无爲也而後安其性命之情。故貴以身於爲天下，則可以託天下；愛以身於爲天下，則可以寄天下。故君子苟能无解其五藏，无擢其聰明；尸居而龍見，淵默而雷聲，神動而天隨，從容无爲而萬物炊累焉。吾又何暇治天下哉！

12 《在宥　第十一》

崔瞿問於老聃曰：「不治天下，安藏人心？」

老聃曰：「女愼無攖人心。人心排下而進上，上下囚殺，淖約柔乎剛彊。廉劌彫琢，其熱焦火，其寒凝冰。其疾俛仰之間而再撫四海之外，其居也淵而靜，其動也縣而天。僨驕而不可係者，其唯人心乎！

昔者黃帝始以仁義攖人之心，堯舜於是乎股無胈，脛無毛，以養 黃帝 堯 舜
天下之形，愁其五藏以爲仁義，矜其血氣以規法度。然猶有不勝也，
堯於是放讙兜於崇山，投三苗於三峗，流共工於幽都，此不勝天下也。 堯
夫施及三王而天下大駭矣。下有桀跖，上有曾史，而儒墨畢起。於是乎喜怒相疑，愚知相欺，善否相非，誕信相譏，而天下衰矣；大德不同，而性命爛漫矣；天下好知，而百姓求竭矣。於是乎釿鋸制焉，繩墨殺焉，椎鑿決焉。天下脊脊大亂，罪在攖人心。故賢者伏處大山嵁

巖之下，而萬乘之君憂慄乎廟堂之上。

今世殊死者相枕也，桁楊者相推也，刑戮者相望也，而儒墨乃始離跂攘臂乎桎梏之間。意，甚矣哉！其無愧而不知耻也甚矣！吾未知聖知之不爲桁楊椄槢也，仁義之不爲桎梏鑿枘也，焉知曾史之不爲桀跖嚆矢也！故曰『絕聖棄知而天下大治。』」

13 《在宥　第十一》

黃帝立爲天子十九年，令行天下，聞廣成子在於空同之上，故往 黄帝
見之，曰：「我聞吾子達於至道，敢問至道之精。吾欲取天地之精，以佐五穀，以養民人，吾又欲官陰陽，以遂羣生，爲之柰何？」

廣成子曰：「而所欲問者，物之質也；而所欲官者，物之殘也。自而治天下，雲氣不待族而雨，草木不待黃而落，日月之光益以荒矣。而佞人之心翦翦者，又奚足以語至道！」

黃帝退，捐天下，築特室，席白茅，閒居三月，復往邀之。 黄帝

廣成子南首而臥，黃帝順下風膝行而進，再拜稽首而問曰：「聞吾 黄帝
子達於至道，敢問，治身柰何而可以長久？」廣成子蹶然而起，曰：「善哉問乎！來！吾語女至道。至道之精，窈窈冥冥；至道之極，昏昏默默。无視无聽，抱神以靜，形將自正。必靜必清，无勞女形，无搖女精，乃可以長生。目无所見，耳无所聞，心无所知，女神將守形，形乃長生。慎女內，閉女外，多知爲敗。我爲女遂於大明之上矣，至彼至陽之原也；爲女入於窈冥之門矣，至彼至陰之原也。天地有官，陰陽有藏，我守其一以處其和，故我修身千二百歲矣，吾形未常衰。」

黃帝再拜稽首曰：「廣成子之謂天矣！」 黄帝

廣成子曰：「來！余語女。彼其物无窮，而人皆以爲有終；彼其物无測，而人皆以爲有極。得吾道者，上爲皇而下爲王；失吾道者，上見光而下爲土。今夫百昌皆生於土而反於土，故余將去女，入无窮之門，以遊无極之野。吾與日月參光，吾與天地爲常。當我，緡乎！遠我昏乎！人其盡死，而我獨存乎！」

14 《天地　第十二》

黃帝遊乎赤水之北，登乎崑崙之丘而南望，還歸，遺其玄珠。使 黄帝
知索之而不得，使離朱索之而不得，使喫詬索之而不得也。乃使象罔，
象罔得之。黃帝曰：「異哉！象罔乃可以得之乎？」 黄帝

15 《天地　第十二》

堯之師曰許由，許由之師曰齧缺，齧缺之師曰王倪，王倪之師曰 堯
被衣。

堯問於許由曰：「齧缺可以配天乎？吾藉王倪以要之。」 堯

許由曰：「殆哉圾乎天下！齧缺之爲人也，聰明叡知，給數以敏，其性過人，而又乃以人受天。彼審乎禁過，而不知過之所由生。與之配天乎？彼且乘人而無天，方且本身而異形，方且尊知而火馳，方且爲緒使，方且爲物絯，方且四顧而物應，方且應衆宜，方且與物化而未始有恒。夫何足以配天乎？雖然，有族，有祖，可以爲衆父，而不可以爲衆父父。治，亂之率也，北面之禍也，南面之賊也。」

16 《天地　第十二》

堯觀乎華。華封人曰：「嘻，聖人！請祝聖人。」 堯

「使聖人壽。」堯曰：「辭。」「使聖人富。」堯曰：「辭。」「使聖人 堯 堯
多男子。」堯曰：「辭。」 堯

封人曰：「壽，富，多男子，人之所欲也。女獨不欲，何邪？」

堯曰：「多男子則多懼，富則多事，壽則多辱。是三者，非所以養 堯
德也，故辭。」

封人曰：「始也我以女爲聖人邪，今然君子也。天生萬民，必授之職。多男子而授之職，則何懼之有！富而使人分之，則何事之有！夫聖人，鶉居而鷇食，鳥行而无彰；天下有道，則與物皆昌；天下无道，則脩德就閒；千歲厭世，去而上僊；乘彼白雲，至於帝鄉；三患莫至，身常无殃；則何辱之有！」

封人去之。堯隨之，曰：「請問。」 堯

封人曰：「退已！」

17 《天地　第十二》

堯治天下，伯成子高立爲諸侯。堯授舜，舜授禹，伯成子高辭爲 堯 堯 舜
諸侯而耕。禹往見之，則耕在野。禹趨就下風，立而問焉，曰：「昔堯 禹 禹 堯
治天下，吾子立爲諸侯。堯授舜，舜授予，而吾子辭爲諸侯而耕，敢 堯 舜 舜
問，其故何也？」

子高曰：「昔堯治天下，不賞而民勸，不罰而民畏。今子賞罰而民 堯
且不仁，德自此衰，刑自此立，後世之亂自此始矣。夫子闔行邪？无落吾事！」俋俋乎耕而不顧。

18 《天地　第十二》

將閭葂見季徹曰：「魯君謂葂也曰：『請受教。』辭不獲命，既已告矣，未知中否，請嘗薦之。吾謂魯君曰：『必服恭儉，拔出公忠之屬而无阿私，民孰敢不輯！』」

季徹局局然笑曰：「若夫子之言，於帝王之德，猶螳蜋之怒臂以當車軼，則必不勝任矣。且若是，則其自爲處危，其觀臺多，物將往，投迹者衆。」

蔣閭葂覤覤然驚曰：「葂也汒若於夫子之所言矣。雖然，願先生之言其風也。」

季徹曰：「大聖之治天下也，搖蕩民心，使之成教易俗，舉滅其賊
心而皆進其獨志，若性之自爲，而民不知其所由然。若然者，豈兄堯　堯
舜之教民，溟涬然弟之哉？欲同乎德而心居矣。」　舜

19 《天地　第十二》

門無鬼與赤張滿稽觀於武王之師。赤張滿稽曰：「不及有虞氏乎！　有虞氏
故離此患也。」

門无鬼曰：「天下均治而有虞氏治之邪？其亂而後治之與？」　有虞氏

赤張滿稽曰：「天下均治之爲願，而何計以有虞氏爲！有虞氏之藥　有虞氏　有虞氏
瘍也，禿而施髢，病而求醫。孝子操藥以脩慈父，其色燋然，聖人羞
之。

至德之世，不尚賢，不使能；上如標枝，民如野鹿；端正而不知以爲義，相愛而不知以爲仁，實而不知以爲忠，當而不知以爲信，蠢動而相使，不以爲賜。是故行而爲迹，事而無傳。

20 《天道　第十三》

天道運而无所積，故萬物成；帝道運而无所積，故天下歸；聖道運而无所積，故海内服。明於天，通於聖，六通四辟於帝王之德者，其自爲也，昧然无不靜者矣。聖人之靜也，非曰靜也善，故靜也；萬物无足以鐃心者，故靜也。水靜則明燭鬚眉，平中準，大匠取法焉。水靜猶明，而況精神！聖人之心靜乎！天地之鑑也，萬物之鏡也。夫
虚靜恬淡寂漠无爲者，萬物之本也。明此以南鄕，堯之爲君也；明此　堯
以北面，舜之爲臣也。以此處上，帝王天子之德也；以此處下，玄聖　舜
素王之道也。以此退居而閒游江海，山林之士服；以此進爲而撫世，則功大名顯而天下一也。靜而聖，動而王，无爲也而尊，樸素而天下莫能與之爭美。夫明白於天地之德者，此之謂大本大宗，與天和者也；所以均調天下，與人和者也。與人和者，謂之人樂；與天和者，謂之天樂。

21 《天道　第十三》

昔者舜問於堯曰：「天王之用心何如？」　舜　堯

堯曰：「吾不敖无告，不廢窮民，苦死者，嘉孺子而哀婦人。此吾　堯
所以用心已。」

舜曰：「美則美矣，而未大也。」　舜

堯曰：「然則何如？」　堯

舜曰：「天德而出寧，日月照而四時行，若晝夜之有經，雲行而雨　舜

施矣。」

堯曰：「膠膠擾擾乎！子，天之合也；我，人之合也。」 堯

夫天地者，古之所大也，而黄帝堯舜之所共美也。故古之王天下者，奚爲哉？天地而已矣。 黄帝 堯 舜

22 《天運　第十四》

商大宰蕩問仁於莊子。莊子曰：「虎狼，仁也。」

曰：「何謂也？」

莊子曰：「父子相親，何爲不仁？」

曰：「請問至仁。」

莊子曰：「至仁無親。」

大宰曰：「蕩聞之，無親則不愛，不愛則不孝。謂至仁不孝，可乎？」

莊子曰：「不然。夫至仁尚矣，孝固不足以言之。此非過孝之言也，不及孝之言也。夫南行者至於郢，北面而不見冥山，是何也？則去之遠也。故曰：以敬孝易，以愛孝難；以愛孝易，以忘親難；忘親易，使親忘我難；使親忘我易，兼忘天下難；兼忘天下易，使天下兼忘我難。夫德遺堯舜而不爲也，利澤施於萬世，天下莫知也，豈直大息而言仁孝乎哉！夫孝悌仁義，忠信貞廉，此皆自勉以役其德者也，不足多也。故曰，至貴，國爵并焉；至富，國財并焉；至願，名譽并焉。是以道不渝。」 堯 舜

23 《天運　第十四》

北門成問於黄帝曰：「帝張咸池之樂於洞庭之野，吾始聞之懼，復聞之怠，卒聞之而惑；蕩蕩默默，乃不自得。」 黄帝

帝曰：「汝殆其然哉！吾奏之以人，徵之以天，行之以禮義，建之以大清。夫至樂者，先應之以人事，順之以天理，行之以五德，應之以自然，然後調理四時，太和萬物。四時迭起，萬物循生；一盛一衰，文武倫經；一清一濁，陰陽調和，流光其聲；蟄蟲始作，吾驚之以雷霆；其卒无尾，其始无首；一死一生，一僨一起；所常无窮，而一不可待。汝故懼也。

吾又奏之以陰陽之和，燭之以日月之明；其聲能短能長，能柔能剛；變化齊一，不主故常；在谷滿谷，在阬滿阬；塗郤守神，以物爲量。其聲揮綽，其名高明。是故鬼神守其幽，日月星辰行其紀。吾止之於有窮，流之於无止。予欲慮之而不能知也，望之而不能見也，逐之而不能及也；儻然立於四虚之道，倚於槁梧而吟。目知窮乎所欲見，力屈乎所欲逐，吾既不及已夫！形充空虚，乃至委蛇。汝委蛇，故怠。

吾又奏之以无怠之聲，調之以自然之命，故若混逐叢生，林樂而无形；布揮而不曳，幽昏而无聲。動於无方，居於窈冥；或謂之死，

或謂之生；或謂之實，或謂之榮；行流散徙，不主常聲。世疑之，稽於聖人。聖也者，達於情而遂於命也。天機不張而五官皆備，此之謂天樂，无言而心說。故有焱氏爲之頌曰：『聽之不聞其聲，視之不見其 有焱氏
形，充滿天地，苞裹六極。』汝欲聽之而无接焉，而故惑也。

樂也者，始於懼，懼故祟；吾又次之以怠，怠故遁；卒之於惑，惑故愚；愚故道，道可載而與之俱也。」

24 《天運　第十四》

孔子西遊於衛。顏淵問師金曰：「以夫子之行爲奚如？」

師金曰：「惜乎，而夫子其窮哉！」

顏淵曰：「何也？」

師金曰：「夫芻狗之未陳也，盛以篋衍，巾以文繡，尸祝齊戒以將之。及其已陳也，行者踐其首脊，蘇者取而爨之而已；將復取而盛以篋衍，巾以文繡，遊居寢臥其下，彼不得夢，必且數眯焉。今而夫子，亦取先王已陳芻狗，聚弟子游居寢臥其下。故伐樹於宋，削迹於衛，窮於商周，是非其夢邪？圍於陳蔡之間，七日不火食，死生相與鄰，是非其眯邪？

夫水行莫如用舟，而陸行莫如用車。以舟之可行於水也而求推之於陸，則沒世不行尋常。古今非水陸與？周魯非舟車與？今蘄行周於魯，是猶推舟於陸也，勞而无功，身必有殃。彼未知夫无方之傳，應物而不窮者也。

且子獨不見夫桔槔者乎？引之則俯，舍之則仰。彼，人之所引，
非引人也，故俯仰而不得罪於人。故夫三皇五帝之禮義法度，不矜於 三皇 五帝
同而矜於治。故譬三皇五帝之禮義法度，其猶柤梨橘柚邪！其味相反 三皇 五帝
而皆可於口。

故禮義法度者，應時而變者也。今取猨狙而衣以周公之服，彼必齕齧挽裂，盡去而後慊。觀古今之異，猶猨狙之異乎周公也。故西施病心而矉其里，其里之醜人見而美之，歸亦捧心而矉其里。其里之富人見之，堅閉門而不出，貧人見之，挈妻子而去走。彼知矉美而不知矉之所以美。惜乎，而夫子其窮哉！」

25 《天運　第十四》

孔子見老聃而語仁義。老聃曰：「夫播穅眯目，則天地四方易位矣；蚊虻噆膚，則通昔不寐矣。夫仁義憯然乃憤吾心，亂莫大焉。吾子使天下无失其朴，吾子亦放風而動，總德而立矣，又奚傑然若負建鼓而求亡子者邪？夫鵠不日浴而白，烏不日黔而黑。黑白之朴，不足以爲辯；名譽之觀，不足以爲廣。泉涸，魚相與處於陸，相呴以溼，相濡以沫，不若相忘於江湖！」

孔子見老聃歸，三日不談。弟子問曰：「夫子見老聃，亦將何規哉？」

孔子曰：「吾乃今於是乎見龍！龍，合而成體，散而成章，乘雲氣而養乎陰陽。予口張而不能嚕，予又何規老聃哉！」

子貢曰：「然則人固有尸居而龍見，雷聲而淵默，發動如天地者乎？賜亦可得而觀乎？」遂以孔子聲見老聃。

老聃方將倨堂而應，微曰：「予年運而往矣，子將何以戒我乎？」

子貢曰；「夫三王五帝之治天下不同，其係聲名一也。而先生獨以 三王 五帝
爲非聖人，如何哉？」

老聃曰：「小子少進！子何以謂不同？」

對曰：「堯授舜，舜授禹，禹用力而湯用兵，文王順紂而不敢逆， 堯 舜 舜
武王逆紂而不肯順，故曰不同。」

老聃曰：「小子少進！余語汝三皇五帝之治天下。黃帝之治天下， 三皇 五帝
使民心一，民有其親死不哭而民不非也。堯之治天下，使民心親，民 堯
有爲其親殺其殺而民不非也。舜之治天下，使民心競，民孕婦十月生 舜
子，子生五月而能言，不至乎孩而始誰，則人始有夭矣。禹之治天下， 禹
使民心變，人有心而兵有順，殺盜非殺，人自爲種而天下耳，是以天
下大駭，儒墨皆起。其作始有倫，而今乎婦女，何言哉！余語汝，三 三皇
皇五帝之治天下，名曰治之，而亂莫甚焉。三皇之知，上悖日月之明， 五帝 三皇
下睽山川之精，中墮四時之施。其知憯於蠣蠆之尾，鮮規之獸，莫得
安其性命之情者，而猶自以爲聖人，不可恥乎，其无恥也？」

子貢蹵蹵然立不安。

26 《繕性　第十六》

繕性於俗，俗學以求復其初；滑欲於俗，思以求致其明；謂之蔽蒙之民。

古之治道者，以恬養知；知生而无以知爲也，謂之以知養恬。知與恬交相養，而和理出其性。夫德，和也；道，理也。德无不容，仁也；道无不理，義也；義明而物親，忠也；中純實而反乎情，樂也；信行容體而順乎文，禮也。禮樂偏行，則天下亂矣。彼正而蒙己德，德則不冒，冒則物必失其性也。

古之人，在混芒之中，與一世而得澹漠焉。當是時也，陰陽和靜，鬼神不擾，四時得節，萬物不傷，羣生不夭，人雖有知，无所用之，此之謂至一。當是時也，莫之爲而常自然。

逮德下衰，及燧人伏羲始爲天下，是故順而不一。德又下衰，及 伏羲
神農黃帝始爲天下，是故安而不順。德又下衰，及唐虞始爲天下，興 神農 黃帝
治化之流，澆淳散朴，離道以善，險德以行，然後去性而從於心。心
與心識知而不足以定天下，然後附之以文，益之以博。文滅質，博溺
心，然後民始惑亂，无以反其性情而復其初。

由是觀之，世喪道矣，道喪世矣。世與道交相喪也，道之人何由興乎世，世亦何由興乎道哉！道无以興乎世，世无以興乎道，雖聖人不在山林之中，其德隱矣。

隱，故不自隱。古之所謂隱士者，非伏其身而弗見也，非閉其言而不出也，非藏其知而不發也，時命大謬也。當時命而大行乎天下，則反一无迹；不當時命而大窮乎天下，則深根寧極而待；此存身之道也。

古之行身者，不以辯飾知，不以知窮天下，不以知窮德，危然處其所而反其性已，又何爲哉！道固不小行，德固不小識。小識傷德，小行傷道。故曰，正己而已矣。樂全之謂得志。

古之所謂得志者，非軒冕之謂也，謂其无以益其樂而已矣。今之所謂得志者，軒冕之謂也。軒冕在身，非性命也，物之儻來，寄者也。寄之，其來不可圉，其去不可止。故不爲軒冕肆志，不爲窮約趨俗，其樂彼與此同，故无憂而已矣。今寄去則不樂，由是觀之，雖樂，未嘗不荒也。故曰，喪己於物，失性於俗者，謂之倒置之民。

27 《秋水　第十七》

秋水時至，百川灌河，涇流之大，兩涘渚崖之間，不辯牛馬。於是焉河伯欣然自喜，以天下之美爲盡在己。順流而東行，至於北海，東面而視，不見水端，於是焉河伯始旋其面目，望洋向若而歎曰：「野語有之曰，『聞道百以爲莫己若者』，我之謂也。且夫我嘗聞少仲尼之聞而輕伯夷之義者，始吾弗信；今我睹子之難窮也，吾非至於子之門則殆矣，吾長見笑於大方之家。」

北海若曰：「井鼃不可以語於海者，拘於虛也；夏蟲不可以語於冰者，篤於時也；曲士不可以語於道者，束於教也。今爾出於崖涘，觀於大海，乃知爾醜，爾將可與語大理矣。天下之水，莫大於海，萬川歸之，不知何時止而不盈；尾閭泄之，不知何時已而不虛；春秋不變，水旱不知。此其過江河之流，不可爲量數。而吾未嘗以此自多者，自以比形於天地而受氣於陰陽，吾在[於]天地之間，猶小石小木之在大山也，方存乎見少，又奚以自多！計四海之在天地之間也，不似礨空之在大澤乎？計中國之在海內，不似稊米之在大倉乎？號物之數謂之萬，人處一焉；人卒九州，穀食之所生，舟車之所通，人處一焉；此其比
萬物也，不似豪末之在於馬體乎？五帝之所連，三王之所爭，仁人之 五帝
所憂，任士之所勞，盡此矣。伯夷辭之以爲名，仲尼語之以爲博，此其自多也，不似爾向之自多於水乎？」

河伯曰：「然則吾大天地而小豪末，可乎？」

北海若曰：「否。夫物，量无窮，時无止，分无常，終始无故。是故大知觀於遠近，故小而不寡，大而不多，知量无窮；證曏今故，故

遙而不悶，掇而不跂，知時无止；察乎盈虛，故得而不喜，失而不憂，知分之无常也；明乎坦塗，故生而不說，死而不禍，知終始之不可故也。計人之所知，不若其所不知；其生之時，不若未生之時；以其至小求窮其至大之域，是故迷亂而不能自得也。由此觀之，又何以知豪末之足以定至細之倪！又何以知天地之足以窮至大之域！」

河伯曰：「世之議者皆曰：『至精无形，至大不可圍。』是信情乎？」

北海若曰：「夫自細視大者不盡，自大視細者不明。夫精，小之微也；垺，大之殷也；故異便。此勢之有也。夫精粗者，期於有形者也；无形者，數之所不能分也；不可圍者，數之所不能窮也，可以言論者，物之粗也；可以意致者，物之精也；言之所不能論，意之所不能察致者，不期精粗焉。

是故大人之行，不出乎害人，不多仁恩；動不爲利，不賤門隸；貨財弗爭，不多辭讓；事焉不借人，不多食乎力，不賤貪污；行殊乎俗，不多辟異；爲在從衆，不賤佞諂；世之爵祿不足以爲勸，戮恥不足以爲辱；知是非之不可爲分，細大之不可爲倪。聞曰：『道人不聞，至德不得，大人无己。』約分之至也。」

河伯曰：「若物之外，若物之內，惡至而倪貴賤？惡至而倪小大？」

北海若曰：「以道觀之，物无貴賤；以物觀之，自貴而相賤；以俗觀之，貴賤不在己。以差觀之，因其所大而大之，則萬物莫不大；因其所小而小之，則萬物莫不小；知天地之爲稊米也，知豪末之爲丘山也，則差數覩矣。以功觀之，因其所有而有之，則萬物莫不有；因其所无而无之，則萬物莫不无；知東西之相反而不可以相无，則功分定矣。以趣觀之，因其所然而然之，則萬物莫不然；因其所非而非之，則萬物莫不非；知堯桀之自然而相非，則趣操覩矣。 堯

昔者堯舜讓而帝，之噲讓而絕；湯武爭而王，白公爭而滅。由此 堯 舜
觀之，爭讓之禮，堯桀之行，貴賤有時，未可以爲常也。梁麗可以衝 堯
城，而不可以窒穴，言殊器也；騏驥驊騮，一日而馳千里，捕鼠不如狸狌，言殊技也；鴟鵂夜撮蚤，察毫末，晝出瞋目而不見丘山，言殊性也。故曰，蓋師是而无非，師治而无亂乎？是未明天地之理，萬物之情者也。是猶師天而无地，師陰而无陽，其不可行明矣。然且語而不舍，非愚則誣也。帝王殊禪，三代殊繼。差其時，逆其俗者，謂之篡夫；當其時，順其俗者，謂之義[之]徒。默默乎河伯！女惡知貴賤之門，小大之家！」

河伯曰：「然則我何爲乎，何不爲乎？吾辭受趣舍，吾終奈何？」

北海若曰：「以道觀之，何貴何賤，是謂反衍；无拘而志，與道大蹇。何少何多，是謂謝施；无一而行，與道參差。嚴乎若國之有君，其无私德；繇繇乎若祭之有社，其无私福；泛泛乎其若四方之无窮，其无所畛域。兼懷萬物，其孰承翼？是謂无方。萬物一齊，孰短孰長？

道无終始，物有死生，不恃其成；一虛一滿，不位乎其形。年不可舉，時不可止；消息盈虛，終則有始。是所以語大義之方，論萬物之理也。物之生也，若驟若馳，无動而不變，无時而不移。何爲乎，何不爲乎？夫固將自化。」

河伯曰：「然則何貴於道邪？」

北海若曰：「知道者必達於理，達於理者必明於權，明於權者不以物害己。至德者，火弗能熱，水弗能溺，寒暑弗能害，禽獸弗能賊。非謂其薄之也，言察乎安危，寧於禍福，謹於去就，莫之能害也。故曰，天在內，人在外，德在乎天。知天人之行，本乎天，位乎得；蹢躅而屈伸，反要而語極。」

曰：「何謂天？何謂人？」

北海若曰：「牛馬四足，是謂天；落馬首，穿牛鼻，是謂人。故曰，无以人滅天，无以故滅命，无以得殉名。謹守而勿失，是謂反其眞。」

28 《秋水　第十七》

孔子遊於匡，宋人圍之數帀，而絃歌不惙。子路入見，曰：「何夫子之娛也？」

孔子曰：「來！吾語女。我諱窮久矣，而不免，命也；求通久矣，而不得，時也。當堯舜而天下无窮人，非知得也；當桀紂而天下无通 堯 舜
人，非知失也；時勢適然。夫水行不避蛟龍者，漁父之勇也；陸行不避兕虎者，獵夫之勇也；白刃交於前，視死若生者，烈士之勇也；知窮之有命，知通之有時，臨大難而不懼者，聖人之勇也。由處矣，吾命有所制矣。」

幾何，將甲者進，辭曰：「以爲陽虎也，故圍之。今非也，請辭而退。」

29 《秋水　第十七》

公孫龍問於魏牟曰：「龍少學先王之道，長而明仁義之行；合同異，離堅白；然不然，可不可；困百家之知，窮口之辯；吾自以爲至達已。今吾聞莊子之言，汒焉異之。不知論之不及與，知之弗若與？今吾无所開吾喙，敢問其方。」

公子牟隱机大息，仰天而笑曰：「子獨不聞夫埳井之鼃乎？謂東海之鱉曰：『吾樂與！出跳梁乎井幹之上，入休乎缺甃之崖；赴水則接腋持頤，蹶泥則沒足滅跗；還虷蟹與科斗，莫吾能若也。且夫擅一壑之水，而跨跱埳井之樂，此亦至矣，夫子奚不時來入觀乎！』東海之鱉左足未入，而右膝已縶矣。於是逡巡而卻，告之海曰：『夫千里之遠，不足以舉其大；千仞之高，不足以極其深。禹之時十年九潦，而水弗 禹
爲加益；湯之時八年七旱，而崖不爲加損。夫不爲頃久推移，不以多

少進退者，此亦東海之大樂也。』於是埳井之鼃聞之，適適然驚，規規然自失也。

且夫知不知是非之竟，而猶欲觀於莊子之言，是猶使蚊負山，商蚷馳河也，必不勝任矣。且夫知不知論極妙之言而自適一時之利者，是非埳井之鼃與？且彼方跐黃泉而登大皇，无南无北，奭然四解，淪於不測；无東无西，始於玄冥，反於大通。子乃規規然而求之以察，索之以辯，是直用管闚天，用錐指地也，不亦小乎！子往矣！且子獨不聞夫壽陵餘子之學行於邯鄲與？未得國能，又失其故行矣，直匍匐而歸耳。今子不去，將忘子之故，失子之業。」

公孫龍口呿而不合，舌舉而不下，乃逸而走。

30 《至樂　第十八》

支離叔與滑介叔觀於冥伯之丘，崑崙之虚，黃帝之所休。俄而柳 黃帝
生其左肘，其意蹶蹶然惡之。

支離叔曰：「子惡之乎？」

滑介叔曰：「亡，予何惡！生者，假借也；假之而生生者，塵垢也。死生爲晝夜。且吾與子觀化而化及我，我又何惡焉！」

31 《至樂　第十八》

顏淵東之齊，孔子有憂色。子貢下席而問曰：「小子敢問，回東之齊，夫子有憂色，何邪？」

孔子曰：「善哉汝問！昔者管子有言，丘甚善之，曰：『褚小者不可以懷大，綆短者不可以汲深。』夫若是者，以爲命有所成而形有所適
也，夫不可損益。吾恐回與齊侯言堯舜黃帝之道，而重以燧人神農之 堯 舜 黃帝
言。彼將內求於己而不得，不得則惑，人惑則死。

且女獨不聞邪？昔者海鳥止於魯郊，魯侯御而觴之于廟，奏九韶以爲樂，具太牢以爲膳。鳥乃眩視憂悲，不敢食一臠，不敢飲一杯，三日而死。此以己養養鳥也，非以鳥養養鳥也。夫以鳥養養鳥者，宜栖之深林，遊之壇陸，浮之江湖，食之鰌鮲，隨行列而止，委▪ 而處。彼唯人言之惡聞，奚以夫譊譊爲乎！咸池九韶之樂，張之洞庭之野，鳥聞之而飛，獸聞之而走，魚聞之而下入，人卒聞之，相與還而觀之。魚處水而生，人處水而死，彼必相與異，其好惡故異也。故先聖不一其能，不同其事。名止於實，義設於適，是之謂條達而福持。」

32 《山木　第二十》

莊子行於山中，見大木，枝葉盛茂，伐木者止其旁而不取也。問其故，曰：「无所可用。」莊子曰：「此木以不材得終其天年。」

夫子出於山，舍於故人之家。故人喜，命豎子殺雁而烹之。豎子

請曰:「其一能鳴,其一不能鳴,請奚殺?」主人曰:「殺不能鳴者。」

明日,弟子問於莊子曰:「昨日山中之木,以不材得終其天年;今主人之雁,以不材死;先生將何處?」

莊子笑曰:「周將處乎材與不材之間。材與不材之間,似之而非也,故未免乎累。若夫乘道德而浮遊則不然。无譽无訾,一龍一蛇,與時俱化,而无肯專爲;一上一下,以和爲量,浮遊乎萬物之祖;物物而不物於物,則胡可得而累邪!此神農黃帝之法則也。若夫萬物之情, 神農 黃帝
人倫之傳,則不然。合則離,成則毀;廉則挫,尊則議,有爲則虧,賢則謀,不肖則欺,胡可得而必乎哉!悲夫!弟子志之,其唯道德之鄉乎!」

33 《山木　第二十》

市南宜僚見魯侯,魯侯有憂色。市南子曰:「君有憂色,何也?」

魯侯曰:「吾學先王之道,脩先君之業;吾敬鬼尊賢,親而行之,无須臾離居;然不免於患,吾是以憂。」

市南子曰:「君之除患之術淺矣!夫豐狐文豹,棲於山林,伏於巖穴,靜也;夜行晝居,戒也;雖飢渴隱約,猶旦胥疏於江湖之上而求食焉,定也;然且不免於罔羅機辟之患。是何罪之有哉?其皮爲之災也。今魯國獨非君之皮邪?吾願君刳形去皮,洒心去欲,而遊於无人之野。南越有邑焉,名爲建德之國。其民愚而朴,少私而寡欲;知作而不知藏,與而不求其報;不知義之所適,不知禮之所將;猖狂妄行,乃蹈乎大方;其生可樂,其死可葬。吾願君去國捐俗,與道相輔而行。」

君曰:「彼其道遠而險,又有江山,我无舟車,柰何?

市南子曰:「君无形倨,无留居,以爲君車。」

君曰:「彼其道幽遠而无人,吾誰與爲鄰?吾无糧,我无食,安得而至焉?」

市南子曰:「少君之費,寡君之欲,雖无糧而乃足。君其涉於江而浮於海,望之而不見其崖,愈往而不知其所窮。送君者皆自崖而反,君自此遠矣!故有人者累,見有於人者憂。故堯非有人,非見有於人 堯
也。吾願去君之累,除君之憂,而獨與道遊於大莫之國。方舟而濟於河,有虛船來觸舟,雖有惼心之人不怒;有一人在其上,則呼張歙之;一呼而不聞,再呼而不聞,於是三呼邪,則必以惡聲隨之。向也不怒而今也怒,向也虛而今也實。人能虛己以遊世,其孰能害之!」

34 《山木　第二十》

孔子問子桑雽曰:「吾再逐於魯,伐樹於宋,削迹於衛,窮於商周,於陳蔡之間。吾犯此數患,親交益疏,徒友益散,何與?」

子桑雽曰:「子獨不聞假人之亡與?林回棄千金之璧,負赤子而趨。

或曰：『爲其布與？赤子之布寡矣；爲其累與？赤子之累多矣；棄千金之璧，負赤子而趨，何也？』林回曰：『彼以利合，此以天屬也。』夫以利合者，迫窮禍患害相棄也；以天屬者，迫窮禍患害相收也。夫相收之與相棄亦遠矣。且君子之交淡若水，小人之交甘若醴；君子淡以親，小人甘以絕。彼无故以合者，則无故以離。」

孔子曰：「而歸，絕學捐書，弟子无挹於前，其愛益加進。

異日，桑雽又曰：「舜之將死，眞泠禹曰：『汝戒之哉！形莫若緣，情莫若率。緣則不離，率則不勞；不離不勞，則不求文以待形；不求文以待形，固不待物。』」 舜 禹

35 《田子方　第二十一》

百里奚爵祿不入於心，故飯牛而牛肥，使秦穆公忘其賤，與之政也。有虞氏死生不入於心，故足以動人。 有虞氏

36 《田子方　第二十一》

肩吾問於孫叔敖曰：「子三爲令尹而不榮華，三去之而无憂色。吾始也疑子，今視子之鼻間栩栩然，子之用心獨柰何？」

孫叔敖曰：「吾何以過人哉！吾以其來不可卻也，其去不可止也，吾以爲得失之非我也，而无憂色而已矣。我何以過人哉！且不知其在彼乎，其在我乎？其在彼邪？亡乎我；在我邪？亡乎彼。方將躊躇，方將四顧，何暇至乎人貴人賤哉！」

仲尼聞之曰：「古之眞人，知者不得說，美人不得濫，盜人不得劫，伏戲黃帝不得友。死生亦大矣，而无變乎己，況爵祿乎！若然者，其神經乎大山而無介，入乎淵泉而不濡，處卑細而不憊，充滿天地，既以與人，己愈有。」 伏戲 黃帝

37 《知北遊　第二十二》

知北遊於玄水之上，登隱弅之丘，而適遭无爲謂焉。知謂无爲謂曰：「予欲有問乎若：何思何慮則知道？何處何服則安道？何從何道則得道？」三問而无爲謂不答也，非不答，不知答也。

知不得問，反於白水之南，登狐闋之上，而睹狂屈焉。知以之言也問乎狂屈。狂屈曰：「唉！予知之，將語若，中欲言而忘其所欲言。」

知不得問，反於帝宮，見黃帝而問焉。黃帝曰：「无思无慮始知道，无處无服始安道，无從无道始得道。」 黃帝 黃帝

知問黃帝曰：「我與若知之，彼與彼不知也，其孰是邪？」 黃帝

黃帝曰：「彼无爲謂眞是也，狂屈似之；我與汝終不近也。夫知者不言，言者不知，故聖人行不言之教。道不可致，德不可至。仁可爲也，義可虧也，禮相僞也。故曰，『失道而後德，失德而後仁，失仁而 黃帝

後義，失義而後禮。禮者，道之華而亂之首也。』故曰，『爲道者日損，損之又損之以至於无爲，无爲而无不爲也。』今已爲物也，欲復歸根，不亦難乎！其易也，其唯大人乎！

生也死之徒，死也生之始，孰知其紀！人之生，氣之聚也；聚則爲生，散則爲死。若死生爲徒，吾又何患！故萬物一也，是其所美者爲神奇，其所惡者爲臭腐；臭腐復化爲神奇，神奇復化爲臭腐。故曰『通天下一氣耳。』聖人故貴一。」

知謂黃帝曰：「吾問无爲謂，无爲謂不應我，非不我應，不知應我 黃帝
也。吾問狂屈，狂屈中欲告我而不我告，非不我告，中欲告而忘之也。今予問乎若，若知之，奚故不近？」

黃帝曰：「彼其眞是也，以其不知也；此其似之也，以其忘之也； 黃帝
予與若終不近也，以其知之也。」

狂屈聞之，以黃帝爲知言。 黃帝

38 《知北遊　第二十二》

舜問乎丞曰：「道可得而有乎？」 舜

曰：「汝身非汝有也，汝何得有夫道？」

舜曰：「吾身非吾有也，孰有之哉？」 舜

曰：「是天地之委形也；生非汝有，是天地之委和也；性命非汝有，是天地之委順也；孫子非汝有，是天地之委蛻也。故行不知所往，處不知所持，食不知所味。天地之強陽氣也，又胡可得而有邪！」

39 《知北遊　第二十二》

中國有人焉，非陰非陽，處於天地之間，直且爲人，將反於宗。自本觀之，生者，喑醷物也。雖有壽夭，相去幾何？須臾之說也。奚
足以爲堯桀之是非！果蓏有理，人倫雖難，所以相齒。聖人遭之而不 堯
違，過之而不守。調而應之，德也；偶而應之，道也；帝之所興，王之所起也。

人生天地之間，若白駒之過郤，忽然而已。注然勃然，莫不出焉；油然漻然，莫不入焉。已化而生，又化而死，生物哀之，人類悲之。解其天弢，墮其天袠，紛乎宛乎，魂魄將往，乃身從之，乃大歸乎！不形之形，形之不形，是人之所同知也，非將至之所務也，此衆人之所同論也。彼至則不論，論則不至。明見无値，辯不若默。道不可聞，聞不若塞。此之謂大得。」

東郭子問於莊子曰：「所謂道，惡乎在？」

莊子曰：「无所不在。」

40 《知北遊　第二十二》

妸荷甘與神農同學於老龍吉。神農隱几闔戶晝瞑，妸荷甘日中奓戶而入曰：「老龍死矣！」神農隱几擁杖而起，嚗然放杖而笑，曰：「天知予僻陋慢訑，故棄予而死。已矣夫子！无所發予之狂言而死矣夫！」 神農 神農 神農

弇堈弔聞之，曰：「夫體道者，天下之君子所繫焉。今於道，秋豪之端萬分未得處一焉，而猶知藏其狂言而死，又況夫體道者乎！視之无形，聽之无聲，於人之論者，謂之冥冥，所以論道，而非道也。」

41 《知北遊　第二十二》

顏淵問乎仲尼曰：「回嘗聞諸夫子曰：『无有所將，无有所迎。』回敢問其遊。」

仲尼曰：「古之人，外化而內不化，今之人，內化而外不化。與物化者，一不化者也。安化安不化，安與之相靡，必與之莫多。狶韋氏之囿，黃帝之圃，有虞氏之宮，湯武之室。君子之人，若儒墨者師，故以是非相韲也，而況今之人乎！聖人處物不傷物。不傷物者，物亦不能傷也。唯无所傷者，爲能與人相將迎。山林與！皋壤與！使我欣欣然而樂與！樂未畢也，哀又繼之。哀樂之來，吾不能禦，其去弗能止。悲夫，世人直爲物逆旅耳！夫知遇而不知所不遇，知能能而不能所不能。无知无能者，固人之所不免也。夫務免乎人之所不免者，豈不亦悲哉！至言去言，至爲去爲。齊知之所知，則淺矣。」 黃帝 有虞

〔雜篇〕

42 第二十三　庚桑楚

老聃之役有康桑楚者，偏得老聃之道，以北居畏壘之山，其臣之畫然知者去之，其妾之挈然仁者遠之；擁腫之與居，鞅掌之爲使。居三年，畏壘大壤。畏壘之民相與言曰：「庚桑子之始來，吾洒然異之。今吾日計之而不足，歲計之而有餘，。庶幾其聖人乎！子胡不相與尸而祝之，社而稷之乎？」

庚桑子聞之，南面而不釋然。弟子異之。庚桑子曰：「弟子何異於予？夫春氣發而百草生，正得秋而萬寶成。夫春與秋，豈无得而然哉？天道已行矣。吾聞至人，尸居環堵之室，而百姓猖狂不知所如往。今以畏壘之細民而竊竊焉欲俎豆予于賢人之間，我其杓之人邪！吾是以不釋於老聃之言。」

弟子曰：「不然。夫尋常之溝，巨魚无所還其體。而鯢鰌爲之制。步仞之丘陵，巨獸无所隱其軀，而孽狐爲之祥。且夫尊賢授能，先善與利，自古堯舜以然，而況畏壘之民乎！夫子亦聽矣！」 堯 舜

庚桑子曰：「小子來！夫函車之獸，介而離山，則不免於罔罟之患，呑舟之魚，碭而失水。則蟻能苦之。故鳥獸不厭高，魚鼈不厭深，夫

全其形生之人，藏其身也，不厭深眇而已矣。

且夫二子者，又何足以稱揚哉！是其於辯也，將妄鑿垣牆而殖蓬蒿也。簡髮而櫛，數米而炊，竊竊乎又何足以濟世哉！舉賢則民相軋，任知則民相盜。之數物者，不足以厚民。民之於利甚勤，子有殺父，臣有殺君，正晝爲盜，日中穴阫。吾語女，大亂之本，必生於堯舜之間，其末存乎千世之後。千世之後，其必有人與人相食者也！」 堯 舜

43 《徐无鬼　第二十四》

黃帝將見大隗乎具茨之山，方明爲御，昌魚寓驂乘，張若謵朋前馬，昆閽滑稽後車；至於襄城之野，七聖皆迷，无所問塗。 黃帝

適遇牧馬童子，問塗焉，曰：「若知具茨之山乎？」曰：「然。」

「若知大隗之所存乎？」曰：「然。」

黃帝曰：「異哉小童！非徒知具茨之山，又知大隗之所存。請問爲天下。」 黃帝

小童曰：「夫爲天下者，亦若此而已矣，又奚事焉！予少而自遊於六合之內，予適有瞀病，有長者教予曰：『若乘日之車而遊於襄城之野。』今予病少痊，予又且復遊於六合之外。夫爲天下亦若此而已。予又奚事焉！」

黃帝曰：「夫爲天下者，則誠非吾子之事。雖然，請問爲天下。」小童辭。 黃帝

黃帝又問。小童曰：「夫爲天下者，亦奚以異乎牧馬者哉！亦去其害馬者而已矣！」 黃帝

黃帝再拜稽首，稱天師而退。 黃帝

44 《徐无鬼　第二十四》

莊子曰：「射者非前期而中，謂之善射，天下皆羿也，可乎？」

惠子曰：「可。」

莊子曰：「天下非有公是也，而各是其所是，天下皆堯也，可乎？」 堯

惠子曰：「可。」

莊子曰：「然則儒墨楊秉四，與夫子爲五，果孰是邪？或者若魯遽者邪？其弟子曰：『我得夫子之道矣，吾能冬爨鼎而夏造冰矣。』魯遽曰：『是直以陽召陽，以陰召陰，非吾所謂道也。吾示子乎吾道。』於是爲之調瑟，廢一於堂，廢一於室，鼓宮宮動，鼓角角動，音律同矣。夫或改調一弦，於五音无當也，鼓之，二十五弦皆動，未始異於聲，而音之君已。且若是者邪？」

惠子曰：「今夫儒墨楊秉，且方與我以辯，相拂以辭，相鎮以聲，而未始吾非也，則奚若矣？」

莊子曰：「齊人蹢子於宋者，其命閽也不以完，其求鈃鍾也以束縛，

其求唐子也，而未始出域，有遺類矣夫！楚人寄而蹢閽者，夜半於无人之時而與舟人鬪，未始離於岑而足以造於怨也。」

45 《徐无鬼　第二十四》

管仲有病，桓公問之，曰：「仲父之病病矣，可不諱，云至於大病，則寡人惡乎屬國而可？」

管仲曰：「公誰欲與？」

公曰：「鮑叔牙。」

曰：「不可。其爲人絜廉善士也，其於不己若者不比之，又一聞人之過，終身不忘。使之治國，上且鉤乎君，下且逆乎民。其得罪於君也，將弗久矣！」

公曰：「然則孰可？」

對曰：「勿已，則隰朋可。其爲人也，上忘而下畔，愧不若黃帝而 黃帝
哀不己若者。以德分人謂之聖，以財分人謂之賢。以賢臨人，未有得人者也；以賢下人，未有不得人者也。其於國有不聞也，其於家有不見也。勿已，則隰朋可。」

46 《徐无鬼　第二十四》

齧缺遇許由，曰：「子將奚之？」

曰：「將逃堯。」 堯

曰：「奚謂邪？」

曰：「夫堯，畜畜然仁，吾恐其爲天下笑。後世其人與人相食與！ 堯
夫民，不難聚也；愛之則親，利之則至，譽之則勸，致其所惡則散。愛利出乎仁義，捐仁義者寡，利仁義者衆。夫仁義之行，唯且无誠，且假乎禽貪者器。是以一人之斷制利天下，譬之猶一覕也。夫堯知賢 堯
人之利天下也，而不知其賊天下也，夫唯外乎賢者知之矣。」

47 《徐无鬼　第二十四》

有暖姝者，有濡需者，有卷婁者。

所謂暖姝者，學一先生之言，則暖暖姝姝而私自說也，自以爲足矣，而未知未始有物也，是以謂暖姝者也。

濡需者，豕蝨是也，擇疏鬣自以爲廣宮大囿，奎蹏曲隈，乳間股腳，自以爲安室利處，不知屠者之一旦鼓臂布草操煙火，而己與豕俱焦也。此以域進，此以域退，此其所謂濡需者也。

卷婁者，舜也。羊肉不慕蟻，蟻慕羊肉，羊肉羶也。舜有羶行， 舜 舜
百姓悅之，故三徙成都，至鄧之虛而十有萬家。堯聞舜之賢，舉之童 堯 舜
土之地，曰冀得其來之澤。舜舉乎童土之地，年齒長矣，聰明衰矣， 舜
而不得休歸，所謂卷婁者也。

是以神人惡衆至，衆至則不比，不比則不利也。故无所甚親，无所甚疏，抱德煬和以順天下，此謂眞人。於蟻棄知，於魚得計，於羊棄意。

48 《則陽　第二十五》

魏瑩與田侯牟約，田侯牟背之。魏瑩怒，將使人刺之。

犀首聞而恥之曰：「君爲萬乘之君也，而以匹夫從讎！衍請受甲二十萬，爲君攻之，虜其人民，係其牛馬，使其君內熱發於背。然後拔其國。忌也出走，然後抶其背，折其脊。」

季子聞而恥之曰：「築十仞之城，城者既十仞矣，則又壞之，此胥靡之所苦也。今兵不起七年矣，此王之基也。衍亂人，不可聽也。」

華子聞而醜之曰：「善言伐齊者，亂人也；善言勿伐者，亦亂人也；謂伐之與不伐亂人也者，又亂人也。」

君曰：「然則若何」

曰：「君求其道而已矣！」

惠子聞之而見戴晉人。戴晉人曰：「有所謂蝸者，君知之乎？」

曰：「然。」

「有國於蝸之左角者曰觸氏，有國於蝸之右角者曰蠻氏，時相與爭地而戰，伏尸數萬，逐北旬有五日而後反。」

君曰：「噫！其虛言與？」

曰：「臣請爲君實之。君以意在四方上下有窮乎？」

君曰：「无窮。」

曰：「知遊心於无窮，而反在通達之國，若存若亡乎？」

君曰：「然。」

曰：「通達之中有魏，於魏中有梁，於梁中有王。王與蠻氏，有辯乎？」

君曰：「无辯。」

客出而君惝然若有亡也。

客出，惠子見。君曰：「客，大人也，聖人不足以當之。」

惠子曰「夫吹筦也，猶有嗃也；吹劍首者，吷而已矣。堯舜，人 堯 舜
之所譽也；道堯舜於戴晉人之前，譬猶一吷也。」 堯 舜

49 《外物　第二十六》

老萊子之弟子出薪，遇仲尼，反以告，曰：「有人於彼，脩上而趨下，末僂而後耳，視若營四海，不知其誰氏之子。」

老萊子曰：「是丘也。召而來。」

仲尼至。曰：「丘！去汝躬矜與汝容知，斯爲君子矣。」

仲尼揖而退，蹙然改容而問曰：「業可得進乎？」

老莱子曰：「夫不忍一世之傷而驁萬世之患，抑固窶邪，亡其略弗
及邪？惠以歡爲驁，終身之醜，中民之行進焉耳，相引以名，相結以
隱。與其譽堯而非桀，不如兩忘而閉其所譽。反无非傷也。動无非邪 堯
也。聖人躊躇以興事，以每成功。柰何哉其載焉終矜爾！」

50 《外物　第二十六》

德溢乎名，名溢乎暴，謀稽乎誸，知出乎爭，柴生乎守，官事果
乎眾宜。春雨日時，草木怒生，銚鎒於是乎始脩，草木之到植者過半
而不知其然。

靜然可以補病，眥𡟫可以休老，寧可以止遽。雖然，若是，勞者
之務也，非佚者之所未嘗過而問焉。聖人之所以駴天下，神人未嘗過
而問焉；賢人所以駴世，聖人未嘗過而問焉；君子所以駴國，賢人未
嘗過而問焉；小人所以合時，君子未嘗過而問焉。

演門有親死者，以善毀爵爲官師，其黨人毀而死者半。堯與許由 堯
天下，許由逃之；湯與務光，務光怒之，紀他聞之，帥弟子而踆於窾
水，諸侯弔之，三年，申徒狄因以踣河。荃者所以在魚，得魚而忘荃；
蹄者所以在兔，得兔而忘蹄；言者所以在意，得意而忘言。吾安得夫
忘言之人而與之言哉！」

51 《讓王　第二十八》

堯以天下讓許由，許由不受。又讓於子州支父，子州支父曰：「以 堯
我爲天子，猶之可也。雖然，我適有幽憂之病。方且治之，未暇治天
下也。」夫天下至重也，而不以害其生，又況他物乎！唯无以天下爲者，
可以託天下也。

舜讓天下於子州支伯。子州支伯曰：「予適有幽憂之病，方且治之， 舜
未暇治天下也。」故天下大器也，而不以易生，此有道者之所以異乎俗
者也。

舜以天下讓善卷，善卷曰：「余立於宇宙之中，冬日衣皮毛，夏日 舜
衣葛絺；春耕種，形足以勞動；秋收斂，身足以休食；日出而作，日
入而息，逍遙於天地之間而心意自得。吾何以天下爲哉！悲夫，子之
不知余也！」遂不受。於是去而入深山，莫知其處。

舜以天下讓其友石戶之農，石戶之農曰：「捲捲乎后之爲人，葆力 舜
之士也！」以舜之德爲未至也，於是夫負妻戴，攜子以入於海，終身 舜
不反也。

52 《讓王　第二十八》

舜以天下讓其友北人无擇，北人无擇曰：「異哉后之爲人也，居於 舜
畎畝之中而遊堯之門！不若是而已，又欲以其辱行漫我。吾羞見之。」 堯

因自投清泠之淵。

53 《讓王　第二十八》

昔周之興，有士二人處於孤竹，曰伯夷叔齊。二人相謂曰：「吾聞西方有人，似有道者，試往觀焉。」至於岐陽，武王聞之，使叔旦往見之，與盟曰：「加富二等，就官一列。」血牲而埋之。

二人相視而笑曰：「嘻，異哉！此非吾所謂道也。昔者神農之有天下也，時祀盡敬而不祈喜；其於人也，忠信盡治而无求焉。樂與政爲政，樂與治爲治，不以人之壞自成也，不以人之卑自高也，不以遭時自利也。今周見殷之亂而遽爲政，上謀而下行貨，阻兵而保威，割牲而盟以爲信，揚行以說衆，殺伐以要利，是推亂以易暴也。吾聞古之士，遭治世不避其任，遇亂世不爲苟存。今天下闇，周德衰，其並乎周以塗吾身也，不如避之以絜吾行。」二子北至於首陽之山，遂餓而死焉。若伯夷叔齊者，其於富貴也，苟可得已，則必不賴。高節戾行，獨樂其志，不事於世，此二士之節也。 神農

54 《盜跖　第二十九》

孔子與柳下季爲友，柳下季之弟，名曰盜跖。盜跖從卒九千人，橫行天下，侵暴諸侯，穴室樞戶，驅人牛馬，取人婦女，貪得忘親，不顧父母兄弟，不祭先祖。所過之邑，大國守城，小國入保，萬民苦之。

孔子謂柳下季曰：「夫爲人父者，必能詔其子；爲人兄者，必能教其弟。若父不能詔其子，兄不能教其弟，則无貴父子兄弟之親矣。今先生，世之才士也，弟爲盜跖，爲天下害，而弗能教也，丘竊爲先生羞之。丘請爲先生往說之。」

柳下季曰：「先生言爲人父者必能詔其子，爲人兄者必能教其弟，若子不聽父之詔，弟不受兄之教，雖今先生之辯，將奈之何哉！且跖之爲人也，心如涌泉，意如飄風，強足以距敵，辯足以飾非，順其心則喜，逆其心則怒，易辱人以言。先生必无往。」

孔子不聽，顏回爲馭，子貢爲右，往見盜跖。盜跖乃方休卒徒大山之陽，膾人肝而餔之。孔子下車而前，見謁者曰：「魯人孔丘，聞將軍高義，敬再拜謁者。」

謁者入通，盜跖聞之大怒，目如明星，髮上指冠，曰：「此夫魯國之巧僞人孔丘非邪？爲我告之：『爾作言造語，妄稱文武，冠枝木之冠，帶死牛之脅，多辭繆說，不耕而食，不織而衣，搖脣鼓舌，擅生是非，以迷天下之主，使天下學士不反其本，妄作孝弟而儌倖於封侯富貴者也。子之罪大極重，疾走歸！不然，我將以子肝益晝餔之膳！』」

孔子復通曰：「丘得幸於季，願望履幕下。」

謁者復通，盜跖曰：「使來前！」

孔子趨而進，避席反走，再拜盜跖。盜跖大怒，兩展其足，案劍瞋目，聲如乳虎，曰：「丘來前！若所言，順吾意則生，逆吾心則死。」

孔子曰：「丘聞之，凡天下有三德：生而長大，美好无雙，少長貴賤見而皆說之，此上德也；知維天地，能辯諸物，此中德也；勇悍果敢，聚衆率兵，此下德也。凡人有此一德者，足以南面稱孤矣。今將軍兼此三者，身長八尺二寸，面目有光，脣如激丹，齒如齊貝，音中黃鍾，而名曰盜跖，丘竊爲將軍恥不取焉。將軍有意聽臣，臣請南使吴越，北使齊魯，東使宋衛，西使晉楚，使爲將軍造大城數百里，立數十萬戶之邑，尊將軍爲諸侯，與天下更始，罷兵休卒，收養昆弟，共祭先祖。此聖人才士之行，而天下之願也。」

盜跖大怒曰：「丘來前！夫可規以利而可諫以言者，皆愚陋恒民之謂耳。今長大美好，人見而悅之者，此吾父母之遺德也。丘雖不吾譽，吾獨不自知邪？

且吾聞之，好面譽人者，亦好背而毀之。今丘告我以大城衆民，是欲規我以利而恒民畜我也，安可久長也！城之大者，莫大乎天下矣。
堯舜有天下，子孫无置錐之地；湯武立爲天子，而後世絕滅；非以其　堯 舜
利大故邪？

且吾聞之，古者禽獸多而人少，於是民皆巢居以避之，晝拾橡栗，暮栖木上，故命之曰有巢氏之民。古者民不知衣服，夏多積薪，冬則
煬之，故命之曰知生之民。神農之世，臥則居居，起則于于，民知其　神農
母，不知其父，與麋鹿共處，耕而食，織而衣，无有相害之心，此至
德之隆也。然而黃帝不能致德，與蚩尤戰於涿鹿之野，流血百里。堯　黃帝 堯
舜作，立羣臣，湯放其主，武王殺紂。自是之後，以強陵弱，以衆暴　舜
寡。湯武以來，皆亂人之徒也。

今子脩文武之道，掌天下之辯，以教後世，縫衣淺帶，矯言僞行，以迷惑天下之主，而欲求富貴焉，盜莫大於子。天下何故不謂子爲盜丘，而乃謂我爲盜跖？

子以甘辭說子路而使從之，使子路去其危冠，解其長劍，而受教於子，天下皆曰孔丘能止暴禁非。其卒之也，子路欲殺？衛君而事不成，身菹於衛東門之上，是子教之不至也。

子自謂才士聖人邪？則再逐於魯，削跡於衛，窮於齊，圍於陳蔡，不容身於天下。子教子路菹此患，上无以爲身，下无以爲人，子之道豈足貴邪？

世之所高，莫若黃帝，黃帝尚不能全德，而戰涿鹿之野，流血百　黃帝 黃帝
里。堯不慈，舜不孝，禹偏枯，湯放其主，武王伐紂，文王拘羑里。　堯 舜 禹
此六子者，世之所高也，孰論之，皆以利惑其眞而強反其情性，其行乃甚可羞也。

世之所謂賢士，伯夷叔齊。伯夷叔齊辭孤竹之君而餓死於首陽之山，骨肉不葬。鮑焦飾行非世，抱木而死。申徒狄諫而不聽，負石自投於河，爲魚鼈所食。介子推至忠也，自割其股以食文公，文公後背之，子推怒而去，抱木而燔死。尾生與女子期於梁下，女子不來，水至不去，抱梁柱而死。此六子者，无異於磔犬流豕操瓢而乞者，皆離名輕死，不念本養壽命者也。

世之所謂忠臣者，莫若王子比干伍子胥。子胥沈江，比干剖心，此二子者，世謂忠臣也，然卒爲天下笑。自上觀之，至于子胥比干，皆不足貴也。

丘之所以說我者，若告我以鬼事，則我不能知也；若告我以人事者，不過此矣，皆吾所聞知也。

今吾告子以人之情，目欲視色，耳欲聽聲，口欲察味，志氣欲盈。人上壽百歲，中壽八十，下壽六十，除病瘦死喪憂患，其中開口而笑者，一月之中不過四五日而已矣。天與地无窮，人死者有時，操有時之具而託於无窮之閒，忽然无異騏驥之馳過隙也。不能說其志意，養其壽命者，皆非通道者也。

丘之所言，皆吾之所棄也，亟去走歸，无復言之！子之道，狂狂汲汲，詐巧虛僞事也，非可以全眞也，奚足論哉！」

孔子再拜趨走，出門上車，執轡三失，目芒然无見，色若死灰，據軾低頭，不能出氣。歸到魯東門外，適遇柳下季。柳下季曰：「今者闕然數日不見，車馬有行色，得微往見跖邪？」

孔子仰天而歎曰：「然。」

柳下季曰：「跖得无逆汝意若前乎？」

孔子曰：「然。丘所謂无病而自灸也，疾走料虎頭，編虎須，幾不免虎口哉！」

55 《盜跖　第二十九》

子張問於滿苟得曰：「盍不爲行？无行則不信，不信則不任，不任則不利。故觀之名，計之利，而義眞是也。若棄名利，反之於心，則夫士之爲行，不可一日不爲乎！」

滿苟得曰：「无恥者富，多信者顯。夫名利之大者，幾在無恥而信。故觀之名，計之利，而信眞是也。若棄名利，反之於心，則夫士之爲行，抱其天乎！」

子張曰：「昔者桀紂貴爲天子，富有天下，今謂臧聚曰，汝行如桀紂，則有怍色，有不服之心者，小人所賤也。仲尼墨翟，窮爲匹夫，今謂宰相曰，子行如仲尼墨翟，則變容易色稱不足者，士誠貴也。故勢爲天子，未必貴也；窮爲匹夫，未必賤也；貴賤之分，在行之美惡。」

滿苟得曰：「小盜者拘，大盜者爲諸侯，諸侯之門，義士存焉。昔者桓公小白殺兄入嫂而管仲爲臣，田成子常殺君竊國而孔子受幣。論則賤之，行則下之，則是言行之情悖戰於胸中也，不亦拂乎！故書曰：『孰惡孰美？成者爲首，不成者爲尾。』」

子張曰：「子不爲行，即將疏戚无倫，貴賤无義，長幼无序；五紀六位，將何以爲別乎？」

滿苟得曰：「堯殺長子，舜流母弟，疏戚有倫乎？湯放桀，武王殺紂，貴賤有義乎？王季爲適，周公殺兄，長幼有序乎？儒者僞辭，墨者兼愛，五紀六位將有別乎？

堯 舜

且子正爲名，我正爲利。名利之實，不順於理，不監於道。吾日與子訟於无約曰：『小人殉財，君子殉名。其所以變其情，易其性，則異矣；乃至於棄其所爲而殉其所不爲，則一也。』故曰，无爲小人，反殉而天；无爲君子，從天之理。若枉若直，相而天極；面觀四方，與時消息。若是若非，執而圓機；獨成而意，與道徘徊。无轉而行，无成而義，將失而所爲。无赴而富，无殉而成，將棄而天。

比干剖心，子胥抉眼，忠之禍也；直躬證父，尾生溺死，信之患也；鮑子立乾，申子不自理，廉之害也；孔子不見母，匡子不見父，義之失也。此上世之所傳，下世之所語，以爲士者正其言，必其行，故服其殃，離其患也。」

56 《盜跖　第二十九》

无足問於知和曰：「人卒未有不興名就利者。彼富則人歸之，歸則下之，下則貴之。夫見下貴者，所以長生安體樂意之道也。今子獨无意焉，知不足邪，意知而力不能行邪，故推正不忘邪？」

知和曰：「今夫此人以爲與己同時而生，同鄉而處者，以爲夫絕俗過世之士焉；是專无主正，所以覽古今之時，是非之分也，與俗化。世去至重，棄至尊，以爲其所爲也；此其所以論長生安體樂意之道，不亦遠乎！慘怛之疾，恬愉之安，不監於體；怵惕之恐，欣懽之喜，不監於心；知爲爲而不知所以爲，是以貴爲天子，富有天下，而不免於患也。」

无足曰：「夫富之於人，无所不利，窮美究埶，至人之所不得逮，賢人之所不能及，俠人之勇力而以爲威強，秉人之知謀以爲明察，因人之德以爲賢良，非享國而嚴若君父。且夫聲色滋味權勢之於人，心不待學而樂之，體不待象而安之。夫欲惡避就，固不待師，此人之性也。天下雖非我，孰能辭之！」

知和曰：「知者之爲，故動以百姓，不違其度，是以足而不爭，无以爲故不求。不足故求之，爭四處而不自以爲貪；有餘故辭之，棄天下而不自以爲廉。廉貪之實，非以迫外也，反監之度。勢爲天子而不以貴驕人，富有天下而不以財戲人。計其患，慮其反，以爲害於性，

故辭而不受也，非以要名譽也。堯舜爲帝而雍，非仁天下也，不以美　堯 舜
害生也；善卷許由得帝而不受，非虛辭讓也，不以事害己。此皆就其
利，辭其害，而天下稱賢焉，則可以有之，彼非以興名譽也。」

无足曰：「必持其名，苦體絕甘，約養以持生，則亦久病長阨而不
死者也。」

知和曰：「平爲福，有餘爲害者，物莫不然，而財其甚者也。今富
人，耳營鐘鼓筦籥之聲，口嗛於芻豢醪醴之味，以感其意，遺忘其業，
可謂亂矣；侅溺於馮氣，若負重行而上阪，可謂苦矣，貪財而取慰，
貪權而取竭，靜居則溺，體澤則馮，可謂疾矣；爲欲富就利，故滿若
堵耳而不知避，且馮而不舍，可謂辱矣；財積而无用，服膺而不舍，
滿心戚醮，求益而不止，可謂憂矣；內則疑刦請之賊，外則畏寇盜之
害，內周樓疏，外不敢獨行，可謂畏矣。此六者，天下之至害也，皆
遺忘而不知察，及其患至，求盡性竭財，單以反一日之无故而不可得
也。故觀之名則不見，求之利則不得，繚意體而爭此，不亦惑乎！」

57 《天下　第三十三》

不侈於後世，不靡於萬物，不暉於數度，以繩墨自矯而備世之急，
古之道術有在於是者。墨翟禽滑釐聞其風而說之，爲之大過，已之大
循。作爲非樂，命之曰節用；生不歌，死无服。墨子氾愛兼利而非鬬，
其道不怒；又好學而博，不異，不與先王同，毀古之禮樂。

黃帝有咸池，堯有大章，舜有大韶，禹有大夏，湯有大濩，文王　黃帝 堯 舜 禹
有辟雍之樂，武王周公作武。古之喪禮，貴賤有儀，上下有等，天子
棺槨七重，諸侯五重，大夫三重，士再重。今墨子獨生不歌，死不服，
桐棺三寸而无槨，以爲法式。以此教人，恐不愛人；以此自行，固不
愛己。未敗墨子道，雖然，歌而非歌，哭而非哭，樂而非樂，是果類
乎？其生也勤，其死也薄，其道大觳；使人憂，使人悲，其行難爲也，
恐其不可以爲聖人之道，反天下之心，天下不堪。墨子雖獨能任，柰
天下何！離於天下，其去王也遠矣。

墨子稱道曰：「昔禹之湮洪水，決江河而通四夷九州也，名山三百，　禹
支川三千，小者无數。禹親自操橐耜而九雜天下之川；腓无胈，脛无　禹
毛，沐甚雨，櫛疾風，置萬國。禹大聖也而形勞天下也如此。」使後世　禹
之墨者，多以裘褐爲衣，以跂蹻爲服，日夜不休，以自苦爲極，曰：「不
能如此，非禹之道也，不足謂墨。」　禹

46 尹 文 子

文献名：46. 尹文子

資料	伏羲		其他	女媧		神農		赤帝		黄帝		其他	顓頊		其他	注(左半葉)	
番号		太皞			其他		炎帝		其他		軒轅氏			高陽		注a	注b
1																	
2																	
3																	
4																	
5																	
6																	
計																	

献名：46. 尹文子

嚳	高辛	其他	堯	陶唐	其他	舜	有虞	其他	禹	其他	三皇	五帝	注(右半葉) 注e	注f	参考	資料番号
			1			1										1
			1									1				2
			1													3
						2			2							4
			1													5
			1													6
			5			3			2			1				7

46 尹文子

1 《大道上》

凡天下萬里，皆有是非。吾所不敢誣。是者常是，非者常非。亦吾所信。然是雖常是，有時而不用。非雖常非，有時而必行。故用是而失有矣。行非而得有矣。是非之理不同，而更興廢。翻爲我用，則是非焉在哉。觀堯舜湯武之成，或順或逆。得時則昌。桀紂幽厲之敗。或是或非，失時則亡。五伯之主亦然。 堯 舜

2 《大道下》

仁義禮樂，名法刑賞。凡此八者，五帝三王治世之術也。故仁以道之，義以宜之，禮以行之，樂以和之，名以正之，法以齊之，刑以威之，賞以勸之。故仁者，所以博施于物，亦所以生偏私。義者，所以立節行，亦所以成華僞。禮者，所以行恭謹，亦所以生惰慢。樂者，所以和情志，亦所以生淫放。名者，所以正尊卑，亦所以生矜篡。法者，所以齊衆異，亦所以乖名分。刑者，所以威不服，亦所以生陵暴。賞者，所以勸忠能，亦所以生鄙爭。凡此八術，無隱于人而常存于世。非自顯于堯湯之時，非自逃于桀紂之朝。用得其道則天下治。失其道則天下亂。過此而往，雖彌綸天地，籠絡萬品，治道之外，非群生所餐挹。聖人錯而不言也。 五帝 堯

3 《大道下》

田子讀書。曰：「堯時太平。」宋子曰：「聖人之治以致此乎？」彭蒙在側。越次答曰：「聖法之治以至此，非聖人之治也。」宋子曰：「聖人與聖法，何以異？」彭蒙曰：「子之亂名甚矣。聖人者，自己出也。聖法者，自理出也。理出于己。己非理也。己能出理。理非己也。故聖人之治，獨治者也。聖法之治，則無不治矣。此萬世之利。唯聖人能該之。」宋子猶惑。質于田子。田子曰：「蒙之言然。」 堯

4 《大道下》

語曰：「佞辨可以熒惑鬼神。」（曰：「鬼神聰明正直、孰曰熒惑者。」曰：「鬼神誠不受熒惑。此尤佞辯之巧、靡不入也。」夫佞辯者、雖不能熒惑鬼神、熒惑人明矣。）探人之心，度人之欲，順人於嗜好，而弗敢逆，納人于邪惡，而求利人。喜聞己之美也，善能揚之。惡聞己之過而能善能飾之。得之于眉睫之間，承之于言行之先。世俗之人，聞譽則悅。聞毀則戚。此衆人之大情。有同己則喜，異己則怒。此人之大情。故佞人善爲譽者也，善順從者也。人言是，亦是之。人言非，

亦非之。從人之所愛，隨人之所憎。故明君雖能納正直，未必親正直。
雖能遠佞人，未必能疏佞人。故舜禹者，以能不用佞人，亦未必憎佞　舜 禹
人。語曰：「佞辨惑物，舜禹不能得憎。」不可不察乎。（『羣書治要』　舜 禹
卷三十七作聖人篇。）

5 《逸文》

堯爲天子。衣不重帛。食不兼味。土階三尺。茅茨不翦。（藝文類　堯
聚八十二御覽九百九十六）

6 《逸文》

堯德化布於四海。仁惠被於蒼生。（文選勸進表注）　堯

47 孫臏兵法

文献名：47. 孫臏兵法

資料番号	伏羲	太皞	其他	女媧	其他	神農	炎帝	赤帝	其他	黄帝	軒轅氏	其他	顓頊	高陽	其他	注(左半葉) 注a	注b
1										1							
2										1							
計										2							

1 〈見威王〉

孫子見威王曰：「夫兵者，非士恒埶（勢）也，此先王之傅道也。
戰勝，則所以在亡國而繼絕世也；戰不勝，則所以削地而危社稷也。
是故兵者不可不察。然夫樂兵者亡，而利勝者辱。兵非所樂也，而勝
非所利也，事備而後動。故城小而守固者，有委也；卒寡而兵強者，
有義也。夫守而无委，戰而无義，天下无能以固且強者。堯有天下之 堯
時，詘（黜）王命而弗行者七，夷有二，中國四，素佚而至利也。戰
勝而強立，故天下服矣。昔者神戎戰斧遂，黄帝戰蜀禄，堯伐共工， 黄帝 堯
舜伐劂□□而并三苗□［下缺」管，湯汸桀，武王伐紂，帝奄反，故 舜
周公淺之。故曰：德不若五帝，而能不及三王，知（智）不若周公， 五帝
曰我將欲責仁義，式禮樂，垂衣常，以禁爭捝，此堯舜非弗欲也，不 堯 舜
可得，故舉兵繩之。」

2 〈勢備〉

孫子曰：夫陷齒戴角，前蚤後鋸，喜而合，怒而斲，天之道也，
不可止也。故无天兵者自爲備，聖人之事也。黄帝作劍，以陳（陣） 黄帝
象之。羿作弓弩，以埶（勢）象之。禹作舟車，以變象之。湯武作長 禹
兵，以權象之。凡此四者，兵之用也。

献名：47.孫臏兵法

嚳	高辛	其他	堯	陶唐	其他	舜	有虞	其他	禹	其他	三皇	五帝	注(右半葉) 注e	注f	参考	資料番号
			3			2						1				1
									1							2
			3			2			1			1				計

48 楚帛書

文献名：48. 楚帛書

資料番号	伏羲	太皞	其他	女媧	其他	神農	炎帝	赤帝	其他	黃帝	軒轅氏	其他	顓頊	高陽	其他	注(左半葉) 注a	注b
1	1			1													
2							1										
計	1			1			1										

文献名：48. 楚帛書

帝嚳	高辛	其他	堯	陶唐	其他	舜	有虞	其他	禹	其他	三皇	五帝	注(右半葉) 注e	注f	参考
									1						
								2(e)(f)					夋	帝夋	
								2	1						

乙篇

包戲　女媧　禹

一

曰(粤)故(古)☐熊雹(雹=包)虘(戲)，出自☐霆，凥(居)于餞☐。氒
田(?)漁(漁，漁)☐☐☐女，夢夢(夢夢)墨墨(墨墨)，亡章猶猶(猶猶)，☐妥水☐
風雨①。是於乃取(娶)虘☐口子之子，曰女皇(媧)②。是生子四☐，是襄天墬(
踐)，是各(格)參柴(化)。虖(?廢)逃，為禹為萬(禼)吕司堵，襄咎(晷)天
步③。超2乃卡(上下)朕𨔌(斷)，山陵不斌(疏)。乃命山川四晦(海)，☐寮熙(氣)
毋(害=豁)熙(氣)，吕為亓(其)斌(疏)。吕涉山陵瀧汨凼(淵)澫，未又(有)
日月(日月)，四神3相戈(隔)，乃步吕為戢(歲)。是隹(惟)四寺(時)
③。

夋　炎帝　帝夋

二

倀(長)曰青榦(榦)，二曰朱(朱)四單(單)，三曰翏黃難，四曰咊墨榦(
榦)①。千又(有)百戢(歲)，日月(日月)4夋(允)生②。九州不坪(平)。山陵備
鈌，四神乃(?)乍(?作)至于復(覆)。天旁(方)達(動)，扞(扞)蔽(
蔽)之青木、赤木、黃木、白木、墨木之精(精)5③。炎帝乃命祝融(融)吕四神
降，奠三天；累思敦，奠四亟(?極)④。曰：非九天則大鈌，則毋敢敝天靈(靈)。
帝夋乃6為日月(日月)之行⑤。

49　十 大 經

文献名：49. 十大經

資料番号	伏羲	太皞	其他	女媧	其他	神農	炎帝	赤帝	其他	黃帝	軒轅氏	其他	顓頊	高陽	其他	注(左半葉) 注a	注b
1												1(a)				黃宗	
2										2							
3										8							
4										2							
5										1				2			
6														1			
7										3							
8										1							
計										17		1		3			

献名：49. 十大經

嚳	高辛	其他	堯	陶唐	其他	舜	有虞	其他	禹	其他	三皇	五帝	注(右半葉) 注e	注f	参考	資料番号
																1
																2
																3
																4
																5
																6
												1				7
																8
												1				計

49 十大經

1 《立命》

昔者黃宗質始好信，作自爲象〔像〕，方四面，傅一心。四達自中，前參後參，左參右參，踐立〔位〕履參，是以能爲天下宗。吾受命於天，定立〔位〕於地，成名於人。唯余一人，□乃肥〔配〕天，乃立王、三公。立國，置君、三卿。數日、磿〔曆〕月、計歲，以當日月之行。允地廣裕，吾類天大明。吾畏天愛地親〔民〕，□無命，執虛信。吾畏天愛〔地〕親民，立有命，執虛信。吾愛民而民不亡，吾愛地而地不兄〔荒〕。吾受民□□□□□□□□□死。吾位不□。吾句〔苟〕能親親而興賢，吾不遺亦至矣。《立〔命〕》 黃宗

2 《觀》

〔黃帝〕令力黑浸行伏匿，周流四國，以觀無恒，善之法則。力黑視象，見黑則黑，見白則白。地□□□□□□□□□□〔則〕惡。人則視竞，人靜則靜，人作則作。力黑已布制建极□□□□□曰：天地已成，而民生，逆順無紀，德瘧〔虐〕無刑，靜作無時，先後無〇名。今吾欲得逆順之〔紀，德虐之刑，靜作之時，〕以爲天下正。靜作之時，因而勒之，爲之若何？黃帝曰群群□□□□□□□爲一囷，無晦無明，未有陰陽。陰陽未定，吾未有以名。今始判爲兩，分爲陰陽。离爲〇四〔時〕，□□□□□□□□□□□□□因以爲常，其明者以爲法而微道是行。行法循□牝牡若刑〔形〕。下會於地，上會於天。得天□之微，時若□□□□□□□□□□□□寺〔待〕地氣之發也，乃夢〔萌〕者夢〔萌〕而茲〔孳〕者茲〔孳〕，天因而成之。弗因則不成，〔弗〕養則不生。夫民之生也，規規生食與繼。不會不繼，無與守地；不食不人，無與守天。是□□贏陰布德，□□□□民功者，所以食之也。宿陽脩刑，童〔重〕陰〇長夜氣閉地繩〔孕〕者，〔所〕以繼之也。不靡不黑而正之以刑與德。春夏爲德，秋冬爲刑。先德後刑以養生。姓生已定，而適〔敵〕者生爭，不諶不定。凡諶之极，在刑與德。刑德皇皇，日月相望，以明其當，而盈□無匡。夫是故使民毋人執，舉事毋陽察，力地毋陰敝。陰敝者土芒〔荒〕，陽察者奪光，人執者摐兵。是故爲人主者，時控三樂，毋亂民功，毋逆天時。然則五谷溜孰〔熟〕，民〔乃〕蕃茲〔滋〕。君臣上下，交得其志。天因而成之。夫并時以養民功，先德後刑，順於天。其時贏而事絀，陰節復次，地尤復收。正名脩刑，執〔蟄〕虫不出，雪霜復清，孟谷乃蕭〔肅〕，此灾□生，如此者舉事將不成。其時絀而事贏，陽節復次，地尤不收。正名施〔弛〕刑，執〔蟄〕虫發聲，草苴復榮，已陽而有〔又〕陽，重時而無光，如此者 黃帝 黃帝

舉事將不行。天道已既，地物乃備。散流相成，圣人之事。圣人不巧，時反是守。优未愛民，與天同道。圣人正以侍〔待〕天，靜以須人。不達天刑，不襦不傳。當天時，與之皆斷。當斷不斷，反受其亂。《觀》

3 《五政》

黃帝問閹冉曰：吾欲布施五正〔政〕，焉止焉始？對曰：始在於身。中有正度，後及外人。外內交緌〔接〕，乃正於事之所成。黃帝曰：吾既正既靜，吾國家窬〔愈〕不定，若何？对曰：後中實而外正，何〔患〕不定？左執規，右執柜〔矩〕，何患天下？男女畢迵，何患於國？五正〔政〕既布，以司五明。左右執規，以寺〔待〕逆兵。黃帝曰：吾身未自知，若何？對曰：後身未自知，乃深伏於淵，以求內刑。內刑已得，後□自知屈後身。黃帝曰：吾欲屈吾身，屈吾身若何？對曰：道同者，其事同；道异者，其事异。今天下大爭，時至矣，後能慎勿爭乎？黃帝曰：勿爭若何？對曰：怒者血氣也，爭者外脂膚也。怒若不發浸廩是爲癰疽。後能去四者，枯骨何能爭矣。黃帝於是辤其國大夫，上於博望之山，談臥三年以自求也，單〔戰〕才〔哉〕。閹冉乃上起黃帝曰：可矣。夫作爭者凶，不爭〔者〕亦無成功。何不可矣？黃帝於是出其鏘鉞，奮其戎兵，身提鼓鞄〔枹〕，以禺〔遭〕之〔蚩〕尤，因而禽〔擒〕之。帝箸之明〔盟〕，明(盟)曰：反義逆時，其刑視之〔蚩〕尤。反義伓〔倍〕宗，其法死亡以窮。《五正〔政〕》

黃帝
黃帝
黃帝
黃帝
黃帝
黃帝
黃帝
黃帝

4 《果童》

黃帝〔問四〕輔曰：唯余一人，兼有天下。今余欲畜而正之，均而平之，爲之若何？果童對曰：不險則不可平，不諶則不可正。觀天於上，視地於下，而稽之男女。夫天有榦，地有恒常。合□□常，是以有晦有明，有陰有陽。夫地有山有澤，有黑有白，有美有亞〔惡〕。地俗德以靜，而天正名以作。靜作相養，德瘧〔虐〕相成。兩若有名，相與則成。陰陽備物，化變乃生，有〔任一則〕重，任百則輕。人有其中，物又〔有〕其刑〔形〕，因之若成。黃帝曰：夫民卬〔仰〕天而生，侍〔待〕地而食。以天爲父，以地爲母。今余欲畜而正之，均而平之，誰敵〔適〕繇〔由〕始？對曰：險若得平，諶□□□，〔貴〕賤必諶，貧富又〔有〕等。前世法之，後世既員，繇〔由〕果童始。果童於是衣褐而穿，負并〔缾〕而巒，營行氣〔乞〕食，周流四國，以視貧賤之极。《果童》

黃帝
黃帝

5 《正亂》

力黑問□□□□□□□□□□□□驕□陰謀，陰謀□□□□□□□□□□高陽□之若何？太山之稽曰：子勿患也。夫天行正信。日月不

高陽

處，敀然不台〔怠〕，以臨天下。民生有极，以欲淫□，淫□□失。豊而〔爲〕□，□而爲既，予之爲害，致而爲費，緩而爲□。憂桐而窘〔窘〕之，收而爲之咎。累而高之，部〔踣〕而弗救也。將令之死而不得悔，子勿患也。力黑曰：單〔戰〕數盈六十而高陽未夫。淫□蚤□，□曰天佑，天佑而弗戒，天官地一也。爲之若何？〔太〕山之稽曰：子勿言佑，交爲之備，□將因其事，盈其寺，輔其力，而投之代，子勿言也。上人正一，下人靜之，正以侍〔待〕天，靜以須人。天地立名，□自生，以隋〔隨〕天刑。天刑不撵，逆順有類。勿惊□戒，其逆事乃始。吾將遂是其逆而僇〔戮〕其身，更置六直而合以信。事成勿發，胥備自生。我將觀其往事之卒而朵焉，寺〔待〕其來〔事〕之遂刑〔形〕而（私）〔和〕焉。壹朵壹禾〔和〕，此天地之奇〔也，以〕其民作而自戲也，吾或使之自靡也。單〔戰〕盈才〔哉〕。（大）〔太〕山之稽曰：可矣。於是出其鏘鉞，奮其戎兵。黃帝身禺〔遇〕之〔蚩〕尤，因而肣〔擒〕之。剥其□革以爲干侯，使人射之，多中者賞。劗其發而建之天，名曰之〔蚩〕尤之𣄴〔旌〕。充其胃以爲鞫〔鞠〕，使人執之，多中者賞。腐其骨肉，投之苦酭〔醢〕，使天下噍之。上帝以禁。帝曰：毋乏吾禁，毋留〔流〕吾酭〔醢〕，毋亂吾民，毋絕吾道。止〈乏〉禁，留〔流〕酭〔醢〕，亂民，絕道，反義逆時，非而行之，過极失當，擅制更爽，心欲是行。其上帝未先而擅興兵，視之〔蚩〕尤。共工屈其脊，使甘其䈥。不死不生，慤爲地程。帝曰：謹守吾正名，毋失吾恒刑，以視〔示〕後人。《正亂》

高陽

黃帝

6 《姓爭》

高陽問力黑曰：天地〔已〕成，黔首乃生。莫循天德，謀相復〔覆〕頃〔傾〕。吾甚患之，爲之若何？力黑對曰：勿憂勿患，天制固然。天地已定，規〔蚑〕僥〔蟯〕畢掙〔爭〕。作爭者凶，不爭亦毋〔无〕以成功。順天者昌，逆天者亡。毋逆天道，則不失所守。天地已成，黔首乃生。勝生已定，敵者□生爭，不諶不定。凡諶之极，在刑與德。刑德皇皇，日月相望，以明其當。望失其當，環視〔示〕其央〔殃〕。天德皇皇，非刑不行。繆〔穆〕繆〔穆〕天刑，非德必頃〔傾〕。刑德相養，逆順若成。刑晦而德明，刑陰而德陽，刑微而德章〔彰〕。其明者以爲法，而微道是行。明明至微，時反〔返〕以爲几〔机〕。天道環〔還〕於人，反〔返〕爲之客。爭〔静〕作得時，天地與之。爭不衰，時靜不靜，國家不定。可作不作，天稽環周，人反爲之〔客〕。靜作得時，天地與之。靜作失時，天地奪之。夫天地之道，寒涅〔熱〕燥濕，不能并立；剛柔陰陽，固不兩行。兩相養，時相成。居則有法，動作循名，其事若易成。若夫人事則無常，過极失當，變故易常，德則無有，昔〔措〕刑不當，居則無法，動作爽名，是以僇受其刑。《姓爭》

高陽

7 《成法》

黃帝問力黑，唯余一人，兼有天下，滑〔猾〕民將生，年〔佞〕 黃帝
辯用知〔智〕，不可法組，吾恐或用之以亂天下。請問天下有成法可以
正民者？力黑曰：然。昔天地既成，正若有名，合若有刑〔形〕，□以
守一名。上捦之天，下施之四海。吾聞天下成法，故曰不多，一言而
止。循名復一，民無亂紀。黃帝曰：請問天下猷〔猶〕有一虖〔乎〕？ 黃帝
力黑曰：然。昔者皇天使馮〔鳳〕下道一言而止。五帝用之，以朳天 五帝
地，〔以〕楑〔揆〕四海，以壞〔懷〕下民，以正一世之士。夫是故毚
〔饞〕民皆退，賢人減〔咸〕起，五邪乃逃，年〔佞〕辯乃止。循名
復一，民無亂紀。黃帝曰：一者一而已乎？其亦有長乎？力黑曰：一 黃帝
者，道其本也，胡爲而無長？□□所失，莫能守一。一之解，察於天
地。一之理，施於四海。何以知□之至，遠近之稽？夫唯一不失，一
以騶化，少以知多。夫達望四海，困极上下，四鄉〔向〕相枹〔抱〕，
各以其道。夫百言有本，千言有要，万〔言〕有蔥〔總〕。万物之多，
皆閱一空。夫非正人也，孰能治此？罷〔彼〕必正人也，乃能操正以
正奇，握一以知多，除民之所害，而寺〔持〕民之所宜。綒凡守一，
與天地同极，乃可以知天地之禍福。《成法》

8 《順道》

黃帝問力黑曰：大庭氏之有天下也，不辨陰陽，不數日月，不志 黃帝
四時，而天開以時，地成以財。其爲之若何？力黑曰：大庭之有天下
也，安徐正靜，柔節先定。習濕共〔恭〕僉〔儉〕，卑約主柔，常後而
不失。醴〔體〕正信以仁，茲〔慈〕惠以愛人，端正勇，弗敢以先人。
中請不剶，執一毋求。刑於女節，所生乃柔。□□□正德，好德不爭。
立於不敢，行於不能。單〔戰〕視〔示〕不敢，明執不能。守弱節而
堅之，胥雄節之窮而因之。若此者其民勞不□，几〔飢〕不飴，死不
宛〔怨〕。不廣〔曠〕其衆，不爲兵邾，不爲亂首，不爲宛〔怨〕謀〔媒〕。
不陰謀，不擅斷疑，不謀削人之野，不謀劫人之宇。慎案其衆，以隋
〔隨〕天地之從。不擅作事，以寺〔待〕逆節所窮。見地奪力，天逆
其時，因而飾〔殤〕之，事環〔還〕克之。若此者，單〔戰〕朕〔勝〕
不報，取地不反。單〔戰〕朕〔勝〕於外，福生於內。用力甚少，名
殸〔聲〕章明。順之至也。《順道》

50 晏 子 春 秋

文献名：50. 晏子春秋

資料番号	伏羲	太皞	其他	女媧	其他	神農	炎帝	赤帝	其他	黃帝	軒轅氏	其他	顓頊	高陽	其他	注(左半葉) 注a	注b
1																	
2																	
3																	
4																	
5																	
計																	

献名：50. 晏子春秋

嚳	高辛	其他	堯	陶唐	其他	舜	有虞	其他	禹	其他	三皇	五帝	注(右半葉) 注e	注f	参考	資料番号
												4				1
			1			1										2
									1							3
							1									4
						6										5
			1			7	1		1			4				計

50 晏子春秋

1 《内篇諫上　卷第一》

楚巫微導裔款以見景公，侍坐三日，景公說之，楚巫曰：「公，明
神之主，帝王之君也。公即位十有七年矣，事未大濟者，明神未至也。
請致五帝，以明君德。」景公再拜稽首。楚巫曰：「請巡國郊以觀帝位。」 五帝
至于牛山而不敢登，曰：「五帝之位，在于國南，請齋而後登之。」公 五帝
命百官供齋具于楚巫之所，裔款視事。晏子聞之而見于公曰：「公令楚
巫齋牛山乎？」公曰：「然。致五帝以明寡人之德，神將降福于寡人， 五帝
其有所濟乎？」晏子曰：「君之言過矣！古之王者，得厚足以安世，行
廣足以容衆，諸侯戴之，以爲君長，百姓歸之，以爲父母。是故天地
四時和而不失，星辰日月順而不亂，德厚行廣，配天象時，然後爲帝
王之君，明神之主。古者不慢行而繁祭，不輕身而恃巫。今政亂而行
僻，而求五帝之明德也？棄賢而用巫，而求帝王之在身也？夫民不苟 五帝
德，福不苟降，君之帝王，不亦難乎！惜乎！君位之高，所論之卑也。」
公曰：「裔款以楚巫命寡人曰：『試嘗見而觀焉。』寡人見而說之，信其
道，行其言。今夫子譏之，請逐楚巫而拘裔款。」晏子曰：「楚巫不可
出。」公曰：「何故？」對曰：「楚巫出，諸侯必或受之。公信之，以過
于內，不知；出以易諸侯于外，不仁。請東楚巫而拘裔款。」公曰：「諾。」
故曰：送楚巫于東，而拘裔款于國也。

2 《内篇諫上　卷第一》

景公使圉人養所愛馬，暴死，公怒，令人操刀解養馬者。是時晏
子侍前，左右執刀而進，晏子止之，而問于公曰：「堯舜支解人，從何 堯 舜
軀始？」公矍然曰：「從寡人始。」遂不支解。公曰：「以屬獄。」晏子
曰：「此不知其罪而死，臣爲君數之，使知其罪，然後致之獄。」公曰：
「可。」晏子數之曰：「爾罪有三：公使汝養馬而殺之，當死罪一也；
又殺公之所最善馬，當死罪二也；使公以一馬之故而殺人，百姓聞之
必怨吾君，諸侯聞之必輕吾國，汝殺公馬，使怨積于百姓，兵弱于鄰
國，汝當死罪三也。今以屬獄。」公喟然嘆曰：「夫子釋之！夫子釋之！
勿傷吾仁也。」

3 《内篇諫下　卷第二》

景公藉重而獄多，拘者滿圄，怨者滿朝。晏子諫，公不聽。公謂
晏子曰：「夫獄、國之重官也，願託之夫子。」晏子對曰：「君將使嬰敕
其功乎？則嬰有壹妄能書，足以治之矣。君將使嬰敕其意乎？夫民無
欲殘其家室之生，以奉暴上之僻者，則君使吏比而焚之而已矣，」景公

不悦，曰：「㓨其功則使一妾，㓨其意則比焚，如是，夫子無所謂能治國乎？」晏子曰：「嬰聞與君異，今夫胡狢戎狄之蓄狗也，多者十有餘，寡者五六，然不相害傷。今束雞豚妄投之，其折骨決皮，可立得也。且夫上正其治，下審其論，則貴賤不相踰越。今君舉千鍾爵祿，而妄投之于左右，左右爭之，甚于胡狗，而公不知也。寸之管無當，天下不能足之以粟。今齊國丈夫耕，女子織，夜以接日，不足以奉上，而君側皆雕文刻鏤之觀。此無當之管也，而君終不知。五尺童子，操寸之煙，天下不能足以薪。今君之左右，皆操煙之徒，而君終不知。鐘
鼓成肆，干戚成舞，雖禹不能禁民之觀。且夫飾民之欲，而嚴其聽， 禹
禁其心，聖人所難也，而況奪其財而饑之，勞其力而疲之，常致其苦而嚴聽其獄，痛誅其罪，非嬰所知也。」

4 《外篇　重而異者　卷第七》

景公與晏子立曲潢之上，望見齊國，問晏子曰：「後世孰將踐有齊國者乎？」晏子對曰：「非賤臣之所敢議也。」公曰：「胡必然也？得者
無失，則虞、夏常存矣。」晏子對曰：「臣聞見不足以知之者，智也； 虞
先言而後當者，惠也。夫智與惠，君子之事，臣奚足以知之乎！雖然，臣請陳其爲政：君彊臣弱，政之本也；君唱臣和，教之隆也；刑罰在君，民之紀也。今夫田無宇二世有功于國，而利取分寡，公室兼之，國權專之，君臣易施，而無衰乎！嬰聞之，臣富主亡。由是觀之，其無宇之後無幾，齊國、田氏之國也？嬰老不能待公之事，公若即世，政不在公室。」公曰：「然則柰何？」晏子對曰：「維禮可以已之。其在禮也，家施不及國，民不懈，貨不移，工賈不變，士不濫，官不謟，大夫不收公利。」公曰：「善。今知禮之可以爲國也。」對曰：「禮之可以爲國也久矣，與天地並立。君令臣忠，父慈子孝，兄愛弟敬，夫和妻柔，姑慈婦聽，禮之經也。君令而不違，臣忠而不二，父慈而教，子孝而箴，兄愛而友，弟敬而順，夫和而義，妻柔而貞，姑慈而從，婦聽而婉，禮之質也。」公曰：「善哉！寡人迺今知禮之尚也。」晏子曰：「夫禮、先王之所以臨天下也，以爲其民，是故尚之。」

5 《外篇　不合經術者　卷第八》

景公出田，寒，故以爲渾，猶顧而問晏子曰：「若人之衆，則有孔
子焉乎？」晏子對曰：「有孔子焉則無有，若舜焉則嬰不識。」公曰：「孔 舜
子之不逮舜爲閒矣，曷爲『有孔子焉則無有，若舜焉則嬰不識』？」 舜 舜
晏子對曰：「是迺孔子之所以不逮舜。孔子行一節者也，處民之中，其 舜
過之識，況乎處君之中乎！舜者處民之中，則自齊乎士；處君子之中， 舜
則齊乎君子；上與聖人，則固聖人之材也。此迺孔子之所以不逮舜也。」 舜

51 竹 書 紀 年

文献名：51.竹書紀年

資料番号	伏羲	太皞	其他	女媧	其他	神農	炎帝	赤帝	其他	黄帝	軒轅氏	其他	顓頊	高陽	其他	注(左半葉) 注a	注
1-1										3			2				
1-2										1							
2-1										1	1	1(a)				有熊	
2-2																	
2-3													1	1			
2-4																	
2-5																	
2-6																	
2-7																	
計										5	1	1	3	1			

献名：51. 竹書紀年

嚳	高辛	其他	堯	陶唐	其他	舜	有虞	其他	禹	其他	三皇	五帝	注(右半葉) 注e	注f	参考	資料番号
			1									1				1-1
									4							1-2
																2-1
															少昊氏	2-2
		1(e)											辛侯			2-3
1	1				1(e)								唐侯			2-4
			1	1		4			1							2-5
						1	2		1							2-6
									2							2-7
1	1	1	2	1	1	5	2		8			1				計

51 竹書紀年

1《古本竹書紀年》

（朱右曾輯録《汲冢紀年存眞》本、《古本竹書紀年輯校》本）

1-1 〈五帝紀〉 五帝

昌意降居若水，產帝乾荒。

帝王之崩皆曰陟。

黃帝既仙去，其臣有左徹者，削木爲黃帝之像，帥諸侯奉之。 黃帝 黃帝

黃帝死七年，其臣左徹乃立顓頊。 黃帝 顓頊

顓頊產伯鯀，是維若陽，居天穆之陽。 顓頊

帝堯元年丙子。 堯

（堯有聖德封于唐。夢攀天而上。）〔輯校本無此 12 字〕

后稷放帝朱于丹水。

（舜耕于歷。夢眉長與髪等。遂登庸。）〔輯校本無此 13 字〕

命咎陶作刑。

三苗將亡，天雨血，夏有冰，地坼及泉，青龍生于廟，日夜出，晝日不出。

1-2 〈夏后氏〉

禹 禹

禹都陽城。 禹

黃帝至禹，爲世三十。 黃帝 禹

（夏禹未遇，夢乘舟月中過而後受虞室之禪。）〔輯校本無此 17 字〕

禹立四十五年。 禹

啓

（啓曰會。益干啓位，啓殺之。九年，舞九韶）〔輯校本無此 15 字〕

2《今本竹書紀年》

四部叢刊所収（上海涵芬樓藏明天一閣本）、王國維輯《疏證》本

〈卷上〉

2-1 〈黃帝軒轅氏〉 黃帝 軒轅

元年，帝即位，居有熊。 有熊

初制冕服。

二十年，景雲見。
以雲紀官。
五十年秋七月庚申，鳳鳥至，帝祭於洛水。
五十九年，貫胸氏來賓，長股氏來賓。
七十七年，昌意降若居水，產帝乾荒。
一百年，地裂。
帝陟。

2-2 〈帝摯少昊氏〉
参考

2-3 〈帝顓頊高陽氏〉 顓頊 高陽氏
元年，帝即位，居濮。
十三年，初作暦象。
二十一年，作承雲之樂。
三十年，帝產伯鯀，居天穆之陽。
七十八年，帝陟。
術器作亂，辛侯滅之。 辛侯

2-4 〈帝嚳高辛氏〉 帝嚳 高辛氏
元年，帝即位，居亳。
十六年，帝使重帥師滅有鄶。
四十五年，帝錫唐侯命。 唐侯
六十三年，帝陟。

2-5 〈帝堯陶唐氏〉 堯 陶唐氏
元年丙子，帝即位，居冀。
命羲和暦象。
五年，初巡狩四岳。
七年，有麟。
十二年，初治兵。
十六年，渠搜氏來賓。
十九年，命共工治河。
二十九年春，僬僥氏來朝貢沒羽。
四十二年，景星出于翼。
五十年，帝游于首山。
乘素車玄駒。
五十三年，帝祭于洛。
五十八年，帝使后稷放帝子朱于丹水。

六十一年，命崇伯鯀治河。

六十九年，黜崇伯鯀。

七十年春正月，帝使四岳錫虞舜命。 虞舜

七十一年，帝命二女嬪于舜。 舜

七十三年春正月，舜受終于文祖。 舜

七十四年，虞舜初巡狩四岳。 虞舜

七十五年，司空禹治河。 禹

七十六年，司空伐曹魏之戎，克之。

八十六年，司空入覲，贄用玄圭。

八十七年，初建十有二州。

八十九年，作游宮于陶。

九十年，帝游居于陶。

九十七年，司空巡十有二州。

一百年，帝陟于陶。

2-6 〈帝舜有虞氏〉 帝舜 有虞

元年己未，帝即位，居冀。

作大韶之樂。

三年，命咎陶作刑。

九年，西王母來朝。

十四年，卿雲見，命禹代虞事。 禹 虞

十五年，帝命夏后有事于太室。

十七年春二月，入學初用萬。

二十五年，息慎氏來朝貢弓矢。

二十九年，帝命子義鈞封于商。

三十年，葬后育于渭。

三十二年，帝命夏后總師遂陟方岳。

三十三年春正月，夏后受命于神宗。

遂復九州。

三十五年，帝命夏后征有苗，有苗氏來朝。

四十二年，玄都氏來朝貢，寶玉。

四十七年冬，隕霜，不殺草木。

四十九年，帝居于鳴條。

五十年，帝陟。

2-7 〈帝禹夏后氏〉 禹

元年壬子，帝即位，居冀。

頒夏時于邦國。

二年，咎陶薨。

五年，巡狩，會諸侯于塗山。

八年春，會諸侯于會稽，殺防風氏。

夏六月，雨金于夏邑。

秋八月，帝陟于會稽。

禹立四十五年。 禹

帝啓

元年癸亥，帝即位于夏邑。大饗諸侯于鈞臺，諸侯從帝歸于冀都。大饗諸侯于璿臺。

52 穆天子傳

文献名：52.穆天子傳

資料番号	伏羲	太皞	其他	女媧	其他	神農	炎帝	赤帝	其他	黃帝	軒轅氏	其他	顓頊	高陽	其他	注(左半葉 注a	注
1										2							
計										2							

1 《卷之二》

□吉日辛酉，天子升于昆侖之丘，以觀黃帝之宮，而封豐隆之葬，以詔後世。癸亥，天子具蠲齊牲全，以禋□崑侖之丘。甲子，天子北征，舍于珠澤。以釣于流水。曰：「珠澤之藪，方三十里。」爰有藋、葦、莞、蒲、茅、萯、蒹、葽。珠澤之人乃獻白玉□隻，□角之一，□三，可以□沐。乃進食，□酒十□，姑劓九□。亓味中麋胃而滑。因獻食馬三百，牛羊三千。天子□昆侖，以守黃帝之宮，南司赤水，而北守舂山之寶。天子乃賜□之人□吾黃金之環三五。朱帶貝飾三十。工布之四。□吾乃膜拜而受。天子又與之黃牛二六，以三十□人於昆侖丘。 黃帝 黃帝

名：52.穆天子傳

嚳	高辛	其他	堯	陶唐	其他	舜	有虞	其他	禹	其他	三皇	五帝	注(右半葉) 注e	注f	參考	資料番号
																1
																計

53 詛 楚 文

三皇五帝夏禹名　無

54 楚 辭

文献名：54.楚辭

資料番号	伏羲	太皞	其他	女媧	其他	神農	炎帝	赤帝	其他	黄帝	軒轅氏	其他	顓頊	高陽	其他	注(左半葉 注a	注
1														1			
2-1																	
2-2																	
2-3																	
2-4																	
2-5				1													
2-6																	
2-7																	
3-1																	
3-2																	
3-3																	
3-4																	
3-5																	
4		1					1				1		1	1			
5	1																
6-1																	
6-2																	
計	1	1		1			1				1		1	2			

献名：54.楚辭

嚳	高辛	其他	堯	陶唐	其他	舜	有虞	其他	禹	其他	三皇	五帝	注(右半葉) 注e	注f	参考	資料番号
	1		1			1	1	1(e)	2				重華			1
									2							2-1
									1							2-2
									1							2-3
			1			1										2-4
																2-5
						1										2-6
1																2-7
												1				3-1
								1(e)					重華			3-2
			1			1										3-3
								1(e)	1				重華			3-4
	1															3-5
																4
									1							5
			1			1										6-1
			1			1										6-2
1	2		5			6	1	3	8			1				計

54 楚 辭

1 《離騷　第一》

帝高陽之苗裔兮　朕皇考曰伯庸 帝高陽
攝提貞于孟陬兮　惟庚寅吾以降
皇覽揆余初度兮　肇錫余以嘉名
名余曰正則兮　字余曰靈均
紛吾既有此內美兮　又重之以修能
扈江離與辟芷兮　紉秋蘭以爲佩
汨余若將不及兮　恐年歲之不吾與
朝搴阰之木蘭兮　夕攬洲之宿莽
日月忽其不淹兮　春與秋其代序
惟草木之零落兮　恐美人之遲暮
不撫壯而棄穢兮　何不改乎此度
乘騏驥以馳騁兮　來吾道夫先路
昔三后之純粹兮　固衆芳之所在
雜申椒與菌桂兮　豈維紉夫蕙茝
彼堯舜之耿介兮　既遵道而得路 堯 舜
何桀紂之猖披兮　夫唯捷徑以窘步
惟夫黨人之偷樂兮　路幽昧以險隘
豈余身之憚殃兮　恐皇輿之敗績
忽奔走以先後兮　及前王之踵武
荃不察余之中情兮　反信讒而齌怒
余固知謇謇之爲患兮　忍而不能舍也
指九天以爲正兮　夫唯靈修之故也
曰黃昏以爲期兮　羌中道而改路
初既與余成言兮　後悔遁而有他
余既不難夫離別兮　傷靈修之數化
余既滋蘭之九畹兮　又樹蕙之百畝
畦留夷與揭車兮　雜杜衡與芳芷
冀枝葉之峻茂兮　願竢時乎吾將刈
雖萎絕其亦何傷兮　哀衆芳之蕪穢
衆皆競進以貪婪兮　憑不厭乎求索
羌內恕己以量人兮　各興心而嫉妒
忽馳騖以追逐兮　非余心之所急
老冉冉其將至兮　恐脩名之不立
朝飲木蘭之墜露兮　夕餐秋菊之落英

苟余情其信姱以練要兮　長顑頷亦何傷
擥木根以結茝兮　貫薜荔之落蘂
矯菌桂以紉蕙兮　索胡繩之纚纚
謇吾法夫前脩兮　非世俗之所服
雖不周于今之人兮　愿依彭咸之遺則
長太息以掩涕兮　哀民生之多艱
余雖好脩姱以鞿羈兮　謇朝誶而夕替
既替余以蕙纕兮　又申之以擥茝
亦余心之所善兮　雖九死其猶未悔
怨靈脩之浩蕩兮　終不察夫民心
衆女嫉余之蛾眉兮　謠諑謂余以善淫
固時俗之工巧兮　偭規矩而改錯
背繩墨以追曲兮　競周容以爲度
忳鬱邑余侘傺兮　吾獨窮困乎此時也
寧溘死以流亡兮　余不忍爲此態也
鷙鳥之不群兮　自前世而固然
何方圜之能周兮　夫孰異道而相安
屈心而抑志兮　忍尤而攘詬
伏淸白以死直兮　固前聖之所厚
悔相道之不察兮　延佇乎吾將反
回朕車以復路兮　及行迷之未遠
步余馬於蘭皋兮　馳椒丘且焉止息
進不入以離尤兮　退將復脩吾初服
製芰荷以爲衣兮　集芙蓉以爲裳
不吾知其亦已兮　苟余情其信芳
高余冠之岌岌兮　長余佩之陸離
芳與澤其雜糅兮　唯昭質其猶未虧
忽反顧以遊目兮　將往觀乎四荒
佩繽紛其繁飾兮　芳菲菲其彌章
民生各有所樂兮　余獨好脩以爲常
雖體解吾猶未變兮　豈余心之可懲
女嬃之嬋媛兮　申申其詈予
曰鮌婞直以亡身兮　終然殀乎羽之野
汝何博謇而好脩兮　紛獨有此姱節
薋菉葹以盈室兮　判獨離而不服
衆不可戶說兮　孰云察余之中情
世並舉而好朋兮　夫何煢獨而不予聽
依前聖以節中兮　喟憑心而歷茲

濟沅湘以南征兮　就重華而陳詞　重華
啟九辯與九歌兮　夏康娛以自縱
不顧難以圖後兮　五子用失乎家巷
羿淫遊以佚畋兮　又好射夫封狐
固亂流其鮮終兮　浞又貪夫厥家
澆身被服強圉兮　縱欲而不忍
日康娛而自忘兮　厥首用夫顛隕
夏桀之常違兮　乃遂焉而逢殃
后辛之菹醢兮　殷宗用而不長
湯禹儼而祗敬兮　周論道而莫差　禹
舉賢才而授能兮　循繩墨而不頗
皇天無私阿兮　攬民德焉錯輔
夫維聖哲以茂行兮　苟得用此下土
瞻前而顧後兮　相觀民之計極
夫孰非義而可用兮　孰非善而可服
阽余身而危死兮　攬余初其猶未悔
不量鑿而正枘兮　固前脩以菹醢
曾歔欷余鬱邑兮　哀朕時之不當
攬茹蕙以掩涕兮　霑余襟之浪浪
跪敷衽以陳辭兮　耿吾既得此中正
駟玉虬以乘鷖兮　溘埃風余上征
朝發軔于蒼梧兮　夕余至乎縣圃
欲少留此靈瑣兮　日忽忽其將暮
吾令羲和弭節兮　望崦嵫而勿迫
路曼曼其脩遠兮　吾將上下而求索
飲余馬于咸池兮　總余轡乎扶桑
折若木以拂日兮　聊逍遙以相羊
前望舒使先驅兮　後飛廉使奔屬
鸞皇爲余先戒兮　雷師告余以未具
吾令鳳鳥飛騰兮　繼之以日夜
飄風屯其相離兮　帥雲霓而來御
紛總總其離合兮　斑陸離其上下
吾令帝閽開關兮　倚閶闔而望予
時曖曖其將罷兮　結幽蘭而延佇
世溷濁而不分兮　好蔽美而嫉妒
朝吾將濟于白水兮　登閬風而緤馬
忽反顧以流涕兮　哀高丘之無女
溘吾遊此春宮兮　折瓊枝以繼佩

及榮華之未落兮　相下女之可詒
吾令豐隆乘雲兮　求宓妃之所在
解佩纕以結言兮　吾令蹇脩以爲理
紛總總其離合兮　忽緯繣其難遷
夕歸次於窮石兮　朝濯髮乎洧盤
保厥美以驕傲兮　日康娛以淫遊
雖信美而無禮兮　來違棄而改求
覽相觀於四極兮　周流乎天余乃下
望瑤台之偃蹇兮　見有娀之佚女
吾令鴆爲媒兮　鴆告余以不好
雄鳩之鳴逝兮　余猶惡其佻巧
心猶豫而狐疑兮　欲自適而不可
鳳凰既受詒兮　恐高辛之先我　高辛
欲遠集而無所止兮　聊浮遊以逍遙
及少康之未家兮　留有虞之二姚　有虞
理弱而媒拙兮　恐導言之不固
世溷濁而嫉賢兮　好蔽美而稱惡
閨中既以邃遠兮　哲王又不寤
懷朕情而不發兮　余焉能忍與此終古
索藑茅以筳篿兮　命靈氛爲余占之
曰兩美其必合兮　孰信脩而慕之
思九州之博大兮　豈惟是其有女
曰勉遠逝而無狐疑兮　孰求美而釋女
何所獨無芳草兮　爾何懷乎故宇
世幽昧以昡曜兮　孰云察余之善惡
民好惡其不同兮　惟此黨人其獨異
戶服艾以盈要兮　謂幽蘭其不可佩
覽察草木其猶未得兮　豈珵美之能當
蘇糞壤以充幃兮　謂申椒其不芳
欲從靈氛之吉占兮　心猶豫而狐疑
巫咸將夕降兮　懷椒糈而要之
百神翳其備降兮　九疑繽其並迎
皇剡剡其揚靈兮　告余以吉故
曰勉陞降以上下兮　求矩矱之所同
湯禹儼而求合兮　摯咎繇而能調　禹
苟中情其好脩兮　又何必用夫行媒
說操築於傅巖兮　武丁用而不疑
呂望之鼓刀兮　遭周文而得舉

甯戚之謳歌兮　齊桓聞以該輔
及年歲之未晏兮　時亦猶其未央
恐鵜鴂之先鳴兮　使夫百草爲之不芳
何瓊佩之偃蹇兮　衆薆然而蔽之
惟此黨人之不諒兮　恐嫉妬而折之
時繽紛其變易兮　又何可以淹留
蘭芷變而不芳兮　荃蕙化而爲茅
何昔日之芳草兮　今直爲此蕭艾也
豈其有他故兮　莫好脩之害也
余以蘭爲可恃兮　羌無實而容長
委厥美以從俗兮　苟得列乎衆芳
椒專佞以慢慆兮　樧又欲充夫佩幃
既干進而務入兮　又何芳之能祇
固時俗之流從兮　又孰能無變化
覽椒蘭其若茲兮　又況揭車與江離
惟茲佩之可貴兮　委厥美而歷茲
芳菲菲而難虧兮　芬至今猶未沬
和調度以自娛兮　聊浮游而求女
及余飾之方壯兮　周流觀乎上下
靈氛既告余以吉占兮　歷吉日乎吾將行
折瓊枝以爲羞兮　精瓊爢以爲粻
爲余駕飛龍兮　雜瑤象以爲車
何離心之可同兮　吾將遠逝以自疏
邅吾道夫昆侖兮　路脩遠以周流
揚雲霓之晻藹兮　鳴玉鸞之啾啾
朝發軔于天津兮　夕余至乎西極
鳳皇翼其承旂兮　高翱翔之翼翼
忽吾行此流沙兮　遵赤水而容與
麾蛟龍使梁津兮　詔西皇使涉予
路脩遠以多艱兮　騰衆車使徑待
路不周以左轉兮　指西海以爲期
屯余車其千乘兮　齊玉軑而並馳
駕八龍之婉婉兮　載雲旗之委蛇
抑志而弭節兮　神高馳之邈邈
奏九歌而舞韶兮　聊假日以媮樂
陟陞皇之赫戲兮　忽臨睨夫舊鄉
僕夫悲余馬懷兮　蜷局顧而不行
亂曰　已矣哉

國無人莫我知兮　又何懷乎故都
既莫足與爲美政兮　吾將從彭咸之所居

2　《天問　第三》
2-1 不任汨鴻　師何以尚之　僉曰何憂　何不課而行之
鴟龜曳銜　鯀何聽焉　順欲成功　帝何刑焉
永遏在羽山　夫何三年不施　伯禹愎鯀　夫何以變化　伯禹
纂就前緒　遂成考功　何續初繼業　而厥謀不同
洪泉極深　何以窴之　地方九則　何以墳之
應龍何畫　河海何歷　鯀何所營　禹何所成　禹
康回馮怒　墜何故以東南傾

2-2 禹之力獻功　降省下土四方　焉得彼塗山女　而通之於台桑　禹
閔妃匹合　厥身是繼　胡維嗜不同味　而快鼂飽

2-3 啟代益作后　卒然離蠥　何啟惟憂　而能拘是達
皆歸躲𥯒　而無害厥躬　何后益作革　而禹播降　禹
啟棘賓商　九辯九歌　何勤子屠母　而死分竟地

2-4 舜閔在家　父何以鱞　堯不姚告　二女何親　舜 堯

2-5 登立爲帝　孰道尚之　女媧有體　孰制匠之　女媧

2-6 舜服厥弟　終然爲害　何肆犬豕　而厥身不危敗　舜

2-7 簡狄在臺　嚳何宜　玄鳥致貽　女何喜　嚳

3　《九章　第四》・
3-1 〈惜誦〉
惜誦以致愍兮　發憤以抒情
所非忠而言之兮　指蒼天以爲正
令五帝以折中兮　戒六神與嚮服　五帝
俾山川以備御兮　命咎繇使聽直
竭忠誠而事君兮　反離群而贅肬
忘儇媚以背衆兮　待明君其知之
言與行其可迹兮　情與貌其不變
故相臣莫若君兮　所以證之不遠
吾誼先君而後身兮　羌衆人之所仇也

專惟君而無他兮　又衆兆之所讎也
壹心而不豫兮　羌不可保也
疾親君而無他兮　有招禍之道也
思君其莫我忠兮　忽忘身之賤貧
事君而不貳兮　迷不知寵之門
忠何辠以遇罰兮　亦非余之所志也
行不群以巔越兮　又衆兆之所咍也
紛逢尤以離謗兮　謇不可釋也
情沈抑而不達兮　又蔽而莫之白也
心鬱邑余侘傺兮　又莫察余之中情
固煩言不可結而詒兮　願陳志而無路
退靜默而莫余知兮　進號呼又莫吾聞
申侘傺之煩惑兮　中悶瞀之忳忳
昔余夢登天兮　魂中道而無杭
吾使厲神占之兮　曰有志極而無旁
終危獨以離異兮　曰君可思而不可恃
故衆口其鑠金兮　初若是而逢殆
懲熱羹而吹韲兮　何不變此志也
欲釋階而登天兮　猶有曩之態也
衆駭遽以離心兮　又何以爲此伴也
同極而異路兮　又何以爲此援也
晉申生之孝子兮　父信讒而不好
行婞直而不豫兮　鮌功用而不就
吾聞作忠以造怨兮　忽謂之過言
九折臂而成醫兮　吾至今乃知其信然
矰弋機而在上兮　罻羅張而在下
設張辟以娛君兮　願側身而無所
欲儃佪以干傺兮　恐重患而離尤
欲高飛而遠集兮　君罔謂女何之
欲横奔而失路兮　蓋堅志而不忍
背膺牉以交痛兮　心鬱結而紆軫
擣木蘭以矯蕙兮　糳申椒以爲糧
播江離與滋菊兮　願春日以爲糗芳
恐情質之不信兮　故重著以自明
矯茲媚以私處兮　願曾思而遠身

3-2 〈涉江〉

余幼好此奇服兮　年既老而不衰

帶長鋏之陸離兮　冠切雲之崔嵬
被明月兮佩寶璐　世溷濁而莫余知兮
吾方高馳而不顧　駕青虯兮驂白螭
吾與重華遊兮瑤之圃　登崑崙兮食玉英　重華
吾與天地兮比壽　與日月兮齊光
哀南夷之莫吾知兮　旦余濟乎江湘
乘鄂渚而反顧兮　欸秋冬之緒風
步余馬兮山皋　邸余車兮方林
乘舲船余上沅兮　齊吳榜以擊汰
船容與不進兮　淹回水而凝滯
朝發枉陼兮　夕宿辰陽
苟余心之端直兮　雖僻遠其何傷
入溆浦余儃佪兮　迷不知吾所如
深林杳以冥冥兮　乃猨狖之所居
山峻高以蔽日兮　下幽晦以多雨
霰雪紛其無垠兮　雲霏霏其承宇
哀吾生之無樂兮　幽獨處乎山中
吾不能變心以從俗兮　固將愁苦而終窮
接輿髡首兮　桑扈臝行
忠不必用兮　賢不必以
伍子逢殃兮　比干菹醢
與前世而皆然兮　吾又何怨乎今之人
余將董道而不豫兮　固將重昏而終身
亂曰　鸞皇鳳皇　日以遠兮
燕雀烏鵲　巢堂壇兮
露申辛夷　死林薄兮
腥臊並御　芳不得薄兮
陽陰易位　時不當兮
懷信侘傺　忽乎吾將行兮

3-3 〈哀郢〉

皇天之不純命兮　何百姓之震愆
民離散而相失兮　方仲春而東遷
去故鄉而就遠兮　遵江夏以流亡
出國門而軫懷兮　甲之朝吾以行
發郢都而去閭兮　怊荒忽其焉極
楫齊揚以容與兮　哀見君而不再得
望長楸而太息兮　涕淫淫其若霰

過夏首而西浮兮　顧龍門而不見
心嬋媛而傷懷兮　眇不知其所蹠
順風波而從流兮　焉洋洋而爲客
凌陽侯之氾濫兮　忽翺翔之焉薄
心絓結而不解兮　思蹇產而不釋
將運舟而下浮兮　上洞庭而下江
去終古之所居兮　今逍遙而來東
羌靈魂之欲歸兮　何須臾而忘反
背夏浦而西思兮　哀故都之日遠
登大墳以遠望兮　聊以舒吾憂心
哀州土之平樂兮　悲江介之遺風
當陵陽之焉至兮　淼南度之焉如
曾不知夏之爲丘兮　孰兩東門之可蕪
心不怡之長久兮　憂與愁其相接
惟郢路之遼遠兮　江與夏之不可涉
忽若去不信兮　至今九年而不復
慘鬱鬱而不通兮　蹇侘傺而含慼
外承觀之汋約兮　諶荏弱而難持
忠湛湛而願進兮　妬被離而鄣之
堯舜之抗行兮　瞭杳杳其薄天 堯舜
衆讒人之嫉妬兮　被以不慈之僞名
憎慍惀之脩美兮　好夫人之慷慨
衆踥蹀而日進兮　美超遠而逾邁
亂曰　曼余目以流觀兮　冀壹反之何時
鳥飛反故鄉兮　狐死必首丘
信非吾罪而棄逐兮　何日夜而忘之

3-4 〈懷沙〉

滔滔孟夏兮　草木莽莽
傷懷永哀兮　汨徂南土
眴兮杳杳　孔靜幽默
鬱結紆軫兮　離慜而長鞠
撫情效志兮　冤屈而自抑
刓方以爲圜兮　常度未替
易初本迪兮　君子所鄙
章畫志墨兮　前圖未改
內厚質正兮　大人所盛
巧倕不斲兮　孰察其撥正

玄文處幽兮　矇瞍謂之不章
離婁微睇兮　瞽以爲無明
變白以爲黑兮　倒上以爲下
鳳凰在笯兮　雞鶩翔舞
同糅玉石兮　一概而相量
夫惟黨人鄙固兮　羌不知余之所臧
任重載盛兮　陷滯而不濟
懷瑾握瑜兮　窮不知所示
邑犬群吠兮　吠所怪也
非俊疑傑兮　固庸態也
文質疏内兮　衆不知余之異采
材朴委積兮　莫知余之所有
重仁襲義兮　謹厚以爲豐
重華不可遌兮　孰知余之從容　　重華
古固有不並兮　豈知其何故
湯禹久遠兮　邈而不可慕　　禹
懲違改忿兮　抑心而自強
離愍而不遷兮　願志之有像
進路北次兮　日昧昧其將暮
舒憂娛哀兮　限之以大故
亂曰　浩浩沅湘　分流汨兮
脩路幽蔽　道遠忽兮
懷質抱情　獨無匹兮
伯樂既沒　驥焉程兮
民生稟命　各有所錯兮
定心廣志　余何畏懼兮
曾傷爰哀　永嘆喟兮
世溷濁莫吾知　人心不可謂兮
知死不可讓　願勿愛兮
明告君子　吾將以爲類兮

3-5 〈思美人〉
思美人兮　攬涕而佇眙
媒絕路阻兮　言不可結而詒
蹇蹇之煩冤兮　陷滯而不發
申旦以舒中情兮　志沈菀而莫達
願寄言於浮雲兮　遇豐隆而不將
因歸鳥而致辭兮　羌迅高而難當

高辛之靈盛兮　遭玄鳥而致詒 高辛
欲變節而從俗兮　媿易初而屈志
獨歷年而離愍兮　羌馮心猶未化
寧隱閔而壽考兮　何變易之可爲
知前轍之不遂兮　未改此度
車既覆而馬顚兮　蹇獨懷此異路
勒騏驥而更駕兮　造父爲我操之
遷逡次而勿驅兮　聊假日以須時
指嶓冢之西隈兮　與纁黃以爲期
開春發歲兮　白日出之悠悠
吾將蕩志而愉樂兮　遵江夏以娛憂
攬大薄之芳茝兮　搴長洲之宿莽
惜吾不及古之人兮　吾誰與玩此芳草
解萹薄與雜菜兮　備以爲交佩
佩繽紛以繚轉兮　遂萎絕而離異
吾且儃佪以娛憂兮　觀南人之變態
竊快在中心兮　揚厥憑而不竢
芳與澤其雜糅兮　羌芳華自中出
紛郁郁其遠蒸兮　滿內而外揚
情與質信可保兮　羌居蔽而聞章
令薜荔以爲理兮　憚舉趾而緣木
因芙蓉而爲媒兮　憚褰裳而濡足
登高吾不說兮　入下吾不能
固朕形之不服兮　然容與而孤疑
廣遂前畫兮　未改此度也
命則處幽吾將罷兮　願及白日未暮也
獨煢煢而南行兮　思彭咸之故也

4　《遠遊　第五》
悲時俗之迫阸兮　願輕舉而遠遊
質菲薄而無因兮　焉託乘而上浮
遭沈濁而汙穢兮　獨鬱結其誰語
夜耿耿而不寐兮　魂煢煢而至曙
惟天地之無窮兮　哀人生之長勤
往者余弗及兮　來者吾不聞
步徙倚而遙思兮　怊惝怳而乖懷
意荒忽而流蕩兮　心愁悽而增悲
神儵忽而不反兮　形枯槁而獨留

內惟省以端操兮　求正氣之所由
漠虛靜以恬愉兮　澹無爲而自得
聞赤松之淸塵兮　願承風乎遺則
貴眞人之休德兮　美往世之登仙
與化去而不見兮　名聲著而日延
奇傅說之託辰星兮　羨韓衆之得一
形穆穆以浸遠兮　離人羣而遁逸
因氣變而遂曾擧兮　忽神奔而鬼怪
時髣髴以遙見兮　精皎皎以往來
絕氛埃而淑尤兮　終不反其故都
免衆患而不懼兮　世莫知其所如
恐天時之代序兮　耀靈曄而西征
微霜降而下淪兮　悼芳草之先零
聊仿佯而逍遙兮　永歷年而無成
誰可與玩斯遺芳兮　晨向風而舒情
高陽邈以遠兮　余將焉所程　高陽
重曰：
春秋忽其不淹兮　奚久留此故居
軒轅不可攀援兮　吾將從王喬而娛戲　軒轅
餐六氣而飮沆瀣兮　漱正陽而含朝霞
保神明之淸澄兮　精氣入而麤穢除
順凱風以從遊兮　至南巢而壹息
見王子而宿之兮　審壹氣之和德
曰：道可受兮　不可傳
其小無內兮　其大無垠
無滑而魂兮　彼將自然
壹氣孔神兮　於中夜存
虛以待之兮　無爲之先
庶類以成兮　此德之門
聞至貴而遂徂兮　忽乎吾將行
仍羽人於丹丘兮　留不死之舊鄉
朝濯髮於湯谷兮　夕晞余身兮九陽
吸飛泉之微液兮　懷琬琰之華英
玉色頩以脕顏兮　精醇粹而始壯
質銷鑠以汋約兮　神要眇以淫放
嘉南州之炎德兮　麗桂樹之冬榮
山蕭條而無獸兮　野寂漠其無人
載營魄而登霞兮　掩浮雲而上征

命天閽其開關兮　排閶闔而望予
召豐隆使先導兮　問大微之所居
集重陽入帝宮兮　造旬始而觀清都
朝發軔於太儀兮　夕始臨乎於微閭
屯余車之萬乘兮　紛溶與而並馳
駕八龍之婉婉兮　載雲旗之逶蛇
建雄虹之采旄兮　五色雜而炫燿
服偃蹇以低昂兮　驂連蜷以驕驁
騎膠葛以雜亂兮　斑漫衍而方行
撰余轡而正策兮　吾將過乎句芒
歷太皓以右轉兮　前飛廉以啟路　太皓
陽杲杲其未光兮　淩天地以徑度
風伯爲余先驅兮　氛埃辟而清涼
鳳皇翼其承旂兮　遇蓐收乎西皇
擥彗星以爲旍兮　舉斗柄以爲麾
叛陸離其上下兮　游驚霧之流波
時曖曃其曭莽兮　召玄武而奔屬
後文昌使掌行兮　選署衆神以並轂
路曼曼其修遠兮　徐弭節而高厲
左雨師使徑侍兮　右雷公以爲衛
欲度世以忘歸兮　意恣睢以担撟
內欣欣而自美兮　聊媮娛以自樂
涉青雲以汎濫游兮　忽臨睨夫舊鄉
僕夫懷余心悲兮　邊馬顧而不行
思舊故以想像兮　長太息而掩涕
氾容與而遐舉兮　聊抑志而自弭
指炎神(神一作帝)而直馳兮　吾將往乎南疑　炎神(神一
覽方外之荒忽兮　沛罔象而自浮
祝融戒而還衡兮　騰告鸞鳥迎宓妃
張咸池奏承雲兮　二女御九韶歌
使湘靈鼓瑟兮　令海若舞馮夷
玄螭蟲象並出進兮　形蟉虬而逶蛇
雌蜺便娟以增撓兮　鸞鳥軒翥而翔飛
音樂博衍無終極兮　焉乃逝以徘徊
舒并節以馳騖兮　逴絕垠乎寒門
軼迅風於清源兮　從顓頊乎增冰　顓頊
歷玄冥以邪徑兮　乘間維以反顧
召黔嬴而見之兮　爲余先乎平路

經營四荒兮　周流六漠
上至列缺兮　降望大壑
下崢嶸而無地兮　上寥廓而無天
視儵忽而無見兮　聽惝怳而無聞
超無爲以至清兮　與泰初而爲鄰

5 《大招　第十》
青春受謝　白日昭只
春氣奮發　萬物遽只
冥淩浹行　魂無逃只
魂魄歸徠　無遠遙只
魂乎歸徠　無東無西　無南無北只
東有大海　溺水浟浟只
螭龍並流　上下悠悠只
霧雨淫淫　白皓膠只
魂乎無東　湯谷宋只
魂乎無南　南有炎火千里　蝮蛇蜒只
山林險隘　虎豹蜿只
鰅鱅短狐　王虺騫只
魂乎無南　蜮傷躬只
魂乎無西　西方流沙　漭洋洋只
豕首縱目　被髮鬤只
長爪踞牙　誒笑狂只
魂乎無西　多害傷只
魂乎無北　北有寒山　逴龍赩只
代水不可涉　深不可測只
天白顥顥　寒凝凝只
魂乎無往　盈北極只
魂魄歸徠　閒以靜只
自恣荊楚　安以定只
逞志究欲　心意安只
窮身永樂　年壽延只
魂乎歸徠　樂不可言只
五穀六仞　設菰粱只
鼎臑盈望　和致芳只
內鶬鴿鵠　味豺羹只
魂乎歸徠　恣所嘗只
鮮蠵甘雞　和楚酪只

呉醢豚苦狗　膾苴蓴只
酸蒿蔞　不沾薄只
魂兮歸徠　恣所擇只
炙鴰烝鳧　煔鶉陳只
煎鰿脽雀　遽爽存只
魂乎歸徠　麗以先只
四酎并孰　不澁嗌只
淸馨凍飲　不歠役只
呉醴白糵　和楚瀝只
魂乎歸徠　不遽惕只
代秦鄭衛　鳴竽張只
伏戲駕辯　楚勞商只　伏戲
謳和揚阿　趙簫倡只
魂乎歸徠　定空桑只
二八接舞　投詩賦只
叩鍾調磬　娛人亂只
四上競氣　極聲變只
魂乎歸徠　聽歌譔只
朱脣皓齒　嫭以姱只
比德好閒　習以都只
豐肉微骨　調以娛只
魂乎歸徠　安以舒只
嫮目宜笑　娥眉曼只
容則秀雅　穉朱顏只
魂乎歸徠　靜以安只
姱脩滂浩　麗以佳只
曾頰倚耳　曲眉規只
滂心綽態　姣麗施只
小腰秀頸　若鮮卑只
魂乎歸徠　思怨移只
易中利心　以動作只
粉白黛黑　施芳澤只
長袂拂面　善留客只
魂乎歸徠　以娛昔只
青色直眉　美目媔只
靨輔奇牙　宜笑嗎只
豐肉微骨　體便娟只
魂乎歸徠　恣所便只

夏屋廣大　沙堂秀只
南房小壇　觀絕霤只
曲屋步壛　宜擾畜只
騰駕步遊　獵春囿只
茝瓊轂錯衡　英華假只
蘭桂樹　鬱彌路只
魂乎歸徠　恣志慮只
孔雀盈園　畜鸞皇只
鵾鴻羣晨　雜鶖鶬只
鴻鵠代遊　曼鷫鷞只
魂乎歸徠　鳳皇翔只
曼澤怡面　血氣盛只
永宜厥身　保壽命只
室家盈廷　爵祿盛只
魂乎歸徠　居室定只
接徑千里　出若雲只
三圭重侯　聽類神只
察篤夭隱　孤寡存只
魂兮歸徠　正始昆只
田邑千畛　人阜昌只
美冒衆流　德澤章只
先威後文　善美明只
魂乎歸徠　賞罰當只
名聲若日　照四海只
德譽配天　萬民理只
北至幽陵　南交阯只
西薄羊腸　東窮海只
魂乎歸徠　尚賢士只
發政獻行　禁苛暴只
舉傑壓陛　誅譏罷只
直贏在位　近禹麾只　禹
豪傑執政　流澤施只
魂乎歸徠　國家爲只
雄雄赫赫　天德明只
三公穆穆　登降堂只
諸侯畢極　立九卿只
昭質既設　大侯張只
執弓挾矢　揖辭讓只

魂乎徠歸　尚三王只

6　《九辯　第八》

6-1 何氾濫之浮雲兮　猋壅蔽此明月
忠昭昭而願見兮　然露曀而莫達
願皓日之顯行兮　雲蒙蒙而蔽之
竊不自聊而願忠兮　或默點而汙之
堯舜之抗行兮　瞭冥冥而薄天　堯 舜
何險巇之嫉妬兮　被以不慈之僞名
彼日月之照明兮　尚黯黮而有瑕
何況一國之事兮　亦多端而膠加

6-2 被荷裯之晏晏兮　然潢洋而不可帶
既驕美而伐武兮　負左右之耿介
憎慍惀之脩美兮　好夫人之慷慨
衆踥蹀而日進兮　美超遠而逾邁
農夫輟耕而容與兮　恐田野之蕪穢
事緜緜而多私兮　竊悼後之危敗
世雷同而炫曜兮　何毀譽之昧昧
今脩飾而窺鏡兮　後尚可以竄藏
願寄言夫流星兮　羌儵忽而難當
卒壅蔽此浮雲兮　下暗漠而無光
堯舜皆有所舉任兮　故高枕而自適　堯 舜
諒無怨於天下兮　心焉取此怵惕
乘騏驥之瀏瀏兮　馭安用夫強策
諒城郭之不足恃兮　雖重介之何益
邅翼翼而無終兮　忳惛惛而愁約
生天地之若過兮　功不成而無效
願沈滯而不見兮　尚欲布名乎天下
然潢洋而不遇兮　直怐愗而自苦
莽洋洋而無極兮　忽翱翔之焉薄
國有驥而不知乘兮　焉皇皇而更索
甯戚謳於車下兮　桓公聞而知之
無伯樂之善相兮　今誰使乎譽之
罔流涕以聊慮兮　惟著意而得之
紛純純之願忠兮　妬被離而鄣之

55 公孫龍子

文献名：55. 公孫龍子

資料番号	伏羲	太皞	其他	女媧	其他	神農	赤帝	炎帝	其他	黃帝	軒轅氏	其他	顓頊	高陽	其他	注(左半葉) 注a	注b
1										1							
計										1							

1 《巻上》〈跡府　第一〉

公孫龍，趙平原君之客也。孔穿，孔子之葉也。穿與龍會，穿謂龍曰：「臣居魯，側聞下風，高先生之智，說先生之行，願受業之日久矣，乃今得見。然所不取先生者，獨不取先生之以白馬為非馬耳。請去白馬非馬之學，穿請為弟子。」

公孫龍曰：「先生之言，悖，龍之學，以白馬為非馬者也。使龍去之，則龍無以教。無以教，而乃學於龍也者，悖。且夫欲學於龍者，以智與學焉為不逮也。今教龍去白馬非馬，是先教而後師之也。先教而後師之，不可。先生之所以教龍者，似齊王之謂尹文也。齊王之謂尹文曰：『寡人甚好士，以齊國無士何也？』尹文曰：『願聞大王之所謂士者』齊王無以應。尹文曰：『今有人於此，事君則忠，事親則孝，交友則信，處鄉則順。有此四行，可謂士乎？』齊王曰：『善！此真吾所謂士也。』尹文曰：『王得此人，肯以為臣乎？』王曰：『所願而不可得也。』是時，齊王好勇，於是尹文曰：『使此人廣庭大眾之中，見侵侮而終不敢鬬，王將以為臣乎？』王曰：『鉅士也，見侮而不鬬，辱也。辱，則寡人不以為臣矣。』尹文曰：『唯見侮而不鬬，未失其四行也。是人未失其四行，其所以為士也。然而王一以為臣，一不以為臣，則向之所謂士者，乃非士乎？』齊王無以應。尹文曰：『今有人君，將理其國，人有非，則非之。無非，則亦非之。有功，則賞之。無功，則亦賞之。而怨人之不理也，可乎？』齊王曰：『不可。』尹文曰：『臣竊觀下吏之理齊，其方若此矣。』王曰：『寡人理國，信若先生之言，人雖不理，寡人不敢怨也。意未至然與？』尹文曰：『言之，敢無說乎？王之令曰：殺人者死，傷人者刑。人有畏王之令者，見侮而終不敢鬬，是全王之令也。而王曰：見侮而不敢鬬者，辱也。謂之辱，非之也。無非，而王辱之，故因除其籍不以為臣也。不以為臣者，罰之也。此

文献名：55. 公孫龍子

帝嚳		其他	堯		其他	舜		其他	禹		三皇	五帝	注(右半葉)		参考	資料番号
	高辛			陶唐			有虞			其他			注e	注f		
																1
																計

無罪而王罰之也。且王辱不敢鬬者，必榮敢鬬者也。榮敢鬬者是而王
是之，必以為臣矣。必以為臣者，賞之也。彼無功而王賞之。王之所
賞，吏之所誅也。上之所是，而法之所非也。賞罰是非，相與四謬，
雖十黄帝，不能理也。』齊王無以應焉。故龍以子之言有似齊王。子知　黄帝
難白馬之非馬，不知所以難之說。以此猶知好士之名，而不知察士之
類。」

56 金 文(3)

陳侯因資敦

（戰國晩期）

以下の金文資料説明は《殷周金文集成》（中國社会科學院考古研究所編）解説に依據。

金文(3)「黃帝」資料
器名：陳侯因資敦
関係句：「高祖黃帝」
時代：戰國晩期
著録：《殷周金文集成》第９冊Ｎｏ．４６４９
文字數：
字數：７９字（又重文２字）

他著録：
《三代吉金文存》（羅振玉編）
《兩周金文辭大系圖録考釋》（郭沫若編著　中國社会科學院考古研究所編輯）》他
流傳：陳介祺、劉體智舊藏
拓片：考古研究所藏陳介祺拓本

本書採録影印は、《兩周金文辭大系圖録考釋》から器影と釋文、《殷周金文集成》から金文影、《歴代著録吉金目》（福開森編）から釋文を影印した。福開森の《歴代著録吉金目》では「黃帝」字を読み取らない。なお徐仲舒「陳侯四器考釋」が『歴史語言研究所集刊』２７號（1933）に載る。

144
陳侯因資敦

《兩周金文辭大系圖録考釋》

黄帝

《殷周金文集成》

4649

四年、足証純年為是、而史記實非也。　銘末數語以嘗、邪忘為韵、嘗忘在陽部、邪在東部。邪字每与陽部字為韵、如大克鼎以邪韵彊方、因資鐘以邪韵嘗尚、晉公盦以邪韵王方彊上荖均是。蓋古邪字實有陽東二部之音也。

因資鐘

隹正六月癸未、陳侯因資曰、皇考孝武趄公、龏(恭)戴(哉)、大慕(謨)克成。其唯(惟)因資揚(揚)皇考卲緟(昭統)、高且(祖)黃啻(帝)、侎(弭)嗣(嗣)趄文、淖(朝)蕳(問)者(諸)侯、合(答)揚氒悳(德)。者(諸)侯寅薦吉金、用乍(作)孝武趄公祭器鐘。台(以)𢍜(烝)台(以)嘗、保有齊邦、𠀠萬子孫、永爲典尚(常)。

《歷代著錄吉金目》（福開森編）影印

陳侯因資敦　銘文七十九

惟正六月癸未陳侯因資曰皇考孝武趄公龔
戴大慕克成其□因資揚皇考紹纘高祖□□
侎□趄文朝□諸侯合揚乃德諸侯裸薦吉金
用作孝武趄公祭器錞以烝以嘗保有齊邦桀
萬子孫永為典尚

57 荀子

文献名：57. 荀子

資料番号	伏羲	太皞	其他	女媧	其他	神農	炎帝	赤帝	其他	黃帝	軒轅氏	其他	顓頊	高陽	其他	注(左半葉) 注a	注
1																	
2																	
3																	
4																	
5																	
6																	
7																	
8																	
9																	
10																	
11																	
12																	
13																	
14																	
15																	
16																	
17																	
18																	
19																	
20																	
21																	
22																	
23																	
24																	
25																	
26																	
27																	
28																	
29		1															
30																	
31																	
32																	
33																	
34																	
35																	
36																	
37																	
38	1																
39																	
40																	

献名：57. 荀子

嚳	高辛	其他	堯	陶唐	其他	舜	有虞	其他	禹	其他	三皇	五帝	注(右半葉) 注e	注f	参考	資料番号
			1						1							1
						1			1							2
						1			1							3
									1							4
			4						7							5
			2			2			1							6
									1							7
									1			2				8
						1			1							9
						1			1							10
						1			1							11
			1						1							12
			2			1										13
									1							14
			1			1										15
			1						1							16
						2			2							17
									1							18
									1							19
			1													20
			1			1			1							21
			1													22
						3			3							23
									1							24
			1													25
									6							26
									2							27
			6			2										28
			6			6										29
			1													30
						2										31
			3			1			2							32
									6							33
									4							34
			1			2										35
			1			1			1							36
						1										37
			1													38
			5			6			4							39
						1			1							40

文献名：57. 荀子

資料番号	伏羲	太皞	其他	女媧	其他	神農	炎帝	赤帝	其他	黄帝	軒轅氏	其他	顓頊	高陽	其他	注(左半葉 注a	注
41																	
42																	
43																	
44																	
45																	
46																	
47																	
48																	
49																	
50																	
51																	
52																	
53																	
54																	
計	1	1															

献名：57. 荀子

嚳	高辛	其他	堯	陶唐	其他	舜	有虞	其他	禹	其他	三皇	五帝	注(右半葉) 注e	注f	参考	資料番号
			1						1							41
												2				42
			1			2			1							43
									1							44
			1			1										45
						1										46
			2			2										47
						1										48
												1				49
						1										50
						3										51
						3										52
			2			1										53
			1						1							54
			48			52			59			5				計

57 荀 子

1 《第二　修身篇》

扁善之度，以治氣養生，則後彭祖；以修身自強，名則配堯禹。 堯 禹
宜於時通，利以處窮，禮信是也。凡用血氣、志意、知慮，由禮則治通，不由禮則勃亂提優；食飲，衣服、居處、動靜，由禮則和節，不由禮則觸陷生疾；容貌、態度、進退、趨行，由禮則雅，不由禮則夷固、僻違、庸衆而野。故人無禮則不生，事無禮則不成，國家無禮則不寧。詩云：「禮儀卒度，笑語卒獲。」此之謂也。

2 《第三　不苟篇》

君子行不貴苟難，說不貴苟察，名不貴苟傳，唯其當之爲貴。故懷負石而赴河，是行之難爲者也，而申徒狄能之；然而君子不貴者，非禮義之中也。「山淵平」，「天地比」，「齊秦襲」，「入乎耳，出乎口」，「鉤有須」，「卵有毛」，是說之難持者也，而惠施鄧析能之。然而君子
不貴者，非禮義之中也。盜跖吟口，名聲若日月，與禹舜俱傳而不息； 禹 舜
然而君子不貴者，非禮義之中也。故曰：君子行不貴苟難，說 不貴苟察，名不貴苟得，唯其當之爲貴。詩曰：「物其有矣，唯其時矣。」此之謂也。

3 《第三　不苟篇》

君子崇人之德，揚人之美，非諂諛也；正義直指，舉人之過，惡
非毀疵也；言己之光美，擬於禹舜，參於天地，非夸誕也；與時屈伸， 禹 舜
柔從若蒲葦，非懾怯也；剛彊猛毅，靡所不信，非驕暴也；以義變應，知當曲直故也。詩曰：「左之左之，君子宜之；右之右之，君子有之。」此言君子能以義屈信變應故也。

4 《第三　不苟篇》

公生明，偏生闇，端愨生通，詐僞生塞，誠信生神，夸誕生惑。
此六生者，君子慎之，而禹桀所以分也。 禹

5 《第四　榮辱篇》

凡人有所一同：飢而欲食，寒而欲煖，勞而欲息，好利而惡害，
是人之所生而有也，是無待而然者也，是禹桀之所同也。目辨白黑美 禹
惡，而耳音辨聲清濁，口辨酸鹹甘苦，鼻辨芬芳腥臊，骨體膚理辨寒
暑疾養，是又人之所常生而有也，是無待而然者也，是禹桀之所同也。 禹
可以爲堯禹，可以爲桀跖，可以爲工匠，可以爲農賈，在勢注錯習俗 堯 禹

之所積爾。是又人之所生而有也，是無待而然者也，是禹桀之所同也。 禹
爲堯禹則常安榮，爲桀跖則常危辱；爲堯禹則常愉佚，爲工匠農賈則 堯 禹 堯 禹
常煩勞；然而人力爲此，而寡爲彼，何也？曰：陋也。堯禹者，非生 堯 禹
而具者也，夫起於變故，成乎修修之爲，待盡而後備者也。人之生固小人，無師無法則唯利之見爾。人之生固小人，又以遇亂世，得亂俗，是以小重小也，以亂得亂也。君子非得勢以臨之，則無由得開內焉。今是人之口腹，安知禮義？安知辭讓？安知廉恥隅積？亦呥呥而噍，鄉鄉而飽已矣。人無師無法，則其心正其口腹也。今使人生而未嘗睹芻豢稻粱也，唯菽藿糟糠之爲睹，則以至足爲在此也，俄而粲然有秉芻豢而至者，則瞲然視之曰：此何怪也？彼臭之而嗛於鼻，嘗之而甘於口，食之而安於體，則莫不棄此而取彼矣。今以夫先王之道，仁義之統，以相群居，以相持養，以相藩飾，以相安固邪。以夫桀跖之道，是其爲相縣也，幾直夫芻豢稻粱之縣糟糠爾哉！然而人力爲此，而寡爲彼，何也？曰：陋也。陋也者，天下之公患也，人之大殃大害也。故曰：仁者好告示人。告之、示之、靡之、儇之、鈆之、重之，則夫塞者俄且通也，陋者俄且僩也，愚者俄且知也。是若不行，則湯武在上曷益？桀紂在上曷損？湯武存，則天下從而治，桀紂存，則天下從而亂。如是者，豈非人之情，固可與如此，可與如彼也哉！

6 《第五　非相篇》

蓋帝堯長，帝舜短；文王長，周公短；仲尼長，子弓短。昔者衛 堯 舜
靈公有臣曰公孫呂，身長七尺，面長三尺，焉廣三寸，鼻目耳具，而名動天下。楚之孫叔敖，期思之鄙人也，突禿長左，軒較之下，而以楚霸。葉公子高，微小短瘠，行若將不勝其衣。然白公之亂也，令尹子西，司馬子期，皆死焉，葉公子高入據楚，誅白公，定楚國，如反手爾，仁義功名善於後世。故士不揣長，不揳大，不權輕重，亦將志乎心爾。長短小大，美惡形相，豈論也哉！且徐偃王之狀，目可瞻馬。仲尼之狀，面如蒙倛。周公之狀，身如斷菑。皋陶之狀，色如削瓜。閎夭之狀，面無見膚。傅說之狀，身如植鰭。伊尹之狀，面無須麋。
禹跳湯偏。堯舜參牟子。從者將論志意，比類文學邪？直將差長短， 禹 堯 舜
辨美惡，而相欺傲邪？

7 《第五　非相篇》

人之所以爲人者何已也？曰：以其有辨也。飢而欲食，寒而欲煖，
勞而欲息，好利而惡害，是人之所生而有也，是無待而然者也，是禹 禹
桀之所同也。然則人之所以爲人者，非特以二足而無毛也，以其有辨也。今夫狌狌形笑亦二足而毛也，然而君子啜其羹，食其胾。故人之所以爲人者，非特以其二足而無毛也，以其有辨也。夫禽獸有父子，

而無父子之親，有牝牡而無男女之別。故人道莫不有辨。辨莫大於分，分莫大於禮，禮莫大於聖王；聖王有百，吾孰法焉？曰：文久而滅，節族久而絕，守法數之有司，極禮而褫。故曰：欲觀聖王之跡，則於其粲然者矣，後王是也。彼後王者，天下之君也；舍後王而道上古，譬之是猶舍己之君，而事人之君也。故曰：欲觀千歲，則數今日；欲知億萬，則審一二；欲知上世，則審周道；欲知周道，則審其人所貴君子。故曰：以近知遠，以一知萬，以微知明，此之謂也。

8 《第五　非相篇》

夫妄人曰：「古今異情，其所以治亂者異道。」而衆人惑焉。彼衆人者，愚而無說，陋而無度者也。其所見焉，猶可欺也，而況於千世之傳也？妄人者，門庭之閒，猶可誣欺也，而況於千世之上乎？聖人何以不可欺？曰：聖人者，以己度者也。故以人度人，以情度情，以類度類，以說度功，以道觀盡，古今一也。類不悖，雖久同理，故鄉
乎邪曲而不迷，觀乎雜物而不惑，以此度之。五帝之外無傳人，非無 五帝
賢人也，久故也。五帝之中無傳政，非無善政也，久故也。禹湯有傳 五帝 禹
政而不若周之察也，非無善政也，久故也。傳者久則論略，近則論詳，略則舉大，詳則舉小。愚者聞其略而不知其詳，聞其小而不知其大也。是以文久而滅，節族久而絕。

9 《第六　非十二子篇》

一天下，財萬物，長養人民，兼利天下，通達之屬莫不從服，六
說者立息，十二子者遷化，則是聖人之得勢者，舜禹是也。 舜 禹

10 《第六　非十二子篇》

今夫仁人也，將何務哉？上則法舜禹之制，下則法仲尼子弓之義， 舜 禹
以務息十二子之說。如是則天下之害除，仁人之事畢，聖王之跡著矣。

11 《第六　非十二子篇》

弟陀其冠，神禫其辭，禹行而舜趨：是子張氏之賤儒也。正其衣 禹 舜
冠，齊其顏色，嗛然而終日不言、是子夏氏之賤儒也。偷儒憚事，無廉恥而耆飲食，必曰君子固不用力：是子游氏之賤儒也。彼君子則不然：佚而不惰，勞而不優，宗原應變，曲得其宜，如是然後聖人也。

12 《第八　儒效篇》

我欲賤而貴，愚而知，貧而富，可乎？曰：其唯學乎。彼學者，行之，曰士也；敦慕焉，君子也；知之，聖人也。上爲聖人，下爲士
君子，孰禁我哉！鄉也混然涂之人也，俄而並乎堯禹，豈不賤而貴矣 堯 禹

哉！鄉也效門室之辨，混然曾不能決也，俄而原仁義，分是非，圖回天下於掌上，而辯白黑，豈不愚而知矣哉！鄉也胥靡之人，俄而治天下之大器舉在此，豈不貧而富矣哉！今有人於此，屑然藏千溢之寶，雖行貣而食，人謂之富矣。彼寶也者，衣之不可衣也，食之不可食也，賣之不可僂售也，然而人謂之富，何也？豈不大富之器誠在此也？是杅杅亦富人已，豈不貧而富矣哉！故君子無爵而貴，無祿而富，不言而信，不怒而威，窮處而榮，獨居而樂！豈不至尊、至富、至重、至嚴之情舉積此哉！

故曰：貴名不可以比周爭也，不可以夸誕有也，不可以勢重脅也，必將誠此然後就也。爭之則失，讓之則至；遵道則積，夸誕則虛。故君子務脩其內，而讓之於外；務積德於身，而處之以遵道。如是，則貴名起如日月，天下應之如雷霆。故曰：君子隱而顯，微而明，辭讓而勝。詩曰：「鶴鳴于九皋，聲聞于天。」此之謂也。鄙夫反是：比周而譽俞少，鄙爭而名俞辱，煩勞以求安利，其身而俞危。詩曰：「民之無良，相怨一方，受爵不讓，至于己斯亡。」此之謂也。

13 《第九　王制篇》

具具而王，具具而霸，具具而存，具具而亡。用萬乘之國者，威彊之所以立也，名聲之所以美也，敵人之所以屈也，國之所以安危臧否也，制與在此，亡乎人。王、霸、安存、危殆、滅亡，制與在我，亡乎人。夫威彊未足以殆鄰敵也，名聲未足以縣天下也，則是國未能獨立也，豈渠得免夫累乎？天下脅於暴國，而黨爲吾所不欲於是者，
日與桀同事同行，無害爲堯。是非功名之所就也，非存亡安危之所墮 堯
也。功名之所就，存亡安危之所墮，必將於愉殷赤心之所。誠以其國爲王者之所亦王，以其國爲危殆滅亡之所亦危殆滅亡。殷之日，案以中立，無有所偏，而爲縱橫之事，偃然案兵無動，以觀夫暴國之相卒也。案平政教，審節奏，砥礪百姓，爲是之日，而兵剸天下勁矣。案然修仁義，伉隆高，正法則，選賢良，養百姓，爲是之日，而名聲剸
天下之美矣。權者重之，兵者勁之，名聲者美之。夫堯舜者一天下也， 堯 舜
不能加毫末於是矣。

14 《第十　富國篇》

觀國之強弱貧富有徵：上不隆禮則兵弱，上不愛民則兵弱，已諾不信則兵弱，慶賞不漸則兵弱，將率不能則兵弱。上好功則國貧，上好利則國貧，士大夫衆則國貧，工商衆則國貧，無制數度量則國貧。下貧則上貧，下富則上富。故田野縣鄙者，財之本也；垣窌倉廩者，財之末也。百姓時和，事業得敘者，貨之源也；等賦府庫者，貨之流也。故明主必謹養其和，節其流，開其源，而時斟酌焉。潢然使天下

必有餘，而上不憂不足。如是，則上下俱富，交無所藏之。是知國計
之極也。故禹十年水，湯七年旱，而天下無菜色者，十年之後，年穀 禹
復孰，而陳積有餘。是無它故焉，知本末源流之謂也。故田野荒而倉
廩實，百姓虛而府庫滿，夫是之謂國蹶。伐其本，竭其源，而并之其
末，然而主相不知惡也，則其傾覆滅亡則可立而待也。以國持之，而
不足以容其身，夫是之謂至貧，是愚主之極也。將以求富而喪其國，
將以求利而危其身，古有萬國，今有十數焉，是無它故焉，其所以失
之一也。君人者亦可以覺矣。百里之國，足以獨立矣。

15 《第十　富國篇》

持國之難易：事強暴之國難，使強暴之國事我易。事之以貨寶，
則貨寶單，而交不結；約信盟誓，則約定而畔無日；割國之錙銖以賂
之，則割定而欲無猒。事之彌煩，其侵人愈甚，必至於資單國舉然後
已。雖左堯而右舜，未有能以此道得免焉者也。辟之是猶使處女嬰寶 堯 舜
珠，佩寶玉，負戴黃金，而遇中山之盜也，雖爲之逢蒙視，詘要橈膕，
君盧屋妾，由將不足以免也。故非有一人之道也，直將巧繁拜請而畏
事之，則不足以持國安身。故明君不道也。必將脩禮以齊朝，正法以
齊官，平政以齊民；然後節奏齊於朝，百事齊於官，衆庶齊於下。如
是，則近者競親，遠方致願，上下一心，三軍同力，名聲足以暴炙之，
威強足以捶笞之，拱揖指麾，而強暴之國莫不趨使，譬之是猶烏獲與
焦僥搏也。故曰：事強暴之國難，使強暴之國事我易。此之謂也。

16 《第十一　王霸篇》

國危則無樂君，國安則無憂民。亂則國危，治則國安。今君人者，
急逐樂而緩治國，豈不過甚矣哉！譬之是由好聲色，而恬無耳目也，
豈不哀哉！夫人之情，目欲綦色，耳欲綦聲，口欲綦味，鼻欲綦臭，
心欲綦佚。此五綦者，人情之所必不免也。養五綦者有具。無其具，
則五綦者不可得而致也。萬乘之國，可謂廣大富厚矣，加有治辨彊固
之道焉，若是則恬愉無患難矣，然後養五綦之具具也。故百樂者，生
於治國者也；憂患者，生於亂國者也。急逐樂而緩治國者，非知樂者
也。故明君者，必將先治其國，然後百樂得其中。闇君者，必將急逐
樂而緩治國，故憂患不可勝校也，必至於身死國亡然後止也，豈不哀
哉！將以爲樂，乃得憂焉；將以爲安，乃得危焉；將以爲福，乃得死
亡焉，豈不哀哉！於乎！君人者，亦可以察若言矣。故治國有道，人
主有職。若夫貫日而治詳，一日而曲列之，是所使夫百吏官人爲也，
不足以是傷游玩安燕之樂。若夫論一相以兼率之，使臣下百吏莫不宿
道鄉方而務，是夫人主之職也。若是則一天下，名配堯禹。之主者， 堯 禹
守至約而詳，事至佚而功，垂衣裳，不下簟席之上，而海內之人莫不

願得以爲帝王。夫是之謂至約，樂莫大焉。

17 《第十一　王霸篇》

羿、蠭門者，善服射者也；王良、造父者，善服馭者也。聰明君子者，善服人者也。人服而埶從之，人不服而勢去之，故王者已於服人矣。故人主欲得善射，射遠中微，則莫若羿、蠭門矣；欲得善馭，及速致遠，則莫若使王良、造父矣。欲得調壹天下，制秦楚，則莫若聰明君子矣。其用知甚簡，其爲事不勞，而功名致大，甚易處而綦可樂也。故明君以爲寶，而愚者以爲難。夫貴爲天子，富有天下，名爲聖王，兼制人，人莫得而制也，是人情之所同欲也，而王者兼而有是者也。重色而衣之，重味而食之，重財物而制之，合天下而君之，飲食甚厚，聲樂甚大，臺謝甚高，園囿甚廣，臣使諸侯，一天下，是又人情之所同欲也，而天子之禮制如是者也。制度以陳，政令以挾，官人失要則死，公侯失禮則幽，四方之國，有侈離之德則必滅，名聲若日月，功績如天地，天下之人應之如影響，是又人情之所同欲也，而王者兼而有是者也。故人之情，口好味，而臭味莫美焉；耳好聲，而聲樂莫大焉；目好色，而文章致繁，婦女莫衆焉；形體好佚，而安重閒靜莫愉焉；心好利，而穀祿莫厚焉。合天下之所同願兼而有之，睪牢天下而制之若制子孫，人苟不狂惑戇陋者，其誰能睹是而不樂也哉！欲是之主，並肩而存；能建是之士，不世絕；千歲而不合，何也？曰：人主不公，人臣不忠也。人主則外賢而偏舉，人臣則爭職而妬賢，是其所以不合之故也。人主胡不廣焉，無卹親疏，無偏貴賤，唯誠能之求？若是，則人臣輕職業讓賢，而安隨其後。如是，則舜禹還至，王 舜 禹
業還起；功壹天下，名配舜禹，物由有可樂，如是其美焉者乎！嗚呼！ 舜 禹
君人者，亦可以察若言矣。楊朱哭衢涂，曰：「此夫過舉蹞步，而覺跌千里者夫！」哀哭之。此亦榮辱、安危、存亡之衢已，此其爲可哀，甚於衢涂。嗚呼！哀哉！君人者，千歲而不覺也。

18 《第十二　君道篇》

有亂君，無亂國；有治人，無治法，羿之法非亡也，而羿不世中；
禹之法猶存，而夏不世王。故法不能獨立，類不能自行；得其人則存， 禹
失其人則亡。法者、治之端也；君子者、法之原也。故有君子，則法雖省，足以徧矣；無君子，則法雖具，失先後之施，不能應事之變，足以亂矣。不知法之義，而正法之數者，雖博傳臨事必亂。故明主急得其人，而闇主急得其埶。急得其人，則身佚而國治，功大而名美，上可以王，下可以霸；不急得其人，而急得其埶，則身勞而國亂，功廢而名辱，社稷必危。故君人者，勞於索之，而休於使之。書曰：「唯文王敬忌，一人以擇。」此之謂也。

19 《第十二　君道篇》

爲人主者，莫不欲彊而惡弱，欲安而惡危，欲榮而惡辱，是禹桀之所同也。要此三欲，辟此三惡，果何道而便？曰：在慎取相，道莫徑是矣。故知而不仁，不可；仁而不知，不可；既知且仁，是人主之寶也，而王霸之佐也。不急得，不智；得而不用，不仁。無其人而幸有其功，愚莫大焉。 禹

20 《第十五　議兵篇》

臨武君與孫卿子議兵於趙孝成王前，王曰：「請問兵要？」

臨武君對曰：「上得天時，下得地利，觀敵之變動，後之發，先之至，此用兵之要術也。」

孫卿子曰：「不然！臣所聞古之道，凡用兵攻戰之本，在乎壹民。弓矢不調，則羿不能以中微；六馬不和，則造父不能以致遠；士民不親附，則湯武不能以必勝也。故善附民者，是乃善用兵者也。故兵要在乎[善]附民而已。」

臨武君曰：「不然。兵之所貴者埶利也，所行者變詐也。善用兵者，感忽悠闇，莫知其所從出。孫吳用之無敵於天下，豈必待附民哉！」

孫卿子曰：不然。臣之所道，仁人之兵，王者之志也。君之所貴，權謀埶利也；所行，攻奪變詐者；諸侯之事也。仁人之兵，不可詐也；彼可詐者，怠慢者也，路亶者也，君臣上下之閒，滑然有離德者也。故以桀詐桀，猶巧拙有幸焉。以桀詐堯，譬之：若以卵投石，以指撓沸；若赴水火，入焉焦沒耳。故仁人上下，百將一心，三軍同力；臣之於君也，下之於上也，若子之事父，弟之事兄，若手臂之扞頭目而覆胸腹也，詐而襲之，與先驚而後擊之，一也。且仁人之用十里之國，則將有百里之聽；用百里之國，則將有千里之聽；用千里之國，則將有四海之聽，必將聰明警戒和傳而一。故仁人之兵，聚則成卒，散則成列，延則若莫邪之長刃，嬰之者斷；兌則若莫邪之利鋒，當之者潰，圜居而方止，則若盤石然，觸之者角摧，案角鹿埵隴種東籠而退耳。且夫暴國之君，將誰與至哉？彼其所與至者，必其民也、而其民之親我歡若父母，其好我芬若椒蘭，彼反顧其上，則若灼黥，若仇讎；人之情，雖桀跖，豈又肯爲其所惡，賊其所好者哉！是猶使人之子孫自賊其父母也，彼必將來告之，夫又何可詐也！故仁人用國日明，諸侯先順者安，後順者危，慮敵之者削，反之者亡。詩曰：「武王載發，有虔秉鉞；如火烈烈，則莫我敢遏。」此之謂也。」 堯

21 《第十五　議兵篇》

陳囂問孫卿子曰：先生議兵，常以仁義爲本；仁者愛人，義者循理，然則又何以兵爲？凡所爲有兵者，爲爭奪也。孫卿子曰：非女所

知也！彼仁者愛人，愛人故惡人之害之也；義者循理，循理故惡人之亂之也。彼兵者所以禁暴除害也，非爭奪也。故仁者之兵，所存者神，所過者化，若時雨之降，莫不說喜。是以堯伐驩兜，舜伐有苗，禹伐共工，湯伐有夏，文王伐崇，武王伐紂，此四帝兩王，皆以仁義之兵，行於天下也。故近者親其善，遠方慕其德，兵不血刃，遠邇來服，德盛於此，施及四極。詩曰：「淑人君子，其儀不忒。」此之謂也。 堯 舜 禹

22 《第十五　議兵篇》

古之兵，戈矛弓矢而已矣，然而敵國不待試而詘；城郭不辨，溝池不拑，固塞不樹，機變不張；然而國晏然不畏外而固者，無它故焉，明道而鈞分之，時使而誠愛之，下之和上也如影嚮，有不由令者，然后俟之以刑。故刑一人而天下服，罪人不郵其上，知罪之在己也。是故刑罰省而威流，無它故焉，由其道故也。古者帝堯之治天下也，蓋殺一人，刑二人，而天下治。傳曰：「威厲而不試，刑錯而不用。」此之謂也。 帝堯

23 《第十六　彊國篇》

力術止，義術行，曷謂也？曰：秦之謂也。威彊乎湯武，廣大乎舜禹，然而憂患不可勝校也。諰諰然常恐天下之一合而軋己也，此所謂力術止也。曷謂乎威彊乎湯武？湯武者，乃能使說己者使耳。今楚、父死焉，國舉焉，負三王之廟，而辟於陳蔡之閒，視可伺閒，案欲剡其脛而以蹈秦之腹，然而秦使左案左，使右案右，是能使讎人役也；此所謂威彊乎湯武也。曷謂廣大乎舜禹也？曰：古者百王之一天下，臣諸侯也，未有過封內千里者也。今秦南乃有沙羨與俱，是乃江南也。北與胡貉為鄰，西有巴戎，東在楚者乃界於齊，在韓者踰常山乃有臨慮，在魏者乃據圍津，即去大梁百有二十里耳！其在趙者剡然有苓而據松柏之塞，負西海而固常山，是地徧天下也。威動海內，彊殆中國，然而憂患不可勝校也，諰諰然常恐天下之一合而軋己也；此所謂廣大乎舜禹也。然則奈何？曰：節威反文，案用夫端誠信全之君子治天下焉，因與之參國政，正是非，治曲直，聽咸陽，順者錯之，不順者而後誅之。若是，則兵不復出於塞外，而令行於天下矣。若是，則雖為之築明堂於塞外而朝諸侯，殆可矣。假今之世，益地不如益信之務也。 舜 禹 舜 禹 舜 禹

24 《第十六　彊國篇》

凡姦人之所以起者，以上之不貴義，不敬義也。夫義者，所以限禁人之為惡與姦者也。今上不貴義，不敬義，如是，則下之人百姓，皆有棄義之志，而有趨姦之心矣，此姦人之所以起也。且上者下之師也，夫下之和上，辟之猶響之應聲，影之像形也。故為人上者，不可

不順也。夫義者，內節於人，而外節於萬物者也；上安於主，而下調
於民者也；內外上下節者，義之情也。然則凡爲天下之要，義爲本，
而信次之。古者禹湯本義務信而天下治，桀紂棄義背信而天下亂。故 禹
爲人上者，必將愼禮義，務忠信，然後可。此君人者之大本也。

25 《第十七　天論篇》

天行有常，不爲堯存，不爲桀亡。應之以理則吉，應之以亂則凶。 堯
彊本而節用，則天不能貧；養備而動時，則天不能病；脩道而不貳，
則天不能禍。故水旱不能使之飢，寒暑不能使之疾，祆怪不能使之凶。
本荒而用侈，則天不能使之富；養略而動罕，則天不能使之全；倍道
而妄行，則天不能使之吉。故水旱未至而飢，寒暑未薄而疾，祆怪未
至而凶。受時與治世同，而殃禍與治世異，不可以怨天，其道然也。
故明於天人之分，則可謂至人矣。

26 《第十七　天論篇》

治亂，天邪？曰：日月星辰瑞曆，是禹桀之所同也，禹以治，桀 禹 禹
以亂；治亂非天也。時邪？曰：繁啓蕃長於春夏，畜積收臧於秋冬，
是又禹桀之所同也，禹以治，桀以亂；治亂非時也。地邪？曰：得地 禹 禹
則生，失地則死，是又禹桀之所同也，禹以治，桀以亂；治亂非地也。 禹 禹
詩曰：「天作高山，大王荒之。彼作矣，文王康之。」此之謂也。

27 《第十八　正論篇》

世俗之爲說者曰：「桀紂有天下，湯武簒而奪之。」是不然。以桀
紂爲常有天下之籍則然，親有天下之籍則不然，天下謂在桀紂則不然。
古者天子千官，諸侯百官。以是千官也，令行於諸夏之國，謂之王。
以是百官也，令行於境內，國雖不安，不至於廢易遂亡，謂之君。聖
王之子也，有天下之後也，埶籍之所在也，天下之宗室也，然而不材
不中，內則百姓疾之，外則諸侯叛之，近者境內不一，遙者諸侯不聽，
令不行於境內，甚者諸侯侵削之，攻伐之。若是，則雖未亡，吾謂之
無天下矣。聖王沒，有埶籍者罷不足以縣天下，天下無君；諸侯有能
德明威積，海內之民莫不願得以爲君師；然而暴國獨侈，安能誅之，
必傷害無罪之民，誅暴國之君，若誅獨夫。若是，則可謂能用天下矣。
能用天下之謂王。湯武非取天下也，脩其道，行其義，興天下之同利，
除天下之同害，而天下歸之也。桀紂非去天下也，反禹湯之德，亂禮 禹
義之分，禽獸之行，積其凶，全其惡，而天下去之也。天下歸之之謂
王，天下去之之謂亡。故桀紂無天下，而湯武不弑君，由此效之也。
湯武者，民之父母也；桀紂者、民之怨賊也。今世俗之爲說者，以桀
紂爲君，而以湯武爲弑，然則是誅民之父母，而師民之怨賊也，不祥

莫大焉。以天下之合爲君，則天下未嘗合於桀紂也。然則以湯武爲弑，
則天下未嘗有說也，直墮之耳。故天子唯其人。天下者，至重也，非
至彊莫之能任；至大也，非至辨莫之能分；至衆也，非至明莫之能和。
此三至者，非聖人莫之能盡。故非聖人莫之能王。聖人備道全美者也，
是縣天下之權稱也。桀紂者、其知慮至險也，其至意至闇也，其行爲
至亂也；親者疏之，賢者賤之，生民怨之。禹湯之後也，而不得一人 禹
之與；刳比干，囚箕子，身死國亡，爲天下之大僇，後世之言惡者必
稽焉，是不容妻子之數也。故至賢疇四海，湯武是也；至罷不容妻子，
桀紂是也。今世俗之爲說者，以桀紂爲有天下，而臣湯武，豈不過甚
矣哉！譬之，是猶傴巫跛匡大自以爲有知也。故可以有奪人國，不可
以有奪人天下；可以有竊國，不可以有竊天下也。可以奪之者可以有
國，而不可以有天下；竊可以得國，而不可以得天下。是何也？曰：
國、小具也，可以小人有也，可以小道得也，可以小力持也；天下者、
大具也，不可以小人有也，不可以小道得也，不可以小力持也。國者、
小人可以有之，然而未必不亡也；天下者，至大也，非聖人莫之能有
也。

28 《第十八　正論篇》

世俗之爲說者曰：「堯舜擅讓。」是不然。天子者，執位至尊，無 堯 舜
敵於天下，夫有誰與讓矣？道德純備，智惠甚明，南面而聽天下，生
民之屬莫不振動從服以化順之。天下無隱士，無遺善，同焉者是也，
異焉者非也。夫有惡擅天下矣。曰：「死而擅之。」是又不然。聖王在
上，決德而定次，量能而授官，皆使民載其事而各得其宜。不能以義
制利，不能以僞飾性，則兼以爲民。聖王已沒，天下無聖，則固莫足
以擅天下矣。天下有聖，而在後者，則天下不離，朝不易位，國不更
制，天下厭然，與鄉無以異也；以堯繼堯，夫又何變之有矣！聖不在 堯 堯
後子而在三公，則天下如歸，猶復而振之矣。天下厭然，與鄉無以異
也；以堯繼堯，夫又何變之有矣！唯其徙朝改制爲難。故天子生則天 堯 堯
下一隆，致順而治，論德而定次，死則能任天下者必有之矣。夫禮義
之分盡矣，擅讓惡用矣哉！曰：「老衰而擅。」是又不然。血氣筋力則
有衰，若夫知慮取舍則無衰。曰：「老者不堪其勞而休也。」是又畏事
者之議也。天子者執至重而形至佚，心至愉而志無所詘，而形不爲勞，
尊無上矣。衣被則服五采，雜閒色，重文繡，加飾之以珠玉；食飲則
重大牢而備珍怪，期臭味，曼而饋，代睪而食，雍而徹乎五祀，執薦
者百人，侍西房；居則設張容，負依而坐，諸侯趨走乎堂下；出戶而
巫覡有事，出門而宗祀有事，乘大路趨越席以養安，側載睪芷以養鼻，
前有錯衡以養目，和鸞之聲，步中武象，趨中韶護以養耳，三公奉軶、
持納，諸侯持輪、挾輿、先馬，大侯編後，大夫次之，小侯元士次之，

庶士介而夾道，庶人隱竄，莫敢視望。居如大神，動如天帝。持老養
衰，猶有善於是者、不與？老者、休也，休猶有安樂恬愉如是者乎？
故曰：諸侯有老，天子無老。有擅國，無擅天下，古今一也。夫曰堯　堯
舜擅讓，是虛言也，是淺者之傳，陋者之說也，不知逆順之理，小大、　舜
至不至之變者也，未可與及天下之大理者也。

29 《第十八　正論篇》

世俗之爲說者曰：「堯舜不能教化。」是何也？曰：「朱象不化。」　堯 舜
是不然也：堯舜至天下之善教化者也。南面而聽天下，生民之屬　堯 舜
莫不振動從服以化順之。然而朱象獨不化，是非堯舜之過，朱象之罪　堯 舜
也。堯舜者、天下之英也；朱象者、天下之嵬，一時之瑣也。今世俗　堯 舜
之爲說者，不怪朱象，而非堯舜，豈不過甚矣哉！夫是之謂嵬說。羿　堯 舜
蠭門者、天下之善射者也，不能以撥弓曲矢中微；王梁造父者、天下
之善馭者也，不能以辟馬毀輿致遠。堯舜者、天下之善教化者也，不　堯 舜
能使嵬瑣化。何世而無嵬？何時而無瑣？自太皞燧人莫不有也。故作　太皞
者不祥，學者受其殃，非者有慶。詩曰：「下民之孽，匪降自天。噂沓
背憎，職競由人。」此之謂也。

30 《第十八　正論篇》

子宋子曰：「見侮不辱。」應之曰：凡議必將立隆正，然後可也。無隆正則是非不分，而辨訟不決，故所聞曰：「天下之大隆，是非之封界，分職名象之所起，王制是也。」故凡言議期命是非，以聖王爲師。而聖王之分，榮辱是也。是有兩端矣。有義榮者，有埶榮者；有義辱者，有埶辱者。志意脩，德行厚，知慮明，是榮之由中出者也，夫是之謂義榮。爵列尊，貢祿厚，形埶勝，上爲天子諸侯，下爲卿相士大夫，是榮之從外至者也，夫是之謂埶榮。流淫汙僈，犯分亂理，驕暴貪利，是辱之由中出者也，夫是之謂義辱。詈侮捽搏，捶笞臏腳，斬斷枯磔，藉靡舌纆，是辱之由外至者也，夫是之謂埶辱。是榮辱之兩端也。故君子可以有埶辱，而不可以有義辱；小人可以有埶榮，而不
可以有義榮。有埶辱無害爲堯，有埶榮無害爲桀。義榮埶榮，唯君子　堯
然後兼有之；義辱埶辱，唯小人然後兼有之。是榮辱之分也。聖王以爲法，士大夫以爲道，官人以爲守，百姓以成俗，萬世不能易也。

31 《第二十一　解蔽篇》

故治之要在於知道。人何以知道？曰：心。心何以知？曰：虛壹而靜。心未嘗不臧也，然而有所謂虛；心未嘗不滿也，然而有所謂壹；心未嘗不動也，然而有所謂靜。人生而有知，知而有志；志也者，臧也；然而有所謂虛；不以所已臧害所將受謂之虛。心生而有知，知而

有異；異也者，同時兼知之；同時兼知之，兩也；然而有所謂一；不
以夫一害此一謂之壹。心臥則夢，偷則自行，使之則謀；故心未嘗不
動也；然而有所謂靜；不以夢劇亂知謂之靜。未得道而求道者，謂之
虛壹而靜。作之：則將須道者之虛則人，將事道者之壹則盡，盡將思
道者靜則察。知道察，知道行，體道者也。虛壹而靜，謂之大清明。
萬物莫形而不見，莫見而不論，莫論而失位。坐於室而見四海，處於
今而論久遠。疏觀萬物而知其情，參稽治亂而通其度，經緯天地而材
官萬物，制割大理而宇宙裏矣。恢恢廣廣，孰知其極？睪睪廣廣，孰
知其德？涫涫紛紛，孰知其形？明參日月，大滿八極，夫是之謂大人。
夫惡有蔽矣哉！心者，形之君也，而神明之主也，出令而無所受令。
自禁也，自使也，自奪也，自取也，自行也，自止也。故口可劫而使
墨云，形可劫而使詘申，心不可劫而使易意，是之則受，非之則辭。
故曰：心容，其擇也無禁，必自見，其物也雜博，其情之至也不貳。
詩云：「采采卷耳，不盈傾筐。嗟我懷人，寘彼周行。」頃筐易滿也，
卷耳易得也，然而不可以貳周行。故曰：心枝則無知，頃則不精，貳
則疑惑。以贊稽之，萬物可兼知也。身盡其故則美。類不可兩也，故
知者擇一而壹焉。農精於田，而不可以爲田師；賈精於市，而不可以
爲賈市師；工精於器，而不可以爲器師。有人也，不能此三技，而可
使治三官。曰：精於道者也。精於物者也。精於物者以物物，精於道
者兼物物。故君子壹於道，而以贊稽物。壹於道則正，以贊稽物則察；
以正志行察論，則萬物官矣。昔者舜之治天下也，不以事詔而萬物成。 舜
處一之危，其榮滿側；養一之微，榮矣而未知。故道經曰：「人心之危，
道心之微。」危微之幾，惟明君子而後能知之。故人心譬如槃水，正錯
而勿動，則湛濁在下，而清明在上，則足以見鬚眉而察理矣。微風過
之，湛濁動乎下，清明亂於上，則不可以得大形之正也。心亦如是矣。
故導之以理，養之以清，物莫之傾，則足以定是非決嫌疑矣。小物引
之，則其正外易，其心內傾，則不足以決庶理矣。故好書者衆矣，而
倉頡獨傳者，壹也；好稼者衆矣，而后稷獨傳者，壹也。好樂者衆矣，
而夔獨傳者，壹也；好義者衆矣，而舜獨傳者，壹也。倕作弓，浮游 舜
作矢，而羿精於射；奚仲作車，乘杜作乘馬，而造父精於御：自古及
今，未嘗有兩而能精者也。曾子曰：「是其庭可以搏鼠，惡能與我歌矣！」

32 《第二十三　性惡篇》

問者曰：「禮義積僞者，是人之性，故聖人能生之也。」應之曰：
是不然。夫陶人埏埴而生瓦，然則瓦埴豈陶人之性也哉？工人斲木而
生器，然則器木豈工人之性也哉？夫聖人之於禮義也，辟則陶埏而生
之也。然則禮義積僞者，豈人之本性也哉！凡人之性者，堯舜之與桀 堯 舜
跖，其性一也；君子之與小人，其性一也。今將以禮義積僞爲人之性

邪？然則有曷貴堯禹，曷貴君子矣哉！凡貴堯禹君子者，能化性，能 堯 禹 堯
起僞，僞起而生禮義。然則聖人之於禮義積僞也，亦猶陶埏而生之也。
用此觀之，然則禮義積僞者，豈人之性也哉！所賤於桀跖小人者，從
其性，順其情，安恣睢，以出乎貪利爭奪。故人之性惡明矣，其善者
僞也。

33 《第二十三　性惡篇》

「塗之人可以爲禹。」曷謂也？曰：凡禹之所以爲禹者，以其爲仁 禹 禹 禹
義法正也。然則仁義法正有可知可能之理。然而塗之人也，皆有可以
知仁義法正之質，皆有可以能仁義法正之具，然則其可以爲禹明矣。 禹
今以仁義法正爲固無可知可能之理邪？然則唯禹不知仁義法正，不能 禹
仁義法正也。將使塗之人固無可以知仁義法正之質，而固無可以能仁
義法正之具邪？然則塗之人也，且内不可以知父子之義，外不可以知
君臣之正。今不然。塗之人者，皆内可以知父子之義，外可以知君臣
之正，然則其可以知之質，可以能之具，其在塗之人明矣。今使塗之
人者，以其可以知之質，可以能之具，本夫仁義之可知之理，可能之
具，然則其可以爲禹明矣。今使塗之人伏術爲學，專心一志，思索孰 禹
察，加日縣久，積善而不息，則通於神明，參於天地矣。故聖人者，
人之所積而致矣。

34 《第二十三　性惡篇》

曰：「聖可積而致，然而皆不可積，何也？」曰：可以而不可使也。
故小人可以爲君子，而不肯爲君子；君子可以爲小人，而不肯爲小人。
小人君子者，未嘗不可以相爲也，然而不相爲者，可以而不可使也。
故塗之人可以爲禹，則然；塗之人能爲禹，未必然也。雖不能爲禹， 禹 禹 禹
無害可以爲禹。足可以徧行天下，然而未嘗有能徧行天下者也。夫工 禹
匠農賈，未嘗不可以相爲事也，然而未嘗能相爲事也。用此觀之，然
則可以爲，未必能也；雖不能，無害可以爲。然則能不能之與可不可，
其不同遠矣，其不可以相爲明矣。

35 《第二十三　性惡篇》

堯問於舜曰：「人情何如？」舜對曰：「人情甚不美，又何問焉！ 堯 舜 舜
妻子具而孝衰於親，嗜欲得而信衰於友，爵祿盈而忠衰於君。人之情
乎！人之情乎！甚不美，又何問焉！唯賢者爲不然。」有聖人之知者，
有士君子之知者，有小人之知者，有役夫之知者。多言則文而類，終
日議其所以，言之千舉萬變，其統類一也：是聖人之知也。少言則徑
而省，論而法，若佚之以繩：是士君子之知也。其言也謟，其行也悖，
其舉事多悔：是小人之知也。齊給便敏而無類，雜能旁魄而毋用，

析速粹孰而不急，不恤是非，不論曲直，以期勝人爲意：是役夫之知也。有上勇者，有中勇者，有下勇者。天下有中，敢直其身；先王有道，敢行其意；上不循於亂世之君，下不俗於亂世之民；仁之所在無貧窮，仁之所亡無富貴；天下知之，則欲與天下同苦樂之；天下不知之，則傀然獨立天地之閒而不畏：是上勇也。禮恭而意儉，大齊信焉，而輕貨財；賢者敢推而尚之，不肖者敢援而廢之：是中勇也。輕身而重貨，恬禍而廣解苟免，不恤是非然不然之情，以期勝人爲意：是下勇也。

36 《第二十三　性惡篇》

繁弱、鉅黍古之良弓也；然而不得排檠則不能自正。桓公之葱，大公之闕，文王之錄，莊君之曶，闔閭之干將、莫邪、鉅闕、辟閭，此皆古之良劍也；然而不加砥厲則不能利，不得人力則不能斷。驊騮、騹驥、纖離、綠耳，此皆古之良馬也；然而必前有銜轡之制，後有鞭策之威，加之以造父之馭，然後一日而致千里也。夫人雖有性質美而心辨知，必將求賢師而事之，擇賢友而友之。得賢師而事之，則所聞者堯舜禹湯之道也；得良友而友之，則所見者忠信敬讓之行也。身日進於仁義而不自知也者，靡使然也。今與不善人處，則所聞者欺誣詐僞也，所見者汙漫淫邪貪利之行也，身且加於刑戮而不自知者，靡使然也。傳曰：「不知其子視其友，不知其君視其左右。」靡而已矣！靡而已矣！ 堯 舜 禹

37 《第二十四　君子篇》

亂世則不然：刑罰怒罪，爵賞踰德，以族論罪，以世舉賢。故一人有罪，而三族皆夷，德雖如舜，不免刑均，是以族論罪也。先祖當賢，後子孫必顯，行雖如桀、紂，列從必尊，此以世舉賢也。以族論罪，以世舉賢，雖欲無亂，得乎哉！詩曰：「百川沸騰，山冢崒崩，高岸爲谷，深谷爲陵。哀今之人，胡憯莫懲！」此之謂也。 舜

38 《第二十五　成相篇》

請成相：世之殃，愚闇愚闇墮賢良！人主無賢，如瞽無相，何倀倀！請布基，慎聖人，愚而自專事不治。主忌苟勝，群臣莫諫，必逢災。論臣過，反其施，尊主安國尚賢義。拒諫飾非，愚而上同，國必禍。曷謂「罷」？國多私，比周還主黨與施。遠賢近讒，忠臣蔽塞主勢移。曷謂「賢」？明君臣，上能尊主下愛民。主誠聽之，天下爲一海內賓。主之孽，讒人達，賢能遁逃國乃蹶。愚以重愚，闇以重闇，成爲桀。世之災，妬賢能，飛廉知政任惡來。卑其志意，大其園囿高其臺。武王怒，師牧野，紂卒易鄉啓乃下。武王善之，封之於宋立其

祖。世之衰，讒人歸，比干見刳箕子累。武王誅之，呂尚招麾殷民懷。世之禍，惡賢士，子胥見殺百里徙。穆公得之，強配五伯六卿施。世之愚，惡大儒，逆斥不通孔子拘。展禽三絀，春申道綴，基畢輸。請牧基，賢者思，堯在萬世如見之。讒人罔極，險陂傾側此之疑。基必施，辨賢罷，文武之道同伏戲，由之者治，不由者亂，何疑爲？凡成相，辨法方，至治之極復後王。愼墨季惠，百家之說誠不詳。治復一，脩之吉，君子執之心如結，衆人貳之，讒夫棄之，形是詰。水至平，端不傾，心術如此象聖人。人而有埶，直而用抴必参天。世無王，窮賢良，暴人芻豢，仁人糟糠；禮樂滅息，聖人隱伏，墨術行。治之經，禮與刑，君子以脩百姓寧。明德愼罰，國家既治四海平。治之志，後埶富，君子誠之好以待。處之敦固，有深藏之，能遠思。思乃精，志之榮，好而壹之神以成。精神相反，一而不貳、爲聖人。治之道，美不老，君子由之佼以好。下以教誨子弟，上以事祖考。成相竭，辭不蹶，君子道之順以達。宗其賢良，辨其殃孽。

堯
伏戲

39 《第二十五　成相篇》

請成相，道聖王，堯舜尚賢身辭讓，許由善卷，重義輕利行顯明。堯讓賢，以爲民，氾利兼愛德施均。辨治上下，貴賤有等明君臣。堯授能，舜遇時，尚賢推德天下治。雖有聖賢，適不遇世，孰知之？堯不德，舜不辭，妻以二女任以事。大人哉舜，南面而立萬物備。舜授禹，以天下，尚得推賢不失序。外不避仇，內不阿親，賢者予。禹勞心力，堯有德，干戈不用三苗服。舉舜甽畝，任之天下，身休息。得后稷，五穀殖；夔爲樂正鳥獸服；契爲司徒，民知孝弟尊有德。禹有功，抑下鴻，辟除民害逐共工。北決九河，通十二渚，疏三江。禹溥土，平天下，躬親爲民行勞苦。得益、皋陶、横革、直成、爲輔。契玄王，生昭明，居於砥石遷于商，十有四世，乃有天乙是成湯。天乙湯，論舉當，身讓卞隨舉牟光，道古賢聖基必張。

堯 舜
堯 堯
舜 堯
舜 舜 舜
禹 禹
堯 舜
禹
禹

40 《第二十六　賦篇》

皇天隆物，以施下民，或厚或薄，帝常不齊均。桀紂以亂，湯武以賢。涽涽淑淑，皇皇穆穆。周流四海，曾不崇日。君子以脩，跖以穿室。大参于天，精微而無形，行義以正，事業以成。可以禁暴足窮，百姓待之而後寧泰。臣愚而不識，願問其名。曰：此夫安寬平而危險隘者邪？脩潔之爲親，而雜汙之爲狄者邪？甚深藏而外勝敵者邪？法禹舜而能弇迹者邪？行爲動靜待之而後適者邪？血氣之精也，志意之榮也，百姓待之而後寧也，天下待之而後平也，明達純粹而無疵也，夫是之謂君子之知。知。

禹 舜

41 《第二十六　賦篇》

有物於此，居則周靜致下，動則綦高以鉅，員者中規，方者中矩，大參天地，德厚堯禹，精微乎毫毛而充盈乎大寓。忽兮其極之遠也， 堯 禹
攭兮其相逐而反也，卬卬兮天下之咸蹇也。德厚而不捐，五采備而成文，往來惛憊，通于大神，出入甚極，莫知其門。天下失之則滅，得之則存。弟子不敏，此之願陳，君子設辭，請測意之。曰：此夫大而不塞者歟？充盈大宇而不窕，入郄穴而不偪者歟？行遠疾速，而不可託訊者歟？往來惛憊，而不可爲固塞者歟？暴至殺傷，而不億忌者與？功被天下，而不私置者歟？託地而游宇，友風而子雨，冬日作寒，夏日作暑，廣大精神，請歸之雲。雲。

42 《第二十六　賦篇》

有物於此，儳儳兮其狀，屢化如神，功被天下，爲萬世文。禮樂以成，貴賤以分，養老長幼，待之而後存。名號不美，與暴爲鄰。功立而身廢，事成而家敗。棄其耆老，收其後世。人屬所利，飛鳥所害。臣愚而不識，請占之五(帝)[泰]。[五] (帝) [泰]占之曰：此夫身女好，而 五帝 五帝
頭馬首者與？屢化而不壽者與？善壯而拙老者與？有父母而無牝牡者與？冬伏而夏游，食桑而吐絲，前亂而後治，夏生而惡暑，喜濕而惡雨，蛹以爲母，蛾以爲父，三俯三起，事乃大已，夫是之謂蠶理。蠶。

43 《第二十七　大略篇》

舜曰：「維予從欲而治。」故禮之生，爲賢人以下至庶民也，非爲 舜
成聖也；然而亦所以成聖也，不學不成；堯學於君疇，舜學於務成昭， 堯 舜
禹學於西王國。 禹

44 《第二十七　大略篇》

禹見耕者耦、立而式，過十室之邑、必下。 禹

45 《第二十七　大略篇》

「義」與「利」者，人之所兩有也。雖堯舜不能去民之欲利；然 堯 舜
而能使其欲利不克其好義也。雖桀紂不能去民之好義；然而能使其好義不勝其欲利也。故義勝利者爲治世，利克義者爲亂世。上重義則義克利，上重利則利克義。故天子不言多少，諸侯不言利害，大夫不言得喪，士不通貨財。有國之君不息牛羊，錯質之臣不息鷄豚，冢卿不脩幣，大夫不爲場園，從士以上皆羞利而不與民爭業，樂分施而恥積臧；然故民不困財，貧窶者有所竄其手。

46 《第二十七　大略篇》

主道知人，臣道知事。故舜之治天下，不以事詔而萬物成。農精 舜
於田，而不可以爲田師，工賈亦然。

47 《第二十七　大略篇》

不知而問堯舜，無有而求天府。曰：先王之道，則堯舜已；六貳 堯 舜 堯
之博，則天府已。

48 《第二十七　大略篇》

虞舜、孝己孝而親不愛，比干、子胥忠而君不用，仲尼、顏淵知 虞舜
而窮於世。劫迫於暴國而無所辟之，則崇其善，揚其美，言其所長，
而不稱其所短也。惟惟而亡者，誹也；博而窮者，訾也；清之而俞濁
者，口也。

49 《第二十七　大略篇》

誥誓不及五帝，盟詛不及三王，交質子不及五伯。 五帝

50 《第二十九　子道篇》

入孝出弟，人之小行也。上順下篤，人之中行也；從道不從君，
從義不從父，人之大行也。若夫志以禮安，言以類使，則儒道畢矣。
雖舜不能加毫末於是矣。孝子所以不從命有三：從命則親危，不從命 舜
則親安，不從命乃衷；從命則親辱，不從命則親榮，孝子不從命乃義；
從命則禽獸，不從命則脩飾，孝子不從命乃敬。故可以從而不從，是
不子也；未可以從而從，是不衷也；明於從不從之義，而能致恭敬，
忠信、端愨、以慎行之，則可謂大孝矣。傳曰：「從道不從君，從義不
從父。」此之謂也。故勞苦、彫萃而能無失其敬，災禍、患難而能無失
其義，則不幸不順見惡而能無失其愛，非仁人莫能行。詩曰：「孝子不
匱。」此之謂也。

51 《第三十一　哀公篇》

魯哀公問舜冠於孔子，孔子不對。三問不對。哀公曰：「寡人問舜 舜 舜
冠於子，何以不言也？」孔子對曰：「古之王者，有務而拘領者矣，其
政好生而惡殺焉。是以鳳在列樹，麟在郊野，烏鵲之巢可俯而窺也。
君不此問，而問舜冠，所以不對也。」 舜

52 《第三十一　哀公篇》

定公問於顏淵曰：「東野畢之善馭乎？」顏淵對曰：「善則善矣，
雖然，其馬將失。」定公不悅，入謂左右曰：「君子固讒人乎！。」三日
而校來謁，曰：「東野畢之馬失。兩驂列，兩服入廄。」定公越席而起

曰:「趨駕召顏淵!」顏淵至,定公曰:「前日寡人問吾子,吾子曰:『東
野畢之馭善則善矣,雖然,其馬將失。』不識吾子何以知之?」顏淵對
曰:「臣以政知之。昔舜巧於使民,而造父巧於使馬;舜不窮其民,造 舜 舜
父不窮其馬;是以舜無失民,造父無失馬也。今東野畢之馭,上車執 舜
轡銜,體正矣;步驟馳騁,朝禮畢矣;歷險致遠,馬力盡矣;然猶求
馬不已,是以知之也。」定公曰:「善,可得少進乎?」顏淵對曰:「臣
聞之,鳥窮則啄,獸窮則攫,人窮則詐。自古及今,未有窮其下而能
無危者也。」

53 《第三十二　堯問篇》 堯

堯問於舜曰:「我欲致天下,爲之奈何?」對曰:「執一無失,行 堯 舜
微無怠,忠信無勸,而天下自來。執一如天地,行微如日月,忠誠盛
於內,賁於外,形於四海,天下其在一隅邪!夫有何足致也!」

54 《第三十二　堯問篇》

爲說者曰:「孫卿不及孔子。」是不然。孫卿迫於亂世,鰌於嚴刑,
上無賢主,下遇暴秦,禮義不行,教化不成,仁者詘約,天下冥冥,
行全刺之,諸侯大傾。當是時也,知者不得慮,能者不得治,賢者不
得使。故君上蔽而無覩,賢人距而不受。然則孫卿懷將聖之心,蒙佯
狂之色,視天下以愚。詩曰:「既明且哲,以保其身。」此之謂也。是
其所以名聲不白,徒與不衆,光輝不博也。今之學者,得孫卿之遺言
餘教,足以爲天下法式表儀。所存者神,所過者化,觀其善行,孔子
弗過。世不詳察,云非聖人,奈何!天下不治,孫卿不遇時也。德若
堯禹,世少知之;方術不用,爲人所疑;其知至明,循道正行,足以 堯 禹
爲紀綱。嗚呼!賢哉!宜爲帝王。天地不知,善桀紂,殺賢良,比干
剖心,孔子拘匡,接輿辟世,箕子佯狂,田常爲亂,闔閭擅強。爲惡
得福,善者有殃。今爲說者,又不察其實,乃信其名。時世不同,譽
何由生?不得爲政,功安能成?志修德厚,孰謂不賢乎!

58 呂氏春秋

文献名：58. 呂氏春秋

資料番号	伏羲		其他	女媧		神農		赤帝		黄帝		其他	顓頊		其他	注(左半葉)	
		太皞			其他		炎帝		其他		軒轅氏			高陽		注a	注b
1		1															
2										1							
3										1							
4		1															
5																	
6						1				1							
7																	
8		1															
9																	
10										1							
11							1										
12						1				1			1				
13																	
14																	
15										2							
16													2				
17																	
18																	
19																	
20																	
21						2											
22										1							
23																	
24							1			1							
25																	
26													1				
27																	
28													1				
29																	
30													1				
31						1											
32										1			1				
33										3							
34																	
35																	
36																	
37										1							
38																	
39										2							
40						1				1							

献名：58. 呂氏春秋

嚳	高辛	其他	堯	陶唐	其他	舜	有虞	其他	禹	其他	三皇	五帝	注(右半葉) 注e	注f	参考	資料番号
																1
						1					1	1				2
			1			2			1							3
																4
			1													5
																6
						1			1							7
																8
												1				9
			1			2			1							10
																11
1			1			1			1			1				12
			1			1					1	1				13
				1												14
																15
																16
3																17
			1													18
						2										19
									1							20
																21
																22
									3							23
												1				24
											1	1				25
																26
			1			1			1							27
																28
			1			1			1							29
																30
																31
																32
			1						2			1				33
			1			2			2			1				34
						1			2							35
											1	1				36
			1			1										37
			1			5			3							38
																39
																40

文献名：58. 呂氏春秋

資料番号	伏羲	太皞	其他	女媧	其他	神農	炎帝	赤帝	其他	黄帝	軒轅氏	其他	顓頊	高陽	其他	注(左半葉) 注a	注b
41										1							
42																	
43																	
44																	
45																	
46																	
47																	
48																	
49						1											
50																	
51						1											
52																	
53						1											
54																	
55										1							
56																	
57																	
58						1				1							
59						1				1							
60																	
61						1											
62																	
63																	
64																	
65																	
66																	
67																	
68																	
69																	
70																	
71						1											
72																	
73										1							
74																	
75																	
76																	
77																	
78																	
79																	
80																	
81																	
82																	

献名：58. 呂氏春秋

嚳	高辛	其他	堯	陶唐	其他	舜	有虞	其他	禹	其他	三皇	五帝	注(右半葉) 注e	注f	参考	資料番号
			1			1										41
			3													42
			1			1			1							43
									1							44
									2							45
			1													46
			1			1			1							47
											1	1				48
			2			2			1							49
			1			1										50
																51
			2			1										52
												1				53
			2			2										54
																55
							1									56
			4			5										57
			1			5										58
						2			1							59
									1							60
																61
						1										62
			1			1			1							63
			4			2			3							64
									3							65
			1			1			1							66
			3			2			1							67
			1			1										68
			1				1		1							69
			1													70
																71
									3							72
			1			1										73
			1			1			1							74
			1			1			2							75
			1													76
						3										77
			2			2										78
						2										79
			2			2										80
			1													81
			1													82

文献名：58. 呂氏春秋

資料番号	伏羲	太皞	其他	女媧	其他	神農	炎帝	赤帝	其他	黄帝	軒轅氏	其他	顓頊	高陽	其他	注(左半葉) 注a	注b
83																	
84																	
85																	
86																	
87										1							
計		3				13	2			23			7				

献名：58. 呂氏春秋

嚳	高辛	其他	堯	陶唐	其他	舜	有虞	其他	禹	其他	三皇	五帝	注(右半葉) 注e	注f	参考	資料番号
			1			2										83
						1										84
			1			1	3									85
						1			2							86
																87
4			55	1		67	5		45		5	11				計

58 呂氏春秋

1 《孟春紀　第一》〈孟春〉

一曰：孟春之月：日在營室，昏參中，旦尾中。其日甲乙。其帝太皞。其神句芒。其蟲鱗。其音角。律中太蔟。其數八。其味酸。其臭羶。其祀戶。祭先脾。東風解凍。蟄蟲始振。魚上冰。獺祭魚。候雁北。天子居青陽左个，乘鸞輅，駕蒼龍，載青旂，衣青衣，服青玉，食麥與羊。其器疏以達。 太皞

2 《孟春紀　第一》〈貴公〉

四曰：昔先聖王之治天下也，必先公，公則天下平矣。平得於公。嘗試觀於上志，有得天下者衆矣，其得之以公，其失之必以偏。凡主之立也，生於公。故鴻範曰：「無偏無黨，王道蕩蕩；無偏無頗，遵王之義；無或作好，遵王之道；無或作惡，遵王之路」。

天下非一人之天下也，天下之天下也。陰陽之和，不長一類；甘露時雨，不私一物；萬民之主，不阿一人。伯禽將行，請所以治魯，周公曰：「利而勿利也。」荊人有遺弓者，而不肯索，曰：「荊人遺之，荊人得之，又何索焉？」孔子聞之曰：「去其『荊』而可矣。」老聃聞之曰：「去其『人』而可矣。」故老聃則至公矣。天地大矣，生而弗子，成而弗有，萬物皆被其澤、得其利，而莫知其所由始，此三皇、五帝之德也。 三皇　五帝

管仲有病，桓公往問之，曰：「仲父之病矣，漬甚，國人弗諱，寡人將誰屬國？」管仲對曰：「昔者臣盡力竭智，猶未足以知之也，今病在於朝夕之中，臣奚能言？」桓公曰：「此大事也，願仲父之教寡人也。」管仲敬諾，曰：「公誰欲相？」公曰：「鮑叔牙可乎？」管仲對曰：「不可。夷吾善鮑叔牙，鮑叔牙之爲人也：清廉潔直，視不己若者，不比於人；一聞人之過，終身不忘。」「勿已，則隰朋其可乎？」「隰朋之爲人也：上志而下求，醜不若黃帝，而哀不己若者；其於國也，有不聞也；其於物也，有不知也；其於人也，有不見也。勿已乎，則隰朋可也。」夫相，大官也。處大官者，不欲小察，不欲小智，故曰：大匠不斲，大庖不豆，大勇不鬬，大兵不寇。桓公行公去私惡，用管子而爲五伯長；行私阿所愛，用豎刁而蟲出於戶。 黃帝

人之少也愚，其長也智，故智而用私，不若愚而用公。日醉而飾服，私利而立公，貪戾而求王，舜弗能爲。 舜

3 《孟春紀　第一》〈去私〉

五曰：天無私覆也，地無私載也，日月無私燭也，四時無私行也，

行其德而萬物得遂長焉。

黃帝言曰：「聲禁重，色禁重，衣禁重，香禁重，味禁重，室禁重。」 黃帝

堯有子十人，不與其子而授舜；舜有子九人，不與其子而授禹； 堯 舜 舜 禹
至公也。

4 《仲春紀　第二》〈仲春〉

一曰：仲春之月：日在奎，昏弧中，旦建星中。其日甲乙。其帝太皞。其神句芒。其蟲鱗。其音角。律中夾鐘。其數八。其味酸。其臭羶。其祀戶。祭先脾。始雨水。桃李華。蒼庚鳴。鷹化爲鳩。天子居青陽太廟，乘鸞輅，駕蒼龍，載青旂，衣青衣，服青玉，食麥與羊，其器疏以達。 太皞

5 《仲春紀　第二》〈貴生〉

二曰：聖人深慮天下，莫貴於生。夫耳目鼻口，生之役也。耳雖欲聲，目雖欲色，鼻雖欲芬香，口雖欲滋味，害於生則止。在四官者不欲，利於生者則弗爲。由此觀之，耳目鼻口，不得擅行，必有所制。譬之若官職，不得擅爲，必有所制。此貴生之術也。

堯以天下讓於子州支父。子州支父對曰：「以我爲天子猶可也。雖 堯
然，我適有幽憂之病，方將治之，未暇在天下也。」天下，重物也，而不以害其生，又況於它物乎？惟不以天下害其生者也，可以託天下。

6 《仲春紀　第二》〈情欲〉

三曰：天生人而使有貪有欲。欲有情，情有節。聖人修節以止欲，故不過行其情也。故耳之欲五聲，目之欲五色，口之欲五味，情也。
此三者，貴賤愚智賢不肖欲之若一，雖神農、黃帝其與桀、紂同。聖 神農 黃帝
人之所以異者，得其情也。由貴生動則得其情矣，不由貴生動則失其情矣。此二者，死生存亡之本也。

7 《仲春紀　第二》〈當染〉

四曰：墨子見染素絲者而歎曰：「染於蒼則蒼，染於黃則黃，所以入者變，其色亦變，五入而以爲五色矣。」故染不可不慎也。

非獨染絲然也，國亦有染。舜染於許由、伯陽，禹染於皋陶、伯 舜 禹
益，湯染於伊尹、仲虺，武王染於太公望、周公旦，此四王者所染當，故王天下，立爲天子，功名蔽天地，舉天下之仁義顯人必稱此四王者。夏桀染於羊辛、歧踵戎，殷紂染於崇侯、惡來，周厲王染於虢公長父、榮夷終，幽王染於虢公鼓、祭公敦，此四王者所染不當，故國殘身死，爲天下僇，舉天下之不義辱人必稱此四王者。齊桓公染於管仲、鮑叔，晉文公染於咎犯、郄偃，荊莊王染於孫叔敖、沈尹蒸，吳王闔廬染於

伍員、文之儀，越王句踐染於范蠡、大夫種，此五君者所染當，故霸諸侯，功名傳於後世。范吉射染於張柳朔、王生，中行寅染於黃藉秦、高彊，吳王夫差染於王孫雄、太宰嚭，智伯瑤染於智國、張武，中山尚染於魏義、椻長，宋康王染於唐鞅、田不禋，此六君者所染不當，故國皆殘亡，身或死辱，宗廟不血食，絕其後類，君臣離散，民人流亡，舉天下之貪暴可羞人必稱此六君者。凡爲君非爲君而因榮也，非爲君而因安也，以爲行理也。行理生於當染，故古之善爲君者，勞於論人，而佚於官事，得其經也。不能爲君者，傷形費神，愁心勞耳目，國愈危，身愈辱，不知要故也。不知要故則所染不當，所染不當，理奚由至？六君者是已。六君者，非不重其國、愛其身也，所染不當也。存亡故不獨是也，帝王亦然。

8 《季春紀　第三》〈季春〉

一曰：季春之月：日在胃，昏七星中，旦牽牛中。其日甲乙。其
帝太皞。其神句芒。其蟲鱗。其音角。律中姑洗。其數八。其味酸。 太皞
其臭羶。其祀戶。祭先脾。桐始華。田鼠化爲駕。虹始見。萍始生。天子居青陽右个，乘鸞輅，駕蒼龍，載青旂，衣青衣，服青玉。食麥與羊。其器疏以達。

9 《季春紀　第三》〈生己〉

昔者先聖王，成其身而天下成，治其身而天下治。故善響者不於響於聲，善影者不於影於形，爲天下者不於天下於身。詩曰：「淑人君子，其儀不忒。其儀不忒，正是四國」，言正諸身也。故反其道而身善矣；行義則人善矣；樂備君道，而百官已治矣，萬民已利矣。三者之成也，在於無爲。無爲之道曰勝天，義曰利身，君曰勿身。勿身督聽，利身平靜，勝天順性。順性則聰明壽長，平靜則業進樂鄉，督聽則姦塞不皇。故上失其道則邊侵於敵，內失其行，名聲墮於外。是故百仞之松，本傷於下，而末槁於上；商、周之國，謀失於胸，令困於彼。
故心得而聽得，聽得而事得，事得而功名得。五帝先道而後德，故德 五帝
莫盛焉；三王先教而後殺，故事莫功焉；五伯先事而後兵，故兵莫彊焉。當今之世，巧謀並行，詐術遞用，攻戰不休，亡國辱主愈衆，所事者末也。

10 《季春紀　第三》〈圜道〉

五曰：天道圜，地道方，聖王法之，所以立上下。何以說天道之圜也？精氣一上一下，圜周復雜，無所稽留，故曰天道圜。何以說地道之方也？萬物殊類殊形，皆有分職，不能相爲，故曰地道方。主執圜，臣處方，方圜不易，其國乃昌。

日夜一周，圜道也。月躔二十八宿，軫與角屬，圜道也。精行四
時，一上一下各與遇，圜道也。物動則萌，萌而生，生而長，長而大，
大而成，成乃衰，衰乃殺，殺乃藏，圜道也。雲氣西行，云云然冬夏
不輟；水泉東流，日夜不休；上不竭，下不滿；小爲大，重爲輕；圜
道也。黃帝曰：「帝無常處也，有處者乃無處也」，以言不刑蹇，圜道　黃帝
也。人之竅九，一有所居則八虛，八虛甚久則身斃。故唯而聽，唯止；
聽而視，聽止。以言說一，一不欲留，留運爲敗，圜道也，一也齊至
貴，莫知其原，莫知其端，莫知其始，莫知其終，而萬物以爲宗。聖
王法之，以令其性，以定其正，以出號令。令出於主口，官職受而行
之，日夜不休，宣通下究，瀸於民心，遂於四方，還周復歸，至于主
所，圜道也。令圜則可不可善不善無所擁矣。無所擁者，主道通也。
故令者，人主之所以爲命也，賢不肖安危之所定也。人之有形體四枝，
其能使之也，爲其感而必知也，感而不知，則形體四枝不使矣。人臣
亦然，號令不感，則不得而使矣。有之而不使，不若無有。主也者，
使非有者也，舜、禹、湯、武皆然。　舜 禹

先王之立高官也，必使之方。方則分定，分定則下不相隱。堯、　堯
舜，賢主也，皆以賢者爲後，不肯與其子孫，猶若立官必使之方。今　舜
世之人主，皆欲世勿失矣，而與其子孫，立官不能使之方，以私欲亂
之也，何哉？其所欲者之遠，而所知者之近也。今五音之無不應也，
其分審也。宮徵商羽角，各處其處，音皆調均，不可以相違，此所以
不受也。賢主之立官，有似於此。百官各處其職、治其事以待主，主
無不安矣。以此治國，國無不利矣；以此備患，患無由至矣。

11　《孟夏紀　第四》〈孟夏〉

一曰：孟夏之月：日在畢，昏翼中，旦婺女中。其日丙丁。其帝
炎帝。其神祝融。其蟲羽。其音徵。律中仲呂。其數七。其性禮。其　炎帝
事視。其味苦。其臭焦。其祀竈。祭先肺。螻蟈鳴。丘蚓出。王菩生。
苦菜秀。天子居明堂左个，乘朱輅，駕赤騮，載赤旂，衣赤衣，服赤
玉，食菽與雞。其器高以觕。

12　《孟夏紀　第四》〈尊師〉

三曰：神農師悉諸，黃帝師大撓，帝顓頊師伯夷父，帝嚳師伯招，　神農 黃帝 帝顓頊
帝堯師子州支父，帝舜師許由，禹師大成贄，湯師小臣，文王、武王　帝嚳 帝堯 帝舜 禹
師呂望、周公旦，齊桓公師管夷吾，晉文公師咎犯、隨會，秦穆公師
百里奚、公孫枝，楚莊王師孫叔敖、沈尹巫，吳王闔閭師伍子胥、文
之儀，越王句踐師范蠡、大夫種。此十聖人六賢者，未有不尊師者也。
今尊不至於帝，智不至於聖，而欲無尊師，奚由至哉？此五帝之所以　五帝
絕，三代之所以滅。

13　《孟夏紀　第四》〈用衆〉

天下無粹白之狐，而有粹白之裘，取之衆白也。夫取於衆，此三 三皇
皇、五帝之所以大立功名也。凡君之所以立，出乎衆也。立已定而舍 五帝
其衆，是得其末而失其本。得其末而失其本，不聞安居。故以衆勇無
畏乎孟賁矣，以衆力無畏乎烏獲矣，以衆視無畏乎離婁矣，以衆知無
畏乎堯、舜矣。夫以衆者，此君人之大寶也。田駢謂齊王曰：「孟賁庶 堯 舜
乎患術，而邊境弗患；楚、魏之王，辭言不說，而境內已修備矣，兵
士已修用矣；得之衆也」。

14　《仲夏紀　第五》〈古樂〉

昔陶唐氏之始，陰多滯伏而湛積，水道壅塞，不行其原，民氣鬱 陶唐氏
閼而滯者，筋骨瑟縮不達，故作爲舞以宣導之。

15　《仲夏紀　第五》〈古樂〉

昔黃帝令伶倫作爲律。伶倫自大夏之西，乃之阮隃之陰，取竹於 黃帝
嶰谿之谷，以生空竅厚鈞者、斷兩節間、其長三寸九分而吹之，以爲
黃鐘之宮，吹曰「舍少」。次制十二筒，以之阮隃之下，聽鳳皇之鳴，
以別十二律。其雄鳴爲六，雌鳴亦六，以比黃鐘之宮，適合。黃鐘之
宮，皆可以生之，故曰黃鐘之宮，律呂之本。黃帝又命伶倫與榮將鑄 黃帝
十二鐘，以和五音，以施英韶，以仲春之月，乙卯之日，日在奎，始
奏之，命之曰咸池。

16　《仲夏紀　第五》〈古樂〉

帝顓頊生自若水，實處空桑，乃登爲帝。惟天之合，正風乃行， 帝顓頊
其音若熙熙淒淒鏘鏘。帝顓頊好其音，乃令飛龍作效八風之音，命之 帝顓頊
曰承雲，以祭上帝。乃令鱓先爲樂倡，鱓乃偃寢，以其尾鼓其腹，其
音英英。

17　《仲夏紀　第五》〈古樂〉

帝嚳命咸黑作爲聲歌——九招、六列、六英。有倕作爲鼙鼓鐘磬 帝嚳
吹苓管壎篪鞀椎鍾。帝嚳乃令人抃或鼓鼙，擊鐘磬，吹苓展管篪。因 帝嚳
令鳳鳥、天翟舞之。帝嚳大喜，乃以康帝德。 帝嚳

18　《仲夏紀　第五》〈古樂〉

帝堯立，乃命質爲樂。質乃效山林谿谷之音以歌，乃以麋輅置缶 帝堯
而鼓之，乃拊石擊石，以象上帝玉磬之音，以致舞百獸。瞽叟乃拌五
弦之瑟，作以爲十五弦之瑟。

19 《仲夏紀　第五》〈古樂〉

命之曰大章，以祭上帝。舜立，仰延乃拌瞽叟之所爲瑟，益之八弦，以爲二十三弦之瑟。帝舜乃令質修九招、六列、六英，以明帝德。　舜　帝舜

20 《仲夏紀　第五》〈古樂〉

禹立，勤勞天下，日夜不懈，通大川，決壅塞，鑿龍門，降通漻水以導河，疏三江五湖，注之東海，以利黔首。於是命皋陶作爲夏籥九成，以昭其功。　禹

21 《季夏紀　第六》〈季夏〉

是月也，樹木方盛，乃命虞人入山行木，無或斬伐。不可以興土功，不可以合諸侯，不可以起兵動衆。無舉大事，以搖蕩於氣。無發令而干時，以妨神農之事。水潦盛昌，命神農，將巡功。舉大事則有天殃。　神農　神農

22 《季夏紀　第六》〈季夏〉

中央土：其日戊己。其帝黃帝。其神后土。其蟲倮。其音宮。律中黃鐘之宮。其數五。其味甘。其臭香。其祀中霤。祭先心。天子居太廟太室，乘大輅，駕黃騂，載黃旂，衣黃衣，服黃玉，食稷與牛。其器圜以揜。　黃帝

23 《季夏紀　第六》〈音初〉

禹行功，見塗山之女，禹未之遇而巡省南土。塗山氏之女乃令其妾待禹于塗山之陽，女乃作歌，歌曰「候人兮猗」，實始作爲南音。周公及召公取風焉，以爲周南、召南。　禹　禹　禹

24 《孟秋紀　第七》〈蕩兵〉

二曰：古聖王有義兵而無有偃兵。兵之所自來者上矣，與始有民俱。凡兵也者，威也，威也者，力也。民之有威力，性也。性者所受於天也，非人之所能爲也，武者不能革，而工者不能移。兵所自來者久矣，黃、炎故用水火矣，共工氏固次作難矣，五帝固相與爭矣。遞興廢，勝者用事。又曰「蚩尤作兵」，蚩尤非作兵也，利其械矣。未有蚩尤之時，民固剝林木以戰矣，勝者爲長。長則猶不足治之，故立君。君又不足以治之，故立天子。天子之立也出於君，君之立也出於長，長之立也出於爭。爭鬬之所自來者久矣，不可禁，不可止，故古之賢王有義兵而無有偃兵。　黃　炎　五帝

25 《孟秋紀　第七》〈禁塞〉

四曰：夫救守之心，未有不守無道而救不義也。守無道而救不義，則禍莫大焉，爲天下之民害莫深焉。

凡救守者，太上以說，其次以兵。以說則承從多群，日夜思之，事心任精，起則誦之，臥則夢之，自今單脣乾肺，費神傷魂，上稱三皇五帝之業以愉其意，下稱五伯名士之謀以信其事，早朝晏罷，以告制兵者，行說語衆，以明其道。道畢說單而不行，則必反之兵矣。反之於兵，則必鬬爭，之情，必且殺人，是殺無罪之民以興無道與不義者也。無道與不義者存，是長天下之害，而止天下之利，雖欲幸而勝，禍且始長。先王之法曰：「爲善者賞，爲不善者罰」，古之道也，不可易。今不別其義與不義，而疾取救守，不義莫大焉，害天下之民者莫甚焉。故取攻伐者不可，非攻伐不可，取救守不可，非救守不可，取惟義兵爲可。兵苟義，攻伐亦可，救守亦可。兵不義，攻伐不可，救守不可。使夏桀、殷紂無道至於此者，幸也；使吳夫差、智伯瑤侵奪至於此者，幸也；使晉厲、陳靈、宋康不善至於此者，幸也。若令桀、紂知必國亡身死，殄無後類，吾未知其厲爲無道之至於此也；吳王夫差、智伯瑤知必國爲丘墟，身爲刑戮，吾未知其爲不善無道侵奪之至於此也；晉厲知必死於匠麗氏，陳靈知必死於夏徵舒，宋康知必死於溫，吾未知其爲不善之至於此也。此七君者，大爲無道不義：所殘殺無罪之民者，不可爲萬數；壯佼老幼胎𪗪之死者，大實平原；廣堙深谿大谷，赴巨水，積灰，填溝洫險阻，犯流矢，蹈白刃，加之以凍餓饑寒之患。以至於今之世，爲之愈甚，故暴骸骨無量數，爲京丘若山陵。世有興主仁士，深意念此，亦可以痛心矣，亦可以悲哀矣。察此其所自生，生於有道者之廢，而無道者之恣行。夫無道者之恣行，幸矣。故世之患，不在救守，而在於不肖者之幸也。救守之說出，則不肖者益幸也，賢者益疑矣。故大亂天下者，在於不論其義而疾取救守。

三皇
五帝

26　《孟冬紀　第十》〈孟冬〉

一曰：孟冬之月：日在尾，昏危中，旦七星中。其日壬癸。其帝顓頊。其神玄冥。其蟲介。其音羽。律中應鐘。其數六。其味鹹。其臭朽。其祀行。祭先腎。水始冰，地始凍。雉入大水爲蜃。虹藏不見。天子居玄堂左个，乘玄輅，駕鐵驪，載玄旂，衣黑衣，服玄玉，食黍與彘。其器宏以弇。

帝顓頊

27　《孟冬紀　第十》〈安死〉

君之不令民，父之不孝子，兄之不悌弟，皆鄉里之所釜甂者而逐之，憚耕稼采薪之勞，不肯官人事，而祈美衣侈食之樂，智巧窮屈，無以爲之，於是乎聚群多之徒，以深山廣澤林藪，扑擊遏奪，又視名丘大墓葬之厚者，求舍便居，以微抇之，日夜不休，必得所利，相與

分之。夫有所愛所重，而令姦邪盜賊寇亂之人卒必辱之，此孝子忠臣
親父交友之大事。堯葬於穀林，通樹之；舜葬於紀市，不變其肆；禹 堯 舜 禹
葬於會稽，不變人徒；是故先王以儉節葬死也，非愛其費也，非惡其
勞也，以爲死者慮也。

28 《仲冬紀　第十一》〈仲冬〉

一曰：仲冬之月：日在斗，昏東壁中，旦軫中。其日壬癸。其帝 帝顓頊
顓頊。其神玄冥。其蟲介。其音羽。律中黃鐘。其數六。其味鹹。其
臭朽。其祀行。祭先腎。冰益壯。地始坼。鶡鴠不鳴。虎始交。天子
居玄堂太廟，乘玄輅，駕鐵驪，載玄旂，衣黑衣，服玄玉，食黍與彘。
其器宏以弇。命有司曰：「土事無作，無發蓋藏，無起大衆，以固而閉。」
發蓋藏，起大衆，地氣且泄，是謂發天地之房。諸蟄則死，民多疾疫，
又隨以喪，命之曰暢月。

29 《仲冬紀　第十一》〈當務〉

跖之徒問於跖曰：「盜有道乎？」跖曰：「奚啻其有道也？夫妄意
關內，中藏，聖也；入先，勇也；出後，義也；知時，智也；分均，
仁也。不通此五者，而能成大盜者，天下無有。」備說非六王、五伯，
以爲「堯有不慈之名，舜有不孝之行，禹有淫湎之意，湯、武有放殺 堯 舜 禹
之事，五伯有暴亂之謀。世皆譽之，人皆諱之，惑也」。故死而操金椎
以葬，曰「下見六王、五伯，將毅其頭」矣。辨若此不如無辨。

30 《季冬紀　第十二》〈季冬〉

一曰：季冬之月：日在婺女，昏婁中，旦氐中。其日壬癸。其帝 帝顓頊
顓頊。其神玄冥。其蟲介。其音羽。律中大呂。其數六。其味鹹。其
臭朽。其祀行。祭先腎。鴈北鄉。鵲始巢。雉雊雞乳。天子居玄堂右
个，乘玄輅，駕鐵驪，載玄旂，衣黑衣，服玄玉，食黍與彘。其器宏
以弇。命有司大儺，旁磔，出土牛，以送寒氣。征鳥厲疾。乃畢行山
川之祀，及帝之大臣、天地之神祇。

31 《季冬紀　第十二》〈誠廉〉

四曰：石可破也，而不可奪堅；丹可磨也，而不可奪赤。堅與赤，
性之有也。性也者，所受於天也，非擇取而爲之也。豪士之自好者，
其不可漫以汙也，亦猶此也。

昔周之將興也，有士二人，處於孤竹，曰伯夷、叔齊。二人相謂
曰：「吾聞西方有偏伯焉，似將有道者，今吾奚爲處乎此哉？」二子西
行如周，至於岐陽，則文王已歿矣。武王即位，觀周德，則王使叔旦
就膠鬲於次四內，而與之盟曰：「加富三等，就官一列。」爲三書同辭，

血之以牲，埋一於四內，皆以一歸。又使保召公就微子開於共頭之下，而與之盟曰：「世爲長侯，守殷常祀，相奉桑林，宜私孟諸。」爲三書同辭，血之以牲，埋一於共頭之下，皆以一歸。伯夷、叔齊聞之，相視而笑曰：「譆，異乎哉！此非吾所謂道也。昔者神農氏之有天下也，時祀盡敬而不祈福也。其於人也，忠信盡治而無求焉。樂正與爲正，樂治與爲治，不以人之壞自成也，不以人之庳自高也。今周見殷之僻亂也，而遽爲之正與治，上謀而行貨，阻丘而保威也。割牲而盟以爲信，因四內與共頭以明行，揚夢以說衆，殺伐以要利，以此紹殷，是以亂易暴也。吾聞古之士，遭乎治世，不避其任，遭乎亂世，不爲苟在。今天下闇，周德衰矣。與其並乎周以漫吾身也，不若避之以潔吾行。」二子北行，至首陽之下而餓焉。人之情莫不有重，莫不有輕。有所重則欲全之，有所輕則以養所重。伯夷、叔齊，此二士者，皆出身棄生以立其意，輕重先定也。

神農氏

32　《季冬紀　第十二》〈序意〉

維秦八年，歲在涒灘，秋，甲子朔，朔之日，良人請問十二紀。文信侯曰：「嘗得學黃帝之所以誨顓頊矣，爰有大圜在上，大矩在下，汝能法之，爲民父母。蓋聞古之清世，是法天地。凡十二紀者，所以紀治亂存亡也，所以知壽夭吉凶也。上揆之天，下驗之地，中審之人，若此則是非可不可無所遁矣。天曰順，順維生；地曰固，固維寧；人曰信，信維聽。三者咸當，無爲而行。行也者，行其理也。行數，循其理，平其私。夫私視使目盲，私聽使耳聾，私慮使心狂。三者皆私設精則智無由公。智不公，則福日衰，災日隆，以日倪而西望知之。」

黃帝　顓頊

33　《有始覽　第一》〈（名類）〔應同〕〉

二曰：凡帝王者之將興也，天必先見祥乎下民。黃帝之時，天先見大螾大螻，黃帝曰「土氣勝」，土氣勝，故其色尚黃，其事則土。及禹之時，天先見草木秋冬不殺，禹曰「木氣勝」，木氣勝，故其色尚青，其事則木。及湯之時，天先見金刃生於水，湯曰「金氣勝」，金氣勝，故其色尚白，其事則金。及文王之時，天先見火，赤烏銜丹書集于周社，文王曰「火氣勝」，火氣勝，故其色尚赤，其事則火。代火者必將水，天且先見水氣勝，水氣勝，故其色尚黑，其事則水。水氣至而不知，數備，將徙于土。天爲者時，而不助農於下。類固相召，氣同則合，聲比則應。鼓宮而宮動，鼓角而角動。平地注水，水流濕。均薪施火，火就燥。山雲草莽，水雲角鱗，旱雲煙火，雨雲水波，無不皆類其所生以示人。故以龍致雨，以形逐影。師之所處，必生棘楚。禍福之所自來，衆人以爲命，安知其所。

黃帝
黃帝
禹　禹

夫覆巢毀卵，則鳳凰不至；刳獸食胎，則麒麟不來；乾澤涸漁，則龜龍不往。物之從同，不可爲記。子不遮乎親，臣不遮乎君。君同則來，異則去。故君雖尊，以白爲黑，臣不能聽；父雖親，以黑爲白，子不能從。黃帝曰：「芒芒昧昧，因天之威，與元同氣。」故曰同氣賢於同義，同義賢於同力，同力賢於同居，同居賢於同名。帝者同氣，王者同義，霸者同力，勤者同居則薄矣，亡者同名則觕矣。其智彌觕者，其所同彌觕；其智彌精者，其所同彌精；故凡用意不可不精。夫精，五帝三王之所以成也。成齊類同皆有合，故堯爲善而衆善至，桀爲非而衆非來。商箴云：「天降災布祥，並有其職」，以言禍福人或召之也。故國亂非獨亂也，又必召寇。獨亂未必亡也，召寇則無以存矣。 黃帝 五帝 堯

34 《有始覽　第一》〈謹聽〉

五曰：昔者禹一沐而三捉髮，一食而三起，以禮有道之士，通乎己之不足也。通乎己之不足，則不與物爭矣。愉易平靜以待之，使夫自得之；因然而然之，使夫自言之。亡國之主反此，乃自賢而少人，少人則說者持容而不極，聽者自多而不得，雖有天下何益焉？是乃冥之昭，亂之定，敗之成，危之寧，故殷、周以亡，比干以死，誖而不足以舉。故人主之性，莫過乎所疑，而過於其所不疑；不過乎所不知，而過於其所以知。故雖不疑，雖已知，必察之以法，揆之以量，驗之以數。若此則是非無所失，而舉措無所過矣。 禹

夫堯惡得賢天下而試舜？舜惡得賢天下而試禹？斷之於耳而已矣。耳之可以斷也，反性命之情也。今夫惑者，非知反性命之情，其次非知觀於五帝、三王之所以成也，則奚自知其世之不可也？奚自知其身之不逮也？太上知之，其次知其不知。不知則問，不能則學。周箴曰：「夫自念斯，學德未暮。」學賢問，三代之所以昌也。不知而自以爲知，百禍之宗也。名不徒立，功不自成，國不虛存，必有賢者。賢者之道，牟而難知，妙而難見。故見賢者而不聳則不惕於心，不惕於心則知之不深。不深知賢者之所言，不祥莫大焉。 堯 舜 舜 禹 五帝

35 《有始覽　第一》〈論大〉

七曰：昔舜欲旗古今而不成，既足以成帝矣。禹欲帝而不成，既足以正殊俗矣。湯欲繼禹而不成，既足以服四荒矣。武王欲及湯而不成，既足以王道矣。五伯欲繼三王而不成，既足以爲諸侯長矣。孔丘、墨翟欲行大道於世而不成，既足以成顯名矣。夫大義之不成，既有成矣已。夏書曰：「天子之德廣運，乃神，乃武乃文。」故務在事事在大。 舜 禹 禹

36 《孝行覽　第二》〈考行〉

一曰：凡爲天下，治國家，必務本而後末。所謂本者，非耕耘種殖之謂，務其人也。務其人，非貧而富之，寡而衆之，務其本也。務

本莫貴於孝。人主孝，則名章榮，下服聽，天下譽。人臣孝，則事君忠，處官廉，臨難死。士民孝，則耕芸疾，守戰固，不罷北。夫孝，三皇五帝之本務，而萬事之紀也。 三皇 五帝

37 《孝行覽　第二》〈本味〉

二曰：求之其本，經旬必得；求之其末，勞而無功。功名之立，由事之本也，得賢之化也。非賢其孰知乎事化？故曰其本在得賢。

有侁氏女子採桑，得嬰兒于空桑之中，獻之其君。其君令烰人養之。察其所以然，曰：「其母居伊水之上，孕，夢有神告之曰：『臼出水而東走，毋顧。』明日，視臼出水，告其鄰，東走十里，而顧其邑盡爲水，身因化爲空桑」，故命之曰伊尹。此伊尹生空桑之故也。長而賢。湯聞伊尹，使人請之有侁氏。有侁氏不可。伊尹亦欲歸湯。湯於是請取婦爲婚。有侁氏喜，以伊尹爲媵送女。故賢主之求有道之士，無不以也；有道之士求賢主，無不行也；相得然後樂。不謀而親，不約而信，相爲殫智竭力，犯危行苦，志懽樂之，此功名所以大成也。固不獨。士有孤而自恃，人主有奮而好獨者，則名號必廢熄，社稷必危殆。故黃帝立四面，堯、舜得伯陽、續耳然後成，凡賢人之德有以知之也。 黃帝 堯

38 《孝行覽　第二》〈愼人〉

六曰：功名大立，天也；爲是故，因不愼其人不可。夫舜遇堯， 舜 堯
天也；舜耕於歷山，陶於河濱，釣於雷澤，天下說之，秀士從之，人 舜
也。夫禹遇舜，天也；禹周於天下，以求賢者，事利黔首，水潦川澤 禹 舜 禹
之湛滯壅塞可通者，禹盡爲之，人也。夫湯遇桀，武遇紂，天也；湯 禹
武修身積善爲義，以憂苦於民，人也。

舜之耕漁，其賢不肖與爲天子同。其未遇時也，以其徒屬，堀地 舜
財，取水利，編蒲葦，結罘網，手足胼胝不居，然後免於凍餒之患。其遇時也，登爲天子，賢士歸之，萬民譽之，丈夫女子，振振殷殷，
無不戴說。舜自爲詩曰：「普天之下，莫非王土，率土之濱，莫非王臣」， 舜
所以見盡有之也。盡有之，賢非加也；盡無之，賢非損也；時使然也。

39 《孝行覽　第二》〈遇合〉

人有爲人妻者。人告其父母曰：「嫁不必生也。衣器之物，可外藏之，以備不生。」其父母以爲然，於是令其女常外藏。姑妐知之，曰：「爲我婦而有外心，不可畜。」因出之。婦之父母，以謂爲己謀者以爲忠，終身善之，亦不知所以然矣。宗廟之滅，天下之失，亦由此矣。故曰遇合也無常。說，適然也。若人之於色也，無不知說美者，而美者未必遇也。故嫫母執乎黃帝，黃帝曰：「厲女德而弗忘，與女正而弗 黃帝 黃帝
衰，雖惡奚傷？」若人之於滋味，無不說甘脆，而甘脆未必受也。文

王嗜菖蒲葅，孔子聞而服之，縮頞而食之，三年然後勝之。人有大臭者，其親戚兄弟妻妾知識無能與居者，自苦而居海上。海上人有說其臭者，晝夜隨之而弗能去。說亦有若此者。

40 《孝行覧　第二》〈必己〉

八曰：外物不可必，故龍逄誅，比干戮，箕子狂，惡來死，桀、紂亡。人主莫不欲其臣之忠，而忠未必信，故伍員流乎江，萇弘死、藏其血三年而爲碧。親莫不欲其子之孝，而孝未必愛，故孝己疑，曾子悲。

莊子行於山中，見木甚美，長大，枝葉盛茂，伐木者止其旁而弗取，問其故，曰：「無所可用。」莊子曰：「此以不材得終其天年矣。」出於山，及邑，舍故人之家。故人喜，具酒肉，令豎子爲殺鴈饗之。豎子請曰：「其一鴈能鳴，一鴈不能鳴，請奚殺？」主人之公曰：「殺其不能鳴者。」明日，弟子問於莊子曰：「昔者山中之木以不材得終天年，主人之鴈以不材死，先生將何以處？」莊子笑曰：「周將處於材、不材之閒。材、不材之閒，似之而非也，故未免乎累。若夫道德則不然：無訝無訾，一龍一蛇，與時俱化，而無肯專爲；一上一下，以禾爲量，而浮游乎萬物之祖，物物而不物於物，則胡可得而累？此神農、黃帝之所法。若夫萬物之情、人倫之傳則不然：成則毀，大則衰，廉則剉，尊則虧，直則骫，合則離，愛則隳，多智則謀，不肖則欺，胡可得而必？」 神農 黃帝

41 《愼大覧　第三》〈愼大〉

武王勝殷，入殷，未下轝，命封黃帝之後於鑄，封帝堯之後於黎，封帝舜之後於陳；下轝，命封夏后之後於杞，立成湯之後於宋以奉桑林。武王乃恐懼，太息流涕，命周公旦進殷之遺老，而問殷之亡故，又問衆之所說、民之所欲。殷之遺老對曰：「欲復盤庚之政。」武王於是復盤庚之政；發巨橋之粟，賦鹿臺之錢，以示民無私；出拘救罪，分財棄責，以振窮困；封比干之墓，靖箕子之宮，表商容之閭，士過者趨，車過者下；三日之內，與謀之士封爲諸侯，諸大夫賞以書社，庶士施政去賦；然後於濟河，西歸報於廟；乃稅馬於華山，稅牛於桃林，馬弗復乘，牛弗復服；釁鼓旗甲兵，藏之府庫，終身不復用。此武王之德也。故周明堂外戶不閉，示天下不藏也。唯不藏也可以守至藏。武王勝殷，得二虜而問焉，曰：「若國有妖乎？」一虜對曰：「吾國有妖。晝見星而天雨血，此吾國之妖也。」一虜對曰：「此則妖也。雖然，非其大者也。吾國之妖，甚大者，子不聽父，弟不聽兄，君令不行，此妖之大者也。」武王避席再拜之。此非貴虜也，貴其言也。故《易》曰：「愬愬履虎尾，終吉」。 黃帝 帝堯 帝舜

42　《愼大覽　第三》〈下賢〉

堯不以帝見善綣，北面而問焉。堯，天子也；善綣，布衣也。何　堯 堯
故禮之若此其甚也？善綣得道之士也，得道之人，不可驕也。堯論其　堯
德行達智而弗若，故北面而問焉，此之謂至公。非至公其孰能禮賢？

43　《愼大覽　第三》〈貴因〉

七曰：三代所寶莫如因，因則無敵。禹通三江、五湖，決伊闕，　禹
溝迴陸，注之東海，因水之力也。舜一徙成邑，再徙成都，三徙成國，　舜
而堯授之禪位，因人之心也。湯、武以千乘制夏、商，因民之欲也。　堯
如秦者立而至，有車也；適越者坐而至，有舟也。秦、越，遠塗也，
竫立安坐而至者，因其械也。

44　《愼大覽　第三》〈貴因〉

夫審天者，察列星而知四時，因也。推曆者，視月行而知晦朔，
因也。禹之裸國，裸入衣出，因也。墨子見荊王，錦衣吹笙，因也。　禹
孔子道彌子瑕見釐夫人，因也。湯、武遭亂世，臨苦民，揚其義，成
其功，因也。故因則功，專則拙。因者無敵。國雖大，民雖衆，何益？

45　《先識覽　第四》〈樂成〉

五曰：大智不形，大器晚成，大音希聲。

禹之決江水也，民聚瓦礫。事已成，功已立，爲萬世利。禹之所　禹 禹
見者遠也，而民莫之知，故民不可與慮化舉始，而可以樂成功。

46　《先識覽　第四》〈去宥〉

齊人有欲得金者，清旦，被衣冠，往鬻金者之所，見人操金，攫
而奪之。吏搏而束縛之，問曰：「人皆在焉，子攫人之金，何故？」對
吏曰：「殊不見人，徒見金耳。」此真大有所宥也。夫人有所宥者，固
以晝爲昏，以白爲黑，以堯爲桀，宥之爲敗亦大矣。亡國之主，其皆　堯
甚有所宥邪？故凡人必別宥然後知，別宥則能全其天矣。

47　《審分覽　第五》〈審分〉

王良之所以使馬者，約審之以控其轡，而四馬莫敢不盡力。有道
之主，其所以使群臣者亦有轡。其轡何如？正名審分，是治之轡已。
故按其實而審其名，以求其情；聽其言而察其類，無使放悖。夫名多
不當其實、而事多不當其用者，故人主不可以不審名分也。不審名分，
是惡壅而愈塞也。壅塞之任，不在臣下，在於人主。堯、舜之臣不獨　堯 舜
義，湯、禹之臣不獨忠，得其數也；桀、紂之臣不獨鄙，幽、厲之臣　禹
不獨辟，失其理也。

48 《審分覽　第五》〈勿躬〉

管子復於桓公，曰：「墾田大邑，辟土藝粟，盡地力之利，臣不若甯遬，請置以爲大田。登降辭讓，進退閑習，臣不若隰朋，請置以爲大行。蚤入晏出，犯君顏色，進諫必忠，不辟死亡，不重貴富，臣不如東郭牙，請置以爲大諫臣。平原廣城，車不結軌，士不旋踵，鼓之，三軍之士，視死如歸，臣不若王子城父，請置以爲大司馬。決獄折中，不殺不辜，不誣無罪，臣不若弦章，請置以爲大理。君若欲治國彊兵，則五子者足矣；君欲霸王，則夷吾在此。」桓公曰：「善。」令五子皆任其事，以受令於管子。十年，九合諸侯，一匡天下，皆夷吾與五子之能也。管子，人臣也，不任己之不能，而以盡五子之能，況於人主乎？人主知能、不能之可以君民也，則幽詭愚險之言無不職矣，百官有司之事畢力竭智矣。五帝三皇之君民也，下固不過畢力竭智也。夫君人而知無恃其能、勇、力、誠、信，則近之矣。凡君也者，處平靜、任德化以聽其要，若此則形性彌羸，而耳目愈精；百官慎職，而莫敢愉綖；人事其事，以充其名。名實相保，之謂知道。

五帝　三皇

49 《審分覽　第五》〈知度〉

五曰：明君者，非徧見萬物也，明於人主之所執也。有術之主者，非一自行之也，知百官之要也。知百官之要，故事省而國治也。明於人主之所執，故權專而姦止。姦止則說者不來，而情諭矣；情者不飾，而事實見矣。此謂之至治。

至治之世，其民不好空言虛辭，不好淫學流說，賢不肖各反其質。行其情，不雕其素；蒙厚純樸，以事其上。若此則工拙愚智勇懼可得以故易官，易官則各當其任矣。故有職者安其職，不聽其議；無職者責其實，以驗其辭。此二者審，則無用之言不入於朝矣。君服性命之情，去愛惡之心，用虛無爲本，以聽有用之言謂之朝。凡朝也者，相與召理義也，相與植法則也。上服性命之情，則理義之士至矣，法則之用植矣，枉辟邪撓之人退矣，貪得僞詐之曹遠矣。故治天下之要，存乎除姦；除姦之要，存乎治官；治官之要，存乎治道；治道之要，存乎知性命。故子華子曰：「厚而不博，敬守一事，正性是喜。群衆不周，而務成一能。盡能既成，四夷乃平。唯彼天符，不周而周。此神農之所以長，而堯、舜之所以章也。」

神農
堯　舜

人主自智而愚人，自巧而拙人，若此則愚拙者請矣，巧智者詔矣。詔多則請者愈多矣，請者愈多，且無不請也。主雖巧智，未無不知也。以未無不知，應無不請，其道固窮。爲人主而數窮於其下，將何以君人乎？窮而不知其窮，其患又將反以自多，是之謂重塞之主，無存國矣。故有道之主，因而不爲，責而不詔，去想去意，靜虛以待，不伐之言，不奪之事，督名審實，官使自司，以不知爲道，以柰何爲實。

堯曰「若何而爲及日月之所燭？」舜曰「若何而服四荒之外？」禹曰 堯 舜 禹
「若何而治青北、化九陽、奇怪之所際？」

50 《審分覧　第五》〈知度〉

夫成王霸者固有人，亡國者亦有人。桀用羊辛，紂用惡來，宋用駃唐，齊用蘇秦，而天下知其亡。非其人而欲有功，譬之若夏至之日而欲夜之長也，射魚指天而欲發之當也，舜、禹猶若困，而況俗主乎？ 舜 禹

51 《審分覧　第五》〈愼勢〉

六曰：失之乎數，求之乎信，疑。失之乎勢，求之乎國，危。呑舟之魚，陸處則不勝螻蟻。權鈞則不能相使，勢等則不能相并，治亂齊則不能相正，故小大、輕重、少多、治亂不可不察，此禍福之門也。

凡冠帶之國，舟車之所通，不用象譯狄鞮，方三千里。古之王者，擇天下之中而立國，擇國之中而立宮，擇宮之中而立廟。天下之地，方千里以爲國，所以極治任也。非不能大也，其大不若小，其多不若少。衆封建，非以私賢也，所以便勢全威，所以博義。義博利則無敵。無敵者安。故觀於上世，其封建衆者，其福長，其名彰。神農十七世 神農
有天下，與天下同之也。

52 《審分覧　第五》〈愼勢〉

位尊者其教受，威立者其姦止，此畜人之道也。故以萬乘令乎千乘易，以千乘令乎一家易，以一家令乎一人易。嘗識及此，雖堯、舜 堯 舜
不能。諸侯不欲臣於人，而不得已，其勢不便，則奚以易臣？權輕重，審大小，多建封，所以便其勢也。王也者，勢也；王也者，勢無敵也。勢有敵則王者廢矣。有知小之愈於大、少之賢於多者，則知無敵矣。知無敵則似類嫌疑之道遠矣。故先王之法，立天子不使諸侯疑焉，立諸侯不使大夫疑焉，立適子不使庶孽疑焉。疑生爭，爭生亂。是故諸侯失位則天下亂，大夫無等則朝庭亂，妻妾不分則家室亂，適孽無別則宗族亂。愼子曰：「今一兔走，百人逐之。非一兔足爲百人分也，由未定。由未定，堯且屈力，而況衆人乎？積兔滿市，行者不顧。非不 堯
欲兔也，分已定矣。分已定，人雖鄙不爭。故治天下及國，在乎定分而已矣。」

53 《審分覧　第五》〈執一〉

田駢以道術說齊。齊王應之曰：「寡人所有者齊國也，願聞齊國之政。」田駢對曰：「臣之言，無政而可以得政。譬之若林木，無材而可以得材。願王之自取齊國之政也。駢猶淺言之也，博言之，豈獨齊國之政哉？變化應來而皆有章，因性任物而莫不宜當，彭祖以壽，三代

以昌，五帝以昭，神農以鴻。」　五帝 神農

54　《審應覧　第六》〈審應〉

魏昭王問於田詘曰：「寡人之在東宮之時，聞先生之議曰：『爲聖易。』有諸乎？」田詘對曰：「臣之所舉也。」昭王曰：「然則先生聖于？」
田詘對曰：「未有功而知其聖也，是堯之知舜也；待其功而後知其舜也，　堯 舜 舜
是市人之知聖也。今詘未有功，而王問詘曰『若聖乎』，敢問王亦其堯　堯
邪？」昭王無以應。田詘之對，昭王固非曰「我知聖也」耳，問曰「先生其聖乎」，己因以知聖對昭王，昭王有非其有，田詘不察。

55　《審應覧　第六》〈審應〉

趙惠王謂公孫龍曰：「寡人事偃兵十餘年矣而不成，兵不可偃乎？」公孫龍對曰：「偃兵之意，兼愛天下之心也。兼愛天下，不可以虛名爲也，必有其實。今藺、離石入秦，而王縞素布總；東攻齊得城，而王加膳置酒。秦得地而王布總，齊亡地而王加膳，所非兼愛之心也。此偃兵之所以不成也。」今有人於此，無禮慢易而求敬，阿黨不公而求令，
煩號數變而求靜，暴戾貪得而求定，雖黃帝猶若困。　黃帝

56　《審應覧　第六》〈審應〉

衛嗣君欲重稅以聚粟，民弗安，以告薄疑曰：「民甚愚矣。夫聚粟也，將以爲民也。其自藏之與在於上奚擇？」薄疑曰：「不然。其在於民而君弗知，其不如在上也；其在於上而民弗知，其不如在民也。」凡
聽必反諸己，審則令無不聽矣。國久則固，固則難亡，今虞、夏、殷、　虞
周無存者，皆不知反諸己也。

57《審應覧　第六》〈不屈〉

六曰：察士以爲得道則未也。雖然，其應物也，辭難窮矣。辭雖窮，其爲禍福猶未可知。察而以達理明義，則察爲福矣；察而以飾非惑愚，則察爲禍矣。古者之貴善御也，以逐暴禁邪也。

魏惠王謂惠子曰：「上世之有國，必賢者也。今寡人實不若先生，願得傳國。」惠子辭。王又固請曰：「寡人莫有之國於此者也，而傳之賢者，民之貪爭之心止矣。欲先生之以此聽寡人也。」惠子曰：「若王之言，則施不可而聽矣。王固萬乘之主也，以國與人猶尚可。今施，布衣也，可以有萬乘之國而辭之，此其止貪爭之心愈甚也。」惠王謂惠
子曰：「古之有國者，必賢者也」。夫受而賢者舜也，是欲惠子之爲舜　舜 舜
也；夫辭而賢者許由也，是惠子欲爲許由也；傳而賢者堯也，是惠王　堯
欲爲堯也。堯、舜、許由之作，非獨傳舜而由辭也，他行稱此。今無　堯 堯 舜 舜
其他，而欲爲堯、舜、許由，故惠王布冠而拘于鄄，齊威王幾弗受，　堯 舜

惠子易衣變冠，乘輿而走，幾不出乎魏境。凡自行不可以幸，爲必誠。

58 《離俗覧　第七》〈離俗〉

一曰：世之所不足者，理義也；所有餘者，妄苟也。民之情，貴所不足，賤所有餘。故布衣人臣之行，潔白清廉中繩，愈窮愈榮。雖死，天下愈高之，所不足也。然而以理義斲削，神農、黃帝，猶有可非，微獨舜、湯。飛兔、要裹，古之駿馬也，材猶有短。故以繩墨取木，則宮室不成矣。 神農 黃帝 舜

舜讓其友石戶之農。石戶之農曰：「棬棬乎后之爲人也，葆力之士也。」以舜之德爲未至也，於是乎夫負妻妻攜子以入於海，去之終身不反。舜又讓其友北人無擇。北人無擇曰：「異哉后之爲人也，居於甽畝之中，而游入於堯之門。不若是而已，又欲以其辱行漫我，我羞之。」而自投於蒼領之淵。湯將伐桀，因卞隨而謀。卞隨辭曰：「非吾事也。」湯曰：「孰可？」卞隨曰：「吾不知也。」湯又因務光而謀。務光曰：「非吾事也。」湯曰：「孰可？」務光曰：「吾不知也。」湯曰：「伊尹何如？」務光曰：「彊力忍詢，吾不知其他也。」湯遂與伊尹謀夏伐桀，克之，以讓卞隨。卞隨辭曰：「后之伐桀也，謀乎我，必以我爲賊也。勝桀而讓我，必以我爲貪也。吾生乎亂世，而無道之人再來詢我，吾不忍數聞也。」乃自投於潁水而死。湯又讓於務光曰：「智者謀之，武者遂之，仁者居之，古之道也。吾子胡不位之？請相吾子。」務光辭曰：「廢上，非義也。殺民，非仁也。人犯其難，我享其利，非廉也。吾聞之：『非其義，不受其利；無道之世，不踐其土』，況於尊我乎？吾不忍久見也。」乃負石而沈於募水。故如石戶之農、北人無擇、卞隨、務光者，其視天下若六合之外，人之所不能察；其視富貴也，苟可得已，則必不之賴；高節厲行，獨樂其意，而物莫之害；不漫於利，不牽於埶，而羞居濁世；惟此四士者之節。若夫舜、湯，則苞裹覆容，緣不得已而動，因時而爲，以愛利爲本，以萬民爲義。譬之若釣者，魚有小大，餌有宜適，羽有動靜。 舜 舜 舜 堯 舜

59 《離俗覧　第七》〈上德〉

三曰：爲天下及國，莫如以德，莫如行義。以德以義，不賞而民勸，不罰而邪止，此神農、黃帝之政也。以德以義，則四海之大，江河之水，不能亢矣；太華之高，會稽之險，不能障矣；闔盧之教，孫、吳之兵，不能當矣。故古之王者，德迴乎天地，澹乎四海，東西南北，極日月之所燭，天覆地載，愛惡不臧，虛素以公，小民皆之其之敵而不知其所以然，此之謂順天；教變容改俗而莫得其所受之，此之謂順情。故古之人，身隱而功著，形息而名彰，說通而化奮，利行乎天下而民不識，豈必以嚴罰厚賞哉？嚴罰厚賞，此衰世之政也。 神農 黃帝

三苗不服，禹請攻之。舜曰：「以德可也。」行德三年，而三苗服。 禹 舜
孔子聞之曰：「通乎德之情，則孟門、太行不爲險矣。故曰德之速，疾
乎以郵傳命。」周明堂，金在其後，有以見先德後武也。舜其猶此乎？ 舜
其臧武通於周矣。

60 《離俗覧　第七》〈用民〉

當禹之時，天下萬國，至於湯而三千餘國，今無存者矣，皆不能 禹
用其民也。民之不用，賞罰不充也。湯、武因夏、商之民也，得所以用之也。管、商亦因齊、秦之民也，得所以用之也。民之用也有故，得其故，民無所不用。用民有紀有綱，壹引其紀，萬目皆起，壹引其綱，萬目皆張。爲民紀綱者何也？欲也惡也。何欲何惡？欲榮利，惡辱害。辱害所以爲罰充也，榮利所以爲賞實也。賞罰皆有充實，則民無不用矣。

61 《離俗覧　第七》〈用民〉

夙沙之民，自攻其君，而歸神農。密須之民，自縛其主，而與文 神農
王。湯、武非徒能用其民也，又能用非己之民。能用非己之民，國雖小，卒雖少，功名猶可立。古昔多由布衣定一世者矣，皆能用非其有也。用非其有之心，不可察之本。三代之道無二，以信爲管。

62 《離俗覧　第七》〈適威〉

五曰：先王之使其民，若御良馬，輕任新節，欲走不得，故致千里。善用其民者亦然。民日夜祈用而不可得，苟得爲上用，民之走之也，若決積水於千仞之谿，其誰能當之？周書曰：「民善之則畜也，不善則讎也。」有讎而衆，不若無有。厲王，天子也，有讎而衆，故流于彘，禍及子孫，微召公虎而絕無後嗣。今世之人主，多欲衆之，而不知善，此多其讎也。不善則不有。有必緣其心愛之謂也，有其形不可
謂有之。舜布衣而有天下。桀，天子也，而不得息，由此生矣。有無 舜
之論，不可不熟。湯、武通於此論，故功名立。

63 《離俗覧　第七》〈舉難〉

八曰：以全舉人固難，物之情也。人傷堯以不慈之名，舜以卑父 堯 舜
之號，禹以貪位之意，湯、武以放弑之謀，五伯以侵奪之事。由此觀 禹
之，物豈可全哉？故君子責人則以人，自責則以義。責人以人則易足，易足則得人；自責以義則難爲非，難爲非則行飾；故任天地而有餘。不肖者則不然，責人則以義，自責則以人。責人以義則難瞻，難瞻則失親；自責以人則易爲，易爲則行苟；故天下之大而不容也，身取危、國取亡焉，此桀、紂、幽、厲之行也。尺之木必有節目，寸之玉必有

瑕嫡。先王知物之不可全也，故擇務而貴取一也。

64 《恃君覽　第八》〈長利〉

二曰：天下之士也者，慮天下之長利，而固處之以身若也：利雖倍於今，而不便於後，弗爲也；安雖長久，而以私其子孫，弗行也。自此觀之，陳無宇之可醜亦重矣，其與伯成子高、周公旦、戎夷也，形雖同，取舍之殊，豈不遠哉？

堯治天下，伯成子高立爲諸侯。堯授舜，舜授禹，伯成子高辭諸　堯 堯 舜
侯而耕。禹往見之，則耕在野。禹趨就下風而問曰：「堯理天下，吾子　禹 禹 堯
立爲諸侯，今至於我而辭之，故何也？」伯成子高曰：「當堯之時，未　堯
賞而民勸，未罰而民畏，民不知怨，不知說，愉愉其如赤子。今賞罰甚數，而民爭利且不服，德自此衰，利自此作，後世之亂自此始。夫子盍行乎，無慮吾農事。」協而耰，遂不顧。夫爲諸侯，名顯榮，實佚樂，繼嗣皆得其澤，伯成子高不待問而知之，然而辭爲諸侯者，以禁後世之亂也。

65 《恃君覽　第八》〈知分〉

禹南省，方濟乎江，黃龍負舟。舟中之人，五色無主。禹仰視天　禹 禹
而歎曰：「吾受命於天，竭力以養人。生，性也；死，命也。余何憂於
龍焉？」龍俛耳低尾而逝。則禹達乎死生之分、利害之經也。凡人物　禹
者，陰陽之化也。陰陽者，造乎天而成者也。天固有衰嗛廢伏，有盛盈坌息；人亦有困窮屈匱，有充實達遂；此皆天之容、物理也，而不得不然之數也。古聖人不以感私傷神，俞然而以待耳。

66 《恃君覽　第八》〈召（數）〔類〕〉

兵所自來者久矣：堯戰於丹水之浦，以服南蠻；舜卻苗民，更易　堯 舜
其俗；禹攻曹魏，屈驁有扈，以行其教；三王以上，固皆用兵也。亂　禹
則用，治則止。治而攻之，不祥莫大焉；亂而弗討，害民莫長焉。此治亂之化也，文武之所由起也。文者愛之徵也，武者惡之表也。愛惡循義，文武有常，聖人之元也。譬之若寒暑之序，時至而事生之。聖人不能爲時，而能以事適時。事適於時者其功大。

67 《恃君覽　第八》〈行論〉

六曰：人主之行與布衣異，勢不便，時不利，事讎以求存。執民之命，執民之命，重任也，不得以快志爲故。故布衣行此，指於國，不容鄉曲。

堯以天下讓舜。鯀爲諸侯，怒於堯曰：「得天之道者爲帝，得地之　堯 舜 堯
道者爲三公。今我得地之道，而不以我爲三公。」以堯爲失論。欲得三　堯

公。怒甚猛獸，欲以爲亂。比獸之角，能以爲城；舉其尾，能以爲旌。召之不來，仿佯於野以患帝。舜於是殛之於羽山，副之以吳刀。禹不敢怨，而反事之，官爲司空，以通水潦，顔色黎黑，步不相過，竅氣不通，以中帝心。 舜 禹

68 《恃君覽　第八》〈觀表〉

八曰：凡論人心，觀事傳，不可不熟，不可不深。天爲高矣，而日月星辰雲氣雨露未嘗休矣；地爲大矣，而水泉草木毛羽裸鱗未嘗息也。凡居於天地之間、六合之内者，其務爲相安利也，夫爲相害危者，不可勝數。人事皆然。事隨心，心隨欲。欲無度者，其心無度；心無度者，則其所爲不可知矣。人之心隱匿難見，淵深難測，故聖人於事志焉。聖人之所以過人以先知，先知必審徵表，無徵表而欲先知，堯、舜與衆人同等。徵雖易，表雖難，聖人則不可以飄矣，衆人則無道至焉。無道至則以爲神，以爲幸。非神非幸，其數不得不然。郈成子、吳起近之矣。 堯 舜

69 《開春論　第一》〈開春〉

叔嚮之弟羊舌虎善欒盈，欒盈有罪於晉，晉誅羊舌虎，叔嚮爲之奴而朡。祈奚曰：「吾聞小人得位，不爭不祥；君子在憂，不救不祥。」乃往見范宣子而說也，曰：「聞善爲國者，賞不過而刑不慢。賞過則懼及淫人，刑慢則懼及君子。與其不幸而過，寧過而賞淫人，毋過而刑君子。故堯之刑也，殛鯀於虞而用禹；周之刑也，戮管、蔡而相周公；不慢刑也。」宣子乃命吏出叔嚮。救人之患者，行危苦、不避煩辱，猶不能免。今祈奚論先王之德，而叔嚮得免焉。學豈可以已哉？類多若此。 堯（虞）禹

70 《開春論　第一》〈察賢〉

二曰：今有良醫於此，治十人而起九人，所以求之萬也。故賢者之致功名也，必乎良醫，而君人者不知疾求，豈不過哉？今夫塞者，勇力、時日、卜筮、禱祠無事焉，善者必勝。立功名亦然，要在得賢。魏文侯師卜子夏，友田子方，禮段干木，國治身逸。天下之賢主，豈必苦形愁慮哉？執其要而已矣。雪霜雨露時，則萬物育矣，人民修矣，疾病妖厲去矣。故曰堯之容若委衣裘，以言少事也。 堯

71 《開春論　第一》〈愛類〉

五曰：仁於他物，不仁於人，不得爲仁；不仁於他物，獨仁於人，猶若爲仁。仁也者，仁乎其類者也。故仁人之於民也，可以便之，無不行也。《神農之教》曰：「士有當年而不耕者，則天下或受其饑矣； 神農

女有當年而不績者，則天下或受其寒矣。」故身親耕，妻親績，所以見致民利也。賢人之不遠海內之路，而時往來乎王公之朝，非以要利也，以民爲務故也。人主有能以民爲務者，則天下歸之矣。王也者，非必堅甲利兵選卒練士也，非必隳人之城郭、殺人之士民也。上世之王者衆矣，而事皆不同。其當世之急、憂民之利、除民之害同。

72 《開春論　第一》〈愛類〉

聖王通士不出於利民者無有。昔上古龍門未開，呂梁未發，河出孟門，大溢逆流，無有丘陵沃衍、平原高阜，盡皆滅之，名曰鴻水。禹於是疏河決江，爲彭蠡之障，乾東土，所活者千八百國，此禹之功也。勤勞爲民，無苦乎禹者矣。 禹 禹 禹

73 《愼行論　第二》〈愼行〉

崔杼與慶封謀殺齊莊公，莊公死，更立景公，崔杼相之。慶封又欲殺崔杼而代之相，於是掾崔杼之子，令之爭後。崔杼之子相與私鬨，崔杼往見慶封而告之。慶封謂崔杼曰：「且留，吾將興甲以殺之。」因令盧滿嫳興甲以誅之，盡殺崔杼之妻子及枝屬，燒其室屋，報崔杼曰：「吾已誅之矣。」崔杼歸無歸，因而自絞也。慶封相景公，景公苦之。慶封出獵，景公與陳無宇、公孫竈、公孫蠆誅封。慶封以其屬鬬，不勝，走如魯。齊人以爲讓，又去魯而如吳，王予之朱方。荊靈王聞之，率諸侯以攻吳，圍朱方，拔之，得慶封，負之斧質，以徇於諸侯軍，因令其呼之曰：「毋或如齊慶封，弑其君而弱其孤，以亡其大夫。」乃殺之。黃帝之貴而死，堯、舜之賢而死，孟賁之勇而死，人固皆死。若慶封者，可謂重死矣。身爲僇，支屬不可以見，行忮之故也。凡亂人之動也，其始相助，後必相惡。爲義者則不然，始而相與，久而相信，卒而相親，後世以爲法程。 黃帝 堯 舜

74 《愼行論　第二》〈疑似〉

梁北有黎丘部，有奇鬼焉，喜效人之子姪昆弟之狀。邑丈人有之市而醉歸者，黎丘之鬼效其子之狀，扶而道苦之。丈人歸，酒醒而誚其子，曰：「吾爲汝父也，豈謂不慈哉？我醉，汝道苦我，何故？」其子泣而觸地曰：「孽矣！無此事也。昔也往責於東邑人可問也。」其父信之，曰：「譆！是必夫奇鬼也，我固嘗聞之矣。」明日端復飲於市，欲遇而刺殺之。明旦之市而醉，其真子恐其父之不能反也，遂逝迎之。丈人望其真子，拔劍而刺之。丈人智惑於似其子者，而殺於真子。夫惑於似士者而失於真士，此黎丘丈人之智也。疑似之迹，不可不察。察之必於其人也。舜爲御，堯爲左，禹爲右，入於澤而問牧童，入於水而問漁師，奚故也？其知之審也。夫人子之相似者，其母常識之， 舜 堯 禹

知之審也。

75 《愼行論　第二》〈求人〉

堯傳天下於舜，禮之諸侯，妻以二女，臣以十子，身請北面朝之，堯 舜
至卑也。伊尹，庖廚之臣也；傅說，殷之胥靡也。皆上相天子，至賤 禹
也。禹東至榑木之地，日出、九津、青羌之野，攢樹之所，搢天之山，
鳥谷、青丘之鄉，黑齒之國；南至交阯、孫樸、續樠之國，丹粟、漆
樹、沸水、漂漂、九陽之山，羽人、裸民之處，不死之鄉；西至三危
之國，巫山之下，飲露、吸氣之民，積金之山，共肱、一臂、三面之
鄉；北至人正之國，夏海之窮，衡山之上，犬戎之國，夸父之野，禺
彊之所，積水、積石之山。不有懈墮，憂其黔首，顏色黎黑，竅藏不
通，步不相過，以求賢人，欲盡地利，至勞也。得陶、化益、真窺、
橫革、之交五人佐禹，故功績銘乎金石，著於盤盂。禹

76 《愼行論　第二》〈求人〉

昔者堯朝許由於沛澤之中，曰：「十日出而焦火不息，不亦勞乎？堯
夫子爲天子，而天下已治矣，請屬天下於夫子。」許由辭曰：「爲天下
之不治與？而既已治矣。自爲與？啁噍巢於林，不過一枝；偃鼠飲於
河，不過滿腹。歸已君乎！惡用天下？」遂之箕山之下，潁水之陽，
耕而食，終身無經天下之色。故賢主之於賢者也，物莫之妨；戚愛習
故，不以害之；故賢者聚焉。賢者所聚，天地不壞，鬼神不害，人事
不謀，此五常之本事也。

77 《愼行論　第二》〈察傳〉

凡聞言必熟論，其於人必驗之以理。魯哀公問於孔子曰：「樂正夔
一足，信乎？」孔子曰：「昔者舜欲以樂傳教於天下，乃令重黎舉夔於 舜
草莽之中而進之，舜以爲樂正。夔於是正六律，和五聲，以通八風，舜
而天下大服。重黎又欲益求人，舜曰：『夫樂，天地之精也，得失之節 舜
也，故唯聖人爲能和。樂之本也。夔能和之，以平天下。若夔者一而
足矣。』故曰夔一足，非一足也。」宋之丁氏，家無井而出溉汲，常一
人居外。及其家穿井，告人曰：「吾穿井得一人。」有聞而傳之者曰：「丁
氏穿井得一人。」國人道之，聞之於宋君，宋君令人問之於丁氏，丁氏
對曰：「得一人之使，非得一人於井中也。」求能之若此，不若無聞也。

78 《貴直論　第三》〈壅塞〉

齊王欲以淳于髡傅太子，髡辭曰：「臣不肖，不足以當此大任也，
王不若擇國之長者而使之。」齊王曰：「子無辭也。寡人豈責子之令太
子必如寡人也哉？寡人固生而有之也。子爲寡人令太子如堯乎？其如 堯

舜也？」凡說之行也，道不智聽智，從自非受是也。今自以賢過於堯、 舜 堯
舜，彼且胡可以開說哉？說必不入。不聞存君。 舜

79 《不苟論　第四》〈贊能〉

二曰：賢者善人以人，中人以事，不肖者以財。得十良馬，不若
得一伯樂；得十良劍，不若得一歐冶；得地千里，不若得一聖人。舜 舜
得皋陶而舜受之，湯得伊尹而有夏民，文王得呂望而服殷商。夫得聖 舜
人，豈有里數哉？

80 《不苟論　第四》〈自知〉

三曰：欲知平直，則必準繩；欲知方圓，則必規矩；人主欲自知，則必直士。故天子立輔弼，設師保，所以舉過也。夫人故不能自知，人主猶其。存亡安危，勿求於外，務在自知。

堯有欲諫之鼓，舜有誹謗之木，湯有司過之士，武王有戒愼之鞀， 堯 舜
猶恐不能自知，今賢非堯、舜、湯、武也，而有揜蔽之道，奚繇自知 堯 舜
哉？

81 《不苟論　第四》〈貴當〉

君有好獵者，曠日持久而不得獸，入則媿其家室，出則媿其知友
州里。惟其所以不得之故，則狗惡也。欲得良狗，則家貧無以。於是
還疾耕，疾耕則家富，家富則有以求良狗，狗良則數得獸矣，田獵之
獲常過人矣。非獨獵也，百事也盡然。霸王有不先耕而成霸王者，古
今無有。此賢者不肖之所以殊也。賢不肖之所欲與人同，堯、桀、幽、 堯
厲皆然，所以爲之異。故賢主察之，以爲不可，弗爲；以爲可，故爲
之。爲之必繇其道，物莫之能害，此功之所以相萬也。

82 《似順論　第五》〈別類〉

相劍者曰：「白所以爲堅也，黃所以爲牣也，黃白雜則堅且牣，良
劍也。」難者曰：「白所以爲不牣也，黃所以爲不堅也，黃白雜則不堅
且不牣也。又柔則錈，堅則折。劍折且錈，焉得爲利劍？」劍之情未
革，而或以爲良，或以爲惡，說使之也。故有以聰明聽說則妄說者止，
無以聰明聽說則堯、桀無別矣。此忠臣之所患也，賢者之所以廢也。 堯

83 《似順論　第五》〈有度〉

三曰：賢主有度而聽，故不過。有度而以聽，則不可欺矣，不可惶矣，不可恐矣，不可喜矣。以凡人之知，不昏乎其所已知，而昏乎其所未知，則人之易欺矣，可惶矣，可恐矣，可喜矣，知之不審也。

客有問季子曰：「奚以知舜之能也？」季子曰：「堯固已治天下矣， 舜 堯

舜言治天下而合己之符，是以知其能也。」「若雖知之，奚道知其不爲私？」季子曰：「諸能治天下者，固必通乎性命之情者，當無私矣。夏不衣裘，非愛裘也，煖有餘也。冬不用簺，非愛簺也，清有餘也。聖人之不爲私也，非愛貴也，節乎己也。節己，雖貪汙之心猶若止，又況乎聖人？」 舜

84 《似順論　第五》〈分職〉

四曰：先王用非其有，如己有之，通乎君道者也。夫君也者，處虚素服而無智，故能使衆智也；智反無能，故能使衆能也；能執無爲，故能使衆爲也。無智、無能、無爲，此君之所執也。人主之所惑者則不然，以其智彊智，以其能彊能，以其爲彊爲，此處人臣之職也。處人臣之職而欲無壅塞，雖舜不能爲。 舜

85 《似順論　第五》〈處（方）〔分〕〉

今夫射者儀毫而失牆，畫者儀髮而易貌，言審本也。本不審，雖堯、舜不能以治。故凡亂也者，必始乎近而後及遠，必始乎本而後及末。治亦然。故百里奚處乎虞而虞亡，處乎秦而秦霸；向摯處乎商而商滅，處乎周而周王。百里奚之處乎虞，智非愚也；向摯之處乎商，典非惡也；無其本也。其處於秦也，智非加益也；其處於周也，典非加善也；有其本也。其本也者，定分之謂也。 堯 舜 (虞) (虞) (虞)

86 《士容論　第六》〈務大〉

昔有舜欲服海外而不成，既足以成帝矣。禹欲帝而不成，既足以王海内矣。湯、武欲繼禹而不成，既足以王通達矣。五伯欲繼湯、武而不成，既足以爲諸侯長矣。孔、墨欲行大道於世而不成，既足以成顯榮矣。夫大義之不成，既有成已，故務事大。 舜 禹 禹

87 《士容論　第六》〈審時〉

是故得時之稼興，失時之稼約。莖相若稱之，得時者重，粟之多。量粟相若而舂之，得時者多米。量米相若而食之，得時者忍饑。是故得時之稼，其臭香，其味甘，其氣章，百日食之，耳目聰明，心意叡智，四衛變彊，凶氣不入，身無苛殃。黃帝曰：「四時之不正也，正五穀而已矣。」 黃帝

59　韓 非 子

文献名：59.韓非子

資料番号	伏羲	太皞	其他	女媧	其他	神農	炎帝	赤帝	其他	黃帝	軒轅氏	其他	顓頊	高陽	其他	注(左半葉	
																注a	注
1										1							
2										1							
3																	
4																	
5																	
6																	
7																	
8											1						
9																	
10																	
11																	
12																	
13																	
14																	
15																	
16																	
17																	
18																	
19																	
20										1							
21																	
22																	
23																	
24																	
25																	
26																	
27																	
28																	
29																	
30																	
31																	
32																	
33																	
34																	
35																	
36																	
37																	
38																	
39						2											
40																	

献名：59. 韓非子

嚳	高辛	其他	堯	陶唐	其他	舜	有虞	其他	禹	其他	三皇	五帝	注(右半葉) 注e	注f	参考	資料番号
																1
																2
			2			2			2							3
			1			1										4
			1													5
			1			1										6
						2			2							7
			1			1										8
			1													9
			2													10
			2			1										11
			1			1										12
			3			1										13
			1													14
			1													15
			1													16
			1													17
			3			2										18
						1										19
			1													20
			1													21
			1													22
			1													23
			4			4										24
									1							25
			5			5										26
			4			1			4							27
						6										28
			10			10										29
			2			2										30
			2													31
			1													32
			2			2										33
			2			2										34
			5			5										35
			2			2										36
			1			1										37
			1			2			1							38
																39
			1			1			3							40

文献名：59.韓非子

資料番号	伏羲	太皞	其他	女媧	其他	神農	炎帝	赤帝	其他	黄帝	軒轅氏	其他	顓頊	高陽	其他	注(左半葉) 注a	注
41																	
42																	
43										1							
44																	
45																	
46																	
47																	
48																	
49																	
計						2				4	1						

献名：59.韓非子

嚳	高辛	其他	堯	陶唐	其他	舜	有虞	其他	禹	其他	三皇	五帝	注(右半葉) 注e	注f	参考	資料番号
			1						1							41
						2			1							42
																43
												1				44
			5			5	1									45
									2							46
			5			5										47
			2			8										48
			1			1										49
			82			77	1		17			1				計

59 韓非子

1 《第八　揚權》

欲爲其國，必伐其聚，不伐其聚，彼將聚衆。欲爲其地，必適其賜，不適其賜，亂人求益。彼求我予，假仇人斧，假之不可，彼將用之以伐我。黃帝有言曰：「上下一日百戰。」下匿其私，用試其上；上操度量，以割其下。故度量之立，主之寶也；黨與之具，臣之寶也。臣之所不弑其君者，黨與不具也。故上失扶寸，下得尋常。有國之君，不大其都。有道之臣，不貴其家。有道之君，不貴其臣。貴之富之，彼將代之。備危恐殆，急置太子，禍乃無從起。內索出圉，必身自執其度量。厚者虧之，薄者靡之。虧靡有量，毋使民比周，同欺其上。虧之若月，靡之若熱。簡令謹誅，必盡其罰。 黃帝

2 《第十　十過》

奚謂好音？昔者衛靈公將之晉，至濮水之上，稅車而放馬，設舍以宿，夜分，而聞鼓新聲者而說之，使人問左右，盡報弗聞。乃召師涓而告之，曰：「有鼓新聲者，使人問左右，盡報弗聞，其狀似鬼神，子爲我聽而寫之。」師涓曰：「諾。」因靜坐撫琴而寫之。師涓明日報曰：「臣得之矣，而未習也，請復一宿習之。」靈公曰：「諾。」因復留宿，明日，已習之，遂去之晉。晉平公觴之於施夷之臺，酒酣，靈公起，公曰：「有新聲，願請以示。」平公曰：「善。」乃召師涓，令坐師曠之旁，援琴鼓之。未終，師曠撫止之，曰：「此亡國之聲，不可遂也。」平公曰：「此道奚出？」師曠曰：「此師延之所作，與紂爲靡靡之樂也，及武王伐紂，師延東走，至於濮水而自投，故聞此聲者必於濮水之上。先聞此聲者其國必削，不可遂。」平公曰：「寡人所好者音也，子其使遂之。」師涓鼓究之。平公問師曠曰：「此所謂何聲也？」師曠曰：「此所謂清商也。」公曰：「清商固最悲乎？」師曠曰：「不如清徵。」公曰：「清徵可得而聞乎？」師曠曰：「不可，古之聽清徵者皆有德義之君也，今吾君德薄，不足以聽。」平公曰：「寡人之所好者音也，願試聽之。」師曠不得已，援琴而鼓。一奏之，有玄鶴二八，道南方來，集於郎門之垝。再奏之而列。三奏之，延頸而鳴，舒翼而舞。音中宮商之聲，聲聞於天。平公大說，坐者皆喜。平公提觴而起爲師曠壽，反坐而問曰：「音莫悲於清徵乎？」師曠曰：「不如清角。」平公曰：「清角可得而聞乎？」師曠曰：「不可。昔者黃帝合鬼神於泰山之上，駕象車而六蛟龍，畢方並鎋，蚩尤居前，風伯進掃，雨師灑道，虎狼在前，鬼神在後，騰蛇伏地，鳳皇覆上，大合鬼神，作爲清角。今吾君德薄，不足聽之，聽之將恐有敗。」平公曰：「寡人老矣，所好者音也，願遂聽 黃帝

之。」師曠不得已而鼓之。一奏之，有玄雲從西北方起；再奏之，大風至，大雨隨之，裂帷幕，破俎豆，隳廊瓦，坐者散走，平公恐懼，伏于廊室之閒。晉國大旱，赤地三年。平公之身遂癃病。故曰：不務聽治，而好五音不已，則窮身之事也。

3 《第十　十過》

奚謂耽於女樂？昔者戎王使由余聘于秦，穆公問之曰：「寡人嘗聞道而未得目見之也，願聞古之明主得國失國常何以？」由余對曰：「臣嘗得聞之矣，常以儉得之，以奢失之。」穆公曰：「寡人不辱而問道於子，子以儉對寡人何也？」由余對曰：「臣聞昔者堯有天下，飯於土簋，　堯
飲於土鉶，其地南至交趾，北至幽都，東西至日月所出入者，莫不賓服。堯禪天下，虞舜受之，作爲食器，斬山木而財之，削鋸修之迹，　堯 虞舜
流漆墨其上，輸之於宮以爲食器，諸侯以爲益侈，國之不服者十三。舜禪天下而傳之於禹，禹作爲祭器，墨染其外，而朱畫其內，縵帛爲　舜 禹 禹
茵，蔣席頗緣，觴酌有采，而樽俎有飾，此彌侈矣，而國之不服者三十三。夏后氏沒，殷人受之，作爲大路，而建九旒，食器雕琢，觴酌刻鏤，四壁堊墀，茵席雕文，此彌侈矣，而國之不服者五十三。君子皆知文章矣，而欲服者彌少，臣故曰儉其道也。」由余出，公乃召內史廖而告之，曰：「寡人聞鄰國有聖人，敵國之憂也。今由余，聖人也，寡人患之，吾將奈何？」內史廖曰：「臣聞戎王之居，僻陋而道遠，未聞中國之聲，君其遺之女樂，以亂其政，而後爲由余請期，以疏其諫，彼君臣有閒而後可圖也。」君曰：「諾。」乃使內史廖以女樂二八遺戎王，因爲由余請期，戎王許諾。見其女樂而說之，設酒張飲，日以聽樂，終歲不遷，牛馬半死。由余歸，因諫戎王，戎王弗聽，由余遂去之秦，秦穆公迎而拜之上卿，問其兵勢與其地形，既以得之，舉兵而伐之，兼國十二，開地千里。故曰：耽於女樂，不顧國政，則亡國之禍也。

4 《第十四　姦劫弑臣》

世之學者說人主，不曰「乘威嚴之勢以困姦之臣」，而皆曰「仁義惠愛而已矣」。世主美仁義之名而不察其實，是以大者國亡身死，小者地削主卑。何以明之？夫施與貧困者，此世之所謂仁義；哀憐百姓不忍誅罰者，此世之所謂惠愛也。夫有施與貧困，則無功者得賞；不忍誅罰，則暴亂者不止。國有無功得賞者，則民不外務當敵斬首，內不急力田疾作，皆欲行貨財、事富貴、爲私善、立名譽以取尊官厚俸。故姦私之臣愈衆，而暴亂之徒愈勝，不亡何待？夫嚴刑者，民之所畏也；重罰者，民之所惡也。故聖人陳其所畏以禁其邪，設其所惡以防其姦。是以國安而暴亂不起。吾以是明仁義愛惠之不足用，而嚴刑重罰之可以治國也。無棰策之威，銜橛之備，雖造父不能以服馬。無規

矩之法，繩墨之端，雖王爾不能以成方圓。無威嚴之勢，賞罰之法，雖堯、舜不能以爲治。今世主皆輕釋重罰、嚴誅，行愛惠，而欲霸王 堯 舜
之功，亦不可幾也。故善爲主者，明賞設利以勸之，使民以功賞，而不以仁義賜；嚴刑重罰以禁之，使民以罪誅而不以愛惠免。是以無功者不望，而有罪者不幸矣。託於犀車良馬之上，則可以陸犯阪阻之患；乘舟之安，持檝之利，則可以水絕江河之難；操法術之數，行重罰嚴誅，則可以致霸王之功。治國之有法術賞罰，猶若陸行之有犀車良馬也，水行之有輕舟便檝也，乘之者遂得其成。伊尹得之湯以王，管仲得之齊以霸，商君得之秦以強。此三人者，皆明於霸王之術，察於治強之數，而不以牽於世俗之言；適當世明主之意，則有直任布衣之士，立爲卿相之處；處位治國，則有尊主廣地之實；此之謂足貴之臣。湯得伊尹，以百里之地立爲天子；桓公得管仲，立爲五霸主，九合諸侯，一匡天下；孝公得商君，地以廣，兵以強。故有忠臣者，外無敵國之患，內無亂臣之憂，長安於天下，而名垂後世，所謂忠臣也。若夫豫讓爲智伯臣也，上不能說人主使之明法術、度數之理，以避禍難之患，下不能領御其衆，以安其國；及襄子之殺智伯也，豫讓乃自黔劓，敗其形容，以爲智伯報襄子之仇；是雖有殘刑殺身以爲人主之名，而實無益於智伯若秋毫之末。此吾之所下也，而世主以爲忠而高之。古有伯夷、叔齊者，武王讓以天下而弗受，二人餓死首陽之陵；若此臣，不畏重誅，不利重賞，不可以罰禁也，不可以賞使也。此之謂無益之臣也，吾所少而去也，而世主之所多而求也。

5 《第十五　亡徵》

亡徵者，非曰必亡，言其可亡也。夫兩堯不能相王，兩桀不能相 堯
亡，亡王之機，必其治亂、其強弱相踦者也。木之折也必通蠹，牆之壞也必通隙。然木雖蠹，無疾風不折；牆雖隙，無大雨不壞。萬乘之主，有能服術行法以爲亡徵之君風雨者，其兼天下不難矣。

6 《第十九　飾邪》

臣故曰：明於治之數，則國雖小，富。賞罰敬信，民雖寡，強。
賞罰無度，國雖大兵弱者，地非其地，民非其民也。無地無民，堯、 堯
舜不能以王，三代不能以強。人主又以過予；人臣又以徒取。舍法律 舜
而言先王明君之功者，上任之以國，臣故曰：是願古之功，以古之賞賞今之人也，主以是過予，而臣以此徒取矣。主過予則臣偷幸，臣徒取則功不尊。無功者受賞則財匱而民望，財匱而民望則民不盡力矣。故用賞過者失民，用刑過者民不畏。有賞不足以勸，有刑不足以禁，則國雖大，必危。

7 《第十九　飾邪》

當魏之方明立辟、從憲令行之時，有功者必賞，有罪者必誅，強
匡天下，威行四鄰；及法慢，妄予，而國日削矣。當趙之方明國律、
從大軍之時，人衆兵強，辟地齊、燕；及國律慢，用者弱，而國日削
矣。當燕之方明奉法、審官斷之時，東縣齊國，南盡中山之地；及奉
法已亡，官斷不用，左右交爭，論從其下，則兵弱而地削，國制於鄰
敵矣。故曰：明法者強，慢法者弱。強弱如是其明矣，而世主弗爲，
國亡宜矣。語曰：「家有常業，雖饑不餓。國有常法，雖危不亡。」夫
舍常法而從私意，則臣下飾於智能，臣下飾於智能則法禁不立矣。是
妄意之道行，治國之道廢也。治國之道，去害法者，則不惑於智能、
不矯於名譽矣。昔者舜使吏決鴻水，先令有功而舜殺之；禹朝諸侯之　舜 舜 禹
君會稽之上，防風之君後至而禹斬之。以此觀之，先令者殺，後令者　禹
斬，則古者先貴如令矣。故鏡執清而無事，美惡從而比焉；衡執正而
無事，輕重從而載焉。夫搖鏡則不得爲明，搖衡則不得爲正，法之謂
也。故先王以道爲常，以法爲本，本治者名尊，本亂者名絕。凡智能
明通，有以則行，無以則止。故智能單道，不可傳於人。而道法萬全，
智能多失。夫懸衡而知平，設規而知圓，萬全之道也。明主使民飾於
道之故，故佚而有功。釋規而任巧，釋法而任智，惑亂之道也。亂主
使民飾於智，不知道之故，故勞而無功。釋法禁而聽請謁，群臣賣官
於上，取賞於下，是以利在私家而威在群臣。故民無盡力事主之心，
而務爲交於上。民好上交則貨財上流，而巧說者用。若是，則有功者
愈少。姦臣愈進而材臣退，則主惑而不知所行，民聚而不知所道，此
廢法禁、後功勞、舉名譽、聽請謁之失也。凡敗法之人，必設詐託物
以來親，又好言天下之所希有，此暴君亂主之所以惑也，人臣賢佐之
所以侵也。故人臣稱伊尹、管仲之功，則背法飾智有資；稱比干、子
胥之忠而見殺，則疾強諫有辭。夫上稱賢明，下稱暴亂，不可以取類，
若是者禁。君之立法，以爲是也，今人臣多立其私智。以法爲非，者
是邪以智。過法立智，如是者禁，主之道也。

8 《第二十　解老》

道者，萬物之所然也，萬理之所稽也。理者，成物之文也；道者，
萬物之所以成也。故曰：「道，理之者也。」物有理不可以相薄，物有
理不可以相薄故理之爲物之制。萬物各異理，而道盡。稽萬物之理，
故不得不化；不得不化，故無常操；無常操，是以死生氣稟焉，萬智
斟酌焉，萬事廢興焉。天得之以高，地得之以藏，維斗得之以成其威，
日月得之以恆其光，五常得之以常其位，列星得之以端其行，四時得
之以御其變氣，軒轅得之以擅四方，赤松得之與天地統，聖人得之以　軒轅
成文章。道與堯、舜俱智，與接輿俱狂，與桀、紂俱滅，與湯、武俱　堯 舜

昌。以爲近乎，游於四極；以爲遠乎，常在吾側；以爲暗乎，其光昭昭；以爲明乎，其物冥冥；而功成天地，和化雷霆，宇內之物，恃之以成。凡道之情，不制不形，柔弱隨時，與理相應。萬物得之以死，得之以生；萬事得之以敗，得之以成。道譬諸若水，溺者多飲之即死，渴者適飲之即生。譬之若劍戟，愚人以行忿則禍生，聖人以誅暴則福成。故得之以死，得之以生，得之以敗，得之以成。

9 《第二十三　說林下》

　　堯以天下讓許由，許由逃之，舍於家人，家人藏其皮冠。夫棄天 堯
下而家人藏其皮冠，是不知許由者也。

10 《第二十四　觀行》

　　天下有信數三：一曰智有所不能立，二曰力有所不能舉，三曰強
有所不能勝。故雖有堯之智，而無衆人之助，大功不立。有烏獲之勁， 堯
而不得人助，不能自舉。有賁、育之強，而無法術，不得長勝。故勢有不可得，事有不可成。故烏獲輕千鈞而重其身，非其身重於千鈞也，勢不便也；離朱易百步而難眉睫，非百步近而眉睫遠也，道不可也。故明主不窮烏獲，以其不能自舉；不困離朱，以其不能自見。因可勢，求易道，故用力寡而功名立。時有滿虛，事有利害，物有生死，人主爲三者發喜怒之色，則金石之士離心焉。聖賢之撲深矣。故明主觀人，
不使人觀己。明於堯不能獨成，烏獲不能自舉，賁、育之不能自勝， 堯
以法術則觀行之道畢矣。

11 《第二十五　安危》

　　人主不自刻以堯而責人臣以子胥，是幸殷人之盡如比干，盡如比 堯
干則上不失、下不亡。不權其力而有田成，而幸其身盡如比干，故國
不得一安。廢堯、舜而立桀、紂，則人不得樂所長而憂所短。失所長 堯 舜
則國家無功，守所短則民不樂生，以無功御不樂生，不可行於齊民。如此，則上無以使下，下無以事上。

12 《第二十五　安危》

　　明主之道忠法，其法忠心，故臨之而治，去之而思。堯無膠漆之 堯
約於當世而道行，舜無置錐之地於後世而德結。能立道於往古，而垂 舜
德於萬世者之謂明主。

13 《第二十六　守道》

　　人主離法失人，則危於伯夷不妄取，而不免於田成、盜跖之禍何也。今天下無一伯夷，而姦人不絕世，故立法度量。度量信則伯夷不

失是，而盜跖不得非。法分明則賢不得奪不肖，強不得侵弱，衆不得
暴寡。托天下於堯之法，則貞士不失分，姦人不徼幸。寄千金於羿之　堯
矢，則伯夷不得亡，而盜跖不敢取。堯明於不失姦，故天下無邪；羿　堯
巧於不失發，故千金不亡。邪人不壽而盜跖止，如此，故圖不載宰予，
不舉六卿；書不著子胥，不明夫差。孫、吳之略廢，盜跖之心伏。人
主甘服於玉堂之中，而無瞋目切齒傾取之患。人臣垂拱於金城之內，
而無扼捥聚脣嗟唶之禍。服虎而不以柙，禁姦而不以法，塞僞而不以
符，此賁、育之所患，堯、舜之所難也。故設柙非所以備鼠也，所以　堯 舜
使怯弱能服虎也；立法非所以備曾、史也，所以使庸主能止盜跖也；
爲符非所以豫尾生也，所以使衆人不相謾也。不獨恃比干之死節，不
幸亂臣之無詐也，恃怯之所能服，握庸主之所易守。當今之世，爲人
主忠計，爲天下結德者，利莫長於此。故君人者無亡國之圖，而忠臣
無失身之畫。明於尊位必賞，故能使人盡力於權衡，死節於官職。通
賁、育之情，不以死易生；惑於盜跖之貪，不以財易身；則守國之道
畢備矣。

14 《第二十七　用人》

釋法術而心治，堯不能正一國。去規矩而妄意度，奚仲不能成一　堯
輪。廢尺寸而差短長，王爾不能半中。使中主守法術，拙匠守規矩尺
寸，則萬不失矣。君人者，能去賢巧之所不能，守中拙之所萬不失，
則人力盡而功名立。

15 《第二十七　用人》

聞之曰：「舉事無患者，堯不得也。」而世未嘗無事也。君人者不　堯
輕爵祿，不易富貴，不可與救危國。故明主厲廉恥，招仁義。昔者介
子推無爵祿而義隨文公，不忍口腹而仁割其肌，故人主結其德，書圖
著其名。人主樂乎使人以公盡力，而苦乎以私奪威。人臣安乎以能受
職，而苦乎以一負二。故明主除人臣之所苦，而立人主之所樂，上下
之利，莫長於此。不察私門之內，輕慮重事，厚誅薄罪，久怨細過，
長侮偷快，數以德追禍，是斷手而續以玉也，故世有易身之患。

16 《第二十七　用人》

釋儀的而妄發，雖中小不巧；釋法制而妄怒，雖殺戮而姦人不恐。
罪生甲，禍歸乙，伏怨乃結。故至治之國，有賞罰，而無喜怒，故聖
人極；有刑法而死，無螫毒，故姦人服。發矢中的，賞罰當符，故堯　堯
復生，羿復立。如此，則上無殷、夏之患，下無比干之禍，君高枕而
臣樂業，道蔽天地，德極萬世矣。

17 《第二十八　功名》

明君之所以立功成名者四：一曰天時，二曰人心，三曰技能，四
曰勢位。非天時雖十堯不能冬生一穗，逆人心雖賁、育不能盡人力。 堯
故得天時則不務而自生，得人心則不趣而自勸，因技能則不急而自疾，
得勢位則不推進而名成。若水之流，若船之浮，守自然之道，行毋窮
之令，故曰明主。

18 《第二十八　功名》

夫有材而無勢，雖賢不能制不肖。故立尺材於高山之上，則臨千
仞之谿，材非長也，位高也。桀爲天子，能制天下，非賢也，勢重也；
堯爲匹夫，不能正三家，非不肖也，位卑也。千鈞得船則浮，錙銖失 堯
船則沈，非千鈞輕錙銖重也，有勢之與無勢也。故短之臨高也以位，
不肖之制賢也以勢。人主者，天下一力以共載之，故安；衆同心以共
立之，故尊。人臣守所長，盡所能，故忠。以尊主御忠臣，則長樂生
而功名成。名實相持而成，形影相應而立，故臣主同欲而異使。人主
之患在莫之應，故曰：一手獨拍，雖疾無聲。人臣之憂在不得一，故
曰：右手畫圓，左手畫方，不能兩成。故曰：至治之國，君若桴，臣
若鼓，技若車，事若馬。故人有餘力易於應，而技有餘巧便於事。立
功者不足於力，親近者不足於信，成名者不足於勢。近者不親，而遠
者不結，則名不稱實者也。聖人德若堯、舜，行若伯夷，而位不載於 堯 舜
世，則功不立，名不遂。故古之能致功名者，衆人助之以力，近者結
之以成，遠者譽之以名，尊者載之以勢。如此，故太山之功長立於國
家，而日月之名久著於天地。此堯之所以南面而守名，舜之所以北面 堯 舜
而效功也。

19 《第三十二　外儲說左上》

宓子賤治單父，有若見之曰：「子何臞也？」宓子曰：「君不知賤
不肖，使治單父，官事急，心憂之，故臞也。」有若曰：「昔者舜鼓五 舜
弦，歌南風之詩而天下治。今以單父之細也，治之而憂，治天下將奈
何乎？故有術而御之，身坐於廟堂之上，有處女子之色，無害於治；
無術而御之，身雖瘁臞，猶未有益。」

20 《第三十二　外儲說左上》

鄭人有相與爭年者，一人曰：「吾與堯同年。」其一人曰：「我與黃 堯
帝之兄同年。」訟此而不決，以後息者爲勝耳。 黃帝

21 《第三十三　外儲說左下》〈經四〉

利所禁，禁所利，雖神不行；譽所罪，毁所賞，雖堯不治。夫爲 堯

門而不使入，委利而不使進，亂之所以產也。齊侯不聽左右，魏主不聽譽者，而明察照群臣，則鉅不費金錢，孱不用璧，西門豹請復治鄴足以知之。猶盜嬰兒之矜裘，與跀危子榮衣。子綽左右畫，去蟻驅蠅，安得無桓公之憂索官，與宣主之患臞馬也。

22 《第三十三　外儲說左下》〈說二〉

魯哀公問於孔子曰：「吾聞古者有夔一足，其果信有一足乎？」孔子對曰：「不也，夔非一足也。夔者忿戾惡心，人多不說喜也。雖然，其所以得免於人害者，以其信也，人皆曰獨此一足矣，夔非一足也，一而足也。」哀公曰：「審而是固足矣。」

一曰：哀公問於孔子曰：「吾聞夔一足，信乎？」曰：「夔，人也，
何故一足？彼其無他異，而獨通於聲，堯曰：『夔一而足矣。』使爲樂　堯
正。故君子曰：『夔有一足，非一足也。』」

23 《第三十四　外儲說右上》〈經三〉

術之不行，有故。不殺其狗則酒酸。夫國也有狗，且左右皆社鼠
也。人主無堯之再誅，與莊王之應太子，而皆有薄媼之決蔡嫗也。知　堯
貴不能以教歌之法先揆之，吳起之出愛妻，文公之斬顛頡，皆違其情者也。故能使人彈疽者，必其忍痛者也。

24 《第三十四　外儲說右上》〈說三〉

堯欲傳天下於舜，鯀諫曰：「不祥哉！孰以天下而傳之於匹夫乎？」　堯 舜
堯不聽，舉兵而誅，殺鯀於羽山之郊。共工又諫曰：「孰以天下而傳之　堯
於匹夫乎？」堯不聽，又舉兵而誅，共工於幽州之都。於是天下莫敢　堯
言無傳天下於舜。仲尼聞之曰：「堯之知，舜之賢，非其難者也。夫至　舜 堯 舜
乎誅諫者必傳之舜，乃其難也。」一曰。「不以其所疑敗其所察則難也。」　舜

25 《第三十五　外儲說右下》〈經三〉

明主者、鑒於外也，而外事不得不成，故蘇代非齊王。人主鑒於
士也，而居者不適不顯，故潘壽言禹情。人主無所覺悟，方吾知之，　禹
故恐同衣同族，而況借於權乎？吳章知之，故說以佯，而況借於誠乎！趙王惡虎目而壅；明主之道，如周行人之卻衛侯也。

26 《第三十五　外儲說右下》〈說二〉

秦昭王有病，百姓里買牛而家爲王禱。公孫述出見之，入賀王曰：「百姓乃皆里買牛爲王禱。」王使人問之，果有之。王曰：「訾之人二甲。夫非令而擅禱，是愛寡人也。夫愛寡人，寡人亦且改法而心與之相循者，是法不立，法不立，亂亡之道也。不如人罰二甲而復與爲治。」

一曰。秦襄王病，百姓爲之禱，病愈，殺牛塞禱。郎中閻遏、公
孫衍出見之曰：「非社臘之時也，奚自殺牛而祠社？」怪而問之。百姓
曰：「人主病，爲之禱，今病愈，殺牛塞禱。」閻遏、公孫衍說，見王，
拜賀曰：「過堯、舜矣。」王驚曰：「何謂也？」對曰：「堯、舜，其民　堯 舜 堯 舜
未至爲之禱也，今王病，而民以牛禱，病愈，殺牛塞禱，故臣竊以王
爲過堯、舜也。」王因使人問之何里爲之，訾其里正與伍老屯二甲。閻　堯 舜
遏、公孫衍愧不敢言。居數月，王飲酒酣樂，閻遏、公孫衍謂王曰：「前
時臣竊以王爲過堯、舜，非直敢諛也。堯、舜病，且其民未至爲之禱　堯 舜 堯 舜
也。今王病而民以牛禱，病愈，殺牛塞禱。今乃訾其里正與伍老屯二
甲，臣竊怪之。」王曰：「子何故不知於此。彼民之所以爲我用者，非
以吾愛之爲我用者也，以吾勢之爲我用者也。吾釋勢與民相收，若是，
吾適不愛，而民因不爲我用也，故遂絕愛道也。」

27　《第三十五　外儲說右下》〈說三〉

潘壽謂燕王曰：「王不如以國讓子之。人所以謂堯賢者，以其讓天　堯
下於許由，許由必不受也，則是堯有讓許由之名而實不失天下也。今　堯
王以國讓子之，子之必不受也，則是王有讓子之之名而與堯同行也。」　堯
於是燕王因舉國而屬之，子之大重。

一曰。潘壽，隱者。燕使人聘之。潘壽見燕王曰：「臣恐子之之如
益也。」王曰：「何益哉？」對曰：「古者禹死，將傳天下於益，啟之人　禹
因相與攻益而立啟。今王信愛子之，將傳國子之，太子之人盡懷印爲，
子之之人無一人在朝廷者，王不幸棄群臣，則子之亦益也。」王因收吏
璽自三百石以上皆效之子之，子之大重。夫人主之所以鏡照者，諸侯
之士徒也，今諸侯之士徒皆私門之黨也。人主之所以自淺娋者，巖穴
之士徒也，今巖穴之士徒皆私門之舍人也。是何也？奪褫之資在子之
也。故吳章曰：「人主不佯憎愛人，佯愛人不得復憎也，佯憎人不得復
愛也。」

一曰。燕王欲傳國於子之也，問之潘壽，對曰：「禹愛益，而任天　禹
下於益，已而以啟人爲吏。及老，而以啟爲不足任天下，故傳天下於
益，而勢重盡在啟也。已而啟與友黨攻益而奪之天下，是禹名傳天下　禹
於益，而實令啟自取之也。此禹之不及堯、舜明矣。今王欲傳之子之，　禹 堯 舜
而吏無非太子之人者也。是名傳之，而實令太子自取之也。」燕王乃收
璽自三百石以上皆效之子之，子之遂重。

28　《第三十六　難一》

歷山之農者侵畔，舜往耕焉，朞年，甽畝正。河濱之漁者爭坻，　舜
舜往漁焉，朞年，而讓長。東夷之陶者器苦窳，舜往陶焉，朞年而器　舜 舜
牢。仲尼歎曰：「耕、漁與陶，非舜官也，而舜往爲之者，所以救敗也。　舜 舜

舜其信仁乎！乃躬藉處苦而民從之，故曰：聖人之德化乎！」　舜

29 《第三十六　難一》

或問儒者曰：「方此時也，堯安在？」其人曰：「堯爲天子。」「然　堯 堯
則仲尼之聖堯奈何？聖人明察在上位，將使天下無姦也。今耕漁不爭，　堯
陶器不窳，舜又何德而化？舜之救敗也，則是堯有失也；賢舜則去堯　舜 舜 堯 舜 堯
之明察，聖堯則去舜之德化；不可兩得也。楚人有鬻楯與矛者，譽之　堯 舜
曰：『吾楯之堅，莫能陷也。』又譽其矛曰：『吾矛之利，於物無不陷也。』
或曰：『以子之矛陷子之楯何如？』其人弗能應也。夫不可陷之楯與無
不陷之矛，不可同世而立。今堯、舜之不可兩譽，矛楯之說也。且舜　堯 舜 舜
救敗，朞年已一過，三年已三過，舜有盡，壽有盡，天下過無已者，　舜
以有盡逐無已，所止者寡矣。賞罰使天下必行之，令曰：『中程者賞，
弗中程者誅。』令朝至暮變，暮至朝變，十日而海內畢矣，奚待朞年？
舜猶不以此說堯令從己，乃躬親，不亦無術乎？且夫以身爲苦而後化　舜 堯
民者，堯、舜之所難也；處勢而驕下者，庸主之所易也。將治天下，　堯 舜
釋庸主之所易，道堯、舜之所難，未可與爲政也。」　堯 舜

30 《第三十八　難三》

或曰：仲尼之對，亡國之言也。葉民有倍心，而說之悅近而來遠，
則是教民懷惠。惠之爲政，無功者受賞，而有罪者免，此法之所以敗
也。法敗而政亂，以亂政治敗民，未見其可也。且民有倍心者，君上
之明有所不及也。不紹葉公之明，而使之悅近而來遠，是舍吾勢之所
能禁而使與下行惠以爭民，非能持勢者也。夫堯之賢，六王之冠也，　堯
舜一徙而成邑，而堯無天下矣。有人無術以禁下，恃爲舜而不失其民，　舜 堯 舜
不亦無術乎！明君見小姦於微，故民無大謀；行小誅於細，故民無大
亂；此謂圖難於其所易也，爲大者於其所細也。今有功者必賞，賞者
不得君，力之所致也；有罪者必誅，誅者不怨上，罪之所生也。民知
誅賞之皆起於身也，故疾功利於業，而不受賜於君。「太上、下智有之。」
此言太上之下民無說也，安取懷惠之民？上君之民無利害，說以悅近
來遠，亦可舍已。

31 《第四十　難勢》

愼子曰：「飛龍乘雲，騰蛇遊霧，雲罷霧霽，而龍蛇與螾蟻同矣，
則失其所乘也。賢人而詘於不肖者，則權輕位卑也；不肖而能服於賢
者，則權重位尊也。堯爲匹夫不能治三人，而桀爲天子能亂天下，吾　堯
以此知勢位之足恃，而賢智之不足慕也。夫弩弱而矢高者，激於風也；
身不肖而令行者，得助於衆也。堯教於隸屬而民不聽，至於南面而王　堯
天下，令則行，禁則止。由此觀之，賢智未足以服衆，而勢位足以屈

賢者也。」

32 《第四十　難勢》
且其人以堯之勢以治天下也，其勢何以異桀之勢也，亂天下者也。 堯
夫勢者，非能必使賢者用之，而不肖者不用之也，賢者用之則天下治，
不肖者用之則天下亂。人之情性，賢者寡而不肖者衆，而以威勢之利
濟亂世之不肖人，則是以勢亂天下者多矣，以勢治天下者寡矣。夫勢
者，便治而利亂者也，故周書曰：「毋爲虎傅翼，將飛入邑，擇人而食
之。」夫乘不肖人於勢，是爲虎傅翼也。桀、紂爲高臺深池以盡民力，
爲炮烙以傷民性，桀、紂得成肆行者，南面之威爲之翼也。使桀、紂
爲匹夫，未始行一而身在刑戮矣。勢者，養虎狼之心，而成暴亂之事
者也，此天下之大患也。勢之於治亂，本末有位也，而語專言勢之足
以治天下者，則其智之所至者淺矣。

33 《第四十　難勢》
夫良馬固車，使臧獲御之則爲人笑，王良御之而日取千里，車馬
非異也，或至乎千里，或爲人笑，則巧拙相去遠矣。今以國位爲車，
以勢爲馬，以號令爲轡，以刑罰爲鞭筴，使堯、舜御之則天下治，桀、 堯 舜
紂御之則天下亂，則賢不肖相去遠矣。夫欲追速致遠，不知任王良；
欲進利除害，不知任賢能；此則不知類之患也。夫堯、舜亦治民之王 堯 舜
良也。

34 《第四十　難勢》
復應之曰：其人以勢爲足恃以治官。客曰：「必待賢乃治」，則不
然矣。夫勢者，名一而變無數者也。勢必於自然，則無爲言於勢矣。
吾所爲言勢者，言人之所設也。夫堯、舜生而在上位，雖有十桀、紂 堯 舜
不能亂者，則勢治也；桀、紂亦生而在上位，雖有十堯、舜而亦不能 堯 舜
治者，則勢亂也。故曰：「勢治者，則不可亂；而勢亂者，則不可治也。」
此自然之勢也，非人之所得設也。若吾所言，謂人之所得設也而已矣，
賢何事焉？何以明其然也？客曰：「人有鬻矛與楯者，譽其楯之堅，物
莫能陷也，俄而又譽其矛曰：『吾矛之利，物無不陷也。』人應之曰：『以
子之矛陷子之楯何如？』其人弗能應也。」以爲不可陷之楯，與無不陷
之矛，爲名不可兩立也。夫賢之爲道不可禁，而勢之爲道也無不禁，
以不可禁之賢與無不禁之勢，此矛楯之說也；夫賢勢之不相容亦明矣。

35 《第四十　難勢》
且夫堯、舜、桀、紂千世而一出，是比肩隨踵而生也，世之治者 堯 舜
不絕於中。吾所以爲言勢者，中也。中者，上不及堯、舜，而下亦不 堯 舜

爲桀、紂。抱法處勢則治，背法去勢則亂。今廢勢背法而待堯、舜， 堯 舜
堯、舜至乃治，是千世亂而一治也。抱法處勢而待桀、紂，桀、紂至 堯 舜
乃亂，是千世治而一亂也。且夫治千而亂一，與治一而亂千也，是猶
乘驥駬而分馳也，相去亦遠矣。夫棄隱栝之法，去度量之數，使奚仲
爲車，不能成一輪。無慶賞之勸，刑罰之威，釋勢委法，堯、舜戶說 堯 舜
而人辨之，不能治三家。夫勢之足用亦明矣，而曰必待賢則亦不然矣。

36 《第四十　難勢》

且夫百日不食以待粱肉，餓者不活；今待堯、舜之賢乃治當世之 堯 舜
民，是猶待粱肉而救餓之說也。夫曰良馬固車，臧獲御之則爲人笑，王良御之則日取乎千里，吾不以爲然。夫待越人之善海遊者以救中國之溺人，越人善遊矣，而溺者不濟矣。夫待古之王良以馭今之馬，亦猶越人救溺之說也，不可亦明矣。夫良馬固車，五十里而一置，使中手御之，追速致遠，可以及也，而千里可日致也，何必待古之王良乎！
且御，非使王良也，則必使臧獲敗之；治，非使堯、舜也，則必使桀、 堯 舜
紂亂之。此味非飴蜜也，必苦莱亭歷也。此則積辯累辭，離理失術，兩末之議也，奚可以難，夫道理之言乎哉！客議未及此論也。

37 《第四十四　說疑》

聖王明君則不然，內舉不避親，外舉不避仇。是在焉從而舉之，非在焉從而罰之。是以賢良遂進而姦邪并退，故一舉而能服諸侯。其
在記曰：「堯有丹朱，而舜有商均，啟有五觀，商有太甲，武王有管、 堯 舜
蔡」，五王之所誅者，皆父兄子弟之親也，而所殺亡其身殘破其家者何也？以其害國傷民敗法類也。觀其所舉，或在山林藪澤巖穴之閒，或在囹圄緤紲纏索之中，或在割烹芻牧飯牛之事。然明主不羞其卑賤也，以其能、爲可以明法，便國利民，從而舉之，身安名尊。

38 《第四十四　說疑》

亂主則不然，不知其臣之意行，而任之以國。故小之名卑地削，大之國亡身死，不明於用臣也。無數以度其臣者，必以其衆人之口斷之。衆之所譽，從而悅之；衆之所非，從而憎之。故爲人臣者破家殘賥，內搆黨與，外接巷族以爲譽，從陰約結以相固也，虛相與爵祿以相勸也。曰：「與我者將利之，不與我者將害之。」衆貪其利，劫其威。彼誠喜、則能利己，忌怒、則能害己。衆歸而民留之，以譽盈於國，發聞於主，主不能理其情，因以爲賢。彼又使譎詐之士，外假爲諸侯之寵使，假之以輿馬，信之以瑞節，鎮之以辭令，資之以幣帛，使諸侯淫說其主，微挾私而公議。所爲使者，異國之主也，所爲談者，左右之人也。主說其言而辯其辭，以此人者天下之賢士也。內外之於左

右，其諷一而語同，大者不難卑身尊位以下之，小者高爵重祿以利之。夫姦人之爵祿重而黨與彌衆，又有姦邪之意，則姦臣愈反而說之，曰：「古之所謂聖君明王者，非長幼世及以次序也。以其構黨與，聚巷族，偪上弑君而求其利也。」彼曰：「何知其然也？」因曰：「舜偪堯，禹 舜 堯 禹
偪舜，湯放桀，武王伐紂，此四王者，人臣弑其君者也，而天下譽之。 舜
察四王之情，貪得之意也；度其行，暴亂之兵也。然四王自廣措也，而天下稱大焉；自顯名也，而天下稱明焉。則威足以臨天下，利足以蓋世，天下從之。」又曰：「以今時之所聞田成子取齊，司城子罕取宋，太宰欣取鄭，單氏取周，易牙之取衛，韓、魏、趙三子分晉，此八人者，臣之弑其君者也。」姦臣聞此，蹷然舉耳以爲是也。故內構黨與，外攄巷族，觀時發事，一舉而取國家。且夫內以黨與劫弑其君，外以諸侯之權矯易其國，隱正道，持私曲，上禁君，下撓治者，不可勝數也。是何也？則不明於擇臣也。記曰：「周宣王以來，亡國數十，其臣弑其君而取國者衆矣。」然則難之從內起，與從外作者相半也。能一盡其民力，破國殺身者，尚皆賢主也。若夫轉身易位，全衆傳國，最其病也。

39 《第四十六　六反》

今學者皆道書策之頌語，不察當世之實事，曰：「上不愛民，賦斂常重，則用不足而下恐上，故天下大亂。」此以爲足其財用以加愛焉，雖輕刑罰可以治也。此言不然矣。凡人之取重賞罰，固已足之之後也。雖財用足而厚愛之，然而輕刑猶之亂也。夫當家之愛子，財貨足用，財貨足用則輕用，輕用則侈泰；親愛之則不忍，不忍則驕恣；侈泰則家貧，驕恣則行暴，此雖財用足而愛厚，輕刑之患也。凡人之生也，
財用足則隳於用力，上懦則肆於爲非；財用足而力作者神農也，上治 神農
懦而行修者曾、史也；夫民之不及神農、曾、史亦明矣。老聃有言曰： 神農
「知足不辱，知止不殆。」夫以殆辱之故而不求於足之外者老聃也，今以爲足民而可以治，是以民爲皆知如老聃也。故桀貴在天子而不足於尊，富有四海之內而不足於寶。君人者雖足民，不能足使爲，天子而桀未必以爲天子爲足也，則雖足民，何可以爲治也？故明主之治國也，適其時事以致財物，論其稅賦以均貧富，厚其爵祿以盡賢能，重其刑罰以禁姦邪，使民以力得富，以事致貴，以過受罪，以功致賞而不念慈惠之賜，此帝王之政也。

40 《第四十九　五蠹》

上古之世，人民少而禽獸衆，人民不勝禽獸蟲蛇，有聖人作，構木爲巢以避群害，而民悅之，使王天下，號曰有巢氏。民食果蓏蚌蛤，腥臊惡臭而傷害腹胃，民多疾病，有聖人作，鑽燧取火以化腥臊，而

民悅之，使王天下，號之曰燧人氏。中古之世，天下大水，而鯀、禹 禹
決瀆。近古之世，桀、紂暴亂，而湯、武征伐。今有搆木鑽燧於夏后
氏之世者，必爲鯀、禹笑矣。有決瀆於殷、周之世者，必爲湯、武笑 禹
矣。然則今有美堯、舜、湯、武、禹之道於當今之世者，必爲新聖笑 堯 舜 禹
矣。是以聖人不期脩古，不法常可，論世之事，因爲之備。宋人有耕
田者，田中有株，兔走，觸株折頸而死，因釋其耒而守株，冀復得兔，
兔不可復得，而身爲宋國笑。今欲以先王之政，治當世之民，皆守株
之類也。

41 《第四十九　五蠹》

堯之王天下也，茅茨不翦，采椽不斲，糲粢之食，藜藿之羹，冬 堯
日麑裘，夏日葛衣，雖監門之服養，不虧於此矣。禹之王天下也，身 禹
執耒臿以爲民先，股無胈，脛不生毛，雖臣虜之勞不苦於此矣。以是
言之，夫古之讓天子者，是去監門之養而離臣虜之勞也，古傳天下而
不足多也。今之縣令，一日身死，子孫累世絜駕，故人重之；是以人
之於讓也，輕辭古之天子，難去今之縣令者，薄厚之實異也。夫山居
而谷汲者，膢臘而相遺以水；澤居苦水者，買庸而決竇。故饑歲之春，
幼弟不饟；穰歲之秋，疏客必食；非疏骨肉愛過客也，多少之實異也。
是以古之易財，非仁也，財多也；今之爭奪，非鄙也，財寡也；輕辭
天子，非高也，勢薄也；爭士橐，非下也，權重也。故聖人議多少、
論薄厚爲之政，故罰薄不爲慈，誅嚴不爲戾，稱俗而行也。故事因於
世，而備適於事。

42 《第四十九　五蠹》

古者文王處豐、鎬之間，地方百里，行仁義而懷西戎，遂王天下。
徐偃王處漢東，地方五百里，行仁義，割地而朝者三十有六國，荊文
王恐其害己也，舉兵伐徐，遂滅之。故文王行仁義而王天下，偃王行
仁義而喪其國，是仁義用於古不用於今也。故曰：世異則事異。當舜 舜
之時，有苗不服，禹將伐之，舜曰：「不可。上德不厚而行武，非道也。」 禹 舜
乃修教三年，執干戚舞，有苗乃服。共工之戰，鐵銛短者及乎敵，鎧
甲不堅者傷乎體，是干戚用於古不用於今也。故曰：事異則備變。上
古競於道德，中世逐於智謀，當今爭於氣力。齊將攻魯，魯使子貢說
之，齊人曰：「子言非不辯也，吾所欲者土地也，非斯言所謂也。」遂
舉兵伐魯，去門十里以爲界。故偃王仁義而徐亡，子貢辯智而魯削。
以是言之，夫仁義辯智，非所以持國也。去偃王之仁，息子貢之智，
循徐、魯之力使敵萬乘，則齊、荊之欲不得行於二國矣。

43 《第四十九　五蠹》

儒以文亂法，俠以武犯禁，而人主兼禮之，此所以亂也。夫離法者罪，而諸先生以文學取；犯禁者誅，而群俠以私劍養。故法之所非，君之所取；吏之所誅，上之所養也。法趣上下四相反也，而無所定，雖有十黃帝不能治也。故行仁義者非所譽，譽之則害功；文學者非所 黃帝
用，用之則亂法。楚之有直躬，其父竊羊而謁之吏，令尹曰：「殺之，」以爲直於君而曲於父，報而罪之。以是觀之，夫君之直臣，父之暴子也。魯人從君戰，三戰三北，仲尼問其故，對曰：「吾有老父，身死莫之養也。」仲尼以爲孝，舉而上之。以是觀之，夫父之孝子，君之背臣也。故令尹誅而楚姦不上聞，仲尼賞而魯民易降北。上下之利若是其異也，而人主兼舉匹夫之行，而求致社稷之福，必不幾矣。

44 《第四十九　五蠹》

故明主之國，無書簡之文，以法爲教；無先王之語，以吏爲師；無私劍之捍，以斬首爲勇。是境內之民，其言談者必軌於法，動作者歸之於功，爲勇者盡之於軍。是故無事則國富，有事則兵強，此之謂王資。既畜王資而承敵國之釁，超五帝，侔三王者，必此法也。 五帝

45 《第五十　顯學》

世之顯學，儒、墨也。儒之所至，孔丘也。墨之所至，墨翟也。自孔子之死也，有子張之儒，有子思之儒，有顏氏之儒，有孟氏之儒，有漆雕氏之儒，有仲良氏之儒，有孫氏之儒，有樂正氏之儒。自墨子之死也，有相里氏之墨，有相夫氏之墨，有鄧陵氏之墨。故孔、墨之後，儒分爲八，墨離爲三，取舍相反、不同，而皆自謂真孔、墨，孔、
墨不可復生，將誰使定世之學乎？孔子、墨子俱道堯、舜，而取舍不 堯 舜
同，皆自謂真堯、舜，堯、舜不復生，將誰使定儒、墨之誠乎？殷、 堯 舜 堯
周七百餘歲，虞、夏二千餘歲，而不能定儒、墨之真，今乃欲審堯、 虞 堯
舜之道於三千歲之前，意者其不可必乎！無參驗而必之者、愚也，弗 舜
能必而據之者、誣也。故明據先王，必定堯、舜者，非愚則誣也。愚 堯 舜
誣之學，雜反之行，明主弗受也。

46 《第五十　顯學》

今不知治者必曰：「得民之心。」欲得民之心而可以爲治，則是伊尹、管仲無所用也，將聽民而已矣。民智之不可用，猶嬰兒之心也。夫嬰兒不剔首則腹痛，不揊痤則寖益，剔首、揊痤必一人抱之，慈母治之，然猶啼呼不止，嬰兒子不知犯其所小苦致其所大利也。今上急耕田墾草以厚民產也，而以上爲酷；修刑重罰以爲禁邪也，而以上爲嚴；徵賦錢粟以實倉庫、且以救饑饉備軍旅也，而以上爲貪；境內必知介，而無私解，并力疾鬭，所以禽虜也，而以上爲暴。此四者所以

治安也，而民不知悅也。夫求聖通之士者，爲民知之不足師用。昔禹　禹
決江浚河而民聚瓦石，子產開畝樹桑鄭人謗訾。禹利天下，子產存鄭　禹
人，皆以受謗，夫民智之不足用亦明矣。故舉士而求賢智，爲政而期
適民，皆亂之端，未可與爲治也。

47　《第五十一　忠孝》

天下皆以孝悌忠順之道爲是也，而莫知察孝悌忠順之道而審行之，
是以天下亂。皆以堯、舜之道爲是而法之，是以有弑君，有曲於父。　堯 舜
堯、舜、湯、武，或反君臣之義，亂後世之教者也。堯爲人君而君其　堯 舜 堯
臣，舜爲人臣而臣其君，湯、武爲人臣而弑其主、刑其尸，而天下譽　舜
之，此天下所以至今不治者也。夫所謂明君者，能畜其臣者也；所謂
賢臣者，能明法辟、治官職以戴其君者也。今堯自以爲明而不能以畜　堯
舜，舜自以爲賢而不能以戴堯，湯、武自以爲義而弑其君長，此明君　舜 舜 堯
且常與，而賢臣且常取也。故至今爲人子者有取其父之家，爲人臣者
有取其君之國者矣。父而讓子，君而讓臣，此非所以定位一教之道也。
臣之所聞曰：「臣事君，子事父，妻事夫，三者順則天下治，三者逆則
天下亂，此天下之常道也，明王賢臣而弗易也。」則人主雖不肖，臣不
敢侵也。今夫上賢任智無常，逆道也；而天下常以爲治，是故田氏奪
呂氏於齊，戴氏奪子氏於宋，此皆賢且智也，豈愚且不肖乎？是廢常、
上賢則亂，舍法、任智則危。故曰：「上法而不上賢。」

48　《第五十一　忠孝》

記曰：「舜見瞽瞍，其容造焉。孔子曰：當是時也，危哉！天下岌　舜
岌，有道者、父固不得而子，君固不得而臣也。」臣曰：孔子本未知孝
悌忠順之道也。然則有道者，進不爲主臣，退不爲父子耶？父之所以
欲有賢子者，家貧則富之，父苦則樂之；君之所以欲有賢臣者，國亂
則治之，主卑則尊之。今有賢子而不爲父，則父之處家也苦；有賢臣
而不爲君，則君之處位也危。然則父有賢子，君有賢臣，適足以爲害
耳，豈得利哉焉！所謂忠臣不危其君，孝子不非其親？今舜以賢取君　舜
之國，而湯、武以義放弑其君，此皆以賢而危主者也，而天下賢之。
古之烈士，進不臣君，退不爲家，是進則非其君，退則非其親者也。
且夫進不臣君，退不爲家，亂世絕嗣之道也。是故賢堯、舜、湯、武　堯 舜
而是烈士，天下之亂術也。瞽瞍爲舜父而舜放之，象爲舜弟而殺之。　舜 舜 舜
放父殺弟，不可謂仁；妻帝二女而取天下，不可謂義。仁義無有，不
可謂明。詩云：「普天之下，莫非王土，率土之濱，莫非王臣。」信若
詩之言也，是舜出則臣其君，入則臣其父、妾其母、妻其主女也。故　舜
烈士內不爲家，亂世絕嗣；而外矯於君，朽骨爛肉，施於土地，流於
川谷，不避蹈水火，使天下從而效之，是天下徧死而願夭也，此皆釋

世而不治是也。世之所爲烈士者，離衆獨行，取異於人，爲恬淡之學
而理恍惚之言。臣以爲恬淡，無用之教也；恍惚，無法之言也。言出
於無法，教出於無用者，天下謂之察。臣以爲人生必事君養親，事君
養親不可以恬淡；治人必以言論忠信法術，言論忠信法術不可以恍惚。
恍惚之言，恬淡之學，天下之惑術也。孝子之事父也，非競取父之家
也；忠臣之事君也，非競取君之國也。夫爲人子而常譽他人之親曰：「某
子之親，夜寢早起，強力生財以養子孫臣妾」，是誹謗其親者也。爲人
臣常譽先王之德厚而願之，是誹謗其君者也。非其親者知謂之不孝，
而非其君者天下皆賢之，此所以亂也。故人臣毋稱堯、舜之賢，毋譽 堯 舜
湯、武之伐，毋言烈士之高，盡力守法，專心於事主者爲忠臣。

49 《第五十一　忠孝》

　　古者黔首悗密惷愚，故可以虛名取也。今民儇詗智慧，欲自用，
不聽上，上必且勸之以賞然後可進，又且畏之以罰然後不敢退。而世
皆曰：「許由讓天下，賞不足以勸；盜跖犯刑赴難，罰不足以禁。」臣
曰：未有天下而無以天下爲者許由是也，已有天下而無以天下爲者堯、 堯
舜是也；毀廉求財，犯刑趨利，忘身之死者，盜跖是也。此二者殆物 舜
也，治國用民之道也不以此二者爲量。治也者，治常者也；道也者，
道常者也。殆物妙言，治之害也。天下太上之士，不可以賞勸也；天
下太下之士，不可以刑禁也。然爲太上士不設賞，爲太下士不設刑，
則治國用民之道失矣。

60 鶡冠子

文献名：60. 鶡冠子

資料番号	伏羲	太皞	其他	女媧	其他	神農	炎帝	赤帝	其他	黃帝	軒轅氏	其他	顓頊	高陽	其他	注(左半葉 注a	注
1																	
2										1							
3																	
4																	
5																	
6																	
計										1							

献名：60. 鶡冠子

嚳	高辛	其他	堯	陶唐	其他	舜	有虞	其他	禹	其他	三皇	五帝	注(右半葉) 注e	注f	参考	資料番号
			1													1
			1	1					1			1				2
			1			1										3
			3			1										4
			1			1										5
			1													6
			8	1		3			1			1				計

60 鶡冠子

1 《著希第二》

道有稽，德有據。人主不聞要，故耑與運堯，而無以見也。道與 堯
德館，而無以命也，義不當格，而無以更也。若是置之，雖安非定也。
端倚有位，名號弗去。故希人者，無悖其情，希世者，無繆其賓。文
禮之野與禽獸同則，言語之暴與蠻夷同謂。夫君子者，易親而難狎，
畏禍而難劫。嗜利而不爲非，時動而不苟作，體雖安之，而弗敢處，
然後禮生焉；心雖欲之，而弗敢言，然後義生焉。夫義節欲而治，禮
反情而辨者也。故君子弗徑情而行也。夫亂世者，以麤智爲造意，以
中險爲道，以利爲情，若不相與同惡，則不能相親，相與同惡，則有
相憎。說者言仁，則以爲誣，發於義，則以爲誇，平心而直告之，則
有弗信。故賢者之於亂世也，絕豫而無由通，異類而無以告，苦乎哉。
賢人之潛亂世也，上有隨君，下無直辭，君有驕行，民多諱言。故人
乖其誠，能士隱其實情，心雖不說，弗敢不譽。事業雖弗善，不敢不
力，趨舍雖不合，不敢弗從。故觀賢人之於亂世也，其慎勿以爲定情
也。

2 《世兵第十二》

道有度數，故神明可交也，物有相勝，故水火可用也，東西南北，
故形名可信也。五帝在前，三王在後，上德已衰矣，兵知俱起。黃帝 五帝 黃帝
百戰，蚩尤七十二，堯伐有唐，禹服有苗，天不變其常，地不易其則， 堯、有唐 禹
陰陽不亂其氣，生死不俛其位，三光不改其用，神明不徙其法。得失
不兩張，成敗不兩立所謂賢不肖者古今一也。

3 《世兵第十二》

斡流遷徙，固無休息。終則有始，孰知其極？一目之羅，不可以
得雀。籠中之鳥，空窺不出。眾人唯唯，安定禍福？憂喜聚門，吉凶
同域。失反爲得，成反爲敗。吳大兵強，夫差以困。越棲會稽，勾踐
霸世。達人大觀，乃見其可，橢枋一術，奚足以游？往古來今，事孰
無郵？舜有不孝，堯有不慈，文王桎梏，管仲拘囚。坱軋無垠，孰煙 舜 堯
得之。至得無私，泛泛乎若不繫之舟。能者以濟，不能者以覆。天不
可與謀，地不可與慮。

4 《備知第十三》

至世之衰，父子相圖，兄弟相疑，何者？其化薄而出於相以有爲
也。故爲者敗之，治者亂之，敗則傰，亂則阿，阿則理，廢傰則義不

立。堯傳舜以天下，故好義者以爲堯智，其好利者以爲堯愚。湯武放 堯 舜 堯 堯
弑，利其子，好義者以爲無道，而好利之人以爲賢。爲彼世不傳賢，
故有放君。君好傰阿，故有弑主。夫放弑之所加，亡國之所在。吾未
見便樂而安處之者也。夫處危以忘安，循哀以損樂。是故國有無服之
喪、無軍之兵，可以先見也。是故箕子逃而搏裘牧，商容拘而蹇叔哭。
昔之登高者，下人代之悽，手足爲之汗出，而上人乃始搏折枝而趨操
木，止之者僇。是故天下寒心，而人主孤立。

5 《備知第十三》

今世非無舜之行也，不知堯之故也。非無湯武之事也，不知伊尹、 舜 堯
太公之故也。費仲、惡來得辛紂之利，而不知武王之伐之也。比干、
子胥好忠諫而不知其主之煞之也。費仲、惡來者，可謂知心矣，而不
知事。比干、子胥者，可謂知事矣，而不知心。聖人者必兩備而後能
究一世。

6 《世賢第十六》

悼襄王問龐煖曰：「夫君人者亦有爲其國乎？」龐煖曰：「王獨不
聞俞跗之爲醫乎？已成必治，鬼神避之。楚王臨朝爲隨兵故，若堯之 堯
任人也，不用親戚，而必使能其治病也。不任所愛，必使舊醫。楚王
聞傳暮𧶠在身，必待俞跗。」悼襄王曰：「善。」龐煖曰：「王其忘之乎？
昔伊尹醫殷，太公醫周，百里醫秦，申麃醫郢，原季醫晉，范蠡醫越，
管仲醫齊而五國霸，其善一也。然道不同數。」悼襄王曰：「願聞其數。」
煖曰：「王獨不聞魏文侯之問扁鵲耶？曰：『子昆弟三人，其孰最善爲
醫？』扁鵲曰：『長兄最善，中兄次之，扁鵲最爲下也。』魏文侯曰：『可
得聞邪？』扁鵲曰：『長兄於病視神，未有形而除之，故名不出於家。
中兄治病，其在毫毛，故名不出於閭。若扁鵲者，鑱血脈，投毒藥，
割肌膚閒，而名出聞於諸侯。』魏文侯曰：『善。使管子行醫術以扁鵲
之道，則桓公幾能成其霸乎！』凡此者，不病病，治之無名，使之無
形。至功之成其下，謂之自然。故良醫化之，拙醫敗之，雖幸不死，
創伸股𦁤。」悼襄王曰：「善。寡人雖不能無創，孰能加秋毫寡人之上
哉？」

61 鬼谷子

文献名：61. 鬼谷子

資料番号	伏羲	太皞	其他	女媧	其他	神農	炎帝	赤帝	其他	黃帝	軒轅氏	其他	顓頊	高陽	其他	注(左半葉) 注a	注b
1																	
計																	

1 《鬼谷子卷上》〈抵巇第四〉

天下分錯，上無明主。公侯無道德，則小人讒賊，賢人不用，聖
人竄匿，貪利詐僞者作，君臣相惑，土崩瓦解，而相伐射。父子離散，
乘亂反目。是謂「萌牙巇罅」。聖人見萌牙巇罅，則抵之以法。世可以
治，則抵而塞之。不可治，則抵而得之。或抵如此，或抵如彼。或抵
反之，或抵覆之。五帝之政，抵而塞之，三王之事，抵而得之。諸侯 五帝
相抵，不可勝數。當此之時，能抵爲右。

献名：61. 鬼谷子

嚳	高辛	其他	堯	陶唐	其他	舜	有虞	其他	禹	其他	三皇	五帝	注(右半葉) 注e	注f	参考	資料番号
												1				1
												1				計

62 世 本

文献名：62. 世本

資料番号	伏羲	太皞	其他	女媧	其他	神農	炎帝	赤帝	其他	黄帝	軒轅氏	其他	顓頊	高陽	其他	注(左半葉) 注a	注
1-1	1	1				1	1			1		1(a)				有熊氏	
1-2										1			3	3			
1-3				1						1			2				
1-4										1							
1-5							2										
1-6										1							
1-7	2			1		1				3							
2-1	1			1		1				4							
2-2																	
2-3										1							
2-4	1					1	1			7			6				
3-1				1						4	1		6	1			
3-2																	
3-3							1			1							
3-4																	
3-5																	
3-6	2			1		2				5							
4-1				1						14			11	3			
4-2										2							
4-3						1	3										
4-4										1			1				
4-5	8			2		5				14			1				
4-6													1				
4-7																	
計	15	1		8		12	8			61	1	1	31	7			

献名：62. 世本

嚳	高辛	其他	堯	陶唐	其他	舜	有虞	其他	禹	其他	三皇	五帝	注(右半葉) 注e	注f	参考	資料番号
											1					1-1
4	1		5	1		3	1	1(e)				1	重華			1-2
									1							1-3
																1-4
									1							1-5
						1			1							1-6
			1			1			1							1-7
			1			1			1							2-1
									4							2-2
						1			1							2-3
3			5	1		3			3			1				2-4
3	1		4			2		1(e)	2				重華			3-1
						1			1							3-2
			1	1		3										3-3
			1			1										3-4
						1			1							3-5
			2			1			1			1				3-6
7			6	1		5	1		3							4-1
						1										4-2
						4			1							4-3
						2			2							4-4
			3	1		5			3							4-5
																4-6
			1													4-7
17	2		30	5		36	2	2	27		1	3				計

62 世 本

1　第一　王謨輯本《世本》

1-1 《三皇世系》　三皇

太昊伏羲氏。　太昊 伏羲

炎帝神農氏。　炎帝 神農

黃帝有熊氏娶于西陵氏之子，謂之纍祖，產青陽及昌意。　黃帝 有熊

1-2 《五帝世系》　五帝

帝少皞金天氏。　(帝少皞金

帝顓頊高陽氏。　帝顓頊 高

昌意生高陽，是爲帝顓頊。母濁山氏之子，名昌僕。高陽生偁，偁生卷章，卷章生黎。吳回氏生陸終，陸終娶于鬼方氏之妹，謂之女嬇，生子六人，孕而不育。三年，啓其左脅，三人出焉；啓其右脅，三人出焉。　高陽 帝顓

其一曰樊，是爲昆吾。昆吾者、衛是也。

二曰惠連，是爲參胡。參胡者、韓是也。

三曰籛鏗，是爲彭祖。彭祖者、彭城是也。

四曰求言，是爲會人。會人者、鄭是也。

五曰安，是爲曹姓。曹姓者、邾是也。

六曰季連，是爲（芊）、[羋] 姓。季連者、楚是也。

季連生附沮。

帝嚳高辛氏。　帝嚳 高辛

黃帝生玄囂，玄囂生僑極，僑極生帝嚳。　黃帝 帝嚳

帝嚳卜其四妃之子皆有天下，元妃、有邰氏之女，曰姜原，生后　帝嚳
稷；次妃、有娀氏之女，曰簡狄，生契；次妃、陳酆氏之女，曰慶都，
生帝堯；次妃、訾陬氏之女，曰常儀，生帝摯。　帝堯 (帝

帝堯陶唐氏。　帝堯 陶唐

帝嚳生堯。　帝嚳 堯

堯娶散宜氏之子，謂之女皇。　堯

帝舜有虞氏。　帝舜 有虞

顓頊生窮係，窮係生敬康，敬康生句望，句望生蟜牛，蟜牛生瞽　顓頊
瞍，瞽瞍生重華，是爲帝舜。　重華 帝舜

舜取帝堯之二女，曰娥皇、女瑩。　舜 帝堯

1-3 《夏世系》

黃帝生昌意，昌意生顓頊，顓頊生鯀，鯀取有辛氏女，謂之女志，　黃帝 顓頊

是生高密。

禹取塗山氏女，名女媧，生啓。 禹 女媧

1-4 《春秋列國公侯世系》 黃帝

蜀無姓，相承祖：黃帝後世子孫也。

1-5 《氏姓篇》 炎帝

炎帝、姜姓。 炎帝

許、州、向、申，姜姓也，炎帝後。 禹

莘姓、姒姓，夏禹之後。

1-6 《居篇》 黃帝

黃帝都涿鹿。 舜

舜居嬀汭。 禹

夏禹都陽城，避商均也。又都平陽，是在安邑，或在晉陽。

1-7 《作篇》

伏羲制儷皮嫁娶之禮。 伏羲

伏羲作琴。 伏羲

神農作瑟。 神農

女媧作笙簧。 女媧

黃帝作冕。 黃帝

黃帝作旃。 黃帝

蒼頡作書。

史皇作圖。

容成造厤。大撓作甲子。

隸首作數。

羲和占日，常儀占月，臾區占星氣，伶倫造律呂。

芒作網。

蚩尤作兵。

夙沙氏煮海爲鹽。

隨作笙，長四寸，十二簧，象鳳之身。正月之音也。

隨作竽。

胡曹作衣。

於則作扉履。

揮始作弓。

牟夷作失。

共鼓、貨狄作舟。

雍父作舂。
烏曹作博。
胲作服牛。
祝融作市。
堯修黃帝樂，名《咸池》。 堯 黃帝
舜造簫，其形參差象鳳翼，長二尺。 舜
夔作樂。
伯夷作刑。
后益作占歲之法。
化益作井。
垂作規矩準繩。
垂作耒耜。
垂作銚耨。
垂作鐘。
毋句作磬。
夷作鼓。
巫彭作醫。
巫咸作筮。
鮌作城郭。
禹作宮室。 禹
奚中作車。
儀帝造酒。

2 第二 孫馮翼集本《世本》

2-1 《作篇》

巫咸作筮，倕作鐘，無句作磬，女媧作笙簧。 女媧
容成作歷，大撓作甲子。
簫、舜所造。 舜
逢蒙作射。
杼作甲。
垂作銚，垂作耨。
黃帝作冕旒。 黃帝
蒼頡作書，蒼頡作文字，沮誦、蒼頡作書。
帝女儀狄作酒醪變五味，杜康作酒，少康作秫酒。
巫彭作醫。
隋作笙，宓義作瑟，神農作琴，隨作竽，夷作鼓。 宓義 神農
揮作弓，夷牟作矢。
堯使禹作宮室，雍父作舂，少康作箕帚，胡曹作衣，黃帝作旃。 堯 禹 黃帝

蚩尤以金作兵器，胲作服牛，共鼓、貨狄作舟，相土作乘馬，烏曹作博，奚仲作車。胡曹作冕，鯀作城郭，隸首作數，公輸作石磑，韓哀侯作御。

史皇作圖。

后益作占歲。

伯益作井。

黄帝作旃冕。 黄帝

秦穆公作沐。

武王作翣。

蘇成公造篪，吹孔有嘴如酸棗。蘇成公、平王時諸侯。

塤、暴辛公所造，亦不知何人。周畿內有暴國之君，豈其時人也？本作「壎」，圍五寸半，長三寸半。凡六孔。

咎繇作耒耜。

芒作網。

宿沙作煮鹽。

逢蒙作射。

夔作樂。

祝融作市。

黄帝之世，始立史官。蒼頡、沮誦居其職矣。 黄帝

2-2 《居篇》

禹都陽城。 禹

……

懿王居犬邱，厲王淫亂出于彘，今河東永安是也。平王即位，徙居洛，《洛誥》所謂新邑也。《國語》曰：「幽王滅，周乃東遷。」本殷之畿內，在《禹貢》豫州外方之域，河洛瀍澗之閒。周于南柳七星張 禹
之分，鶉火之次也。及敬王避子朝之亂，東居成周。故《春秋經》曰：「天王入于成周是也。」後六年，王室定，遂徙都成周。是後晉又率諸侯之徒，修繕其城。以成周城小不受王都，故壞翟泉而廣焉。翟泉地在成周城東北，今洛陽城中有周王冢是也。至赧王又徙居成周而失位。

……

漢高帝元年，始爲漢王，都南鄭，屬漢中。秦厲王所置，在《禹 禹
貢》梁州之域，北達雍，南跨巴蜀，與秦同分。二年北徙櫟陽，故秦獻公之所居，後居萬年，故屬馮翊，今京兆縣也，都長安，秦咸陽之地，今京兆所治縣也，其城狹小。至惠帝元年，始更築廣，五年乃成。
光武以武信侯進封蕭王，在《禹貢》徐州之域，於周以封子姓之別附 禹
庸，事在《春秋》，於漢屬豫州，今沛國蕭是也。及即位於鄗，更名高邑。建武元年，始都洛陽，故成周之舊基。城東西六里一十步，南北

九里一百步。是以時人謂洛陽爲東京，長安爲西京。

2-3 《氏姓篇》

帝舜、姚姓。　帝舜

莘、姒姓，夏禹之後。　禹

謝、任姓，黃帝之後。　黃帝

2-4 《王侯大夫譜》

伏犧制以儷皮嫁娶之禮。　伏犧

帝嚳卜其四妃，四妃之子皆有天下；元妃有邰氏之女曰姜嫄，而　帝嚳
生后稷；次妃有娀氏之女曰簡狄，而生契；次妃陳鋒氏之女曰慶都，
生帝堯；次妃娵訾氏之女曰常儀，生摯。　帝堯

黃帝生玄囂，玄囂生僑極，僑極生帝嚳，帝嚳生堯。　黃帝 帝嚳

顓頊娶於滕墳氏，謂之女祿，產老童。老童娶於根水氏，謂之驕　顓頊
福，產重及黎。黃帝娶于西陵氏之子，謂之纍祖，產青陽及昌意。昌　黃帝
意生顓頊，顓頊生鯀。顓頊母獨山氏之子。青陽即少皞，黃帝之子，　顓頊 顓頊
代黃帝而有天下。號曰金天氏。　黃帝

炎帝、即神農氏，帝堯爲陶唐氏。　炎帝 神農

以黃帝爲五帝。堯是黃帝玄孫，舜是黃帝八代孫。啓、禹子。　陶唐氏 黃

舜時，西王母獻白環及珮。　堯 黃帝 舜

顓頊生鯀，鯀生高密，是爲禹。　舜 顓頊

顓頊娶于胜濆氏之子，謂女祿，是生老童。　顓頊

堯取散宜氏之子，謂之女皇。　堯

鯀娶有莘氏曰女志，是生高密禹。　禹

〈陳〉

宣公生子夏，夏生御叔，叔生徵舒，舒生惠子晉，晉生御寇，寇
生悼子齧。厲公躍。鍼宜咎、陳鍼子八世孫，陳舜後。　舜

3 第三 雷學淇校輯本《世本》

3-1 《帝繫》

少典生軒轅，是爲黃帝。　軒轅 黃帝

黃帝生玄囂，玄囂生僑極，僑極生高辛，是爲帝嚳，帝嚳生堯。　黃帝 高辛

黃帝生昌意，昌意生高陽，是爲帝顓頊。　堯 黃帝

顓頊生窮蟬，五世而生瞽叟，瞽叟生重華，是爲帝舜。　顓頊 重華

顓頊五世而生鯀，鯀生高密，是爲禹。　顓頊 禹

顓頊生稱，稱生卷章，卷章生黎。　顓頊

黃帝娶于西陵氏之子，謂之纍祖，生青陽及昌意，昌意娶于濁山　黃帝
氏之子，謂之昌僕，生顓頊。　顓頊

顓頊娶于滕墳氏之子，謂之女祿，是生老童。 顓頊

帝嚳卜其四妃之女，而皆有天下。元妃、有邰氏之女，曰姜嫄，是生后稷；次妃、有娀氏之女，曰簡狄，是生契；次妃、陳酆氏之女，曰慶都，是生帝堯；次妃、娵訾氏之女，曰常儀，是生帝摯。 帝嚳 帝堯

堯娶于散宜氏之子，謂之女皇。 堯

舜娶于帝堯，謂之女瑩。 舜 帝堯

鯀娶有辛氏女，謂之女志，是生高密。

禹娶塗山氏之子，謂之女媧，是生啓。 禹 女媧

3-2 《王侯》

〈夏世〉

啓、禹子，帝佇，帝芬，帝降，帝皋生發及履癸，履癸、一名桀。 禹

〈陳世〉

陳遂、舜後，厲公躍，共公朔。 舜

3-3 《氏姓》

〈帝王氏姓〉

炎帝、姜姓。 炎帝

帝堯爲陶唐氏。 帝堯 陶唐氏

帝舜、姚姓。 帝舜

〈侯國氏姓〉

許州向申、姜姓也。齊、姜姓。

黃帝二十五子，得姓者十二人。任姓：謝、章、薛、舒、呂、祝、終、泉、畢、過。霍國、眞姓後，燕、姞姓。 黃帝

〈卿大夫氏姓〉

嬀氏、帝舜之後，舜生嬀汭，子孫氏焉。 帝舜 舜

3-4 《謚法》

昔周公旦、太公望，相嗣王以制謚法。

德象天地稱帝，仁義所生稱王。翼善傳聖日堯，仁聖盛明曰舜，慈惠愛民曰文，强理勁直曰武。 堯 舜

3-5 《居》

舜居饒內。 舜

禹都陽城。 禹

3-6 《作》

〈五帝時制作〉 五帝

燧人造火。

伏犧制儷皮嫁娶之禮。 伏犧

伏義造琴瑟。 伏犧

芒作網。

芒氏作羅。

女媧作笙簧。 女媧

隨作竽。

隨作笙。

神農作琴，神農作瑟。 神農 神農

巫彭作醫。

垂作規矩準繩，垂作耒，垂作耜，垂作耨，垂作銚。

蚩尤以金作兵器。

宿沙作煮鹽。

黃帝造火食旃冕。 黃帝

黃帝作寶鼎三。 黃帝

黃帝使羲和占日，常儀占月，臾區占星氣，伶倫造律呂，大撓作甲子，隸首作算數，容成綜此六術，著調歷。 黃帝

黃帝使伶倫造磬。倕作鍾。 黃帝

沮誦、蒼頡作書。

史皇作圖。

伯余制衣裳。胡曹作冕。胡曹作衣。

於則作扉履。

雍父作舂。雍父作杵臼。

夷牟作矢，揮作弓。

胲作服牛。

共鼓、貨狄作舟。

烏曹作博。

祝融作市。

堯修黃帝樂，名《咸池》。 堯 黃帝

堯使禹作宮室。 堯 禹

鯀作城郭。

伯夷作刑，皋陶制五刑。

咎繇作耒耜。

后益作占歲之法。

化益作井。

巫咸作筮。巫咸作鼓。巫咸作醫。

夷作鼓。

毋句作磬。

舜造簫。　舜
夔作樂。垂作鐘。
叔造磬。

4　第四　茆泮林輯本《世本》

4-1　《帝王世本》

〈黄帝〉　黄帝
黄帝娶於西陵之女，謂之纍祖，產青陽及昌意。黄帝娶西陵氏女　黄帝 黄帝
爲妃，名纍祖。
〈少皞〉　(少皞)
少皞是黄帝之子，金天氏少皞，青陽即是少皞，黄帝之子，代黄　黄帝 黄帝 黄帝
帝而有天下，號曰金天氏。少昊名摯，少昊、黄帝之子，名契，字青　黄帝
陽，黄帝沒，契立，王以金德，號金天氏，同度量，調律呂，封泰山，　黄帝
作九泉之樂，以鳥紀官。
〈顓頊〉　顓頊
顓頊是黄帝之孫。黄帝生昌意，昌意生顓頊。昌意生高陽，是爲　顓頊 黄帝 黄帝
帝顓頊，顓者、專也，頊者、正也，言能專正天之道也。　顓頊 高陽
顓頊母、濁山氏之子，名昌僕。顓頊娶於滕墳氏之子，謂女祿，　帝顓頊
是生老童。　顓頊 顓頊
顓頊生偁，偁生卷章。高陽生稱，稱生卷章，卷章生黎。老童娶　顓頊 高陽
於根水氏，謂之驕福，生重及黎。老童生重黎及吳回。
〈帝嚳〉　帝嚳
嚳、黄帝之曾孫。　嚳 黄帝
帝嚳卜其四妃之子，皆有天下，上妃有邰氏之女，曰姜嫄，而生　帝嚳
后稷；次妃有娀氏之女，曰簡狄，而生契；次妃陳鋒氏之女，曰慶都，
生帝堯；下妃娵訾氏之女，曰常儀，生摯。帝嚳上妃有邰之女，曰姜　帝堯 帝嚳
原。
〈帝堯〉　帝堯
堯是黄帝玄孫，黄帝生玄囂，玄囂生僑極，僑極生帝嚳，帝嚳生　堯 黄帝 黄帝 帝嚳
堯。帝堯爲陶唐氏。帝堯娶散宜氏之子，謂之女皇，女皇生丹朱。　帝嚳 堯 帝堯
〈帝舜〉　陶唐氏 帝堯 帝舜
舜是黄帝八代之孫，舜爲高陽五世孫。顓頊生窮係。　舜 黄帝 舜 高陽
帝舜有虞氏，配以肓，媵以婺，肓即娥皇，字娥媓，婺即女英。　顓頊 帝舜 有虞氏
舜時西王母獻白環及玦。　舜
〈夏〉
顓頊生鯀，鯀爲顓頊子，鯀娶有辛氏女，謂之女志，是生高密。　顓頊 顓頊
顓頊生縣，縣生高密，是爲禹也。禹娶塗山氏女，名女媧。　顓頊 禹 禹 女媧
啓、禹子。　禹

〈殷〉

契是帝嚳子。 帝嚳

4-2 《诸侯世本》

〈陳〉

陳遂、舜後。 舜

陳侯躍、厲公也。

陳侯朔、陳共公也。

〈莒〉

周興，封黃帝之後於祁，而置莒後興期於始都計斤，十一世茲丕歸莒，至紀公復己姓。 黃帝

〈蜀〉

蜀之爲國，肇自人皇。蜀無姓，相承云黃帝後。 黃帝

4-3 《世本氏姓篇》

姜姓。

炎帝、姜姓，炎帝神農氏。 炎帝 炎帝

向、姜姓。

州國、姜姓。

齊、姜姓。

許州向申、姜姓也，炎帝後。 炎帝

帝舜、姚姓，舜姓姚氏。 帝舜 舜

莘國、姒姓，夏禹之後。 禹

嬀氏。

帝舜之後，舜生嬀汭，子孫氏焉。 帝舜 舜

4-4 《世本居篇》

帝都。

黃帝都涿鹿，涿鹿在鼓城南。 黃帝

舜居嬀汭，嬀虛在西城西北舜之居。 舜 舜

夏。

禹都咸陽，正當亳西也，及後乃徙安邑。禹都陽城，在大梁之南。 禹 禹

殷。

契居蕃。

昭明居砥石，復遷商，相徙商邱，本顓頊之虛。 顓頊

4-5 《世本作篇》

燧人。

燧人出火，造火者燧火，因以爲名。

庖犧。　　庖犧

伏犧制以儷皮嫁娶之禮。　　伏犧

庖犧氏作瑟。瑟、潔也，使人精潔於心，純一於行也。宓義作瑟，　　庖犧氏　宓義
八尺一寸，四十五絃，庖犧氏作五十絃，黃帝使素女鼓瑟，哀不自勝，　　庖犧氏　黃帝
乃破爲二十五絃，具二均聲。

伏犧作琴，伏犧作琴瑟。　　伏犧　伏犧

伏義臣芒氏作羅。　　伏義

芒作罔。

神農。　　神農

神農和藥濟人。　　神農

神農作琴。神農氏琴長三尺六寸六分，上有五絃，曰宮、商、角、　　神農　神農氏
徵、羽，文王增二絃，曰少宮商。

神農作瑟。　　神農

蚩尤作兵。蚩尤以金作兵器，蚩尤作五兵，戈、矛、戟、酋矛、
夷矛，黃帝誅之涿鹿之野。　　黃帝

黃帝。　　黃帝

黃帝見百物始穿井。　　黃帝

黃帝樂名《咸池》。　　黃帝

黃帝造火食旃冕，黃帝作旃冕，黃帝作旃，黃帝作旃，亦曲柄旃，　　黃帝　黃帝　黃帝
以招士衆也。黃帝作冕旃。黃帝作冕。　　黃帝　黃帝　黃帝

垂旒、目不邪視也，充纊、耳不聽讒言也。

羲和占日。

常儀占月，羲和作占月。

后益作占歲。

臾區占星氣。

大撓作甲子，黃帝令大撓作甲子。　　黃帝

隸首作算數。隸首作數。

伶倫造律呂。

容成造歷。

蒼頡作書，蒼頡造文字，沮誦、蒼頡作書，並黃帝時史官。　　黃帝

史皇作圖，史皇、蒼頡同階。

伯余作衣裳。

胡曹作衣。

胡曹作冕。

於則作扉履。

雍父作舂杵臼。雍父作舂。雍父作杵臼。雍父作臼。

胲作服牛。

相土作乘馬，胲作駕。

共鼓貨狄作舟。

女媧作笙簧，女媧作簧。　女媧 女

隨作笙，長四寸，十二簧，像鳳之身。

隨作竽。

夷作鼓。

以桴擊之曰鼓，以手搖之曰鼗。

揮作弓。

夷牟作矢。牟夷作矢。笶、黃帝臣夷牟作。　黃帝

巫彭作醫。

顓頊。　顓頊

祝融作市。

堯。　堯

陶制五刑。　陶

巫咸初作醫。

巫咸、堯臣也，以鴻術爲帝堯之醫。　堯 帝堯

巫咸作筮。

巫咸作鼓。

無句作磬。

化益作井。

舜。　舜

舜始陶，夏臣昆吾更增加也。　舜

倕作規矩準繩，垂、舜臣。　舜

倕作耒耜，垂作耒耨，垂作銚耨，垂作耜，垂作銚，垂作耨。

咎繇作耒耜。

伯夷作五刑。

簫、舜所造，其形參差象鳳翼，十管，長二尺。垂作鐘。　舜

夔作樂。

磬、叔所造。

叔、舜時人。　舜

烏曹作簙。

夏。

鯀作城郭。鯀作城。

鯀作郭。

禹作宮室。禹作宮。　禹 禹

奚仲作車。

夏作贖刑。

儀狄造酒，儀狄始作酒醪，辨五味。

夏禹之臣。 禹

4-6 《世本謚法篇》

顓頊生子窮係。 顓頊

4-7 《世本作篇補遺》

空侯、空國侯所造。

堯作圍棊。 堯

63 六韜

文献名：63. 六韜

資料番号	伏羲	太皞	其他	女媧	其他	神農	炎帝	赤帝	其他	黃帝	軒轅氏	其他	顓頊	高陽	其他	注(左半葉) 注a	注b
1																	
2																	
3										1							
4																	
5										1							
計										2							

献名：63. 六韜

嚳	高辛	其他	堯	陶唐	其他	舜	有虞	其他	禹	其他	三皇	五帝	注(右半葉) 注e	注f	参考	資料番号
									1							1
			2													2
																3
											1					4
																5
			2						1		1					計

63 六韜

1 卷一《文韜》〈文師第一〉

文王將田，史編布卜，曰：「田於渭陽，獎大得焉。非龍非螭，非虎非羆，兆得公侯。天遣汝師，以之佐昌，施及三王。」

文王曰：「兆致是乎？」

史編曰：「編之太祖史疇，爲禹占，得皋陶，兆比於此。」 禹

文王乃齋三日，乘田車，駕田馬，田於渭陽，卒見太公，，坐茅以漁。

文王勞而問之曰：「子樂得漁邪？」

太公曰：「臣聞君子樂得其志，小人樂得其事。今吾漁，甚有似也。殆非樂之也。」

文王曰：「何謂其有似也？」

太公曰：「釣有三權：祿等以權，死等以權，官等以權。夫釣以求得也，其情深，可以觀大矣。」

文王曰：「願聞其情。」

太公曰：「源深而水流，水流而魚生之，情也。根深而木長，木長而實生之，情也。君子情同而親合，親合而事生之，情也。言語應對者，情之飾也；言至情者，事之極也。今臣言至情不諱，君其惡之乎？」

文王曰：「唯仁人能受至諫，不惡至情，何爲其然？」

太公曰：「緡微餌明，小魚食之；緡調餌香，中魚食之；緡隆餌豐，大魚食之。夫魚食其餌，乃牽於緡；人食其祿，乃服於君。故以餌取魚，魚可殺；以祿取人，人可竭；以家取國，國可拔；以國取天下，天下可畢也。」

「嗚呼！曼曼緜緜，其聚必散；嘿嘿昧昧，其光必遠。微哉！聖人之德，誘乎獨見；樂哉！聖人之慮，各歸其次，而樹斂焉。」

文王曰：「樹斂何若而天下歸之？」

太公曰：「天下者、非一人之天下，乃天下之天下也。同天下之利者，則得天下；擅天下之利者，則失天下。天有時，地有財，能與人共之者、仁也；仁之所在，天下歸之。免人之死、解人之難、救人之患、濟人之急者，德也；德之所在，天下歸之。與人同憂同樂、同好同惡者，義也；義之所在，天下赴之。凡人惡死而樂生，好德而歸利，能生利者、道也；道之所在，天下歸之。」

文王再拜曰：「允哉！敢不受天之詔命乎？」乃載與俱歸，立爲師。

2 卷一《文韜》〈盈虛第二〉

文王問太公曰：「天下熙熙，一盈一虛，一治一亂，其所以然者、

何也？

其君賢、不肖不等乎？其天時變化自然乎？」

太公曰：「君不肖，則國危而民亂；君賢聖，則國安而民治。禍福在君，不在天時。」

文王曰：「古之賢君，可得聞乎？」

太公曰：「昔者帝堯之王天下，上世之所謂賢君也。」 帝堯

文王曰：「其治如何？」

太公曰：「帝堯王天下之時，金銀珠玉不飾，錦繡文綺不衣，奇怪珍異不視，玩好之器不寶，淫泆之樂不聽，宮垣屋室不堊，甍桷椽楹不斲，茅茨徧庭不剪。鹿裘禦寒，布衣掩形；糲粱之飯，藜藿之羹。不以役作之故，害民耕績之時，削心約志，從事乎無爲。吏、忠正奉法者尊其位，廉潔愛人者厚其祿。民、有孝慈者愛敬之，盡力農桑者慰勉之。旌別淑德，表其門閭。平心正節，以法度禁邪僞。所憎者，有功必賞；所愛者，有罪必罰。存養天下鰥寡孤獨，振贍禍亡之家。其自奉也甚薄，其賦役也甚寡。故萬民富樂而無飢寒之色。百姓戴其君如日月，親其君如父母。」 帝堯

文王曰：「大哉！賢君之德也。」

3 卷一《文韜》〈兵道第十二〉

武王問太公曰：「兵道如何？」

太公曰：「凡兵之道，莫過乎一。一者、能獨往獨來。」

黃帝曰：「一者、階於道，幾於神。用之在於機，顯之在於勢，成之在於君。」 黃帝

故聖王號兵爲凶器，不得已而用之。

今商王知存而不知亡，知樂而不知殃。夫存者非存，在於慮亡。樂者非樂，在於慮殃。今王已慮其源，豈憂其流乎。」

武王曰：「兩軍相遇，彼不可來，此不可往，各設固備，未敢先發。我欲襲之，不得其利，爲之奈何？」

太公曰：「外亂而內整，示飢而實飽，內精而外鈍，一合一離，一聚一散，陰其謀，密其機；高其壘，伏其銳。」

士寂若無聲，敵不知我所備。欲其西，襲其東。

武王曰：「敵知我情，通我謀，爲之奈何？」

太公曰：「兵勝之術，密察敵人之機而速乘其利，復疾擊其不意。」

4 卷三《龍韜》〈五音第二十八〉

武王問太公曰：「律音之聲，可以知三軍之消息、勝負之決乎？」

太公曰：「深哉！王之問也。夫律管十二，其要有五音：宮、商、角、徵、羽，此其正聲也，萬代不易。五行之神，道之常也，可以知

敵。金、木、水、火、土，各以其勝攻之。」

古者，三皇之世，虛無之情以制剛彊。無有文字，皆由五行。五行　三皇之道，天地自然。六甲之分，微妙之神。

其法：「以天清淨，無陰雲風雨，夜半遣輕騎，往至敵人之壘，去九百步外，偏持律管當耳，大呼驚之。有聲應管，其來甚微。角聲應管，當以白虎；徵聲應管，當以玄武；商聲應管，當以朱雀；羽聲應管，當以勾陳；五管聲盡不應者，宮也，當以青龍。此五行之符，佐勝之徵，成敗之機。」

武王曰：「善哉！」

太公曰：「微妙之音，皆有外候。」

武王曰：「何以知之？」

太公曰：「敵人驚動，則聽之；聞枹鼓之音者，角也；見火光者，徵也；聞金鐵矛戟之音者，商也；聞人嘯呼之音者，羽也；寂寞無聞者，宮也。此五者、聲色之符也。」

5 卷四《虎韜》〈軍用第三十一〉

武王問太公曰：「王者舉兵，三軍器用，攻守之具，科品衆寡，豈有法乎？」

太公曰：「大哉王之問也。夫攻守之具，各有科品，此兵之大威也。」

武王曰：「願聞之。」

太公曰：「凡用兵之大數，將甲士萬人，法用：武衝大扶胥三十六乘。材士強弩矛戟爲翼，一車二十四人；推之以八尺車輪；車上立旂鼓，兵法謂之震駭。陷堅陣，敗強敵。

武翼大櫓矛戟扶胥七十二具。材士強弩矛戟爲翼；以五尺車輪，絞車連弩自副。陷堅陣，敗強敵。

提翼小櫓扶胥一百四十四具。絞車連弩自副；以鹿車輪，陷堅陣，敗強敵。

大黃參連弩大扶胥三十六乘。材士強弩矛戟爲翼；飛鳧電影自副。飛鳧，赤莖白羽；以銅爲首電影，青莖赤羽。以鐵爲首，晝則以絳縞，長六尺，廣六寸，爲光耀；夜則以白縞，長六尺廣六寸，爲流星。陷堅陣，敗步騎。

大扶胥衝車三十六乘。螳螂武士共載，可以縱擊橫可以敗敵。輜車騎寇，一名電車，兵法謂之電擊。陷堅陣，敗步騎。

寇夜來前。矛戟扶胥輕車一百六十乘。螳螂武士三人共載，兵法謂之霆擊。陷堅陣，敗步騎。

方首鐵棓維朌，重十二斤，柄長五尺以上，千二百枚。一名天棓。大柯斧，刃長八寸，重八斤，柄長五尺以上，千二百枚，一名天鉞。方首鐵鎚，重八斤，柄長五尺以上，千二百枚，一名天鎚。敗步騎羣寇。

飛鉤，長八寸，鉤芒長四寸，柄長六尺以上，千二百枚。以投其衆。三車拒守，木螳螂，劍刃，扶胥，廣二丈，百二十具。一名行馬，平易地，以步兵敗車騎。

木蒺藜，去地二尺五寸，百二十具。敗步騎，要窮寇，遮走北。

軸旋短衝矛戟扶胥，百二十具。黃帝所以敗蚩尤氏。敗步騎，要窮寇，遮走北。 黃帝

狹路微徑，張鐵蒺藜，芒高四寸，廣八寸，長六尺以上，千二百具。敗步騎。

突暝來前促戰，白刃接。張地羅，舖兩鏃蒺藜，參連織女，芒閒相去二寸，萬二千具。曠野草中，方胸鋌矛，千二百具；張鋌矛法，高一尺五寸，敗步騎，要窮寇，遮走北。

狹路微徑，地陷，鐵械鎖參連，百二十具，敗步騎，要窮寇，遮走北。

壘門拒守，矛戟小櫓十二具，絞車連弩自副。三軍拒守，天羅虎落鎖連一部，廣一丈五尺，高八尺，百二十具，虎落劍刃扶胥，廣一丈五尺，高八尺，五百二十具。

渡溝塹，飛橋一閒，廣一丈五尺，長二丈以上，着轉關轆轤八具，以環利通索張之。

渡大水，飛江，廣一丈五尺，長二丈以上，八具，以環利通索張之。天浮鐵螳螂，矩内圓外徑，四尺以上，環絡自副，三十二具，以天浮張，飛江濟大海，謂之天潢，一名天舡。

山林野居，結虎落柴營，環利鐵鎖，長二丈以上，千二百枚，環利大通索，大四寸，長四丈以上，六百枚，環利中通索，大二寸長四丈以上，二百枚，環利小微縲。長二丈以上，萬二千枚。

天雨蓋，重車上板，結枲鉏鋙，廣四尺，長四丈以上，車一具，以鐵杙張之。

伐木大斧，重八斤，柄長三尺以上，三百枚。棨钁，刃廣六寸，柄長五尺以上，三百枚。銅築固爲垂，長五尺以上，三百枚。鷹爪。方胸鐵杷，柄長七尺以上，三百枚。方胸鐵乂，柄長七尺以上，三百枚。方胸兩枝鐵乂，柄長七尺以上，三百枚。芟草木大鐮，柄長七尺以上，三百枚。大櫓刀，重八斤，柄長六尺，三百枚。委環鐵杙，長三尺以上，三百枚。椓杙大鎚，重五斤，柄長二尺以上，百二十具。

甲士萬人，強弩六千，戟櫓二千，矛楯二千，修治攻具，砥礪兵器，巧手三百人。此舉兵軍用之大數也。」

武王曰：「允哉。」

64 戰 國 策

文献名：64.戰國策

資料番号	伏羲	太皞	其他	女媧	其他	神農	炎帝	赤帝	其他	黃帝	軒轅氏	其他	顓頊	高陽	其他	注(左半葉 注a	注
1						1				1							
2																	
3																	
4																	
5																	
6																	
7																	
8																	
9																	
10																	
11																	
12																	
13	1					1				1							
14																	
15																	
16																	
17										2							
18																	
19																	
20																	
21																	
22																	
23																	
計	1					2				4							

献名：64. 戰國策

嚳	高辛	其他	堯	陶唐	其他	舜	有虞	其他	禹	其他	三皇	五帝	注(右半葉) 注e	注f	参考	資料番号
			1			1			1			1				1
			1			2										2
									1							3
			1			1			1							4
												1				5
												1				6
			1													7
			3			5			4							8
			2													9
			5			5										10
			1			1			1							11
						1			1							12
			1			1										13
			1			1										14
									1							15
			1			1										16
									1							17
			1			1										18
									2							19
			3			3										20
			1			1										21
			2						2							22
			1			1			1							23
			26			25			16			3				計

64 戰國策

1 《卷三　秦一》第４０

蘇秦曰：「臣固疑大王之不能用也。昔者神農伐補遂，黃帝伐涿鹿　神農 黃帝
而禽蚩尤，堯伐驩兜，舜伐三苗，禹伐共工，湯伐有夏，文王伐崇，　堯 舜 禹
武王伐紂，齊桓任戰而伯天下。由此觀之，惡有不戰者乎？古者使車轂擊馳，言語相結，天下爲一。約從連横，兵革不藏；文士並餝，諸侯亂惑；萬端俱起，不可勝理。科條既備，民多僞態；書策稠濁，百姓不足；上下相愁，民無所聊；明言章理，兵甲愈起；辯言偉服，戰攻不息；繁稱文辭，天下不治；舌弊耳聾，不見成功；行義約信，天下不親。於是，乃廢文任武，厚養死士，綴甲厲兵，效勝於戰場。夫
徒處而致利，安坐而廣地，雖古五帝、三王、五伯，明主賢君，常欲　五帝
坐而致之，其勢不能，故以戰續之。寬則兩軍相攻，迫則杖戟相橦，然後可建大功。是故兵勝於外，義強於内；威立於上，民服於下。今欲并天下，凌萬乘，詘敵國，制海内，子元元，臣諸侯，非兵不可！今之嗣主，忽於至道，皆惽於教，亂於治，迷於言，惑於語，沈於辯，溺於辭。以此論之，王固不能行也。」

2 《卷五　秦三》第６６

秦客卿造謂穰侯曰：「秦封君以陶，藉君天下數年矣。攻齊之事成，陶爲萬乘，長小國，率以朝天子，天下必聽，五伯之事也；攻齊不成，陶爲鄰恤，而莫之據也。故攻齊之於陶也，存亡之機也。

「君欲成之，何不使人謂燕相國曰：『聖人不能爲時，時至而弗失。
舜雖賢，不遇堯也，不得爲天子；湯、武雖賢，不當桀、紂不王。故　舜 堯
以舜、湯、武之賢，不遭時不得帝王。令攻齊，此君之大時也已。因　舜
天下之力，伐讎國之齊，報惠王之恥，成昭王之功，除萬世之害，此燕之長利，而君之大名也。《書》云，樹德莫如滋，除害莫如盡。吳不亡越，越故亡吳；齊不亡燕，燕故亡齊。齊亡於燕，吳亡於越，此除疾不盡也。以非此時也，成君之功，除君之害，秦卒有他事而從齊，齊、趙合，其讎君必深矣。挾君之讎以誅於燕，後雖悔之，不可得也已。君悉燕兵而疾僣之，天下之從君也，若報父子之仇。誠能亡齊，封君於河南，爲萬乘，達途於中國，南與陶爲鄰，世世無患。願君之專志於攻齊，而無他慮也。』」

3 《卷五　秦三》第６７

魏謂魏冉曰：「公聞東方之語乎？」曰：「弗聞也。」曰：「辛、張陽、毋澤說魏王、薛公、公叔也，曰：『臣戰，載主契國以與王約，必

無患矣。若有敗之者，臣請挈領。然而臣有患也。夫楚王之以其臣請挈領然而臣有患也。夫楚王之以其國依冉也，而事臣之主，此臣之甚患也。』今公東而因言於楚，是令張儀之言爲禹，而務敗公之事也。公不如反公國，德楚而觀薛公之爲公也。觀三國之所求於秦而不能得者，請以號三國以自信也。觀張儀與澤之所不能得於薛公者也，而公請之以自重也。」 禹

4 《卷五　秦三》第７２

范子因王稽入秦，獻書昭王曰：………

………

「臣聞善厚家者，取之於國；善厚國者，取之於諸侯。天下有明主，則諸侯不得擅厚矣。是何故也？爲其凋榮也。良醫知病人之死生，聖主明於成敗之事，利則行之，害則舍之，疑則少嘗之，雖堯、舜、禹、湯復生，弗能改已！語之至者，臣不敢載之於書；其淺者又不足聽也。意者，臣愚而不闔於王心耶！已其言臣者，將賤而不足聽耶！非若是也，則臣之志，願少賜游觀之間，望見足下而入之。」 堯 舜 禹

5 《卷五　秦三》第７３（Ａ）

范睢謝曰：「非敢然也。臣聞始時呂尚之遇文王也，身爲漁父而釣於渭陽之濱耳。若是者，交疏也。已一說而立爲太師，載與俱歸者，其言深也。故文王果收功於呂尚，卒擅天下而身立爲帝王。即使文王疏呂望而弗與深言，是周無天子之德，而文、武無與成其王也。今臣，羈旅之臣也，交疏於王，而所願陳者，皆匡君之之事，處人骨肉之間，願以陳臣之陋忠，而未知王心也，所以王三問而不對者是也。臣非有所畏而不敢言也，知今日言之於前，而明日伏誅於後，然臣弗敢畏也。大王信行臣之言，死不足以爲臣患，亡不足以爲臣憂，漆身而爲厲，被髮而爲狂，不足以爲臣恥。五帝之聖而死，三王之仁而死，五伯之賢而死，烏獲之力而死，奔、育之勇焉而死。死者，人之所必不免也。處必然之勢，可以少有補於秦，此臣之所大願也，臣何患乎？伍子胥橐載而出昭關，夜行而晝伏，至於蓤水，無以餌其口，坐行蒲服，乞食於吳市，卒興吳國，闔廬爲霸。使臣得進謀如伍子胥，加之以幽囚，終身不復見，是臣說之行也，臣何憂乎？箕子、接輿，漆身而爲厲，被髮而爲狂，無益於殷、楚。使臣得同行於箕子、接輿，漆身可以補所賢之主，是臣之大榮也，臣又何恥乎？臣之所恐者，獨恐臣死之後，天下見臣盡忠而身蹶也，是以杜口裹足，莫肯即秦耳。足下上畏太后之嚴，下惑姦臣之態；居深宮之中，不離保傅之手；終身闇惑，無與照姦；大者宗廟滅覆，小者身以孤危。此臣之所恐耳！若夫窮辱之事，死亡之患，臣弗敢畏也。臣死而秦治，賢於生也。」 五帝

6 《卷八　齊一》第１１１

秦伐魏，陳軫合三晉而東謂齊王曰：「古之王者之伐也，欲以正天下而立功名，以爲後世也。今齊、楚、燕、趙、韓、梁六國之遞甚也，不足以立功名，適足以強秦而自弱也，非山東之上計也。能危山東者，強秦也。不憂強秦，而遞相罷弱，而兩歸其國於秦，此臣之所以爲山東之患。天下爲秦相割，秦曾不出力；天下爲秦相烹，秦曾不出薪。何秦之智而山東之愚耶？願大王之察也。

「古之五帝、三王、五伯之伐也，伐不道者。今秦之伐天下不然，必欲反之，主必死辱，民必死虜。今韓、梁之目未嘗乾，而齊民獨不也，非齊親而韓、梁疏也，齊遠秦而韓、梁近。今齊將近矣！今秦欲攻梁絳、安邑，秦得絳、安邑以東下河，必表裏河而東攻齊，舉齊屬之海，南面而孤楚、韓、梁，北向而孤燕、趙，齊無所出其計矣。願王熟慮之！ 五帝

7 《卷十　齊三》第１２９

孟嘗君有舍人而弗悅，欲逐之。魯連謂孟嘗君曰：「猿獮猴錯木據水，則不若魚鱉；歷險乘危，則騏驥不如狐狸。曹沫之奮三尺之劍，一軍不能當；使曹沫釋其三尺之劍，而操銚鎒與農夫居壟畝之中，則不若農夫。故物舍其所長，之其所短，堯亦有所不及矣。今使人而不能，則謂之不肖；教人而不能，則謂之拙。拙則罷之，不肖則棄之，使人有棄逐，不相與處，而來害相報者，豈非世之立教首也哉！」孟嘗君曰：「善。」乃弗逐。 堯

8 《卷十一　齊四》第１３６（B）

齊宣王見顏斶，曰：「斶前！」斶亦曰：「王前！」宣王不悅。左右曰：「………

………

左右皆曰：「斶來，斶來！大王據千乘之地，而建千石鐘，萬石虡。天下之士，仁義皆來役處；辯知並進，莫不來語；東西南北，莫敢不服。求萬物不備具，而百無不親附。今夫士之高者，乃稱匹夫，徒步而處農畝，下則鄙野、監門、閭里，士之賤也，亦甚矣！」

斶對曰：「不然。斶聞古大禹之時，諸侯萬國。何則？德厚之道，得貴士之力也。故舜起農畝，出於野鄙，而爲天子。及湯之時，諸侯三千。當今之世，南面稱寡者，乃二十四。由此觀之，非得失之策與？稍稍誅滅，滅亡無族之時，欲爲監門、閭里，安可得而有乎哉？是故《易傳》不云乎：『居上位，未得其實，以喜其爲名者，必以驕奢爲行。据慢驕奢，則凶從之。是故無其實而喜其名者削，無德而望其福者約，無功而受其祿者辱，禍必握。』故曰：『矜功不立，虛願不至。』此皆幸 大禹 舜

樂其名，華而無其實德者也。是以堯有九佐，舜有七友，禹有五丞， 堯 舜 禹
湯有三輔，自古及今而能虛成名於天下者，無有。是以君王無羞亟問，
不媿下學；是故成其道德而揚功名於後世者，堯、舜、禹、湯、周文 堯 舜 禹
王是也。故曰：『無形者，形之君也。無端者，事之本也。』夫上見其
原，下通其流，至聖人明學，何不吉之有哉！老子曰：『雖貴，必以賤
爲本；雖高，必以下爲基。是以侯王稱孤寡不穀。是其賤之本與？』
非夫孤寡者，人之困賤下位也，而侯王以自謂，豈非下人而尊貴士與？
夫堯傳舜，舜傳禹，周成王任周公旦，而世世稱曰明主，是以明乎士 堯 舜 舜 禹
之貴也。」

9 《卷十三　齊六》第１４７

貂勃常惡田單，曰：「安平君，小人也。」安平君聞之，故爲酒而
召貂勃，曰：「單何以得罪於先生，故常見譽於朝？」貂勃曰：「跖之
狗吠堯，非貴跖而賤堯也，狗固吠非其主也。且今使公孫子賢，而徐 堯 堯
子不肖。然而使公孫子與徐子鬬，徐子之狗，猶時攫公孫子之腓而噬
之也。若乃得去不肖者，而爲賢者狗，豈特攫其腓而噬之耳哉？」安
平君曰：「敬聞命。」明日，任之於王。

10 《卷十七　楚四》第１９９

汗明見春申君，候問三月，而後得見。談卒，春申君大說之。汗
明欲復談，春申君曰：「僕已知先生，先生大息矣。」汗明憱焉曰：「明
願有問君而恐固。不審君之聖，孰與堯也？」春申君曰：「先生過矣， 堯
臣何足以當堯？」汗明曰：「然則君料臣孰與舜？」春申君曰：「先生 堯 舜
即舜也。」汗明曰：「不然，臣請爲君終言之。君之賢實不如堯，臣之 舜 堯
能不及舜。夫以賢舜事聖堯，三年而後乃相知也。今君一時而知臣， 舜 舜 堯
是君聖於堯而臣賢於舜也。」春申君曰：「善。」召門吏爲汗先生著客籍， 堯 舜
五日一見。

11 《卷十九　趙二》第２１８

蘇秦從燕之趙，始合從，說趙王曰………

「當今之時，山東之建國，莫如趙強。趙地方二千里，帶甲數十萬，車千乘，騎萬匹，粟支十年；西有常山，南有河、漳，東有清河，北有燕國。燕固弱國，不足畏也。且秦之所畏害於天下者，莫如趙。然而秦不敢舉兵甲而伐趙者，何也？畏韓、魏之議其後也。然則韓、魏，趙之南蔽也。秦之攻韓、魏也，則不然。無有名山大川之限，稍稍蠶食之，傅之國都而止矣。韓、魏不能支秦，必入臣。韓、魏臣於秦，秦無韓、魏之隔，禍中於趙矣。此臣之所以爲大王患也。

「臣聞，堯無三夫之分，舜無咫尺之地，以有天下。禹無百人之 堯 舜 禹

聚，以王諸侯。湯、武之卒不過三千人，車不過三百乘，立爲天子。誠得其道也。是故明主外料其敵國之強弱，內度其士卒之衆寡、賢與不肖，不待兩軍相當，而勝敗存亡之機節，固已見於胸中矣，豈掩於衆人之言，而以冥冥決事哉！

12 《卷十九　趙二》第２２１

武靈王平晝間居，肥義侍坐，曰：「王慮世事之變，權甲兵之用，念簡、襄之迹，計胡、狄之利乎？」王曰：「嗣立不忘先德，君之道也；錯質務明主之長，臣之論也。是以賢君靜而有道民便事之教，動有明古先世之功。爲人臣者，窮有弟長辭讓之節，通有補民益主之業。此兩者，君臣之分也。今吾欲繼襄主之業，啟胡、翟之鄉，而卒世不見也。敵弱者，用力少而功多，可以無盡百姓之勞，而享往古之勳。夫有高世之功者，必負遺俗之累；有獨知之慮者，必被庶人之恐。今吾將胡服騎射以教百姓，而世必議寡人矣。」

肥義曰：「臣聞之，疑事無功，疑行無名。今王即定負遺俗之慮，殆毋顧天下之議矣。夫論至德者，不和於俗；成大功者，不謀於衆。昔舜舞有苗，而禹袒入裸國，非以養欲而樂志也，欲以論德而要功也。 舜 禹
愚者闇於成事，智者見於未萌，王其遂行之。」王曰：「寡人非疑胡服也，吾恐天下笑之。狂夫之樂，知者哀焉；愚者之笑，賢者戚焉。世有順我者，則胡服之功未可知也。雖毆世以笑我，胡地中山吾必有之。」

13 《卷十九　趙二》第２２１

王曰：「古今不同俗，何古之法？帝王不相襲，何禮之循？宓戲、 宓戲
神農教而不誅，黃帝、堯、舜誅而不怒。及至三王，觀時而制法，因 神農 黃帝
事而制禮，法度制令，各順其宜；衣服器械，各便其用。故禮世不必一其道，便國不必法古。聖人之興也，不相襲而王。夏、殷之衰也，不易禮而滅。然則反古未可非，而循禮未足多也。且服奇而志淫，是鄒、魯無奇行也；俗辟而民易，是吳、越無俊民也。是以聖人利身之謂服，便事之謂教，進退之謂節，衣服之制，所以齊常民，非所以論賢者也。故聖與俗流，賢與變俱。諺曰：『以書爲御者，不盡於馬之情。以古制今者，不達於事之變。』故循法之功，不足以高世；法古之學，不足以制今。子其勿反也。」

14 《卷二十一　趙四》第２５７

馮忌請見趙王，行人見之。馮忌接手免首，欲言而不敢。王問其故，對曰：「客有見人於服子者，已而請其罪。服子曰：『公之客獨有三罪：望我而笑，是狎也；談語而不稱師，是倍也；交淺而言深，是亂也。』客曰：『不然。夫望人而笑，是和也；言而不稱師，是庸說也；

交淺而言深，是忠也。昔者堯見舜於草茅之中，席隴畝而廕庇桑，陰移而授天下傳。伊尹負鼎俎而干湯，姓名未著而受三公。使夫交淺者不可以深談，則天下不傳，而三公不得也。』」趙王曰：「甚善。」馮忌曰：「今外臣交淺而欲深談可乎？」王曰：「請奉教。」於是馮忌乃談。 堯 舜

15 《卷二十二　魏一》第２６９

魏武侯與諸大夫浮於西河，稱曰：「河山之險，豈不亦信固哉！」王鍾侍王，曰：「此晉國之所以強也。若善脩之，則霸王之業具矣。」吳起對曰：「吾君之言，危國之道也；而子又附之，是危也。」武侯忿然曰：「子之言有說乎？」

吳起對曰：「河山之險，信不足保也；是伯王之業，不從此也。昔者，三苗之居，左彭蠡之波，右有洞庭之水，文山在其南，而衡山在其北。恃此險也，爲政不善，而禹放逐之。夫夏桀之國，左天門之陰，而右天谿之陽，廬、睪在其北，伊、洛出其南。有此險也，然爲政不善，而湯伐之。殷紂之國，左孟門而右漳、釜，前帶河，後被山。有此險也，然爲政不善，而武王伐之。且君親從臣而勝降城，城非不高也，人民非不衆也，然而可得并者，政惡故也。從是觀之，地形險阻，奚足以霸王矣！」 禹

16 《卷二十三　魏二》第２９４

史舉非犀首於王。犀首欲窮之，謂張儀曰：「請令王讓先生以國，王爲堯、舜矣；而先生弗受，亦許由也。衍請因令王致萬戶邑於先生。」張儀說，因令史舉數見犀首。王聞之而弗任也，史舉不辭而去。 堯 舜

17 《卷二十三　魏二》第２９７

五國伐秦，無功而還。其後，齊欲伐宋，而秦禁之。齊令宋郭之秦，請合而以伐宋。秦王許之。魏王畏齊、秦之合也，欲講於秦。謂魏王曰………

「燕，齊讎國也；秦，兄弟之交也。合讎國以伐婚姻，臣爲之苦矣。黃帝戰於涿鹿之野，而西戎之兵不至；禹攻三苗，而東夷之民不起。以燕伐秦，黃帝之所難也，而臣以致燕甲而起齊兵矣。 黃帝 禹 黃帝

18 《卷二十三　魏二》第３０４

秦召魏相信安君，信安君不欲往。蘇代爲說秦王曰：「臣聞之，………

………

「大王欲完魏之交，而使趙小心乎？不如用魏信而尊之以名。魏信事王，國安而名尊；離王，國危而權輕。然則魏信之事主也，上所

以爲其主者忠矣，下所以自爲者厚矣，彼其事王必完矣。趙之用事者必曰：『魏氏之名族不高於我，土地之實不厚於我。魏信以韓、魏事秦，秦甚善之，國得安焉，身取尊焉。今我講難於秦兵爲招質，國處削危之形，非得計也。結怨於外，主患於中，身處死亡之地，非完事也。』彼將傷其前事，而悔其過行；冀其利，必多割地以深下王。則是大王垂拱之割地以爲利重，堯、舜之所求而不能得也。臣願大王察之。」 堯 舜

19 《卷二十四　魏三》第３０７

梁王魏嬰觴諸侯於范臺。酒酣，請魯君舉觴。魯君興，避席擇言曰：「昔者，帝女令儀狄作酒而美，進之禹，禹飲而甘之，遂疏儀狄，絕旨酒，曰：『後世必有以酒亡其國者。』齊桓公夜半不嗛，易牙乃煎敖燔炙，和調五味而進之，桓公食之而飽，至旦不覺，曰：『後世必有以味亡其國者。』晉文公得南之威，三日不聽朝，遂推南之威而遠之，曰：『後世必有以色亡其國者。』楚王登強臺而望崩山，左江而右湖，以臨彷徨，其樂忘死，遂盟強臺而弗登，曰：『後世必有以高臺陂池亡其國者。』今主君之尊，儀狄之酒也；主君之味，易牙之調也；左白台而右閭須，南威之美也；前夾林而後蘭臺，強臺之樂也。有一於此，足以亡其國。今主君兼此四者，可無戒與！」梁王稱善相屬。 禹 禹

20 《卷二十四　魏三》第３１１

秦敗魏於華，魏王且入朝於秦。周訢謂王曰：「宋人有學者，三年反而名其母。其母曰：『子學三年，反而名我者，何也？』其子曰：『吾所賢者，無過堯、舜，堯、舜名。吾所大者，無大天地，天地名。今母賢不過堯、舜，母大不過天地，是以名母也。』其母曰：『子之於學者，將盡行之乎？願子之有以易名母也。子之於學也，將有所不行乎？願子之且以名母爲後也。』今王之事秦，尚有可以易入朝者乎？願王之有以易之，而以入朝爲後。」魏王曰：「子患寡人入而不出邪？許綰爲我祝曰：『入而不出，請殉寡人以頭。』」周訢對曰：「如臣之賤也，今人有謂臣曰，入不測之淵而必出，不出，請以一鼠首爲女殉者，臣必不爲也。今秦不可知之國也，猶不測之淵也；而許綰之首，猶鼠首也。內王於不可知之秦，而殉王以鼠首，臣竊爲王不取也。且無梁孰與無河內急？」王曰：「梁急。」「無梁孰與無身急？」王曰：「身急。」曰：「以三者，身，上也；河內，其下也。秦未索其下，而王效其上，可乎？」 堯 舜 堯 舜 堯 舜

21 《卷二十九　燕一》第４１２

人有惡蘇秦於燕王者，曰：「武安君，天下不信人也。王以萬乘下之，尊之於廷，示天下與小人群也。」

武安君從齊來，而燕王不館也。謂燕王曰：………
燕王曰：「夫忠信，又何罪之有也？」

對曰：「足下不知也。臣鄰家有遠爲吏者，其妻私人。其夫且歸，
其私之者憂之。其妻曰：『公勿憂也，吾已爲藥酒以待之矣。』後二日，
夫至。妻使妾奉卮酒進之。妾知其藥酒也，進之則殺主父，言之則逐
主母，乃陽僵棄酒。主父大怒而笞之。故妾一僵而棄酒，上以活主父，
下以存主母也。忠至如此，然不免於笞，此以忠信得罪者也。臣之事，
適不幸而有類妾之棄酒也。且臣之事足下，亢義益國，今乃得罪，臣
恐天下後事足下者，莫敢自必也。且臣之說齊，曾不欺之也。使之說
齊者，莫如臣之言也，雖堯、舜之智，不敢取也。」 堯 舜

22 《卷二十九　燕一》第４１６（A）

燕王噲既立，蘇秦死於齊。蘇秦之在燕也，與其相子之為婚，而
蘇代與子之交。及蘇秦死，而齊宣王[一]復用蘇代。

燕噲三年，與楚、三晉攻秦，不勝而還。子之相燕，貴重主斷。
蘇代為齊使於燕，燕王問之曰：「齊宣王何如？」對曰：「必不覇。」燕
王曰：「何也？」對曰：「不信其臣。」蘇代欲以激燕王以厚任子之也。
於是燕王大信子之。子之因遺蘇代百金，聽其所使。

鹿毛壽謂燕王曰：「不如以國讓子之。人謂堯賢者，以其讓天下於 堯
許由，由必不受，有讓天下之名，實不失天下。今王以國讓相子之，
子之必不敢受，是王與堯同行也。」燕王因舉國屬子之，子之大重。 堯

或曰：「禹授益而以啓爲吏，及老，而以啓爲不足任天下，傳之益 禹
也。啓與支黨攻益而奪之天下，是禹名傳天下於益，其實令啓自取之。 禹
今王言屬國子之，而吏無非太子人者，是名屬子之，而太子用事。」王
因收印自三百石吏而效之子之。子之南面行王事，而噲老不聽政，顧
爲臣，國事皆決子之。

23 《卷二十九　燕一》第４２４

「奉陽君告朱讙與趙足曰：『齊王使公王曰命說曰，必不反韓珉，
今召之矣。必不任蘇子以事，今封而相之。令不合燕，今以燕爲上交。
吾所恃者順也，今其言變有甚於其父，順始與蘇子爲讎。見之知無厲，
今賢之兩之，已矣，吾無齊矣！』

「奉陽君之怒甚矣。如齊王王之不信趙，而小人奉陽君也，因是
而倍之。不以今時大紛之，解而復合，則後不可奈何也。故齊、趙之
合苟可循也，死不足以爲臣患；逃不足以爲臣恥；爲諸侯，不足以爲
臣榮；被髮自漆爲厲，不足以爲臣辱。然而臣有患也，臣死而齊、趙
不循，惡交分於臣也，而後相效，是臣之患也。若臣死而必相攻也，
臣必勉之而求死焉。堯、舜之賢而死，禹、湯之知而死，孟賁之勇而 堯 舜 禹

死，烏獲之力而死，生之物固有不死者乎？在必然之物以成所欲，王何疑焉？

65 列 子

文献名：65. 列子

資料番号	伏羲	太皞	其他	女媧	其他	神農	炎帝	赤帝	其他	黄帝	軒轅氏	其他	顓頊	高陽	其他	注(左半葉) 注a	注b
1										1							
2										2							
3																	
4										3							
5	1			1		1	1			1							
6										1							
7																	
8										2							
9																	
10																	
11	1			1		1				1			1				
12																	
13																	
14																	
15										1							
16										1							
17																	
18																	
19																	
20																	
21																	
22	1																
23						1	1(a)									(有炎)	
計	3			2		3	2			13			1				

献名：65. 列子

嚳	高辛	其他	堯	陶唐	其他	舜	有虞	其他	禹	其他	三皇	五帝	注(右半葉) 注e	注f	参考	資料番号
																1
																2
						2										3
																4
			1													5
																6
												1				7
																8
											2	2				9
			4			2										10
									1							11
									1							12
									1							13
			1			1										14
																15
																16
			1			1										17
			1			1										18
									2							19
			1			3			3							20
			1			1										21
											1	1				22
							1									23
			10			11	1		8		3	4				計

65 列子

1 《天瑞　第一》

子列子居鄭圃，四十年人无識者。國君卿大夫眎之，猶衆庶也。
國不足，將嫁於衛。弟子曰：「先生往无反期，弟子敢有所謁；先生將
何以教？先生不聞壺丘子林之言乎？」子列子笑曰：「壺子何言哉？雖
然，夫子嘗語伯昏瞀人。吾側聞之，試以告女。其言曰：有生不生，
有化不化。不生者能生生，不化者能化化。生者不能不生，化者不能
不化。故常生常化。常生常化者，无時不生，无時不化。陰陽爾，四
時爾，不生者疑獨，不化者往復。往復、其際不可終，疑獨、其道不
可窮。《黃帝書》曰：谷神不死，是謂玄牝。玄牝之門，是謂天地之根。 黃帝
綿綿若存，用之不勤。故生物者不生，化物者不化。自生自化，自形
自色，自智自力，自消自息。謂之生化、形色、智力、消息者，非也。」

2 《天瑞　第一》

《黃帝書》曰：「形動不生形而生影，聲動不生聲而生響，无動不 黃帝
生无而生有。」形、必終者也，天地終乎？與我偕終。終進乎？不知也。
道終乎本无始，進乎本不又。有生則復於不生，有形則復於无形。不
生者，非本不生者也；无形者，非本无形者也。生者、理之必終者也。
終者不得不終，亦如生者之不得不生。而欲恆其生，盡其終，惑於數
也。精神者，天之又，骨骸者，地之又。屬天清而散，屬地濁而聚。
精神離形，各歸其真；故謂之鬼。鬼者、歸也，歸其真宅。黃帝曰：「精 黃帝
神入其門，骨骸反其根，我尚何存？」

3 《天瑞　第一》

舜問乎烝曰：「道可得而有乎？」曰：「汝身非汝有也，汝何得有 舜
夫道？」舜曰：「吾身非吾有，孰有之哉？」曰：「是天地之委形也。 舜
生非汝有，是天地之委和也。性命非汝有，是天地之委順也。孫子非
汝有，是天地之委蛻也。故行不知所往，處不知所持，食不知所以。
天地强陽，氣也；又胡可得而有邪？」

4 《黃帝　第二》 黃帝

黃帝即位十有五年，喜天下之戴己，養正命，娛耳目，供鼻口， 黃帝
焦然肌色皯黣，昏然五情爽惑。又十有五年，憂天下之不治，竭聰明，
進智力，營百姓，焦然肌色皯黣，昏然五情爽惑。黃帝乃喟然讚曰：「朕 黃帝
之過淫矣。養一己其患如此，治萬物其患如此。」於是放萬機，舍宮寢，
去直侍，徹鐘懸，減廚膳，退而閒居大庭之館，齋心服形，三月不親

政事。晝寢而夢，遊於華胥氏之國。華胥氏之國在弇州之西，台州之北，不知斯齊國幾千萬里；蓋非舟車足力之所及，神游而已。其國无師長，自然而已。其民无嗜慾，自然而已。不知樂生，不知惡死，故无夭殤；不知親己，不知踈物，故无愛憎；不知背逆，不知向順，故无利害：都无所愛惜，都无所畏忌。入水不溺，入火不熱。斫撻无傷痛，指擿无痟癢。乘空如履實，寢虛若處床。雲霧不硋其視，雷霆不亂其聽，美惡不滑其心，山谷不躓其步，神行而已。黄帝既寤，怡然自得，召天老、力牧、太山稽，告之，曰：「朕閒居三月，齋心服形，思有以養身治物之道，弗獲其術。疲而睡，所夢若此，今知至道不可以情求矣。朕知之矣！朕得之矣！而不能以告若矣。」又二十有八年，天下大治，幾若華胥氏之國，而帝登假。百姓號之，二百餘年不輟。 黄帝

5 《黄帝　第二》

狀不必童而智童，智不必童而狀童。聖人取童智而遺童狀，衆人近童狀而踈童智。狀與我童者，近而愛之；狀與我異者，踈而畏之。有七尺之骸，手足之異，戴髮含齒，倚而趣者，謂之人；而人未必无獸心。雖有獸心，以狀而見親矣。傅翼戴角，分牙布爪，仰飛伏走，謂之禽獸；而禽獸未必无人心。雖有人心，以狀而見踈矣。庖犧氏、女媧氏、神農氏、夏后氏，蛇身人面，牛首虎鼻：此有非人之狀，而有大聖之德。夏桀、殷紂、魯桓、楚穆，狀貌七竅，皆同於人，而有禽獸之心。而衆人守一狀以求至智，未可幾也。黄帝與炎帝戰於阪泉之野，帥熊、羆、狼、豹、貙、虎爲前驅，以鵰、鶡、鷹、鳶爲旗幟，此以力使禽獸者也。堯使夔典樂，擊石拊石，百獸率舞；簫韶九成，鳳皇來儀：此以聲致禽獸者也。然則禽獸之心，奚爲異人？形音與人異，而不知接之之道焉。聖人无所不知，无所不通，故得引而使之焉。禽獸之智有自然與人童者，其齊欲攝生，亦不假智於人也：牝牡相偶，母子相親；避平依險，違寒就溫；居則有群，行則有列；小者居內，壯者居外；飲則相攜，食則鳴群。太古之時，則與人同處，與人並行。帝王之時，始驚駭散亂矣。逮於末世，隱伏逃竄，以避患害。今東方介氏之國，其國人數數解六畜之語者，蓋偏知之所得。太古神聖之人，備知萬物情態，悉解異類音聲。會而聚之，訓而受之，同於人民。故先會鬼神魑魅，次達八方人民，末聚禽獸蟲蛾。言血氣之類心智不殊遠也。神聖知其如此，故其所教訓者无所遺逸焉。 庖犧氏 女媧氏 神農氏 黄帝 炎帝 堯

6 《周穆王　第三》

周穆王時，西極之國有化人來，入水火，貫金石；反山川，移城邑；乘虛不墜，觸實不硋。千變萬化，不可窮極。既已變物之形，又且易人之慮。穆王敬之若神，事之若君。推路寢以居之，引三牲以進

之，選女樂以娛之。化人以爲王之宮室卑陋而不可處，王之廚饌腥螻而不可饗，王之嬪御膻惡而不可親。穆王乃爲之改築。土木之功，赭堊之色，无遺巧焉。五府爲虛，而臺始成。其高千仞，臨終南之上，號曰中天之臺。簡鄭衛之處子娥媌靡曼者，施芳澤，正娥眉，設笄珥，衣阿錫，曳齊紈。粉白黛黑，珮玉環。雜芷若以滿之，奏《承雲》、《六瑩》、《九韶》、《晨露》以樂之。月月獻玉衣，旦旦薦玉食。化人猶不舍然，不得已而臨之。居亡幾何，謁王同游。王執化人之祛，騰而上者，中天迺止。暨及化人之宮。化人之宮構以金銀，絡以珠玉；出雲雨之上，而不知下之所據，望之若屯雲焉。耳目所觀聽，鼻口所納嘗，皆非人間之有。王實以爲清都、紫微、鈞天、廣樂，帝之所居。王俯而視之，其宮榭若累塊積蘇焉。王自以居數十年不思其國也。化人復謁王同游，所及之處，仰不見日月，俯不見河海。光影所照，王目眩不能得視；音響所來，王耳亂不能得聽。百骸六藏，悸而不凝。意迷精喪，請化人求還。化人移之，王若磒虛焉。既寤，所坐猶嚮者之處，侍御猶嚮者之人。視其前，則酒未清，肴未昲。王問所從來。左右曰：「王默存耳。」由此穆王自失者三月而復。更問化人。化人曰：「吾與王神游也，形奚動哉？且曩之所居，奚異王之宮？曩之所游，奚異王之圃？王閒恆有，疑蹔亡。變化之極，徐疾之閒，可盡模哉？」王大悅。不恤國事，不樂臣妾，肆意遠游。命駕八駿之乘，右服驊騮而左綠耳，右驂赤驥而左白㲂，王主車則造父爲御，𦧟𠂆爲右；次車之乘，右服渠黃而左踰輪，左驂盜驪而右山子，柏夭主車，參百爲御，奔戎爲右。馳驅千里，至於巨蒐氏之國。巨蒐氏乃獻白鵠之血以飲王，具牛馬之湩以洗王之足，及二乘之人。已飲而行，遂宿于崑崙之阿，赤水之陽。別日升于崑崙之丘，以觀黃帝之宮；而封之以詒後世。遂賓于西王母，觴於瑤池之上。西王母爲王謠，王和之，其辭哀焉。西觀日之所入。一日行萬里。王乃歎曰：「於乎！予一人不盈于德而諧於樂。後世其追數吾過乎！」穆王幾神人哉！能窮當身之樂，猶百年乃徂，世以爲登假焉。 黃帝

7 《周穆王　第三》

老成子學幻於尹文先生，三年不告。老成子請其過而求退。尹文先生揖而進之於室。屏左右而與之言曰：「昔老聃之徂西也，顧而告予曰：有生之氣，有形之狀，盡幻也。造化之所始，陰陽之所變者，謂之生，謂之死。窮數達變，因形移易者，謂之化，謂之幻。造物者其巧妙，其功深，固難窮難終。因形者其巧顯，其功淺，故隨起隨滅。知幻化之不異生死也，始可與學幻矣。吾與汝亦幻也，奚須學哉？」老成子歸，用尹文先生之言深思三月；遂能存亡自在，憣校四時；冬起雷，夏造冰。飛者走，走者飛。終身不箸其術，固世莫傳焉。子列

子曰：「善爲化者，其道密庸，其功同人。五帝之德，三王之功，未必 五帝
盡智勇之力，或由化而成。孰測之哉？」

8 《周穆王　第三》

鄭人有薪於野者，遇駭鹿，御而擊之，斃之。恐人見之也，遽而藏諸隍中，覆之以蕉。不勝其喜。俄而遺其所藏之處，遂以爲夢焉。順塗而詠其事。傍人有聞者，用其言而取之。既歸，告其室人曰：「向薪者夢得鹿而不知其處；吾今得之，彼直真夢矣。」室人曰：「若將是夢見薪者之得鹿邪？詎有薪者邪？今真得鹿，是若之夢真邪？」夫曰：「吾據得鹿，何用知彼夢我夢邪？」薪者之歸，不厭失鹿。其夜真夢藏之之處，又夢得之之主。爽旦，案所夢而尋得之。遂訟而爭之，歸之士師。士師曰：「若初真得鹿，妄謂之夢；真夢得鹿，妄謂之實。彼真取若鹿，而與若爭鹿。室人又謂夢仞人鹿，无人得鹿。今據有此鹿，請二分之。」以聞鄭君。鄭君曰：「嘻！士師將復夢分人鹿乎？」訪之
國相。國相曰：「夢與不夢，臣所不能辨也。欲辨覺夢，唯黃帝、孔丘。 黃帝
今亡黃帝、孔丘，孰辨之哉？且恂士師之言可也。」 黃帝

9 《仲尼　第四》

商太宰見孔子曰：「丘聖者歟？」孔子曰：「聖則丘何敢，然則丘博學多識者也。」商太宰曰：「三王聖者歟？」孔子曰：「三王善任智勇
者，聖則丘不知。」曰：「五帝聖者歟？」孔子曰：「五帝善任仁義者， 五帝 五帝
聖則丘弗知。」曰：「三皇聖者歟？」孔子曰：「三皇善任因時者，聖則 三皇 三皇
丘弗知。」商太宰大駭，曰：「然則孰者爲聖？」孔子動容有間，曰：「西方之人有聖者焉，不治而不亂，不言而自信，不化而自行，蕩蕩乎民无能名焉。丘疑其爲聖。弗知真爲聖歟？真不聖歟？」商太宰嘿然心計曰：「孔丘欺我哉！」

10 《仲尼　第四》

堯治天下五十年，不知天下治歟，不治歟？不知億兆之願戴己歟？ 堯
不願戴己歟？顧問左右，左右不知。問外朝，外朝不知。問在野，在
野不知。堯乃微服游於康衢，聞兒童謠曰：「立我蒸民，莫匪爾極。不 堯
識不知，順帝之則。」堯喜問曰：「誰教爾爲此言？」童兒曰：「我聞之 堯
大夫。」問大夫。大夫曰：「古詩也。」堯還宮，召舜，因禪以天下。舜 堯 舜 舜
不辭而受之。

11 《湯問　第五》

殷湯問於夏革曰：「古初有物乎？」夏革曰：「古初无物，今惡得物？後之人將謂今之无物，可乎？」殷湯曰：「然則物无先後乎？」夏

革曰：「物之終始，初无極已。始或爲終，終或爲始，惡知其紀？然自
物之外，自事之先，朕所不知也。」殷湯曰：「然則上下八方有極盡乎？」
革曰：「不知也。」湯固問。革曰：「无則无極，有則有盡；朕何以知之？
然无極之外復无无極，无盡之中復无无盡。无極復无无極，无盡復无
无盡。朕以是知其无極无盡也，而不知其有極有盡也。」湯又問曰：「四
海之外奚有？」革曰：「猶齊州也。」湯曰：「汝奚以實之？」革曰：「朕
東行至營，人民猶是也。問營之東，復猶營也。西行至豳，人民猶是
也。問豳之西，復猶豳也。朕以是知四海、四荒、四極之外不異是也。
故大小相含，无窮極也。含萬物者，亦如含天地。含萬物也故不窮，
含天地也故无極。朕亦焉知天地之表不有大天地者乎？亦吾所不知也。
然則天地亦物也。物有不足，故昔者女媧氏練五色石以補其闕；斷鼇 女媧氏
之足以立四極。其後共工氏與顓頊爭爲帝，怒而觸不周之山，折天柱， 顓頊
絕地維；故天傾西北，日月星辰就焉；地不滿東南，故百川水潦歸焉。」
湯又問：「物有巨細乎？有脩短乎？有同異乎？」革曰：「渤海之東不
知幾億萬里有大壑焉，實惟无底之谷，其下无底，名曰歸墟。八紘九
野之水，天漢之流，莫不注之，而无增无減焉。其中有五山焉：一曰
岱輿，二曰員嶠，三曰方壺，四曰瀛洲，五曰蓬萊。其山高下周旋三
萬里，其頂平處九千里。山之中閒相去七萬里，以爲鄰居焉。其上臺
觀皆金玉，其上禽獸皆純縞。珠玕之樹皆叢生，華實皆有滋味；食之
皆不老不死。所居之人皆仙聖之種；一日一夕飛相往來者，不可數焉。
而五山之根无所連箸，常隨潮波上下往還，不得蹔峙焉。仙聖毒之，
訴之於帝。帝恐流於西極，失群仙聖之居，乃命禺彊使巨鼇十五舉首
而戴之。迭爲三番，六萬歲一交焉。五山始峙而不動。而龍伯之國有
大人，舉足不盈數步而暨五山之所，一釣而連六鼇，合負而趣歸其國，
灼其骨以數焉。於是岱輿、員嶠二山流於北極，沈於大海，仙聖之播
遷者巨億計。帝憑怒，侵減龍伯之國使阨，侵小龍伯之民使短。至伏 伏羲
羲神農時，其國人猶長數十丈。從中州以東四十萬里得僬僥國，人長 神農
一尺五寸。東北極有人名曰諍人，長九寸。荊之南有冥靈者，以五百
歲爲春，五百歲爲秋。上古有大椿者，以八千歲爲春，八千歲爲秋。
朽壤之上有菌芝者，生於朝，死於晦。春夏之月有蠓蚋者，因雨而生，
見陽而死。終北之北有溟海者，天池也，有魚焉，其廣數千里，其長
稱焉，其名爲鯤。有鳥焉，其名爲鵬，翼若垂天之雲，其體稱焉。世
豈知有此物哉？大禹行而見之，伯益知而名之，夷堅聞而志之。江浦 大禹
之閒生麼蟲，其名曰焦螟，群飛而集於蚊睫，弗相觸也。栖宿去來，
蚊弗覺也。離朱子羽方晝拭眥揚眉而望之，弗見其形；觚俞師曠方夜
擿耳俛首而聽之，弗聞其聲。唯黃帝與容成子居空桐之上，同齋三月， 黃帝
心死形廢；徐以神視，塊然見之，若嵩山之阿；徐以氣聽，砰然聞之，
若雷霆之聲。吳，楚之國有大木焉，其名爲櫾。碧樹而冬青，實丹而

味酸。食其皮汁，已憒厥之疾。齊州珍之，渡淮而北而化爲枳焉。鸜鵒不踰濟，貉踰汶則死矣；地氣然也。雖然，形氣異也，性鈞已，无相易已。生皆全已，分皆足已。吾何以識其巨細？何以識其脩短？何以識其同異哉？」

12 《湯問　第五》

大禹曰：「六合之閒，四海之内，照之以日月，經之以星辰，紀之以四時，要之以太歲。神靈所生，其物異形；或夭或壽，唯聖人能通其道。」夏革曰：「然則亦有不待神靈而生，不待陰陽而形，不待日月而明，不待殺戮而夭，不待將迎而壽，不待五穀而食，不待繒纊而衣，不待舟車而行，其道自然，非聖人之所通也。」 大禹

13 《湯問　第五》

禹之治水土也，迷而失塗，謬之一國。濱北海之北，不知距齊州幾千萬里。其國名曰終北，不知際畔之所齊限，无風雨霜露，不生鳥獸、蟲魚、草木之類。四方悉平，周以喬陟。當國之中有山，山名壺領，狀若甔甀。頂有口，狀若員環，名曰滋穴。有水湧出，名曰神瀵，臭過蘭椒，味過醪醴。一源分爲四埒，注於山下。經營一國，亡不悉徧。土氣和，亡札厲。人性婉而從物，不競不爭。柔心而弱骨，不驕不忌；長幼儕居。不君不臣；男女雜游，不媒不聘；緣水而居，不耕不稼。土氣溫適，不織不衣；百年而死，不夭不病。其民孳阜亡數，有喜樂，亡衰老哀苦。其俗好聲，相攜而迭謠，終日不輟音。飢惓則飲神瀵，力志和平。過則醉，經旬乃醒。沐浴神瀵，膚色脂澤，香氣經旬乃歇。周穆王北遊過其國，三年忘歸。既反周室，慕其國，惝然自失。不進酒肉，不召嬪御者，數月乃復。管仲勉齊桓公因遊遼口，俱之其國，幾剋舉。隰朋諫曰：「君舍齊國之廣，人民之衆，山川之觀，殖物之阜，禮義之盛，章服之美；妖靡盈庭，忠良滿朝。肆咤則徒卒百萬，視撝則諸侯從命，亦奚羨於彼而棄齊國之社稷，從戎夷之國乎？此仲父之耄，柰何從之？」桓公乃止，以隰朋之言告管仲。仲曰：「此固非朋之所及也。臣恐彼國之不可知之也。齊國之富奚戀？隰朋之言奚顧？」 禹

14 《力命　第六》

力謂命曰：「若之功奚若我哉？」命曰：「汝奚功於物而欲比朕？」力曰：「壽夭、窮達，貴賤、貧富，我力之所能也。」命曰：「彭祖之智不出堯舜之上，而壽八百；顏淵之才不出衆人之下，而壽十八。仲尼之德不出諸侯之下，而困於陳蔡；殷紂之行不出三仁之上，而居君位。季札无爵於吳，田恆專有齊國。夷齊餓於首陽，季氏富於展禽。若是 堯 舜

汝力之所能，柰何壽彼而夭此，窮聖而達逆，賤賢而貴愚，貧善而富惡邪？」力曰：「若如若言，我固无功於物，而物若此邪，此則若之所制邪？」命曰：「既謂之命，柰何有制之者邪？朕直而推之，曲而任之。自壽自夭，自窮自達，自貴自賤，自富自貧，朕豈能識之哉？朕豈能識之哉？」

15 《力命　第六》

管夷吾、鮑叔牙二人相友甚戚，同處於齊。管夷吾事公子糾，鮑叔牙事公子小白。齊公族多寵，嫡庶並行。國人懼亂。管仲與召忽奉公子糾奔魯，鮑叔奉公子小白奔莒。既而公孫无知作亂，齊无君，二公子爭入。管夷吾與小白戰於莒，道射中小白帶鉤。小白既立，脅魯殺子糾，召忽死之，管夷吾被囚。鮑叔牙謂桓公曰：「管夷吾能，可以治國。」桓公曰：「我讎也，願殺之。」鮑叔牙曰：「吾聞賢君无私怨，且人能爲其主，亦必能爲人君。如欲霸王，非夷吾其弗可。君必舍之！」遂召管仲。魯歸之，齊鮑叔牙郊迎，釋其囚。桓公禮之，而位於高、國之上，鮑叔牙以身下之，任以國政，號曰仲父。桓公遂霸。管仲嘗歎曰：「吾少窮困時，嘗與鮑叔賈，分財多自與；鮑叔不以我爲貪，知我貧也。吾嘗爲鮑叔謀事而大窮困，鮑叔不以我爲愚，知時有利不利也。吾嘗三仕三見逐於君，鮑叔不以我爲不肖，知我不遭時也。吾嘗三戰三北，鮑叔不以我爲怯，知我有老母也。公子糾敗，召忽死之，吾幽囚受辱；鮑叔不以我爲无恥，知我不羞小節而恥功名不顯於天下也。生我者父母，知我者鮑叔也！」此世稱管、鮑善交者，小白善用能者。然實无善交，實无用能也。實无善交、實无用能者，非更有善交，更有善用能也。召忽非能死，不得不死；鮑叔非能舉賢，不得不舉；小白非能用讎，不得不用。及管夷吾有病，小白問之，曰：「仲父之病病矣，可不諱云。至於大病，則寡人惡乎屬國而可？」夷吾曰：「公誰欲歟？」小白曰：「鮑叔牙可。」曰：「不可；其爲人也，潔廉善士也，其於不己若者不比之人，一聞人之過，終身不忘。使之理國，上且鉤乎君，下且逆乎民。其得罪於君也，將弗久矣。」小白曰：「然則孰可？」
對曰：「勿已，則隰朋可。其爲人也，上忘而下不叛，愧其不若黃帝而 黃帝
哀不己若者。以德分人謂之聖人，以財分人謂之賢人。以賢臨人，未有得人者也；以賢下人者，未有不得人者也。其於國有不聞也，其於家有不見也。勿已，則隰朋可。」然則管夷吾非薄鮑叔也，不得不薄；非厚隰朋也，不得不厚。厚之於始，或薄之於終；薄之於終，或厚之於始。厚薄之去來，弗由我也。

16 《力命　第六》

楊布問曰：「有人於此，年、兄弟也，言、兄弟也，才、兄弟也，

貌、兄弟也；而壽夭、父子也，貴賤、父子也，名譽、父子也，愛憎、父子也。吾惑之。」楊子曰：「古之人有言，吾嘗識之，將以告若。不知所以然而然，命也。今昏昏昧昧，紛紛若若，隨所爲，隨所不爲。日去日來，孰能知其故？皆命也夫。信命者，亡壽夭；信理者，亡是非；信心者，亡逆順；信性者，亡安危。則謂之都亡所信，都亡所不信。真矣慤矣，奚去奚就？奚哀奚樂？奚爲奚不爲？《黃帝之書》云：『至人居若死，動若械。』亦不知所以居，亦不知所以不居；亦不知所以動，亦不知所以不動。亦不以衆人之觀易其情貌，亦不謂衆人之不觀不易其情貌。獨往獨來，獨出獨入，孰能礙之？」 黃帝

17 《楊朱　第七》

楊朱游於魯，舍於孟氏。孟氏問曰：「人而已矣，奚以名爲？」曰：「以名者爲富。」「既富矣，奚不已焉？」曰：「爲貴。」「既貴矣，奚不已焉？」曰：「爲死。」「既死矣，奚爲焉？」曰：「爲子孫。」「名奚益於子孫？」曰：「名乃苦其身、燋其心。乘其名者，澤及宗族，利兼鄉黨；況子孫乎？」「凡爲名者必廉，廉斯貧；爲名者必讓，讓斯賤。」曰：「管仲之相齊也，君淫亦淫，君奢亦奢。志合言從，道行國霸。死之後，管氏而已。田氏之相齊也，君盈則己降，君歛則己施。民皆歸之，因有齊國；子孫享之，至今不絕。若實名貧，僞名富。」曰：「實無名，名無實。名者、僞而已矣。堯舜僞以天下讓許由、善卷，而不失天下，享祚百年。伯夷叔齊實以孤竹君讓而終亡其國，餓死於首陽之山。實、僞之辯，如此其省也。」 堯 舜

18 《楊朱　第七》

楊朱曰：「萬物所異者生也，所同者死也。生則有賢愚、貴賤，是所異也；死則有臭腐、消滅，是所同也。雖然，賢愚、貴賤非所能也，臭腐、消滅亦非所能也。故生非所生，死非所死；賢非所賢，愚非所愚，貴非所貴，賤非所賤。然而萬物齊生齊死，齊賢齊愚，齊貴齊賤。十年亦死，百年亦死。仁聖亦死，凶愚亦死。生則堯、舜，死則腐骨；生則桀、紂，死則腐骨。腐骨一矣，孰知其異？且趣當生，奚遑死後？」 堯 舜

19 《楊朱　第七》

楊朱曰：「伯成子高不以一毫利物，舍國而隱耕。大禹不以一身自利，一體偏枯。古之人損一毫利天下、不與也，悉天下奉一身、不取也。人人不損一毫，人人不利天下，天下治矣。」禽子問楊朱曰：「去子體之一毛以濟一世，汝爲之乎？」楊子曰：「世固非一毛之所濟。」禽子曰：「假濟，爲之乎？」楊子弗應。禽子出語孟孫陽。孟孫陽曰：「子不達夫子之心，吾請言之。有侵若肌膚獲萬金者，若爲之乎？」 大禹

曰：「爲之。」孟孫陽曰：「有斷若一節得一國，子爲之乎？」禽子默然有閒。孟孫陽曰：「一毛微於肌膚，肌膚微於一節，省矣。然則積一毛以成肌膚，積肌膚以成一節。一毛固一體萬分中之一物，奈何輕之乎？」禽子曰：「吾不能所以荅子。然則以子之言問老聃、關尹，則子言當矣；
以吾言問大禹、墨翟，則吾言當矣。」孟孫陽因顧與其徒說他事。 大禹

20 《楊朱　第七》

楊朱曰：「天下之美歸之舜、禹、周、孔，天下之惡歸之桀、紂。 舜 禹
然而舜耕於河陽，陶於雷澤，四體不得蹔安，口腹不得美厚；父母之 舜
所不愛，弟妹之所不親。行年三十，不告而娶。及受堯之禪，年已長， 堯
智已衰。商鈞不才，禪位於禹，戚戚然以至於死。此天人之窮毒者也。 禹
鯀治水土，績用不就，殛諸羽山。禹纂業事讎，惟荒土功，子產不字， 禹
過門不入；身體偏枯，手足胼胝。及受舜禪，卑宮室，美紱冕，戚戚 舜
然以至於死：此天人之憂苦者也。武王既終，成王幼弱，周公攝天子之政。邵公不悅，四國流言。居東三年，誅兄放弟，僅免其身，戚戚然以至於死：此天人之危懼者也。孔子明帝王之道，應時君之聘，伐樹於宋，削迹於衛，窮於商周，圍於陳蔡，受屈於季氏，見辱於陽虎，戚戚然以至於死：此天民之遑遽者也。凡彼四聖者，生无一日之歡，死有萬世之名。名者、固非實之所取也。雖稱之弗知，雖賞之不知，與株塊无以異矣。桀藉累世之資，居南面之尊，智足以距群下，威足以震海内；恣耳目之所娱，窮意慮之所爲，熙熙然以至於死：此天民之逸蕩者也。紂亦藉累世之資，居南面之尊；威无不行，志无不從；肆情於傾宮，縱欲於長夜；不以禮義自苦，熙熙然以至於誅：此天民之放縱者也。彼二凶也，生有從欲之歡，死被愚暴之名。實者、固非名之所與也，雖毀之不知，雖稱之弗知，此與株塊奚以異矣。彼四聖、雖美之所歸，苦以至終，同歸於死矣。彼二凶、雖惡之所歸，樂以至終，亦同歸於死矣。

21 《楊朱　第七》

楊朱見梁王，言治天下如運諸掌。梁王曰：「先生有一妻一妾而不能治，三畝之園而不能芸；而言治天下如運諸掌，何也？」對曰：「君見其牧羊者乎？百羊而群，使五尺童子荷箠而隨之，欲東而東，欲西
而西。使堯牽一羊，舜荷箠而隨之，則不能前矣。且臣聞之：吞舟之 堯 舜
魚不游枝流；鴻鵠高飛，不集汙池。何則？其極遠也。黃鐘、大呂不可從煩奏之舞。何則？其音疏也。將治大者不治細，成大功者不成小，此之謂矣。」

22 《楊朱　第七》

楊朱曰：「太古之事滅矣，孰誌之哉？三皇之事若存若亡，五帝之事若覺若夢，三王之事或隱或顯，億不識一。當身之事或聞或見，萬不識一。目前之事或存或廢，千不識一。太古至于今日，年數固不可勝紀。但伏羲已來三十餘萬歲，賢愚、好醜，成敗、是非，无不消滅；但遲速之閒耳。矜一時之毀譽，以焦苦其神形，要死後數百年中餘名，豈足潤枯骨？何生之樂哉？」

三皇 五帝

伏羲

23 《說符　第八》

子列子學於壺丘子林。壺丘子林曰：「子知持後，則可言持身矣。」列子曰：「願聞持後。」曰：「顧若影，則知之。」列子顧而觀影：形枉則影曲，形直則影正。然則枉直隨形而不在影，屈申任物而不在我。此之謂持後而處先。關尹謂子列子曰：「言美則響美，言惡則響惡；身長則影長，身短則影短。名也者，響也，行也者、影也。故曰：愼爾言，將有和之；愼爾行，將有隨之。是故聖人見出以知入，觀往以知來，此其所以先知之理也。度在身，稽在人。人愛我，我必愛之；人惡我，我必惡之。湯、武愛天下，故王；桀、紂惡天下，故亡，此所稽也。稽度皆明而不道也，譬之出不由門，行不從徑也。以是求利，不亦難乎？嘗觀之神農、有炎之德，稽之虞、夏、商、周之書，度諸法士賢人之言，所以存亡廢興而非由此道者，未之有也。」嚴恢曰：「所爲問道者爲富。今得珠亦富矣，安用道？」子列子曰：「桀、紂唯重利而輕道，是以亡。幸哉余未汝語也。人而无義，唯食而已，是雞狗也。彊食靡角，勝者爲制，是禽獸也。爲雞狗禽獸矣，而欲人之尊己，不可得也。人不尊己，則危辱及之矣。」

神農 有炎 虞

66 尚書大傳

文献名：66.尚書大傳

資料番号	伏羲	太皞	其他	女媧	其他	神農	炎帝	赤帝	其他	黄帝	軒轅氏	其他	顓頊	高陽	其他	注(左半葉 注a	 注
1-1																	
1-2																	
1-3																	
2																	
3																	
4																	
5																	
6-1																	
6-2																	
7																	
8-1	4		2 (a) (a)			4			2 (b) (b)	1						戯皇	農
8-2																	
9-1																	
9-2		1															
9-3							1										
9-4										1							
9-5																	
9-6													1				
計	4	1	2			4	1		2	2			1				

献名：66.尚書大傳

嚳		其他	堯		其他	舜		其他	禹	其他	三皇	五帝	注(右半葉)		参考	資料番号
	高辛			陶唐			有虞						注e	注f		
			5	1		9										1-1
				3			3									1-2
			3			1										1-3
			1			6	2		1							2
				2		1	2		2							3
							1		2							4
							1									5
			1			1										6-1
							1		1							6-2
			1													7
			2			2			1			2				8-1
			2			1			1							8-2
									2							9-1
																9-2
																9-3
																9-4
															少皞	9-5
																9-6
			15	6		21	10		10			2				計

66 尚書大傳

1-1 《卷一　唐傳一》〈堯典〉　唐 堯

孔子對子張曰：男子三十而娶，女子二十而嫁。女二十而通織紝
績紡之事、黼黻文章之美，不若是，則上無以孝于舅姑，下無以事夫
養子也。舜、父頑母嚚，不見室家之端。故謂之鰥。《書》曰：「有鰥　舜
在下，曰虞舜。」　虞舜

否、不也。

堯爲天子，丹朱爲太子，舜爲左右。堯知丹朱之不肖，必將壞其　堯 舜 堯
宗廟、滅其社稷，而天下同賊之。故堯推尊舜而尚之，屬諸侯焉，納　堯 舜
之大麓之野，烈風雷雨不迷，致之以昭華之玉。

舜漁于靁澤之中。　舜

陶于河濱，販于頓丘。就時負夏。

舜耕于歷山，夢眉與髮等。　舜

舜修五禮五玉三帛。　舜

舜以天德嗣堯，西王母來獻白玉琯。　舜 堯

正月上日，受終于文祖，在旋機玉衡，以齊七政。旋機者何也？
《傳》曰：旋者、還也，機者、幾也，微也。其變幾微，而所動者大，
謂之旋機。是故旋機謂之北極。受、謂舜也。上日、元日。　舜

1-2 《卷一　唐傳一》〈堯典〉

唐虞象刑而民不敢犯，苗民用刑而民興犯漸；唐虞之象刑，上刑　唐 虞 唐 虞
赭衣不純，中刑雜屨，下刑墨幪，以居州里而民恥之。

唐虞象刑：犯墨者蒙皁巾，犯劓者赭其衣，犯臏者以墨幪臏處而　唐 虞
畫之，犯大辟者布衣無領。

1-3 《卷一　唐傳一》〈堯典〉

舜讓于德不怡。　舜

惟刑之謐哉。

堯南撫交阯。　堯

堯時麒麟在郊藪。　堯

堯使契爲田。　堯

2　《卷二　虞傳二虞夏傳三》〈九共〉　虞 虞

予辯下土，使民平平，使民無敖。

舜彈五弦之琴，歌《南風》之詩，而天下治。　舜

舜攝時，三公九卿百執事。此堯之官也。故使百官事舜。　舜 堯 舜

成王問周公曰：「舜之冠何如焉？」周公曰：「古之人有冒皮而句 舜
領者，然鳳皇巢其樹，麒麟聚其域也。」

舜不登而高，不行而遠，拱揖於天下，而天下稱仁。 舜

子曰：「參，女以爲明主爲勞乎，昔者舜左禹而右皋陶，不下席而 舜 禹
天下治。」

3 《卷二　虞傳二虞夏傳三》〈咎繇謨〉 虞 虞

維五祀，奏鐘石，論人聲乃及鳥獸，咸變於前。故更箸四時，推
六律六呂，詢十有二變，而道宏廣。五作十道，孝力爲右。秋養耆老，
而春食孤子，乃浡然招樂，興于大鹿之野。報事還歸二年，謗然乃作
大唐之歌。其樂曰：「舟張辟雝，鶬鶬相從：八風回回，鳳皇喈喈。」 大唐
歌者三年，昭然乃知乎王世，明有不世之義。《招》爲賓客而《雍》爲
主人，始奏《肆夏》，納以《孝成》。舜爲賓客而禹爲主人，樂正進贊 舜 禹
曰：「尚攷大室之義，唐爲虞賓，至今衍于四海，成禹之變，垂於萬世 唐 虞 禹
之後。」于時卿雲聚，俊乂集，百工相和而歌卿雲。帝乃倡之曰：『卿
雲爛兮，禮縵縵兮：日月光華，旦復旦兮。」八伯咸進稽首而和曰：「明
明上天，爛然星陳，日月光華，宏予一人。」帝乃載歌曰：「日月有常，
星辰有行，四時從經，萬姓允誠；於予論樂，配天之靈，還于賢聖，
莫不咸聽。鼚乎鼓之，軒乎舞之，菁華已竭，褰裳去之。」于時乃八風
修通，卿雲藂藂，蟠龍賁信于其藏，蛟魚踊躍于其淵，龜魚咸出於其
穴，遷虞而事夏也。 虞

4 《卷三　虞傳四夏傳五》〈禹貢〉 虞 禹

高山大川五嶽四瀆之屬：五嶽，謂岱山、霍山、華山、恆山、嵩
山也，江、河、淮、濟爲四瀆。禹奠南方霍山，五嶽皆觸石而出雲， 禹
扶寸而合，不崇朝而雨天下。

5 《卷四　殷傳六》〈西伯戡耆〉

文王一年質虞芮，二年伐于，三年伐密須，四年伐畎夷。紂乃囚
之，散宜生、南宮括、閎夭三子相與學訟於太公。太公見三子，知爲 (虞)
賢人，遂酌酒切脯，除爲師學之禮，約爲朋友。四子遂見西伯于牖里，
散宜生遂之犬戎氏取美馬，駮身朱鬣雞目，取九六焉；之西海之濱取
白狐，青翰；之於陵氏取怪獸，大不辟虎狼、閒尾倍其身，名曰虞。
之有參氏取美女。之江淮之浦取大貝如車渠。陳於紂之庭，紂出見之，
還而觀之曰：「此何人也？」散宜生遂趨而進曰：「吾西蕃之臣，昌之
使者。」紂大悅曰：「非子罪也，崇侯也。」遂遣西伯伐崇。

6-1 《卷五　周傳七》〈甫刑〉

子張曰：「堯舜之主，一人不刑而天下治，何則？教誠而愛深也。一夫而被此五刑，子龍子曰：『未可謂能爲書。』」孔子曰：「不然也。五刑有此教。」 堯 舜

6-2 《卷五　周傳七》〈甫刑〉

禹之君民也，罰弗及饌而天下治，一饌六兩。 禹

古者中刑用鑽鑿。

有虞氏上刑。 有虞氏

上刑挾輕，下刑挾重。

7 《卷六》〈略說上〉

古者帝王躬率有司百執事，而以正月朝迎日於東郊，以爲萬物先而尊事天也。祀上帝於南郊，所以報天德。迎日之辭曰：「維某年月上日，明光于上下，勤施于四方，旁作穆穆，維予一人。某敬拜。」迎日東郊，《堯典》曰：「寅賓出日。」此之謂也。 堯

8-1 《卷六》〈略說下〉

遂人爲遂皇，伏羲爲戲皇，神農爲農皇也。遂人以火紀，火、大陽也。陽尊，故託遂皇于天。伏羲以人事紀，故託戲皇于人。蓋王非人不固，人非天不成也。神農以地紀，悉地力，種穀疏，故託農皇于地。天地人之道備，而三五之運興矣。 伏羲 戲皇 農皇 伏羲 神農 農皇

堯八眉，舜四瞳子，禹其跳，湯扁，文王四乳。 堯 舜 禹

八眉者、如八字者也，其跳者、踦也，扁者、枯也。言皆不善也。

伏羲氏沒，神農氏作；神農氏沒，黃帝、堯、舜氏作。 伏羲氏 神農

伏羲氏作八卦。 神農氏 黃帝

天立五帝以爲相，四時施生，法度明察，春夏慶賞，秋冬刑罰。 伏羲氏 五帝

多聞而齊給。

命五史以書五帝之蠱事。 五帝

8-2 《卷六》〈略說下〉

子夏讀《書》畢，見夫子。夫子問焉：「子何爲於《書》？」子夏曰：「《書》之論事也昭昭如日月之代明，離離若星辰之錯行；上有堯、舜之道，下有三王之義。商所受于夫子，志之于心，弗敢忘也。雖退而巖居河泲之閒、深山之中，作壤室，編蓬戶，尚彈琴其中，以歌先王之風，則亦可以發憤忼慨，忘己貧賤。有人亦樂之，無人亦樂之。而忽不知憂患與死也。」夫子造然變色曰：「嘻！子殆可與言《書》矣。雖然，見其表，未見其裏也。」顏回曰：「何謂也？」子曰：「闚其門，而不入其中，觀其奧藏之所在乎？然藏又非難也。丘嘗悉心盡志以入 堯 舜

其閒，前有高岸，後有大谿，填填正立而已。是故《堯典》可以觀美。《禹貢》可以觀事，《咎繇》可以觀治，《鴻範》可以觀度，六《誓》可以觀義，五《誥》可以觀仁，《甫刑》可以觀誡。通斯七觀，《書》之大義舉矣。」 堯 禹

9-1 《卷七》〈鴻範五行傳〉

維王后元祀，帝令大禹步于上帝，維時洪祀六沴，用咎于下，是用知不畏而神之怒。若六沴作，見若是共禦。帝用不差，神則不怒，五福乃降用章于下，若六沴作，見若不共禦，六伐既侵，六極其下。禹乃共辟厥德，受命休令。爰用五事，建用王極。長事，一曰皃，皃之不恭，是謂不肅。厥咎狂，厥罰恆雨，厥極惡，時則有服妖，時則有龜孽，時則有雞旤，時則有下體生于上之痾。時則有青眚青祥，維金沴木。次二事曰言，言之不從，是謂不艾。厥咎僭，厥罰恆陽，厥極憂。時則有詩妖，時則有介蟲之孽，時則有犬旤，時則有口舌之痾，時則有白眚白祥，維木沴金。次三事曰視，視之不明，是謂不悊。厥咎荼，厥罰恆燠，厥極疾。時則有艸妖，時則有倮蟲之孽，時則有羊旤，時則有目痾，時則有赤眚赤祥，維水沴火。次四事曰聽，聽之不聰，是謂不謀。厥咎急，厥罰恆寒，厥極貧。時則有鼓妖，時則有魚孽，時則有豕旤，時則有耳痾，時則有黑眚黑祥，維火沴水。次五事曰思心，思心之不容，是謂不聖。厥咎霿，厥罰恆風，厥極凶短折。時則有脂夜之妖，時則有夸孽，時則有牛旤，時則有心腹之痾，時則有黃眚黃祥，維木金水火沴土。王之不極，是謂不建，厥咎瞀，厥罰恆陰，厥極弱。時則有射妖，時則有龍蛇之孽，時則有馬旤，時則有下人伐上之痾，時則有日月亂行，星辰逆行，維五位復建。辟厥沴，曰二月三月，維皃是司。四月五月，維視是司。六月七月，維言是司。八月九月，維聽是司。十月十一月，維思心是司。十二月與正月，維王極是司。凡六沴之作，歲之朝，月之朝，日之朝，則后王受之；歲之中，月之中，日之中，則正卿受之。歲之夕，月之夕，日之夕，則庶民受之。其二辰以次相將，其次受之。星辰莫同，是離逢非沴，維鮮之功。禦皃于喬忿，以其月，從其禮，祭之參，乃從。禦言于訖衆，以其月，從其禮，祭之參，乃從。禦視于忽似，以其月，從其禮，祭之參，乃從。禦聽于怵攸，以其月，從其禮，祭之參，乃從。禦思心于有尤，以其月，從其禮，祭之參，乃從。禦王極于宗始，以其月，從其禮，祭之參，乃從。六沴之禮，散齊七日，致齊三日。新器絜以祀，用赤黍。三日之朝，于中庭祀四方，從東方始，自南至西，卒于北方。其祀禮曰《格祀》，曰：某也。方祀曰播國，率相行事，其祝也，曰：若爾神靈洪祀，六沴是合，無差無傾，無有不正。若民有不敬事，則會。批之于六沴，六事之機以垂示我，我民人無敢不敬事上下。《王 大禹 禹

祀》。

9-2 《卷七》〈鴻箎五行傳〉

東方之極，自碣石東至日出，榑木之野，帝太皞，神句芒司之。 太皞
自冬日至數四十六日，迎春于東堂。距邦八里，堂高八尺，堂階八等。青稅八乘，旂旐尚青，田車載予。號曰：助天生，倡之以角，舞之以羽，此迎春之樂也。

9-3 《卷七》〈鴻箎五行傳〉

南方之極，自北戶南至炎風之野，帝炎帝，神祝融司之。自春分 炎帝
數四十六日，迎夏于南堂，距邦七里，堂高七尺，堂階七等。赤稅七乘，旂旐尚赤，田車載弓。號曰：助天養，倡之以徵，舞之以鼓鞉，此迎夏之樂也。

9-4 《卷七》〈鴻箎五行傳〉

中央之極，自昆侖中至大室之野，帝黃帝，神后土司之。土王之 黃帝
日，禱用牲，迎中氣于中室。樂用黃鍾之宮，爲民祈福。命世婦治服章，令民口。其禁治宮室，飾臺榭，內淫亂，犯親戚，侮父兄。

9-5 《卷七》〈鴻范五行傳〉

參考 西方之極，自流沙西至三危之野。帝少皞，神蓐收司之。自夏日 (少皞)
至數四十六日，迎秋于西堂，距邦九里。堂高九尺，堂階九等。白稅九乘，旌旄尚白，田車載兵。號曰：助天收，倡之以商，舞之以干戚，此迎秋之樂也。

9-6 《卷七》〈鴻范五行傳〉

北方之極。自丁令北至積雪之野，帝顓頊，神玄冥司之。自秋分 顓頊
數四十六日，迎冬于北堂，距邦六里。堂高六尺，堂階六等。黑稅六乘，旌旄尚黑，田車載甲鐵。號曰：助天誅，倡之以羽，舞之以干戈，此迎冬之樂也。

67 淮 南 子

文献名：67.淮南子

資料番号	伏羲	太皞	其他	女媧	其他	神農	炎帝	赤帝	其他	黄帝	軒轅氏	其他	顓頊	高陽	其他	注(左半葉) 注a	注b
1																	
2						1											
3																	
4																	
5																	
6																	
7																	
8	1					1				1							
9																	
10																	
11													1				
12											1						
13		1					1			1			1				
14											1						
15																	
16																	
17																	
18											1						
19		1						1		1			2				
20	1									1							
21				1													
22																	
23	2			1													
24																	
25																	
26																	
27																	
28																	
29						1											
30	1					1											
31																	
32																	
33																	
34																	
35																	
36										1							
37																	
38																	
39																	
40																	

献名：67.淮南子

嚳	高辛	其他	堯	陶唐	其他	舜	有虞	其他	禹	其他	三皇	五帝	注(右半葉) 注e	注f	参考	資料番号
									1							1
									1							2
									1							3
	1															4
						2										5
									1							6
			1													7
																8
				1			1									9
						1										10
																11
																12
																13
																14
									1							15
									2							16
									1							17
																18
																19
																20
																21
												1				22
												1				23
			4			1			4							24
			1			1										25
						1										26
			4			3			1							27
												1				28
																29
																30
			1													31
			2			1										32
				1			1									33
			1													34
			3			3										35
																36
									1							37
			2			1										38
						1										39
				1			1									40

文献名：67.淮南子

資料番号	伏羲	太皞	其他	女媧	其他	神農	炎帝	赤帝	其他	黃帝	軒轅氏	其他	顓頊	高陽	其他	注(左半葉) 注a	注b
41																	
42																	
43																	
44																	
45																	
46																	
47																	
48																	
49													1				
50																	
51																	
52																	
53																	
54																	
55																	
56						1											
57																	
58						1											
59																	
60						2											
61	1					1											
62																	
63																	
64																	
65																	
66																	
67							1										
68																	
69																	
70																	
71																	
72							1			2			1				
73							1			1			1				
74																	
75				1						1							
76																	
77																	
78																	
79										1							
80																	
81						2											
82						1											

文献名：67. 淮南子

帝嚳	高辛	其他	堯	陶唐	其他	舜	有虞	其他	禹	其他	三皇	五帝	注(右半葉) 注e	注f	参考	資料番号
						1			1							41
				1			1									42
			1			2			1							43
				1			1									44
			1			1										45
				1			1									46
			1			1			1							47
			1			1										48
																49
						1			1							50
							1									51
						2			3			1				52
												1				53
											1	1				54
						1										55
																56
			2			2										57
																58
			1			2	1		1			1				59
				1			1									60
						1										61
									1							62
			1			1			1							63
												1				64
			2			2										65
			1			2										66
									1							67
			1						1							68
						2										69
									1							70
						1										71
			1			1						1				72
																73
			1													74
																75
			1			1			1							76
			1													77
									1							78
																79
												1				80
			2			2			3							81
			1			1			1							82

文献名：67. 淮南子

資料番号	伏羲	太皞	其他	女媧	其他	神農	炎帝	赤帝	其他	黄帝	軒轅氏	其他	顓頊	高陽	其他	注(左半葉) 注a	注b
83																	
84																	
85																	
86																	
87						1				1							
88																	
89																	
90						1											
91																	
92																	
93										1							
94																	
95																	
96																	
97																	
98																	
99	1																
100																	
計	7	2		3		14	4	1		12	3		7				

文献名：67. 淮南子

嚳	高辛	其他	堯	陶唐	其他	舜	有虞	其他	禹	其他	三皇	五帝	注(右半葉) 注e	注f	参考	資料番号
									1							83
			2			2										84
			1			1			1							85
			1			1			1							86
																87
									1							88
			3			1						1				89
			1						1							90
						1										91
						1										92
																93
									1							94
						1										95
												1				96
						1			1							97
												1				98
																99
									2							100
	1		46	7		52	9		42		1	13				計

67 淮南子

1 《第一　原道訓》

夫釋大道而任小數，無以異於使蟹捕鼠，蟾蠩捕蚤，不足以禁姦
塞邪，亂乃逾滋。昔者夏鯀作九仞之城，諸侯背之，海外有狡心。禹 禹
知天下之叛也，乃壞城平池，散財物，焚甲兵，施之以德，海外賓服，
四夷納職，合諸侯於塗山，執玉帛者萬國。故機械之心藏於胸中，則
純白不粹，神德不全，在身者不知，何遠之所能懷！是故革堅則兵利，
城成則衝生，若以湯沃沸，亂乃逾甚。是故鞭噬狗，策蹏馬，而欲教
之，雖伊尹、造父弗能化。欲宍之心亡於中，則飢虎可尾，何況狗馬
之類乎！故體道者逸而下窮，任數者勞而無功。

2 《第一　原道訓》

夫峭法刻誅者，非霸王之業也；箠策繁用者，非致遠之御也。離
朱之明，察箴末於百步之外，而不能見淵中之魚。師曠之聰，合八風
之調，而不能聽十里之外。故任一人之能，不足以治三畝之宅也。循
道理之數，因天地之自然，則六合不足均也。是故禹之決瀆也，因水 禹
以爲師；神農之播穀也，因苗以爲教。 神農

3 《第一　原道訓》

九疑之南，陸事寡而水事衆，於是民人劗髮文身，以像鱗蟲，短
綣不絝，以便涉游，短袂攘卷，以便刺舟，因之也。鴈門之北，狄不
穀食，賤長貴壯，俗上氣力，人不弛弓，馬不解勒，便之也。故禹之 禹
裸國，解衣而入，衣帶而出，因之也。今夫徙樹者，失其陰陽之性，
則莫不枯槁。故橘、樹之江北則化而爲橙，鴝鵒不過濟，貈度汶而死，
形性不可易，勢居不可移也。是故達於道者，反於清靜；究於物者，
終於無爲。以恬養性，以漠處神，則入于天門。

4 《第一　原道訓》

夫善游者溺，善騎者墮，各以其所好，反自爲禍。是故好事者未嘗
不中，爭利者未嘗不窮也。昔共工之力，觸不周之山，使地東南傾。
與高辛爭爲帝，遂潛于淵，宗族殘滅，繼嗣絕祀。越王翳逃山穴，越 高辛
人熏而出之，遂不得已。由此觀之，得在時，不在爭；治在道，不在
聖。土處下，不爭高，故安而不危；水下流，不爭先，故疾而不遲。

5 《第一　原道訓》

昔舜耕於歷山，朞年，而田者爭處墝埆，以封畔肥饒相讓；釣于 舜

河濱，朞年，而漁者爭處湍瀨，以曲隈深潭相予。當此之時，口不設言，手不指麾，執玄德於心，而化馳若神。使舜無其志，雖口辯而戶說之，不能化一人。是故不道之道，莽乎大哉！夫能理三苗，朝羽民，徙裸國，納肅愼，未發號施令而移風易俗者，其唯心行者乎！法度刑罰，何足以致之也？是故聖人內修其本，而不外飾其末，保其精神，偃其智故，漠然無爲而無不爲也，澹然無治而無不治也。所謂無爲者，不先物爲也；所謂無不爲者，因物之所爲也。所謂無治者，不易自然也；所謂無不治者，因物之相然也。萬物有所生，而獨知守其根；百事有所出，而獨知守其門。故窮無窮，極無極，照物而不眩，響應而不乏，此之謂天解。 舜

6 《第一　原道訓》

時之反側，間不容息，先之則大過，後之則不逮。夫日回而月周，時不與人游，故聖人不貴尺之璧，而重寸之陰，時難得而易失也。禹之趨時也，履遺而弗取，冠挂而弗顧，非爭其先也，而爭其得時也。是故聖人守清道而抱雌節，因循應變，常後而不先。柔弱以靜，舒安以定，攻大䃺堅，莫能與之爭。 禹

7 《第一　原道訓》

故天下神器，不可爲也，爲者敗之，執者失之。夫許由小天下而不以己易堯者，志遺于天下。所以然者，何也？因天下而爲天下也。天下之要，不在於彼而在於我，不在於人而在於身，身得則萬物備矣。徹於心術之論，則嗜欲好憎外矣。是故無所喜而無所怒，無所樂而無所苦，萬物玄同，無非無是，化育玄燿，生而如死。夫天下者亦吾有也，吾亦天下之有也，天下之與我，豈有間哉！ 堯

8 《第二　俶眞訓》

至德之世，甘瞑于溷澖之域，而徙倚于汗漫之宇，提挈天地而委萬物，以鴻濛爲景柱，而浮楊乎無畛崖之際。是故聖人呼吸陰陽之氣，而群生莫不顒顒然，仰其德以和順。當此之時，莫之領理，決離隱密而自成，渾渾蒼蒼，純樸未散，旁薄爲一，而萬物大優，是故雖有羿之知而無所用之。及世之衰也，至伏羲氏，其道昧昧芒芒然，含德懷和，被施頗烈，而知乃始昧昧楙楙，皆欲離其童蒙之心，而覺視於天地之間，是故其德煩而不能一。及至神農、黃帝，剖判大宗，竅領天地，襲九竅，重九埜，提挈陰陽，嫥捖剛柔，枝解葉貫，萬物百族，使各有經紀條貫，於此萬民睢睢盱盱然，莫不竦身而載聽視，是故治而不能和。下棲遲至於昆吾、夏后之世，嗜欲連於物，聰明誘於外，而性命失其得。施及周室，澆淳散樸，離道以僞，儉德以行，而巧故 伏羲 神農 黃帝

萌生。周室衰而王道廢，儒墨乃始列道而議，分徒而訟。於是博學以疑聖，華誣以脅衆，弦歌鼓舞，緣飾《詩》、《書》，以買名譽於天下。繁登降之禮，飾紱冕之服，聚衆不足以極其變，積財不足以贍其費，於是萬民乃始懢觟離跂，各欲行其知僞，以求鑿枘於世而錯擇名利，是故百姓曼衍於淫荒之陂，而失其大宗之本。夫世之所以喪性命，有衰漸以然，所由來者久矣。

9 《第二　俶眞訓》

古者至德之世，賈便其肆，農樂其業，大夫安其職，而處士循其道。當此之時，風雨不毀折，草木不夭死，九鼎重，珠玉潤澤，洛出《丹書》，河出《綠圖》，故許由、方回、善卷、披衣得達其道。何則？世之主有欲利天下之心，是以人得自樂其閒。四子之才，非能盡善，蓋今之世也，然莫能與之同光者，遇唐、虞之時。逮至夏桀、殷紂，燔生人，辜諫者，爲炮格，鑄金柱，剖賢人之心，析才士之脛，醢鬼侯之女，葅梅伯之骸。當此之時，嶢山崩，三川涸，飛鳥鎩翼，走獸廢腳。當此之時，豈獨無聖人哉？然而不能通其道者，不遇其世。夫鳥飛千仞之上，獸走叢薄之中，禍猶及之，又況編戶齊民乎？由此觀之，體道者不專在於我，亦有繫於世者矣。 唐 虞

10 《第二　俶眞訓》

夫歷陽之都，一夕反而爲湖，勇力聖知與罷怯不肖者同命。巫山之上，順風縱火，膏夏紫芝與蕭艾俱死。故河魚不得明目，穉稼不得育時，其所生者然也。故世治則愚者不得獨亂，世亂則智者不能獨治。身陷于濁世之中，而责道之不行也。是猶兩絆騏驥，而求其致千里也。置猨檻中，則與豚同，非不巧捷也，無所肆其能也。舜之耕陶也，不能利其里；南面王，則德施乎四海，仁非能益也，處便而勢利也。古之聖人，其和愉寧靜，性也；其志得道行，命也。是故性遭命而後能行，命得性而後能明。烏號之弓，谿子之弩，不能無弦而射。越舲蜀艇，不能無水而浮。今矰繳機而在上，網罟張而在下，雖欲翱翔，其勢焉得？故《詩》云：「采采卷耳，不盈傾筐。嗟我懷人，寘彼周行。」以言慕遠世也。 舜

11 《第三　天文訓》

昔者共工與顓頊爭爲帝，怒而觸不周之山，天柱折，地維絕。天傾西北，故日月星辰移焉；地不滿東南，故水潦塵埃歸焉。 顓頊

12 《第三　天文訓》

参考　天有九野，九千九百九十九隅，去地億五萬里，五星，八風，五

官，六府，紫宮，大微，軒轅，咸池，四守，天河。 (軒轅)

13 《第三　天文訓》

何謂五星？東方，木也。其帝太皞，其佐句芒，執規而治春。其神爲歲星，其獸蒼龍，其音角，其日甲乙。南方，火也，其帝炎帝，其佐朱明，執衡而治夏。其神爲熒惑，其獸朱鳥，其音徵，其日丙丁。中央，土也，其帝黄帝，其佐后土，執繩而制四方。其神爲鎮星，其獸黄龍，其音宮，其日戊己。西方，金也，其帝少昊，其佐蓐收，執矩而治秋。其神爲太白，其獸白虎，其音商，其日庚辛。北方，水也，其帝顓頊，其佐玄冥，執權而治冬。其神爲辰星，其獸玄武，其音羽，其日壬癸。 太皞 炎帝 黄帝 帝顓頊

14 《第三　天文訓》

参考　太微者，太一之庭也。紫宮者，太一之居也。軒轅者，帝妃之舍也。咸池者，水衡之囿也。天河者，群神之闕也。四守者，所以司賞罰。太微者主朱鳥，紫宮執斗而左旋，日行一度，以周於天。日冬至入峻狼之山，日移一度，月行百八十二度八分度之五，而夏至牛首之山。反覆三百六十五度四分度之一而成一歲，太一元始，正月建寅，日月俱入營室五度。天一以始建七十六歲，日月復以正月入營室五度無餘分，名曰一紀。凡二十紀，一千五百二十歲大終，三終，日月星辰復始甲寅元。日行危一度，而歲有奇四分度之一，故四歲而積千四百六十一日而複合，故舍八十歲而復故日。 (軒轅)

15 《第三　天文訓》

日出於湯谷，浴于咸池，拂于扶桑，是謂晨明。登于扶桑，爰始將行，是謂朏明。至于曲阿，是謂旦明，至于曾泉，是謂蚤食。至于桑野，是謂晏食。至于衡陽，是謂隅中。至于昆吾，是謂正中。至于鳥次，是謂小遷。至于悲谷，是謂餔時。至于女紀，是謂大遷。至于淵隅，是謂高舂。至于連石，是謂下舂。至于悲泉，爰止其女，爰息其馬，是謂縣車。至于虞淵，是謂黄昏。淪于蒙谷，是謂定昏。日入崦嵫，經於細柳，入虞泉之池，曙於蒙谷之浦，日西垂，景在樹端，謂之桑榆。行九州七舍，有五億萬七千三百九里，(禹)〔離〕以爲朝、晝、昏、夜。 禹

16 《第四　墬形訓》

闔四海之内，東西二萬八千里，南北二萬六千里，水道八千里，通谷六，名川六百，陸徑三千里。禹乃使太章步自東極，至于西極，二億三萬三千五百里七十五步；使豎亥步自北極，至於南極，二億三 禹

萬三千五百里七十五步。凡鴻水淵藪，自三仞以上，二億三萬三千五百五十有九。禹乃以息土填洪水以爲名山，掘崑崙虛以下地，中有增城九重，其高萬一千里百一十四步二尺六寸，上有木禾焉，其脩五尋，珠樹、玉樹、琁樹、不死樹在其西，沙棠、琅玕在其東，絳樹在其南，碧樹、瑤樹在其北。旁有四百四十門，門閒四里，里閒九純，純丈五尺，旁有九井玉横，維其西北之隅，北門開以內不周之風。傾宮、旋室、縣圃、涼風、樊桐在崑崙閶闔之中，是其疏圃。疏圃之池，浸之黃水，黃水三周復其原，是謂白水，出崑崙之原，飲之不死。 禹

17 《第四　墬形訓》

河水出崑崙東北陬，貫渤海，入禹所導積石山。赤水出其東南陬，西南注南海丹澤之東。赤水之東，弱水出其西南陬，弱水出自窮石，至于合黎，餘波入于流沙，絕流沙，南至南海。洋水出其西北陬，入于南海羽民之南。凡四水者，帝之神泉，以和百藥，以潤萬物。 禹

18 《第四　墬形訓》

雒棠、武人在西北陬，硥魚在其南。有神二八連臂爲帝候夜，在其西南方。三珠樹在其東北方，有玉樹在赤水之上。崑崙、華丘在其東南方，爰有遺玉、青馬、視肉，楊桃、甘樝、甘華、百果所生。和丘在其東北陬，三桑、無枝在其西，夸父、耽耳在其北方。夸父棄其策，是爲鄧林。昆吾丘在南方；軒轅丘在西方；巫咸在其北方，立登保之山；暘谷、榑桑在東方。有娀在不周之北，長女簡翟，少女建疵。西王母在流沙之瀕。樂民、拏閭在崑崙弱水之洲。三危在樂民西。宵明、燭光在河洲，所照方千里。龍門在河淵。湍池在崑崙。玄燿、不周、申池在海隅。孟諸在沛。少室、太室在冀州。燭龍在鴈門北，蔽于委羽之山，不見日，其神、人面龍身而無足。后稷壟在建木西，其人死復蘇，其半魚，在其閒。流黃、沃民在其北方三百里，狗國在其東。雷澤有神，龍身人頭，鼓其腹而熙。 軒轅

19 《第五　時則訓》

東方之極，自碣石過朝鮮，貫大人之國，東至日出之次、榑木之地，青丘樹木之野，大皞、句芒之所司者，萬二千里。其令曰：挺群禁，開閉闔，通窮室，達障塞，行優游，棄怨惡，解役罪，免憂患，休罰刑，開關梁，宣出財，和外怨，撫四方，行柔惠，止剛強。 大皞

南方之極，自北戶孫之外，貫顓頊之國，南至委火炎風之野，赤帝、祝融之所司者，萬二千里。其令曰：爵有德，賞有功，惠賢良，救飢渴，舉力農，振貧窮，惠孤寡，憂罷疾，出大祿，行大賞，起毀宗，立無後，封建侯，立賢輔。 顓頊　赤帝

中央之極，自崑崙東絕兩恒山，日月之所道，江漢之所出，衆民之野，五穀之所宜，龍門、河、濟相貫，以息壤堙洪水之州，東至於碣石，黃帝、后土之所司野，少皓、蓐收之所司者，萬二千里。其令曰：審用法，誅必辜，備盜賊，禁姦邪，飾群牧，謹著衆，修城郭，補決竇，塞蹊徑，遏溝瀆，止流水，雝溪谷，守門閭，陳兵甲，選百官，誅不法。 黄帝

西方之極，自昆侖絕流沙、沈羽，西至三危之國，石城金室，飲氣之民，不死之野，少皓、蓐收之所司者，萬二千里。其令曰：審用法，誅必辜，備盜賊，禁姦邪，飾群牧，謹著聚，修城郭，補決竇，塞蹊徑，遏溝瀆，止流水，雝谿谷，守門閭，陳兵甲，選百官，誅不法。 (少皓)

北方之極，自九澤窮夏晦之極，北至令正之谷，有凍寒積冰、雪雹霜霰、漂潤群水之野，顓頊、玄冥之所司者，萬二千里。其令曰：申群禁，固閉藏，修障塞，繕關梁，禁外徙，斷罰刑，殺當罪，閉門閭，大搜客，止交游，禁夜樂，蚤閉晏開，以索姦人，姦人已德，執之必固。天節已幾，刑殺無赦，雖有盛尊之親，斷以法度。毋行水，毋發藏，毋釋罪。 顓頊

20 《第六　覧冥訓》

昔者，黃帝治天下，而力牧、太山稽輔之，以治日月之行，律陰陽之氣，節四時之度，正律歷之數，別男女，異雌雄，明上下，等貴賤，使強不掩弱，衆不暴寡，人民保命而不夭，歲時熟而不凶，百官正而無私，上下調而無尤，法令明而不闇，輔佐公而不阿，田者不侵畔，漁者不爭隈，道不拾遺，市不豫賈，城郭不關，邑無盜賊，鄙旅之人相讓以財，狗彘吐菽粟於路而無忿爭之心，於是日月精明，星辰不失其行，風雨時節，五穀登熟，虎狼不妄噬，鷙鳥不妄搏，鳳皇翔於庭，麒麟游於郊，青龍進駕，飛黃伏皁，諸北、儋耳之國莫不獻其貢職。然猶未及虙戲氏之道也。 黄帝 虙戲氏

21 《第六　覧冥訓》

往古之時，四極廢，九州裂，天不兼覆，墜不周載，火爁炎而不滅，水浩溔而不息，猛獸食顓民，鷙鳥攫老弱。於是女媧鍊五色石以補蒼天，斷鼇足以立四極，殺黑龍以濟冀州，積蘆灰以止淫水。蒼天補，四極正，淫水涸，冀州平，狡蟲死，顓民生。背方州，抱員天，和春陽夏，殺秋約冬，枕方寢繩，陰陽所壅、沈滯不通者，竅理之；逆氣戾物、傷民厚積者，絕止之。當此之時，臥倨倨，興盱盱，一自以爲馬，一自以爲牛，其行蹎蹎，其視瞑瞑，侗然皆得其和，莫知其所由生，浮游不知所求，魍魎不知所往。當此之時，禽獸蝨蛇無不匿 女媧

其爪牙，藏其螫毒，無有攫噬之心。考其功烈，上際九天，下契黃壚，名聲被後世，光暉重萬物。乘雷車，服應龍，驂青虬，援絕瑞，席蘿圖，黃雲絡，前白螭，後奔蛇，浮游消搖，道鬼神，登九天，朝帝於靈門，宓穆休于太祖之下。然而不彰其功，不揚其聲，隱真人之道，以從天墜之固然。何則？道德上通，而智故消滅也。

22 《第六　覽冥訓》

　　逮至當今之時，天子在上位，持以道德，輔以仁義，近者獻其智，
遠者懷其德，拱揖指麾而四海賓服，春秋冬夏皆獻其貢職，天下混而
爲一，子孫相代，此五帝之所以迎天德也。　五帝

23 《第六　覽冥訓》

　　夫聖人者，不能生時，時至而弗失也。輔佐有能，黜讒佞之端，
息巧辯之說，除刻刻之法，去煩苛之事，屏流言之迹，塞朋黨之門，
消知能，脩太常，隳枝體，絀聰明，大通混冥，解意釋神，漠然若無
魂魄，使萬物各復歸其根，則是所脩伏犧氏之迹，而反五帝之道也。　伏犧氏　五帝
夫鉗且、大丙不施轡銜而以善御聞於天下，伏戲、女媧不設法度而以　伏戲　女媧
至德遺於後世，何則？至虛無純一，而不嘐喋苛事也。

24 《第七　精神訓》

　　人之所以樂爲人主者，以其窮耳目之欲，而適躬體之便也。今高
臺層榭，人之所麗也，而堯樸桷不斲，素題不枅。珍怪奇味，人之所　堯
美也，而堯糲粢之飯，藜藿之羹。文繡狐白，人之所好也，而堯布衣　堯　堯
揜形，鹿裘御寒。養性之具不加厚，而增之以任重之憂，故舉天下而
傳之于舜，若解重負然。非直辭讓，誠无以爲也。此輕天下之具也。　舜
禹南省方，濟于江，黃龍負舟，舟中之人五色無主，禹乃熙笑而稱曰：　禹　禹
「我受命於天，竭力而勞萬民。生寄也，死歸也，何足以滑和！」視
龍猶蝘蜓，顏色不變，龍乃弭耳掉尾而逃。禹之視物亦細矣。鄭之神　禹
巫相壺子林，見其徵，告列子。列子行泣報壺子。壺子持以天壤，名
實不入，機發於踵。壺子之視死生亦齊。子求行年五十有四而病傴僂，
脊管高于頂，腸下迫頤，兩脾在上，燭營指天，匍匐自闚於井曰：「偉
哉造化者！其以我爲此拘拘邪？」此其視變化亦同矣。故覩堯之道，　堯
乃知天下之輕也；觀禹之志，乃知萬物之細也；原壺子之論，乃知死　禹
生之齊也；見子求之行，乃知變化之同也。

25 《第七　精神訓》

　　晏子與崔杼盟，臨死地而不易其義。殖、華將戰而死，莒君厚賂而止之，不改其行。故晏子可迫以仁，不可劫以兵；殖、華可止以義，

而不可縣以利。君子義死，而不可以富貴留也；義爲，而不可以死亡
恐也。彼則直爲義耳，而尚猶不拘於物，又況無爲者矣！堯不以有天　堯
下爲貴，故授舜；公子札不以有國爲尊，故讓位。子罕不以玉爲富，　舜
故不受寶；務光不以生害義，故自投於淵。由此觀之，至貴不待爵，
至富不待財。天下至大矣，而以與佗人；身至親矣，而棄之淵。外此，
其餘無足利矣。此之謂無累之人。無累之人，不以天下爲貴矣。上觀
至人之論，深原道德之意，以下考世俗之行，乃足羞也。故通許由之
意，《金縢》、《豹韜》廢矣；延陵季子不受吳國，而訟閒田者慚矣；子
罕不利寶玉，而爭券契者媿矣；務光不污于世，而貪利偷生者悶矣。
故不觀大義者，不知生之不足貪也；不聞大言者，不知天下之不足利
也。今夫窮鄙之社也，叩盆拊瓴，相和而歌，自以爲樂矣。嘗試爲之
擊建鼓，撞巨鐘，乃始仍仍然，知其盆瓴之足羞也。藏《詩》、《書》，
脩文學，而不知至論之旨，則拊盆叩瓴之徒也。

26 《第七　精神訓》

今夫繇者，揭钁臿，負籠土，鹽汗交流，喘息薄喉。當此之時，
得茠越下，則脫然而喜矣。巖穴之間，非直越下之休也。病疵瘕者，
捧心抑腹，膝上叩頭，踡跼而諦，通夕不寐。當此之時，噲然得臥，
則親戚兄弟歡然而喜。夫脩夜之寧，非直一噲之樂也。故知宇宙之大，
則不可劫以死生；知養生之和，則不可縣以天下；知未生之樂，則不
可畏以死；知許由之貴于舜，則不貪物。牆之立，不若其偃也，又況　舜
不爲牆乎！冰之凝，不若其釋也，又況不爲冰乎！自無蹠有，自有蹠
無。終始無端，莫知其所萌。非通于外內，孰能無好憎？無外之外，
至大也；無內之內，至貴也；能知大貴，何往而不遂！

27 《第八　本經訓》

振困窮，補不足，則名生；興利除害，伐亂禁暴，則功成。世無
災害，雖神无所施其德；上下和輯，雖賢無所立其功。昔容成氏之時，
道路鴈行列處，託嬰兒於巢上，置餘糧於晦首，虎豹可尾，虺蛇可蹍，
而不知其所由然。逮至堯之時，十日並出，焦禾稼，殺草木，而民无　堯
所食。猰貐、鑿齒、九嬰、大風、封狶、鑿齒、修蛇。皆爲民害。堯　堯
乃使羿誅鑿齒於疇華之澤，殺九嬰於凶水之上，繳大風於青丘之野，
上射十日而下殺猰貐，斷脩蛇於洞庭，禽封狶於桑林。萬民皆喜，置
堯以爲天子。於是天下廣陝險易遠近始有道裡。舜之時，共工振滔洪　堯 舜
水，以薄空桑，龍門未開，呂梁未發，江、淮通流，四海溟涬，民皆
上丘陵，赴樹木。舜乃使禹疏三江五湖，闢伊闕，導瀍、澗，平通溝　舜 禹
陸，流注東海。鴻水漏，九州乾，萬民皆寧其性。是以稱堯、舜以爲　堯 舜
聖。晚世之時，帝有桀、紂，桀爲琁室、瑤臺、象廊、玉床，紂爲肉

圃、酒池，燎焚天下之財，罷苦萬民之力。刳諫者，剔孕婦，攘天下，虐百姓。於是湯乃以革車三百乘伐桀于南巢，放之夏臺，武王甲卒三千破紂牧野，殺之于宣室，天下寧定，百姓和集，是以稱湯、武之賢。由此觀之，有賢聖之名者，必遭亂世之患也。

28 《第八　本經訓》

今至人生亂世之中，含德懷道，抱无窮之智，鉗口寢說，遂不言而死者衆矣，然天下莫知貴其不言也。故道可道，非常道；名可名，非常名。著於竹帛，鏤於金石，可傳於人者，其粗也。五帝三王，殊事而同指，異路而同歸。晚世學者，不知道之所一體，德之所總要，取成事之迹，相與危坐而說之，鼓歌而舞之，故博學多聞，而不免於惑。《詩》云：「不敢暴虎，不敢馮河。人知其一，莫知其他。」此之謂也。

五帝

29 《第九　主術訓》

昔者神農之治天下也，神不馳於胸中，智不出於四域，懷其仁成之心，甘雨時降，五穀蕃植，春生夏長，秋收冬藏。月省時考，歲終獻功，以時嘗穀，祀于明堂，明堂之制，有蓋而無四方，風雨不能襲，寒暑不能傷。遷延而入之，養民以公。其民樸重端慤，不忿爭而財足，不勞形而功成。因天地之資，而與之和同，是故威厲而不試，刑錯而不用，法省而不煩，故其化如神。其地南至交阯，北至幽都，東至湯谷，西至三危，莫不聽從，當此之時，法寬刑緩，囹圄空虛，而天下一俗，莫懷姦心。

神農

30 《第九　主術訓》

蘧伯玉爲相，子貢往觀之，曰：「何以治國？」曰：「以弗治治之。」簡子欲伐衛，使史黯往覿焉。還反報曰：「蘧伯玉爲相，未可以加兵。」固塞險阻，何足以致之！故皋陶瘖而爲大理，天下無虐刑，有貴于言者也。師曠瞽而爲太宰，晉无亂政，有貴于見者也。故不言之令，不視之見，此伏犧、神農之所以爲師也。故民之化上也，不從其所言，而從其所行。

伏犧　神農

31 《第九　主術訓》

故人主誠正，則直士任事，而姦人伏匿矣。人主不正，則邪人得志，忠者隱蔽矣。夫人之所以莫振玉石而振瓜瓠者，何也？无得於玉石，弗犯也。使人主執正持平，如從繩準高下，則群臣以邪來者，猶以卵投石，以火投水也。故靈王好細腰，而民有殺食自飢也；越王好勇，而民皆處危爭死。由此觀之，權勢之柄，其以移風易矣。堯爲匹

堯

夫，不能仁化一里；桀在上位，令行禁止。由此觀之，賢不足以爲治，
而勢可以易俗，明矣。《書》曰：「一人有慶，萬民賴之。」此之謂也。

32 《第九　主術訓》

君人之道，處靜以修身，儉約以率下。靜則下不擾矣，儉則民不
怨矣。下擾則政亂，民怨則德薄。政亂則賢者不爲謀，德薄則勇者不
爲死。是故人主好鷙鳥猛獸，珍怪奇物，狡躁康荒，不愛民力，馳騁
田獵，出入不時，如此則百官務亂，事勤財匱，萬民愁苦，生業不修
矣。人主好高臺深池，彫琢刻鏤，黼黻文章，絺綌綺繡，寶玩珠玉，
則賦斂無度，而萬民力竭矣。堯之有天下也，非貪萬民之富而安人主　堯
之位也，以爲百姓力征，強凌弱，衆暴寡，於是堯乃身服節儉之行，　堯
而明相愛之仁，以和輯之。是故茅茨不翦，采椽不斲，大路不畫，越
席不緣，大羹不和，粢食不毇，巡狩行教，勤勞天下，周流五嶽。豈
其奉養不足樂哉？以爲社稷，非有利焉。年衰志憫，舉天下而傳之舜，　舜
猶卻行而脫蹝也。衰世則不然，一日而有天下之富，處人主之勢，則
竭百姓之力，以奉耳目之欲，志專在于宮室臺榭，陂池苑囿，猛獸熊
羆，玩好珍怪。是故貧民糟糠不接於口，而虎狼熊羆猒芻豢；百姓短
褐不完，而宮室衣錦繡。人主急茲无用之功，而百姓黎民顦顇於天下，
是故使天下不安其性。

33 《第九　主術訓》

聖主之治也，其猶造父之御也，齊輯之于轡銜之際，而急緩之于
脣吻之和，正度于胸臆之中，而執節于掌握之間，內得於中心，外合
於馬志，是故能進退履繩，而旋曲中規，取道致遠，而氣力有餘，誠
得其術也。是故權勢者，人主之車輿也；大臣者，人主之駟馬也。體
離車輿之安，而手失駟馬之心，而能不危者，古今未有也。是故輿馬
不調，王良不能以取道；君臣不和，唐、虞不能以爲治。執術而御之，　唐 虞
則管、晏之智盡矣；明分以示之，則蹠、蹻之姦止矣。

34 《第九　主術訓》

故堯爲善而衆善至矣，桀爲非而衆非來矣。善積即功成，非積則　堯
禍極。

35 《第九　主術訓》

古者天子聽朝，使公卿正諫，博士誦詩，瞽箴師誦，庶人傳語，
史書其過，宰徹其膳。猶以爲未足也，故堯置敢諫之鼓也，舜立誹謗　堯 舜
之木，湯有司直之人，武王立戒慎之鞀，過若豪氂，而既已備之矣。
夫聖人之於善也，無小而不舉；其於過也，無微而不改。堯、舜、湯、　堯 舜

武，皆坦然南面而王天下焉。當此之時，伐鼙而食，奏《雍》而徹，已飯而祭竈，行不用巫祝，鬼神弗敢祟，山川弗敢禍，可謂至貴矣，然而戰戰慄慄，日愼一日。由此觀之，則聖人之心小矣。《詩》云：「惟此文王，小心翼翼，昭事上帝，聿懷多福。」其斯之謂歟！武王克殷，發鉅橋之粟，散鹿臺之錢，封比干之墓，表商容之閭，朝成湯之廟，解箕子之囚，使各處其宅，田其田，無故無新，唯賢是親，用非其有，使非其人，晏然若故有之。由此觀之，則聖人之志大也。文王周觀得失，徧覽是非，堯舜所以昌、桀紂所以亡者，皆著於明堂，於是略智 堯 舜
博聞，以應無方。由此觀之，則聖人之智員矣。成、康繼文、武之業，守明堂之制，觀存亡之迹，見成敗之變，非道不言，非義不行，言不苟出，行不苟爲，擇善而後從事焉。由此觀之，則聖人行方矣。孔子之通，智過於萇弘，勇服於孟賁，足躡郊菟，力招城關，能亦多矣。然而勇力不聞，伎巧不知，專行孝道﹒以成素王，事亦鮮矣。春秋二百四十二年，亡國五十二，弑君三十六，采善鉏醜，以成王道，論亦博矣。然而圍於匡，顏色不變，絃歌不輟，臨死亡之地，犯患難之危，據義行理而志不懾，分亦明矣。然爲魯司寇，聽獄必爲斷，作爲《春秋》，不道鬼神，不敢專己。夫聖人之智，固已多矣，其所守者有約，故舉而必榮。愚人之智，固已少矣，其所事者又多，故動而必窮矣。吳起、張儀智不若孔、墨，而爭萬乘之君，此其所以車裂支解也。夫以正教化者，易而必成；以邪巧世者，難而必敗。凡將設行立趣於天下，捨其易而必成者，而從事難而必敗者，愚惑之所致也。凡此六反者，不可不察也。

36 《第十　繆稱訓》

主者，國之心也。心治則百節皆安，心擾則百節皆亂。故其心治者，支體相遺也；其國治者，君臣相忘也。黃帝曰：「芒芒昧昧，從天 黃帝
之威，與元同氣。」故至德者，言同略，事同指，上下壹心，無歧道旁見者，遏障之於邪，開道之於善，而民鄉方矣。故《易》曰：「同人于野，利涉大川。」

37 《第十　繆稱訓》

后稷廣利天下，猶不自矜。禹無廢功，無蔽財，自視猶觖如也。 禹
滿如陷，實如虛，盡之者也。

38 《第十　繆稱訓》

凡人各賢其所說，而說其所快。世莫不舉賢，或以治，或以亂，非自遁也，求同乎己者也。己未必賢，而求與己同者，而欲得賢，亦不幾矣！使堯度舜，則可；使桀度堯，是猶以升量石也。今謂狐貍， 堯 舜 堯

則必不知狐，又不知貍。非直未嘗見狐者，必未嘗見貍也，狐、貍非異，同類也，而謂狐貍，則不知狐、貍。是故謂不肖者賢，則必不知賢；謂賢者不肖，則必不知不肖者矣。

39 《第十　繆稱訓》

勇士一呼，三軍皆辟，其出之誠也。故倡而不和，意而不戴，中心必有不合者也。故舜不降席而匡天下者，求諸己也。故上多故，則民多詐矣。身曲而景直者，未之聞也。 舜

40 《第十　繆稱訓》

戎、翟之馬，皆可以馳驅，或近或遠，唯造父能盡其力；三苗之民，皆可使忠信，或賢或不肖，唯唐、虞能齊其美，必有不傳者。中行繆伯手搏虎，而不能生也，蓋力優而克不能及也。用百人之所能，則得百人之力；舉千人之所愛，則得千人之心；辟若伐樹而引其本，千枝萬葉則莫得弗從也。 唐 虞

41 《第十　繆稱訓》

心之精者，可以神化，而不可以導人；目之精者，可以消澤，而不可以昭認。在混冥之中，不可諭於人。故舜不降席而天下治，桀不下陛而天下亂，蓋情甚乎叫呼也。無諸己，求諸人，古今未之聞也。同言而民信，信在言前也。同令而民化，誠在令外也。聖人在上，民遷而化，情以先之也。動於上，不應於下者，情與令殊也。故《易》曰：「亢龍有悔。」三月嬰兒，未知利害也，而慈母之愛諭焉者，情也。故言之用者，昭昭乎小哉！不言之用者，曠曠乎大哉！身君子之言，信也。中君子之意，忠也。忠信形於內，感動應於外。故禹執干戚舞於兩階之間而三苗服。鷹翔川，魚鱉沈，飛鳥揚，必遠實也。子之死父也，臣之死君也，世有行之者矣，非出死以要名也，恩心之藏於中，而不能違其難也。故人之甘甘，非正爲蹠也，而蹠焉往。君子之慘怛，非正僞形也，諭乎人心。非從外入，自中出者也。 舜 禹

42 《第十　繆稱訓》

人之欲榮也，以爲己也，於彼何益？聖人之行義也，其憂尋出乎中也，於己何以利！故帝王者多矣，而三王獨稱；貧賤者多矣，而伯夷獨舉。以貴爲聖乎，則貴者衆矣；以賤爲仁乎，則賤者多矣，何聖仁之寡也！獨專之意樂哉，忽乎日滔滔以自新，忘老之及己也。始乎叔季，歸乎伯孟，必此積也。不自遁，斯亦不遁人，故若行獨梁，不爲無人不兢其容。故使人信己者易，而蒙衣自信者難。情先動，動無不得；无不得，則無莙；發莙而後快。故唐、虞之舉錯也，非以偕情 唐 虞

也，快己而天下治；桀、紂非正賊之也，快己而百事發；喜憎議而治亂分矣。

43 《第十　繆稱訓》

成國之道，工無僞事，農無遺力，士無隱行，官無失法。譬若設網者，引其綱而萬目開矣。舜、禹不再受命，堯、舜傳大焉，先形乎小也。施於寡妻，至于兄弟，禪於家邦，而天下從風。故戎兵以大知小，人以小知大。 舜 禹 堯

44 《第十　繆稱訓》

鑿地漂池，非正以勞苦民也，各從其蹠而亂生焉。其載情一也，施人則異矣。故唐、虞日孳孳以致於王，桀、紂日快快以致於死，不知後世之譏己也。 唐 虞

45 《第十　繆稱訓》

有道之世，以人與國；無道之世，以國與人。堯王天下而憂不解，授舜而憂釋。憂而守之，而樂與賢，終不私其利矣。 堯 舜

46 《第十　繆稱訓》

甯戚擊牛角而歌，桓公舉以爲大田；雍門子以哭見孟嘗君，涕流沾纓。歌哭，衆人之所能爲也；一發聲，入人耳，感人心，精之至者也。故唐、虞之法可效也，其諭人心不可及也。 唐 虞

47 《第十一　齊俗訓》

故堯之治天下也，舜爲司徒，契爲司馬，禹爲司空，后稷爲大田，奚仲爲工師。其導萬民也，水處者漁，山處者采，谷處者牧，陸處者農。地宜其事，事宜其械，械宜其用，用宜其人。澤皋織罔，陵阪耕田，得以所有易所無，以所工易所拙，是故離叛者寡，而聽從者衆。譬若播棊丸於地，員者走澤，方者處高，各從其所安，夫有何上下焉！若風之過簫也，忽然感之，各以清濁應矣。 堯 舜 禹

48 《第十一　齊俗訓》

故古之聖王，能得諸己，故令行禁止，名傳後世，德施四海。是故凡將舉事，必先平意。神清意平，物乃可正。若璽之抑埴，正與之正，傾與之傾。故堯之舉舜也，決之於目；桓公之取甯戚也，斷之於耳而已矣。爲是釋術數而任耳目，其亂必甚矣。夫耳目之可以斷也，反情性也；聽失於誹譽，而目淫於采色，而欲得事正，則難矣。夫載哀者聞歌聲而泣，載樂看見哭者而笑。哀可樂、笑可哀者，載使然也， 堯 舜

是故貴虛。

49 《第十一　齊俗訓》

故公西華之養親也，若與朋友處；曾參之養親也，若事嚴主烈君；其於養，一也。故胡人彈骨，越人契臂，中國歃血也，所由各異，其於信，一也。三苗髽首，羌人括領，中國冠笄，越人劗髮，其於服，一也。帝顓頊之法，婦人不辟男子於路者，拂之於四達之衢。今之國都，男女切踦，肩摩於道，其於俗，一也。故四夷之禮不同，皆尊其主而愛其親，敬其兄；獫狁之俗相反，皆慈其子而嚴其上。夫鳥飛成行，獸處成群，有孰教之！ 帝顓頊

50 《第十一　齊俗訓》

禮者、實之文也；仁者、恩之效也。故禮因人情而爲之節文，而仁發併以見容。禮不過實，仁不溢恩也，治世之道也。夫三年之喪，是強人所不及也，而以僞輔情也。三月之服，是絕哀而迫切之性也。夫儒、墨不原人情之終始，而務以行相反之制，五縗之服。悲哀抱於情，葬薶稱於養，不強人之所不能爲，不絕人之所不能已，度量不失於適，誹譽無所由生。古者，非不知繁升降槃還之禮也，蹀《采齊》、《肆夏》之容也，以爲曠日煩民而無所用，故制禮足以佐實喻意而已。古者，非不能陳鐘鼓，盛筦簫，楊干戚，奮羽旄也，以爲費財亂政，故制樂足以合歡宣意而已，喜不羡於音。非不能竭國麋民，虛府殫財，含珠鱗施，綸組節束，追送死也，以爲窮民絕業而無益於槁骨腐肉也，故葬薶足以收斂蓋藏而已。昔舜葬蒼梧，市不變其肆；禹葬會稽之山，農不易其畝；明乎死生之分，通乎侈儉之適者也。亂國則不然，言與行相悖，情與貌和反，禮節以煩，樂擾以淫，崇死以害生，久喪以招行，是以風俗濁於世，而誹譽萌於朝，是故聖人廢而弗用也。 舜 禹

51 《第十一　齊俗訓》

義者、循理而行宜者也，禮者、體情而制文者也。義者、宜也，禮者、體也。昔有扈氏爲義而亡，知義而不知宜也；魯治禮而削，知禮而不知體也。有虞氏之禮，其社用土，祀中霤，葬成畝，其樂《咸池》、《承雲》、《九韶》，其服尚黃。夏后氏之禮，其社用松，祀戶，葬牆置翣，其樂《夏籥》、《九成》、《六佾》、《六列》、《六英》，其服尚青。殷人之禮，其社用石，祀門，葬樹松，其樂《大護》、《晨露》，其服尚白。周人之禮，其社用栗，祀竈，葬樹柏，其樂《大武》、《三象》、《棘下》，其服尚赤。禮樂相詭，服制相反，然而皆不失親踈之恩，上下之倫。今握一君之法籍，以非傳代之俗，譬由膠柱而調瑟也。 有虞氏

52 《第十一　齊俗訓》

世之明事者，多離道德之本，曰禮義足以治天下，此未可與言術
也。所謂禮義者，五帝三王之法籍風俗，一世之迹也。譬若芻狗土龍 五帝
之始成，文以青黃，絹以綺繡，纏以朱絲，尸祝袀袨，大夫端冕以送
迎之。及其已用之後，則壤土草蔚而已，夫有孰貴之！故當舜之時， 舜
有苗不服，於是舜脩政偃兵，執干戚而舞之。禹之時，天下大水，禹 舜 禹 禹
令民衆土積薪，擇丘陵而處之。武王伐紂，載尸而行，海內未定，故
爲三年之喪。禹有鴻水之患，陂塘之事，故朝死而暮葬。此皆聖人之 禹
所以應時耦變，見形而施宜者也。今知脩干戚而笑钁插，知三年而非
一日，是從牛非馬，以徵笑羽也。以此應化，無以異於彈一絃而會《棘
下》。

53 《第十一　齊俗訓》

夫以一世之變，欲以耦化應時，譬猶冬被葛而夏被裘。夫一儀不可以百發，一衣不可以出歲。儀必應乎高下，衣必適乎寒暑。是故世異即事變，時移即俗易。故聖人論世而立法，隨時而舉事。尚古之王，封於泰山，禪於梁父，七十餘聖，法度不同，非務相反也，時世異也。是故不法其以成之法，而法其所以爲法。所以爲法者，與化推移者也。夫能與化推移者，至貴在焉爾。故狐梁之歌可隨也，其所以歌者不可爲也；聖人之法可觀也，其所以作法不可原也；辯士之言可聽也，其所以言不可形也。淳均之劍可愛也，而歐冶之巧不可貴也。今夫王喬、赤誦子，吹嘔呼吸，吐故納新，遺形去智，抱素反真，以遊玄眇，上通雲天。今欲學其道，不得其養氣處神，而放其一吐一吸，時詘時伸，
其不能乘雲升假亦明矣。五帝三王，輕天下，細萬物，齊死生，同變 五帝
化，抱大聖之心，以鏡萬物之情，上與神明爲友，下與造化爲人。今欲學其道，不得其清明玄聖，而守其法籍憲令，不能爲治亦明矣。故曰：「得十利劍，不若得歐冶之巧；得百走馬，不若得伯樂之數。」

54 《第十一　齊俗訓》

樸至大者無形狀，道至眇者無度量，故天之員也不中規，地之方也不中矩。往古來今謂之宙，四方上下謂之宇，道在其閒，而莫知其所。故其見不遠者，不可與語大；其智不閎者，不可輿論至。昔者馮夷得道，以潛大川；欽負得道，以處崑崙。扁鵲以治病，造父以御馬，羿以之射，倕以之斲，所爲者各異，而所道者一也。夫稟道以通物者，無以相非也。譬若同陂而溉田，其受水鈞也。今屠牛而烹其肉，或以酸，或以甘，煎熬燎炙，齊味萬方，其本一牛之體。伐楩枏豫樟而剖梨之，或爲棺槨，或爲柱梁，披斷撥遂，所用萬方，然一木之樸也。故百家之言，指奏相反，其合道一也。譬若絲竹金石之會，其樂同也，

其曲家異而不失於體。伯樂、韓風、秦牙、筦青，所相各異，其知馬一也。故三皇五帝，法籍殊方，其得民心鈞也。故湯人夏而用其法，武王入殿而行其禮，桀、紂之所以亡，而湯、武之所以爲治。 三皇 五帝

55 《第十一　齊俗訓》

夫先知遠見，達視千里，人才之隆也，而治世不以責於民。博聞強志，口辯辭給，人智之美也，而明主不以求於下。敖世輕物，不污於俗，士之伉行也，而治世不以爲民化。神機陰閉，剞劂無迹，人巧之妙也，而治世不以爲民業。故萇弘、師曠，先知禍福，言無遺策，而不可與衆同職也；公孫龍折辯抗辭，別同異，離堅白，不可與衆同道也；北人无擇非舜而自投清泠之淵，不可以爲世儀也；魯般、墨子以木爲鳶而飛之，三日不集，而不可使爲工也。故高不可及者，不可以爲人量；行不可逮者，不可以爲國俗。 舜

56 《第十一　齊俗訓》

治國之道，上無苛令，官無煩治，士無僞行，工無淫巧，其事經而不擾，其器完而不飾。亂世則不然。爲行者相揭以高，爲禮者相矜以僞，車輿極於彫琢，器用遽於刻鏤，求貨者爭難得以爲寶，詆文者處煩撓以爲慧，爭爲佹辯，久積而不決，無益於治。工爲奇器，歷歲而後成，不周於用。故神農之法曰：「丈夫丁壯而不耕，天下有受其飢者。婦人當年而不織，天下有受其寒者。」故身自耕，妻親織，以爲天下先。其導民也，不貴難得之貨，不器無用之物。是故其耕不強者，無以養生；其織不力者，無以揜形；有餘不足，各歸其身。衣食饒溢，姦邪不生，安樂無事而天下和平，故孔丘、曾參無所施其善，孟賁、成荊無所行其威。 神農

57 《第十二　道應訓》

昔堯之佐九人，舜之佐七人，武王之佐五人。堯、舜、武王於九、七、五者，不能一事焉，然而垂拱受成功焉，善乘人之資也。故人與驥逐走則不勝驥，託於車上則驥不能勝人。北方有獸，其名曰蹶，鼠前而兔後，趨則頓，走則顛，常爲蛩蛩駏驉取甘草以與之。蹶有患害，蛩蛩駏驉必負而走。此以其所能，託其所不能。故老子曰：「夫代大匠斲者，希不傷其手。」 堯 舜 堯 舜

58 《第十二　道應訓》

成王問政於尹佚曰：「吾何德之行，而民親其上？」對曰：「使之以時，而敬順之。」王曰：「其度安至？」曰：「如臨深淵，如履薄冰。」王曰：「懼哉？王人乎！」尹佚對曰：「天地之間，四海之內，善之則

吾畜也，不善則吾讎也。昔夏、商之臣反讎桀、紂而臣湯、武，宿沙之民皆自攻其君而歸神農，此世之所明知也。如何其無懼也？」故老子曰：「人之所畏，不可不畏也。」 神農

59 《第十三　氾論訓》

古之制，婚禮不稱主人，舜不告而娶，非禮也。立子以長，文王舍伯邑考而用武王，非制也。禮三十而娶，文王十五而生武王，非法也。夏后氏殯於阼階之上，殷人殯於兩楹之閒，周人殯於西階之上，此禮之不同者也。有虞氏用瓦棺，夏后氏堲周，殷人用椰，周人牆置翣，此葬之不同者也。夏后氏祭於闇，殷人祭於陽，周人祭於日出以朝，此祭之不同者也。堯《大章》，舜《九韶》，禹《大夏》，湯《大濩》，周《武象》，此樂之不同者也。故五帝異道而德覆天下，三王殊事而名施後世，此皆因時變而制禮樂者也。譬猶師曠之施瑟柱也，所推移上下者无寸尺之度，而靡不中音。故通於禮樂之情者能作，言有本主於中，而以知矩矱之所周者也。 舜 有虞氏 堯 舜 禹 五帝

60 《第十三　氾論訓》

古者民醇工龐，商樸女童，是以政教易化，風俗易移也。今世德益衰，民俗益薄，欲以樸童之法，治既弊之民，是猶无鏑銜策錣而御馯馬也。昔者，神農无制令而民從，唐、虞有制令而无刑罰，夏后氏不負言，殷人誓，周人盟。逮至當今之世，忍訽而輕辱，貪得而寡羞，欲以神農之道治之，則其亂必矣。伯成子高辭爲諸侯而耕，天下高之。今時之人，辭官而隱處，爲鄉邑之下，豈可同哉！古之兵，弓劍而已矣，槽柔无擊，脩戟无刺。晚世之兵，隆衝以攻，渠幨以守，連弩以射，銷車以鬭。古之伐國，不殺黄口，不獲二毛。於古爲義，於今爲笑。古之所以爲榮者，今之所以爲辱也。古之所以爲治者，今之所以爲亂也。 神農 唐 虞 神農

61 《第十三　氾論訓》

夫神農、伏犧不施賞罰而民不爲非，然而立政者不能廢法而治民。舜執干戚而服有苗，然而征伐者不能釋甲兵而制彊暴。由此觀之，法度者，所以論民俗而節緩急也；器械者，因時變而制宜適也。 神農 伏犧 舜

62 《第十三　氾論訓》

禹之時，以五音聽治，懸鐘鼓磬鐸，置鞀，以待四方之士，爲號曰：「教寡人以道者擊鼓，諭寡人以義者擊鐘，告寡人以事者振鐸，語寡人以憂者擊磬，有獄訟者搖鞀。」當此之時，一饋而十起，一沐而三捉髮，以勞天下之民，此而不能達善效忠者，則才不足也。秦之時， 禹

高爲臺榭，大爲苑囿，遠爲馳道，鑄金人，發適戍，入芻稾，頭會箕賦，輸於少府。丁壯丈夫，西至臨洮、狄道，東至會稽、浮石，南至豫章、桂林，北至飛狐、陽原，道路死人以溝量。當此之時，忠諫者謂之不祥，而道仁義者謂之狂。逮至高皇帝，存亡繼絕，舉天下之大義，身自奮袂執銳，以爲百姓請命于皇天。當此之時，天下雄儁豪英暴露于野澤，前蒙矢石，而後墮谿壑，出百死而紿一生，以爭天下之權，奮武厲誠，以決一旦之命。當此之時，豐衣博帶而道儒墨者，以爲不肖。逮至暴亂已勝，海內大定，繼文之業，立武之功，履天子之籍，造劉氏之冠，揔鄒、魯之儒墨，通先聖之遺教，戴天子之旗，乘大路，建九斿，撞大鐘，擊鳴鼓，奏《咸池》，揚干戚。當此之時，有立武者見疑。一世之間，而文武代爲雌雄，有時而用也。今世之爲武者則非文也，爲文者則非武也，文武更相非，而不知時世之用也。此見隅曲之一指，而不知八極之廣大也。故東面而望，不見西牆；南面而視，不覩北方；唯無所嚮者，爲無所不通。

63 《第十三　氾論訓》

國之所以存者，道德也；家之所以亡者，理塞也。堯無百戶之郭，舜無植錐之地，以有天下。禹無十人之衆，湯無七里之分，以王諸侯。文王處岐周之閒也，地方不過百里，而立爲天子者，有王道也。夏桀、殷紂之盛也，人跡所至，舟車所通，莫不爲郡縣，然而身死人手，爲天下笑者，有亡形也。故聖人見化以觀其徵。德有昌衰，風先萌焉。故得王道者，雖小必大；有亡形者，雖成必敗。夫夏之將亡，太史令終古先奔於商，三年而桀乃亡。殷之將敗也，太史令向藝先歸文王，朞年而紂乃亡。故聖人之見存亡之迹，成敗之際也，非乃鳴條之野，甲子之日也。今謂彊者勝則度地計衆，富者利則量粟而稱金，若此，則萬乘之君無不霸王者，而千乘之國無不破亡者矣。存亡之跡，若此其易知也，愚夫惷婦皆能論之。趙襄子以晉陽之城霸，智伯以三晉之地擒；湣王以大齊亡，田單以即墨有功。故國之亡也，雖大不足恃；道之行也，雖小不可輕。由此觀之，存在得道而不在於大也，亡在失道而不在於小也。《詩》云：「乃眷西顧，此惟與宅。」言去殷而遷于周也。故亂國之君，務廣其地而不務仁義，務高其位而不務道德，是釋其所以存，而造其所以亡也。故桀囚於焦門，而不能自非其所行，而悔不殺湯於夏臺；紂拘於宣室，而不反其過，而悔其不誅文王於羑里。二君處彊大之勢，而脩仁義之道，湯、武救罪之不給，何謀之敢慮乎！若上亂三光之明，下失萬民之心，誰微湯、武，孰弗能奪也？今不審其在己者，而反備之于人，天下非一湯、武也，殺一人，則必有繼之者也。且湯、武之所以處小弱而能以王者，以其有道也；桀、紂之所以處彊大而終見奪者，以其无道也。今不行人之所以王，而反益己之

堯
舜 禹

所以奪者，是趨亡之道也。

64 《第十三　氾論訓》

自古及今，五帝三王，未有能全其行者也。故《易》曰：「小過亨， 五帝
利貞。」言人莫不有過，而不欲其大也。

65 《第十三　氾論訓》

夫堯、舜、湯、武，世主之隆也；齊桓、晉文，五霸之豪英也。 堯 舜
然堯有不慈之名，舜有卑父之謗，湯、武有放弑之事，伍伯有暴亂之 堯 舜
謀。是故君子不責備於一人，方正而不以割，廉直而不以切，博通而
不以訾，文武而不以責。求於人則任以人力，自脩則以道德。責人以
人力，易償也；自脩以道德，難爲也。難爲則行高矣，易償則求贍矣。
夫夏后氏之璜不能无考，明月之珠不能无纇，然而天下寶之者，何也？
其小惡不足以妨大美也。今志人之所短，而忘人之所脩，而求得賢乎
天下，則難矣。

66 《第十三　氾論訓》

夫百里奚之飯牛，伊尹之負鼎，太公之鼓刀，甯戚之商歌，其美
有存焉者矣。衆人，見其位之卑賤，事之洿辱，而不知其大略，以爲
不肖。及其爲天子三公，而立爲諸侯賢相，乃始信於異衆也。夫發于
鼎俎之間，出于屠酤之肆，解于累紲之中，興于牛頷之下，洗之以湯
沐，祓之以爟火，立之于本朝之上，倚之于三公之位，內不慚於國家，
外不愧於諸侯，符勢有以內合。故未有功而知其賢者，唯堯之知舜也； 堯 舜
功成事立而知其賢者，市人之知舜也。爲是釋度數而求之於朝肆草莽 舜
之中，其失人也必多矣。何則？能效其求，而不知其所以取人也。

67 《第十三　氾論訓》

今世之祭井竈、門戶、箕帚、臼杵者，非以其神爲能饗之也，恃
賴其德，煩苦之无已也。是故以時見其德，所以不忘其功也。觸石而
出，膚寸而合，不崇朝而徧雨天下者，唯太山；赤地三年而不絕流，
澤及百里而潤草木者，唯江、河也；是以天子秩而祭之。故馬免人於
難者，其死也葬之，以帷爲衾；牛有德於人者，其死也葬之，以大車
之箱爲薦。牛馬有功，猶不可忘，又況人乎！此聖人所以重仁襲恩。
故炎帝作火，死而爲竈；禹勞力天下，死而爲社；周棄作稼穡，死而 炎帝 禹
爲稷；羿除天下之害，死而爲宗布。此鬼神之所以立。

68 《第十四　詮言訓》

無以天下爲者，必能治天下者。霜雪雨露，生殺萬物，天無爲焉，

猶之貴天也。厭文搔法，治官理民者，有司也，君無事焉，猶之尊君也。辟地墾草者，后稷也；決河濬江者，禹也；聽獄制中者，皋陶也；然而有聖名者，堯也。故得道以御者，身雖無能，必使能者爲己用。不得其道，伎藝雖多，未有益也。 禹 堯

69 《第十四　詮言訓》

聖人不爲可非之行，不憎人之非己也；脩足譽之德，不求人之譽己也，不能使禍不至，信己之不迎也；不能使福必來，信己之不攘也。禍之至也，非其求所生，故窮而不憂；福之至，非其求所成，故通而弗矜。知禍福之制，不在於己也，故閑居而樂，無爲而治。聖人守其所以有，不求其所未得。求其所未得，則所有者亡矣，脩其所已有，則所欲者至。故用兵者，先爲不可勝，以待敵之可勝也；治國者，先爲不可奪，以待敵之可奪也。舜脩之歷山而海內從化，文王脩之岐周而天下移風。使舜趨天下利，而忘脩己之道，身猶弗能保，何尺地之有乎！故治未固於不亂，而事爲治者，必危；行未固於無非，而急求名者，必剉也。福莫大無禍，利莫美不喪。動之爲物，不損則益，不成則毀，不利則病，皆險也，道之者危。故秦勝乎戎而敗乎殽，楚勝乎諸夏而敗乎柏莒。故道不可以勸就利者，而可以寧避害者。故常無禍，不常有福；常無罪，不常有功。聖人無思慮，無設儲，來者弗迎，去者弗將。人雖東西南北，獨立中央。故處衆枉之中，不失其直；天下皆流，獨不離其壇域。故不爲好，不避醜，遵天之道；不爲始，不專己，循天之埋。不豫謀，不棄時，與天爲期；不求得，不辭福，從天之則。下求所無。不失所得，內無奇禍，外無奇福。禍福不生，安有人賊！ 舜 舜

70 《第十四　詮言訓》

三代之所道者，因也。故禹決江河，因水也；后稷播種樹穀，因地也；湯、武平暴亂，因時也。故天下可得而不可取也，霸王可受而不可求也。任智則人與之訟，任力則人與之爭。未有使人無智者，有使人不能用其智於己者也；未有使人無力者，有使人不能施其力於己者也。此兩者常在久見。故君賢不見，諸侯不備；不肖不見，則百姓不怨。百姓不怨則民用可得，諸侯弗備；則天下之時可承。事所與衆同也，功所與時成也，聖人無焉。故老子曰：「虎無所措其爪，兕無所措其角。」蓋謂此也。 禹

71 《第十四　詮言訓》

舜彈五絃之琴，而歌《南風》之詩，以治天下。周公殽膘不收於前，鍾鼓不解於縣，以輔成王而海內平。匹夫百晦一守，不遑啓處， 舜

無所移之也。以一人兼聽天下，日有餘而治不足者，使人爲之也。

72 《第十五　兵略訓》

古之用兵，非利土壤之廣而貪金玉之略，將以存亡繼絕，平天下之亂，而除萬民之害也。凡有血氣之蟲，含牙戴角；前爪後距，有角者觸，有齒者噬，有毒者螫，有蹏者趹，喜而相戲，怒而相害，天之性也。人有衣食之情，而物弗能足也，故群居雜處，分不均，求不贍，則爭。爭，則強脅弱而勇侵怯。人無筋骨之強，爪牙之利，故割革而爲甲，鑠鐵而爲刃。貪昧饕餮之人，殘賊天下，萬民慅動，莫寧其所有。聖人勃然而起，乃討強暴，平亂世，夷險除穢，以濁爲清，以危爲寧，故人得不中絕。兵之所由來者遠矣！黃帝嘗與炎帝戰矣，顓頊嘗與共工爭矣。故黃帝戰於涿鹿之野，堯戰於丹水之浦，舜伐有苗，啓攻有扈。自五帝而弗能偃也，又況衰世乎！

黃帝　炎帝
黃帝　堯　舜
五帝

73 《第十五　兵略訓》

夫兵者，所以禁暴討亂也。炎帝爲火災，故黃帝擒之；共工爲水害，故顓頊誅之。教之以道，導之以德而不聽，則臨之以威武。臨之以威武而不從，則制之以兵革。故聖人之用兵也，若櫛髮耨苗，所去者少，而所利者多。殺無罪之民，而養無義之君，害莫大焉；殫天下之財，而贍一人之欲，禍莫深焉。使夏桀、殷紂有害於民而立被其患，不至於爲炮格；晉厲、宋康行一不義而身死國亡，不至於侵奪爲暴。此四君者，皆有小過而莫之討也，故至於攘天下，害百姓，肆一人之邪，而長海內之禍，此天論之所不取也。所爲立君者，以禁暴討亂也。今乘萬民之力，而反爲殘賊，是爲虎傅也，曷爲弗除！

炎帝　黃帝
顓頊

74 《第十六　説山訓》

桀有得事，堯有遺道，嫫母有所美，西施有所醜。故亡國之法有可隨者，治國之俗有可非者。

堯

75 《第十七　説林訓》

黃帝生陰陽，上駢生耳目，桑林生臂手，此女媧所以七十化也。

黃帝　女媧

76 《第十七　説林訓》

西施、毛嬙，狀貌不可同，世稱其好，美鈞也。堯、舜、禹、湯，法籍殊類，得民心一也。

堯　舜　禹

77 《第十八　人間訓》

夫言出於口者不可止於人，行發於邇者不可禁於遠。事者、難成而易敗也，名者、難立而易廢也。千里之隄，以螻螘之穴漏；百尋之屋，以突隙之煙焚。《堯戒》曰：「戰戰慄慄，日愼一日。莫躓於山，而躓於垤。」是故人者輕小害，易微事，以多悔。患至而後憂之，是由病者已惓而索良醫也，雖有扁鵲、俞跗之巧，猶不能生也。 堯

78 《第十八　人閒訓》

夫有陰德者必有陽報，有隱行者必有昭名。古者溝防不脩，水爲民害，禹鑿龍門，辟伊闕，平治水土，使民得陸處。百姓不親，五品不愼，契教以君臣之義，父子之親，夫妻之辨，長幼之序，田野不脩，民食不足，后稷乃教之辟地墾草，糞土種穀，令百姓家給人足。故三后之後，無不王者，有陰德也。周室衰，禮義廢，孔子以三代之道教導於世，其後繼嗣至今不絕者，有隱行也。秦王趙政兼吞天下而亡，智伯侵地而滅，商鞅支解，李斯車裂，三代種德而王，齊桓繼絕而霸。故樹黍者不獲稷，樹怨者無報德。 禹

79 《第十八　人閒訓》

或貪生而反死，或輕死而得生，或徐行而反疾。何以知其然也？魯人有爲父報讎於齊者，刳其腹而見其心，坐而正冠，起而更衣，徐行而出門，上車而步馬，顏色不變。其御欲驅，撫而止之曰：「今日爲父報讎以出死，非爲生也。今事已成矣，又何去之！」追者曰：「此有節行之人，不可殺也。」解圍而去之。使彼衣不暇帶，冠不及正，蒲伏而走，上車而馳，必不能自免於十步之中矣。今坐而正冠，起而更衣，徐行而出門，上車而步馬，顏色不變，此衆人所以爲死也，而乃反以得活。此所謂徐而馳，遲於步也。夫走者、人之所以爲疾也，步者、人之所以爲遲也。今乃反以人之所以爲遲者、爲疾，明於分也。有知徐之爲疾、遲之爲速者，則幾於道矣。故黃帝亡其玄珠，使離珠、攫剟索之，而弗能得之也，於是使忽怳，而後能得之。 黃帝

80 《第十八　人閒訓》

仁者、百姓之所慕也，義者、衆庶之所高也。爲人之所慕，行人之所高，此嚴父之所以教子，而忠臣之所以事君也。然世或用之而身死國亡者，不周於時也。昔徐偃王好行仁義，陸地之朝者也。三十二國。王孫厲謂楚莊王曰：「王不伐徐，必反朝徐。」王曰：「偃王、有道之君也，好行仁義，不可伐也。」王孫厲曰：「臣聞之，大之與小，強之與弱也，猶石之投卵，虎之啗豚，又何疑焉！且也爲文而不能達其德，爲武而不能任其力，亂莫大焉。」楚王曰：「善！」乃舉兵而伐徐，遂滅之。此知仁義而不知世變者也。申菽、杜茝，美人之所懷服也，及漸之於滫，則不能保其芳矣。古者，五帝貴德，三王用義，五霸任 五帝

力。今取帝王之道，而施之五霸之世，是由乘驥逐人於榛薄，而蓑笠盤旋也。

81 《第十九　脩務訓》

嘗試問之矣：「若夫神農、堯、舜、禹、湯，可謂聖人乎？」有論者必不能廢。以五聖觀之，則莫得無爲，明矣。古者，民茹草飲水，采樹木之實，食蠃蛖之肉，時多疹病毒傷之害。於是神農乃始教民播種五穀，相土地之宜，燥濕肥墝高下，嘗百草之滋味、水泉之甘苦，令民知所避就。當此之時，一日而七十毒。堯立孝慈仁愛，使民如子弟。西教沃民，東至黑齒，北撫幽都，南道交趾。放讙兜於崇山，竄三苗於三危，流共工於幽州，殛鯀於羽山。舜作室，築牆茨屋，辟地樹穀，令民皆知去巖穴，各有家室。此其始也，南征三苗，道死蒼梧。禹沐霪雨，櫛扶風，決江疏河，鑿龍門，闢伊闕，脩彭蠡之防，乘四載，隨山栞木，平治水土，定千八百國。湯夙興夜寐，以致聰明；輕賦薄斂，以寬民氓；布德施惠，以振困窮；弔死問疾，以養孤孀。百姓親附，政令流行，乃整兵鳴條，困夏南巢，譙以其過，放之歷山。此五聖者、天下之盛主，勞形盡慮，爲民興利除害而不懈。奉一爵酒，不知於色，挈一石之尊則白汗交流，又況羸天下之憂，而任海內之事者乎？其重於尊亦遠矣！且夫聖人者，不恥身之賤，而愧道之不行；不憂命之短，而憂百姓之窮。是故禹爲水，以身解於陽盱之阿；湯苦旱，以身禱於桑林之際。聖人憂民，如此其明也，而稱以「無爲」，豈不悖哉！

神農 堯 舜 / 神農 / 堯 / 舜 / 禹 / 禹

82 《第十九　脩務訓》

且古之立帝王者，非以奉養其欲也；聖人踐位者，非以逸樂其身也。爲天下強掩弱，衆暴寡，詐欺愚，勇侵怯，懷知而不以相教，積財而不以相分，故立天子以齊一之。爲一人聰明而不足以徧燭海內，故立三公九卿以輔翼之。爲絕國殊俗，僻遠幽閒之處，不能被德承澤，故立諸侯以教誨之。是以地無不任，時無不應，官無隱事，國無遺利。所以衣寒食飢，養老弱而息勞倦也。若以布衣徒步之人觀之，則伊尹負鼎而干湯，呂望鼓刀而入周，伯里奚轉鬻，管仲束縛，孔子無黔突，墨子無煖席。是以聖人不高山、不廣河，蒙恥辱以干世主者，非以貪祿慕位，欲事起天下之利而除萬民之害也。蓋聞傳書曰：神農憔悴，堯瘦臞，舜黴黑，禹胼胝。由此觀之，則聖人之憂勞百姓亦甚矣！故自天子以下，至于庶人，四胑不勤，思慮不用，而事治求贍者，未之聞也。

神農 / 堯 舜 禹

83 《第十九　脩務訓》

夫地勢、水東流，人必事焉，然後水潦得谷行。禾稼春生，人必
加功焉，故五穀得遂長。聽其自流，待其自生，則鯀、禹之功不立， 禹
而后稷之智不用。若吾所謂「無爲」者，私志不得入公道，嗜欲不得
枉正術，循理而舉事，因資而立功，推自然之勢，而曲故不得容者，
故事成而身弗伐，功立而名弗有，非謂其感而不應，攻而不動者。若
夫以火熯井，以淮灌山，此用己而背自然，故謂之有爲。若夫水之用
舟，沙之用鴃，泥之用輴，山之用蔂，夏瀆而冬陂，因高爲山，因下
爲池，此非吾所謂爲之。

84 《第十九　脩務訓》

且夫身正性善，發憤而成，㥣憑而爲義，性命可說，不待學問而
合於道者，堯、舜、文王也；沉湎耽荒，不可教以道，不可喻以德， 堯 舜
嚴父弗能正，賢師不能化者，丹朱、商均也。曼頰皓齒，形夸骨佳，
不待脂粉芳澤而性可說者，西施、陽文也；啳睽哆噅，蘧蒢戚施，雖
粉白黛黑弗能爲美者，嫫母、仳倠也。夫上不及堯、舜，下不若商均， 堯 舜
美不及西施，惡不若嫫母，此教訓之所喻也，而芳澤之所施。且子有
弒父者，然而天下莫疏其子，何也？愛父者衆也。儒有邪辟者，而先
王之道不廢，何也？其行之者多也。今以爲學者之有過而非學者，則
是以一餉之故，絕穀不食；以一蹪之難，輟足不行，惑也。

85 《第十九　脩務訓》

夫亭歷冬生，而人曰冬死，死者衆也；薺麥夏死，而人曰夏生，
生者衆也。江河之回曲，亦時有南北者，而人謂江、河東流；攝提鎮
星日月東行，而人謂星辰日月西移者；以大氐爲本。胡人有知利者，
而人謂之駤；越人有重遲者，而人謂之訬；以多者名之，若夫堯眉八 堯
彩，九竅通洞，而公正無私，一言而萬民齊；舜二瞳子，是謂重明， 舜
作事成法，出言成章；禹耳參漏，是謂大通，興利除害，疏河決江； 禹
文王四乳，是謂大仁，天下所歸，百姓所親；皋陶馬喙，是謂至信，
決獄明白，察於人情；契生於卵，啓生於石；史皇產而能書；羿左臂
脩而善射。若此九賢者，千歲而一出，猶繼踵而生。今無五聖之天奉，
四俊之才難，欲棄學而循性，是猶釋船而欲碾水也。

86 《第十九　脩務訓》

知者之所短，不若愚者之所脩；賢者之所不足，不若衆人之所有
餘。何以知其然？夫宋畫吳冶，刻刑鏤法，亂脩曲出，其爲微妙，堯、 堯
舜之聖不能及。蔡之幼女，衛之稚質，梱纂組，雜奇彩，抑黑質，揚 舜
赤文，禹、湯之智不能逮。 禹

87 《第十九　脩務訓》

通於物者不可驚以怪，喻於道者不可動以奇，察於辭者不可燿以名，審於形者不可遯以狀。世俗之人，多尊古而賤今，故爲道者必託之于神農、黄帝而後能入說。亂世闇主，高遠其所從來，因而貴之。為學者，蔽於論而尊其所聞，相與危坐而稱之，正領而誦之。此見是非之分不明。夫无規矩，雖奚仲不能以定方圓；无準繩，雖魯班不能以定曲直。是故鐘子期死，而伯牙絕絃破琴，知世莫賞也；惠施死，而莊子寝說言，見世莫可爲語者也。 神農 黄帝

88 《第二十　泰族訓》

天地四時，非生萬物也，神明接，陰陽和，而萬物生之。聖人之治天下，非易民性也，拊循其所有而滌蕩之，故因則大，作則細矣。禹鑿龍門，闢伊闕，決江濬河，東注之海，因水之流也。后稷墾草發菑，糞土樹穀，使五種各得其宜，因地之勢也。湯、武革車三百乘，甲卒三千人，討暴亂，制夏、商，因民之欲也。故能因，則无敵於天下矣。夫物有以自然，而後人事有治也。故良匠不能斲金，巧冶不能鑠木，金之勢不可斲，而木之性不可鑠也。埏埴而爲器，窬木而爲舟，鑠鐵而爲刃，鑄金而爲鐘，因其可也。駕馬服牛，令雞司夜，令狗守門，因其然也。民有好色之性，故有大婚之禮；有飲食之性，故有大饗之誼；有喜樂之性，故有鐘鼓筦絃之音；有悲哀之性，故有衰絰哭踊之節。故先王之制法也，因民之所好，而爲之節文者也。因其好色而制婚姻之禮，故男女有別；因其喜音而正《雅》、《頌》之聲，故風俗不流；因其寧家室、樂妻子，教之以順，故父子有親；因其喜朋友而教之以悌，故長幼有序。然後脩朝聘以明貴賤，鄉飲習射以明長幼，時搜振旅以習用兵也，入學庠序以脩人倫。此皆人之所有於性，而聖人之所匠成也。 禹

89 《第二十　泰族訓》

昔者，五帝三王之莅政施教，必用參五。何謂參五？仰取象於天，俯取度於地，中取法於人，乃立明堂之朝，行明堂之令，以調陰陽之氣，而和四時之節，以辟疾疹之菑。俯視地理，以制度量，察陵陸水澤肥墽高下之宜，立事生財，以除飢寒之患。中考乎人德，以制禮樂，行仁義之道，以治人倫而除暴亂之禍。乃澄列金水木火土之性，以立父子之親而成家；別五音清濁六律相生之數，以立君臣之義而成國；察四時季孟之序，以立長幼之禮而成官；此之謂參。制君臣之義，父子之親，夫婦之辨，長幼之序，朋友之際，此之謂五。乃裂地而州之，分職而治之，築城而居之，割宅而異之，分財而衣食之，立大學而教誨之，夙興夜寐而勞力之。此治之紀綱已。然得其人則舉，失其人則 五帝

廢。堯治天下，政教平，德潤洽。在位七十載，乃求所屬天下之統，令四岳揚側陋。四岳舉舜而薦之堯，堯乃妻以二女，以觀其內；任以百官，以觀其外；既入大麓，烈風雷雨而不迷，乃屬以九子，贈以昭華之玉，而傳天下焉。以爲雖有法度，而朱弗能統也。 堯 舜 堯 堯

90 《第二十　泰族訓》

夫物未嘗有張而不弛、成而不毀者也，唯聖人能盛而不衰，盈而不虧。神農之初作琴也，以歸神杜淫；反其天心。及其衰也，流而不反，淫而好色，至於亡國。夔之初作樂也，皆合六律而調五音，以通八風；及至其衰也，以沉湎淫康，不顧政治，至於滅亡。蒼頡之初作書，以辯治百官，領理萬事，愚者得以不忘，智者得以志事；及至其衰也，爲奸刻僞書，以解有罪，以殺不辜。湯之初作囿也，以奉宗廟鮮犞之具，簡士卒，習射御，以戒不虞；及至其衰也，馳騁獵射，以奪民時，以罷民力。堯之舉禹、契、后稷、皋陶，政教平，奸宄息，獄訟止而衣食足，賢者勸善而不肖者懷其德；及至其末，朋黨比周，各推其與，廢公趨私，外內相舉，奸人在朝而賢者隱處。故《易》之失也卦，《書》之失也敷，樂之失也淫，《詩》之失也辟，禮之失也责，《春秋》之失也刺。天地之道，極則反，盈則損。五色雖朗，有時而渝；茂木豐草，有時而落；物有隆殺，不得自若。故聖人事窮而更爲，法弊而改制，非樂變古易常也，將以救敗扶衰，黜淫濟非，以調天地之氣，順萬物之宜也。 神農 堯 禹

91 《第二十　泰族訓》

舜、許由異行而皆聖，伊尹、伯夷異道而皆仁，箕子、比干異趨而皆賢。故用兵者，或輕或重，或貪或廉，此四者相反而不可一无也。輕者欲發，重者欲止，貪者欲取，廉者不利非其有。故勇者可令進鬬，而不可令持堅；重者可令埴固，而不可令凌敵；貪者可令進取，而不可令守職；廉者可令守分，而不可令進取；信者可今持約，而不可令應變。四者相反，聖人兼用而財使之。夫天地不包一物，陰陽不生一類。海不讓水潦以成其大，山不讓土石以成其高。夫守一隅而遺萬方，取一物而棄其餘，則其所得者鮮，而所治者淺矣。 舜

92 《第二十　泰族訓》

河以逶蛇、故能遠，山以陵遲、故能高，陰陽无爲、故能和，道以優游、故能化，夫徹於一事，察於一辭，審於一技，可以曲說，而未可以廣應也。蓼菜成行，甂甌有墓，稱薪而爨，數米而炊，可以治小，而未可以治大也。員中規，方中矩，動成獸，止成文，可以愉舞，而不可以陳軍也。滌盃而食，洗爵而飲，盥而後饋，可以養少，而不

可以饗衆也。今夫祭者，屠割烹殺，剝狗燒豕，調平五味者，庖也；陳簠簋，列樽俎，設籩豆者，祝也；齊明盛服，淵默而不言，神之所儂者，尸也。宰、祝雖不能，尸不越樽俎而代之。故張瑟者、小絃絚而大絃緩，立事者、賤者勞而貴者逸。舜爲夫子，彈五絃之琴，歌《南風》之詩，而天下治。周公肴臑不收於前，鍾鼓不解於懸，而四夷服。趙政晝決獄、夜理書，御史冠蓋接於郡縣，覆稽趨留，戍五嶺以備越，築脩城以守胡，然奸邪萌生，盜賊群居，事愈煩而亂愈生。故法者、治之具也，而非所以爲治也。亦猶弓矢、中之具也，而非所以中也。 舜

93 《第二十　泰族訓》

黃帝曰：「芒芒昧昧，因天之威，與元同氣。」故同氣者帝，同義者王，同力者霸，无一焉者亡。故人主有伐國之志，邑犬群嘷，雄雞夜鳴，庫兵動而戎馬驚；今日解怨偃兵，家老甘臥，巷无聚人，妖菑不生。非法之應也，精氣之動也。故不言而信，不施而仁，不怒而威，是以天心動化者也；施而仁，言而信，怒而威，是以精誠感之者也；施而不仁，言而不信，怒而下威，是以外皃爲之者也。故有道以統之，法雖少、足以化矣；无道以行之，法雖衆、足以亂矣。 黃帝

94 《第二十　泰族訓》

所以貴扁鵲者，非貴其隨病而調藥也，貴其擪息脈血，知疾之所從生也。所以貴聖人者，非貴其隨罪而鑒刑也，貴其知亂之所由起也。若不脩其風俗，而縱之淫辟，乃隨之以刑，繩之以法，雖殘賊天下，弗能禁也。禹以夏王，桀以夏亡；湯以殷王，紂以殷亡；非法度不存也，紀綱不張而風俗壞也。 禹

95 《第二十　泰族訓》

夫觀逐者於其反也，而觀行者於其終也。故舜放弟，周公殺兄，猶之爲仁也；文公樹米，曾子架羊，猶之爲知也。當今之世，醜必託善以自爲解，邪必蒙正以自爲辭。游不論國，仕不擇宮，行不辟污，曰「伊尹之道也。」分別爭財，親戚兄弟搆怨，骨肉相賊，曰「周公之義也。」行无廉恥，辱而不死，曰「管子之趨也。」行貨賂，趣勢門，立私廢公，比周而取容，曰「孔子之術也。」此使君子小人紛然殽亂，莫知其是非者也。故百川並流，不注海者不爲川谷；趨行蹐馳，不歸善者不爲君子。故善言歸乎可行，善行歸乎仁義。田子方、段干木輕爵祿而重其身，不以欲傷生，不以利累形，李克竭股肱之力，領理百官，輯穆萬民，使其君生无廢事，死无遺憂，此異行而歸於善者。張儀、蘇秦家无常居，身无定君，約从衡之事，爲傾覆之謀，濁亂天下，撓滑諸侯，使百姓不遑啓居，或从或横，或合衆弱，或輔富強，此異 舜

行而歸於醜者也。故君子之過也，猶日月之蝕比也，何害於明！小人之可也，猶狗之晝吠，鴟之夜見也，何益於善！

96 《第二十　泰族訓》

五帝三王之道，天下之綱紀，治之儀表也。今商鞅之啓塞，申子之三符，韓非之孤憤，張儀、蘇秦之從衡，皆掇取之權，一切之術也，非治之大本，事之恆常，可博內而世傳者也。子囊北而全楚，北不可以爲庸；弦高誕而存鄭，誕不可以爲常。今夫《雅》、《頌》之聲，皆發於詞，本於情，故君臣以睦，父子以親。故《韶》、《夏》之樂也，聲浸乎金石，潤乎草木。今取怨思之聲，施之於絃管，聞其音者，不淫則悲，淫則亂男女之辯，悲則感怨思之氣，豈所謂樂哉！趙王遷流於房陵，思故鄉，作爲《山木》之嘔，聞者莫不殞涕。荊軻西刺秦王，高漸離、宋意爲擊筑，而歌於易水之上，聞者莫不瞋目裂眥，髮植穿冠。因以此聲爲樂而入宗廟，豈古之所謂樂哉！故弁冕輅輿，可服而不可好也；大羹之和，可食而不可嗜也；朱絃漏越，一唱而三嘆，可聽而不可快山。故无聲者、正其可聽者也，其无味者、正其足味者也。吠聲清於耳，兼味快於口，非其貴也。 五帝

97 《第二十　泰族訓》

聖王之設政施教也，必察其終始，其縣法立儀也，必原其本末，不苟以一事備一物而已矣。見其造而思其功，觀其源而知其流，故博施而不竭，彌久而不垢。夫水出於山而入於海，稼生於田而藏於倉，聖人見其所生，則知其所歸矣。故舜深藏黃金於嶄嵒之山，所以塞貪鄙之心也。儀狄爲酒，禹飲而甘之，遂疏儀狄而絕嗜酒，所以遏流湎之行也。師延爲平公鼓朝歌北鄙之音，師曠曰：「此亡國之樂也。」大息撫而止之，所以防淫辟之風也。故民知書而德衰，知數而厚衰，知券契而信衰，知械機而空衰也。巧詐藏於胸中，則純白不備，而神德不全矣。 舜 禹

98 《第二十一　要略》

《泰族》者，橫八極，致高崇，上明三光，下和水土，經古今之道，治倫理之序，揔萬方之指，而歸之一本，以經緯治道，紀綱王事。乃原心術，理情性，以館清平之靈，澄澈神明之精，以與天和相嬰薄。所以覽五帝三王，懷天氣，抱天心，執中含和，德形於內，以莙凝天地，發起陰陽，序四時，正流方，綏之斯寧，推之斯行，乃以陶冶萬物，游化群生，唱而和，動而隨，四海之內，一心同歸。故景星見，祥風至，黃龍下，鳳巢列樹，麟止郊野。德不內形，而行其法藉，專用制度，神祇弗應，福祥不歸，四海弗賓，兆民弗化。故德形於內， 五帝

治之大本。此《鴻烈》之《泰族》也。

99　《第二十一　要略》
今《易》之《乾》、《坤》足以窮道通意也，八卦可以識吉凶、知
禍福矣，然而伏戲爲之六十四變，周室增以六爻，所以原測淑清之道， 伏戲
而捃逐萬物之祖也。夫五音之數，不過宮、商、角、徵、羽，然而五
絃之琴不可鼓也，必有細大駕和，而後可以成曲。今畫龍首，觀者不
知其何獸也，具其形，則不疑矣。今謂之道則多，謂之物則少，謂之
術則博，謂之事則淺，推之以論，則无可言者，所以爲學者，固欲致
之不言而已也。

100　《第二十一　要略》
墨子學儒者之業，受孔子之術，以爲其禮煩擾而不悅，厚葬靡財
而貧民，久服傷生而害事，故背周道而用夏政。禹之時，天下大水， 禹
禹身執虆臿，以爲民先，剔河而道九岐，鑿江而通九路，辟五湖而定 禹
東海。當此之時，燒不暇撌，濡不給扢，死陵者葬陵，死澤者葬澤，
故節財、薄葬、閒服生焉。

68 韓詩外傳

文献名：68. 韓詩外傳

資料番号	伏羲	太皞	其他	女媧	其他	神農	炎帝	赤帝	其他	黄帝	軒轅氏	其他	顓頊	高陽	其他	注(左半葉) 注a	注b
1																	
2																	
3																	
4																	
5																	
6										1							
7																	
8																	
9																	
10																	
11																	
12																	
13																	
14										1							
15																	
16																	
17																	
18																	
19										1			1				
20																	
21																	
22																	
23										4							
24																	
25																	
26																	
27																	
28																	
29																	
30																	
計										7			1				

献名：68. 韓詩外傳

嚳	高辛	其他	堯	陶唐	其他	舜	有虞	其他	禹	其他	三皇	五帝	注(右半葉) 注e	注f	参考	資料番号
			1						1							1
			1						1							2
						3										3
			1			1										4
						1										5
			1			1										6
									1							7
						7			6							8
							1					3				9
						1										10
						1			1							11
			1													12
						1										13
						1										14
						2			2							15
				1			1									16
				1			1									17
									1							18
1			1			1			1			1				19
			1			1										20
			2			3										21
			1			1										22
																23
			1			1										24
						1										25
			1			2										26
			1			1										27
			1			1										28
			1			1			1							29
												1				30
1			15	2		32	3		15			5				計

68 韓詩外傳

1 《卷第一》

君子有辯善之度，以治氣養性，則身後彭祖。修身自強，則名配
堯禹。宜於時則達，厄於窮則處，信禮者也。凡用心之術，由禮則理 堯 禹
達，不由禮則悖亂。飲食衣服，動靜居處，由禮則知節，不由禮則墊
陷生疾。容貌態度，進退趨步，由禮則雅，不由禮則夷固。故無禮則
不行王，事無禮則不成，國無禮則不寧，王無禮則死亡無日矣。《詩》
曰：「人而無禮，胡不遄死？」

2 《卷第二》

夫霜雪雨露，殺生萬物者也，天無事焉，猶之貴天也。執法厭文，
治官治民者，有司也，君無事焉，猶之尊君也。夫闢土殖穀者后稷也，
決江流河者禹也，聽獄執中者皋陶也。然而有聖名者堯也。故有道以 禹 堯
御之，身雖無能也，必使能者爲己用也。無道以御之，彼雖多能，猶
將無益於存亡矣。《詩》曰：「執轡如組，兩驂如舞。」貴能御也。

3 《卷第二》

顏淵侍魯定公于臺，東野畢御馬于臺下。定公曰：「善哉！東野畢
之御也。」顏淵曰：「善則善矣，雖然，其馬將佚矣。」定公不說，以告
左右曰：「吾聞之，君子不譖人。君子亦譖人乎？」顏淵退，俄而廄人
以東野畢之馬佚聞矣。定公揭席而起，曰：「趣駕召顏淵。」顏淵至，
定公曰：「鄉寡人曰：『善哉東野畢之御也。』吾子曰：『善則善矣，然
其馬將佚矣。』不識吾子以何知之？」顏淵曰：「臣以政知之。昔者舜 舜
工於使人，造父工於使馬。舜不窮其民，造父不極其馬。是以舜無佚 舜 舜
民，造父無佚馬。今東野畢之上車執轡，銜體正矣，周旋步驟，朝禮
畢矣，歷險致遠，馬力殫矣，然猶策之不已，所以知其佚也。」定公曰：
「善，可少進？」顏淵曰：「獸窮則齧，鳥窮則啄，人窮則詐。自古及
今，窮其下能不危者，未之有也。《詩》曰：『執轡如組，兩驂如舞。』
善御之謂也。」定公曰：「寡人之過矣！」

4 《卷第二》

子夏讀《詩》已畢。夫子問曰：「爾亦何大於《詩》矣。」子夏對
曰：「《詩》之於事也，昭昭乎若日月之光明，燎燎乎如星辰之錯行，
上有堯舜之道，下有三王之義，弟子不敢忘也。雖居蓬戶之中，彈琴 堯 舜
以詠先王之風，有人亦樂之，無人亦樂之，亦可發憤忘食矣。《詩》曰：
『衡門之下，可以棲遲。泌之洋洋，可以樂饑。』」夫子造然變容曰：「嘻！

吾子始可以言《詩》已矣。雖然，子以見其表，未見其裏。」顏淵曰：「其表已見，其裏又何有哉？」孔子曰：「闚其門，不入其中，安知其奥藏之所在乎？然藏又非難也。丘嘗悉心盡志，已入其中，前有高岸，後有深谷，泠泠然如此，既立而已矣。」不能見其裏，未謂精微者也。

5 《卷第三》

《傳》曰：昔者舜甑盆無膻，而下不以餘獲罪。飯乎土簋，啜乎 舜
土型，而農不以力獲罪。麑衣而盬領，而女不以巧獲罪。法下易由，事寡易爲功，而民不以政獲罪。故大道多容，大德多下，聖人寡爲，故用物常壯也。《傳》曰：易簡而天下之理得矣。《詩》曰：「政有夷之行，子孫保之。」忠易爲禮，誠易爲辭，賢人易爲民，工巧易爲材。《詩》曰：「政有夷之行，子孫保之。」

6 《卷第三》

武王伐紂，到于邢丘，楯折爲三，天雨三日不休。武王心懼，召太公而問。曰：「意者紂未可伐乎？」太公對曰：「不然。楯折爲三者，軍當分爲三也。天雨三日不休，欲灑吾兵也。」武王曰：「然何若矣？」太公曰：「愛其人，及其屋上烏，惡其人者，憎其胥餘。咸劉厥敵，靡使有餘。」武王曰：「於戲！天下未定也。」周公趨而進曰：「不然。使各度其宅，而佃其田，無獲舊新。百姓有過，在予一人。」武王曰：「於戲！天下已定矣。」乃脩武勒兵於甯，更名邢丘曰懷甯，曰脩武，行克紂于牧之野。《詩》曰：「牧野洋洋，檀車皇皇，駟騵彭彭。維師尚父，
時維鷹揚，涼彼武王，肆伐大商，會朝清明。」既反商，及下車，封黄 黃帝
帝之後於蒯，封帝堯之後於祝，封舜之後於陳。下車而封夏后氏之後 帝堯 舜
於杞，封殷之後於宋，封比干之墓，釋箕子之囚，表商容之閭。濟河而西，馬放華山之陽，示不復乘。牛放桃林之野，示不復服也。車甲衅而藏之於府庫，示不復用也。於是廢軍而郊射，左射《狸首》，右射《騶虞》，然後天下知武王之不復用兵也。祀乎明堂而民知孝，朝覲然後諸侯知以敬。坐三老於大學，天子執醬而饋，執爵而酳，所以教諸侯之悌也。此四者，天下之大教也。夫武之久不亦宜乎？《詩》曰：「勝殷遏劉，耆定爾功。」言伐紂而殷亡武也。

7 《卷第三》

太平之時，民行役者不踰時，男女不失時以偶，孝子不失時以養。外無曠夫，內無怨女。上無不慈之父，下無不孝之子。父子相成，夫婦相保。天下和平，國家安寧。人事備乎下，天道應乎上。故天不變經，地不易形，日月昭明，列宿有常。天施地化，陰陽和合，動以雷電，潤以風雨，節以山川，均其寒暑。萬民育生，各得其所，而制國

用。故國有所安，地有所主。聖人刳木爲舟，剡木爲楫，以通四方之
物，使澤人足乎水，山人足乎魚，餘衍之財有所流。故豐膏不獨樂，
磽确不獨苦。雖遭凶年飢歲，禹湯之水旱，而民無凍餓之色。故生不　禹
乏用，死不轉尸。夫是之謂樂。《詩》曰：「於鑠王師，遵養時晦。」

8 《卷第三》

　　當舜之時，有苗不服。其不服者，衡山在南，岐山在北，左洞庭　舜
之波，右彭澤之水，由此險也。以其不服，禹請伐之，而舜不許，曰：　禹 舜
「吾喻教猶未竭也。」久喻教，而有苗民請服。天下聞之，旨薄禹之義，　禹
而美舜之德。《詩》曰：「載色載笑，匪怒伊教。」舜之謂也。問曰：然　舜 舜
則禹之德不及舜乎？曰：非然也。禹之所以請伐者，欲彰舜之德也。　禹 舜 禹 舜
故善則稱君，過則稱己，臣下之義也。假使禹爲君，舜爲臣，亦如此　禹 舜
而已矣。夫禹可謂達乎爲人臣之大體也。　禹

9 《卷第三》

　　夫詐人者曰，古今異情，其所以治亂異道。而衆人旨愚而無知，
陋而無度者也，於其所見猶可欺也，況乎千歲之後乎？彼詐人者，門
庭之閒猶挾欺，而況乎千歲之上乎？然則聖人何以不可欺也？曰：聖
人以己度人者也。以心度心，以情度情，以類度類，古今一也。類不
悖，雖久同理。故性緣理而不迷也。夫五帝之前無傳人。非無賢人，　五帝
久故也。五帝之中無傳政，非無善政，久故也。虞夏有傳政，而不如　五帝 虞
殷周之察也。非無善政，久故也。夫傳者久則愈略，近則愈詳。略則
舉大，詳則舉細。故愚者聞其大不知其細，聞其細不知其大。是以久
而差。三王五帝，政之至也。《詩》曰：「帝命不違，至于湯齊。」言古　五帝
今一也。

10 《卷第三》

　　舜生於諸馮，遷於負夏，卒於鳴條，東夷之人也。文王生於岐周，　舜
卒於畢郢，西夷之人也。地之相去也，千有餘里，世之相後也，千有
餘歲，然得志行乎中國，若合符節。孔子曰：「先聖後聖，其揆一也。」
《詩》曰：「帝命不違，至于湯齊。」

11 《卷第三》

　　君子行不貴苟難，說不貴苟察，名不貴苟傳，惟其當之爲貴。夫
負石而赴河，行之難爲者也，而申徒狄能之。君子不貴者，非禮義之
中也。山淵平，天地比，齊秦襲，入乎耳，出乎口，鉤有鬚，卵有毛，
此說之難持者也，而鄧析、惠施能之。君子不貴者，非禮義之中也。
盜跖吟口，名聲若日月，與舜禹俱傳而不息。君子不貴者，非禮義之　舜 禹

中也。故君子行不貴苟難，說不貴苟察，名不貴苟傳，維其當之爲貴。《詩》曰：「不競不絿，不剛不柔。」

12 《卷第三》

孫卿與臨武君議兵於趙孝成王之前。王曰：「敢問兵之要。」臨武君曰：「夫兵之要，上得天時，下得地利，後之發，先之至。此兵之要也。」孫卿曰：「不然。夫兵之要，在附親士民而已。六馬不和，造父不能以致遠。弓矢下調，羿不能以中微。士民不親附，湯武不能以戰勝。由此觀之，要在於附親士民而已矣。」臨武君曰：「不然。夫兵之所用，變故也。其所貴，謀詐也。善用之者猶脫兔，莫知其所出。孫吳用之無敵於天下。由此觀之，豈待親士民而後可哉？」孫卿曰：「不然。君之所道者，諸侯之兵，謀臣之事也。臣之所道者，仁人之兵，聖王之事也。彼可詐者，必怠慢者也。君臣上下之際，奐然有離德者也。夫以跖而詐桀，猶有工拙焉。以桀而詐堯，如以指撓沸，以卵投石，抱羽毛而赴烈火，入則燋耳。夫何可詐也？且夫暴國將孰與至哉？彼其所與至者必欺其民也。民之親我也，芬若椒蘭，歡如父子。彼顧其上，如憯毒蜂蠆。人之情，雖桀跖豈肯爲其所至惡，賊其所至愛哉？是猶使人之子孫自賊其父母也。彼則先覺其失，何可詐哉？且仁人之兵，衆則成卒，散則成列。延則若莫邪之長刃，嬰之者斷。銳則若莫邪之利鋒，當之者潰。圓居則若丘山之不可移也，方居則若磐石之不可拔也，觸之摧角折節而退爾，夫何可詐也？《詩》曰：『武王載旆，有虔秉鉞，如火烈烈，則莫我敢曷。』此謂湯武之兵也。」孝成王避席仰首曰：「寡人雖不敏，請依先生之兵也。」 堯

13 《卷第四》

《傳》曰：舜彈五絃之琴，以歌《南風》之詩，而天下治。周平公酒不離於前，鐘石不解於懸，而宇內亦治。匹夫百畝一室，不遑啟處，無所移之也。夫以一人而兼聽天下，其日有餘而治不足，是使人爲之也。夫擅使人之權，而不能制衆於下，則在位者非其人也。《詩》曰：「維南有箕，不可以簸揚。維北有斗，不可以挹酒漿。」言有位無其事也。 舜

14 《卷第四》

《韶》用干戚，非至樂也。舜兼二女，非達禮也。封黃帝之子十九人，非法義也。往田號泣，未盡命也。以人觀之，則是也。以法量之，則未也。《禮》曰：「禮儀三百，威儀三千。」《詩》曰：「靜恭爾位，正直是與。神之聽之，式穀以女。」 舜 黃帝

15 《卷第四》

夫當世之愚，飾邪說，文姦言，以亂天下，欺惑衆愚，使混然不
知是非治亂之所存者，則是范睢、魏牟、田文、莊周、愼到、田駢、
墨翟、宋鈃、鄧析、惠施之徒也。此十子者，皆順非而澤，聞見雜博，
然而不師上古，不法先王，按往舊造說，務自爲工，道無所遇，而人
相從，故曰十子者之工說，說皆不足合大道，美風俗，治綱紀。然而
其持之各有故，言之皆有理，足以欺惑衆愚，交亂樸鄙，則是十子之
罪也。若夫總方略，一統類，齊言行，群天下之英傑而告之以大道，
教之以至順，隩要之閒，衽席之上，簡然聖王之文具焉，沛然平世之
俗趨焉，工說者不能入也，十子者不能親也。無置錐之地，而王公不
能與之爭名，則是聖人之未得志者也，仲尼是也。舜禹是也。仁人將　舜 禹
何務哉？上法舜禹之制，下則仲尼之義，以務息十子之說。如是者，　舜 禹
仁人之事畢矣，天下之害除矣，聖人之迹著矣。《詩》曰：「雨雪瀌瀌，
見晛曰消。」

16 《卷第五》

楚成王讀書於殿上，而倫扁在下，作而問曰：「不審主君所讀何書
也？」成王曰：「先聖之書。」倫扁曰：「此真先聖王之糟粕耳。非美者
也。」成王曰：「子何以言之？」倫扁曰：「以臣輪言之。夫以規爲圓，
矩爲方，此其可付乎子孫者也。若夫合三木而爲一，應乎心，動乎體，
其不可得而傳者也。則凡所傳真糟粕耳。」故唐虞之法可得而攷也。其　唐 虞
喻人心不可及矣。《詩》曰：「上天之載，無聲無臭。」其孰能及之？

17 《卷第五》

儒者，儒也。儒之爲言無也，不易之術也。千舉萬變，其道不窮，
六經是也。若夫君臣之義，父子之親，夫婦之別，朋友之序，此儒者
之所謹守，日切磋而下舍也。雖居窮巷陋室之下，而內不足以充虛，
外不足以蓋形，無置錐之地，明察足以持天下，大舉在人上，則王公
之材也，小用使在位，則社稷之臣也，雖巖居穴處而王侯不能與爭名，
何也？仁義之化存爾。如使王者聽其言，信其行，則唐虞之法可得而　唐 虞
觀，頌聲可得而聽。《詩》曰：「先民有言，詢于芻蕘。」取謀之博也。

18 《卷第五》

昔者，禹以夏王，桀以夏亡。湯以殷王，紂以殷亡。故無常安之　禹
國，宜治之民，得賢則昌，不肖則亡。自古及今，未有不然者也。夫
明鏡者所以照形也，往古者所以知今也。夫知惡往古之所以危亡，而
不襲蹈其所以安存者，則無以異乎卻行而求逮於前人。鄙語曰：「不知
爲吏，視已成事。」或曰：「前車覆而後車不誡，是以後車覆也。」故夏

之所以亡者而殷爲之，殷之所以亡者而周爲之。故殷可以鑒於夏，而周可以鑒於殷。《詩》曰：「殷鑒不遠，在夏后之世。」

19 《卷第五》

哀公問於子夏曰：「必學然後可以安國保民乎？」子夏曰：「不學而能安國保民者，未之有也。」哀公曰：「然則五帝有師乎？」子夏曰：「臣聞黄帝學乎大墳，顓頊學乎祿圖，帝嚳學乎赤松子，堯學乎務成子附，舜學乎尹壽，禹學乎西王國，湯學乎貸乎相，文王學乎錫疇子斯，武王學乎太公，周公學乎虢叔，仲尼學乎老聃。此十一聖人，未遭此師，則功業不能著乎天下，名號不能傳乎後世者也。」《詩》曰：「不愆不忘，率由舊章。」 五帝 黄帝 顓頊 帝嚳 堯 舜 禹

20 《卷第六》

事強暴之國難，使強暴之國事我易。事之以貨寶，則寶單而交不結。約契盟誓，則約定而反無日。割國之強乘以賂之，則割定而欲無厭。事之彌順，其侵之愈甚，必致寶單國舉而後已。雖左堯右舜，未有能以此道免者也。故非有聖人之道，持以巧敏拜請畏事之，則不足以持國安身矣。故明君不道也。必修禮以齊朝，正法以齊官，平政以齊下，然後禮義節奏齊乎朝，法則度量正乎官，忠信愛利平乎下。行一不義，殺一無罪，而得天下不爲也。故近者競親而遠者願至。上下一心，三軍同力。名聲足以薰炙之，威強足以一齊之，則拱揖指麾，而強暴之國莫不趨使，如赤子歸慈母者，何也？仁形義立，教誠愛深。故《詩》曰：「王猷允塞，徐方既來。」 堯 舜

21 《卷第七》

孔子困於陳蔡之間，即三經之席，七日不食，藜羹不糝，弟子有飢色，讀《書》習禮樂不休。子路進諫曰：「爲善者，天報之以福。爲不善者，天報之以賊。今夫子積德累仁，爲善久矣。意者尚有遺行乎，奚居之隱也？」孔子曰：「由來！汝小人也，未講於論也。居，吾語汝。子以知者爲無罪乎，則王子比干何爲刳心而死？子以義者爲聽乎，則伍子胥何爲抉目而懸於吳東門？子以廉者爲用乎，則伯夷叔齊何爲餓於首陽之山？子以忠者爲用乎，則鮑叔何爲而不用？葉公子高終身不仕，鮑焦抱木而泣，子推登山而燔？故君子博學深謀，不遇時者衆矣。豈獨丘哉？賢不肖者材也。遇不遇者時也。今無有時，賢安所用哉？故虞舜耕於歷山之陽，立爲天子，則其遇堯也。傅說負土而版築，以爲大夫，其遇武丁也。伊尹故有莘氏僮也，負鼎操俎調五味，而立爲相，其遇湯也。呂望行年五十，賣食於棘津，行年七十，屠於朝歌，九十乃爲天子師，則其遇文王也。管夷吾束縛，自檻車中，以爲仲父， 虞舜 堯

則其遇齊桓公也，百里奚自賣五羊之皮，爲秦伯牧牛，舉爲大夫，則其遇秦繆公也。虞丘名聞於天下，以爲令尹，讓於孫叔敖，則其遇楚莊王也。伍子胥前功多，後戮死，非其知有盛衰也，前遇闔閭，後遇夫差也。夫驥罷鹽車，此非無形容也，莫知之也。使驥不得伯樂，安得千里之足？造父亦無千里之手矣。夫蘭茝生於茂林之中，深山之閒，人莫見之故不芬。夫學者非爲通也。爲窮而不困，憂而志不衰，先知禍福之始，而心無惑焉。故聖人隱居深念，獨聞獨見。夫舜亦賢聖矣， 舜
南面而治天下，惟其遇堯也。使舜居桀紂之世，能自免於刑戮之中， 堯 舜
則爲善矣，亦何位之有？桀殺關龍逢，紂殺王子比干，當此之時，豈關龍逢無知，而王子比干不慧乎哉？此皆不遇時也。故君子務學，脩身端行而須其時者也。子無惑焉。」《詩》曰：「鶴鳴于九皋，聲聞于天。」

22 《卷第七》

孫叔敖遇狐丘丈人。狐丘丈人曰：「僕聞之，人有三利必有三患，子知之乎？」孫叔敖蹴然易容曰：「小子不敏，何足以知之。敢問何謂三利？何謂三患？」狐丘丈人曰：「夫爵高者，人妬之。官大者，主惡之。祿厚者，怨歸之。此之謂也。」孫叔敖曰：「不然。吾爵益高，吾志益下。吾官益大，吾心益小。吾祿益厚，吾施益博。可以免於患乎？」
狐丘丈人曰：「善哉言乎！堯舜其猶病諸。」《詩》曰：「溫溫恭人，如 堯 舜
集于木。惴惴小心，如臨于谷。」

23 《卷第八》

黃帝即位，施惠承天，一道脩德，惟仁是行，宇內和平，未見鳳 黃帝
凰，惟思其象。夙寐晨興，乃召天老而問之曰：「鳳象何如？」天老對曰：「夫鳳象，鴻前麟後，蛇頸而魚尾，龍文而龜身，燕頷而雞啄，戴德負仁，抱中挾義。小音金，大音鼓。延頸奮翼，五彩備明。舉動八風，氣應時雨。食有質，飲有儀。往即文始，來即嘉成。惟鳳爲能通天祉，應地靈，律五音，覽九德。天下有道，得鳳象之一，則鳳過之。得鳳象之二，則鳳翔之。得鳳象之三，則鳳集之。得鳳象之四，則鳳
春秋下之。得鳳象之五，則鳳沒身居之。」黃帝曰：「於戲，允哉！朕 黃帝
何敢與焉！」於是黃帝乃服黃衣，戴黃冕，致齊于宮。鳳乃蔽日而至。 黃帝
黃帝降于東階，西面，再拜稽首曰：「皇天降祉，不敢不承命！」鳳乃 黃帝
止帝東國，集帝梧桐，食帝竹實，沒身不去，《詩》曰：「鳳凰于飛，翽翽其羽，亦集爰止。」

24 《卷第八》

子賤治單父，其民附。孔子曰：「告丘之所以治之者。」對曰：「不齊時發倉廩，振困窮，補不足。」孔子曰：「是小人附耳，未也。」對曰：

「賞有能，招賢才，退不肖。」孔子曰：「是士附耳，未也。」對曰：「所
父事者三人，可以教孝矣。所兄事者五人，所友者十有二人，所師者
一人。」孔子曰：「所父事者三人，所兄事者五人，足以教弟矣。所友
者十有二人，足以祛壅蔽矣。所師者一人，足以慮無失策，舉無敗功
矣。惜乎不齊之所治者小也；爲之大功，乃與堯舜參矣。」《詩》曰：「愷 堯 舜
悌君子，民之父母。」子賤其似之矣。

25 《卷第八》

曾子有過，曾晳引杖擊之。仆地，有閒乃蘇，起曰：「先生得無病
乎？」魯人賢曾子，以告夫子。夫子告門人：「參來。」「汝不聞昔者舜 舜
爲人子乎？小箠則待笞，大杖則逃。索而使之，未嘗不在側，索而殺
之，未嘗可得。今汝委身以待暴怒，拱立不去，汝非王者之民耶？殺
天子之民，其罪何如？」《詩》曰：「優哉柔哉，亦是戾矣。」又曰：「載
色載笑，匪怒伊教。」

26 《卷第八》

魏文侯問狐卷子曰：「父賢足恃乎？」對曰：「不足。」「子賢足恃
乎？」對曰：「不足。」「兄賢足恃乎？」曰：「不足。」「弟賢足恃乎？」
對曰：「不足。」「臣賢足恃乎？」對曰：「不足。」文侯勃然作色而怒曰：
「寡人問此五者於子，一一以爲不足者何也？」對曰：「父賢不過堯， 堯
而丹朱放。子賢不過舜，而瞽瞍頑。兄賢不過舜，而象傲。弟賢不過 舜 舜
周公，而管叔誅。臣賢不過湯武，而桀紂伐。望人者不至，恃人者不
久。君欲治，從身始。人何可恃乎？」《詩》曰：「自求伊祜。」

27 《卷第八》

魏文侯問李克曰：「人有惡乎？」李克曰：「有。夫貴者則賤者惡
之，富者則貧者惡之，智者則愚者惡之。」文侯曰：「善。行此三者。
使人勿惡，亦可乎？」李克曰：「可。臣聞貴而下賤，則衆弗惡也。富
能分貧，則窮士弗惡也。智而教愚，則童蒙者弗惡也。」文侯曰：「善
哉言乎！堯舜其猶病諸。寡人雖不敏，請守斯語矣。」《詩》曰：「不遑 堯 舜
啟處。」

28 《卷第九》

孔子與子貢、子路、顏淵、游於戎山之上。孔子喟然嘆曰：「二三
子者各言爾志，予將覽焉。由、爾何如？」對曰：「願得白羽如月，赤
羽如朱，擊鐘鼓者，上聞於天，下槊於地，使將而攻之，惟由爲能耳。」
孔子曰：「勇士哉！賜、爾何如？」對曰：「願得素衣縞冠，使於兩國
之閒，不持尺寸之兵，升斗之糧，使兩國相親如弟兄。」孔子曰：「辯

士哉！回、爾何如？」對曰：「鮑魚不與蘭茝同笥而藏，桀紂不與堯舜 堯 舜
同時而治。二子已言，回何言哉？」孔子曰：「回有鄙之心。」顏淵曰：「願得明王聖主爲之相，使城郭不治，溝池不鑿，陰陽和調，家給人足，鑄庫兵以爲農器。」孔子曰：「大士哉！由來，區區汝何攻？賜來，便便汝何使？願得之冠爲子宰焉。」

29 《卷第九》

孔子出衛之東門，逆姑布子卿，曰：「二三子引車避。有人將來，必相我者也。志之。」姑布子卿亦曰：「二三子引車避。有聖人將來。」孔子下步，姑布子卿迎而視之五十步，從而望之五十步，顧子貢曰：「是何爲者也？」子貢曰：「賜之師也，所謂魯孔丘也。」姑布子卿曰：「是
魯孔丘歟？吾固聞之。」子貢曰：「賜之師何如？」姑布子卿曰：「得堯 堯
之顙，舜之目，禹之頸，皋陶之喙。從前視之，盎盎乎似有王者。從 舜 禹
後視之，高肩弱脊。此惟不及四聖者也。」子貢吁然。姑布子卿曰：「子何患焉？汙面而不惡，葭喙而不籍，遠而望之，羸乎若喪家之狗。子何患焉？子何患焉？」子貢以告孔子。孔子無所辭，獨辭喪家之狗耳，曰：「丘何敢乎？」子貢曰：「汙面而不惡，葭喙而不藉，賜以知之矣。不知喪家狗，何足辭也？」子曰：「賜，汝獨不見夫喪家之狗歟？既斂而椁，布器而祭。顧望無人，意欲施之。上無明王，下無賢士方伯，王道衰，政教失，強陵弱，衆暴寡，百姓縱心，莫之綱紀。是人固以丘爲欲當之者也，丘何敢乎！」

30 《卷第九》

《傳》曰：昔戎將由余使秦，秦繆公問以得失之要，對曰：「古有
國者未嘗不以恭儉也，失國者未嘗不以驕奢也。」由余因論五帝三王之 五帝
所以衰，及至布衣之所以亡。繆公然之，於是告內史王繆曰：「鄰國有聖人，敵國之憂也。由余聖人也，將奈之何？」王繆曰：「夫戎王居僻陋之地，未嘗見中國之聲色也。君其遺之女樂以婬其志，亂其政，其臣下必踈。因爲由余請緩期，使其君臣有間，然後可圖。」繆公曰：「善。」乃使王繆以女樂二列遺戎王，爲由余請期。戎王大悅，許之。於是張酒聽樂，日夜不休，終歲婬縱，卒馬多死。由余歸，數諫不聽，去之秦。秦公子迎，拜之上卿。遂並國十二，辟地千里。

69 史記

史記は史記各巻毎に資料番号一をつけ、巻中の中華書局二十四史版による段落をもって資料一個として扱い、資料番号の下に1-1、1-2の副番号をつけて列べた。ただ資料7は後から追加挿入したため便宜的に7-A、7-Bに分けて、巻7、巻8をあてた。また資料22-9には補遺をつけ、史記資料巻末に置いた。史記中の褚少孫の追記は司馬遷史記と別扱いし［參考］として史記資料巻後に置いた。また「黄老」の語の「黄」は黄帝を指すが、史記のみに見られ、これに関する資料は史記巻末に置いた。資料として 11-3、11-4、15、16 には《史記》<表>を中華所局版二十四史版《史記》より影印して掲載した。史記資料の終わりには《史記會注考證》の五帝本紀と三皇本紀（唐、司馬貞撰）部分を參考として影印して掲載した。

史記 巻別 資料數一覽

資料番號	史記巻數	史記巻名	資料數
1	1	五帝本紀	7
2	2	夏本紀	4
3	3	殷本紀	2
4	4	周本紀	4
5	5	秦本紀	3
6	6	秦始皇本紀	7
7-A	7	項羽本紀	1
7-B	8	高祖本紀	2
8	10	孝文本紀	2
9	11	孝景本紀	1
10	12	孝武本紀	16
11	13	三代世表	4
12	15	六國年表	1
13	16	秦楚之際月表	1
14	18	高祖功臣侯者年表	1
15	20	建元以來侯者年表	1
16	22	漢興以來…年表	1
17	23	禮書	1
18	24	樂書	7
19	25	律書	1
20	26	曆書	4
21	27	天官書	6
22	28	封禪書	29
23	29	河渠書	3
24	30	平準書	2
25	31	呉太伯世家	2
26	32	齊太公世家	1
27	34	燕召公世家	1
28	36	陳杞世家	5
29	38	宋微子世家	1
30	40	楚世家	2
31	41	越王句踐世家	2
32	42	鄭世家	2
33	43	趙世家	3
34	47	孔子世家	3

資料番號	史記巻數	史記巻名	資料數
35	49	外戚世家	1
36	56	陳丞相世家	1
37	60	三王世家	1
38	61	伯夷列傳	2
39	67	仲尼弟子列傳	2
40	68	商君列傳	1
41	69	蘇秦列傳	1
42	74	孟子荀卿列傳	2
43	79	范雎蔡澤列傳	3
44	80	樂毅列傳	2
45	83	魯仲連鄒陽列傳	2
46	84	屈原賈生列傳	2
47	87	李斯列傳	4
48	92	淮陰侯列傳	2
49	96	張丞相列傳	1
50	97	酈生陸賈列傳	1
51	99	劉敬叔孫通列傳	2
52	105	扁鵲倉公列傳	2
53	110	匈奴列傳	2
54	112	平津侯主父列傳	2
55	114	東越列傳	1
56	117	司馬相如列傳	7
57	118	淮南衡山列傳	1
58	120	汲鄭列傳	1
59	123	大宛列傳	1
60	124	游俠列傳	1
61	127	日者列傳	1
62	128	龜策列傳	3
63	129	貨殖列傳	3
64	130	太史公自序	15
參考1	13	三代世表	1
參考2	127	日者列傳	1
參考3	128	龜策列傳	1
黄老 資料			15
合計			220

69 史記

文献名：69. 史記

資料番号	伏羲	太皞	其他	女媧	其他	神農	炎帝	赤帝	其他	黄帝	軒轅氏	其他	顓頊	高陽	其他	注(左半葉) 注a	注b
1-1						3	2			9	7		1	3			
1-2										1			3	1			
1-3										2			1				
1-4																	
1-5												1 (a) 1 (b)	3	1		帝鴻氏	縉雲
1-6										2		1 (a)	1	1		有熊	
1-7										2							
2-1										2			3				
2-2																	
2-3																	
2-4																	
3-1																	
3-2																	
4-1																	
4-2																	
4-3						1				1							
4-4																	
5-1													1				
5-2																	
5-3										1							
6-1																	
6-2																	
6-3																	
6-4																	
6-5																	
6-6																	
6-7																	
7-A																	
7-B-1								1									
7-B-2								1		1							
8-1																	
8-2																	
9																	
10-1										1							
10-2										1							
10-3																	
10-4			1 (a)							1						(大帝)	
10-5										19							

献名：69. 史記

嚳	高辛	其他	堯	陶唐	其他	舜	有虞	其他	禹	其他	三皇	五帝	注(右半葉) 注e	注f	参考	資料番号
												1				1-1
1	1															1-2
4	5		1		2(e) (f)								放勳	放勳		1-3
			27		1(e)	22							放勳			1-4
	1		22			63		2(e) (f)	9				重華	重華		1-5
1	1		1	1		2	1		2							1-6
			2			1						3				1-7
			8			14			40	1(e)			文命			2-1
									1							2-2
				1												2-3
							1		2							2-4
1				1		1	1		2							3-1
									1							3-2
1																4-1
			1	1		1	1									4-2
			1			1			1							4-3
							1									4-4
						3			3							5-1
						1										5-2
																5-3
												2				6-1
												2				6-2
			1			1										6-3
												1				6-4
						1			1							6-5
			1			1	1		1							6-6
				1			1					1				6-7
						1										7-A
																7-B-1
																7-B-2
												1				8-1
												1				8-2
												1				9
																10-1
												1				10-2
									1							10-3
									1							10-4
												1				10-5

文献名：69. 史記

資料番号	伏羲	太皞	其他	女媧	其他	神農	炎帝	赤帝	其他	黄帝	軒轅氏	其他	顓頊	高陽	其他	注(左半葉 注a	注
10-6										1							
10-7										3							
10-8										2							
10-9																	
10-10																	
10-11										1							
10-12								1		2							
10-13										2							
10-14																	
10-15										1							
10-16										2							
11-1																	
11-2										2							
11-3										17		1 (a)	8	2		有熊	
11-4										2							
12																	
13																	
14																	
15										1							
16																	
17																	
18-1																	
18-2																	
18-3																	
18-4										1							
18-5																	
18-6																	
18-7										1							
19										1			1				
20-1						1				1							
20-2													1				
20-3																	
20-4										1							
21-1											2						
21-2																	
21-3											1						
21-4										1							
21-5																	
21-6								1		1							
22-1																	
22-2																	

文献名：69. 史記

嚳	高辛	其他	堯	陶唐	其他	舜	有虞	其他	禹	其他	三皇	五帝	注(右半葉) 注e	注f	参考	資料番号
												3				10-6
																10-7
																10-8
												1				10-9
									1							10-10
																10-11
												2				10-12
																10-13
												1				10-14
																10-15
																10-16
												1				11-1
												1				11-2
5	8		3		2(e) (e)	3	2	1	3	2(f) (f)			放勛 放勛	文命 文命		11-3
																11-4
									1							12
							1									13
				1			1									14
																15
												2				16
			1													17
												1				18-1
												1				18-2
						1										18-3
			1			1										18-4
												1				18-5
						3										18-6
																18-7
																19
																20-1
																20-2
			1			2			1							20-3
																20-4
												1				21-1
												1				21-2
																21-3
																21-4
	1			1			1									21-5
																21-6
						1										22-1
									1							22-2

文献名：69. 史記

資料番号	伏羲	太皞	其他	女媧	其他	神農	炎帝	赤帝	其他	黄帝	軒轅氏	其他	顓頊	高陽	其他	注(左半葉) 注a	注b
22-3																	
22-4										1							
22-5	1					1	1			1			1				
22-6							1			1							
22-7										1							
22-8																	
22-9								2		1							
22-10																	
22-11																	
22-12																	
22-13																	
22-14																	
22-15										1							
22-16										1							
22-17																	
22-18			1(a)							1						(泰帝)	
22-19										19							
22-20										1							
22-21										3							
22-22										2							
22-23																	
22-24																	
22-25										1							
22-26								1		2							
22-27										2							
22-28										1							
22-29										2							
23-1																	
23-2																	
23-3																	
24-1																	
24-2																	
25-1																	
25-2																	
26																	
27																	
28-1																	
28-2													1				
28-3																	
28-4																	
28-5																	
29																	
30-1										1			1	3			
30-2																	

文献名：69. 史記

嚳	高辛	其他	堯	陶唐	其他	舜	有虞	其他	禹	其他	三皇	五帝	注(右半葉) 注e	注f	参考	資料番号
									1							22-3
																22-4
1			1			1			1							22-5
																22-6
																22-7
												1				22-8
												1				22-9
												1				22-10
												1				22-11
												2				22-12
												1				22-13
												1				22-14
																22-15
												1				22-16
									1							22-17
									1							22-18
												1				22-19
												3				22-20
																22-21
																22-22
												1				22-23
									1							22-24
																22-25
												2				22-26
																22-27
																22-28
																22-29
									2							23-1
									1							23-2
									1							23-3
									1			1				24-1
	1			1			2		1							24-2
				1					1							25-1
							2		1							25-2
							1		1							26
			2						2							27
			1			6	1		1							28-1
						1	2									28-2
									2							28-3
				1		1	1		1							28-4
						1			1							28-5
									2							29
3	1															30-1
							1									30-2

文献名：69. 史記

資料番号	伏羲	太皞	其他	女媧	其他	神農	炎帝	赤帝	其他	黄帝	軒轅氏	其他	顓頊	高陽	其他	注(左半葉) 注a	注b
31-1																	
31-2																	
32-1																	
32-2																	
33-1																	
33-2																	
33-3	1					1				1							
34-1																	
34-2																	
34-3																	
35										2							
36										1							
37																	
38-1																	
38-2						1											
39-1																	
39-2																	
40																	
41																	
42-1																	
42-2										1							
43-1																	
43-2																	
43-3																	
44-1										1							
44-2										1							
45-1																	
45-2																	
46-1																	
46-2																	
47-1										1							
47-2																	
47-3																	
47-4																	
48-1																	
48-2																	
49													1				
50																	
51-1																	
51-2																	
52-1										1							
52-2										1							
53-1																	
53-2																	
54-1																	

文献名：69. 史記

帝嚳	高辛	其他	堯	陶唐	其他	舜	有虞	其他	禹	其他	三皇	五帝	注(右半葉) 注e	注f	参考	資料番号
									2							31-1
									2							31-2
	1		1			1										32-1
	1															32-2
						1										33-1
						1			1							33-2
			1			1										33-3
							1		2							34-1
			1						1							34-2
				1			1									34-3
																35
																36
												1				37
			2			2	1		1							38-1
							1									38-2
												1				39-1
									1							39-2
						2										40
			1			1			1							41
				1			1									42-1
									1							42-2
						1			1							43-1
												1				43-2
												1				43-3
																44-1
																44-2
			1													45-1
			1			1										45-2
1																46-1
								1(e)	1				重華			46-2
																47-1
												1				47-2
			1						1							47-3
			2						2							47-4
						1			1							48-1
			2													48-2
																49
												1				50
			1													51-1
												1				51-2
																52-1
																52-2
				1			1									53-1
			1						1							53-2
							2									54-1

文献名：69. 史記

資料番号	伏羲	太皞	其他	女媧	其他	神農	炎帝	赤帝	其他	黃帝	軒轅氏	其他	顓頊	高陽	其他	注(左半葉) 注a	注b
54-2																	
55																	
56-1																	
56-2																	
56-3																	
56-4																	
56-5																	
56-6											1						
56-7																	
57																	
58																	
59																	
60																	
61	1																
62-1																	
62-2										1							
62-3																	
63-1						1											
63-2																	
63-3																	
64-1													1				
64-2																	
64-3																	
64-4																	
64-5	1																
64-6									1(a)								
64-7										1							
64-8																	
64-9																	
64-10										1							
64-11																	
64-12																	
64-13																	
64-14											1						
64-15										1							
参考1										9							
参考2										1							
参考3																	
計	4		2			9	4	7	1	152	12	4	28	11			

文献名：69. 史記

嚳	高辛	其他	堯	陶唐	其他	舜	有虞	其他	禹	其他	三皇	五帝	注(右半葉) 注e	注f	参考	資料番号
									1							54-2
									1							55
									1							56-1
				1												56-2
											1	1				56-3
												1				56-4
			1			1										56-5
			1	1												56-6
						1	1									56-7
			1			1										57
				1			1									58
									2							59
						1										60
																61
				1			1									62-1
																62-2
									1							62-3
							1									63-1
							1									63-2
			1			1										63-3
				1		1										64-1
			1			1										64-2
									1							64-3
							1									64-4
			1			1										64-5
				1												64-6
			1			1						1				64-7
				1			1		1							64-8
									1							64-9
																64-10
									1							64-11
						2			1							64-12
									1							64-13
				1			1					1				64-14
																64-15
	2		5			1			1							参考 1
																参考 2
												1				参考 3
18	23		102	21	5	158	38	4	127	3	1	60				計

69 史記

1 卷一《五帝本紀　第一》　五帝

1 -1 黃帝者，少典之子，姓公孫，名曰軒轅。生而神靈，弱而能言，　黃帝 軒轅
幼而徇齊，長而敦敏，成而聰明。

軒轅之時，神農氏世衰。諸侯相侵伐，暴虐百姓，而神農氏弗能　軒轅 神農氏 神農
征。於是軒轅迺習用干戈，以征不享，諸侯咸來賓從。而蚩尤最爲暴，　軒轅
莫能伐。炎帝欲侵陵諸侯，諸侯咸歸軒轅。軒轅迺修德振兵，治五氣，　炎帝 軒轅 軒轅
蓺五種，撫萬民，度四方，教熊羆貔貅貙虎，以與炎帝戰於阪泉之野。　炎帝
三戰，然後得其志。蚩尤作亂，不用帝命。於是黃帝迺徵師諸侯，與　黃帝
蚩尤戰於涿鹿之野，遂禽殺蚩尤。而諸侯咸尊軒轅爲天子，代神農氏，　軒轅 神農氏
是爲黃帝。天下有不順者，黃帝從而征之，平者去之，披山通道，未　黃帝 黃帝
嘗寧居。

東至于海，登丸山，及岱宗。西至于空桐，登雞頭。南至于江，
登熊、湘。北逐葷粥，合符釜山，而邑于涿鹿之阿。遷徙往來無常處，
以師兵爲營衛。官名皆以雲命，爲雲師。置左右大監，監于萬國。萬
國和，而鬼神山川封禪與爲多焉。獲寶鼎，迎日推筴。舉風后、力牧、
常先、大鴻以治民。順天地之紀，幽明之占，死生之說，存亡之難。
時播百穀草木，淳化鳥獸蟲蛾，旁羅日月星辰水波土石金玉，勞勤心
力耳目，節用水火材物。有土德之瑞，故號黃帝。　黃帝

黃帝二十五子，其得姓者十四人。　黃帝

黃帝居于軒轅之丘，而娶於西陵之女，是爲嫘祖。嫘祖爲黃帝正　黃帝 軒轅 黃帝
妃，生二子，其後皆有天下：其一曰玄囂，是爲青陽，青陽降居江水；
其二曰昌意，降居若水。昌意娶蜀山氏女，曰昌僕，生高陽，高陽有　高陽 高陽
聖德焉。黃帝崩，葬橋山。其孫昌意之子高陽立，是爲帝顓頊也。　黃帝 高陽 帝顓頊

1 -2 帝顓頊高陽者，黃帝之孫而昌意之子也。靜淵以有謀，疏通而知　帝顓頊 高陽 黃帝
事；養材以任地，載時以象天，依鬼神以制義，治氣以教化，絜誠以
祭祀。北至于幽陵，南至于交阯，西至于流沙，東至于蟠木。動靜之
物，大小之神，日月所照，莫不砥屬。

帝顓頊生子曰窮蟬。顓頊崩，而玄囂之孫高辛立，是爲帝嚳。　帝顓頊 顓頊 高辛
帝嚳

1 -3 帝嚳高辛者，黃帝之曾孫也。高辛父曰蟜極，蟜極父曰玄囂，玄　帝嚳 高辛 黃帝
囂父曰黃帝。自玄囂與蟜極皆不得在位，至高辛即帝位。高辛於顓頊　高辛 黃帝 高辛
爲族子。　高辛 顓頊

高辛生而神靈，自言其名。普施利物，不於其身。聰以知遠，明　高辛
以察微。順天之義，知民之急。仁而威，惠而信，修身而天下服。取

地之財而節用之，撫教萬民而利誨之，曆日月而迎送之，明鬼神而敬事之。其色郁郁，其德嶷嶷。其動也時，其服也士。帝嚳溉執中而徧天下，日月所照，風雨所至，莫不從服。 帝嚳

帝嚳娶陳鋒氏女，生放勳。娶娵訾氏女，生摯。帝嚳崩，而摯代立。帝摯立，不善（崩），而弟放勳立，是爲帝堯。 帝嚳 放勳 帝嚳 放勳 帝堯

4 帝堯者，放勳。其仁如天，其知如神。就之如日，望之如雲。富而不驕，貴而不舒。黄收純衣，彤車乘白馬。能明馴德，以親九族。九族既睦，便章百姓。百姓昭明，合和萬國。 帝堯 放勳

迺命羲、和，敬順昊天，數法日月星辰，敬授民時。分命羲仲，居郁夷，曰暘谷。敬道日出，便程東作。日中，星鳥，以殷中春。其民析，鳥獸字微。申命羲叔，居南交。便程南爲，敬致。日永，星火，以正中夏。其民因，鳥獸希革。申命和仲，居西土，曰昧谷。敬道日入，便程西成。夜中，星虚，以正中秋。其民夷易，鳥獸毛毨。申命和叔；居北方，曰幽都。便在伏物。日短，星昴，以正中冬。其民燠，鳥獸氄毛。歲三百六十六日，以閏月正四時。信飭百官，衆功皆興。

堯曰：「誰可順此事？」放齊曰：「嗣子丹朱開明。」堯曰：「吁！頑凶，不用。」堯又曰：「誰可者？」讙兜曰：「共工旁聚布功，可用。」堯曰：「共工善言，其用僻，似恭漫天，不可。」堯又曰：「嗟，四嶽，湯湯洪水滔天，浩浩懷山襄陵，下民其憂，有能使治者？」皆曰鯀可。堯曰：「鯀負命毀族，不可。」嶽曰：「异哉，試不可用而已。」堯於是聽嶽用鯀。九歲，功用不成。 堯 堯 堯 堯 堯 堯 堯

堯曰：「嗟！四嶽：朕在位七十載，汝能庸命，踐朕位？」嶽應曰：「鄙德忝帝位。」堯曰：「悉舉貴戚及疏遠隱匿者。」衆皆言於堯曰：「有矜在民間，曰虞舜。」堯曰：「然，朕聞之。其何如？」嶽曰：「盲者子。父頑，母嚚，弟傲，能和以孝，烝烝治，不至姦。」堯曰：「吾其試哉。」於是堯妻之二女，觀其德於二女。舜飭下二女於嬀汭，如婦禮。堯善之，迺使舜慎和五典，五典能從。迺徧入百官，百官時序。賓於四門，四門穆穆，諸侯遠方賓客皆敬。堯使舜入山林川澤，暴風雷雨，舜行不迷。堯以爲聖，召舜曰：「女謀事至而言可績，三年矣。女登帝位。」舜讓於德不懌。正月上日，舜受終於文祖。文祖者，堯大祖也。 堯 堯 堯 虞舜 堯 堯 堯 舜 堯 舜 堯 舜 舜 堯 舜 舜 舜 堯

於是帝堯老，命舜攝行天子之政，以觀天命。舜迺在璿璣玉衡，以齊七政。遂類于上帝，禋于六宗，望于山川，辯于羣神。揖五瑞，擇吉月日，見四嶽諸牧，班瑞。歲二月，東巡狩，至於岱宗，祡，望秩於山川。遂見東方君長，合時月正日，同律度量衡，修五禮五玉三帛二生一死爲摯，如五器，卒迺復。五月，南巡狩；八月，西巡狩；十一月，北巡狩：皆如初。歸，至于祖禰廟，用特牛禮。五歲一巡狩，羣后四朝。徧告以言，明試以功，車服以庸。肇十有二州，決川。象 堯 舜 舜

以典刑，流宥五刑，鞭作官刑，撲作教刑，金作贖刑。眚栽過，赦；
怙終賊，刑。欽哉，欽哉，惟刑之靜哉！

讙兜進言共工，堯曰不可而試之工師，共工果淫辟。四嶽舉鯀治　堯
鴻水，堯以爲不可，嶽彊請試之，試之而無功，故百姓不便。三苗在　堯
江淮、荊州數爲亂。於是舜歸而言於帝，請流共工於幽陵，以變北狄；　舜
放讙兜於崇山，以變南蠻；遷三苗於三危，以變西戎；殛鯀於羽山，
以變東夷：四罪而天下咸服。

堯立七十年得舜，二十年而老，令舜攝行天子之政，薦之於天。　堯 舜 舜
堯辟位凡二十八年而崩。百姓悲哀，如喪父母。三年，四方莫舉樂，　堯
以思堯。堯知子丹朱之不肖，不足授天下，於是迺權授舜。授舜，則　堯 堯 舜 舜
天下得其利而丹朱病；授丹朱，則天下病而丹朱得其利。堯曰：「終不　堯
以天下之病而利一人」，而卒授舜以天下。堯崩，三年之喪畢，舜讓辟　舜 堯 舜
丹朱於南河之南。諸侯朝覲者不之丹朱而之舜，獄訟者不之丹朱而之　舜
舜，謳歌者不謳歌丹朱而謳歌舜。舜曰：「天也」，夫而後之中國踐天　舜 舜 舜
子位焉，是爲帝舜。　帝舜

1-5 虞舜者，名曰重華。重華父曰瞽叟，瞽叟父曰橋牛，橋牛父曰句　虞舜 重華 重華
望，句望父曰敬康，敬康父曰窮蟬，窮蟬父曰帝顓頊，顓頊父曰昌意：　帝顓頊 顓頊
以至舜七世矣。自從窮蟬以至帝舜，皆微爲庶人。　舜 帝舜

舜父瞽叟盲，而舜母死，瞽叟更娶妻而生象，象傲。瞽叟愛後妻　舜 舜
子，常欲殺舜，舜避逃；及有小過，則受罪。順事父及後母與弟，日　舜 舜
以篤謹，匪有解。

舜，冀州之人也。舜耕歷山，漁雷澤，陶河濱，作什器於壽丘，　舜 舜
就時於負夏。舜父瞽叟頑，母嚚，弟象傲，皆欲殺舜。舜順適不失子　舜 舜 舜
道，兄弟孝慈。欲殺，不可得；即求，嘗在側。

舜年二十以孝聞。三十而帝堯問可用者，四嶽咸薦虞舜，曰可。　舜 帝堯 虞舜
於是堯迺以二女妻舜以觀其內，使九男與處以觀其外。舜居嬀汭，內　堯 舜 舜
行彌謹。堯二女不敢以貴驕事舜親戚，甚有婦道。堯九男皆益篤。舜　堯 舜 堯 舜
耕歷山，歷山之人皆讓畔；漁雷澤，雷澤上人皆讓居；陶河濱，河濱
器皆不苦窳。一年而所居成聚，二年成邑，三年成都。堯迺賜舜絺衣，　堯 舜
與琴，爲筑倉廩，予牛羊。瞽叟尚復欲殺之，使舜上塗廩，瞽叟從下　舜
縱火焚廩。舜迺以兩笠自扞而下，去，得不死。後瞽叟又使舜穿井，　舜 舜
舜穿井爲匿空旁出。舜既入深，瞽叟與象共下土實井，舜從匿空出，　舜 舜 舜
去。瞽叟、象喜，以舜爲已死。象曰：「本謀者象。」象與其父母分，　舜
於是曰：「舜妻堯二女，與琴，象取之。牛羊倉廩予父母。」象迺止舜　舜 堯 舜
宮居，鼓其琴。舜往見之。象鄂不懌，曰：「我思舜正鬱陶！」舜曰：　舜 舜 舜
「然，爾其庶矣！」舜復事瞽叟愛弟彌謹。於是堯迺試舜五典百官，　舜 堯 舜
皆治。

昔高陽氏有才子八人，世得其利，謂之「八愷」。高辛氏有才子八　　高陽氏 高辛氏
人，世謂之「八元」。此十六族者，世濟其美，不隕其名。至於堯，堯　　堯 堯
未能舉。舜舉八愷，使主后土，以揆百事，莫不時序。舉八元，使布　　舜
五教于四方，父義，母慈，兄友，弟恭，子孝，內平外成。

昔帝鴻氏有不才子，掩義隱賊，好行凶慝，天下謂之渾沌。少皞　　帝鴻氏
氏有不才子，毀信惡忠，崇飾惡言，天下謂之窮奇。顓頊氏有不才子，　　顓頊氏
不可教訓，不知話言，天下謂之檮杌。此三族世憂之。至于堯，堯未　　堯 堯
能去。縉雲氏有不才子，貪于飲食，冒于貨賄，天下謂之饕餮。天下　　縉雲氏
惡之，比之三凶。舜賓於四門，迺流四凶族，遷于四裔，以御螭魅，　　舜
於是四門辟，言毋凶人也。

舜入于大麓，烈風雷雨不迷，堯迺知舜之足授天下。堯老，使舜　　舜 堯 舜 堯 舜
攝行天子政，巡狩。舜得舉用事二十年，而堯使攝政。攝政八年而堯　　舜 堯 堯
崩。三年喪畢，讓丹朱，天下歸舜。而禹、皋陶、契、后稷、伯夷、　　舜 禹
夔、龍、倕、益、彭祖自堯時而皆舉用，未有分職。於是舜迺至於文　　堯 舜
祖，謀于四嶽，辟四門，明通四方耳目，命十二牧論帝德，行厚德，
遠佞人，則蠻夷率服。舜謂四嶽曰：「有能奮庸美堯之事者，使居官相　　舜 堯
事？」皆曰：「伯禹爲司空，可美帝功。」舜曰：「嗟，然！禹，汝平水　　伯禹 舜 禹
土，維是勉哉。」禹拜稽首，讓於稷、契與皋陶。舜曰：「然，往矣。」　　禹 舜
舜曰：「弃，黎民始饑，汝后稷播時百穀。」舜曰：「契，百姓不親，五　　舜 舜
品不馴，汝爲司徒，而敬敷五教，在寬。」舜曰：「皋陶，蠻夷猾夏，　　舜
寇賊姦軌，汝作士，五刑有服，五服三就；五流有度，五度三居：維
明能信。」舜曰：「誰能馴予工？」皆曰垂可。於是以垂爲共工。舜曰：　　舜 舜
「誰能馴予上下草木鳥獸？」皆曰益可。於是以益爲朕虞。益拜稽首，
讓于諸臣朱虎、熊羆。舜曰：「往矣，汝諧。」遂以朱虎、熊羆爲佐。　　舜
舜曰：「嗟！四嶽，有能典朕三禮？」皆曰伯夷可。舜曰：「嗟！伯夷，　　舜 舜
以汝爲秩宗，夙夜維敬，直哉維靜絜。」伯夷讓夔、龍。舜曰：「然。　　舜
以夔爲典樂，教稺子，直而溫，寬而栗，剛而毋虐，簡而毋傲；詩言
意，歌長言，聲依永，律和聲，八音能諧，毋相奪倫，神人以和。」夔
曰：「於！予擊石拊石，百獸率舞。」舜曰：「龍，朕畏忌讒說殄僞，振　　舜
驚朕衆，命汝爲納言，夙夜出入朕命，惟信。」舜曰：「嗟！女二十有　　舜
二人，敬哉，惟時相天事。」三歲一考功，三考絀陟，遠近衆功咸興。
分北三苗。

此二十二人咸成厥功：皋陶爲大理，平，民各伏得其實；伯夷主
禮，上下咸讓；垂主工師，百工致功；益主虞，山澤辟；弃主稷，百
穀時茂；契主司徒，百姓親和；龍主賓客，遠人至；十二牧行而九州
莫敢辟違；唯禹之功爲大，披九山，通九澤，決九河，定九州，各以　　禹
其職來貢，不失厥宜。方五千里，至于荒服。南撫交阯、北發，西戎、
析枝、渠廋、氐、羌，北山戎、發、息慎，東長、鳥夷，四海之內咸

戴帝舜之功。於是禹迺興九招之樂，致異物，鳳皇來翔。天下明德皆　帝舜 禹
自虞帝始。　虞帝
舜年二十以孝聞，年三十堯舉之，年五十攝行天子事，年五十八　舜 堯
堯崩，年六十一代堯踐帝位。踐帝位三十九年，南巡狩，崩於蒼梧之　堯 堯
野。葬於江南九疑，是爲零陵。舜之踐帝位，載天子旗，往朝父瞽叟，　舜
夔夔唯謹，如子道。封弟象爲諸侯。舜子商均亦不肖，舜迺豫薦禹於　舜 舜 禹
天。十七年而崩。三年喪畢，禹亦迺讓舜子，如舜讓堯子。諸侯歸之，　禹 舜 舜 堯
然後禹踐天子位。堯子丹朱，舜子商均，皆有疆土，以奉先祀。服其　禹 堯 舜
服，禮樂如之。以客見天子，天子弗臣，示不敢專也。

1 -6　自黃帝至舜、禹，皆同姓而異其國號，以章明德。故黃帝爲有熊，　黃帝 舜 禹 黃帝
帝顓頊爲高陽，帝嚳爲高辛，帝堯爲陶唐，帝舜爲有虞。帝禹爲夏后　有熊 帝顓頊 高陽
而別氏，姓姒氏。契爲商，姓子氏。弃爲周，姓姬氏。　帝嚳 高辛 帝堯
唐 帝舜 有虞 帝禹

1 -7　太史公曰：學者多稱五帝，尚矣。然尚書獨載堯以來；而百家言　五帝 堯
黃帝，其文不雅馴，薦紳先生難言之。孔子所傳宰予問五帝德及帝繫　黃帝 五帝
姓，儒者或不傳。余嘗西至空桐，北過涿鹿，東漸於海，南浮江淮矣，
至長老皆各往往稱黃帝、堯、舜之處，風教固殊焉，總之不離古文者　黃帝 堯 舜
近是。予觀春秋、國語，其發明五帝德、帝繫姓章矣，顧弟弗深考，　五帝
其所表見皆不虛。書缺有閒矣，其軼迺時時見於他說。非好學深思，
心知其意，固難爲淺見寡聞道也。余并論次，擇其言尤雅者，故著爲
本紀書首。

2　卷二《夏本紀　第二》

2 -1　夏禹，名曰文命。禹之父曰鯀，鯀之父曰帝顓頊，顓頊之父曰昌　夏禹 文命 禹
意，昌意之父曰黃帝。禹者，黃帝之玄孫而帝顓頊之孫也。禹之曾大　帝顓頊 顓頊 黃帝
父昌意及父鯀皆不得在帝位，爲人臣。　禹 黃帝 帝顓頊 昌
當帝堯之時，鴻水滔天，浩浩懷山襄陵，下民其憂。堯求能治水　帝堯 堯
者，羣臣四嶽皆曰鯀可。堯曰：「鯀爲人負命毀族，不可。」四嶽曰：「等　堯
之未有賢於鯀者，願帝試之。」於是堯聽四嶽，用鯀治水。九年而水不　堯
息，功用不成。於是帝堯迺求人，更得舜。舜登用，攝行天子之政，　帝堯 舜 舜
巡狩。行視鯀之治水無狀，迺殛鯀於羽山以死。天下皆以舜之誅爲是。　舜
於是舜舉鯀子禹，而使續鯀之業。　舜 禹
堯崩，帝舜問四嶽曰：「有能成美堯之事者使居官？」皆曰：「伯　堯 帝舜 堯 伯禹
禹爲司空，可成美堯之功。」舜曰：「嗟，然！」命禹：「女平水土，維　堯 舜 禹
是勉之。」禹拜稽首，讓於契、后稷、皋陶。舜曰：「女其往視爾事矣。」　禹 舜
禹爲人敏給克勤；其德不違，其仁可親，其言可信；聲爲律，身　禹
爲度，稱以出；亹亹穆穆，爲綱爲紀。

禹迺遂與益、后稷奉帝命，命諸侯百姓興人徒以傅土，行山表木， 禹
定高山大川。禹傷先人父鯀功之不成受誅，迺勞身焦思，居外十三年， 禹
過家門不敢入。薄衣食，致孝于鬼神。卑宮室，致費於溝淢。陸行乘
車，水行乘船，泥行乘橇，山行乘檋。左準繩，右規矩，載四時，以
開九州，通九道，陂九澤，度九山。令益予衆庶稻，可種卑溼。命后
稷予衆庶難得之食。食少，調有餘相給，以均諸侯。禹迺行相地宜所 禹
有以貢，及山川之便利。

禹行自冀州始。冀州：既載壺口，治梁及岐。既修太原，至于嶽 禹
陽。覃懷致功，至於衡漳。其土白壤。賦上上錯，田中中，常、衛既
從，大陸既爲。鳥夷皮服。夾右碣石，入于海。

濟、河維沇州：九河既道，雷夏既澤，雍、沮會同，桑土既蠶，於是民得下丘居土。其土黑墳，草繇木條。田中下，賦貞，作十有三年迺同。其貢漆絲，其篚織文。浮於濟、漯，通於河。

海岱維青州：堣夷既略，濰、淄其道。其土白墳，海濱廣潟，厥田斥鹵。田上下，賦中上。厥貢鹽絺，海物維錯，岱畎絲、枲、鉛、松、怪石，萊夷爲牧，其篚酓絲。浮於汶，通於濟。

海岱及淮維徐州：淮、沂其治，蒙、羽其蓺。大野既都，東原底平。其土赤埴墳，草木漸包。其田上中，賦中中。貢維土五色，羽畎夏狄，嶧陽孤桐，泗濱浮磬，淮夷蠙珠臮魚，其篚玄纖縞。浮于淮、泗，通于河。

淮海維揚州：彭蠡既都，陽鳥所居。三江既入，震澤致定。竹箭既布。其草惟夭，其木惟喬，其土塗泥。田下下，賦下上上雜。貢金三品，瑤、琨、竹箭，齒、革、羽、旄，島夷卉服，其篚織貝，其包橘、柚錫貢。均江海，通淮、泗。

荊及衡陽維荊州：江、漢朝宗于海。九江甚中，沱、涔已道，雲土、夢爲治。其土塗泥。田下中，賦上下。貢羽、旄、齒、革，金三品，杶、榦、栝、柏，礪、砥、砮、丹，維箘簵、楛，三國致貢其名，包匭菁茅，其篚玄纁璣組，九江入賜大龜。浮于江、沱、涔、（于）漢，踰于雒，至于南河。

荊河惟豫州：伊、雒、瀍、澗既入于河，滎播既都，道荷澤，被明都。其土壤，下土墳壚。田中上，賦雜上中。貢漆、絲、絺、紵，其篚纖絮，錫貢磬錯。浮於雒，達於河。

華陽黑水惟梁州：汶、嶓既蓺，沱、涔既道，蔡、蒙旅平，和夷底績。其土青驪。田下上，賦下中三錯。貢璆、鐵、銀、鏤、砮、磬，熊、羆、狐、貍、織皮。西傾因桓是來，浮于潛，踰于沔，入于渭，亂于河。

黑水西河惟雍州：弱水既西，涇屬渭汭。漆、沮既從，灃水所同。荊、岐已旅，終南、敦物至于鳥鼠。原隰底績，至于都野。三危既度，

三苗大序。其土黃壤。田上上，賦中下。貢璆、琳、琅玕。浮于積石，至于龍門西河，會于渭汭。織皮昆侖、析支、渠搜，西戎即序。

道九山：汧及岐至于荊山，踰于河；壺口、雷首至于太嶽；砥柱、析城至于王屋；太行、常山至于碣石，入于海；西傾、朱圉、鳥鼠至于太華；熊耳、外方、桐柏至于負尾；道嶓冢，至于荊山；內方至于大別；汶山之陽至衡山，過九江，至于敷淺原。

道九川：弱水至於合黎，餘波入于流沙。道黑水，至于三危，入于南海。道河積石，至于龍門，南至華陰，東至砥柱，又東至于盟津，東過雒汭，至于大邳，北過降水，至于大陸，北播爲九河，同爲逆河，入于海。嶓冢道瀁，東流爲漢，又東爲蒼浪之水，過三澨，入于大別，南入于江，東匯澤爲彭蠡，東爲北江，入于海。汶山道江，東別爲沱，又東至于醴，過九江，至于東陵，東迆北會于匯，東爲中江，入于海。道沇水，東爲濟，入于河，泆爲滎，東出陶丘北，又東至于荷，又東北會于汶，又東北入于海。道淮自桐柏，東會于泗、沂，東入于海。道渭自鳥鼠同穴，東會于灃，又東北至于涇，東過漆、沮，入于河。道雒自熊耳，東北會于澗、瀍，又東會于伊，東北入于河。

於是九州攸同，四奧既居，九山栞旅，九川滌原，九澤既陂，四海會同。六府甚修，衆土交正，致愼財賦，咸則三壤成賦。中國賜土姓：「祇台德先，不距朕行。」

令天子之國以外五百里甸服：百里賦納緫，二百里納銍，三百里納秸服，四百里粟，五百里米。甸服外五百里侯服：百里采，二百里任國，三百里諸侯。侯服外五百里綏服：三百里揆文教，二百里奮武衛。綏服外五百里要服：三百里夷，二百里蔡。要服外五百里荒服：三百里蠻，二百里流。

東漸于海，西被于流沙，朔、南暨：聲教訖于四海。於是帝錫禹 禹
玄圭，以告成功于天下。天下於是太平治。

皋陶作士以理民。帝舜朝，禹、伯夷、皋陶相與語帝前。皋陶述 帝舜 禹
其謀曰：「信其道德，謀明輔和。」禹曰：「然，如何？」皋陶曰：「於！ 禹
愼其身修，思長，敦序九族，衆明高翼，近可遠在已。」禹拜美言，曰： 禹
「然。」皋陶曰：「於！在知人，在安民。」禹曰：「吁！皆若是，惟帝 禹
其難之。知人則智，能官人；能安民則惠，黎民懷之。能知能惠，何
憂乎驩兜，何遷乎有苗，何畏乎巧言善色佞人？」皋陶曰：「然，於！
亦行有九德，亦言其有德。」迺言曰：「始事事，寬而栗，柔而立，願
而共，治而敬，擾而毅，直而溫，簡而廉，剛而實，彊而義，章其有
常，吉哉。日宣三德，蚤夜翊明有家。日嚴振敬六德，亮采有國。翕
受普施，九德咸事，俊乂在官，百吏肅謹。毋教邪淫奇謀。非其人居
其官，是謂亂天事。天討有罪，五刑五用哉。吾言底可行乎？」禹曰： 禹
「女言致可績行。」皋陶曰：「余未有知，思贊道哉。」

帝舜謂禹曰：「女亦昌言。」禹拜曰；「於，予何言！予思日孳孳。」　帝舜 禹 禹
皋陶難禹曰：「何謂孳孳？」禹曰：「鴻水滔天，浩浩懷山襄陵，下民　禹 禹
皆服於水。予陸行乘車，水行乘舟，泥行乘橇，山行乘檋，行山栞木。
與益予衆庶稻鮮食。以決九川致四海，浚畎澮致之川。與稷予衆庶難
得之食。食少，調有餘補不足，徙居。衆民迺定，萬國爲治。」皋陶曰：
「然，此而美也。」

禹曰：「於，帝！愼迺在位，安爾止。輔德，天下大應。清意以昭　禹
待上帝命，天其重命用休。」帝曰：「吁，臣哉，臣哉！臣作朕股肱耳
目。予欲左右有民，女輔之。余欲觀古人之象。日月星辰，作文繡服
色，女明之。予欲聞六律五聲八音，來始滑，以出入五言，女聽。予
即辟，女匡拂予。女無面諛。退而謗予。敬四輔臣。諸衆讒嬖臣，君
德誠施皆清矣。」禹曰：「然。帝即不時，布同善惡則毋功。」　禹

帝曰：「毋若丹朱傲，維慢游是好，毋水行舟，朋淫于家，用絕其
世。予不能順是。」禹曰：「予（辛壬）娶塗山，[辛壬] 癸甲，生啓予　禹
不子，以故能成水土功。輔成五服，至于五千里，州十二師，外薄四
海，咸建五長，各道有功。苗頑不即功，帝其念哉。」帝曰：「道吾德，
迺女功序之也。」

皋陶於是敬禹之德，令民皆則禹。不如言，刑從之。舜德大明。　禹 禹 舜

於是夔行樂，祖考至，羣后相讓，鳥獸翔舞，簫韶九成，鳳皇來
儀，百獸率舞，百官信諧。帝用此作歌曰：「陟天之命，維時維幾。」
迺歌曰：「股肱喜哉，元首起哉，百工熙哉！」皋陶拜手稽首揚言曰：
「念哉，率爲興事，愼迺憲，敬哉！」迺更爲歌曰：「元首明哉，股肱
良哉，庶事康哉！」（舜）又歌曰：「元首叢脞哉，股肱惰哉，萬事墮　舜
哉！」帝拜曰：「然，往欽哉！」於是天下皆宗禹之明度數聲樂，爲山　禹
川神主。

帝舜薦禹於天，爲嗣。十七年而帝舜崩。三年喪畢，禹辭辟舜之　帝舜 禹 帝舜 禹 舜
子商均於陽城。天下諸侯皆去商均而朝禹。禹於是遂即天子位，南面　禹 禹
朝天下，國號曰夏后，姓姒氏。

帝禹立而舉皋陶薦之，且授政焉，而皋陶卒。封皋陶之後於英、　帝禹
六，或在許。而后舉益，任之政。

十年，帝禹東巡狩，至于會稽而崩。以天下授益。三年之喪畢，　帝禹
益讓帝禹之子啓，而辟居箕山之陽。禹子啓賢，天下屬意焉。及禹崩，　帝禹 禹 禹
雖授益，益之佐禹日淺，天下未洽。故諸侯皆去益而朝啓，曰：「吾君　禹
帝禹之子也」。於是啓遂即天子之位，是爲夏后帝啓。　帝禹

夏后帝啓，禹之子，其母塗山氏之女也。　禹

有扈氏不服，啓伐之，大戰於甘。將戰，作甘誓，迺召六卿申之。
啓曰：「嗟！六事之人，予誓告女：有扈氏威侮五行，怠棄三正，天用

勦絕其命。今予維共行天之罰。左不攻于左，右不攻于右，女不共命。
御非其馬之政，女不共命。用命，賞于祖；不用命，僇于社，予則帑
僇女。」遂滅有扈氏。天下咸朝。

2-3　中康崩，子帝相立。帝相崩，子帝少康立。帝少康崩，子帝予立。
帝予崩，子帝槐立。帝槐崩，子帝芒立。帝芒崩，子帝泄立。帝泄崩，
子帝不降立。帝不降崩，弟帝扃立。帝扃崩，子帝廑立。帝廑崩，立
帝不降之子孔甲，是爲帝孔甲。帝孔甲立，好方鬼神，事淫亂。夏后
氏德衰，諸侯畔之。天降龍二，有雌雄，孔甲不能食，未得豢龍氏。
陶唐既衰，其后有劉累，學擾龍于豢龍氏，以事孔甲。孔甲賜之姓曰 陶唐
御龍氏，受豕韋之後。龍一雌死，以食夏后。夏后使求，懼而遷去。

2-4　太史公曰：禹爲姒姓，其後分封，用國爲姓，故有夏后氏、有扈 禹
氏、有男氏、斟尋氏、彤城氏、褒氏、費氏、杞氏、繒氏、辛氏、冥
氏、斟（氏）戈氏。孔子正夏時，學者多傳夏小正云。自虞、夏時， 虞
貢賦備矣。或言禹會諸侯江南，計功而崩，因葬焉，命曰會稽。會稽 禹
者，會計也。

3　卷三《殷本紀　第三》

3-1　殷契，母曰簡狄，有娀氏之女，爲帝嚳次妃。三人行浴，見玄鳥 帝嚳
墮其卵，簡狄取吞之，因孕生契。契長而佐禹治水有功。帝舜迺命契 禹 帝舜
曰：「百姓不親，五品不訓，汝爲司徒而敬敷五教，五教在寬。」封于
商，賜姓子氏。契興於唐、虞、大禹之際，功業著於百姓，百姓以平。 唐 虞 大禹

3-2　湯歸至于泰卷陶，中𤰞作誥。既絀夏命，還亳，作湯誥：「維三月，
王自至於東郊。告諸侯羣后：『毋不有功於民，勤力迺事。予迺大罰殛
女，毋予怨。』曰：『古禹、皋陶久勞于外，其有功乎民，民迺有安。 禹
東爲江，北爲濟，西爲河，南爲淮，四瀆已修，萬民迺有居。后稷降
播，農殖百穀。三公咸有功于民，故后有立。昔蚩尤與其大夫作亂百
姓，帝迺弗予，有狀。先王言不可不勉。』曰：『不道，毋之在國，女
毋我怨。』」以令諸侯。伊尹作咸有一德，咎單作明居。

4　卷四《周本紀　第四》

4-1　周后稷，名弃。其母有邰氏女，曰姜原。姜原爲帝嚳元妃。姜原 帝嚳
出野，見巨人迹，心忻然說，欲踐之，踐之而身動如孕者。居期而生
子，以爲不祥，弃之隘巷，馬牛過者皆辟不踐；徙置之林中，適會山
林多人，遷之；而弃渠中冰上，飛鳥以其翼覆薦之。姜原以爲神，遂
收養長之。初欲弃之，因名曰弃。

·2 弃爲兒時，屹如巨人之志。其游戲，好種樹麻、菽，麻、菽美。
及爲成人，遂好耕農，相地之宜，宜穀者稼穡焉，民皆法則之。帝堯 帝堯
聞之，舉弃爲農師，天下得其利，有功。帝舜曰：「弃，黎民始饑，爾 帝舜
后稷播時百穀。」封弃於邰，號曰后稷，別姓姬氏。后稷之興，在陶唐、 陶唐
虞、夏之際，皆有令德。 虞

·3 封商紂子祿父殷之餘民。武王爲殷初定未集，迺使其弟管叔鮮、
蔡叔度相祿父治殷。已而命召公釋箕子之囚。命畢公釋百姓之囚，表
商容之閭。命南宮括散鹿臺之財，發鉅橋之粟，以振貧弱萌隸。命南
宮括、史佚展九鼎保玉。命閎夭封比干之墓。命宗祝享祠于軍。迺罷
兵西歸。行狩，記政事，作武成。封諸侯，班賜宗彝，作分殷之器物。
武王追思先聖王，迺褒封神農之後於焦，黃帝之後於祝，帝堯之後於 神農 黃帝 帝堯
薊，帝舜之後於陳，大禹之後於杞。於是封功臣謀士，而師尚父爲首 帝舜 大禹
封。封尚父於營丘，曰齊。封弟周公旦於曲阜，曰魯。封召公奭於燕。
封弟叔鮮於管，弟叔度於蔡。餘各以次受封。

·4 穆王將征犬戎，祭公謀父諫曰：「不可。先王燿德不觀兵。夫兵戢
而時動，動則威，觀則玩，玩則無震。是故周文公之頌曰：『載戢干戈，
載櫜弓矢，我求懿德，肆于時夏，允王保之。』先王之於民也，茂正其
德而厚其性，阜其財求而利其器用，明利害之鄉，以文修之，使之務
利而辟害，懷德而畏威，故能保世以滋大。昔我先王世后稷以服事虞、 虞
夏。及夏之衰也，弃稷不務，我先王不窋用失其官，而自竄於戎狄之
閒。不敢怠業，時序其德，遵修其緒，修其訓典，朝夕恪勤，守以敦
篤，奉以忠信。奕世載德，不忝前人。至于文王、武王，昭前之光明
而加之以慈和，事神保民，無不欣喜。商王帝辛大惡于民，庶民不忍，
訢載武王，以致戎于商牧。是故先王非務武也，勤恤民隱而除其害也。

卷五《秦本紀　第五》

·1 秦之先，帝顓頊之苗裔孫曰女修。女修織，玄鳥隕卵，女修吞之， 帝顓頊
生子大業。大業取少典之子，曰女華。女華生大費，與禹平水土。已 禹
成，帝錫玄圭。禹受曰：「非予能成，亦大費爲輔。」帝舜曰：「咨爾費， 禹 帝舜
贊禹功，其賜爾皁游。爾後嗣將大出。」迺妻之姚姓之玉女。大費拜受， 禹
佐舜調馴鳥獸，鳥獸多馴服，是爲柏翳。舜賜姓嬴氏。 舜 舜

·2 非子居犬丘，好馬及畜，善養息之。犬丘人言之周孝王，孝王召
使主馬于汧渭之閒，馬大蕃息。孝王欲以爲大駱適嗣。申侯之女爲大
駱妻，生子成爲適。申侯迺言孝王曰：「昔我先酈山之女，爲戎胥軒妻，
生中潏，以親故歸周，保西垂，西垂以其故和睦。今我復與大駱妻，

生適子成。申駱重婚，西戎皆服，所以爲王。王其圖之。」於是孝王曰：
「昔伯翳爲舜主畜，畜多息，故有土，賜姓嬴。今其後世亦爲朕息馬， 舜
朕其分土爲附庸。」邑之秦，使復續嬴氏祀，號曰秦嬴。亦不廢申侯之
女子爲駱適者，以和西戎。

5-3 戎王使由余於秦。由余，其先晉人也，亡入戎，能晉言。聞繆公
賢，故使由余觀秦。秦繆公示以宮室、積聚。由余曰：「使鬼爲之，則
勞神矣。使人爲之，亦苦民矣。」繆公怪之，問曰：「中國以詩書禮樂
法度爲政，然尚時亂，今戎夷無此，何以爲治，不亦難乎？」由余笑
曰：「此迺中國所以亂也。夫自上聖黃帝作爲禮樂法度，身以先之，僅 黃帝
以小治。及其後世，日以驕淫。阻法度之威，以責督於下，下罷極則
以仁義怨望於上，上下交爭怨而相篡弒，至於滅宗，皆以此類也。夫
戎夷不然。上含淳德以遇其下，下懷忠信以事其上，一國之政猶一身
之治，不知所以治，此眞聖人之治也。」於是繆公退而問內史廖曰：「孤
聞鄰國有聖人，敵國之憂也。今由余賢，寡人之害，將奈之何？」內
史廖曰：「戎王處辟匿，未聞中國之聲。君試遺其女樂，以奪其志；爲
由余請，以疏其閒；留而莫遣，以失其期。戎王怪之，必疑由余。君
臣有閒，迺可虜也。且戎王好樂，必怠於政。」繆公曰：「善。」因與由
余曲席而坐，傳器而食，問其地形與其兵勢盡詧，而後令內史廖以女
樂二八遺戎王。戎王受而說之，終年不還。於是秦迺歸由余。由余數
諫不聽，繆公又數使人閒要由余，由余遂去降秦。繆公以客禮禮之，
問伐戎之形。

6 卷六《秦始皇本紀　第六》

6-1 秦初并天下，令丞相、御史曰：「異日韓王納地效璽，請爲藩臣，
已而倍約，與趙、魏合從畔秦，故興兵誅之，虜其王。寡人以爲善，
庶幾息兵革。趙王使其相李牧來約盟，故歸其質子。已而倍盟，反我
太原，故興兵誅之，得其王。趙公子嘉迺自立爲代王，故舉兵擊滅之。
魏王始約服入秦，已而與韓、趙謀襲秦，秦兵吏誅，遂破之。荊王獻
青陽以西，已而畔約，擊我南郡，故發兵誅，得其王，遂定其荊地。
燕王昏亂，其太子丹迺陰令荊軻爲賊，兵吏誅，滅其國。齊王用后勝
計，絕秦使，欲爲亂，兵吏誅，虜其王，平齊地。寡人以眇眇之身，
興兵誅暴亂，賴宗廟之靈，六王咸伏其辜，天下大定。今名號不更，
無以稱成功，傳後世。其議帝號。」丞相綰、御史大夫劫、廷尉斯等皆
曰：「昔者五帝地方千里，其外侯服夷服諸侯或朝或否，天子不能制。 五帝
今陛下興義兵，誅殘賊，平定天下，海內爲郡縣，法令由一統，自上
古以來未嘗有，五帝所不及。臣等謹與博士議曰：『古有天皇，有地皇， 五帝
有泰皇，泰皇最貴。』臣等昧死上尊號，王爲『泰皇』。命爲『制』，令

爲『詔』，天子自稱曰『朕』。」王曰：「去『泰』，著『皇』，采上古『帝』位號，號曰『皇帝』。他如議。」制曰：「可。」追尊莊襄王爲太上皇。制曰：「朕聞太古有號毋謚，中古有號，死而以行爲謚。如此，則子議父，臣議君也，甚無謂，朕弗取焉。自今已來，除謚法。朕爲始皇帝。後世以計數，二世三世至于萬世，傳之無窮。」

2 南登琅邪，大樂之，留三月。迺徙黔首三萬戶琅邪臺下，復十二歲。作琅邪臺，立石刻，頌秦德，明得意。曰：

維二十八年，皇帝作始。端平法度，萬物之紀。以明人事，合同父子。聖智仁義，顯白道理。東撫東土，以省卒士。事已大畢，迺臨于海。皇帝之功，勤勞本事。上農除末，黔首是富。普天之下，摶心揖志。器械一量，同書文字。日月所照，舟輿所載。皆終其命，莫不得意。應時動事，是維皇帝。匡飭異俗，陵水經地。憂恤黔首，朝夕不懈。除疑定法，咸知所辟。方伯分職，諸治經易。舉錯必當，莫不如畫。皇帝之明，臨察四方。尊卑貴賤，不踰次行。姦邪不容，皆務貞良。細大盡力，莫敢怠荒。遠邇辟隱，專務肅莊。端直敦忠，事業有常。皇帝之德，存定四極。誅亂除害，興利致福。節事以時，諸產繁殖。黔首安寧，不用兵革。六親相保，終無寇賊。驩欣奉教，盡知法式。六合之內，皇帝之土。西涉流沙，南盡北戶。東有東海，北過大夏。人迹所至，無不臣者。功蓋五帝，澤及牛馬。莫不受德，各安其宇。 五帝

維秦王兼有天下，立名爲皇帝，迺撫東土，至于琅邪。列侯武城侯王離、列侯通武侯王賁、倫侯建成侯趙亥、倫侯昌武侯成、倫侯武信侯馮毋擇、丞相隗林、丞相王綰、卿李斯、卿王戊、五大夫趙嬰、五大夫楊樛從，與議於海上。曰：「古之帝者，地不過千里，諸侯各守其封域，或朝或否，相侵暴亂，殘伐不止，猶刻金石，以自爲紀。古之五帝三王，知教不同，法度不明，假威鬼神，以欺遠方，實不稱名，故不久長。其身未歿，諸侯倍叛，法令不行。今皇帝并一海內，以爲郡縣，天下和平。昭明宗廟，體道行德，尊號大成。羣臣相與誦皇帝功德，刻于金石，以爲表經。」 五帝

3 始皇還，過彭城，齋戒禱祠，欲出周鼎泗水。使千人沒水求之，弗得。迺西南渡淮水，之衡山、南郡。浮江，至湘山祠。逢大風，幾不得渡。上問博士曰：「湘君神？」博士對曰：「聞之，堯女，舜之妻，而葬此。」於是始皇大怒，使刑徒三千人皆伐湘山樹，赭其山。上自南郡由武關歸。 堯 舜

4 始皇置酒咸陽宮，博士七十人前爲壽。僕射周青臣進頌曰：「他時

秦地不過千里，賴陛下神靈明聖，平定海內，放逐蠻夷，日月所照，莫不賓服。以諸侯爲郡縣，人人自安樂，無戰爭之患，傳之萬世。自上古不及陛下威德。」始皇悅。博士齊人淳于越進曰：「臣聞殷周之王千餘歲，封子弟功臣，自爲枝輔。今陛下有海內，而子弟爲匹夫，卒有田常、六卿之臣，無輔拂，何以相救哉？事不師古而能長久者，非所聞也。今青臣又面諛以重陛下之過，非忠臣。」始皇下其議。丞相李
斯曰：「五帝不相復，三代不相襲，各以治，非其相反，時變異也。今 五帝
陛下創大業，建萬世之功，固非愚儒所知。且越言迺三代之事，何足法也？異時諸侯并爭，厚招游學。今天下已定，法令出一，百姓當家則力農工，士則學習法令辟禁。今諸生不師今而學古，以非當世，惑亂黔首。丞相臣斯昧死言：古者天下散亂，莫之能一，是以諸侯并作，語皆道古以害今，飾虛言以亂實，人善其所私學，以非上之所建立。今皇帝并有天下，別黑白而定一尊。私學而相與非法教，人聞令下，則各以其學議之，入則心非，出則巷議，夸主以爲名，異取以爲高，率羣下以造謗。如此弗禁，則主勢降乎上，黨與成乎下。禁之便。臣請史官非秦記皆燒之。非博士官所職，天下敢有藏詩、書、百家語者，悉詣守、尉雜燒之。有敢偶語詩書者弃市。以古非今者族。吏見知不舉者與同罪。令下三十日不燒，黥爲城旦。所不去者，醫藥卜筮種樹之書。若欲有學法令，以吏爲師。」制曰：「可。」

6-5 三十七年十月癸丑，始皇出游。左丞相斯從，右丞相去疾守。少
子胡亥愛慕請從，上許之。十一月，行至雲夢，望祀虞舜於九疑山。 虞舜
浮江下，觀籍柯，渡海渚。過丹陽，至錢唐。臨浙江，水波惡，迺西
百二十里從狹中渡。上會稽，祭大禹，望于南海，而立石刻頌秦德。 大禹
其文曰：……

6-6 趙高說二世曰：「先帝臨制天下久，故羣臣不敢爲非，進邪說。今陛下富於春秋，初即位，柰何與公卿廷決事？事即有誤，示羣臣短也。天子稱朕，固不聞聲。」於是二世常居禁中，與高決諸事。其後公卿希得朝見，盜賊益多，而關中卒發東擊盜者毋已。右丞相去疾、左丞相斯、將軍馮劫進諫曰：「關東羣盜并起，秦發兵誅擊，所殺亡甚衆，然猶不止。盜多，皆以戍漕轉作事苦，賦稅大也。請且止阿房宮作者，
減省四邊戍轉。」二世曰：「吾聞之韓子曰：『堯舜采椽不刮，茅茨不翦， 堯 舜
飯土塯，啜土形，雖監門之養，不觳於此。禹鑿龍門，通大夏，決河 禹
亭水，放之海，身自持築臿，脛毋毛，臣虜之勞不烈於此矣。』凡所爲
貴有天下者，得肆意極欲，主重明法，下不敢爲非，以制御海內矣。
夫虞、夏之主，貴爲天子，親處窮苦之實，以徇百姓，尚何於法？朕 虞
尊萬乘，毋其實，吾欲造千乘之駕，萬乘之屬，充吾號名。且先帝起

諸侯，兼天下，天下已定，外攘四夷以安邊竟，作宮室以章得意，而君觀先帝功業有緒。今朕即位二年之閒，羣盜并起，君不能禁，又欲罷先帝之所爲，是上毋以報先帝，次不爲朕盡忠力，何以在位？」下去疾、斯、劫吏，案責他罪。去疾、劫曰：「將相不辱。」自殺。斯卒囚，就五刑。

7 太史公曰：秦之先伯翳，嘗有勳於唐虞之際，受土賜姓。及殷夏之閒微散。至周之衰，秦興，邑于西垂。自繆公以來，稍蠶食諸侯，竟成始皇。始皇自以爲功過五帝，地廣三王，而羞與之侔。善哉乎賈生推言之也！ 唐 虞 五帝

A 卷七《項羽本紀　第七》

太史公曰：吾聞之周生曰「舜目蓋重瞳子」，又聞項羽亦重瞳子。羽豈其苗裔邪？何興之暴也！夫秦失其政，陳涉首難，豪傑蜂起，相與并爭，不可勝數。然羽非有尺寸，乘執起隴畝之中，三年，遂將五諸侯滅秦，分裂天下，而封王侯，政由羽出，號爲「霸王」，位雖不終，近古以來未嘗有也。及羽背關懷楚，放逐義帝而自立，怨王侯叛己，難矣。自矜功伐，奮其私智而不師古，謂霸王之業，欲以力征經營天下，五年卒亡其國，身死東城，尚不覺寤而不自責，過矣。迺引「天亡我，非用兵之罪也」，豈不謬哉！ 舜

B 卷八《高祖本紀　第八》

B-1 高祖以亭長爲縣送徒酈山，徒多道亡。自度比至皆亡之，到豐西澤中，止飲，夜迺解縱所送徒。曰：「公等皆去，吾亦從此逝矣！」徒中壯士願從者十餘人。高祖被酒，夜徑澤中，令一人行前。行前者還報曰：「前有大蛇當徑，願還。」高祖醉，曰：「壯士行，何畏！」迺前，拔劍擊斬蛇。蛇遂分爲兩，徑開。行數里，醉，因臥。後人來至蛇所，有一老嫗夜哭。人問何哭，嫗曰：「人殺吾子，故哭之。」人曰：「嫗子何爲見殺？」嫗曰：「吾子，白帝子也，化爲蛇，當道，今爲赤帝子斬之，故哭。」人迺以嫗爲不誠，欲告之，嫗因忽不見。後人至，高祖覺。後人告高祖，高祖迺心獨喜，自負。諸從者日益畏之。 赤帝

B-2 於是樊噲從劉季來。沛令後悔，恐其有變，迺閉城城守，欲誅蕭、曹。蕭、曹恐，踰城保劉季。劉季迺書帛射城上，謂沛父老曰：「天下苦秦久矣。今父老雖爲沛令守，諸侯并起，今屠沛。沛今共誅令，擇子弟可立者立之，以應諸侯，則家室完。不然，父子俱屠，無爲也。」父老迺率子弟共殺沛令，開城門迎劉季，欲以爲沛令。劉季曰：「天下方擾，諸侯并起，今置將不善，壹敗塗地。吾非敢自愛，恐能薄，不

能完父兄子弟。此大事，願更相推擇可者。」蕭、曹等皆文吏，自愛，恐事不就，後秦種族其家，盡讓劉季。諸父老皆曰：「平生所聞劉季諸珍怪，當貴，且卜筮之，莫如劉季最吉。」於是劉季數讓。衆莫敢爲，
迺立季爲沛公。祠黃帝，祭蚩尤於沛庭，而釁鼓旗，幟皆赤。由所殺 黃帝
蛇白帝子，殺者赤帝子，故上赤。於是少年豪吏如蕭、曹、樊噲等皆 赤帝
爲收沛子弟二三千人，攻胡陵、方與，還守豐。

8 卷十《孝文本紀 第十》

8 -1 十五年，黃龍見成紀，天子迺復召魯公孫臣，以爲博士，申明土德事。於是上迺下詔曰：「有異物之神見于成紀，無害於民，歲以有年。朕親郊祀上帝諸神。禮官議，毋諱以勞朕。」有司禮官皆曰：「古者天
子夏躬親禮祀上帝於郊，故曰郊。」於是天子始幸雍，郊見五帝，以孟 五帝
夏四月答禮焉。趙人新垣平以望氣見，因說上設立渭陽五廟。欲出周鼎，當有玉英見。

8 -2 十六年，上親郊見渭陽五帝廟，亦以夏答禮而尚赤。 五帝

9 卷十一《孝景本紀 第十一》

中六年二月己卯，行幸雍，郊見五帝。三月，雨雹。四月，梁孝 五帝
王、城陽共王、汝南王皆薨。立梁孝王子明爲濟川王，子彭離爲濟東王，子定爲山陽王，子不識爲濟陰王。梁分爲五。封四侯。更命廷尉爲大理，將作少府爲將作大匠，主爵中尉爲都尉，長信詹事爲長信少府，將行爲大長秋，大行爲行人，奉常爲太常，典客爲大行，治粟內史爲大農。以大內爲二千石，置左右內官，屬大內。七月辛亥，日食。八月，匈奴入上郡。

10 卷十二《孝武本紀 第十二》

10-1 少君言於上曰：「祠竈則致物，致物而丹沙可化爲黃金，黃金成以
爲飲食器則益壽，益壽而海中蓬萊僊者可見，見之以封禪則不死，黃 黃帝
帝是也。臣嘗游海上，見安期生，食臣棗，大如瓜。安期生僊者，通蓬萊中，合則見人，不合則隱。」於是天子始親祠竈，而遣方士入海求蓬萊安期生之屬，而事化丹沙諸藥齊爲黃金矣。

10-2 亳人薄誘忌奏祠泰一方，曰：「天神貴者泰一，泰一佐曰五帝。古 五帝
者天子以春秋祭泰一東南郊，用太牢具，七日，爲壇開八通之鬼道。」於是天子令太祝立其祠長安東南郊，常奉祠如忌方。其後人有上書，言「古者天子三年一用太牢具祠神三一：天一，地一，泰一」。天子許之，令太祝領祠之忌泰一壇上，如其方。後人復有上書，言「古者天

子常以春秋解祠，祠黃帝用一梟破鏡；冥羊用羊；祠馬行用一青牡馬； 黃帝
泰一、皋山山君、地長用牛；武夷君用乾魚；陰陽使者以一牛」。令祠
官領之如其方，而祠於忌泰一壇旁。

3 是時上方憂河決，而黃金不就，迺拜大爲五利將軍。居月餘，得
四金印，佩天士將軍、地士將軍、大通將軍、天道將軍印。制詔御史：
「昔禹疏九江，決四瀆。閒者河溢皋陸，隄繇不息。朕臨天下二十有 禹
八年，天若遺朕士而大通焉。乾稱『蜚龍』，『鴻漸于般』，意庶幾與焉。
其以二千戶封地士將軍大爲樂通侯。」賜列侯甲第，僮千人。乘輿斥車
馬帷帳器物以充其家。又以衛長公主妻之，齎金萬斤，更名其邑曰當
利公主。天子親如五利之第。使者存問所給，連屬於道。自大主將相
以下，皆置酒其家，獻遺之。於是天子又刻玉印曰「天道將軍」，使使
衣羽衣，夜立白茅上，五利將軍亦衣羽衣，立白茅上受印，以示弗臣
也。而佩「天道」者，且爲天子道天神也。於是五利常夜祠其家，欲
以下神。神未至而百鬼集矣，然頗能使之。其後治裝行，東入海，求
其師云。大見數月，佩六印，貴振天下，而海上燕齊之閒，莫不搤捥
而自言有禁方，能神僊矣。

4 其夏六月中，汾陰巫錦爲民祠魏脽后土營旁，見地如鉤狀，掊視
得鼎。鼎大異於衆鼎，文鏤毋款識，怪之，言吏。吏告河東太守勝，
勝以聞。天子使使驗問巫錦得鼎無姦詐，迺以禮祠，迎鼎至甘泉，從
行，上薦之。至中山，晏温，有黃雲蓋焉。有麃過，上自射之，因以
祭云。至長安，公卿大夫皆議請尊寶鼎。天子曰：「閒者河溢，歲數不
登，故巡祭后土，祈爲百姓育穀。今年豐廡未有報，鼎曷爲出哉？」
有司皆曰：「聞昔大帝興神鼎一，一者一統，天地萬物所繫終也。黃帝 (大帝) 黃帝
作寶鼎三，象天地人也。禹收九牧之金，鑄九鼎，皆嘗鬺亨上帝鬼神。 禹
遭聖則興，遷于夏商。周德衰，宋之社亡，鼎迺淪伏而不見。頌云『自
堂徂基，自羊徂牛；鼐鼎及鼒，不虞不驁，胡考之休』。今鼎至甘泉，
光潤龍變，承休無疆。合茲中山，有黃白雲降蓋，若獸爲符，路弓乘
矢，集獲壇下，報祠大饗。惟受命而帝者心知其意而合德焉。鼎宜見
於祖禰，藏於帝廷，以合明應。」制曰：「可。」

5 其秋，上幸雍，且郊。或曰「五帝，泰一之佐也。宜立泰一而上 五帝
親郊之」。上疑未定。齊人公孫卿曰：「今年得寶鼎，其冬辛巳朔旦冬
至，與黃帝時等。」卿有札書曰：「黃帝得寶鼎宛（侯）[朐]，問於鬼 黃帝 黃帝
臾區。區對曰：『（黃）帝得寶鼎神筴，是歲己酉朔旦冬至，得天之紀， 黃帝
終而復始。』於是黃帝迎日推筴，後率二十歲得朔旦冬至，凡二十推， 黃帝
三百八十年。黃帝僊登于天。」卿因所忠欲奏之。所忠視其書不經，疑 黃帝

其妄書，謝曰：「寶鼎事已決矣，尚何以爲！」卿因嬖人奏之。上大說，
召問卿。對曰：「受此書申功，申功已死。」上曰：「申功何人也？」卿
曰：「申功，齊人也。與安期生通，受黃帝言，無書，獨有此鼎書。曰 黃帝
『漢興復當黃帝之時。漢之聖者在高祖之孫且曾孫也。寶鼎出而與神 黃帝
通，封禪。封禪七十二王，唯黃帝得上泰山封』。申功曰：『漢主亦當 黃帝
上封，上封則能僊登天矣。黃帝時萬諸侯，而神靈之封居七千。天下 黃帝
名山八，而三在蠻夷，五在中國。中國華山、首山、太室、泰山、東
萊，此五山黃帝之所常遊，與神會。黃帝且戰且學僊。患百姓非其道， 黃帝 黃帝
迺斷斬非鬼神者。百餘歲然後得與神通。黃帝郊雍上帝，宿三月。鬼 黃帝
臾區號大鴻，死葬雍，故鴻冢是也。其後黃帝接萬靈明廷。明廷者， 黃帝
甘泉也。所謂寒門者，谷口也。黃帝采首山銅，鑄鼎荊山下。鼎既成， 黃帝
有龍垂胡髯下迎黃帝。黃帝上騎，羣臣後宮從上龍七十餘人，迺上去。 黃帝 黃帝
餘小臣不得上，迺悉持龍髯，龍髯拔，墮黃帝之弓。百姓仰望黃帝既 黃帝 黃帝
上天，迺抱其弓與龍胡髯號。故後世因名其處曰鼎湖，其弓曰烏號。』」
於是天子曰：「嗟乎！吾誠得如黃帝，吾視去妻子如脫躧耳。」迺拜卿 黃帝
爲郎，東使候神於太室。

10-6　上遂郊雍，至隴西，西登空桐，幸甘泉。令祠官寬舒等具泰一祠
壇，壇放薄忌泰一壇，壇三垓。五帝壇環居其下，各如其方，黃帝西 五帝 黃帝
南，除八通鬼道。泰一所用，如雍一畤物，而加醴棗脯之屬，殺一犛
牛以爲俎豆牢具。而五帝獨有俎豆醴進。其下四方地，爲餟食羣神從 五帝
者及北斗云。已祠，胙餘皆燎之。其牛色白，鹿居其中，彘在鹿中，
水而洎之。祭日以牛，祭月以羊彘特。泰一祝宰則衣紫及繡。五帝各 五帝
如其色，日赤，月白。

10-7　其來年冬，上議曰：「古者先振兵澤旅，然後封禪。」迺遂北巡朔
方，勒兵十餘萬，還祭黃帝冢橋山，澤兵須如。上曰：「吾聞黃帝不死， 黃帝 黃帝
今有冢，何也？」或對曰：「黃帝已僊上天，羣臣葬其衣冠。」即至甘 黃帝
泉，爲且用事泰山，先類祠泰一。

10-8　自得寶鼎，上與公卿諸生議封禪。封禪用希曠絕，莫知其儀禮，
而羣儒采封禪尚書、周官、王制之望祀射牛事。齊人丁公年九十餘，
曰：「封者，合不死之名也。秦皇帝不得上封。陛下必欲上，稍上即無
風雨，遂上封矣。」上於是迺令諸儒習射牛，草封禪儀。數年，至且行。
天子既聞公孫卿及方士之言，黃帝以上封禪，皆致怪物與神通，欲放 黃帝
黃帝以嘗接神僊人蓬萊士，高世比德於九皇，而頗采儒術以文之。羣 黃帝
儒既以不能辯明封禪事，又牽拘於詩書古文而不敢騁。上爲封祠器示
羣儒，羣儒或曰「不與古同」，徐偃又曰「太常諸生行禮不如魯善」，

周霸屬圖封事，於是上絀偃、霸，盡罷諸儒弗用。

9　其來年冬，郊雍五帝，還，拜祝祠泰一。贊饗曰：「德星昭衍，厥 五帝
維休祥。壽星仍出，淵耀光明。信星昭見，皇帝敬拜泰祝之饗。」

10　其春，公孫卿言見神人東萊山，若云「見天子」。天子於是幸緱氏
城，拜卿爲中大夫。遂至東萊，宿留之數日，毋所見，見大人迹。復
遣方士求神怪采芝藥以千數。是歲旱。於是天子既出毋名，迺禱萬里
沙，過祠泰山。還至瓠子，自臨塞決河，留二日，沈祠而去。使二卿
將卒塞決河，河徙二渠，復禹之故迹焉。 禹

-11　其明年，伐朝鮮。夏，旱。公孫卿曰：「黃帝時封則天旱，乾封三 黃帝
年。」上迺下詔曰：「天旱，意乾封乎？其令天下尊祠靈星焉。」

-12　初，天子封泰山，泰山東北阯古時有明堂處，處險不敞。上欲治
明堂奉高旁，未曉其制度。濟南人公玊帶上黃帝時明堂圖。明堂圖中 黃帝
有一殿，四面無壁，以茅蓋，通水，圜宮垣爲複道，上有樓，從西南
入，命曰昆侖，天子從之入，以拜祠上帝焉。於是上令奉高作明堂汶
上，如帶圖。及五年修封，則祠泰一、五帝於明堂上坐，令高皇帝祠 五帝
坐對之。祠后土於下房，以二十太牢。天子從昆侖道入，始拜明堂如
郊禮。禮畢，燎堂下。而上又上泰山，有祕祠其顛。而泰山下祠五帝， 五帝
各如其方，黃帝并赤帝，而有司侍祠焉。泰山上舉火，下悉應之。 黃帝　赤帝

-13　上還，以柏梁災故，朝受計甘泉。公孫卿曰：「黃帝就青靈臺，十 黃帝
二日燒，黃帝迺治明庭。明庭，甘泉也。」方士多言古帝王有都甘泉者。 黃帝
其後天子又朝諸侯甘泉，甘泉作諸侯邸。勇之迺曰：「越俗有火災，復
起屋必以大，用勝服之。」於是作建章宮，度爲千門萬戶。前殿度高未
央，其東則鳳闕，高二十餘丈。其西則唐中，數十里虎圈。其北治大
池，漸臺高二十餘丈，名曰泰液池，中有蓬萊、方丈、瀛洲、壺梁，
象海中神山龜魚之屬。其南有玉堂、璧門、大鳥之屬。迺立神明臺、
井幹樓，度五十餘丈，輦道相屬焉。

-14　其明年，有司言雍五畤無牢熟具，芬芳不備。迺命祠官進畤犢牢
具，五色食所勝，而以木禺馬代駒焉。獨五帝用駒，行親郊用駒。及 五帝
諸名山川用駒者，悉以木禺馬代。行過，迺用駒。他禮如故。

-15　其明年，東巡海上，考神僊之屬，未有驗者。方士有言「黃帝時 黃帝
爲五城十二樓，以候神人於執期，命曰迎年」。上許作之如方，名曰明

年。上親禮祠上帝，衣上黃焉。

10-16 公玊帶曰：「黃帝時雖封泰山，然風后、封鉅、岐伯令黃帝封東泰山，禪凡山合符，然后不死焉。」天子既令設祠具，至東泰山，東泰山卑小，不稱其聲，迺令祠官禮之，而不封禪焉。其後令帶奉祠候神物。夏，遂還泰山，修五年之禮如前，而加禪祠石閭。石閭者，在泰山下阯南方，方士多言此僊人之閭也，故上親禪焉。 黃帝 黃帝

11 卷十三《三代世表　第一》

11-1 太史公曰：五帝、三代之記，尚矣。自殷以前諸侯不可得而譜，周以來迺頗可著。孔子因史文次春秋，紀元年，正時日月，蓋其詳哉。至於序尚書則略，無年月；或頗有，然多闕，不可錄。故疑則傳疑，蓋其慎也。 五帝

11-2 餘讀諜記，黃帝以來皆有年數。稽其曆譜諜終始五德之傳，古文咸不同，乖異。夫子之弗論次其年月，豈虛哉！於是以五帝繫諜、尚書集世紀黃帝以來訖共和爲世表。 黃帝 五帝 黃帝

12 卷十五《六國年表　第三》

或曰「東方物所始生，西方物之成孰」。夫作事者必於東南，收功實者常於西北。故禹興於西羌，湯起於亳，周之王也以豐鎬伐殷，秦之帝用雍州興，漢之興自蜀漢。 禹

13 卷十六《秦楚之際月表　第四》

昔虞、夏之興，積善累功數十年，德洽百姓，攝行政事，考之于天，然後在位。湯、武之王，迺由契、后稷修仁行義十餘世，不期而會孟津八百諸侯，猶以爲未可，其後迺放弒。秦起襄公，章於文、繆，獻、孝之後，稍以蠶食六國，百有餘載，至始皇迺能并冠帶之倫。以德若彼，用力如此，蓋一統若斯之難也。 虞

14 卷十八《高祖功臣侯者年表　第六》

余讀高祖侯功臣，察其首封，所以失之者，曰：異哉所聞！書曰「協和萬國」，遷于夏商，或數千歲。蓋周封八百，幽厲之後，見於春秋。尚書有唐虞之侯伯，歷三代千有餘載，自全以蕃衛天子，豈非篤於仁義，奉上法哉？漢興，功臣受封者百有餘人。天下初定，故大城名都散亡，戶口可得而數者十二三，是以大侯不過萬家，小者五六百戶。後數世，民咸歸鄉里，戶益息，蕭、曹、絳、灌之屬或至四萬，小侯自倍，富厚如之。子孫驕溢，忘其先，淫嬖。至太初百年之閒， 唐虞

見侯五，餘皆坐法隕命亡國，秏矣。罔亦少密焉，然皆身無兢兢於當世之禁云。

次頁以下に《史記》〈表〉の影印（中華書局二十四史版《史記》）を掲載

資料 11-3	史記卷十三	三代世表	中華書局版 p.488～p.495
資料 11-4	史記卷十三	三代世表	同上　p.500～p.501.
資料 15	史記卷二十	建元以來侯者年表	同上　p.1058
資料 16	史記卷二十二	漢興以來將相名臣年表	同上　p.1128

余讀諜〔一〕記，黄帝以來皆有年數。稽其曆譜諜終始五德之傳，〔二〕古文咸不同，乖異。夫子之弗論次其年月，豈虛哉！於是以五帝繫諜、尚書〔三〕集世紀黄帝以來訖共和爲世表。

〔一〕索隱音牒。牒者，紀系謚之書也。下云「稽諸曆諜」，謂歷代之譜。

〔二〕索隱音轉。謂帝王更王，以金木水火土之五德傳次相承，終而復始，故云終始五德之傳也。

〔三〕索隱案：大戴禮有五帝德及帝繫篇，蓋太史公取此二篇之諜及尚書，集而紀黄帝以來爲系表也。

帝王世國號	黄帝號有熊。	帝顓頊，黄帝孫。起黄帝，至顓頊三世，〔號高陽〕。	帝俈，黄帝曾孫。起黄帝，至帝俈四世。號高辛。	帝堯。起黄帝，至俈子五世。號唐。
顓頊屬	黄帝生昌意。	昌意生顓頊。爲高陽氏。		
俈屬	黄帝生玄囂。索隱案：宋衷曰「太史公書玄囂青陽是爲少昊，繼黄帝立者。蓋少昊金德王，非五運之次，故敍五帝不數之耳。」	玄囂生蟜極。	蟜極生高辛，爲帝俈。索隱黄帝曾孫。	
堯屬	黄帝生玄囂。	玄囂生蟜極。	蟜極生高辛。高辛生放勛。	放勛爲堯。
舜屬	黄帝生昌意。	昌意生顓頊。顓頊生窮蟬。索隱系本作「窮係」。宋衷云：「一云窮係，謚也」。	窮蟬生敬康。敬康生句望。	句望生蟜牛。蟜牛生瞽叟。
夏屬	黄帝生昌意。	昌意生顓頊。		
殷屬	黄帝生玄囂。	玄囂生蟜極。蟜極生高辛。	高辛生卨。	卨爲殷祖。
周屬	黄帝生玄囂。	玄囂生蟜極。蟜極生高辛。	高辛生后稷，爲周祖。	后稷生不窋。

帝舜，黃帝玄孫之玄孫，號虞。				瞽叟生重華，是爲帝舜。	顓頊生鯀。鯀生文命。[索隱]案：漢書律曆志顓頊五代而生鯀，此及帝系皆云顓頊生鯀，是古史闕其代系也。	卨生昭明。	不窋生鞠。
帝禹，黃帝耳孫，號夏。					文命，是爲禹。	昭明生相土。	鞠生公劉。
帝啟，伐有扈，作甘誓。						相土生昌若。	公劉生慶節。
帝太康						昌若生曹圉。曹圉生冥。	慶節生皇僕。皇僕生差弗。

帝仲康，太康弟。					冥生振。	差弗生毀渝。毀渝生公非。
帝相					振生微。微生報丁。	公非生高圉。高圉生亞圉。
帝少康					報丁生報乙。報乙生報丙。	亞圉生公祖類。
帝予[索隱]音直呂反，亦作「宁」。[正義]相爲過澆所滅，后緡歸有仍，生少康。其子予復					報丙生主壬。主壬生主癸。	公祖類生太王亶父。

禹穀。							
帝槐〔索隱〕音回，一音懷。系本作「芬」也。						主癸生天乙，是爲殷湯。	亶父生季歷。季歷生文王昌。益易卦。
帝芒〔索隱〕音亡，一作「荒」。							文王昌生武王發。
帝泄〔索隱〕音薛也。							
帝不降							
帝扃〔索隱〕古熒切。不降弟。							

帝廑〔索隱〕其靳反，又音勤。							
帝孔甲，不降子。好鬼神，淫亂不好德，二龍去。							
帝皋〔索隱〕宋衷云：「墓在殽南陵。」							
帝發〔索隱〕帝皋子也。系本云：「帝皋生發及履癸，履癸一名桀。」							

帝履癸，是為桀。從禹至桀十七世。從黃帝至桀二十世。							
殷湯代夏氏。從黃帝至湯十七世。							
帝外丙，湯太子。太丁蚤卒，故立次弟外丙。							

帝仲壬，外丙弟。							
帝太甲，故太子太丁子。淫，伊尹放之桐宮。三年，悔過自責，伊尹乃迎之復位。							
帝沃丁。伊尹卒。							
帝太庚，沃丁弟。							

神震死。	帝太丁	帝乙。殷益衰。	帝辛，是為紂。弒。從湯至紂二十九世。從黃帝至紂四十六世。	周武王代殷。從黃帝至武王十九世。

成王誦。索隱 或作「庸」，非。	康王釗。索隱 古堯反，又音招。刑錯四十餘年。	昭王瑕。索隱 音遐。宋衷云：「昭王南伐楚，辛由靡為
魯周公旦，武王弟。初封。	魯公伯禽	考公
齊太公尚，文王、武王師。初封。	丁公呂伋	乙公
晉唐叔虞，武王子。初封。	晉侯燮	武侯
秦惡來，助紂。父飛廉，有力。	女防	旁皋
楚熊繹。繹父鬻熊，事文王。初封。	熊乂	熊黮 索隱 吐感反，又徒感。
宋微子啓，紂庶兄。初封。	微仲，啓弟。	宋公
衛康叔，武王弟。初封。	康伯 索隱 康叔子，王孫牟父也。	孝伯
陳胡公滿，舜之後。初封。	申公	相公
蔡叔度，武王弟。初封。	蔡仲	蔡伯
曹叔振鐸，武王弟。初封。		太伯
燕召公奭，周同姓。初封。	九世至惠侯。	

	右太史公本表
當塗 索隱表在九江。	魏不害，以圉守尉捕淮陽反者公孫勇等侯。
蒲 索隱表在瑯邪。	蘇昌，以圉尉史捕淮陽反者公孫勇等侯。
潦陽 索隱潦音遼。表在清河。	江德，以園廄嗇夫共捕淮陽反者公孫勇等侯。
富民 索隱表在蘄。	田千秋，家在長陵。以故高廟寢郎上書諫孝武曰：「子弄父兵，罪當笞。父子之怒，自古有之。蚩尤畔父，黃帝涉江。」上書至意，拜為大鴻臚。征和四年為丞相，封三千戶。至昭帝時病死，子順代立，為虎牙將軍，擊匈奴，不至質，誅死，國除。集解漢書音義曰：「質，所期處也。」
右孝武封國名	

	年	大事記	相位	將位	御史大夫位
166	十四	匈奴大入蕭關，發兵擊之，及屯長安旁。	十一	成侯董赤、內史欒布、昌侯盧卿、隆慮侯竈、甯侯遬皆為將軍，東陽侯張相如為大將軍，皆擊匈奴。中尉周舍、郎中令張武皆為將軍，屯長安旁。	
165	十五	黃龍見成紀。上始郊見雍五帝。	十二		
164	十六	上始〔郊〕見渭陽五帝。	十三		
163	後元年	新垣平詐言方士，覺，誅之。	十四		
162	二	匈奴和親。地動。八月戊辰，蒼免相。	十五 八月庚午，御史大夫申屠嘉為丞相，封故安侯。		御史大夫青。
161	三	置谷口邑。	二		

17　卷二十三《禮書　第一》

古者之兵，戈矛弓矢而已，然而敵國不待試而詘。城郭不集，溝池不掘，固塞不樹，機變不張，然而國晏然不畏外而固者，無他故焉，明道而均分之，時使而誠愛之，則下應之如景響。有不由命者，然後俟之以刑，則民知罪矣。故刑一人而天下服。罪人不尤其上，知罪之在己也。是故刑罰省而威行如流，無他故焉，由其道故也。故由其道則行，不由其道則廢。古者帝堯之治天下也，蓋殺一人刑二人而天下治。傳曰「威厲而不試，刑措而不用」。　帝堯

18　卷二十四《樂書　第二》

18-1　秦二世尤以爲娛。丞相李斯進諫曰：「放弃詩書，極意聲色，祖伊所以懼也；輕積細過，恣心長夜，紂所以亡也。」趙高曰：「五帝、三王樂各殊名，示不相襲。上自朝廷，下至人民，得以接歡喜，合殷勤，非此和說不通，解澤不流，亦各一世之化，度時之樂，何必華山之騄耳而後行遠乎？」二世然之。　五帝

18-2　王者功成作樂，治定制禮。其功大者其樂備，其治辨者其禮具。干戚之舞，非備樂也；亨孰而祀，非達禮也。五帝殊時，不相沿樂；三王異世，不相襲禮。樂極則憂，禮粗則偏矣。及夫敦樂而無憂，禮備而不偏者，其唯大聖乎？天高地下，萬物散殊，而禮制行也；流而不息，合同而化，而樂興也。春作夏長，仁也；秋斂冬藏，義也。仁近於樂，義近於禮。樂者敦和，率神而從天；禮者辨宜，居鬼而從地。故聖人作樂以應天，作禮以配地。禮樂明備，天地官矣。　五帝

18-3　昔者舜作五弦之琴，以歌南風；夔始作樂，以賞諸侯。故天子之爲樂也，以賞諸侯之有德者也。德盛而教尊，五穀時孰，然後賞之以樂。故其治民勞者，其舞行級遠；其治民佚者，其舞行級短。故觀其舞而知其德，聞其謚而知其行。大章，章之也；咸池，備也；韶，繼也；夏，大也；殷周之樂盡也。　舜

18-4　子曰：「居，吾語汝。夫樂者，象成者也。總干而山立，武王之事也；發揚蹈厲，太公之志也；武亂皆坐，周召之治也。且夫武，始而北出，再成而滅商，三成而南，四成而南國是疆，五成而分陜，周公左，召公右，六成復綴，以崇天子，夾振之而四伐，盛（振）威於中國也。分夾而進，事蚤濟也。久立於綴，以待諸侯之至也。且夫女獨未聞牧野之語乎？武王克殷反商，未及下車，而封黃帝之後於薊，封　黃帝
帝堯之後於祝，封帝舜之後於陳；下車而封夏后氏之後於杞，封殷之　帝堯　帝舜
後於宋，封王子比干之墓，釋箕子之囚，使之行商容而復其位。庶民

弛政，庶士倍祿。濟河而西，馬散華山之陽而弗復乘；牛散桃林之野
而不復服；車甲弢而藏之府庫而弗復用；倒載干戈，苞之以虎皮；將
率之士，使爲諸侯，名之曰『建櫜』：然後天下知武王之不復用兵也。
散軍而郊射，左射貍首，右射騶虞，而貫革之射息也；裨冕搢笏，而
虎賁之士稅劍也；祀乎明堂，而民知孝；朝覲，然后諸侯知所以臣；
耕藉，然后諸侯知所以敬：五者天下之大教也。食三老五更於太學，
天子袒而割牲，執醬而饋，執爵而酳，冕而總干，所以教諸侯之悌也。
若此，則周道四達，禮樂交通，則夫武之遲久，不亦宜乎？」

8-5 師乙曰：「乙，賤工也，何足以問所宜。請誦其所聞，而吾子自執
焉。寬而靜，柔而正者宜歌頌；廣大而靜，疏達而信者宜歌大雅；恭
儉而好禮者宜歌小雅；正直清廉而謙者宜歌風；肆直而慈愛者宜歌商；
溫良而能斷者宜歌齊。夫歌者，直己而陳德；動己而天地應焉，四時
和焉，星辰理焉，萬物育焉。故商者，五帝之遺聲也，商人志之，故 五帝
謂之商；齊者，三代之遺聲也，齊人志之，故謂之齊。明乎商之詩者，
臨事而屢斷；明乎齊之詩者，見利而讓也。臨事而屢斷，勇也；見利
而讓，義也。有勇有義，非歌孰能保此？故歌者，上如抗，下如隊，
曲如折，止如槁木，居中矩，句中鉤，累累乎殷如貫珠。故歌之爲言
也，長言之也。說之，故言之；言之不足，故長言之；長言之不足，
故嗟嘆之；嗟嘆之不足，故不知手之舞之足之蹈之。」子貢問樂。

8-6 故舜彈五弦之琴，歌南風之詩而天下治；紂爲朝歌北鄙之音，身 舜
死國亡。舜之道何弘也？紂之道何隘也？夫南風之詩者生長之音也， 舜
舜樂好之，樂與天地同意，得萬國之驩心，故天下治也。夫朝歌者不 舜
時也，北者敗也，鄙者陋也，紂樂好之，與萬國殊心，諸侯不附，百
姓不親，天下畔之，故身死國亡。

8-7 平公大喜，起而爲師曠壽。反坐，問曰：「音無此最悲乎？」師曠
曰：「有。昔者黃帝以大合鬼神，今君德義薄，不足以聽之，聽之將敗。」 黃帝
平公曰：「寡人老矣，所好者音也，願遂聞之。」師曠不得已，援琴而
鼓之。一奏之，有白雲從西北起；再奏之，大風至而雨隨之，飛廊瓦，
左右皆奔走。平公恐懼，伏於廊屋之閒。晉國大旱，赤地三年。

9 卷二十五《律書 第三》

昔黃帝有涿鹿之戰，以定火災；顓頊有共工之陳，以平水害；成 黃帝 顓頊
湯有南巢之伐，以殄夏亂。遞興遞廢，勝者用事，所受於天也。

0 卷二十六《曆書　第四》

20-1　太史公曰：神農以前尚矣。蓋黃帝考定星曆，建立五行，起消息，正閏餘，於是有天地神祇物類之官，是謂五官。各司其序，不相亂也。民是以能有信，神是以能有明德。民神異業，敬而不瀆，故神降之嘉生，民以物享，災禍不生，所求不匱。　神農 黃帝

20-2　少皞氏之衰也，九黎亂德，民神雜擾，不可放物，禍菑薦至，莫盡其氣。顓頊受之，迺命南正重司天以屬神，命火正黎司地以屬民，使復舊常，無相侵瀆。　顓頊

20-3　其後三苗服九黎之德，故二官咸廢所職，而閏餘乖次，孟陬殄滅，攝提無紀，曆數失序。堯復遂重黎之後，不忘舊者，使復典之，而立羲和之官。明時正度，則陰陽調，風雨節，茂氣至，民無夭疫。年耆禪舜，申戒文祖，云「天之曆數在爾躬」。舜亦以命禹。由是觀之，王者所重也。　堯 舜 舜 禹

20-4　至今上即位，招致方士唐都，分其天部；而巴落下閎運算轉曆，然後日辰之度與夏正同。迺改元，更官號，封泰山。因詔御史曰：「迺者，有司言星度之未定也，廣延宣問，以理星度，未能詹也。蓋聞昔者黃帝合而不死，名察度驗，定清濁，起五部，建氣物分數。然蓋尚矣。書缺樂弛，朕甚閔焉。朕唯未能循明也，紬績日分，率應水德之勝。今日順夏至，黃鐘爲宮，林鐘爲徵，太蔟爲商，南呂爲羽，姑洗爲角。自是以後，氣復正，羽聲復淸，名復正變，以至子日當冬至，則陰陽離合之道行焉。十一月甲子朔旦冬至已詹，其更以七年爲太初元年。年名『焉逢攝提格』，月名『畢聚』，日得甲子，夜半朔旦冬至。」　黃帝

21　卷二十七《天官書　第五》

21-1　南宮朱鳥，權、衡。衡，太微，三光之廷。匡衛十二星，藩臣：西，將；東，相；南四星，執法；中，端門；門左右，掖門。門內六星，諸侯。其內五星，五帝坐。後聚一十五星，蔚然，曰郎位；傍一大星，將位也。月、五星順入，軌道，司其出，所守，天子所誅也。其逆入，若不軌道，以所犯命之；中坐，成形，皆羣下從謀也。金、火尤甚。廷藩西有隋星五，曰少微，士大夫。權，軒轅。軒轅，黃龍體。前大星，女主象；旁小星，御者後宮屬。月、五星守犯者，如衡占。　五帝 軒轅 軒轅

21-2　西宮咸池，曰天五潢。五潢，五帝車舍。火入，旱；金，兵；水，水。中有三柱；柱不具，兵起。　五帝

3　其行東、西、南、北疾也。兵各聚其下；用戰，順之勝，逆之敗。熒惑從太白，軍憂；離之，軍卻。出太白陰，有分軍；行其陽，有偏將戰。當其行，太白逮之，破軍殺將。其入守犯太微、軒轅、營室， 軒轅
主命惡之。心爲明堂，熒惑廟也。謹候此。

4　曆斗之會以定填星之位。曰中央土，主季夏，日戊、己，黃帝， 黃帝
主德，女主象也。歲填一宿，其所居國吉。未當居而居，若已去而復還，還居之，其國得土，不迺得女。若當居而不居，既已居之，又西東去，其國失土，不迺失女，不可舉事用兵。其居久，其國福厚；易，福薄。

5　昔之傳天數者：高辛之前，重、黎；於唐、虞，羲、和；有夏， 高辛 唐 虞
昆吾；殷商，巫咸；周室，史佚、萇弘；於宋，子韋；鄭則裨竈；在齊，甘公；楚，唐眛；趙，尹皋；魏，石申。

6　蒼帝行德，天門爲之開。赤帝行德，天牢爲之空。黃帝行德，天 赤帝 黃帝
夭爲之起。風從西北來，必以庚、辛。一秋中，五至，大赦；三至，小赦。白帝行德，以正月二十日、二十一日，月暈圍，常大赦載，謂有太陽也。一曰：白帝行德，畢、昴爲之圍。圍三暮，德迺成；不三暮，及圍不合，德不成。二曰：以辰圍，不出其旬。黑帝行德，天關爲之動。天行德，天子更立年；不德，風雨破石。三能、三衡者，天廷也。客星出天廷，有奇令。

卷二十八《封禪書　第六》

1　尚書曰，舜在璇璣玉衡，以齊七政。遂類于上帝，禋于六宗，望 舜
山川，遍羣神。輯五瑞，擇吉月日，見四嶽諸牧，還瑞。歲二月，東巡狩，至于岱宗。岱宗，泰山也。柴，望秩于山川。遂覲東后。東后者，諸侯也。合時月正日，同律度量衡，修五禮，五玉三帛二生一死贄。五月，巡狩至南嶽。南嶽，衡山也。八月，巡狩至西嶽。西嶽，華山也。十一月，巡狩至北嶽。北嶽，恆山也。皆如岱宗之禮。中嶽，嵩高也。五載一巡狩。

2　禹遵之。後十四世，至帝孔甲，淫德好神，神瀆，二龍去之。其 禹
後三世，湯伐桀，欲遷夏社，不可，作夏社。後八世，至帝太戊，有桑穀生於廷，一暮大拱，懼。伊陟曰：「妖不勝德。」太戊修德，桑穀死。伊陟贊巫咸，巫咸之興自此始。後十四世，帝武丁得傅說爲相，殷復興焉，稱高宗。有雉登鼎耳雊，武丁懼。祖己曰：「修德。」武丁從之，位以永寧。後五世，帝武乙慢神而震死。後三世，帝紂淫亂，

武王伐之。由此觀之，始未嘗不肅祇，後稍怠慢也。

22-3 周公既相成王，郊祀后稷以配天，宗祀文王於明堂以配上帝。自禹興而修社祀，后稷稼穡，故有稷祠，郊社所從來尚矣。 禹

22-4 自未作鄜畤也，而雍旁故有吳陽武畤，雍東有好畤，皆廢無祠。或曰：「自古以雍州積高，神明之隩，故立畤郊上帝，諸神祠皆聚云。蓋黃帝時嘗用事，雖晚周亦郊焉。」其語不經見，縉紳者不道。 黃帝

22-5 秦繆公即位九年，齊桓公既霸，會諸侯於葵丘，而欲封禪。管仲曰：「古者封泰山禪梁父者七十二家，而夷吾所記者十有二焉。昔無懷氏封泰山，禪云云；虙羲封泰山，禪云云；神農封泰山，禪云云；炎帝封泰山，禪云云；黃帝封泰山，禪亭亭；顓頊封泰山，禪云云；帝俈封泰山，禪云云；堯封泰山，禪云云；舜封泰山，禪云云；禹封泰山，禪會稽；湯封泰山，禪云云；周成王封泰山，禪社首：皆受命然後得封禪。」桓公曰：「寡人北伐山戎，過孤竹；西伐大夏，涉流沙，束馬懸車，上卑耳之山；南伐至召陵，登熊耳山以望江漢。兵車之會三，而乘車之會六，九合諸侯，一匡天下，諸侯莫違我。昔三代受命，亦何以異乎？」於是管仲睹桓公不可窮以辭，因設之以事，曰：「古之封禪，鄗上之黍，北里之禾，所以爲盛；江淮之閒，一茅三脊，所以爲藉也。東海致比目之魚，西海致比翼之鳥，然后物有不召而自至者十有五焉。今鳳皇麒麟不來，嘉穀不生，而蓬蒿藜莠茂，鴟梟數至，而欲封禪，毋迺不可乎？」於是桓公迺止。是歲，秦繆公內晉君夷吾。其後三置晉國之君，平其亂。繆公立三十九年而卒。 虙羲 神農 炎帝 黃帝 顓頊 帝俈 堯 舜 禹

22-6 其後百餘年，秦靈公作吳陽上畤，祭黃帝；作下畤，祭炎帝。 黃帝 炎帝

22-7 秦始皇既并天下而帝，或曰：「黃帝得土德，黃龍地螾見。夏得木德，青龍止於郊，草木暢茂。殷得金德，銀自山溢。周得火德，有赤烏之符。今秦變周，水德之時。昔秦文公出獵，獲黑龍，此其水德之瑞。」於是秦更命河曰「德水」，以冬十月爲年首，色上黑，度以六爲名，音上大呂，事統上法。 黃帝

22-8 昔三代之（君）［居］皆在河洛之閒，故嵩高爲中嶽，而四嶽各如其方，四瀆咸在山東。至秦稱帝，都咸陽，則五嶽、四瀆皆并在東方。自五帝以至秦，軼興軼衰，名山大川或在諸侯，或在天子，其禮損益世殊，不可勝記。及秦并天下，令祠官所常奉天地名山大川鬼神可得而序也。 五帝

-9　二年，東擊項籍而還入關，問：「故秦時上帝祠何帝也？」對曰：　補遺有赤帝
記最「四帝，有白、青、黃、赤帝之祠。」高祖曰：「吾聞天有五帝，而有　黃 赤帝 五帝
部有四，何也？」莫知其說。於是高祖曰：「吾知之矣，迺待我而具五也。」
遺迺立黑帝祠，命曰北畤。有司進祠，上不親往。悉召故秦祝官，復置
太祝、太宰，如其故儀禮。因令縣爲公社。下詔曰：「吾甚重祠而敬祭。
今上帝之祭及山川諸神當祠者，各以其時禮祠之如故。」

2-10　後四歲，天下已定，詔御史，令豐謹治枌榆社，常以四時春以羊
彘祠之。令祝官立蚩尤之祠於長安。長安置祠祝官、女巫。其梁巫，
祠天、地、天社、天水、房中、堂上之屬；晉巫，祠五帝、東君、雲　五帝
中［君］、司命、巫社、巫祠、族人、先炊之屬；秦巫，祠社主、巫保、
族纍之屬；荊巫，祠堂下、巫先、司命、施糜之屬；九天巫，祠九天：
皆以歲時祠宮中。其河巫祠河於臨晉，而南山巫祠南山秦中。秦中者，
二世皇帝。各有時（月）［日］。

2-11　其明年，趙人新垣平以望氣見上，言「長安東北有神氣，成五采，
若人冠絻焉。或曰東北神明之舍，西方神明之墓也。天瑞下，宜立祠
上帝，以合符應」。於是作渭陽五帝廟，同宇，帝一殿，面各五門，各　五帝
如其帝色。祠所用及儀亦如雍五畤。

2-12　夏四月，文帝親拜霸渭之會，以郊見渭陽五帝。五帝廟南臨渭，　五帝 五帝
北穿蒲池溝水，權火舉而祠，若光煇然屬天焉。於是貴平上大夫，賜
累千金。而使博士諸生刺六經中作王制，謀議巡狩封禪事。

2-13　文帝出長門，若見五人於道北，遂因其直北立五帝壇，祠以五牢　五帝
具。

2-14　人有上書告新垣平所言氣神事皆詐也。下平吏治，誅夷新垣平。
自是之後，文帝怠於改正朔服色神明之事，而渭陽、長門五帝使祠官　五帝
領，以時致禮，不往焉。

2-15　少君言上曰：「祠竈則致物，致物而丹沙可化爲黃金，黃金成以爲
飲食器則益壽，益壽而海中蓬萊僊者迺可見，見之以封禪則不死，黃　黃帝
帝是也。臣嘗游海上，見安期生，安期生食巨棗，大如瓜。安期生僊
者，通蓬萊中，合則見人，不合則隱。」於是天子始親祠竈，遣方士入
海求蓬萊安期生之屬，而事化丹沙諸藥齊爲黃金矣。

2-16　亳人謬忌奏祠太一方，曰：「天神貴者太一，太一佐曰五帝。古者　五帝

天子以春秋祭太一東南郊，用太牢，七日，爲壇開八通之鬼道。」於是天子令太祝立其祠長安東南郊，常奉祠如忌方。其後人有上書，言「古者天子三年壹用太牢祠神三一：天一、地一、太一」。天子許之，令太祝領祠之於忌太一壇上，如其方。後人復有上書，言「古者天子常以春解祠，祠黃帝用一梟破鏡；冥羊用羊祠；馬行用一青牡馬；太一、澤山君地長用牛；武夷君用乾魚；陰陽使者以一牛」。令祠官領之如其方，而祠於忌太一壇旁。 黃帝

22-17 是時上方憂河決，而黃金不就，迺拜大爲五利將軍。居月餘，得四印，佩天士將軍、地士將軍、大通將軍印。制詔御史：「昔禹疏九江，決四瀆。閒者河溢皋陸，隄繇不息。朕臨天下二十有八年，天若遺朕士而大通焉。乾稱『蜚龍』，『鴻漸于般』，朕意庶幾與焉。其以二千戶封地士將軍大爲樂通侯。」賜列侯甲第，僮千人。乘轝斥車馬帷幄器物以充其家。又以衛長公主妻之，齎金萬斤，更命其邑曰當利公主。天子親如五利之第。使者存問供給，相屬於道。自大主將相以下，皆置酒其家，獻遺之。於是天子又刻玉印曰「天道將軍」，使使衣羽衣，夜立白茅上，五利將軍亦衣羽衣，夜立白茅上受印，以示不臣也。而佩「天道」者，且爲天子道天神也。於是五利常夜祠其家，欲以下神。神未至而百鬼集矣，然頗能使之。其後裝治行，東入海，求其師云。大見數月，佩六印，貴震天下，而海上燕齊之閒，莫不搤捥而自言有禁方，能神僊矣。 禹

22-18 其夏六月中，汾陰巫錦爲民祠魏脽后土營旁，見地如鉤狀，掊視得鼎。鼎大異於衆鼎，文鏤無款識，怪之，言吏。吏告河東太守勝，勝以聞。天子使使驗問巫得鼎無姦詐，迺以禮祠，迎鼎至甘泉，從行，上薦之。至中山，曣温，有黃云蓋焉。有麃過，上自射之，因以祭云。至長安，公卿大夫皆議請尊寶鼎。天子曰：「閒者河溢，歲數不登，故巡祭后土，祈爲百姓育穀。今歲豐廡未報，鼎曷爲出哉？」有司皆曰：「聞昔泰帝興神鼎一，一者壹統，天地萬物所繫終也。黃帝作寶鼎三，象天地人。禹收九牧之金，鑄九鼎。皆嘗亨鬺上帝鬼神。遭聖則興，鼎遷于夏商。周德衰，宋之社亡，鼎迺淪沒，伏而不見。頌云『自堂徂基，自羊徂牛；鼐鼎及鼒，不吳不驁，胡考之休』。今鼎至甘泉，光潤龍變，承休無疆。合茲中山，有黃白云降蓋，若獸爲符，路弓乘矢，集獲壇下，報祠大享。唯受命而帝者心知其意而合德焉。鼎宜見於祖禰，藏於帝廷，以合明應。」制曰：「可。」 (泰帝) 黃帝 禹

22-19 其秋，上幸雍，且郊。或曰「五帝，太一之佐也，宜立太一而上親郊之」。上疑未定。齊人公孫卿曰：「今年得寶鼎，其冬辛巳朔旦冬 五帝

至，與黃帝時等。」卿有札書曰：「黃帝得寶鼎宛朐，問於鬼臾區。鬼 黃帝 黃帝
臾區對曰：『[黃] 帝得寶鼎神策，是歲己酉朔旦冬至，得天之紀，終 黃帝
而復始。』於是黃帝迎日推策，後率二十歲復朔旦冬至，凡二十推，三 黃帝
百八十年，黃帝僊登于天。」卿因所忠欲奏之。所忠視其書不經，疑其 黃帝
妄書，謝曰：「寶鼎事已決矣，尚何以爲！」卿因嬖人奏之。上大說，
迺召問卿。對曰：「受此書申公，申公已死。」上曰：「申公何人也？」
卿曰：「申公，齊人。與安期生通，受黃帝言，無書，獨有此鼎書。曰 黃帝
『漢興復當黃帝之時』。曰『漢之聖者在高祖之孫且曾孫也。寶鼎出而 黃帝
與神通，封禪。封禪七十二王，唯黃帝得上泰山封』。申公曰：『漢主 黃帝
亦當上封，上封能僊登天矣。黃帝時萬諸侯，而神靈之封居七千。天 黃帝
下名山八，而三在蠻夷，五在中國。中國華山、首山、太室、泰山、
東萊，此五山黃帝之所常游，與神會。黃帝且戰且學僊。患百姓非其 黃帝 黃帝
道者，迺斷斬非鬼神者。百餘歲然後得與神通。黃帝郊雍上帝，宿三 黃帝
月。鬼臾區號大鴻，死葬雍，故鴻冢是也。其後黃帝接萬靈明廷。明 黃帝
廷者，甘泉也。所謂寒門者，谷口也。黃帝采首山銅，鑄鼎於荊山下。 黃帝
鼎既成，有龍垂胡髯下迎黃帝。黃帝上騎，羣臣後宮從上者七十餘人， 黃帝 黃帝
龍迺上去。餘小臣不得上，迺悉持龍髯，龍髯拔，墮，墮黃帝之弓。 黃帝
百姓仰望黃帝既上天，迺抱其弓與胡髯號，故後世因名其處曰鼎湖， 黃帝
其弓曰烏號。』」於是天子曰：「嗟乎！吾誠得如黃帝，吾視去妻子如脫 黃帝
躧耳。」迺拜卿爲郎，東使候神於太室。

2-20 上遂郊雍，至隴西，西登崆峒，幸甘泉。令祠官寬舒等具太一祠
壇，祠壇放薄忌太一壇，壇三垓。五帝壇環居其下，各如其方，黃帝 五帝 黃帝
西南，除八通鬼道。太一，其所用如雍一畤物，而加醴棗脯之屬，殺
一貍牛以爲俎豆牢具。而五帝獨有俎豆醴進。其下四方地，爲餟食羣 五帝
神從者及北斗云。已祠，胙餘皆燎之。其牛色白，鹿居其中，彘在鹿
中，水而洎之。祭日以牛，祭月以羊彘特。太一祝宰則衣紫及繡。五 五帝
帝各如其色，日赤，月白。

2-21 其來年冬，上議曰：「古者先振兵澤旅，然後封禪。」迺遂北巡朔
方，勒兵十餘萬，還祭黃帝冢橋山，釋兵須如。上曰：「吾聞黃帝不死， 黃帝 黃帝
今有冢，何也？」或對曰：「黃帝已僊上天，羣臣葬其衣冠。」既至甘 黃帝
泉，爲且用事泰山，先類祠太一。

2-22 自得寶鼎，上與公卿諸生議封禪。封禪用希曠絕，莫知其儀禮，
而羣儒采封禪尚書、周官、王制之望祀射牛事。齊人丁公年九十餘，
曰：「封禪者，合不死之名也。秦皇帝不得上封，陛下必欲上，稍上即
無風雨，遂上封矣。」上於是迺令諸儒習射牛，草封禪儀。數年，至且

行。天子既聞公孫卿及方士之言，黃帝以上封禪，皆致怪物與神通， 黃帝
欲放黃帝以上接神僊人蓬萊士，高世比德於九皇，而頗采儒術以文之。 黃帝
羣儒既已不能辨明封禪事，又牽拘於詩書古文而不能騁。上爲封禪祠
器示羣儒，羣儒或曰「不與古同」，徐偃又曰「太常諸生行禮不如魯善」，
周霸屬圖封禪事，於是上絀偃、霸，而盡罷諸儒不用。

22-23　其來年冬，郊雍五帝。還，拜祝祠太一。贊饗曰：「德星昭衍，厥 五帝
維休祥。壽星仍出，淵耀光明。信星昭見，皇帝敬拜太祝之享。」

22-24　其春，公孫卿言見神人東萊山，若云「欲見天子」。天子於是幸緱
氏城，拜卿爲中大夫。遂至東萊，宿留之數日，無所見，見大人迹云。
復遣方士求神怪采芝藥以千數。是歲旱。於是天子既出無名，迺禱萬
里沙，過祠泰山。還至瓠子，自臨塞決河，留二日，沈祠而去。使二
卿將卒塞決河，徙二渠，復禹之故迹焉。 禹

22-25　其明年，伐朝鮮。夏，旱。公孫卿曰：「黃帝時封則天旱，乾封三 黃帝
年。」上迺下詔曰：「天旱，意乾封乎？其令天下尊祠靈星焉。」

22-26　初，天子封泰山，泰山東北阯古時有明堂處，處險不敞。上欲治
明堂奉高旁，未曉其制度。濟南人公玊帶上黃帝時明堂圖。明堂圖中 黃帝
有一殿，四面無壁，以茅蓋，通水，圜宮垣爲複道，上有樓，從西南
入，命曰昆侖，天子從之入，以拜祠上帝焉。於是上令奉高作明堂汶
上，如帶圖。及五年修封，則祠太一、五帝於明堂上坐，令高皇帝祠 五帝
坐對之。祠后土於下房，以二十太牢。天子從昆侖道入，始拜明堂如
郊禮。禮畢，燎堂下。而上又上泰山，自有祕祠其巔。而泰山下祠五 五帝
帝，各如其方，黃帝并赤帝，而有司侍祠焉。山上舉火，下悉應之。 黃帝 赤帝

22-27　上還，以柏梁災故，朝受計甘泉。公孫卿曰：「黃帝就青靈臺，十 黃帝
二日燒，黃帝迺治明廷。明廷，甘泉也。」方士多言古帝王有都甘泉者。 黃帝
其後天子又朝諸侯甘泉，甘泉作諸侯邸。勇之迺曰：「越俗有火災，復
起屋必以大，用勝服之。」於是作建章宮，度爲千門萬戶。前殿度高未
央。其東則鳳闕，高二十餘丈。其西則唐中，數十里虎圈。其北治大
池，漸臺高二十餘丈，命曰太液池，中有蓬萊、方丈、瀛洲、壺梁，
象海中神山龜魚之屬。其南有玉堂、璧門、大鳥之屬。迺立神明臺、
井幹樓，度五十丈，輦道相屬焉。

22-28　其明年，東巡海上，考神僊之屬，未有驗者。方士有言「黃帝時 黃帝
爲五城十二樓，以候神人於執期，命曰迎年」。上許作之如方，命曰明

年。上親禮祠上帝焉。

-29 公玊帶曰：「黃帝時雖封泰山，然風后、封巨、岐伯令黃帝封東泰 黃帝 黃帝
山，禪凡山，合符，然后不死焉。」天子既令設祠具，至東泰山，［東］
泰山卑小，不稱其聲，迺令祠官禮之，而不封禪焉。其後令帶奉祠候
神物。夏，遂還泰山，修五年之禮如前，而加以禪祠石閭。石閭者，
在泰山下阯南方，方士多言此僊人之閭也，故上親禪焉。

卷二十九《河渠書　第七》

-1 夏書曰：禹抑洪水十三年，過家不入門。陸行載車，水行載舟， 禹
泥行蹈毳，山行即橋。以別九州，隨山浚川，任土作貢。通九道，陂
九澤，度九山。然河菑衍溢，害中國也尤甚。唯是為務。故道河自積
石歷龍門，南到華陰，東下砥柱，及孟津、雒汭，至于大邳。於是禹 禹
以為河所從來者高，水湍悍，難以行平地，數為敗，迺厮二渠以引其
河。北載之高地，過降水，至于大陸，播為九河，同為逆河，入于勃
海九川既疏，九澤既灑，諸夏艾安，功施于三代。

-2 天子既臨河決，悼功之不成，迺作歌曰：「瓠子決兮將柰何？皓皓
旰旰兮閭殫為河！殫為河兮地不得寧，功無已時兮吾山平。吾山平兮
鉅野溢，魚沸鬱兮柏冬日。延道弛兮離常流，蛟龍騁兮方遠遊。歸舊
川兮神哉沛，不封禪兮安知外！為我謂河伯兮何不仁，泛濫不止兮愁
吾人？齧桑浮兮淮、泗滿，久不反兮水維緩。」一曰：「河湯湯兮激潺
湲，北渡污兮浚流難。搴長茭兮沈美玉，河伯許兮薪不屬。薪不屬兮
衛人罪，燒蕭條兮噫乎何以禦水！穨林竹兮楗石菑，宣房塞兮萬福來。」
於是卒塞瓠子，筑宮其上，名曰宣房宮。而道河北行二渠，復禹舊迹， 禹
而梁、楚之地復寧，無水災。

-3 太史公曰：余南登廬山，觀禹疏九江，遂至于會稽太湟，上姑蘇， 禹
望五湖；東闚洛汭、大邳，迎河，行淮、泗、濟、漯洛渠；西瞻蜀之
岷山及離碓；北自龍門至于朔方。曰：甚哉，水之為利害也！余從負
薪塞宣房，悲瓠子之詩而作河渠書。

卷三十《平準書　第八》

-1 其後四年，而漢遣大將將六將軍，軍十餘萬，擊右賢王，獲首虜
萬五千級。明年，大將軍將六將軍仍再出擊胡，得首虜萬九千級。捕
斬首虜之士受賜黃金二十餘萬斤，虜數萬人皆得厚賞，衣食仰給縣官；
而漢軍之士馬死者十餘萬，兵甲之財轉漕之費不與焉。於是大農陳藏
錢經秏，賦稅既竭，猶不足以奉戰士。有司言：「天子曰『朕聞五帝之 五帝

教不相復而治，禹湯之法不同道而王，所由殊路，而建德一也。北邊未安，朕甚悼之。日者，大將軍攻匈奴，斬首虜萬九千級，留蹛無所食。議令民得買爵及贖禁錮免減罪』。請置賞官，命曰武功爵。級十七萬，凡直三十餘萬金。諸買武功爵官首者試補吏，先除；千夫如五大夫；其有罪又減二等；爵得至樂卿：以顯軍功。」軍功多用越等，大者封侯卿大夫，小者郎吏。吏道雜而多端，則官職秏廢。 禹

24-2　太史公曰：農工商交易之路通，而龜貝金錢刀布之幣興焉。所從來久遠，自高辛氏之前尚矣，靡得而記云。故書道唐虞之際，詩述殷周之世，安寧則長庠序，先本絀末，以禮義防于利；事變多故而亦反是。是以物盛則衰，時極而轉，一質一文，終始之變也。禹貢九州，各因其土地所宜，人民所多少而納職焉。湯武承獘易變，使民不倦，各兢兢所以爲治，而稍陵遲衰微。齊桓公用管仲之謀，通輕重之權，徼山海之業，以朝諸侯，用區區之齊顯成霸名。魏用李克，盡地力，爲彊君。自是以後，天下爭於戰國，貴詐力而賤仁義，先富有而後推讓。故庶人之富者或累巨萬，而貧者或不厭糟糠；有國彊者或并羣小以臣諸侯，而弱國或絕祀而滅世。以至於秦，卒并海內。虞夏之幣，金爲三品，或黃，或白，或赤；或錢，或布，或刀，或龜貝。及至秦，中一國之幣爲（三）［二］等，黃金以溢名，爲上幣；銅錢識曰半兩，重如其文，爲下幣。而珠玉、龜貝、銀錫之屬爲器飾寶藏，不爲幣。然各隨時而輕重無常。於是外攘夷狄，內興功業，海內之士力耕不足糧饟，女子紡績不足衣服。古者嘗竭天下之資財以奉其上，猶自以爲不足也。無異故云，事勢之流，相激使然，曷足怪焉。 高辛氏 唐虞 禹 虞

25　卷三十一《吳太伯世家　第一》

25-1　四年，吳使季札聘於魯，請觀周樂。爲歌周南、召南。曰：「美哉，始基之矣，猶未也。然勤而不怨。」歌邶、鄘、衛。曰：「美哉，淵乎，憂而不困者也。吾聞衛康叔、武公之德如是，是其衛風乎？」歌王。曰：「美哉，思而不懼，其周之東乎？」歌鄭。曰：「其細已甚，民不堪也，是其先亡乎？」歌齊。曰：「美哉，泱泱乎大風也哉。表東海者，其太公乎？國未可量也。」歌豳。曰：「美哉，蕩蕩乎，樂而不淫，其周公之東乎？」歌秦。曰：「此之謂夏聲。夫能夏則大，大之至也，其周之舊乎？」歌魏。曰：「美哉，渢渢乎，大而寬，儉而易，行以德輔，此則盟主也。」歌唐。曰：「思深哉，其有陶唐氏之遺風乎？不然，何憂之遠也？非令德之後，誰能若是！」歌陳。曰：「國無主，其能久乎？」自鄶以下，無譏焉。歌小雅。曰：「美哉，思而不貳，怨而不言，其周德之衰乎？猶有先王之遺民也。」歌大雅。曰：「廣哉，熙熙乎，曲而有直體，其文王之德乎？」歌頌。曰：「至矣哉，直而不倨，曲而不詘， 陶唐氏

近而不偪遠而不攜，而遷不淫，復而不厭，哀而不愁，樂而不荒，用
而不匱，廣而不宣，施而不費，取而不貪，處而不底，行而不流。五
聲和，八風平，節有度，守有序，盛德之所同也。」見舞象箾、南籥者，
曰：「美哉，猶有感。」見舞大武，曰：「美哉，周之盛也其若此乎？」
見舞韶護者，曰：「聖人之弘也，猶有慚德，聖人之難也！」見舞大夏，
曰：「美哉，勤而不德！非禹其誰能及之？」見舞招箾，曰：「德至矣 禹
哉，大矣，如天之無不燾也，如地之無不載也，雖甚盛德，無以加矣。
觀止矣，若有他樂，吾不敢觀。」

-2 王夫差元年，以大夫伯嚭爲太宰。習戰射，常以報越爲志。二年，
吳王悉精兵以伐越，敗之夫椒，報姑蘇也。越王句踐迺以甲兵五千人
棲於會稽，使大夫種因吳太宰嚭而行成，請委國爲臣妾。吳王將許之，
伍子胥諫曰：「昔有過氏殺斟灌以伐斟尋，滅夏后帝相。帝相之妃后緡
方娠，逃於有仍而生少康。少康爲有仍牧正。有過又欲殺少康，少康
奔有虞。有虞思夏德，於是妻之以二女而邑之於綸，有田一成，有衆 有虞 有虞
一旅。後遂收夏衆，撫其官職。使人誘之，遂滅有過氏，復禹之績， 禹
祀夏配天，不失舊物。今吳不如有過之彊，而句踐大於少康。今不因
此而滅之，又將寬之，不亦難乎！且句踐爲人能辛苦，今不滅，後必
悔之。」吳王不聽，聽太宰嚭，卒許越平，與盟而罷兵去。

卷三十二《齊太公世家　第三》

太公望呂尚者，東海上人。其先祖嘗爲四嶽，佐禹平水土甚有功。 禹
虞夏之際封於呂，或封於申，姓姜氏。夏商之時，申、呂或封枝庶子 虞
孫，或爲庶人，尚其後苗裔也。本姓姜氏，從其封姓，故曰呂尚。

卷三十四《燕召公世家　第四》

鹿毛壽謂燕王：「不如以國讓相子之。人之謂堯賢者，以其讓天下 堯
於許由，許由不受，有讓天下之名而實不失天下。今王以國讓於子之，
子之必不敢受，是王與堯同行也。」燕王因屬國於子之，子之大重。或 堯
曰：「禹薦益，已而以啓人爲吏。及老，而以啓人爲不足任乎天下，傳 禹
之於益。已而啓與交黨攻益，奪之。天下謂禹名傳天下於益，已而實 禹
令啓自取之。今王言屬國於子之，而吏無非太子人者，是名屬子之而
實太子用事也。」王因收印自三百石吏已上而效之子之。子之南面行王
事，而噲老不聽政，顧爲臣，國事皆決於子之。

卷三十六《陳杞世家　第六》

-1 陳胡公滿者，虞帝舜之後也。昔舜爲庶人時，堯妻之二女，居于 虞帝舜 舜 堯
嬀汭，其後因爲氏姓，姓嬀氏。舜已崩，傳禹天下，而舜子商均爲封 舜 禹 舜

國。夏后之時，或失或續。至于周武王克殷紂，迺復求舜後，得嬀滿， 舜
封之於陳，以奉帝舜祀，是爲胡公。 帝舜

28-2 招之殺悼太子也，太子之子名吳，出奔晉。晉平公問太史趙曰：「陳
遂亡乎？」對曰：「陳，顓頊之族。陳氏得政於齊，迺卒亡。自幕至于 顓頊
瞽瞍，無違命。舜重之以明德。至於遂，世世守之。及胡公，周賜之 舜
姓，使祀虞帝。且盛德之後，必百世祀。虞之世未也，其在齊乎？」 虞帝 虞

28-3 杞東樓公者，夏后禹之後苗裔也。殷時或封或絕。周武王克殷紂， 禹
求禹之後，得東樓公，封之於杞，以奉夏后氏祀。 禹

28-4 舜之後，周武王封之陳，至楚惠王滅之，有世家言。禹之後，周 舜 禹
武王封之杞，楚惠王滅之，有世家言。契之後爲殷，殷有本紀言。殷
破，周封其後於宋，齊湣王滅之，有世家言。后稷之後爲周，秦昭王
滅之，有本紀言。皋陶之後，或封英、六，楚穆王滅之，無譜。伯夷
之後，至周武王復封於齊，曰太公望，陳氏滅之，有世家言。伯翳之
後，至周平王時封爲秦，項羽滅之，有本紀言。垂、益、夔、龍，其
後不知所封，不見也。右十一人者，皆唐虞之際名有功德臣也；其五 唐 虞
人之後皆至帝王，餘迺爲顯諸侯。滕、薛、騶，夏、殷、周之閒封也，
小，不足齒列，弗論也。

28-5 太史公曰：舜之德可謂至矣！禪位於夏，而後世血食者歷三代。 舜
及楚滅陳，而田常得政於齊，卒爲建國，百世不絕，苗裔茲茲，有土
者不乏焉。至禹，於周則杞，微甚，不足數也。楚惠王滅杞，其後越 禹
王句踐興。

29 卷三十八《宋微子世家　第八》

箕子對曰：「在昔鯀陻鴻水，汨陳其五行，帝迺震怒，不從鴻範九
等，常倫所斁。鯀則殛死，禹迺嗣興。天迺錫禹鴻範九等，常倫所序。 禹 禹

30 卷四十《楚世家　第十》

30-1 楚之先祖出自帝顓頊高陽。高陽者，黃帝之孫，昌意之子也。高 帝顓頊 高陽 高陽
陽生稱，稱生卷章，卷章生重黎。重黎爲帝嚳高辛居火正，甚有功， 黃帝 高陽 帝嚳 高
能光融天下，帝嚳命曰祝融。共工氏作亂，帝嚳使重黎誅之而不盡。 帝嚳 帝嚳
帝迺以庚寅日誅重黎，而以其弟吳回爲重黎後，復居火正，爲祝融。

30-2 八年，伐陸渾戎，遂至洛，觀兵於周郊。周定王使王孫滿勞楚王。
楚王問鼎小大輕重，對曰：「在德不在鼎。」莊王曰：「子無阻九鼎！楚

國折鉤之喙，足以爲九鼎。」王孫滿曰：「嗚呼！君王其忘之乎？昔虞 虞
夏之盛，遠方皆至，貢金九牧，鑄鼎象物，百物而爲之備，使民知神
姦。桀有亂德，鼎遷於殷，載祀六百。殷紂暴虐，鼎遷於周。德之休
明，雖小必重；其姦回昏亂，雖大必輕。昔成王定鼎于郟鄏，卜世三
十，卜年七百，天所命也。周德雖衰，天命未改。鼎之輕重，未可問
也。」楚王迺歸。

卷四十一《越王句踐世家　第十一》

1　越王句踐，其先禹之苗裔，而夏后帝少康之庶子也。封於會稽， 禹
以奉守禹之祀。文身斷髮，披草萊而邑焉。後二十餘世，至於允常。 禹
允常之時，與吳王闔廬戰而相怨伐。允常卒，子句踐立，是爲越王。

2　太史公曰：禹之功大矣，漸九川，定九州，至于今諸夏艾安。及 禹
苗裔句踐，苦身焦思，終滅彊吳，北觀兵中國，以尊周室，號稱霸王。
句踐可不謂賢哉！蓋有禹之遺烈焉。范蠡三遷皆有榮名，名垂後世。 禹
臣主若此，欲毋顯得乎！

卷四十二《鄭世家　第十二》

1　鄭桓公友者，周厲王少子而宣王庶弟也。宣王立二十二年，友初
封于鄭。封三十三歲，百姓皆便愛之。幽王以爲司徒。和集周民，周
民皆說，河雒之閒，人便思之。爲司徒一歲，幽王以褒后故，王室治
多邪，諸侯或畔之。於是桓公問太史伯曰：「王室多故，予安逃死乎？」
太史伯對曰：「獨雒之東土，河濟之南可居。」公曰：「何以？」對曰：
「地近虢、鄶，虢、鄶之君貪而好利，百姓不附。今公爲司徒，民皆
愛公，公誠請居之，虢、鄶之君見公方用事，輕分公地。公誠居之，
虢、鄶之民皆公之民也。」公曰：「吾欲南之江上，何如？」對曰：「昔
祝融爲高辛氏火正，其功大矣，而其於周未有興者，楚其後也。周衰， 高辛氏
楚必興。興，非鄭之利也。」公曰：「吾欲居西方，何如？」對曰：「其
民貪而好利，難久居。」公曰：「周衰，何國興者？」對曰：「齊、秦、
晉、楚乎？夫齊，姜姓，伯夷之後也，伯夷佐堯典禮。秦，嬴姓，伯 堯
翳之後也，伯翳佐舜懷柔百物。及楚之先，皆嘗有功於天下。而周武 舜
王克紂後，成王封叔虞于唐，其地阻險，以此有德與周衰并，亦必興
矣。」桓公曰：「善。」於是卒言王，東徙其民雒東，而虢、鄶果獻十邑，
竟國之。

2　二十五年，鄭使子產於晉，問平公疾。平公曰：「卜而曰實沈、臺
駘爲祟，史官莫知，敢問？」對曰：「高辛氏有二子，長曰閼伯，季曰 高辛氏
實沈，居曠林，不相能也，日操干戈以相征伐。后帝弗臧，遷閼伯于

商丘，主辰，商人是因，故辰爲商星。遷實沈于大夏，主參，唐人是因，服事夏、商，其季世曰唐叔虞。當武王邑姜方娠大叔，夢帝謂己：『余命而子曰虞，迺與之唐，屬之參而蕃育其子孫。』及生有文在其掌曰『虞』，遂以命之。及成王滅唐而國大叔焉。故參爲晉星。由是觀之，則實沈，參神也。昔金天氏有裔子曰昧，爲玄冥師，生允格、臺駘。臺駘能業其官，宣汾、洮，障大澤，以處太原。帝用嘉之，國之汾川。沈、姒、蓐、黃實守其祀。今晉主汾川而滅之。由是觀之，則臺駘，汾、洮神也。然是二者不害君身。山川之神，則水旱之菑禜之；日月星辰之神，則雪霜風雨不時禜之；若君疾，飲食哀樂女色所生也。」平公及叔嚮曰：「善，博物君子也！」厚爲之禮於子產。 （金天氏）

33 卷四十三《趙世家　第十三》

33-1 居二日半，簡子寤。語大夫曰：「我之帝所甚樂，與百神游於鈞天，廣樂九奏萬舞，不類三代之樂，其聲動人心。有一熊欲來援我，帝命我射之，中熊，熊死。又有一羆來，我又射之，中羆，羆死。帝甚喜，賜我二笥，皆有副。吾見兒在帝側，帝屬我一翟犬，曰：『及而子之壯也，以賜之。』帝告我：『晉國且世衰，七世而亡，嬴姓將大敗周人於范魁之西，而亦不能有也。今余思虞舜之勳，適余將以其胄女孟姚配而七世之孫。』」董安于受言而書藏之。以扁鵲言告簡子，簡子賜扁鵲田四萬畝。 虞舜

33-2 於是肥義侍，王曰：「簡、襄主之烈，計胡、翟之利。爲人臣者，寵有孝弟長幼順明之節，通有補民益主之業，此兩者臣之分也。今吾欲繼襄主之迹，開於胡、翟之鄉，而卒世不見也。爲敵弱，用力少而功多，可以毋盡百姓之勞，而序往古之勳。夫有高世之功者，負遺俗之累；有獨智之慮者，任驁民之怨。今吾將胡服騎射以教百姓，而世必議寡人，柰何？」肥義曰：「臣聞疑事無功，疑行無名。王既定負遺俗之慮，殆無顧天下之議矣。夫論至德者不和於俗，成大功者不謀於衆。昔者舜舞有苗，禹袒裸國，非以養欲而樂志也，務以論德而約功也。愚者闇成事，智者覩未形，則王何疑焉。」王曰：「吾不疑胡服也，吾恐天下笑我也。狂夫之樂，智者哀焉；愚者所笑，賢者察焉。世有順我者，胡服之功未可知也。雖驅世以笑我，胡地中山吾必有之。」於是遂胡服矣。 舜 禹

33-3 趙文、趙造、周袑、趙俊皆諫止王毋胡服，如故法便。王曰：「先王不同俗，何古之法？帝王不相襲，何禮之循？虙戲、神農教而不誅，黃帝、堯、舜誅而不怒。及至三王，隨時制法，因事制禮。法度制令各順其宜，衣服器械各便其用。故禮也不必一道，而便國不必古。聖 虙戲 神農 黃帝 堯 舜

人之興也不相襲而王，夏、殷之衰也不易禮而滅。然則反古未可非，而循禮未足多也。且服奇者志淫，則是鄒、魯無奇行也；俗辟者民易，則是吳、越無秀士也。且聖人利身謂之服，便事謂之禮。夫進退之節，衣服之制者，所以齊常民也，非所以論賢者也。故齊民與俗流，賢者與變俱。故諺曰『以書御者不盡馬之情，以古制今者不達事之變』。循法之功，不足以高世；法古之學，不足以制今。子不及也。」遂胡服招騎射。

卷四十七《孔子世家　第十七》

-1 吳伐越，墮會稽，得骨節專車。吳使使問仲尼：「骨何者最大？」
仲尼曰：「禹致羣神於會稽山，防風氏後至，禹殺而戮之，其節專車， 禹 禹
此爲大矣。」吳客曰：「誰爲神？」仲尼曰：「山川之神足以綱紀天下，
其守爲神，社稷爲公侯，皆屬於王者。」客曰：「防風何守？」仲尼曰：
「汪罔氏之君守封、禺之山，爲釐姓。在虞、夏、商爲汪罔，於周爲 虞
長翟，今謂之大人。」客曰：「人長幾何？」仲尼曰：「僬僥氏三尺，短
之至也。長者不過十之，數之極也。」於是吳客曰：「善哉聖人！」

-2 孔子適鄭，與弟子相失，孔子獨立郭東門。鄭人或謂子貢曰：「東
門有人，其顙似堯，其項類皋陶，其肩類子產，然自要以下不及禹三 堯 禹
寸。纍纍若喪家之狗。」子貢以實告孔子。孔子欣然笑曰：「形狀，末
也。而謂似喪家之狗，然哉！然哉！」

-3 孔子之時，周室微而禮樂廢，詩書缺。追迹三代之禮，序書傳，
上紀唐虞之際，下至秦繆，編次其事。曰：「夏禮吾能言之，杞不足徵 唐 虞
也。殷禮吾能言之，宋不足徵也。足，則吾能徵之矣。」觀殷夏所損益，
曰：「後雖百世可知也，以一文一質。周監二代，郁郁乎文哉。吾從周。」
故書傳、禮記自孔氏。

卷四十九《外戚世家　第十九》

竇太后好黃帝、老子言，帝及太子諸竇不得不讀黃帝、老子，尊 黃帝 黃帝
其術。

卷五十六《陳丞相世家　第二十六》

太史公曰：陳丞相平少時，本好黃帝、老子之術。方其割肉俎上 黃帝
之時，其意固已遠矣。傾側擾攘楚魏之閒，卒歸高帝。常出奇計，救紛糾之難，振國家之患。及呂后時，事多故矣，然平竟自脫，定宗廟，以榮名終，稱賢相，豈不善始善終哉！非知謀孰能當此者乎？

37　卷六十《三王世家　第三十》

　　四月戊寅，奏未央宮。「丞相臣青翟、御史大夫臣湯昧死言：臣青
翟等與列侯、吏二千石、諫大夫、博士臣慶等議：昧死奏請立皇子爲
諸侯王。制曰：『康叔親屬有十而獨尊者，褒有德也。周公祭天命郊，
故魯有白牡、騂剛之牲。羣公不毛，賢不肖差也。「高山仰之，景行嚮
之」，朕甚慕焉。所以抑未成，家以列侯可。』臣青翟、臣湯、博士臣
將行等伏聞康叔親屬有十，武王繼體，周公輔成王，其八人皆以祖考
之尊建爲大國。康叔之年幼，周公在三公之位，而伯禽據國於魯，蓋
爵命之時，未至成人。康叔後扞祿父之難，伯禽殄淮夷之亂。昔五帝　五帝
異制，周爵五等，春秋三等，皆因時而序尊卑。高皇帝撥亂世反諸正，
昭至德，定海內，封建諸侯，爵位二等。皇子或在繈緥而立爲諸侯王，
奉承天子，爲萬世法則，不可易。陛下躬親仁義，體行聖德，表裏文
武。顯慈孝之行，廣賢能之路。內褒有德，外討彊暴。極臨北海，西
（湊）［溱］月氏，匈奴、西域，舉國奉師。輿械之費，不賦於民。虛
御府之藏以賞元戎，開禁倉以振貧窮，減戍卒之半。百蠻之君，靡不
鄉風，承流稱意。遠方殊俗，重譯而朝，澤及方外。故珍獸至，嘉穀
興，天應甚彰。今諸侯支子封至諸侯王，而家皇子爲列侯，臣青翟、
臣湯等竊伏孰計之，皆以爲尊卑失序，使天下失望，不可。臣請立臣
閎、臣旦、臣胥爲諸侯王。」四月癸未，奏未央宮，留中不下。

38　卷六十一《伯夷列傳　第一》

38-1　夫學者載籍極博，猶考信於六蓺。詩書雖缺，然虞夏之文可知也。　虞
堯將遜位，讓於虞舜，舜禹之閒，嶽牧咸薦，迺試之於位，典職數十　堯 虞舜 舜 禹
年，功用既興，然後授政。示天下重器，王者大統，傳天下若斯之難
也。而說者曰堯讓天下於許由，許由不受，恥之逃隱。及夏之時，有　堯
卞隨、務光者。此何以稱焉？太史公曰：余登箕山，其上蓋有許由冢
云。孔子序列古之仁聖賢人，如吳太伯、伯夷之倫詳矣。余以所聞由、
光義至高，其文辭不少概見，何哉？

38-2　孔子曰：「伯夷、叔齊，不念舊惡，怨是用希。」「求仁得仁，又何
怨乎？」余悲伯夷之意，睹軼詩可異焉。其傳曰：

　　伯夷、叔齊，孤竹君之二子也。父欲立叔齊，及父卒，叔齊讓伯
夷。伯夷曰：「父命也。」遂逃去。叔齊亦不肯立而逃之。國人立其中
子。於是伯夷、叔齊聞西伯昌善養老，盍往歸焉。及至，西伯卒，武
王載木主，號爲文王，東伐紂。伯夷、叔齊叩馬而諫曰：「父死不葬，
爰及干戈，可謂孝乎？以臣弒君，可謂仁乎？」左右欲兵之。太公曰：
「此義人也。」扶而去之。武王已平殷亂，天下宗周，而伯夷、叔齊恥
之，義不食周粟，隱於首陽山，采薇而食之。及餓且死，作歌。其辭

曰：「登彼西山兮，采其薇矣。以暴易暴兮，不知其非矣。神農、虞、 神農 虞
夏忽焉沒兮，我安適歸矣？于嗟徂兮，命之衰矣！」遂餓死於首陽山。
由此觀之，怨邪非邪？

9 卷六十七《仲尼弟子列傳　第七》

9-1 宰我問五帝之德，子曰：「予非其人也。」 五帝

9-2 南宮括字子容。

問孔子曰：「羿善射，奡盪舟，俱不得其死然；禹稷躬稼而有天下？」 禹
孔子弗答。容出，孔子曰：「君子哉若人！上德哉若人！」「國有道，
不廢；國無道，免於刑戮。」三復「白珪之玷」，以其兄之子妻之。

0 卷六十八《商君列傳　第八》

商君相秦十年，宗室貴戚多怨望者。趙良見商君。商君曰：「鞅之得見也，從孟蘭皋，今鞅請得交，可乎？」趙良曰：「僕弗敢願也。孔丘有言曰：『推賢而戴者進，聚不肖而王者退。』僕不肖，故不敢受命。僕聞之曰：『非其位而居之曰貪位，非其名而有之曰貪名。』僕聽君之義，則恐僕貪位貪名也。故不敢聞命。」商君曰：「子不說吾治秦與？」
趙良曰：「反聽之謂聰，内視之謂明，自勝之謂彊。虞舜有言曰：『自 虞舜
卑也尚矣。』君不若道虞舜之道，無爲問僕矣。」商君曰：「始秦戎翟之 虞舜
教，父子無別，同室而居。今我更制其教，而爲其男女之別，大築冀闕，營如魯衛矣。子觀我治秦也，孰與五羖大夫賢？」趙良曰：「千羊之皮，不如一狐之掖；千人之諾諾，不如一士之諤諤。武王諤諤以昌，殷紂墨墨以亡。君若不非武王乎，則僕請終日正言而無誅，可乎？」商君曰：「語有之矣，貌言華也，至言實也，苦言藥也，甘言疾也。夫子果肯終日正言，鞅之藥也。鞅將事子，子又何辭焉！」趙良曰：「夫五羖大夫，荊之鄙人也。聞秦繆公之賢而願望見，行而無資，自粥於秦客，被褐食牛。期年，繆公知之，舉之牛口之下，而加之百姓之上，秦國莫敢望焉。相秦六七年，而東伐鄭，三置晉國之君，一救荊國之禍。發教封内，而巴人致貢；施德諸侯，而八戎來服。由余聞之，款關請見。五羖大夫之相秦也，勞不坐乘，暑不張蓋，行於國中，不從車乘，不操干戈，功名藏於府庫，德行施於後世。五羖大夫死，秦國男女流涕，童子不歌謠，舂者不相杵。此五羖大夫之德也。今君之見秦王也，因嬖人景監以爲主，非所以爲名也。相秦不以百姓爲事，而大筑冀闕，非所以爲功也。刑黥太子之師傅，殘傷民以駿刑，是積怨畜禍也。教之化民也深於命，民之效上也捷於令。今君又左建外易，非所以爲教也。君又南面而稱寡人，日繩秦之貴公子。詩曰：『相鼠有體，人而無禮，人而無禮，何不遄死。』以詩觀之，非所以爲壽也。公

子虔杜門不出已八年矣，君又殺祝懽而黥公孫賈。詩曰：『得人者興，失人者崩。』此數事者，非所以得人也。君之出也，後車十數，從車載甲，多力而駢脅者爲驂乘，持矛而操闟戟者旁車而趨。此一物不具，君固不出。書曰：『恃德者昌，恃力者亡。』君之危若朝露，尚將欲延年益壽乎？則何不歸十五都，灌園於鄙，勸秦王顯巖穴之士，養老存孤，敬父兄，序有功，尊有德，可以少安。君尚將貪商於之富，寵秦國之教，畜百姓之怨，秦王一旦捐賓客而不立朝，秦國之所以收君者，豈其微哉？亡可翹足而待。」商君弗從。

41　卷六十九《蘇秦列傳　第九》

「臣聞堯無三夫之分，舜無咫尺之地，以有天下；禹無百人之聚，以王諸侯；湯武之士不過三千，車不過三百乘，卒不過三萬，立爲天子：誠得其道也。是故明主外料其敵之彊弱，內度其士卒賢不肖，不待兩軍相當而勝敗存亡之機固已形於胸中矣，豈揜於衆人之言而以冥冥決事哉！　堯 舜 禹

「臣竊以天下之地圖案之，諸侯之地五倍於秦，料度諸侯之卒十倍於秦，六國爲一，并力西鄉而攻秦，秦必破矣。今西面而事之，見臣於秦。夫破人之與破於人也，臣人之與臣於人也，豈可同日而論哉！

42　卷七十四《孟子荀卿列傳　第十四》

42-1　孟軻，騶人也。受業子思之門人。道既通，游事齊宣王，宣王不能用。適梁，梁惠王不果所言，則見以爲迂遠而闊於事情。當是之時，秦用商君，富國彊兵；楚、魏用吳起，戰勝弱敵；齊威王、宣王用孫子、田忌之徒，而諸侯東面朝齊。天下方務於合從連衡，以攻伐爲賢，而孟軻迺述唐、虞、三代之德，是以所如者不合。退而與萬章之徒序詩書，述仲尼之意，作孟子七篇。其後有騶子之屬。　唐 虞

42-2　其次騶衍，後孟子。騶衍睹有國者益淫侈，不能尚德，若大雅整之於身，施及黎庶矣。迺深觀陰陽消息而作怪迂之變，終始、大聖之篇十餘萬言。其語閎大不經，必先驗小物，推而大之，至於無垠。先序今以上至黃帝，學者所共術，大并世盛衰，因載其禨祥度制，推而遠之，至天地未生，窈冥不可考而原也。先列中國名山大川，通穀禽獸，水土所殖，物類所珍，因而推之，及海外人之所不能睹。稱引天地剖判以來，五德轉移，治各有宜，而符應若茲。以爲儒者所謂中國者，於天下迺八十一分居其一分耳。中國名曰赤縣神州。赤縣神州內自有九州，禹之序九州是也，不得爲州數。中國外如赤縣神州者九，迺所謂九州也。於是有裨海環之，人民禽獸莫能相通者，如一區中者，迺爲一州。如此者九，迺有大瀛海環其外，天地之際焉。其術皆此類　黃帝 禹

也。然要其歸，必止乎仁義節儉，君臣上下六親之施，始也濫耳。王公大人初見其術，懼然顧化，其後不能行之。

卷七十九《范雎蔡澤列傳　第十九》

-1　臣聞善厚家者取之於國，善厚國者取之於諸侯。天下有明主則諸
侯不得擅厚者，何也？爲其割榮也。良醫知病人之死生，而聖主明於
成敗之事，利則行之，害則舍之，疑則少嘗之，雖舜禹復生，弗能改　舜 禹
已。語之至者，臣不敢載之於書，其淺者又不足聽也。意者臣愚而不
概於王心邪？亡其言臣者賤而不可用乎？自非然者，臣願得少賜游觀
之閒，望見顏色。一語無效，請伏斧質。

-2　秦王屏左右，宮中虛無人。秦王跽而請曰：「先生何以幸教寡人？」
范雎曰：「唯唯。」有閒，秦王復跽而請曰：「先生何以幸教寡人？」范
雎曰：「唯唯。」若是者三。秦王跽曰：「先生卒不幸教寡人邪？」范雎
曰：「非敢然也。臣聞昔者呂尚之遇文王也，身爲漁父而釣於渭濱耳。
若是者，交疏也。已說而立爲太師，載與俱歸者，其言深也。故文王
遂收功於呂尚而卒王天下。鄉使文王疏呂尚而不與深言，是周無天子
之德，而文武無與成其王業也。今臣羈旅之臣也，交疏於王，而所願
陳者皆匡君之事，處人骨肉之閒，願效愚忠而未知王之心也。此所以
王三問而不敢對者也。臣非有畏而不敢言也。臣知今日言之於前而明
日伏誅於後，然臣不敢避也。大王信行臣之言，死不足以爲臣患，亡
不足以爲臣憂，漆身爲厲被髮爲狂不足以爲臣恥。且以五帝之聖焉而　五帝
死，三王之仁焉而死，五伯之賢焉而死，烏獲、任鄙之力焉而死，成
荊、孟賁、王慶忌、夏育之勇焉而死。死者，人之所必不免也。處必
然之勢，可以少有補於秦，此臣之所大願也，臣又何患哉！伍子胥橐
載而出昭關，夜行晝伏，至於陵水，無以餬其口，厀行蒲伏，稽首肉
袒，鼓腹吹篪，乞食於吳市，卒興吳國，闔閭爲伯。使臣得盡謀如伍
子胥，加之以幽囚，終身不復見，是臣之說行也，臣又何憂？箕子、
接輿漆身爲厲，被髮爲狂，無益於主。假使臣得同行於箕子，可以有
補於所賢之主，是臣之大榮也，臣有何恥？臣之所恐者，獨恐臣死之
後，天下見臣之盡忠而身死，因以是杜口裹足，莫肯鄉秦耳。足下上
畏太后之嚴，下惑於姦臣之態，居深宮之中，不離阿保之手，終身迷
惑，無與昭姦。大者宗廟滅覆，小者身以孤危，此臣之所恐耳。若夫
窮辱之事，死亡之患，臣不敢畏也。臣死而秦治，是臣死賢於生。」秦
王跽曰：「先生是何言也！夫秦國辟遠，寡人愚不肖，先生迺幸辱至於
此，是天以寡人慁先生而存先王之宗廟也。寡人得受命於先生，是天
所以幸先王，而不弃其孤也。先生柰何而言若是！事無小大，上及太
后，下至大臣，願先生悉以教寡人，無疑寡人也。」范雎拜，秦王亦拜。

43-3 將見昭王，使人宣言以感怒應侯曰：「燕客蔡澤，天下雄俊弘辯智士也。彼一見秦王，秦王必困君而奪君之位。」應侯聞，曰：「五帝三代之事，百家之說，吾既知之，衆口之辯，吾皆摧之，是惡能困我而奪我位乎？」使人召蔡澤。蔡澤入，則揖應侯。應侯固不快，及見之，又倨，應侯因讓之曰：「子嘗宣言欲代我相秦，寧有之乎？」對曰：「然。」應侯曰：「請聞其說。」蔡澤曰：「吁，君何見之晚也！夫四時之序，成功者去。夫人生百體堅彊，手足便利，耳目聰明而心聖智，豈非士之願與？」應侯曰：「然。」蔡澤曰：「質仁秉義，行道施德，得志於天下，天下懷樂敬愛而尊慕之，皆願以爲君王，豈不辯智之期與？」應侯曰：「然。」蔡澤復曰：「富貴顯榮，成理萬物，使各得其所；性命壽長，終其天年而不夭傷；天下繼其統，守其業，傳之無窮；名實純粹，澤流千里，世世稱之而無絕，與天地終始：豈道德之符而聖人所謂吉祥善事者與？」應侯曰：「然。」 五帝

44 卷八十《樂毅列傳　第二十》

44-1 其後二十餘年，高帝過趙，問：「樂毅有後世乎？」對曰：「有樂叔。」高帝封之樂卿，號曰華成君。華成君，樂毅之孫也。而樂氏之族有樂瑕公、樂臣公，趙且爲秦所滅，亡之齊高密。樂臣公善修黃帝、老子之言，顯聞於齊，稱賢師。 黃帝

44-2 太史公曰：始齊之蒯通及主父偃讀樂毅之報燕王書，未嘗不廢書而泣也。樂臣公學黃帝、老子，其本師號曰河上丈人，不知其所出。河上丈人教安期生，安期生教毛翕公，毛翕公教樂瑕公，樂瑕公教樂臣公，樂臣公教蓋公。蓋公教於齊高密、膠西，爲曹相國師。 黃帝

45 卷八十三《魯仲連鄒陽列傳　第二十三》

45-1 至夫秦用商鞅之法，東弱韓、魏，兵彊天下，而卒車裂之；越用大夫種之謀，禽勁吳，霸中國，而卒誅其身。是以孫叔敖三去相而不悔，於陵子仲辭三公爲人灌園。今人主誠能去驕傲之心，懷可報之意，披心腹，見情素，墮肝膽，施德厚，終與之窮達，無愛於士，則桀之狗可使吠堯，而蹠之客可使刺由；況因萬乘之權，假聖王之資乎？然則荊軻之湛七族，要離之燒妻子，豈足道哉！ 堯

45-2 臣聞明月之珠，夜光之璧，以闇投人於道路，人無不按劍相眄者。何則？無因而至前也。蟠木根柢，輪囷離詭，而爲萬乘器者。何則？以左右先爲之容也。故無因至前，雖出隨侯之珠，夜光之璧，猶結怨而不見德。故有人先談，則以枯木朽株樹功而不忘。今夫天下布衣窮居之士，身在貧賤，雖蒙堯、舜之術，挾伊、管之辯，懷龍逢、比干 堯 舜

之意，欲盡忠當世之君，而素無根柢之容，雖竭精思，欲開忠信，輔人主之治，則人主必有按劍相眄之迹，是使布衣不得爲枯木朽株之資也。

6 卷八十四《屈原賈生列傳　第二十四》

6-1 屈平疾王聽之不聰也，讒諂之蔽明也，邪曲之害公也，方正之不容也，故憂愁幽思而作離騷。離騷者，猶離憂也。夫天者，人之始也；父母者，人之本也。人窮則反本，故勞苦倦極，未嘗不呼天也；疾痛慘怛，未嘗不呼父母也。屈平正道直行，竭忠盡智以事其君，讒人閒之，可謂窮矣。信而見疑，忠而被謗，能無怨乎？屈平之作離騷，蓋自怨生也。國風好色而不淫，小雅怨誹而不亂。若離騷者，可謂兼之矣。上稱帝嚳，下道齊桓，中述湯武，以刺世事。明道德之廣崇，治 帝嚳
亂之條貫，靡不畢見。其文約，其辭微，其志絜，其行廉，其稱文小而其指極大，舉類邇而見義遠。其志絜，故其稱物芳。其行廉，故死而不容自疏。濯淖汙泥之中，蟬蛻於濁穢，以浮游塵埃之外，不獲世之滋垢，皭然泥而不滓者也。推此志也，雖與日月爭光可也。

6-2 任重載盛兮，陷滯而不濟；懷瑾握瑜兮，窮不得余所示。邑犬羣吠兮，吠所怪也；誹駿疑桀兮，固庸態也。文質疏內兮，衆不知吾之異采；材樸委積兮，莫知余之所有。重仁襲義兮，謹厚以爲豐；重華 重華
不可牾兮，孰知余之從容！古固有不并兮，豈知其故也？湯禹久遠兮， 禹
邈不可慕也。懲違改忿兮，抑心而自彊；離湣而不遷兮，願志之有象。進路北次兮，日昧昧其將暮；含憂虞哀兮，限之以大故。

7 卷八十七《李斯列傳　第二十七》

7-1 至秦，會莊襄王卒，李斯迺求爲秦相文信侯呂不韋舍人；不韋賢之，任以爲郎。李斯因以得說，說秦王曰：「胥人者，去其幾也。成大功者，在因瑕釁而遂忍之。昔者秦穆公之霸，終不東并六國者，何也？諸侯尚衆，周德未衰，故五伯迭興，更尊周室。自秦孝公以來，周室卑微，諸侯相兼，關東爲六國，秦之乘勝役諸侯，蓋六世矣。今諸侯服秦，譬若郡縣。夫以秦之彊，大王之賢，由竈上騷除，足以滅諸侯，成帝業，爲天下一統，此萬世之一時也。今怠而不急就，諸侯復彊，相聚約從，雖有黃帝之賢，不能并也。」秦王迺拜斯爲長史，聽其計， 黃帝
陰遣謀士齎持金玉以游說諸侯。諸侯名士可下以財者，厚遺結之；不肯者，利劍刺之。離其君臣之計，秦王迺使其良將隨其後。秦王拜斯爲客卿。

7-2 臣聞地廣者粟多，國大者人衆，兵彊則士勇。是以太山不讓土壤，

故能成其大；河海不擇細流，故能就其深；王者不卻衆庶，故能明其德。是以地無四方，民無異國，四時充美，鬼神降福，此五帝、三王之所以無敵也。今迺弃黔首以資敵國，卻賓客以業諸侯，使天下之士退而不敢西向，裹足不入秦，此所謂「藉寇兵而齎盜糧」者也。 五帝

47-3 法令誅罰日益刻深，羣臣人人自危，欲畔者衆。又作阿房之宮，治直［道］、馳道，賦斂愈重，戍傜無已。於是楚戍卒陳勝、吳廣等迺作亂，起於山東，傑俊相立，自置爲侯王，叛秦，兵至鴻門而卻。李斯數欲請閒諫，二世不許。而二世責問李斯曰：「吾有私議而有所聞於韓子也，曰『堯之有天下也，堂高三尺，采椽不斲，茅茨不翦，雖逆旅之宿不勤於此矣。冬日鹿裘，夏日葛衣，粢糲之食，藜藿之羹，飯土匭，啜土鉶，雖監門之養不觳於此矣。禹鑿龍門，通大夏，疏九河，曲九防，決渟水致之海，而股無胈，脛無毛，手足胼胝，面目黎黑，遂以死于外，葬於會稽，臣虜之勞不烈於此矣』。然則夫所貴於有天下者，豈欲苦形勞神，身處逆旅之宿，口食監門之養，手持臣虜之作哉？此不肖人之所勉也，非賢者之所務也。彼賢人之有天下也，專用天下適己而已矣，此所貴於有天下也。夫所謂賢人者，必能安天下而治萬民，今身且不能利，將惡能治天下哉！故吾願賜志廣欲，長享天下而無害，爲之柰何？」李斯子由爲三川守，羣盜吳廣等西略地，過去弗能禁。章邯以破逐廣等兵，使者覆案三川相屬，誚讓斯居三公位，如何令盜如此。李斯恐懼，重爵祿，不知所出，迺阿二世意，欲求容，以書對曰：…… 堯 禹

47-4 故申子曰「有天下而不恣睢，命之曰以天下爲桎梏」者，無他焉，不能督責，而顧以其身勞於天下之民，若堯、禹然，故謂之「桎梏」也。夫不能修申、韓之明術，行督責之道，專以天下自適也，而徒務苦形勞神，以身徇百姓，則是黔首之役，非畜天下者也，何足貴哉！夫以人徇己，則己貴而人賤；以己徇人，則己賤而人貴。故徇人者賤，而人所徇者貴，自古及今，未有不然者也。凡古之所爲尊賢者，爲其貴也；而所爲惡不肖者，爲其賤也。而堯、禹以身徇天下者也，因隨而尊之，則亦失所爲尊賢之心矣，夫可謂大繆矣。謂之爲「桎梏」，不亦宜乎？不能督責之過也。 堯 禹 堯 禹

48 卷九十二《淮陰侯列傳　第三十二》

48-1 後數日，蒯通復說曰：「夫聽者事之候也，計者事之機也，聽過計失而能久安者，鮮矣。聽不失一二者，不可亂以言；計不失本末者，不可紛以辭。夫隨廝養之役者，失萬乘之權；守儋石之祿者，闕卿相之位。故知者決之斷也，疑者事之害也，審豪氂之小計，遺天下之大

數，智誠知之，決弗敢行者，百事之禍也。故曰『猛虎之猶豫，不若蜂蠆之致螫；騏驥之跼躅，不如駑馬之安步；孟賁之狐疑，不如庸夫之必至也；雖有舜禹之智，吟而不言，不如瘖聾之指麾也』。此言貴能 舜 禹
行之。夫功者難成而易敗，時者難得而易失也。時乎時，不再來。願足下詳察之。」韓信猶豫不忍倍漢，又自以爲功多，漢終不奪我齊，遂謝蒯通。蒯通說不聽，已詳狂爲巫。

-2 高祖已從豨軍來，至，見信死，且喜且憐之，問：「信死亦何言？」呂后曰：「信言恨不用蒯通計。」高祖曰：「是齊辯士也。」迺詔齊捕蒯通。蒯通至，上曰：「若教淮陰侯反乎？」對曰：「然，臣固教之。豎子不用臣之策，故令自夷於此。如彼豎子用臣之計，陛下安得而夷之乎！」上怒曰：「亨之。」通曰：「嗟乎，冤哉亨也！」上曰：「若教韓信反，何冤？」對曰：「秦之綱絕而維弛，山東大擾，異姓并起，英俊烏集。秦失其鹿，天下共逐之，於是高材疾足者先得焉。蹠之狗吠堯， 堯
堯非不仁，狗因吠非其主。當是時，臣唯獨知韓信，非知陛下也。且 堯
天下銳精持鋒欲爲陛下所爲者甚衆，顧力不能耳。又可盡亨之邪？」高帝曰：「置之。」迺釋通之罪。

卷九十六《張丞相列傳　第三十六》

太史公曰：「張蒼文學律歷，爲漢名相，而絀賈生、公孫臣等言正朔服色事而不遵，明用秦之顓頊曆，何哉？周昌，木彊人也。任敖以 顓頊
舊德用。申屠嘉可謂剛毅守節矣，然無術學，殆與蕭、曹、陳平異矣。

) 卷九十七《酈生陸賈列傳　第三十七》

於是尉他迺蹶然起坐，謝陸生曰：「居蠻夷中久，殊失禮義。」因問陸生曰：「我孰與蕭何、曹參、韓信賢？」陸生曰：「王似賢。」復曰：「我孰與皇帝賢？」陸生曰：「皇帝起豐沛，討暴秦，誅彊楚，爲天下興利除害，繼五帝三王之業，統理中國。中國之人以億計，地方萬里， 五帝
居天下之膏腴，人衆車轝，萬物殷富，政由一家，自天地剖泮未始有也。今王衆不過數十萬，皆蠻夷，崎嶇山海閒，譬若漢一郡，王何迺比於漢！」尉他大笑曰：「吾不起中國，故王此。使我居中國，何渠不若漢？」迺大說陸生，留與飲數月。曰：「越中無足與語，至生來，令我日聞所不聞。」賜陸生橐中裝直千金，他送亦千金。陸生卒拜尉他爲南越王，令稱臣奉漢約。歸報，高祖大悅，拜賈爲太中大夫。

1 卷九十九《劉敬叔孫通列傳　第三十九》

1-1 已而問婁敬，婁敬說曰：「陛下都洛陽，豈欲與周室比隆哉？」上曰：「然。」婁敬曰：「陛下取天下與周室異。周之先自后稷，堯封之邰， 堯

積德累善十有餘世。公劉避桀居豳。太王以狄伐故，去豳，杖馬箠居岐，國人爭隨之。及文王爲西伯，斷虞芮之訟，始受命，呂望、伯夷自海濱來歸之。武王伐紂，不期而會孟津之上八百諸侯，皆曰紂可伐矣，遂滅殷。成王即位，周公之屬傅相焉，迺營成周洛邑，以此爲天下之中也，諸侯四方納貢職，道里均矣，有德則易以王，無德則易以亡。凡居此者，欲令周務以德致人，不欲依阻險，令後世驕奢以虐民也。及周之盛時，天下和洽，四夷鄉風，慕義懷德，附離而并事天子，不屯一卒，不戰一士，八夷大國之民莫不賓服，效其貢職。及周之衰也，分而爲兩，天下莫朝，周不能制也。非其德薄也，而形勢弱也。今陛下起豐沛，收卒三千人，以之徑往而卷蜀漢，定三秦，與項羽戰滎陽，爭成皋之口，大戰七十，小戰四十，使天下之民肝腦塗地，父子暴骨中野，不可勝數，哭泣之聲未絕，傷痍者未起，而欲比隆於成康之時，臣竊以爲不侔也。且夫秦地被山帶河，四塞以爲固，卒然有急，百萬之衆可具也。因秦之故，資甚美膏腴之地，此所謂天府者也。陛下入關而都之，山東雖亂，秦之故地可全而有也。夫與人鬬，不搤其亢，拊其背，未能全其勝也。今陛下入關而都，案秦之故地，此亦搤天下之亢而拊其背也。」

51-2　漢五年，已并天下，諸侯共尊漢王爲皇帝於定陶，叔孫通就其儀號。高帝悉去秦苛儀法，爲簡易。羣臣飲酒爭功，醉或妄呼，拔劍擊柱，高帝患之。叔孫通知上益厭之也，說上曰：「夫儒者難與進取，可與守成。臣願徵魯諸生，與臣弟子共起朝儀。」高帝曰：「得無難乎？」叔孫通曰：「五帝異樂，三王不同禮。禮者，因時世人情爲之節文者也。 五帝
故夏、殷、周之禮所因損益可知者，謂不相復也。臣願頗采古禮與秦儀雜就之。」上曰：「可試爲之，令易知，度吾所能行爲之。」

52　卷一百五《扁鵲倉公列傳　第四十五》

52-1　太倉公者，齊太倉長，臨菑人也，姓淳于氏，名意。少而喜醫方術。高后八年，更受師同郡元里公乘陽慶。慶年七十餘，無子，使意盡去其故方，更悉以禁方予之，傳黃帝、扁鵲之脈書，五色診病，知 黃帝
人死生，決嫌疑，定可治，及藥論，甚精。受之三年，爲人治病，決死生多驗。然左右行游諸侯，不以家爲家，或不爲人治病，病家多怨之者。

52-2　自意少時，喜醫藥，醫藥方試之多不驗者。至高后八年，得見師臨菑元里公乘陽慶。慶年七十餘，意得見事之。謂意曰：「盡去而方書，非是也。慶有古先道遺傳黃帝、扁鵲之脈書，五色診病，知人生死， 黃帝
決嫌疑，定可治，及藥論書，甚精。我家給富，心愛公，欲盡以我禁

方書悉教公。」臣意即曰：「幸甚，非意之所敢望也。」臣意即避席再拜謁，受其脈書上下經、五色診、奇咳術、揆度陰陽外變、藥論、石神、接陰陽禁書，受讀解驗之，可一年所。明歲即驗之，有驗，然尚未精也。要事之三年所，即嘗已爲人治，診病決死生，有驗，精良。今慶已死十年所，臣意年盡三年，年三十九歲也。

卷一百一十《匈奴列傳　第五十》

1　匈奴，其先祖夏后氏之苗裔也，曰淳維。唐虞以上有山戎、獫狁、 唐 虞
葷粥，居于北蠻，隨畜牧而轉移。其畜之所多則馬、牛、羊，其奇畜則橐駞、驢、驘、駃騠、騊駼、驒騱。逐水草遷徙，毋城郭常處耕田之業，然亦各有分地。毋文書，以言語爲約束。兒能騎羊，引弓射鳥鼠；少長則射狐兔：用爲食。士力能毋弓，盡爲甲騎。其俗，寬則隨畜，因射獵禽獸爲生業，急則人習戰攻以侵伐，其天性也。其長兵則弓矢，短兵則刀鋋。利則進，不利則退，不羞遁走。苟利所在，不知禮義。自君王以下，咸食畜肉，衣其皮革，被旃裘。壯者食肥美，老者食其餘。貴壯健，賤老弱。父死，妻其後母；兄弟死，皆取其妻妻之。其俗有名不諱，而無姓字。

2　太史公曰：孔氏著春秋，隱桓之閒則章，至定哀之際則微，爲其切當世之文而罔褒，忌諱之辭也。世俗之言匈奴者，患其徼一時之權，而務䛕讇納其說，以便偏指，不參彼己；將率席中國廣大，氣奮，人主因以決策，是以建功不深。堯雖賢，興事業不成，得禹而九州寧。 堯 禹
且欲興聖統，唯在擇任將相哉！唯在擇任將相哉！

卷一百一十二《平津侯主父列傳　第五十二》

1　及至高皇帝定天下，略地於邊，聞匈奴聚於代谷之外而欲擊之。御史成進諫曰：「不可。夫匈奴之性，獸聚而鳥散，從之如搏影。今以陛下盛德攻匈奴，臣竊危之。」高帝不聽，遂北至於代谷，果有平城之圍。高皇帝蓋悔之甚，迺使劉敬往結和親之約，然後天下忘干戈之事。故兵法曰「興師十萬，日費千金」。夫秦常積衆暴兵數十萬人，雖有覆軍殺將系虜單于之功，亦適足以結怨深讎，不足以償天下之費。夫上虛府庫，下敝百姓，甘心於外國，非完事也。夫匈奴難得而制，非一世也。行盜侵驅，所以爲業也，天性固然。上及虞夏殷周，固弗程督， 虞
禽獸畜之，不屬爲人。夫上不觀虞夏殷周之統，而下（修）［循］近世 虞
之失，此臣之所大憂，百姓之所疾苦也。且夫兵久則變生，事苦則慮易。迺使邊境之民獘靡愁苦而有離心，將吏相疑而外市，故尉佗、章邯得以成其私也。夫秦政之所以不行者，權分乎二子，此得失之效也。故周書曰「安危在出令，存亡在所用」。願陛下詳察之，少加意而熟慮

焉。

54-2 太皇太后詔大司徒大司空：「蓋聞治國之道，富民爲始；富民之要，在於節儉。孝經曰『安上治民，莫善於禮』。『禮，與奢也寧儉』。昔者管仲相齊桓，霸諸侯，有九合一匡之功，而仲尼謂之不知禮，以其奢泰侈擬於君故也。夏禹卑宮室，惡衣服，後聖不循。由此言之，治之 夏禹
盛也，德優矣，莫高於儉。儉化俗民，則尊卑之序得，而骨肉之恩親，爭訟之原息。斯迺家給人足，刑錯之本也歟？可不務哉！夫三公者，百寮之率，萬民之表也。未有樹直表而得曲影者也。孔子不云乎，『子率而正，孰敢不正』。『舉善而教不能則勸』。維漢興以來，股肱宰臣身行儉約，輕財重義，較然著明，未有若故丞相平津侯公孫弘者也。位在丞相而爲布被，脫粟之飯，不過一肉。故人所善賓客皆分奉祿以給之，無有所餘。誠內自克約而外從制。汲黯詰之，迺聞于朝，此可謂減於制度而可施行者也。德優則行，否則止，與內奢泰而外爲詭服以釣虛譽者殊科。以病乞骸骨，孝武皇帝即制曰『賞有功，褒有德，善善惡惡，君宜知之。其省思慮，存精神，輔以醫藥』。賜告治病，牛酒雜帛。居數月，有瘳，視事。至元狩二年，竟以善終于相位。夫知臣莫若君，此其效也。弘子度嗣爵，後爲山陽太守，坐法失侯。夫表德章義，所以率俗厲化，聖王之制，不易之道也。其賜弘後子孫之次當爲後者爵關內侯，食邑三百戶，徵詣公車，上名尚書，朕親臨拜焉。」

55 卷一百一十四《東越列傳　第五十四》

太史公曰：越雖蠻夷，其先豈嘗有大功德於民哉，何其久也！歷數代常爲君王，句踐一稱伯。然餘善至大逆，滅國遷衆，其先苗裔繇王居股等猶尚封爲萬戶侯，由此知越世世爲公侯矣。蓋禹之餘烈也。 禹

56 卷一百一十七《司馬相如列傳　第五十七》

56-1 烏有先生曰：「是何言之過也！足下不遠千里，來況齊國，王悉發境內之士，而備車騎之衆，以出田，迺欲勠力致獲，以娛左右也，何名爲夸哉！問楚地之有無者，願聞大國之風烈，先生之餘論也。今足下不稱楚王之德厚，而盛推雲夢以爲高，奢言淫樂而顯侈靡，竊爲足下不取也。必若所言，固非楚國之美也。有而言之，是章君之惡；無而言之，是害足下之信。章君之惡而傷私義，二者無一可，而先生行之，必且輕於齊而累於楚矣。且齊東陼巨海，南有瑯邪，觀乎成山，射乎之罘，浮勃澥，游孟諸，邪與肅慎爲鄰，右以湯谷爲界，秋田乎青丘，傍偟乎海外，呑若雲夢者八九，其於胸中曾不蔕芥。若迺俶儻瑰偉，異方殊類，珍怪鳥獸，萬端鱗崪，充仞其中者，不可勝記，禹 禹
不能名，契不能計。然在諸侯之位，不敢言游戲之樂，苑囿之大；先

生又見客，是以王辭而不復，何爲無用應哉！」

-2 「於是乎游戲懈怠，置酒乎昊天之臺，張樂乎轇輵之宇；撞千石
之鐘，立萬石之鉅；建翠華之旗，樹靈鼉之鼓。奏陶唐氏之舞，聽葛 陶唐氏
天氏之歌，千人唱，萬人和，山陵爲之震動，川谷爲之蕩波。巴俞宋
蔡，淮南于遮，文成顛歌，族舉遞奏，金鼓迭起，鏗鎗鐺鼞，洞心駭
耳。荊吳鄭衛之聲，韶濩武象之樂，陰淫案衍之音，鄢郢繽紛，激楚
結風，俳優侏儒，狄鞮之倡，所以娛耳目而樂心意者，麗靡爛漫於前，
靡曼美色於後。

-3 「於是歷吉日以齊戒，襲朝衣，乘法駕，建華旗，鳴玉鸞，游乎
六藝之囿，騖乎仁義之塗，覽觀春秋之林，射貍首，兼騶虞，弋玄鶴，
建干戚，載雲罕，揜羣雅，悲伐檀，樂樂胥，修容乎禮園，翺翔乎書
圃，述易道，放怪獸，登明堂，坐清廟，恣羣臣，奏得失，四海之內，
靡不受獲。於斯之時，天下大說，嚮風而聽，隨流而化，喟然興道而
遷義，刑錯而不用，德隆乎三皇，功羨於五帝。若此，故獵迺可喜也。 三皇 五帝

-4 邪絕少陽而登太陰兮，與眞人乎相求。互折窈窕以右轉兮，横厲
飛泉以正東。悉徵靈圉而選之兮，部乘衆神於瑤光。使五帝先導兮， 五帝
反太一而從陵陽。左玄冥而右含靁兮，前陸離而後潏湟。厮征伯僑而
役羨門兮，屬岐伯使尚方。祝融驚而蹕御兮，清氛氣而後行。屯余車
其萬乘兮，綷雲蓋而樹華旗。使句芒其將行兮，吾欲往乎南嬉。

-5 歷唐堯於崇山兮，過虞舜於九疑。紛湛湛其差錯兮，雜遝膠葛以 唐堯 虞舜
方馳。騷擾衝蓯其相紛挐兮，滂濞泱軋灑以林離。鑽羅列聚叢以蘢茸
兮，衍曼流爛壇以陸離。徑入靁室之砰磷鬱律兮，洞出鬼谷之崫礨嵬
壞。徧覽八紘而觀四荒兮，朅渡九江而越五河。經營炎火而浮弱水兮，
杭絕浮渚而涉流沙。奄息總極氾濫水嬉兮，使靈媧鼓瑟而舞馮夷。時
若薆薆將混濁兮，召屏翳誅風伯而刑雨師。西望崑崙之軋沕洸忽兮，
直徑馳乎三危。排閶闔而入帝宮兮，載玉女而與之歸。舒閬風而搖集
兮，亢烏騰而一止。低回陰山翔以紆曲兮，吾迺今目睹西王母皬然白
首。載勝而穴處兮，亦幸有三足烏爲之使。必長生若此而不死兮，雖
濟萬世不足以喜。

-6 軒轅之前，遐哉邈乎，其詳不可得聞也。五三六經載籍之傳，維 軒轅
見可觀也。書曰「元首明哉，股肱良哉」。因斯以談，君莫盛於唐堯， 唐堯
臣莫賢於后稷。后稷創業於唐，公劉發迹於西戎，文王改制，爰周郅 唐
隆，大行越成，而後陵夷衰微，千載無聲，豈不善始善終哉。然無異

端，愼所由於前，謹遺教於後耳。故軌迹夷易，易遵也；湛恩濛涌，易豐也；憲度著明，易則也；垂統理順，易繼也。是以業隆於繦褓而崇冠于二后。揆厥所元，終都攸卒，未有殊尤絕迹可考于今者也。然猶躡梁父，登泰山，建顯號，施尊名。大漢之德，逢涌原泉，沕潏漫衍，旁魄四塞，雲尃霧散，上暢九垓，下泝八埏。懷生之類霑濡浸潤，協氣橫流，武節飄逝，邇陝游原，迥闊泳沫，首惡湮沒，闇昧昭哲，昆蟲凱澤，回首面內。然後囿騶虞之珍羣，徼麋鹿之怪獸，導一莖六穗於庖，犧雙觡共抵之獸，獲周餘珍收龜于岐，招翠黃乘龍於沼。鬼神接靈圉，賓於閒館。奇物譎詭，俶儻窮變。欽哉，符瑞臻茲，猶以爲薄，不敢道封禪。蓋周躍魚隕杭，休之以燎，微夫斯之爲符也，以登介丘，不亦恧乎！進讓之道，其何爽與？

56-7　般般之獸，樂我君囿；白質黑章，其儀可（嘉）[喜]；旼旼睦睦，君子之能。蓋聞其聲，今觀其來。厥塗靡蹤，天瑞之徵。茲亦於舜，虞氏以興。　舜 虞

57　卷一百一十八《淮南衡山列傳　第五十八》

孝文十二年，民有作歌歌淮南厲王曰：「一尺布，尚可縫；一斗粟，尚可舂。兄弟二人不能相容。」上聞之，迺嘆曰：「堯舜放逐骨肉，周公殺管蔡，天下稱聖。何者？不以私害公。天下豈以我爲貪淮南王地邪？」迺徙城陽王王淮南故地，而追尊謚淮南王爲厲王，置園復如諸侯儀。　堯 舜

58　卷一百二十《汲鄭列傳　第六十》

當是時，太后弟武安侯蚡爲丞相，中二千石來拜謁，蚡不爲禮。然黯見蚡未嘗拜，常揖之。天子方招文學儒者，上曰吾欲云云，黯對曰：「陛下內多欲而外施仁義，柰何欲效唐虞之治乎！」上默然，怒，變色而罷朝。公卿皆爲黯懼。上退，謂左右曰：「甚矣，汲黯之戇也！」羣臣或數黯，黯曰：「天子置公卿輔弼之臣，寧令從諛承意，陷主於不義乎？且已在其位，縱愛身，柰辱朝廷何！」　唐 虞

59　卷一百二十三《大宛列傳　第六十三》

太史公曰：禹本紀言「河出崑崙。崑崙其高二千五百餘里，日月所相避隱爲光明也。其上有醴泉、瑤池」。今自張騫使大夏之後也，窮河源，惡睹本紀所謂崑崙者乎？故言九州山川，尚書近之矣。至禹本紀、山海經所有怪物，余不敢言之也。　禹 禹

60　卷一百二十四《游俠列傳　第六十四》

且緩急，人之所時有也。太史公曰：昔者虞舜窘於井廩，伊尹負 虞舜
於鼎俎，傅說匿於傅險，呂尚困於棘津，夷吾桎梏，百里飯牛，仲尼
畏匡，菜色陳、蔡。此皆學士所謂有道仁人也，猶然遭此菑，況以中
材而涉亂世之末流乎？其遇害何可勝道哉！

卷一百二十七《日者列傳　第六十七》

「述而不作，君子義也。今夫卜者，必法天地，象四時，順於仁
義，分策定卦，旋式正棊，然後言天地之利害，事之成敗。昔先王之
定國家，必先龜策日月，而後迺敢代；正時日，迺後入家；產子必先
占吉凶，後迺有之。自伏羲作八卦，周文王演三百八十四爻而天下治。 伏羲
越王句踐放文王八卦以破敵國，霸天下。由是言之，卜筮有何負哉！

2 卷一百二十八《龜策列傳　第六十八》

2-1 太史公曰：自古聖王將建國受命，興動事業，何嘗不寶卜筮以助
善！唐虞以上，不可記已。自三代之興，各據禎祥。塗山之兆從而夏 唐 虞
啓世，飛燕之卜順故殷興，百穀之筮吉故周王。王者決定諸疑，參以
卜筮，斷以蓍龜，不易之道也。

2-2 夫揲策定數，灼龜觀兆，變化無窮，是以擇賢而用占焉，可謂聖
人重事者乎！周公卜三龜，而武王有瘳。紂爲暴虐，而元龜不占。晉
文將定襄王之位，卜得黃帝之兆，卒受彤弓之命。獻公貪驪姬之色， 黃帝
卜而兆有口象，其禍竟流五世。楚靈將背周室，卜而龜逆，終被乾谿
之敗。兆應信誠於內，而時人明察見之於外，可不謂兩合者哉！君子
謂夫輕卜筮，無神明者，悖；背人道，信禎祥者，鬼神不得其正。故
書建稽疑，五謀而卜筮居其二，五占從其多，明有而不專之道也。

卷一百二十九《貨殖列傳　第六十九》

-1 太史公曰：夫神農以前，吾不知已。至若詩書所述虞夏以來，耳 神農 虞
目欲極聲色之好，口欲窮芻豢之味，身安逸樂，而心誇矜埶能之榮使。
俗之漸民久矣，雖戶說以眇論，終不能化。故善者因之，其次利道之，
其次教誨之，其次整齊之，最下者與之爭。

-2 關中自汧、雍以東至河、華，膏壤沃野千里，自虞夏之貢以爲上 虞
田，而公劉適邠，大王、王季在岐，文王作豐，武王治鎬，故其民猶
有先王之遺風，好稼穡，殖五穀，地重，重爲邪。及秦文、(孝)［德］、
繆居雍，隙隴蜀之貨物而多賈。獻(孝)公徙櫟邑，櫟邑北卻戎翟，
東通三晉，亦多大賈。(武)［孝］、昭治咸陽，因以漢都，長安諸陵，
四方輻湊并至而會，地小人衆，故其民益玩巧而事末也。南則巴蜀。

巴蜀亦沃野，地饒巵薑、丹沙、石、銅、鐵、竹、木之器。南御滇僰，僰僮。西近邛笮，笮馬、旄牛。然四塞，棧道千里，無所不通，唯褒斜綰轂其口，以所多易所鮮。天水、隴西、北地、上郡與關中同俗，然西有羌中之利，北有戎翟之畜，畜牧爲天下饒。然地亦窮險，唯京師要其道。故關中之地，於天下三分之一，而人衆不過什三；然量其富，什居其六。

63-3　夫自鴻溝以東，芒、碭以北，屬巨野，此梁、宋也。陶、睢陽亦一都會也。昔堯作（游）［於］成陽，舜漁於雷澤，湯止于亳。其俗猶有先王遺風，重厚多君子，好稼穡，雖無山川之饒，能惡衣食，致其蓄藏。　堯 舜

64　卷一百三十《太史公自序　第七十》

64-1　昔在顓頊，命南正重以司天，北正黎以司地。唐虞之際，紹重黎之後，使復典之，至于夏商，故重黎氏世序天地。其在周，程伯休甫其後也。當周宣王時，失其守而爲司馬氏。司馬氏世典周史。惠襄之閒，司馬氏去周適晉。晉中軍隨會奔秦，而司馬氏入少梁。　顓頊 唐 虞

64-2　墨者亦尚堯舜道，言其德行曰：「堂高三尺，土階三等，茅茨不翦，采椽不刮。食土簋，啜土刑，糲粱之食，藜藿之羹。夏日葛衣，冬日鹿裘。」其送死，桐棺三寸，舉音不盡其哀。教喪禮，必以此爲萬民之率。使天下法若此，則尊卑無別也。夫世異時移，事業不必同，故曰「儉而難遵」。要曰彊本節用，則人給家足之道也。此墨子之所長，雖百長弗能廢也。　堯 舜

64-3　遷生龍門，耕牧河山之陽。年十歲則誦古文。二十而南游江、淮，上會稽，探禹穴，闚九疑，浮於沅、湘；北涉汶、泗，講業齊、魯之都，觀孔子之遺風，鄉射鄒、嶧；戹困鄱、薛、彭城，過梁、楚以歸。於是遷仕爲郎中，奉使西征巴、蜀以南，南略邛、笮、昆明，還報命。　禹

66-4　是歲天子始建漢家之封，而太史公留滯周南，不得與從事，故發憤且卒。而子遷適使反，見父於河洛之閒。太史公執遷手而泣曰：「余先周室之太史也。自上世嘗顯功名於虞夏，典天官事。後世中衰，絕於予乎？汝復爲太史，則續吾祖矣。今天子接千歲之統，封泰山，而余不得從行，是命也夫，命也夫！余死，汝必爲太史；爲太史，無忘吾所欲論著矣。且夫孝始於事親，中於事君，終於立身。揚名於後世，以顯父母，此孝之大者。夫天下稱誦周公，言其能論歌文武之德，宣周邵之風，達太王王季之思慮，爰及公劉，以尊后稷也。幽厲之後，　虞

王道缺，禮樂衰，孔子修舊起廢，論詩書，作春秋，則學者至今則之。自獲麟以來四百有餘歲，而諸侯相兼，史記放絕。今漢興，海內一統，明主賢君忠臣死義之士，余爲太史而弗論載，廢天下之史文，余甚懼焉，汝其念哉！」遷俯首流涕曰：「小子不敏，請悉論先人所次舊聞，弗敢闕。」

4-5 太史公曰：「唯唯，否否，不然。余聞之先人曰：『伏羲至純厚， 伏羲
作易八卦。堯舜之盛，尚書載之，禮樂作焉。湯武之隆，詩人歌之。 堯 舜
春秋采善貶惡，推三代之德，褒周室，非獨刺譏而已也。』漢興以來，至明天子，獲符瑞，封禪，改正朔，易服色，受命於穆淸，澤流罔極，海外殊俗，重譯款塞，請來獻見者，不可勝道。臣下百官力誦聖德，猶不能宣盡其意。且士賢能而不用，有國者之恥；主上明聖而德不布聞，有司之過也。且余嘗掌其官，廢明聖盛德不載，滅功臣世家賢大夫之業不述，墮先人所言，罪莫大焉。余所謂述故事，整齊其世傳，非所謂作也，而君比之於春秋，謬矣。」

4-6 於是論次其文。七年而太史公遭李陵之禍，幽於縲紲。迺喟然而嘆曰：「是余之罪也夫！是余之罪也夫！身毀不用矣。」退而深惟曰：「夫詩書隱約者，欲遂其志之思也。昔西伯拘羑里，演周易；孔子戹陳蔡，作春秋；屈原放逐，著離騷；左丘失明，厥有國語；孫子臏腳，而論兵法；不韋遷蜀，世傳呂覽；韓非囚秦，說難、孤憤；詩三百篇，大抵賢聖發憤之所爲作也。此人皆意有所鬱結，不得通其道也，故述往
事，思來者。」於是卒述陶唐以來，至于麟止，自黃帝始。 陶唐 黃帝

-7 維昔黃帝，法天則地，四聖遵序，各成法度；唐堯遜位，虞舜不 黃帝 唐堯 虞舜
臺；厥美帝功，萬世載之。作五帝本紀第一。 五帝

-8 維禹之功，九州攸同，光唐虞際，德流苗裔；夏桀淫驕，迺放鳴 禹 唐 虞
條。作夏本紀第二。

-9 維秦之先，伯翳佐禹；穆公思義，悼豪之旅；以人爲殉，詩歌黃 禹
鳥；昭襄業帝。作秦本紀第五。

-10 非兵不彊，非德不昌，黃帝、湯、武以興，桀、紂、二世以崩， 黃帝
可不愼歟？司馬法所從來尚矣，太公、孫、吳、王子能紹而明之，切近世，極人變。作律書第三。

-11 維禹浚川，九州攸寧；爰及宣防，決瀆通溝。作河渠書第七。 禹

64-12 王後不絕，舜禹是說；維德休明，苗裔蒙烈。百世享祀，爰周陳 舜 禹
杞，楚實滅之。齊田既起，舜何人哉？作陳杞世家第六。 舜

64-13 少康之子，實賓南海，文身斷發，黿鱓處，既守封禺，奉禹之祀。 禹
句踐困彼，迺用種、蠡。嘉句踐夷蠻能修其德，滅彊吳以尊周室，作越王句踐世家第十一。

64-14 維我漢繼五帝末流，接三代絕業。周道廢，秦撥去古文，焚滅詩 五帝
書，故明堂石室金匱玉版圖籍散亂。於是漢興，蕭何次律令，韓信申軍法，張蒼爲章程，叔孫通定禮儀，則文學彬彬稍進，詩書往往閒出矣。自曹參薦蓋公言黃老，而賈生、晁錯明申、商，公孫弘以儒顯，百年之閒，天下遺文古事靡不畢集太史公。太史公仍父子相續纂其職。
曰：「於戲！余維先人嘗掌斯事，顯於唐虞，至于周，復典之，故司馬 唐 虞
氏世主天官。至於余乎，欽念哉！欽念哉！」罔羅天下放失舊聞，王迹所興，原始察終，見盛觀衰，論考之行事，略推三代，錄秦漢，上
記軒轅，下至于茲，著十二本紀，既科條之矣。并時異世，年差不明， 軒轅
作十表。禮樂損益，律曆改易，兵權山川鬼神，天人之際，承敝通變，作八書。二十八宿環北辰，三十輻共一轂，運行無窮，輔拂股肱之臣配焉，忠信行道，以奉主上，作三十世家。扶義俶儻，不令己失時，立功名於天下，作七十列傳。凡百三十篇，五十二萬六千五百字，爲太史公書。序略，以拾遺補闕，成一家之言，厥協六經異傳，整齊百家雜語，藏之名山，副在京師，俟後世聖人君子。第七十。

64-15 太史公曰：余述歷黃帝以來至太初而訖，百三十篇。 黃帝

〔参考〕

参考1『史記』卷十三《三代世表第一》

張夫子問褚先生曰：「詩言契、后稷皆無父而生。今案諸傳記咸言
有父，父皆黃帝子也，得無與詩謬乎？」 黃帝

褚先生曰：「不然。詩言契生於卵，后稷人迹者，欲見其有天命精誠之意耳。鬼神不能自成，須人而生，柰何無父而生乎！一言有父，
一言無父，信以傳信，疑以傳疑，故兩言之。堯知契、稷皆賢人，天 堯
之所生，故封之契七十里，後十餘世至湯，王天下。堯知后稷子孫之 堯
後王也，故益封之百里，其後世且千歲，至文王而有天下。詩傳曰：『湯之先爲契，無父而生。契母與姊妹浴於玄丘水，有燕銜卵墮之，契母
得，故含之，誤吞之，即生契。契生而賢，堯立爲司徒，姓之曰子氏。 堯

子者茲；茲，益大也。詩人美而頌之曰「殷社芒芒，天命玄鳥，降而
生商」。商者質，殷號也。文王之先爲后稷，后稷亦無父而生。后稷母
爲姜嫄，出見大人蹟而履踐之，知於身，則生后稷。姜嫄以爲無父，
賤而弃之道中，牛羊避不踐也。抱之山中，山者養之。又捐之大澤，
鳥覆席食之。姜嫄怪之，於是知其天子，迺取長之。堯知其賢才，立　堯
以爲大農，姓之曰姬氏。姬者，本也。詩人美而頌之曰「厥初生民」，
深修益成，而道后稷之始也。』孔子曰：『昔者堯命契爲子氏，爲有湯　堯
也。命后稷爲姬氏，爲有文王也。大王命季歷，明天瑞也。太伯之吳，
遂生源也。』天命難言，非聖人莫能見。舜、禹、契、后稷皆黃帝子孫　舜 禹 黃帝
也。黃帝策天命而治天下，德澤深後世，故其子孫皆復立爲天子，是　黃帝
天之報有德也。人不知，以爲氾從布衣匹夫起耳。夫布衣匹夫安能無
故而起王天下乎？其有天命然。」

「黃帝後世何王天下之久遠邪？」　黃帝

曰：「傳云天下之君王爲萬夫之黔首請贖民之命者帝，有福萬世。黃帝　黃帝
是也。五政明則修禮義，因天時舉兵征伐而利者王，有福千世。蜀王，
黃帝後世也，至今在漢西南五千里，常來朝降，輸獻於漢，非以其先　黃帝
之有德，澤流後世邪？行道德豈可以忽秋哉！人君王者舉而觀之。漢
大將軍霍子孟名光者，亦黃帝後世也。此可爲博聞遠見者言，固難爲　黃帝
淺聞者說也。何以言之？古諸侯以國爲姓。霍者，國名也。武王封弟
叔處於霍，後世晉獻公滅霍公，後世爲庶民，往來居平陽。平陽在河
東，河東晉地，分爲衛國。以詩言之，亦可爲周世。周起后稷，后稷
無父而生。以三代世傳言之，后稷有父名高辛；高辛，黃帝曾孫。黃　高辛 高辛 黃帝
帝終始傳曰：『漢興百有餘年，有人不短不長，出白燕之鄉，持天下之　黃帝
政，時有嬰兒主，却行車。』霍將軍者，本居平陽白燕。臣爲郎時，與
方士考功會旗亭下，爲臣言。豈不偉哉！」

参考2『史記』卷一百二十七《日者列傳第六十七》

褚先生曰：臣爲郎時，游觀長安中，見卜筮之賢大夫，觀其起居
行步，坐起自動，誓正其衣冠而當鄉人也，有君子之風。見性好解婦
來卜，對之顏色嚴振，未嘗見齒而笑也。從古以來，賢者避世，有居
止舞澤者，有居民閒閉口不言，有隱居卜筮閒以全身者。夫司馬季主
者，楚賢大夫，游學長安，通易經，術黃帝、老子，博聞遠見。觀其　黃帝
對二大夫貴人之談言，稱引古明王聖人道，固非淺聞小數之能。及卜
筮立名聲千里者，各往往而在。傳曰：「富爲上，貴次之；既貴各各學
一伎能立其身。」黃直，大夫也；陳君夫，婦人也：以相馬立名天下。
齊張仲、曲成侯以善擊刺學用劍，立名天下。留長孺以相彘立名。滎
陽褚氏以相牛立名。能以伎能立名者甚多，皆有高世絕人之風，何可
勝言。故曰：「非其地，樹之不生；非其意，教之不成。」夫家之教子

孫，當視其所以好，好含苟生活之道，因而成之。故曰：「制宅命子，足以觀士；子有處所，可謂賢人。」

参考 3『史記』卷一百二十八《龜策列傳第六十八》

褚先生曰：臣以通經術，受業博士，治春秋，以高第爲郎，幸得宿衛，出入宮殿中十有餘年。竊好太史公傳。太史公之傳曰：「三王不同龜，四夷各異卜，然各以決吉凶，略闚其要，故作龜策列傳。」臣往來長安中，求龜策列傳不能得，故之大卜官，問掌故文學長老習事者，寫取龜策卜事，編于下方。

聞古五帝、三王發動舉事，必先決蓍龜。傳曰：「下有伏靈，上有兔絲；上有擣蓍，下有神龜。」所謂伏靈者，在兔絲之下，狀似飛鳥之形。新雨已，天淸靜無風，以夜捎兔絲去之，即以篝燭此地燭之，火滅，即記其處，以新布四丈環置之，明即掘取之，入四尺至七尺，得矣，過七尺不可得。伏靈者，千歲松根也，食之不死。聞蓍生滿百莖者，其下必有神龜守之，其上常有青雲覆之。傳曰：「天下和平，王道得，而蓍莖長丈，其叢生滿百莖。」方今世取蓍者，不能中古法度，不能得滿百莖長丈者，取八十莖已上，蓍長八尺，即難得也。人民好用卦者，取滿六十莖已上，長滿六尺者，即可用矣。記曰：「能得名龜者，財物歸之，家必大富至千萬。」一曰「北斗龜」，二曰「南辰龜」，三曰「五星龜」，四曰「八風龜」，五曰「二十八宿龜」，六曰「日月龜」，七曰「九州龜」，八曰「玉龜」：凡八名龜。龜圖各有文在腹下，文云云者，此某之龜也。略記其大指，不寫其圖。取此龜不必滿尺二寸，民人得長七八寸，可寶矣。今夫珠玉寶器，雖有所深藏，必見其光，必出其神明，其此之謂乎！故玉處於山而木潤，淵生珠而岸不枯者，潤澤之所加也。明月之珠出於江海，藏於蚌中，蚗龍伏之。王者得之，長有天下，四夷賓服。能得百莖蓍，并得其下龜以卜者，百言百當，足以決吉凶。 五帝

……

故云神至能見夢於元王，而不能自出漁者之籠。身能十言盡當，不能通使於河，還報於江，賢能令人戰勝攻取，不能自解於刀鋒，免剝刺之患。聖能先知亟見，而不能令衛平無言。言事百全，至身而攣；當時不利，又焉事賢！賢者有恆常，士有適然。是故明有所不見，聽有所不聞；人雖賢，不能左畫方，右畫圓；日月之明，而時蔽於浮雲。羿名善射，不如雄渠、蠭門；禹名爲辯智，而不能勝鬼神。地柱折，天故毋椽，又柰何責人於全？孔子聞之曰：「神龜知吉凶，而骨直空枯。日爲德而君於天下，辱於三足之烏。月爲刑而相佐，見食於蝦蟆。蝟辱於鵲，騰蛇之神而殆於即且。竹外有節理，中直空虛；松柏爲百木長，而守門閭。日辰不全，故有孤虛。黃金有疵，白玉有瑕。事有所 禹

疾，亦有所徐。物有所拘，亦有所據。罔有所數，亦有所疏。人有所貴，亦有所不如。何可而適乎？物安可全乎？天尚不全，故世爲屋，不成三瓦而陳之，以應之天。天下有階，物不全迺生也。」

《史記》〔補遺Ｉ〕「黃老」語資料

1 《卷十二　孝武本紀　第十二》
元年，漢興已六十餘歲矣，天下乂安，薦紳之屬皆望天子封禪改正度也。而上鄉儒術，招賢良，趙綰、王臧等以文學為公卿，欲議古立明堂城南，以朝諸侯。草巡狩封禪改歷服色事未就。會竇太后治黃老言，不好儒術，使人微得趙綰等姦利事，召案綰、臧，綰、臧自殺，諸所興為者皆廢。

2 《卷二十八　封禪書　第六》
元年，漢興已六十餘歲矣，天下艾安，搢紳之屬皆望天子封禪改正度也，而上鄉儒術，招賢良，趙綰、王臧等以文學為公卿，欲議古立明堂城南，以朝諸侯。草巡狩封禪改歷服色事未就。會竇太后治黃老言，不好儒術，使人微伺得趙綰等姦利事，召案綰、臧，綰、臧自殺，諸所興為皆廢。

3 《卷五十四　曹相國世家　第二十四》
孝惠帝元年，除諸侯相國法，更以參為齊丞相。參之相齊，齊七十城。天下初定，悼惠王富於春秋，參盡召長老諸生，問所以安集百姓，如齊故〔俗〕諸儒以百數，言人人殊，參未知所定。聞膠西有蓋公，善治黃老言，使人厚幣請之。既見蓋公，蓋公為言治道貴清靜而民自定，推此類具言之。

4 《卷六十三　老子韓非列傳　第三》
申子之學本於黃老而主刑名。著書二篇，號曰申子。

5 《卷六十三　老子韓非列傳　第三》
韓非者，韓之諸公子也。喜刑名法術之學，而其歸本於黃老。非為人口吃，不能道說，而善著書。與李斯俱事荀卿，斯自以為不如非。

6 《卷七十四　孟子荀卿列傳　第十四》
慎到，趙人。田駢、接子，齊人。環淵，楚人。皆學黃老道德之術，因發明序其指意。故慎到著十二論，環淵著上下篇，而田駢、接子皆有所論焉。

7 《卷百〇一　袁盎晁錯列傳　第四十一》
鄧公，成固人也，多奇計。建元中，上招賢良，公卿言鄧公，時鄧公免，起家為九卿。一年，復謝病免歸。其子章以修黃老言顯於諸公閒。

8 《卷百〇二　張釋之馮唐列傳　第四十二》
王生者，善為黃老言，處士也。嘗召居廷中，三公九卿盡會立，王生老人，曰「吾?解。」……諸公聞之，賢王生而重張廷尉。

9 《卷百〇四　田叔列傳　第四十四》
田叔者，趙陘城人也。其先，齊田氏苗裔也。叔喜劍，學黃老術於樂巨公所。叔為人刻廉自喜，喜游諸公。趙人舉之趙相趙午，午言之趙王張敖所，趙王以為郎中。數歲，切直廉平，趙王賢之，未及遷。

10 《卷百〇七　魏其武安侯列傳　第四十七》
魏其、武安俱好儒術，推轂趙綰為御史大夫，王臧為郎中令。……時諸外家為列侯，列侯多尚公主，皆不欲就國，以故毀日至竇太后。太后好黃老之言，而魏其、武安、趙綰、王臧等務隆推儒術，貶道家言，是以竇太后滋不說魏其等。

11 《卷百二十　汲鄭列傳　第六十》
汲黯字長孺，濮陽人也。……上聞，乃召拜為中大夫。以數切諫，不得久留內，遷為東海太守。黯學黃老之言，治官理民，好清靜，擇丞史而任之。

12 《卷百二十　汲鄭列傳　第六十》
鄭莊以任俠自喜，脫張羽於緦聲聞梁楚之閒。孝景時，為太子舍人。……莊好黃老之言，其慕長者如恐不見。年少官薄，然其游知交皆其大父行，天下有名之士也。

13 《卷百二十一　儒林列傳　第六十一》
孝惠、呂后時，公卿皆武力有功之臣。孝文時頗徵用，然孝文帝本好刑名之言。及至孝景，不任儒者，而竇太后又好黃老之術，故諸博士具官待問，未有進者。

14 《卷百二十一　儒林列傳　第六十一》
及今上即位，趙綰、王臧之屬明儒學，而上亦鄉之，於是招方正賢良文學之士。……及竇太后崩，武安侯田蚡為丞相，絀黃老、刑名百家之言，延文學儒者數百人，而公孫弘以春秋白衣為天子三公，封以平津侯。天下之學士靡然鄉風矣。

15 《卷百三十　太史公自序　第七十》
於是漢興，蕭何次律令，韓信申軍法，張蒼為章程，叔孫通定禮儀，則文學彬彬稍進，詩書往往閒出矣。自曹參薦蓋公言黃老，而賈生、晁錯明申、商，公孫弘以儒顯，百年之閒，天下遺文古事靡不畢集太史公。

《史記》〔補遺Ⅱ〕
資料２２－９前邊有補遺「赤帝」語資料
卷二十八《封禪書》

　　漢興，高祖之微時，嘗殺大蛇。有物曰：「蛇，白帝子也，而殺者赤帝子。」高祖初起，禱豐枌榆社。徇沛，爲沛公，則祠蚩尤，釁鼓旗。　赤帝
遂以十月至灞上，與諸侯平咸陽，立爲漢王。因以十月爲年首，而色上赤。

史記會注考證卷一

漢　太史令司馬遷撰

宋中郎外兵曹參軍裴駰集解

唐國子博士弘文館學士司馬貞索隱

唐諸王侍讀率府長史張守節正義

日本　出雲　瀧川資言考證

五帝本紀第一　史記一

【集解】凡是徐氏義、稱徐姓名以別之、餘者悉是駰注解、幷集衆家義、【索隱】紀者記也、本其事而記之、故曰本紀、又紀、理也、絲縷有紀、而帝王書稱紀者、言爲後代綱紀也、

【正義】鄭玄注中候勑省圖云、德合五帝坐星者稱帝、又坤靈圖云、德配天地、在正不在私曰帝、案太史公依世本大戴禮、以黃帝顓頊帝嚳唐堯虞舜爲五帝、譙周應劭宋均皆同、而孔安國尚書序、皇甫謐帝王世紀、孫氏注世本、竝以伏犧神農黃帝爲三皇、少昊顓頊高辛唐虞爲五帝、裴松之史目云、天子稱本紀、諸侯曰世家、本者繫其本系、故曰本、紀者理也、統理衆事、繫之年月、名之曰紀、第者次序之目、一者舉數之由、故曰五帝本紀第一、禮云、動則左史書之、言則右史書之、正義云、左陽、故記動、右陰、故記言、言爲尚書、事爲春秋、案春秋時置左右史、故云史記也、【考證】史公自序曰、維昔黃帝、法天則地、四聖遵序、各成法度、唐堯遜位、虞舜不台、厥美帝功、萬世載之、作五帝本紀第一、柯維騏曰、五帝之名、見於孔子家語及大戴禮、其說有二、其一孔子答季康子、以伏犧配木、神農配火、黃帝配土、少昊配金、顓頊配水、此言數聖人革命改號、取法於五行之帝、非五帝之定名也、其一則孔子所答宰予五帝德、曰黃帝、曰顓頊、曰帝嚳、曰堯、曰舜、太史公所述五帝紀是也、厥後皇甫謐作帝王代紀、蘇子由作古史、鄭樵作通志、竝祖孔安國、以伏犧神農黃帝爲三皇、少昊顓頊帝嚳堯舜爲五帝、五峰胡氏又主秦博士天皇地皇人皇之議、而以伏犧神農黃帝堯舜爲五帝、道原劉氏遂以爲定論、竊謂皆不如太史公之說爲可徵耳、林伯桐曰、古來制作、自黃帝而定、禮記祭法曰、黃帝正名百物、孔疏云、上雖有百物、而未有名、黃帝爲物作名、正名其體也、然則史記託始、自有深意、既以黃帝爲始、固當援大戴禮五帝之論爲據、不容任意增損、後來胡五峯劉道原謂五帝當冠以伏羲神農、而刪去顓頊帝嚳、論似近正、然非史公自黃帝始之意矣、又以秦博士天皇地皇之議爲三皇定名、此則載在秦始皇紀、而史公終不以爲據者、顧欲拾其所棄以相難、不亦異乎、中井積德曰、凡帝紀稱本紀者、對諸侯明本

統也、本、幹也、謂宗也、詩云、本支百世、紀是綱目之紀、謂相比次有倫理也、林駉曰、子長以事之繫于天下則謂之紀、秦始皇已幷六國、事異于前、則始皇可紀也、項羽政由己出、且封漢王、則項羽可紀也、孝惠高后之時、政出房闈、君道不立、雖紀呂后亦可也、趙翼曰、文心雕龍云、太史公取式呂覽、著本紀以述皇王、今按呂覽十二紀、非專述帝王之事、而史記大宛傳贊則云、禹本紀言河出崑崙、崑崙高五百丈、又云、禹本紀及山海經所有怪物、予不敢言之也、是則遷之作紀、非本於呂覽、而漢以前別有禹本紀一書、正遷所本耳、島田重禮曰、歐陽永叔曰、孔子修書、以堯舜爲斷、而子長上述黃帝、蓋以此爲訢、屬是亦不深考耳、夫宗其道則欲詳其人、詳其人則欲幷其父祖曾高而詳之、子長紀五帝、乃所以著堯舜所自出、孔子傳周文之易、而遂及羲黃堯舜、子長亦祖述其意焉耳、且其所採、出於戴記世本等、歷歷可徵、一則曰不離古文、二則曰取其最雅馴者、其取舍不苟如此、尙可目以好奇哉、

黃帝者、【集解】徐廣曰、號有熊、【索隱】案有土德之瑞、土色黃、故稱黃帝、猶神農火德王、而稱炎帝然也、此以黃帝爲五帝之首、蓋依大戴禮五帝德、又譙周宋均亦以爲然、而孔安國皇甫謐帝王代紀、及孫氏注系本、竝以伏犧神農黃帝爲三皇、少昊高陽高辛唐虞爲五帝、注號有熊者、以其本是有熊國君之子故也、亦號軒轅氏、皇甫謐云、居軒轅之丘、因以爲名、又以爲號、又據左傳、亦號帝鴻氏也、【正義】輿地志云、涿鹿本名彭城、黃帝初都、遷有熊也、案黃帝有熊國君、乃少典國君之次子、號曰有熊氏、又曰縉雲氏、又曰帝鴻氏、亦曰帝軒氏、母曰附寶、之祁野、見大電繞北斗樞星、感而懷孕、二十四月而生黃帝於壽丘、壽丘在魯東門之北、今在兗州曲阜縣東北六里、生日角龍顏、有

景雲之瑞、以土德王、故曰黃帝、封泰山、禪亭亭、亭亭在牟陰、**少典之子、**集解 譙周曰、有熊國君少典之子也、皇甫謐曰、有熊今河南新鄭是也、索隱 少典者、諸侯國號、非人名也、又案國語云、少典娶有蟜氏女、生黃帝炎帝、然則炎帝亦少典之子、炎黃二帝、雖則相承、如帝王代紀、中閒凡隔八帝、五百餘年、若以少典是其父名、豈黃帝經五百餘年而始代炎帝後為天子乎、何其年之長也、又案秦本紀云、顓頊氏之裔孫曰女脩、吞玄鳥之卵而生大業、大業娶少典氏而生柏翳、明少典是國號、非人名也、黃帝即少典氏後代之子孫、賈逵亦謂然、故左傳高陽氏有才子八人、亦謂其後代子孫而稱為子是也、譙周字允南、蜀人、魏散騎常侍、徵不拜、此注所引者、是其人所著古史考之說也、皇甫謐字士安、晉人、號玄晏先生、今所引者、是其所作帝王代紀也、**姓公孫、名曰軒轅。**索隱 案皇甫謐云、黃帝生於壽丘、長於姬水、因以為姓、居軒轅之丘、因以為名、又以為號、是本姓公孫、長居姬水、因改姓姬、考證 大戴禮帝繫篇、少典產軒轅、是為黃帝、博士家本史記異字引鄒誕生音云、作軒冕之服、故曰軒轅、愚按大戴禮五帝德、無姓公孫三字、未詳史公所本、崔述曰、公孫者、公之孫也、公族未及三世則無氏、氏之以公孫、非姓也、況上古之時、安有是哉、**生而神靈。弱而能言。**索隱 弱謂幼弱時也、蓋未合能言之時、而黃帝即言、所以為神異也、潘岳有哀弱子篇、其子未七旬曰弱、正義 言神異也、易曰、陰陽不測之謂神、書云、人惟萬物之靈、故謂之神靈也、考證 林伯桐曰、曲禮二十曰弱、在幼之後、黃帝紀弱而能言、則在幼之前、與曲禮不同、下文云、成而聰明、此成字、乃曲禮所謂弱也、**幼而徇齊。**集解 徐廣曰、墨子曰、年踰十五、則聰明心慮、無不徇通矣、駰案、徇、疾、齊、速也、言聖德幼而疾速也、索隱 斯文未明、今

案徇齊皆德也、書曰、聰明齊聖、左傳曰、子雖齊聖、謂聖德齊肅也、又案孔子家語及大戴禮、並作叡齊、一本作慧齊、叡慧皆智也、太史公採大戴禮而為此紀、今彼文無作徇者、史記舊本、亦有作濬齊、蓋古字假借徇為濬、濬、深也、義亦並通、爾雅齊速俱訓為疾、尚書大傳曰、多聞而齊給、鄭注云、齊、疾也、今裴氏注云、徇亦訓疾、未見所出、或當讀徇為迅、迅於爾雅與齊俱訓疾、則迅濬雖異字而音同也、又爾雅曰、宣徇遍也、濬通也、是遍之與通義亦相近、言黃帝幼而才智周徧、且辯給也、故墨子亦云、年踰五十、則聰明心慮不徇通矣、俗本作十五、非是、案謂年老踰五十不聰明、何得云十五、正義 幼謂七歲已下時也、考證 查德基曰、徇當作侚、說文人部、侚、疾也、徐鍇繫傳引史記、幼而侚齊、羣書治要引同、張文虎曰、如索隱所言、則相承作徇久矣、**長而敦敏。成而聰明。**正義 成謂年二十冠成人也、聰明聞見明辯也、此以上至軒轅、皆大戴禮文、考證 以上採五帝德、**軒轅之時、神農氏世衰。**集解 皇甫謐曰、易稱庖犧氏沒、神農氏作、是為炎帝、班固曰、教民耕農、故號曰神農、索隱 世衰、謂神農氏後代子孫道德衰薄、非指炎帝之身、即班固所謂參盧、皇甫謐所云帝榆罔是也、正義 帝王世紀云、神農氏、姜姓也、母曰任姒、有蟜氏女、登為少典妃、遊華陽、有神龍首、感生炎帝、人身牛首、長於姜水、有聖德、以火德王、故號炎帝、初都陳、又徙魯、又曰魁隗氏、又曰連山氏、又曰列山氏、括地志云、厲山在隨州隨縣北百里、山東有石穴、曰神農生於厲鄉、所謂列山氏也、春秋時為厲國、考證 張文虎曰、正義山東有石穴、曰神農生於厲鄉、疑有脫誤、**諸侯相侵伐、暴虐百姓。而神農氏弗能征。於是軒轅乃習用干戈、以征不**

享。索隱 謂用干戈以征諸侯之不朝享者、本或作亭、亭訓直、以征諸侯之不直者、考證 博士家本史記異字、引楓山、三條、南化本、云、能征之征、作正、洪頤煊曰、詩韓奕、榦不庭方、國語周語、以待不庭不虞之患、左氏襄十六年傳、同討不庭、不亭乃不庭、古字通用、**諸侯咸來賓從。而蚩尤最為暴、莫能伐。**集解 應劭曰、蚩尤古天子、瓚曰、孔子三朝記曰、蚩尤庶人之貪者、索隱 案此紀云、諸侯相侵伐、蚩尤最為暴、則蚩尤非為天子也、又管子曰、蚩尤受盧山之金而作五兵、明非庶人、蓋諸侯號也、劉向別錄云、孔子見魯哀公問政、比三朝、退而為此記、故曰三朝、凡七篇、並入大戴記、今此注見用兵篇也、正義 龍魚河圖云、黃帝攝政、有蚩尤兄弟八十一人、並獸身人語、銅頭鐵額、食沙石子、造立兵仗刀戟大弩、威振天下、誅殺無道、不慈仁、萬民欲令黃帝行天子事、黃帝以仁義不能禁止蚩尤、乃仰天而歎、天遣玄女、下授黃帝兵信神符、制伏蚩尤、帝因使之主兵、以制八方、蚩尤沒後、天下復擾亂、黃帝遂畫蚩尤形像、以威天下、天下咸謂蚩尤不死、八方萬邦皆為弭服、山海經云、黃帝令應龍攻蚩尤、蚩尤請風伯雨師、以從大風雨、黃帝乃下天女曰魃、以止雨、雨止、遂殺蚩尤、孔安國曰、九黎君號蚩尤是也、考證 尚書呂刑、蚩尤惟始作亂、延及於平民、罔不寇賊、鴟義姦宄、奪攘矯虔、呂氏春秋蕩兵篇、蚩尤作兵、非作兵也、未有蚩尤之時、民固剝林木以戰矣、**炎帝欲侵陵諸侯。諸侯咸歸軒轅。軒轅乃修德振兵、**正義 振、整也、**治五氣、**集解 王肅曰、五行之氣、索隱 謂春甲乙木氣、夏丙丁火氣之屬、是五氣也、**蓺五種、**集解 駰案、蓺、樹也、詩云、蓺之荏菽、周禮曰、穀宜五種、鄭玄曰、五種、黍稷菽麥稻也、索隱 蓺、種也、

樹也、五種即五穀也、音朱用反、此注所引見詩大雅生民之篇、爾雅云、荏菽、戎菽也、郭璞曰、今之胡豆、鄭氏曰、豆之大者是也、正義 蓺音魚曳反、種音腫、考證 五帝德作設五量、**撫萬民、度四方。**集解 王肅曰、度四方而安撫之、正義 度音徒洛反、**教熊羆貔貅貙虎、**索隱 書云、如虎如貔、爾雅云、貔、白狐、禮曰、前有摯獸、則載貔貅是也、爾雅又曰、貙獌似貍、此六者猛獸、可以教戰、周禮有服不氏、掌教擾猛獸、即古服牛乘馬、亦其類也、正義 熊音雄、羆音碑、貔音毗、貅音休、貙音丑于反、羆如熊、黃白色、郭璞云、貔、執夷、虎屬也、案言教士卒習戰、以猛獸之名名之、用威敵也、考證 林伯桐曰、正義之說最確、後世軍陣之名、實昉於此、愚按林說雖巧、難從、史文但當以字解耳、**以與炎帝戰於阪泉之野。**集解 服虔曰、阪泉、地名、皇甫謐曰、在上谷、正義 阪、音白板反、括地志云、阪泉今名黃帝泉、在嬀州懷戎縣東五十六里、出五里至涿鹿東北、與涿水合、又有涿鹿故城、在嬀州東南五十里、本黃帝所都也、晉太康地理志云、涿鹿城東一里有阪泉、上有黃帝祠、案阪泉之野、則平野之地也、考證 五帝德、炎帝作赤帝、僖二十五年左傳、遇黃帝戰于阪泉之兆、阪泉今在直隸保定境、**三戰然後得其志。**正義 謂黃帝克炎帝之後、考證 崔述曰、漢書律歷志以炎帝為神農氏、太皞為庖犧氏、後人纂古史、皆遵之無異詞、以余考之不然、易傳曰、包犧氏沒、神農氏作、神農氏沒、黃帝堯舜氏作、是庖犧神農在黃帝之前也、春秋傳曰、黃帝氏以雲紀、炎帝氏以火紀、共工氏以水紀、太皞氏以龍紀、是炎帝大皞在黃帝之後也、然則庖犧氏之非大皞、神農氏之非炎帝也明矣、史記五帝紀曰、軒轅氏之時、神農氏世衰、諸侯相侵伐、暴虐百姓、而神農氏弗能征、又曰、炎帝欲侵陵諸

侯、軒轅乃脩德振兵、以與炎帝戰於阪泉之野、三戰然後得其志、夫神農氏既不能征諸侯矣。又安能侵陵諸侯、既云世衰矣、又何待三戰然後得志乎、且前文言衰弱、凡不兩稱神農氏、皆不言炎帝、後文言征戰、凡兩稱炎帝、皆不言神農氏、然則與黃帝戰者自炎帝、與神農氏無涉也、其後又云、諸侯尊軒轅爲天子、代神農氏、又不言炎帝、然則帝於黃帝之前者神農氏、與炎帝無涉也、封禪書云、古者封泰山禪梁父者七十二家、而夷吾所記者十有二焉、神農封泰山禪云云、炎帝封泰山禪云云、夫十有二家中、既有神農、復有炎帝、其爲二人明甚、烏得以炎帝爲神農氏也哉、戰國策曰、神農氏伐補遂、黃帝伐涿鹿而擒蚩尤、亦列神農於黃帝前、而不云炎帝、晉語曰、黃帝以姬水成、炎帝以姜水成、亦列炎帝於黃帝後、而不云神農、神農之非炎帝也明矣、愚按、治五氣蓺五種以下、采五帝德、慶長本引古鈔本、楓山、三條、南化本、得下有行字、

蚩尤作亂、不用帝命。[正義] 言蚩尤不用黃帝之命也、

於是黃帝乃徵師諸侯、與蚩尤戰於涿鹿之野。[集解] 服虔曰、涿鹿山名、在涿郡、張晏曰、涿鹿在上谷、[索隱] 或作濁鹿、古今字異耳、案地理志、上谷有涿鹿縣、然則服虔云在涿郡者誤也、[考證] 涿鹿、今直隸宣化保安州南、

遂禽殺蚩尤。[集解] 皇覽曰、蚩尤冢在東平郡壽張縣闞鄉城中、高七丈、民常十月祀之、有赤氣出、如匹絳帛、民名爲蚩尤旗、肩髀冢在山陽郡鉅野縣重聚、大小與闞冢等、傳言黃帝與蚩尤戰於涿鹿之野、黃帝殺之、身體異處、故別葬之、[索隱] 案皇甫謐云、黃帝使應龍殺蚩尤于凶黎之谷、或曰黃帝斬蚩尤于中冀、因名其地曰絕轡之野、注、皇覽書名也、記先代冢墓之處、宜皇王之省覽、故曰皇覽、是魏人王象繆襲等所撰也、[正義] 髀、白米反、[考證] 殷本紀引湯誥云、昔蚩尤與其大夫作亂百姓、戰國策、黃帝伐涿鹿而擒蚩尤、

而諸侯咸尊軒轅爲天子、代神農氏。是爲黃帝。天下有不順者。黃帝從而征之、平者去之。[正義] 平服者即去也、

披山通道、未嘗寧居。[集解] 徐廣曰、披、他本亦作陂字、蓋當音詖、陂者旁其邊之謂也、披語誠合今世、然古今不必同也、[索隱] 披音如字、謂披山林草木而行以通道也、徐廣音詖、恐稍紆也、

東至于海、登丸山、[集解] 徐廣曰、丸一作凡、駰案地理志曰、丸山在郎邪朱虛縣、[索隱] 注丸一作凡、凡音扶嚴反、[正義] 丸音桓、括地志云、丸山即丹山、在青州臨朐縣界朱虛故縣西北二十里、丹水出焉、丸音紈、守節案地志、唯有凡山、蓋凡山丸山是一山耳、諸處字誤、或凡或丸也、漢書郊祀志云、禪丸山、顏師古云、在朱虛、亦與括地志相合、明丸山是也、

及岱宗。[正義] 泰山東岳也、在兗州博城縣西北三十里也、[考證] 成孺曰、徐堅初學記九引史記、丸山作桓山、丸桓同音、據此知唐本史記作丸不作凡、

西至于空桐、[集解] 應劭曰、山名、韋昭曰、在隴右、

登雞頭。[索隱] 山名也、後漢王孟塞雞頭道、在隴西、一曰、崆峒山之別名、[正義] 括地志云、空桐山在肅州福祿縣東南六十里、抱朴子內篇云、黃帝西見中黃子、受九品之方、過空桐、從廣成子、受自然之經、即此山、括地志又云、笄頭山一名崆峒山、在原州平高縣西百里、禹貢涇水所出、輿地志云、或即雞頭山也、酈元云、蓋大隴山異名也、莊子云、廣成子學道崆峒山、黃帝問道於廣成子、蓋在此、案二處崆峒皆云黃帝登之、未詳孰是、[考證] 成孺曰、崆峒古祗作空桐、當是隴西地名、非山也、史記於丸山岱宗雞頭熊湘、竝繫以登、而東至于海、西至于空桐、南至于江、空桐及但與江漢類列、則其爲地名、而非山可知、韋昭曰、在隴右、索隱前說云、在隴西、最合、應劭及索隱後說竝非也、

南至于江、登熊湘。[集解] 封禪書曰、南伐至于召陵、登熊山、地理志曰、湘山在長沙益陽縣、[正義] 括地志云、熊耳山在商州上洛縣西十里、齊桓公登之以望江漢也、湘山一名艑山、在岳州巴陵縣南十八里也、[考證] 成孺曰、黃帝所登熊耳、與湘山相近、自當以在益陽者爲是、集解以桓公所登者釋之、誤、

北逐葷粥、[集解] 匈奴傳曰、唐虞以上有山戎獫狁葷粥、居于北蠻、[索隱] 匈奴別名也、唐虞已上曰山戎、亦曰熏粥、夏曰淳維、殷曰鬼方、周曰玁狁、漢曰匈奴、[正義] 葷音薰、粥音育、

合符釜山、[索隱] 合諸侯符契圭瑞、而朝之於釜山、猶禹會諸侯於塗山然也、又案郭子橫洞冥記稱、東方朔云、東海大明之墟有釜山、山出瑞雲、應王者之符命、如堯時有赤雲之祥之類、蓋黃帝黃雲之瑞、故曰合符應於釜山也、[正義] 括地志云、釜山在嬀州懷戎縣北三里、山上有舜廟、

而邑于涿鹿之阿、[正義] 廣平曰阿、涿鹿山名、已見上、涿鹿故城在山下、即黃帝所都之邑、於山下平地、

遷徙往來無常處。以師兵爲營衛。[正義] 環繞軍兵爲營以自衛、若轅門即其遺象、

官名皆以雲命。爲雲師。[集解] 應劭曰、黃帝受命、有雲瑞、故以雲紀事也、春官爲青雲、夏官爲縉雲、秋官爲白雲、冬官爲黑雲、中官爲黃雲、張晏曰、黃帝有景雲之應、因以名師與官、命、名也、[考證] 昭公十七年左傳引郯子言曰、昔者黃帝氏以雲紀官、故爲雲師、而雲名、史公所本、又見家語辨物篇、

置左右大監、監于

萬國。[正義] 監上監去聲、下監平聲、若周邵分陝也、

萬國和、而鬼神山川封禪、與爲多焉。[集解] 徐廣曰、多一作朋、[索隱] 與音羊汝反、與猶許也、言萬國和同、而鬼神山川封禪祭祀之事、自古以來帝皇之中、推許黃帝以爲多、多猶大也、[正義] 與猶比也、[考證] 中井積德曰、言鬼神封禪之事、於其政理中許多也、徐孚遠曰、此皆武帝時方士附會、詳在封禪書中、本紀略舉其遠、

獲寶鼎、迎日推筴。[集解] 晉灼曰、策、數也、迎、數之也、瓚曰、日月朔望、未來而推之、故曰迎日、[索隱] 封禪書曰、黃帝得寶鼎神策、下云、於是推策迎日、則神策者神蓍也、黃帝得蓍以推算歷數、於是逆知節氣日辰之將來、故曰推策迎日也、[正義] 筴音策、迎、逆也、黃帝受神筴、命大撓造甲子、容成造曆、是也、

舉風后・力牧・常先・大鴻以治民。[集解] 鄭玄曰、風后、黃帝三公也、班固曰、力牧、黃帝相也、大鴻、見封禪書、[正義] 舉任用四人、皆帝臣也、帝王世紀云、黃帝夢大風吹、天下之塵垢皆去、又夢人執千鈞之弩、驅羊萬羣、帝寤而歎曰、風爲號令、執政者也、垢去土、后在也、天下豈有姓風名后者哉、夫千鈞之弩、異力者也、驅羊數萬羣、能牧民爲善者也、天下豈有姓力名牧者哉、於是依二占而求之、得風后於海隅、登以爲相、得力牧於大澤、進以爲將、黃帝因著占夢經十一卷、藝文志云、風后兵法十五篇、圖二卷、孤虛二十卷、力牧兵法十五篇、鄭玄云、風后黃帝之三公也、案黃帝仰天地、置列侯衆官、以風后配上台、天老配中台、五聖配下台、謂之三公也、封禪書云、鬼臾區號大鴻、黃帝大臣也、死葬雍、故鴻冢是、藝文志云、鬼容區兵法三篇也、[考證] 崔述曰、黃炎之世、卿相之名、未有見於傳者、則四人恐亦後人託言、縱使有之、而其時未有典冊、則兵法非其所著明矣、

順天地

之紀、【正義】言黃帝順天地陰陽四時之紀也、【考證】李笠曰、順字蒙下三句、爾雅釋詁、順、陳也、幽明之占、【正義】幽、陰、明、陽也、占、數也、言陰陽五行、黃帝占數而知之、此文見大戴禮、【考證】五帝德、家語、占作故、李笠曰、占疑是故之爛文、死生之說、【集解】徐廣曰、一云幽明之數、合死生之說、【正義】說、謂儀制也、民之生死、此謂作儀制禮則之說、存亡之難、【索隱】存亾、猶安危也、易曰、危者安其位、亾者保其存、是也、難、猶說也、凡事是非未盡、假以往來之詞、則曰難、又上文有死生之說、故此云存亾之難、所以韓非著書有說林、說難也、【正義】難、音乃憚反、存亾、猶生死也、黃帝之前、未有衣裳屋宇、及黃帝造屋宇、制衣服、營殯葬、萬民故免存亾之難、【考證】李笠曰、家語云、以順天地之紀、知幽明之故、達死生存亡之說、曰知曰達、亦卽陳順之意、以死生存亡和作一句者、避說字之複也、小司馬云、難、猶說、是矣、然韓子說難、謂游說之不易、辨難之義、與彼無涉、愚按、難、猶變也、時播百穀草木、【集解】王肅曰、時、是也、【索隱】爲一句、【正義】言順四時之所宜而布種百穀草木也、【考證】時讀爲蒔、淳化鳥獸蟲蛾、【索隱】爲一句、蛾、音牛綺反、一作豸、豸、言淳化廣被及之、【正義】蛾、音魚起反、又音豸、豸、音直氏反、蟻、蚍蜉也、爾雅曰、有足曰蟲、無足曰豸、【考證】索隱豸下脫音、言字當在化字下、旁羅日月星辰、水波土石金玉、【集解】徐廣曰、波、一作沃、【索隱】旁、非一方、羅、廣布也、今案大戴禮作歷離、離卽羅也、言帝德旁羅日月星辰水波及至土石金玉、謂日月揚光、海水不波、山不藏珍、皆是帝德廣被也、【正義】旁羅、猶遍布也、日月陰陽時節也、星、二十八宿也、辰、日月所會也、水波、瀾漪也、言天不異災、土無別害、水少波浪、

山出珍寶、【考證】凌稚隆曰、旁羅、乃測天度之器、如今之日晷地羅也、愚按百穀草木、鳥獸蟲蛾、日月星辰、土石金玉、心力耳目、水火材物、皆物、時播、淳化、旁羅、水波、勞勤、節用、皆事、水波未詳、或云、水、壞字、扁旁存者、波當從徐氏一本作沃、大戴禮作極畋、阮氏補注云、畋、治也、極、言至於四邊、亦不通、勞勤心力耳目、節用水火材物。【正義】節、時節也、水、陂障決洩也、火、山野禁放也、材、木也、物、事也、言黃帝教民、江湖陂澤山林原隰、皆收採禁捕以時、用之有節、令得其利也、大戴禮云、宰我問於孔子曰、予聞榮伊曰、黃帝三百年、請問黃帝者人耶、何以至三百年、孔子曰、勞勤心力耳目、節用水火材物、生而民得其利百年、死而民畏其神百年、亾而民用其敎百年、故曰三百年也、【考證】中井積德曰、材物是一件、泛稱、愚按順天地之紀以下、采五帝德、有土德之瑞。故號黃帝。【索隱】炎帝火、黃帝土代之、卽黃龍地螾見、是也、螾、土精、大五六圍、長十餘丈、螾、音引、【正義】螾、音以刃反、【考證】呂氏春秋應同篇、黃帝之時、天先見大螾大螻、黃帝曰、土氣勝、土氣勝、故其色尚黃、其事則土、史記封禪書云、黃帝得土德、黃龍地螾見、崔述曰、近代纂古史者、咸云、伏羲以木德王、神農以火德王、黃帝以土德王、少皞以金德王、顓頊以水德王、帝嚳堯舜以降、皆以五行、周而復始、余按帝王之興、果以五行終始、則此乃天下之大事也、二帝之典、三王之誓誥、必有言之者、卽不言、若易春秋傳、窮陰陽之變、徵黃炎之事、述神怪之說詳矣、猶絕無一言及之、然則是戰國以前原無此說也、明矣、洪範曰、水曰潤下、火曰炎上、木曰曲直、金曰從革、土爰稼穡、不言其爲帝王受命之符也、夫天下之事、孰有大於帝王受命者、曲直從革之屬、抑末矣、何故舍其大者不言、而但言其細者乎、傳曰、黃帝氏以雲紀、炎帝氏以火紀、共工氏以水紀、太皞氏以龍紀、少皞氏以鳥紀、是帝王

之興、各因物以取義、不必於五行也、各因義以立名、無所謂終始也、不然、以水以火、可矣、以雲龍鳥何說焉、傳曰、陳、水族也、又曰、衛、顓頊之虛也、其星爲大水、此自謂顓頊之應乎、水耳、非謂帝王皆以五行相終始也、若皆以五行相終始、則舜以土德王、何以論陳者不近係之舜之土、而反遠係之顓頊之水乎、夫五行之說、昉於洪範、上古帝王之事、詳於春秋傳、洪範不言、春秋傳之說不合、然則是爲五德終始之說者、乃異端之說、而非聖賢之旨也、明矣、五德終始之說、起於鄒衍、而其施諸朝廷政令、則在秦幷天下之初、史記封禪書及始皇本紀、孟子荀卿列傳、言之詳矣、其說以爲黃帝得土德、黃龍地螾見、夏得木德、青龍止於郊、殷得金德、銀自山溢、周得火德、有赤烏之符、皆以所不勝者遞推之、是以秦之代周、自謂水德、而漢賈誼公孫臣皆謂漢當土德、太初改制、服色尚黃、用衍說也、蓋自周道既衰、異端並起、大略分爲六術、史記自敘所謂儒墨道德名法陰陽是也、而衍以陰陽專門名家、漢志九流、次陰陽於道家法家之間、而其書目有騶子四十九篇、騶子終始五十六篇、史記亦云、騶衍以陰陽主運顯於諸侯、燕齊海上之方士傳其術、怪迂阿諛茍合之徒、自此不可勝數也、則是司馬遷固己非之矣、且龍止銀溢、皆荒唐無可證、赤烏之符、雖見於河內女子之泰誓、然白魚入舟、不又爲金德乎、此固大雅君子所不道也、以秦之愚、至於焚詩書、求神仙、其爲衍說所欺、固宜、後之學者、何爲而亦爲其所欺耶、黃帝二十五子。其得姓者十四人。【索隱】舊解破四爲三、言得姓十三人耳、今案國語胥臣云、黃帝之子二十五宗、其得姓者十四人、爲十二姓、姬酉祁己滕葴任荀僖姞嬛依是也、唯青陽與夷鼓同己姓、又云、青陽與蒼林爲姬姓、是則十四人爲十二姓、其文甚明、唯姬姓再稱青陽與蒼林、蓋國語文誤、所以致令前儒共疑、其姬姓青陽當爲玄囂、是帝嚳祖、本與黃帝同姬姓、其

國語上文青陽卽是少昊金天氏、爲己姓者耳、既理在不疑、無煩破四爲三、【正義】僖、音力其反、姞、其吉反、嬛、音在宣反、【考證】黃帝二十五子以下、本晉語胥臣言、崔述曰、上古之時、人情樸略、容有未受姓者、故因錫土而遂賜之、所以禹貢有錫土姓之文、非每人皆賜之以姓也、安有同父而異姓者哉、姓也者、生也、有姓者所以辨其所由生也、茍同父而各姓其姓、則所由生者、無可辨、有姓曷取焉、且十二姓之見於傳者、姬祁己任姞五姓而已、然皆相爲昏姻、后稷取於姞、王季取於任、春秋時晉之欒與祁昏、魯之孟與己昏、而姬之劉祁范乃世爲昏姻、皆無譏者、果同祖也、可爲昏乎、若同祖者、易其姓而卽可爲昏、則昊之孟子何譏焉、春秋傳云、任宿須句顓臾、風姓也、實司大皞與有濟之祀、又云、炎帝爲火師、姜姓其後也、觀其文、皆似古帝王之子孫、世守其姓而不改者、唯虞後本姚姓、而陳乃嬀姓、故晉史趙以爲周之所賜、蓋偶然之事、時或有他故焉、要之嬀猶姚耳、非姚與嬀之遂可以相爲昏也、自國語始有一人子孫分爲數姓之說、而大戴記從而衍之、史記又從而采之、遂謂唐虞三代共出一祖、而帝王之族姓遂亂、雜而失其眞矣、然則是誣古聖而惑後儒者、皆國語爲之濫觴也、黃帝居軒轅之丘、【集解】皇甫謐曰、受國於有熊、居軒轅之丘、故因以爲名、又以爲號、山海經曰、在窮山之際、西射之南、張晏曰、作軒冕之服、故謂之軒轅、而娶於西陵氏之女。是爲嫘祖。【集解】徐廣曰、祖、一作俎、嫘、力追反、【索隱】一曰雷祖、音力堆反、【正義】西陵、國名也、嫘、一作傫、【考證】陵下氏字、各本脫、依古鈔本、楓山本、三條本、及御覽引史記補、大戴禮帝繫篇亦有、嫘祖爲黃帝正妃。生二子。其後皆有天下。【索隱】案黃帝立四妃、象后妃四星、皇甫謐云、元妃西陵氏女、曰累祖、生

昌意、次妃方雷氏女、曰女節、生青陽、次妃彤魚氏女、生夷鼓、一名蒼林、次妃嫫母、班在三人之下、案國語、夷鼓蒼林是二人、又案漢書古今人表、彤魚氏生夷鼓、嫫母生蒼林、不得如謚所說、太史公乃據大戴禮以累祖生昌意及玄囂、玄囂即青陽也、皇甫謐以青陽爲少昊、乃方雷氏所生、是其所見異也、其一曰玄囂。是爲青陽。【索隱】玄囂、帝嚳之祖、案皇甫謐及宋衷皆云、玄囂青陽、即少昊也、今此紀下云、玄囂不得在帝位、則太史公意青陽非少昊明矣、而此又云、玄囂是爲青陽、當是誤也、謂二人皆黃帝子、竝列其名、所以前史因誤以玄囂青陽爲一人耳、宋衷又云、玄囂青陽、是爲少昊、繼黃帝立者、而史不敍、蓋少昊金德王、非五運之次、故敍五帝不數之也、【考證】杭世駿曰、按戴德禮有孝昭冠辭、則其後於太史公明矣、集解意以爲太史公乃據大戴禮、疑有誤、沈家本曰、太史公所據帝繫篇、在今大戴禮中、故裴注云然、大戴禮亦漢初相傳之書、戴德刪篇八十五篇、遂名大戴、實非德所撰述也、青陽降居江水。【正義】括地志云、安陽故城、在豫州新息縣西南八十里、應劭云、古江國也、地理志亦云、安陽、古江國也、【考證】帝繫篇、江水作泜水、其二曰昌意。降居若水。【索隱】降下也、言帝子爲諸侯、降居江水若水、皆在蜀、即所封國也、水經曰、水出旄牛徼外東南至故關爲若水、南過邛都、又東北至朱提縣爲盧江水、是蜀有此二水也、昌意娶蜀山氏女。曰昌僕。生高陽。【考證】黃帝居軒轅以下、采帝繫、古鈔、楓山、三條、南化本、慶長本標記引鄒誕本、僕作漢、與帝繫合、高陽有聖悳焉。【正義】華陽國志及十三州志云、蜀之先、肇於人皇之際、黃帝之子昌意、娶蜀山氏、後子孫因封焉、帝顓頊高陽氏、

黃帝之孫、昌意之子、母曰昌僕、亦謂之女樞、河圖云、瑤光如蜺貫月正白、感女樞於幽房之宮、生顓頊、首戴干戈、有德文也、黃帝崩。【集解】皇甫謐曰、在位百年而崩、年百一十一歲、【索隱】案大戴禮、宰我問孔子曰、榮伊言黃帝三百年、請問黃帝何人也、抑非人也、何以至三百年乎、對曰、生而人得其利百年、死而人畏其神百年、亾而人用其敎百年、則士安之說略可憑矣、【正義】列仙傳云、軒轅自擇亾日、與羣臣辭還、葬橋山、山崩棺空、唯有劒舄在棺焉、【考證】林伯桐曰、史記於黃帝紀最愼、所謂擇其言尤雅者也、正義於蚩尤、則引龍魚河圖、於風后力牧、則引帝王世紀、於黃帝崩、則引列仙傳、皆不雅馴之言、豈史公之意乎、葬橋山。【集解】皇覽曰、黃帝冢在上郡橋山、【索隱】地理志、橋山在上郡陽周縣、山有黃帝冢也、【正義】括地志云、黃帝陵在寧州羅川縣東八十里子午山、地理志云、上郡陽周縣橋山南、有黃帝冢、案陽周隋改爲羅川、爾雅云、山銳而高曰橋也、其孫昌意之子高陽立。是爲帝顓頊也。帝顓頊高陽者、黃帝之孫、而昌意之子也。【集解】皇甫謐曰、都帝丘、今東郡濮陽是也、【索隱】宋衷云、顓頊名高陽、有天下號也、張晏云、高陽者所興地名也、【考證】張文虎曰、案史記篇自爲卷、脈絡相貫、後人取便簡閱、中斷提行、然亦有改之未盡者、舊刻毛本、此紀帝堯接帝嚳不提行、是其迹也、他合傳亦有類是者、今槩不提行、以歸一例、後倣此、愚按南化本云、顓音專、頊許錄反、靜淵以有謀。疏通而知事。養材以任地、【索隱】言能養材物以任地、大戴禮作養財、載時以象天。【索隱】載、行也、言行四時以象天、大戴禮作履時以

象天、履亦踐而行也、依鬼神以制義、【索隱】鬼神聰明正直、當盡心敬事、因制尊卑之義、故禮曰、降于祖廟之謂仁義、是也、【正義】鬼之靈者曰神也、鬼神、謂山川之神也、能興雲致雨、潤養萬物也、故已依馮之剬義也、剬古制字、治氣以敎化、【索隱】謂理四時五行之氣、以敎化萬人也、絜誠以祭祀。北至于幽陵、【正義】幽州也、南至于交阯、【正義】阯音止、交州也、西至于流沙、【集解】地理志曰、流沙、在張掖居延縣、【正義】濟渡也、括地志云、居延海南甘州張掖縣東北千六十四里是、東至于蟠木。【集解】海外經曰、東海中有山焉、名曰度索、上有大桃樹、屈蟠三千里、東北有門、名曰鬼門、萬鬼所聚也、天帝使神人守之、一名神荼、一名鬱壘、主閱領萬鬼、若害人之鬼、以葦索縛之、射以桃弧、投虎食也、【考證】錢大昕曰、蟠木、扶木也、呂覽爲欲篇、西至流沙、東至扶木、又求人篇、禹東至榑木之地、說文、榑桑神木、日所出也、榑與扶通、扶木即扶桑、古音扶如醻聲、轉爲蟠也、動靜之物、【正義】動物、謂鳥獸之類、靜物、謂草木之類、大小之神、【正義】大、謂五嶽四瀆、小、謂丘陵墳衍、日月所照、莫不砥屬。【集解】王肅曰、砥、平也、四遠皆平而來服屬、【索隱】依王肅、音止屬、據大戴禮作砥礪也、【正義】砥、磨石也、取其平也、【考證】帝顓頊以下、采五帝德篇、帝顓頊生子。曰窮蟬。【索隱】系本作窮係、宋衷云、一云、窮係謚也、【正義】帝舜之高祖也、【考證】以上采帝繫、顓頊崩。【集解】皇甫謐曰、在位七十八年、年九十八、皇覽曰、顓頊冢在東郡濮陽頓丘城門外廣陽里中、頓丘者城門名、頓

丘道、【索隱】皇甫謐云、據左氏、歲在鶉火而崩、葬東郡、又山海經曰、顓頊葬鮒魚山之陽、九嬪葬其陰、而玄囂之孫高辛立。是爲帝嚳。帝嚳高辛者、【集解】張晏曰、少昊以前天下之號象其德、顓頊以來、天下之號因其名、高陽高辛、皆所興之地名、顓頊與嚳、皆以字爲號、上古質故也、【索隱】宋衷曰、高辛、地名、因以爲號、嚳、名也、皇甫謐云、帝嚳名夋也、【正義】炎帝作耒耜以利百姓、敎民種五穀、故號神農、黃帝制輿服宮室等、故號軒轅氏、少昊象日月之始、能師太昊之道、此謂象其德也、帝王紀云、俈母無聞焉、【考證】楓山、三條、南化本云、嚳一作俈、音國、黃帝之曾孫也。高辛父曰蟜極。【正義】蟜、音居兆反、本作憍、音同、又巨遙反、帝堯之祖也、蟜極父曰玄囂。玄囂父曰黃帝。自玄囂與蟜極、皆不得在位。至高辛即帝位。【集解】皇甫謐曰、都亳、今河南偃師是、【考證】帝嚳以下、采帝繫、高辛於顓頊爲族子。高辛生而神靈、自言其名。【正義】帝王紀云、帝俈高辛、姬姓也、其母生見其神異、自言其名曰岌、齠齔有聖德、年十五而佐顓頊、三十登位、都亳、以人事紀官也、普施利物、不於其身。聰以知遠、明以察微、順天之義、知民之急、【考證】急字當依戴記作慼、讀如勤恤民隱之隱、楓、三、南本、無物字、仁而威、惠而信、脩身天下服。取地之財而

節用之、撫教萬民而利誨之、歷日月而迎送之、【正義】言作歷、弦望晦朔、日月未至而迎之、過而送之、上迎日推策是也。【考證】中井積德曰、歷、謂推步之、張文虎曰、尙書寅餞納日、與寅賓出日相對、歷日月而迎送之、蓋卽賓餞之意。明鬼神而敬事之。【正義】天神曰神、人神曰鬼、又云、聖人之精氣謂之神、賢人之精氣謂之鬼、言明識鬼神而敬事也。其色郁郁、其德嶷嶷。【索隱】郁郁、猶穆穆也、嶷嶷、德高也、今案大戴禮、郁作神、嶷作俟。【考證】今本大戴禮與史文同。其動也時、其服也士。【索隱】舉動應天時、衣服服士服、言其公且廉也。【正義】服、士之祭服、緇衣纁裳也。【考證】服、行也、士、事也、言服事不懈也。帝嚳溉執中而偏天下。【集解】徐廣曰、古既字作水旁、偏字一作尹。【索隱】卽尙書允執厥中是也。【正義】溉音既、言帝俈治民若水之溉灌、平等而執中正、偏於天下也。【考證】戴記無溉字、偏作獲、洪頤煊曰、溉古通作概字、概、平也、言執中以偏及於天下、沈濤曰、集解引徐廣曰、古既字作水旁、既之作溉、猶夷之作銕、是史遷書古字之僅存者、此外爲小司馬張守節所竄改者不少矣、五帝紀曰暘谷、索隱曰、史記舊本作湯谷、今並依尙書字、則小司馬所改也、曰並、蓋不止一字、孫詒讓曰、偏、大戴作獲、獲當爲護、護猶云辨護、理董監治之義、李笠曰、偏卽辨之叚音、古字通、大戴禮當作護、史記當作辨、字異義同、並理董監治之義。日月所照、風雨所至、莫不從服。【正義】以上大戴文也。【考證】高辛生而神靈以下、五帝德。帝嚳娶陳鋒氏女。【索隱】鋒、音峯、案系本作陳酆氏、皇甫謐云陳鋒氏女曰慶都、慶都名也。【正義】鋒音峯、又作豐、帝王紀云、帝俈有四妃、卜其子皆有天下、元妃有邰氏女曰姜嫄、生后稷、次妃有娀氏女曰簡狄、生卨、次妃陳豐氏女曰慶都、生放勛、次妃娵訾氏女曰常儀、生帝摯也。生放勳。【正義】放音方往反、勳亦作勛、音許云反、言堯能放上代之功、故曰放勛、諡堯、姓伊祁氏、帝王紀云、帝堯陶唐氏祁姓也、母慶都、十四月生堯。娶娵訾氏女、生摯。【索隱】案皇甫謐云、女名常宜也。【正義】娵足須反、訾紫移反。【考證】以上帝繫。帝嚳崩。【集解】皇甫謐曰、在位七十年、年百五歲、皇覽曰、帝嚳冢在東郡濮陽頓丘城南臺陰野中。而摯代立。帝摯立不善崩。【索隱】古本作不著、音張慮反、俗本作不善、不善謂微弱、不著猶不著明、衛宏云、摯立九年、而唐侯德盛、因禪位焉。【正義】帝王紀云、帝摯之母、於四人中班最在下、而摯於兄弟最長、得登帝位、封異母弟放勛爲唐侯、摯在位九年、政微弱、而唐侯德盛、諸侯歸之、摯服其義、乃率羣臣造唐而致禪、唐侯自知有天命、乃受帝禪、乃封摯於高辛、今定州唐縣也。而弟放勳立、是爲帝堯。【考證】論語泰伯篇正義引尙書大傳曰、堯年十六、以唐侯升爲天子、遂以爲號、吳裕垂曰、堯嗣摯統、兄弟相及也、堯卽帝位、經無明文、於是滋生異說、有謂摯服義而致禪者、有謂摯荒淫而見廢者、此皆亂賊之徒、欲飾篡爲禪、附會其說以自文耳、太史公所謂百家之言、其文不雅馴者、莫甚於此、故博採羣書、擇其尤雅者著爲本紀、以爲帝摯不善、既崩而後放勳立、可謂折衷至正、俾萬世人臣無所藉口矣。

帝堯者、【集解】諡法曰、翼善傳聖曰堯。【索隱】堯、諡也、放勳、名、帝嚳之子、姓伊祁氏、案皇甫謐云、堯初生時、其母在三阿之南、寄於伊長孺之家、

故從母所居爲姓也。【正義】徐廣云、號陶唐、帝王紀云、堯都平陽、於詩爲唐國、徐才宗國都城記云、唐國、帝堯之裔子所封、其北帝夏禹都、漢曰太原郡、在古冀州太行恆山之西、其南有晉水、括地志云、今晉州所理平陽故城是也、平陽河水、一名晉水也。放勳。【集解】徐廣曰、號陶唐、皇甫謐曰、堯以甲申歲生、甲辰卽帝位、甲午徵舜、甲寅舜代行天子事、辛巳崩、年百一十八、在位九十八年。【考證】崔適曰、依舜本紀名曰重華、夏本紀名曰文命、此當補名曰二字、愚按此承上文弟放勳而言、與舜禹本紀異、不必補二字、又按堯舜禹皆名、放勳重華文命、皆其徽號、當時尙未有諡、注諡法可刪、舜禹皆倣之、古鈔本無者字。其仁如天、【索隱】如天之函養也。【正義】郭璞注爾雅云、仁覆愍下、謂之旻天也。其知如神、【索隱】如神之微妙也。就之如日、【索隱】如日之照臨、人咸就之、若葵藿傾心以向日也。望之如雲。【索隱】如雲之覆渥、言德化廣大而浸潤生人、人咸仰望之、故曰如百穀之仰膏雨也。【考證】中井積德曰、如日、謂其溫仁也、猶炙背于陽、如雲、謂其高大覆冒、索隱非。富而不驕、貴而不舒。【索隱】舒、猶慢也、大戴禮作不豫。【正義】凌上慢下、謂之爲驕、言堯有天下之富、而不驕人也。黃收純衣、【集解】徐廣曰、純一作絞、駰案太古冠冕圖云、夏名冕曰收、禮記曰、野夫黃冠、鄭玄曰、純衣、士之祭服。【索隱】收、冕名、其色黃、故曰黃收、象古質素也、純讀曰緇。【考證】大戴禮作黃黼黻衣。彤車乘白馬。【考證】以上采五帝德、彤、戴記作丹、義同。能明馴德、以親九族。【集解】徐廣曰、馴古訓字。【索隱】史記馴字、徐廣皆讀曰訓、訓、順也、言聖德能順人也、案尙書作俊德、孔安國云、能明用俊德之士、與此文意別也。【考證】順德、尙書作俊德、大學作峻德、卽大德、大德光明、可以睦九族、可以便章百姓、可以合和萬國。九族既睦、便章百姓。【集解】徐廣曰、下云便程東作、然則訓平爲便也。駰案尙書竝作平字、孔安國曰、百姓、百官、鄭玄曰、百姓、羣臣之父子兄弟。【索隱】古文尙書作平、此文蓋讀平爲浦耕反、平既訓便、因作便章、其今文作辯章、古平字亦作便、音婢緣反、便則訓辯、遂爲辯章、鄒誕生本亦同也。百姓昭明、合和萬國。【考證】尙書能作克、便作平、合作協、國作邦、邦字漢高祖名、史公諱改、自內及外、自近及遠、是堯之所以有天下致太平也、尙書臯陶謨、臯陶曰、都、愼厥身修思永、惇敘九族、庶明勵翼、邇可遠在茲、亦述此意、詩大雅思齊稱周文王曰、刑于寡妻、至于兄弟、以御于家邦、論語爲政篇或謂孔子曰、子奚不爲政、子曰、書云、孝乎惟孝、友于兄弟、施於有政、戴記大學篇云、古之欲明明德於天下者、先治其國、欲治其國者、先齊其家、欲齊其家者、先脩其身、孟子離婁篇、孟子曰、人有恆言、皆曰天下國家、天下之本在國、國之本在家、家之本在身、蓋聖賢相傳之道如此。乃命羲和、【集解】孔安國曰、重黎之後、羲氏和氏、世掌天地之官。【正義】呂刑傳云、重卽羲、黎卽和、雖別爲氏族、而出自重黎也、案聖人不獨治、必須賢輔、乃命相天地之官、若周禮天官卿、地官卿也。敬順昊天、【正義】敬、猶恭勤也、元氣昊然廣大、故云昊天、釋天云、春爲蒼天、夏爲昊天、秋爲旻天、冬爲上天、而獨言昊天者、以堯能敬天大、故以昊大言之。數法日月星辰、【索隱】尙書作歷象日月、則此言數法是訓歷象二字、謂命羲和以歷數之法、觀察日月星辰之早晚、以敬授人時也。【正義】歷數之法、日之甲乙、月之大小、昏明遞中之星、日月所會之辰、定其天數、以爲一歲之曆、

敬授民時。【正義】尚書考靈耀云、主春者張昏中、可以種稷、主夏者火昏中、可以種黍菽、主秋者虛昏中、可以種麥、主冬者昴昏中、可以收斂也、天子視四星之中、知民緩急、故云敬授民時也、【考證】崔述曰、漢書律歷志云、歷數之起上矣、傳述顓頊命南正重司天、火正黎司地、其後三苗亂德、二官咸廢、而閏餘乖次、孟陬殄滅、攝提失方、堯復育重黎之後、使纂其業、故書曰、乃命羲和、欽若昊天、歷象日月星辰、敬授人時、余按經文四時之紀、閏之疏密、朞之日數多寡、皆至堯而後定、非舊已有成法而中廢、至堯又修復之也、重黎之司天地、本於楚語、然楚語云、重司天以屬神、黎司地以屬民、所司者乃天神之祭祀、非天象之贏縮也、故曰、九黎亂德、民神雜糅、曰夫人作享、家為巫史、皆謂宗祝祭祀事耳、與羲和之司歷法者無涉也、歷象之官、自在帝畿、三苗之亂、自在蠻夷、相距數千里、三苗安能廢帝廷之二官、而乖其閏餘乎、至楚語所稱堯復育重黎之後者、乃本呂刑之文、非襲堯典之語、堯自命羲和、自育重黎、今因其皆為堯所命、遂取而合之、然則堯在位百年、所命之官、止有此二族乎、嗟夫、自劉歆班固誤合楚語於堯典、後學祖而述之、遂謂黃帝以來、歷數已有成法、然則堯典之累累而驗之、諄諄而命之、與夫史臣之瑣瑣而記之者、不皆贅乎、韋昭國語解、及尚書孔傳、蔡傳、並以重黎為羲和、皆沿漢志而誤、

分命羲仲居郁夷。曰暘谷。【集解】尚書作嵎夷、孔安國曰、東表之地稱嵎夷、日出於暘谷、羲仲治東方之官、【索隱】舊本作湯谷、今並依尚書字、案淮南子曰、日出湯谷、浴於咸池、則湯谷亦有他證明矣、又下曰昧谷、徐廣云、一作柳谷、亦日入處地名、太史公博採經記而為此史、廣記異聞、不必皆依尚書、蓋郁夷亦地之別名也、【正義】郁音隅、陽或作暘、禹貢青州云、嵎夷既略、案嵎夷青州也、堯命羲仲理東方青州嵎夷之地、日所出處名曰陽明之谷、羲仲主東

方之官、若周禮春官卿、【考證】沈濤曰、釋文云、堯典宅嵎夷、史記及攷靈耀作禺銕、是陸氏所見史記本、與小司馬張守節不同、又曰、索隱云、史記舊本暘谷作湯谷、今並依尚書字、然則暘谷者、小司馬所改也、史遷從安國問故、則古文尚書必作湯谷、山海經、黑齒國下有湯谷、湯谷上有扶桑、十日所浴、楚辭天問云、出自湯谷、至蒙記、淮南天文訓云、日出于湯谷、浴于咸池、拂于扶桑、古書皆以湯谷為日出之地、錢大昕說同、

敬道日出、便程東作。【集解】孔安國曰、敬道出日、平均次序東作之事、以務農也、【索隱】劉伯莊傳、皆依古史作平秩音、然尚書大傳曰、辯秩東作、則是訓秩為程、言便課其作程者也、【正義】道音導、便程並如字、後同、導訓也、三春主東、故言日出、耕作在春、故言東作、命羲仲恭勤道訓萬民東作之事、使有程期、【考證】尚書敬道日出作寅賓出日、便程作平秩、下同、

日中、星鳥、以殷中春。【集解】孔安國曰、日中謂春分之日也、鳥南方朱鳥七宿也、殷正也、春分之昏、鳥星畢見、以正仲春之氣節、轉以推孟季、則可知也、【正義】下中音仲、夏秋冬並同、

其民析、鳥獸字微。【集解】孔安國曰、春事既起、丁壯就功、言其民老壯分析也、乳化曰字、尚書微作尾、字說云、尾交接也、【考證】呂覽尾生高、注云、即論語微生高、尾微古通用、

申命羲叔居南交。【集解】孔安國曰、夏與春交、此治南方之官也、【索隱】孔注未是、然則冬與秋交、何故下無其文、且東嵎夷、西昧谷、北幽都、三方皆言地、而夏獨不言地、乃云與春交、斯不例之甚也、然南方地有名交阯者、或古文略舉一字名地、南交則是交阯不疑也、【正義】羲叔主南方官、若周禮夏官卿也、【考證】韓非子十過篇、堯有天下、其地南至交阯、北至幽都、東西至日月之所出入者、莫不賓服、

便程南為。

敬致。【集解】孔安國曰、為、化也、平序南方化育之事、敬行其教、以致其功也、【索隱】為依字讀、春言東作、夏言南為、皆是耕作營為勸農之事、孔安國強讀為訛字、雖則訓化、解釋亦甚紆回也、【正義】為音于偽反、命羲叔宜恭勤民事、致其種殖、使有程期也、【考證】張文虎曰、南為各本作南譌、依尚書撰異改、錢大昕梁玉繩說同、

日永、星火、以正中夏。【集解】孔安國曰、永長也、謂夏至之日、火蒼龍之中星、舉中則七星見可知也、以正中夏之氣節、馬融王肅謂日長晝漏六十刻、鄭玄曰、五十五刻、【考證】中井積德曰、六十刻者、以日出入而言、五十五刻者、以晨昏而言、愚按、據下文注、集解五十五刻下、當有失之二字、

其民因、鳥獸希革。【集解】孔安國曰、因謂老弱因就在田之丁壯以助農也、夏時鳥獸毛羽希少改易也、革改也、

申命和仲居西土。【集解】徐廣曰、一無土字、以為西者今天水之西縣也、駰案、鄭玄曰、西者隴西之西、今人謂之兌山、【正義】和仲主西方之官、若周禮秋官卿也、

曰昧谷。【集解】徐廣曰、一作柳谷、駰案、孔安國曰、日入于谷而天下冥、故曰昧谷、此居治西方之官、掌秋天之政也、

敬道日入、便程西成。【集解】孔安國曰、秋西方、萬物成也、【考證】尚書作寅餞納日、

夜中、星虛、以正中秋。【索隱】虛、舊依字讀、而鄒誕生音墟、案虛星主墳墓、鄒氏或得其理、【集解】孔安國曰、春言日、秋言夜、互相備也、虛玄武之中星、亦言七星、皆以秋分日見、以正三秋也、

其民夷易、鳥獸毛毨。【集解】孔安國曰、夷平也、老壯者在田與夏平也、毨理也、毛更生曰毨理、【考證】尚書無夷字、史公以易代夷、今本夷字、後人旁注誤入正文、夷易義

複、博士家異字云、中彭中韓本南化本無易字、蓋誤削、集解毛更生曰毨理、書傳作毛更生整理、

申命和叔居北方。曰幽都。【集解】孔安國曰、北稱幽都、謂所聚也、【索隱】山海經曰、北海之內有山、名幽都、蓋是也、【正義】案北方幽州陰聚之地、命和叔居理之、北方之官、若周禮冬官卿、【考證】尚書北作朔、

便在伏物。【索隱】使和叔察北方藏伏之物、謂人畜積聚等、冬皆藏伏、尸子亦曰、北方者伏方也、尚書作平在朔易、今案大傳云、便在伏物、太史公據之而書、【考證】尚書大傳云、北方者何也、伏方也、伏方者萬物伏藏之方、則何以謂之冬、冬者萬物方藏於中也、故曰北方冬也、

日短、星昴、以正中冬。【集解】孔安國曰、日短、冬至之日也、昴、白虎之中星、亦以七星並見、以正冬節也、馬融王肅謂日短晝漏四十刻、鄭玄曰、四十五刻、失之、

其民燠、鳥獸氄毛。【集解】徐廣曰、氄音茸、駰案、孔安國曰、民入室處、鳥獸皆生氄毳細毛以自溫也、【正義】冬時其民因鳥獸生氄毳細毛之時、當服精綿絮褚衣溫之服、以禦冬寒也、褚音竹呂反、

歲三百六十六日。以閏月正四時。【索隱】夫周天三百六十五度四分度之一、是天度數也、而日行遲、一歲一周天、月行疾、一月一周天、一日行一度、月一日行十三度十九分度之七、至二十九日半強、月行天一帀、又逐及日而與會、一年十二會、是為十二月、每月二十九日過半、年分出小月六、是每歲餘六日、又大歲三百六十六日、小歲三百五十五日、舉全數云六十六日、其實一歲唯餘十一日弱、未滿三歲已成一月、則置閏、若三年不置閏、則正月為二月、九年差三月、則以春為夏、十七年差六月、則四時皆反、以此四時不正、歲不成矣、故傳曰、歸餘於終、事則不悖、是也、

信飭百官、衆功皆興。 集解 徐廣曰、古勑字、 考證 尚書云、帝曰、咨汝羲暨和、朞三百有六旬有六日、以閏月定四時成歲、允釐百工、庶績咸熙、蓋在書歷成、堯戒羲和之言、而史公改爲敍事之文、崔述曰、歷有三率、一晝夜爲日率、一盈虧爲月率、皆易知者、獨一寒暑爲歲率、其間贏縮奇零最爲難齊、故歷法以成歲爲要、然歲之終始、非有定界、不可以徒求、故分以爲四時、而命二仲二叔、分居四方以考驗之、時之終始、尤無定界、益不可以徒求、故但求定天下四時之中、中得則前推之卽爲始、後推之卽爲終、日永日短者、考之以晷漏、星鳥星虛者、考之以躔度、猶懼其未也、復驗之於人物出入變化之節、而後四時可定、四時定則日數可得、月以閏不差、而歲成矣、又曰、歷法政事之一端耳、何爲詳記之如是也、曰、帝王之治、莫先於授時、四時不爽、然後農桑可興、政令可布、人物之性可盡、天地陰陽之化可得而輔相燮理、書契史冊之文、可得而次第考核、故堯典載堯之政、特詳於此、而孔子答顏淵爲邦之問、亦以行夏時爲第一義也、所謂夏時、卽堯所定之歷、 堯曰。誰可順此事。 正義 言將登用之嗣位也、 考證 正義嗣位二字當刪、 放齊曰。嗣子丹朱開明。 集解 孔安國曰、放齊、臣名、 正義 放、音方往反、鄭玄云、帝堯胤嗣之子、名曰丹朱、開明也、案開、解而達也、帝王紀云、堯娶散宜氏女曰女皇、生丹朱、汲冢紀年云、后稷放帝子丹朱、范汪荊州記云、丹水縣在丹川、堯子朱之所封也、括地志云、丹水故城在鄧州內鄉縣西南百三十里、丹水故爲縣、 考證 尚書作胤子朱啓明、 堯曰。吁、頑凶。不用。 集解 孔安國曰、吁、疑怪之辭、 正義 左傳云、口不道忠信之言爲嚚、心不則德義之經爲頑、凶、訟也、言丹朱心既頑嚚、又好爭訟、不可用之、 考證 尚書作吁嚚訟可乎、中井積德曰、不用、不中用也、

堯又曰。誰可者。 考證 尚書無又字、誰可者、作疇咨若予采、 讙兜曰。共工旁聚布功。可用。 集解 孔安國曰、讙兜、臣名、鄭玄曰、共工、水官名、 正義 兜、音斗侯反、 考證 尚書作都共工方鳩僝功、 堯曰。共工善言、其用僻。似恭漫天。不可。 正義 漫、音莫干反、共工善爲言語、用意邪僻也、似於恭敬、罪惡漫天、不可用也、 考證 尚書作吁靜言庸違、象恭漫天、 堯又曰。嗟、四嶽。 集解 鄭玄曰、四嶽、四時官、主方嶽之事、 正義 嗟、嘆鴻水、問四嶽誰能理也、孔安國云、四嶽卽上羲和四子也、分掌四嶽之諸侯、故稱焉、 考證 尚書嗟作咨、語詞、四岳、鄭說爲是、下曰皆曰、非一人也、與羲和四子異、 湯湯洪水滔天、浩浩懷山襄陵。下民其憂。有能使治者。 集解 孔安國曰、懷、包、襄、上也、 正義 湯、音商、今讀如字、湯湯、廣平之貌、言水奔突有所滌除、地上之物、爲水漂流湯湯然、案懷、藏包裹之義、故懷爲包、釋言以襄爲駕、駕乘牛馬、皆在上也、言水襄上乘陵、浩浩盛大、勢若漫天、 考證 尚書作湯湯洪水方割、蕩蕩懷山襄陵、下民其咨、有能俾乂、楓三南本湯作蕩、南本洪作鴻、 皆曰。鯀可。 集解 馬融曰、鯀、臣名、禹父、 考證 尚書作僉曰於鯀哉、 堯曰。鯀負命毀族。不可。 正義 負、音佩、依字通、負、違也、族、類也、鯀性很戾、違負教命、毀敗善類、不可用也、詩云、貪人敗類也、 考證 尚書作吁咈哉、方命圮族、李笠曰、負倍佩背、聲義竝相通、 嶽曰。异哉。試不可用而已。 正義 异、音異、孔安

國云、异、已、已、退也、言餘人盡已、唯鯀可試、無成乃退、 考證 尚書作异哉、試可乃已、陳仁錫曰、洞本可下無用字、張文虎曰、舊刻無用字、審經文及傳、無者是、錢大昕曰、古人語急、以不可爲可也、古經簡質、得史記而義益明、 堯於是聽嶽用鯀。 考證 尚書作帝曰往欽哉、 九載功用不成。 正義 爾雅釋天云、載、歲也、夏曰祀、周曰年、唐虞曰載、李巡云、各自紀事、示不相襲也、孫炎云、歲、取歲星行一次也、祀、取四時祭祀一訖也、年、取禾穀一熟也、載、取萬物終更始也、載者、年之別名、故以載爲年也、案功用不成、水害不息、故放退也、至明年、得舜乃殛之羽山、而用其子禹也、 考證 尚書作九載績用弗成、愚按、尚書又云、三載考績、三考黜陟幽明、鯀蓋歷三考也、舜所以黜之、又按、以上略與尚書對比、以示史公剪裁之法、以下倣之、 堯曰。嗟、四嶽。朕在位七十載。女能庸命。踐朕位。 集解 鄭玄曰、言汝諸侯之中、有能順事用天命者、入處我位、統治天子之事者乎、 正義 孔安國云、堯年十六、以唐侯升爲天子、在位七十載、時八十六、老將求代也、 考證 陳仁錫曰、湖本女作汝、誤、篇內同、王觀國曰、伊訓曰、朕載自亳、此伊尹自稱朕也、洛誥曰、朕復子明辟、此周公自稱朕也、離騷曰、帝高陽之苗裔兮、朕皇考曰伯庸、此屈原自稱朕也、秦始皇帝初并天下、以命爲制、令爲詔、自稱曰朕、自是惟人君稱朕、臣下不敢稱也、 嶽應曰。鄙悳忝帝位。 正義 四嶽皆云、鄙俚無德、若便行天子事、是辱帝位、言己等不堪也、 堯曰。悉擧貴戚及疏遠隱匿者。衆皆言於堯曰。有矜在民閒曰虞舜。 集解 孔安國曰、無妻曰矜、

正義 矜、古頑反、 考證 崔述曰、古者三十而娶、三十未娶、常事耳、何以鰥稱也、以下釐降二女、故於此稱鰥焉、明舜之未娶也、 堯曰。然。朕聞之。其何如。嶽曰。盲者子、父頑母嚚弟傲、能和以孝、烝烝治不至姦。 集解 孔安國曰、不至於姦惡、 正義 烝、之升反、進也、言父頑母嚚弟傲、舜皆和以孝、進之於善、不至於姦惡也、 考證 王引之曰、烝烝、卽孝德之形容、謂之烝烝者、言孝德之厚美也、大雅文王有聲云、文王烝哉、韓詩云、烝、美也、魯頌泮水云、烝烝皇皇、傳云、烝烝、厚也、愚按、不至姦、不使至於姦惡也、 堯曰。吾其試哉。 正義 欲以二女試舜、觀其理家之道也、 於是堯妻之二女、 正義 妻、音七計反、二女、娥皇女英也、娥皇無子、女英生商均、舜升天子、娥皇爲后、女英爲妃、 觀其德於二女。 正義 視其爲德行於二女、以理家而觀國也、 考證 楓三南本德作自爲、尚書作刑、 舜飭下二女於嬀汭、如婦禮。 集解 孔安國曰、舜所居嬀水之汭、 索隱 列女傳云、二女長曰娥皇、次曰女英、系本作女瑩、大戴禮作女匽、皇甫謐云、嬀水在河東虞鄉縣歷山西、汭、水涯也、猶洛汭渭汭然也、 正義 飭、音勑、下、音胡亞反、汭、音芮、舜能整齊二女以義理、下二女之心於嬀汭、使行婦道於虞氏也、括地志云、嬀汭水源出蒲州河東南山、許愼云、水涯曰汭、案地記云、河東郡青山東山中有二泉、下南流者嬀水、北流者汭水、二水異原、合流出谷、西注河、嬀水北曰汭也、又云、河東縣二里、故蒲坂城、舜所都也、城中有舜廟、城外有舜宅及二妃壇、 考證 尚書飭下作釐降、句下有帝曰欽哉四字、蔡沈云、堯治裝下嫁二女於嬀水之北、使爲舜婦於虞氏之家也、欽

哉、堯戒二女之辭、經義蓋如此、史公句上冠以舜字、與經殊、正義得之、堯善之。乃使舜愼和五典。五典能從。【集解】鄭玄曰、五典、五教也、蓋試以司徒之職、【考證】五典、五教、說詳布五教條下、乃徧入百官。百官時序。賓於四門。四門穆穆。諸侯遠方賓客皆敬。【集解】馬融曰、四門、四方之門、諸侯羣臣朝者、舜賓迎之、皆有美德也、堯使舜入山林川澤。暴風雷雨、舜行不迷。【索隱】尚書云、納于大麓、穀梁傳云、林屬於山曰麓、是山足曰麓、故此以爲入山林不迷、孔氏以麓訓錄、言令舜大錄萬機之政、與此不同、【考證】尚書大傳云、納之大麓之野、野卽山林川澤也、是史公所本、漢書王莽傳、張竦稱莽功德曰、比三世爲三公、遂大行秉冢宰、職塡國家、四方輻湊、靡不得所、書曰、納于大麓、烈風雷雨弗迷、公之謂矣、又莽曰、予前在大麓、論衡正說篇、書云、入于大麓、烈風雷雨不迷、言大錄三公之位、居一公之位、大總錄二公之事、衆多並吉、若疾風大雨、王肅注尚書曰、麓、錄也、是以大麓爲大錄萬機之政、與史公義異、堯以爲聖、召舜曰。女謀事至、而言可績三年矣。女登帝位。【集解】鄭玄曰、三年者、賓四門之後三年也、【考證】亦三載考績之義、舜讓於德不懌。【集解】徐廣曰、音亦、今文尚書作不怡、怡、懌也、【索隱】古文作不嗣、今文作不怡、怡卽懌也、謂辭讓於德不堪、所以心意不悅懌也、俗本作澤、誤爾、亦當爲懌、【考證】史公自序云、唐堯遜位、虞舜不台、台、怡通、釋詁、怡、懌、樂也、史公以故訓代之、

正月上日、舜受終於文祖。【集解】馬融曰、上日、朔日也、【正義】鄭玄云、帝王易代、莫不改正、堯正建丑、舜正建子、此時未改、故依堯正月上日也、【考證】以上采尚書堯典、文祖者、堯大祖也。【集解】鄭玄曰、文祖者五府之大名、猶周之明堂、【索隱】尚書帝命驗曰、五府、正帝之廟、蒼曰靈府、赤曰文祖、黃曰神斗、白曰顯紀、黑曰玄矩、唐虞謂之五府、夏謂世室、殷謂重屋、周謂明堂、皆祀五帝之所也、【正義】舜受堯終帝之事於文祖也、尚書帝命驗云、帝者承天立五府以尊天重象也、五府者、黃曰神斗、注云、唐虞謂之天府、夏謂之世室、殷謂之重屋、周謂之明堂、皆祀五帝之所也、文祖者赤帝熛怒之府、名曰文祖、火精光明文章之祖、故謂之文祖、周曰明堂、神斗者黃帝含樞紐之府、名曰神斗、斗主也、土精澄靜、四行之主、故謂之神斗、周曰太室、顯紀者白帝招拒之府、名曰顯紀、紀法也、金精斷割萬物、故謂之顯紀、周曰總章、玄矩者黑帝汁光紀之府、名曰玄矩、矩法也、水精玄昧、能權輕重、故謂之玄矩、周曰玄堂、靈府者蒼帝靈威仰之府、名曰靈府、周曰青陽、【考證】受終者、孟子所謂堯老而舜攝者、就政而言、不就位而言、段玉裁曰、堯太祖蓋謂黃帝、姚鼐曰、以文祖爲堯太祖、此疑太史公從安國問故而得之者、今書傳乃云、堯文德之祖廟、則謬悠之說矣、康成以緯書解經、裴氏不當取以解此、愚按五天帝之說、自五人帝而生、皆以五德配五色、周末始有之、唐虞所無、於是帝堯老、命舜攝行天子之政、以觀天命。【考證】於是以下、本孟子萬章篇、觀天命、卽薦諸天也、舜乃在璿璣玉衡、以齊七政。【集解】鄭玄曰、璿璣玉衡、渾天儀也、七政、日月五星也、【正義】說文云、璿、赤玉也、案舜雖受堯命、猶不自

安、更以璿璣玉衡以正天文、璣爲運轉、衡爲橫簫、運璣使動於下、以衡望之、是王者正天文器也、觀其齊與不齊、今七政齊、則己受禪爲是、蔡邕云、玉衡長八尺、孔徑一寸、下端望之、以視星宿、竝縣璣以象天、而以衡望之、轉璣窺衡以知星宿、璣徑八尺、圓周二丈五尺而強也、鄭玄云、運轉者爲璣、持正者爲衡、尚書大傳云、政者齊中也、謂春秋冬夏、天文地理、人道所以爲政也、道正而萬事順成、故天道政之大也、蔡邕天文志、言天體者有三家、一曰周髀、二曰宣夜、三曰渾天也、尚書大傳云、七政布位、日月時之主、五星時之紀、故以此爲七、日月有薄食、五星有捂聚、七者得失、在於人君之政、故謂之政、易繫辭云、天垂象見吉凶、聖人象之、日月五星有吉凶之象、因其變動爲占、七者自異政、故曰七政也、按五星名、木曰歲星、火曰熒惑星、土曰鎭星、金曰太白星、水曰辰星也、【考證】崔述曰、此舜成天之政、所以補堯授時之未備、故首及之、遂類于上帝、【集解】鄭玄曰、禮祭上帝于圜丘、【正義】五經異義云、非時祭天謂之類、言以事類告之也、時舜告攝、非常祭也、王制云、天子將出、類于上帝、鄭玄云、昊天上帝謂天皇大帝北辰之星、禋于六宗、【集解】鄭玄曰、六宗、星辰司中司命風師雨師也、案、六宗義衆矣、愚謂鄭說爲長、【正義】周語云、精意以享曰禋也、孫炎云、禋、絜敬之祭也、案、星、五緯星也、辰、日月所會十二次也、司中司命、文昌第五第四星也、風師、箕星也、雨師、畢星也、孔安國云、四時寒暑也、日、月、星也、水旱也、禮祭法云、埋少牢於大昭、祭時也、禳祈於坎壇、祭寒暑也、王宮、祭日也、夜明、祭月也、幽禜、祭星、雩禜、祭水旱也、司馬彪續漢書云、安帝立六宗祀於洛陽城西北亥地、禮比大社、魏因之、至晉初荀顗言新祀以六宗之神、諸家說不同、乃廢之也、【考證】六宗、自漢以來無定說、歐陽及大小夏侯皆曰、所祭者六、上不謂天、下不謂地、旁不謂四方、在六者之間、助陰陽變化、實一而名六宗矣、孔光

劉歆曰、六宗謂乾坤六子、水火雷風山澤也、賈逵曰、天宗三、日月星辰、地宗三、河海岱、馬融曰、天地四時、鄭玄曰、星、辰、司中、司命、風師、雨師、王肅曰、四時、寒暑、日、月、星、水旱、與某氏書傳合、張髦曰、三昭六穆、未知孰是、望于山川、【集解】徐廣曰、名山大川、【正義】望者遙望而祭山川也、山川、五嶽四瀆也、爾雅云、梁山晉望也、辯于羣神。【集解】徐廣曰、辯音班、案鄭玄曰、羣神若丘陵墳衍、【正義】辯音遍、謂祭羣神也、【考證】封禪書辯作徧、王先謙曰、黃圖載元始儀、說苑辨物篇、漢書王莽傳、論衡祭意篇、白石神君碑、魏公卿上尊號表、皆作徧、愚按辯又或作班、徧辯班音近、蓋與類禋望同祭神也、其義未詳、揖五瑞、擇吉月日、見四嶽諸牧、班瑞。【集解】馬融曰、揖、斂也、五瑞、公侯伯子男所執、以爲瑞信也、堯將禪舜、使羣牧斂之、使舜親往班之、【正義】揖音集、周禮典瑞云、王執鎭圭、尺二寸、公執桓圭、九寸、侯執信圭、七寸、伯執躬圭、五寸、子執穀璧、男執蒲璧、皆五寸、言五瑞者、王不在中也、孔文祥云、宋末會稽修禹廟、於廟庭山土中得五等圭璧百餘枚、形與周禮同、皆短小、此卽禹會諸侯於會稽、執以禮山神而埋之、其璧今猶有在也、【考證】楓三南本無月字、封禪書班作還、崔述曰、此記布政於內之事、先事神而後治人者、奉天而以出治、明不敢自專也、歲二月、東巡狩、至於岱宗、祡、【集解】馬融曰、舜受終後五年之二月、鄭玄曰、建卯之月也、祡祭東嶽者、考績祡燎也、【正義】案既班瑞羣后、卽東巡者、守土之諸侯、會岱宗之嶽、焚柴告至也、王者巡狩、以諸侯自專一國、威福任己、恐其壅遏上命、澤不下流、故巡行問人疾苦也、風俗通云、太山之尊者、一曰岱宗、始也、長也、萬物之始、陰陽交代、故爲五嶽之長也、案二月仲月也、仲、中也、言得其中也、望

秩於山川。【正義】乃以秩望祭東方諸侯境內之名山大川也。言秩者、五嶽視三公、四瀆視諸侯。遂見東方君長、合時月、正日、【集解】鄭玄曰、協正四時之月數及日名、備有失誤。【正義】既見東方君長、乃合同四時氣節、月之大小、日之甲乙、使齊一也。周禮、太史掌正歲年以序事、頒正朔於邦國、則節氣晦朔皆天子頒之、猶恐諸侯國異、或不齊同、因巡狩合正之。同律度量衡。【集解】鄭玄曰、律、音律。度、丈尺。量、斗斛。衡、斤兩也。【正義】律之十二律、度之丈尺、量之斗斛、衡之斤兩、皆使天下相同、無制度長短輕重異也。漢律歷志云、虞書云、同律度量衡、所以齊遠近立民信也。律有十二、陽六爲律、陰六爲呂。律以統氣類物、一曰黃鍾、二曰太蔟、三曰姑洗、四曰蕤賓、五曰夷則、六曰無射。呂以旅陽宣氣、一曰林鍾、二曰南呂、三曰應鍾、四曰大呂、五曰夾鍾、六曰中呂。度者分、寸、尺、丈、引也、所以度長短也。本起黃鍾之管長、以子穀秬黍中者、一黍爲一分、十分爲一寸、十寸爲尺、十尺爲丈、十丈爲引、而五度審矣。量者龠、合、升、斗、斛也、所以量多少也。本起黃鍾之龠、以子穀秬黍中者千有二百實爲一龠、合龠爲合、十合爲升、十升爲斗、十斗爲斛、而五量嘉矣。衡權者銖、兩、斤、鈞、石也、所以稱物輕重也。本起於黃鍾之重、一龠容千二百黍、重十二銖、二十四銖爲兩、十六兩爲斤、三十斤爲鈞、四鈞爲石、而五權謹矣。衡、平也。權、重也。【考證】正義本起黃鍾之管以下十七字、與漢書律歷志同、訛。館本依宋史律志、改作本起黃鍾之長、以子穀秬黍中者、一黍之起積千二百黍之廣、度之九十分、一爲一分、十分爲寸。脩五禮。【集解】馬融曰、吉凶賓軍嘉也。【正義】周禮以吉禮事邦國之鬼神祇、以凶禮哀邦國之憂、以賓禮親邦國、以軍禮同邦國、以嘉禮親萬民也。尚書堯典云、類于上帝、吉禮也。如喪考妣、凶禮也。羣后四朝、賓禮也。大禹謨云、

汝徂征、軍禮也。堯典云、女于時、嘉禮也。女音女慮反。五玉、【集解】鄭玄曰、卽五瑞也。執之曰瑞、陳列曰玉。三帛、【集解】馬融曰、三孤所執也。鄭玄曰、帛所以薦玉也。必三者、高陽氏後用赤繒、高辛氏後用黑繒、其餘諸侯皆用白繒。【正義】孔安國云、諸侯世子執纁、公之孤執玄、附庸之君執黃也。案三統紀推伏犧爲天統、色尚赤。神農爲地統、色尚黑。黃帝爲人統、色尚白。少昊黃帝子、亦尚白。故高陽氏又天統、亦尚赤。堯爲人統、故用白。二生、【正義】羔鴈也。鄭玄注周禮大宗伯云、羔、小羊也。取其羣不失其類也。鴈、取其候時而行也。卿執羔、大夫執鴈。案羔鴈性馴、可生爲贄。一死【正義】雉也。馬融云、一死雉、士所執也。案不可生爲贄、故死。雉取其守介死不失節也。爲摯。【集解】馬融曰、摯、二生、羔鴈、卿大夫所執、一死、雉、士所執。【正義】摯、音至。贄、執也。鄭玄云、贄之言至、所以自致也。韋昭云、贄、六贄、孤執皮帛、卿執羔、大夫執鴈、士執雉、庶人執鶩、工商執雞也。如五器卒乃復。【集解】馬融曰、五器上五玉、五玉禮終則還之、三帛已下不還也。【正義】卒、音子律反。復、音伏。五月南巡狩。八月西巡狩。十一月北巡狩。皆如初。歸至于祖禰廟、用特牛禮。【正義】禰、音乃禮反。何休云、生曰父、死曰考、廟曰禰。【考證】尚書祖禰廟作藝祖。馬融云、藝禰也。葢用史公義。錢大昕曰、藝禰、音近。崔述曰、此記布政於外之事、亦先神而後人。五歲一巡狩。羣后四朝。【集解】鄭玄曰、巡狩之年、諸侯見於方嶽之下、其閒四年、四方諸侯分來朝於京師也。【考證】崔述曰、此總上內外之政言之。又曰、於舜攝政之日、何以詳記其朝覲巡狩也。曰、朝覲巡狩之制、始於舜也。自堯以

前、聖帝迭興、其時亦必有朝覲巡狩之事、但尚未有定制、至舜而後垂爲帝典、故記之也。徧告以言、【正義】徧、音遍。言遍告天子治理之言也。明試以功、車服以庸。【正義】孔安國云、功成則錫車服、以表顯其能用也。【考證】崔述曰、此因上布政之文、及其進賢之大略。肇十有二州。決川。【集解】馬融曰、禹平水土、置九州。舜以冀州之北廣大、分置幷州。燕齊遼遠、分燕置幽州、分齊爲營州、於是爲十二州也。鄭玄曰、更爲之定界、濬水害也。【考證】崔述曰、此舜平地之政、所以開之禹敷土之先聲、首成天、次治人、次平地、三才之道備矣。又曰、肇、始也。前此未有而始設之之謂肇。若前此固有九州、析九以爲十二、是但增之、非肇也。舜攝政之初、但曰日覲四岳羣牧、不曰九牧、牧未有定數也。及舜卽位、前曰咨十二牧、不曰咨於羣牧、牧已有常額也。其後禹別九州、亦曰九牧、不曰羣牧、州之肇於舜、而非增於舜明矣。至十二州之名、經傳皆無之。幽幷營之爲州、雖見於周官爾雅、然彼自記九州之名、與舜之十二州初無涉也。象以典刑。【集解】馬融曰、言咎繇制五常之刑、無犯之者、但有其象、無其人也。【正義】孔安國云、象、法也。法用常刑、用不越法也。流宥五刑。【集解】馬融曰、流、放、宥、寬也。一曰幼少、二曰老耄、三曰蠢愚。五刑、墨劓剕宮大辟。【正義】孔安國云、以流放之法寬五刑也。鄭玄云、三宥、一曰弗識、二曰過失、三曰遺忘也。鞭作官刑。【集解】馬融曰、爲辨治官事者爲刑。扑作教刑。【集解】鄭玄曰、扑、檟楚也。扑爲教官爲刑者。金作贖刑。【集解】馬融曰、金、黃金也。意善功惡、使出金贖罪、坐不戒愼者。眚烖過赦、【集解】鄭玄曰、眚烖爲人作患害者也。過失雖有害則赦之。怙終賊刑。

【集解】徐廣曰、終一作衆。鄭玄曰、怙其姦邪、終身以爲殘賊、則用刑之。【考證】孔穎達曰、易繫辭云、象者象此者也。又曰、天垂象、聖人則之。是以象爲倣法。徐孚遠曰、馬說象刑、卽王莽所謂畫衣冠也。書蔡傳云、象如天之垂象以示人也。於說爲長。過赦、尚書作肆赦。崔述曰、象以典刑、流宥五刑、五刑之大者也。五刑、呂刑所述墨劓剕宮大辟是也。刑重則流遠、刑輕則流近、故刑有五、流亦有五。所謂五刑有服、五流有宅是也。當刑而宥之者、蔡傳所謂情可矜、法可疑、與夫親貴勳勞、而不可加以刑者是也。鞭作官刑、扑作教刑、金爲贖刑、刑之小者也。官刑者、在官之人因官事而得罪、教刑者、居學校而不率師長之教訓、贖刑則常人之犯小罪者。三者皆不麗於五刑、故不殘其肢體、不流之遠方。眚災肆赦、怙終賊刑、刑之變也。蔡沈曰、終謂再犯。欽哉欽哉。惟刑之靜哉。【集解】徐廣曰、今文云、惟刑之謐哉。爾雅曰、謐、靜也。【索隱】注惟刑之謐哉。案古文作恤哉、且今文是伏生口誦、卹謐聲近、遂作謐也。【考證】舜乃在璿璣玉衡以下、采尚書堯典。梁玉繩曰、漢書儒林傳言史公從孔安國問古文尚書、故史記載堯典禹貢洪範微子金縢諸篇、多古文說、則是爲壁中眞古文、而非史公之不循經典、自任胸懷矣。然字句之問、每與今所傳迥異、何歟。葢古字多通借、又漢儒各習其師、不能盡同。許愼生于東漢和安問、從賈逵受古學、而其所撰說文解字、引經甚別、亦以雜舉衆家之本也。宋洪适隸釋所錄諸碑、俱後漢人、其引經亦殊、況當西漢之世乎。因知史公之于尚書、兼用今古文、復旁搜各本、皆薈萃成一家言。索隱所謂不博采經記而爲此史、不必皆依尚書是也。而古人用舊籍、不拘定本文、則增損竄易、誠所謂不免。但今之尚書、自東晉元帝之時、汝南梅賾奏上古文、遂至眞僞雜廁、非安國之舊。文字體數更、迨唐天寶時詔學士衞包改從俗書、不但科斗古文廢絕、卽兩漢以來之隸書亦多浸失、安得無譌。此經文所由異、

也王觀國曰司馬遷好異而惡與人同觀史記用尙書戰國策國語世本左傳之文多改其正文改績用爲功用改厥田爲其田改肆覲爲遂見改宵中爲夜中改咨四嶽爲嗟四
嶽改協和爲合和改方命爲負命改九載爲九歲改格姦爲至姦改愼徽爲愼和改烈風爲暴風改克從爲能從改濬川爲決川改恤哉爲靜哉改四海爲四方改熙帝爲美堯改
不遜爲不訓改胄子爲穉子改維淸爲維靜改天工爲天事改底績爲致功如此類甚多又用論語文分綴爲孔子弟子傳亦多改其文改吾執爲我執改毋固爲無固改指諸掌
爲視其掌改性與天道爲天道性命改未若爲不如改便便爲辯辯改滔滔爲悠悠如是類又多子長但知好異而不知反有害於義也馮班曰尚書多古語不易通遷所載頗易
其文字卽太史公之書傳也愚按孟子之時百篇具存而解尚書曰洚水者洪水也去齊景未遠而釋其詩曰畜君者好君也太史公後孟子百五六十年文字旣與三代異言語
亦不同其以今辭解古書苦心可想馮班所謂書傳者也王觀國譏之何也亦是泥古之病矣
讙兜進言共工。【正義】讙兜渾沌也共工窮奇也鯀檮杌也三苗饕餮也傳云舜臣堯流四凶投諸四裔以禦魑魅也【考證】讙兜共工鯀三苗與左氏四凶族自異說詳于舜紀
堯曰。不可。而試之工師。【正義】工師若今大匠卿也【考證】古鈔南化本無曰字
共工果淫辟。【正義】匹亦反
四嶽舉鯀治鴻水。堯以爲不可。嶽彊請試之。試之而無功。故百姓不便。
三苗【集解】馬融曰國名也【正義】左傳云自古諸侯不用王命虞有三苗夏有觀扈孔安國云縉雲氏之後爲諸侯號饕餮也吳起云三苗之國左洞庭而右彭蠡案

洞庭湖名在岳州巴陵西南一里南與青草湖連彭蠡湖名在江州潯陽縣東南五十二里以天子在北故洞庭在西爲左彭蠡在東爲右今江州鄂州岳州三苗之地也
在江淮荊州。【正義】淮讀曰匯音胡罪反今彭蠡湖也本屬荊州尚書云南入于江東匯澤爲彭蠡是也【考證】通鑑輯覽云考三苗卽今湖南溪峒諸苗其種不一故唐虞時卽號三苗
數爲亂。於是舜歸而言於帝。請流共工於幽陵、【集解】馬融曰北裔也【正義】尙書及大戴禮皆作幽州括地志云故龔城在檀州燕樂縣界故老傳云舜流共工幽州居此城神異經云西北荒有人焉人面朱髮蛇身人手足而食五穀禽獸頑愚名曰共工
以變北狄、【集解】徐廣曰變一作燮【索隱】變謂變其形及衣服同於夷狄也徐廣云作燮燮和也【正義】言四凶流四裔各於四夷放共工等爲中國之風俗也【考證】變於變之變
放驩兜於崇山、以變南蠻、【集解】馬融曰南裔也【正義】神異經云南方荒中有人焉人面鳥喙而有翼兩手足扶翼而行食海中魚爲人很惡不畏風雨禽獸犯死乃休名曰驩兜也
遷三苗於三危、以變西戎、【集解】馬融曰西裔也【正義】括地志云三危山有三峯故曰三危俗亦名卑羽山在沙州敦煌縣東南三十里神異經云西荒中有人焉面目手足皆人形而胳下有翼不能飛爲人饕餮淫逸無理名曰苗民又山海經大荒北經云黑水之北有人有翼名曰苗民也
殛鯀於羽山、以變東夷。【集解】馬融曰殛誅也羽山東裔也【正義】殛音紀力反孔安國云殛竄放流皆誅也括地志云羽山在沂州臨沂縣界神異經云東方有人焉人形而身多

毛自解水土知通塞爲人自用欲爲欲息皆曰云是鯀也
四辠而天下咸服。【考證】流共工於幽陵以下采大戴記五帝德參以尙書堯典孟子萬章篇梁玉繩曰罪四凶見于尙書述于孟子至大戴禮五帝德始有變四夷之說豈眞孔氏語哉舍經文而從別記史公之好異也乃又謂舜巡狩歸而言于堯以罪之與夏紀同誤流放遷殛不同一時特尙書總紀于舜攝位之後見天下咸服帝堯以起下如喪考妣耳崔述曰此因上文恤刑之文遂及其退不肖之大略
堯立七十年得舜、二十年而老、令舜攝行天子之政、薦之於天。堯辟位凡二十八年而崩。【集解】徐廣曰堯在位凡九十八年駰案皇覽曰堯冢在濟陰城陽劉向曰堯葬濟陰丘壠皆小呂氏春秋曰堯葬穀林皇甫謐曰穀林卽城陽堯都平陽於詩爲唐國【正義】皇甫謐曰堯卽位九十八年通舜攝二十八年也凡年百一十七歲孔安國云堯壽百一十六歲括地志云堯陵在濮州雷澤縣西三里郭緣生述征記云城陽縣東有堯冢亦曰堯陵有碑是也括地志云雷澤縣本漢城陽縣也【考證】尙書堯典二十有八載帝乃殂落孟子釋之曰舜相堯二十八載而本書下文舜紀云舜得舉用事二十年而堯使攝政攝政八年而堯崩二說不同崔述曰史記二十有八歲自舉舜時數之也蔡沈書傳歷試三年居攝二十八年則是自舜受終時計之矣余按堯典云乃言底可績三載不容以舜舉已二十年而底可績者止三載孟子云舜相堯二十有八載不容初舉歷試之時卽以相堯稱之蔡氏之說是也愚按薦之於天采孟子萬章篇
百姓悲哀、如喪父母三年。四方莫舉樂以思堯。【正義】尙書三載四海遏密八音是也【考證】辟堯位以下本尙書堯典孟子萬章篇三年二字屬上

堯知子丹朱之不肖不足授天下【索隱】鄭曰肖似也不似言不如父也皇甫謐云堯娶散宜氏之女曰女皇生丹朱又有庶子九人皆不肖也
於是乃權授舜。【索隱】父子繼立常道也求賢而禪權道也權者反常而合道【正義】五帝官天下老則禪賢故權試舜也【考證】索隱是
授舜則天下得其利、而丹朱病。授丹朱則天下病、而丹朱得其利。堯曰。終不以天下之病而利一人。而卒授舜以天下。堯崩、三年之喪畢、舜讓辟丹朱於南河之南。【集解】劉熙曰南河九河之最在南者【正義】括地志云故堯城在濮州鄄城縣東北十五里竹書云昔堯德衰爲舜所囚也又有偃朱故城在縣西北十五里竹書云舜囚堯復偃塞丹朱使不與父相見也案濮州北臨漯大川也河在堯都之南故曰南河禹貢至于南河是也其偃朱城所居卽舜讓避丹朱於南河之南處也
諸侯朝覲者、不之丹朱而之舜。獄訟者、不之丹朱而之舜。謳歌者、不謳歌丹朱而謳歌舜。【考證】三條南化本獄訟作訟獄與孟子合
舜曰。天也夫。而後之中國踐天子位焉。【集解】劉熙曰天子之位

不可曠年、於是遂反格于文祖、而當帝位、帝王所都爲中、故曰中國、〔正義〕堯崩以下孟子文也、〔考證〕孟子萬章篇、洪頤煊曰、以河在冀州南、故曰南河、與九河無涉、禮記王制、尚書禹貢、左傳閔二年可證、梁玉繩曰、孟子自言舜爲天子是天也、史誤以爲舜之言、**是爲帝舜。虞舜者、**〔集解〕謚法曰、仁聖盛明曰舜、〔索隱〕虞、國名、在河東大陽縣、舜、謚也、皇甫謐云、舜字都君也、〔正義〕括地志云、故虞城在陝州河北縣東北五十里虞山之上、酈元注水經云、幹橋東北有虞城、堯以女嬪于虞之地也、又宋州虞城大襄國所封之邑、杜預云、舜後諸侯也、又越州餘姚縣、顧野王云、舜後支庶所封之地、舜姚姓、故云餘姚、縣西七十里有漢上虞故縣、會稽舊記云、舜上虞人、去虞三十里有姚丘、即舜所生也、周處風土記云、舜東夷之人、生姚丘、括地志又云、姚墟在濮州雷澤縣東十三里、孝經援神契云、舜生於姚墟、案二所未詳也、〔考證〕古鈔、南化本無者字、舜名、非謚、謚自周始、都君見孟子、猶言一都之君、非字、**名曰重華。**〔集解〕徐廣曰、皇甫謐云、舜以堯之二十一年甲子生、三十一年甲午徵用、七十九年壬午即眞、百歲癸卯崩、〔正義〕尚書云、重華協於帝、孔安國云、華謂文德也、言其光文重合於堯、瞽叟姓嬀、妻曰握登、見大虹、意感而生舜於姚墟、故姓姚、目重曈子、故曰重華、字都君、龍顏大口、黑色、身長六尺一寸、〔考證〕閻若璩曰、古帝王有名有號、如堯舜禹其名也、放勳重華文命、皆其號也、非史臣之贊辭、孟子引古堯典曰放勳乃徂落、許氏說文正同、他日引堯之言爲放勳曰、則可知其以是爲號也矣、屈原賦二十五篇最近古、離騷曰、就重華而陳詞、涉江曰、吾與重華遊兮瑤之圃、懷沙曰、重華不可遌兮、重華凡三見、皆實謂舜、豈得云重華本史臣贊舜之辭、屈子因以爲舜號也乎、**重華父曰瞽叟。**〔正義〕先后反、孔安國云、無目曰瞽、舜父有目不能

分別好惡、故時人謂之瞽、配字曰叟、叟無目之稱也、〔考證〕上文云、盲者子、瞽叟是名、身實無目、叟、尚書左傳孟子新序諸書作瞍、戴記作叟、**瞽叟父曰橋牛。**〔正義〕橋、又音嬌、**橋牛父曰句望。**〔正義〕句、古侯反、望、音亡、〔考證〕戴記橋作蟜、望作芒、**句望父曰敬康。敬康父曰窮蟬。窮蟬父曰帝顓頊。顓頊父曰昌意。以至舜七世矣。**〔考證〕三、南本、重昌意二字、重華父曰瞽叟以下、采帝繫、趙翼曰、左傳昭公八年云、自幕至于瞽瞍、無違命者、舜重之以明德、國語魯語、幕能帥顓頊者也、有虞氏報焉、則舜之先有名幕者、史記無之、**自從窮蟬以至帝舜、皆微爲庶人。舜父瞽叟盲。而舜母死。**〔索隱〕皇甫謐云、舜母名握登、生舜於姚墟、因姓姚氏也、**瞽叟更娶妻而生象。象傲。瞽叟愛後妻子、常欲殺舜。舜避逃。及有小過則受罪。順事父及後母與弟、日以篤謹、匪有解。**〔考證〕崔述曰、史記此文采之書及孟子、而書孟子、皆未言爲後母、則史記但因其失愛、故億之耳、愚按帝王世紀云、舜能和諧、大杖則避、小杖則受、蓋敷衍史文有小過則受罪六字、**舜冀州之人也。**〔正義〕蒲州河東縣、本屬冀州、宋永初山川記云、蒲坂城中有舜廟、城外有舜宅及二妃壇、括地志云、嬀州有嬀水、源出城中、耆舊傳云、即舜釐降二女於嬀汭之所、外城中有舜

井、城北有歷山、山上有舜廟、未詳、案嬀州亦冀州城是也、**舜耕歷山、**〔集解〕鄭玄曰、在河東、〔正義〕括地志云、蒲州河東縣雷首山、一名中條山、亦名歷山、亦名首陽山、亦名蒲山、亦名襄山、亦名甘棗山、亦名猪山、亦名狗頭山、亦名薄山、亦名吳山、此山西起雷首山、東至吳坂、凡十一名、隨州縣分之、歷山南有舜井、又云、越州餘姚縣有歷山舜井、濮州雷澤縣有歷山舜井、二所又有姚墟、云生舜處也、及嬀州歷山舜井、皆云舜所耕處、未詳也、**漁雷澤、**〔集解〕鄭玄曰、雷夏、兗州澤、今屬濟陰、〔正義〕括地志云、雷夏澤、在濮州雷澤縣郭外西北、山海經云、雷澤有雷神、龍首人頰、鼓其腹則雷也、**陶河濱、**〔集解〕皇甫謐曰、濟陰定陶西南陶丘亭是也、〔正義〕案、於曹州濱河作瓦器也、括地志云、陶城在蒲州河東縣北三十里、即舜所都也、南去歷山不遠、或耕或陶所在則可、何必定陶方得爲陶也、舜之陶也、斯或一焉、〔考證〕崔述曰、虞乃冀州境、舜不應耕稼陶漁於二千里外、則以爲冀州者近是、愚按孟子公孫丑篇、大舜善與人同、自耕稼陶漁以至爲帝、無非取於人者、韓非子難篇、歷山之農者侵畔、舜往耕焉、朞年甽畝正、河濱之漁者爭坻、舜往漁焉、朞年而讓長、東夷之陶者器苦窳、舜往陶焉、朞年而器牢、墨子尚賢中篇、舜耕歷山、陶河瀕、漁雷澤、史公所本、**作什器於壽丘、**〔集解〕皇甫謐曰、在魯東門之北、〔索隱〕什器、什數也、蓋人家常用之器非一、故以十爲數、猶今云什物也、壽丘、地名、黃帝生處、〔正義〕壽音受、顏師古云、軍法伍人爲伍、二伍爲什、則共器物、故謂生生之具爲什器、亦猶從軍及作役者、十人爲火、共畜調度也、**就時於負夏。**〔集解〕鄭玄曰、負夏、衛地、〔索隱〕就時、猶逐時、若言乘時射利也、尚書大傳曰、販於頓丘、就時負夏、孟子曰、遷于負夏、是也、〔考證〕作什器於壽丘、就時於負夏、又見尸子、

舜父瞽叟頑、母嚚、弟象傲。皆欲殺舜。舜順適不失子道。兄弟孝慈。欲殺不可得。即求嘗在側。〔考證〕兄疑當作友、古鈔、楓、三、南本、嘗作常、**舜年二十以孝聞。三十而帝堯問可用者。**〔正義〕可用、謂可爲天子也、〔考證〕五帝德云、舜二十以孝聞於天下、**四嶽咸薦虞舜曰。可。於是堯乃以二女妻舜、以觀其內、使九男與處、以觀其外。舜居嬀汭、內行彌謹。堯二女不敢以貴驕事舜親戚、甚有婦道。**〔正義〕二女不敢以帝女驕慢舜之親戚、親戚、謂父瞽叟後母弟象妹顆手等也、顆音苦果反、**堯九男皆益篤。**〔正義〕篤、惇也、非唯二女恭勤婦道、九男事舜、皆益惇厚謹敬也、〔考證〕孟子盡心篇、帝使其子九男二女、百官牛羊倉廩備、以事舜於畎畝之中、淮南子泰族訓、四岳舉舜薦之於堯、堯乃妻以二女、以觀其內、任以百官、以觀其外、既入大麓、烈風雷雨而不迷、乃屬以九子、洪頤煊曰、呂氏春秋去私篇、堯有十子、不與其子而授舜、高誘注、孟子曰、堯使九男二女事舜、此云十子、殆丹朱爲胤子、不在數中、**舜耕歷山。歷山之人皆讓畔。**〔正義〕韓非子、歷山之農相侵略、舜往耕、朞年耕者讓畔也、**漁雷澤。雷澤上人皆讓居。陶河濱。河濱器皆**

不苦窳。【集解】史記音隱曰、音游甫反、騆謂窳、病也、【正義】苦讀如盬、音古、盬麤也、窳音庾、【考證】舜耕以下采韓非子難篇、楓三南本澤下有之字、李笠曰、上當作之、以歷山之人句例之可知也、新序雜事第一、作漁於雷澤、雷澤之漁者分均。一年而所居成聚、【正義】聚、在喻反、謂村落也。二年成邑、三年成都。【正義】周禮郊野法云、九夫爲井、四井爲邑、四邑爲丘、四丘爲甸、四甸爲縣、四縣爲都也、【考證】尸子及呂氏春秋貴因篇云、舜一徙成邑、再徙成都、三徙成國、莊子徐無鬼篇、舜有羶行、百姓悅之、故三徙成都、至鄧之虛而十有餘萬家、與是史微異、中井積德曰、邑大於聚、都又大於邑、如是而已矣、不當引周官制度、梁玉繩曰、耕稼陶漁、乃舜微時事、在堯妻舜前、上文已載之矣、則讓畔讓居以成聚成都、宜幷入上文、何又重見于釐降後邪、疑當時舜耕歷山至苦窳三十一字、置上文舜冀州之人也下、而上文衍舜耕歷山漁雷澤陶河濱十字、再移一年成都十五字、置上文就時于負夏之下、蓋史文之複出錯見者也、崔適曰、舜耕歷山至三年成都、皆四嶽薦舜之辭、當移上文四岳咸薦虞舜曰可之下、愚按崔說尤捷、堯乃賜舜絺衣與琴、爲築倉廩、予牛羊。【正義】絺、勑遲反、細葛布衣也、鄒氏音竹几反、瞽叟尚復欲殺之、使舜上塗廩。瞽叟從下縱火焚廩。舜乃以兩笠自扞而下去、得不死。【索隱】言以笠自扞已身、有似鳥張翅而輕下、得不損傷、皇甫謐云、兩繖、繖笠類、列女傳云、二女教舜鳥工上廩、是也、【正義】通史云、瞽叟使舜滌廩、舜告堯二女、女曰、時其焚汝、鵲汝衣裳、鳥工往、舜既登

得免去也、【考證】楓南本無塗字、正義鵲作借、後瞽叟又使舜穿井。舜穿井、爲匿空旁出。【索隱】音孔、列女傳所謂龍工入井是也、【正義】言舜潛匿穿孔、旁從他井而出也、通史云、舜穿井、又告二女、二女曰、去汝裳衣、龍工往、入井、瞽叟與象、下土實井、舜從他井出去也、括地志云、舜井在嬀州懷戎縣西外城中、其西又有一井、耆舊傳云、竝舜井也、舜自中出、帝王紀云、河東有舜井、未詳也、舜既入深。瞽叟與象共下土實井。【索隱】亦作塡井、舜從匿空出去。【集解】劉熙曰、舜以權謀自免、亦大聖有神人之助也、瞽叟・象喜、以舜爲已死。象曰、本謀者象。象與其父母分。【正義】扶問反、於是曰、舜妻堯二女與琴、象取之。牛羊倉廩、予父母。象乃止舜宮居、鼓其琴。【正義】宮即室也、爾雅云、室謂之宮、禮云、命士已上、父子異宮也、舜往見之。象鄂不懌。曰、我思舜正鬱陶。舜曰、然。爾其庶矣。【索隱】言汝猶當庶幾於友悌之情義也、如孟子取尚書文、又云、惟茲臣庶、女其于予治、蓋欲令象其共理臣庶也、【考證】楓三南本、鄂下有然字、瞽叟尚復欲殺之以下又見孟子萬章篇、微異、梁玉繩曰、焚廩揜井之事、有無未可知、疑是戰國人妄造也、即果有之、亦非在妻二女之後、新序雜事篇、以耕稼陶漁及井廩等事、爲未爲天子時、論衡吉驗篇、謂事在舜未逢堯時、蓋近之矣、不然四岳薦舜、何

以言格乂、伯益贊禹、何以稱允若乎、此萬章隨俗之誤、孟子未及辯、而史公相承、未察、爾宋司馬光史剡、程子遺書、洪邁容齋三筆、及古史大紀、路史發揮、通鑑前編、俱糾其謬、舜復事瞽叟愛弟彌謹。於是堯乃試舜五典百官。皆治。【考證】堯典云、愼徽五典、五典克從、納于百揆、百揆時敍、昔高陽氏有才子八人。【集解】名見左傳、【考證】昔字疑衍、下同、世得其利。謂之八愷。【集解】賈逵曰、愷和也、【索隱】左傳、史克對魯宣公曰、昔高陽氏有才子八人、倉舒・隤敱・檮戭・大臨・尨降・庭堅・仲容・叔達、【考證】梁玉繩曰、左傳無得利語、以下文世謂之八元例觀、當衍、高辛氏有才子八人。【集解】名見左傳、世謂之八元。【集解】賈逵曰、元善也、【索隱】左傳、高辛氏有才子八人、伯奮・仲堪・叔獻・季仲・伯虎・仲熊・叔豹・季貍、此十六族者、世濟其美、不隕其名、至於堯。【索隱】謂元愷各有親族、故稱族也、濟、成也、言後代成前代也、【考證】中井積德曰、十六族、猶十六家、堯未能舉。舜舉八愷、使主后土、【集解】王肅曰、君治九土之宜、杜預曰、后土、地官、【索隱】禹爲司空、司空主土、則禹在八愷之中、【正義】春秋正義云、后、君也、天曰皇天、地曰后土、以揆百事、莫不時序。【考證】言禹度九土之宜、無不以時得其次序也、舉八元、使布五教于四方。【索隱】契爲司徒、司徒敷五教、則契在八元之數、父義母慈

兄友弟恭子孝。內平外成。【正義】杜預云、內、諸夏、外、夷狄也、案契作五常之敎、諸夏太平、夷狄向化也、【考證】內謂室家、外謂鄉黨、中庸、天下之達道五、君臣也、父子也、夫婦也、昆弟也、朋友之交也、未嘗以五道爲唐虞之五敎、至孟子則曰、人之有道也、飽食煖衣、逸居而無敎、則近於禽獸、聖人有憂之、使契爲司徒、敎以人倫、父子有親、君臣有義、夫婦有別、長幼有序、朋友有信、淮南子人間訓亦云、百姓不親、五品不治、契敎以君臣之義、父子之親、夫妻之辯、長幼之序、是與左傳史記異、愚按父母兄弟子、一家之事也、君臣朋友、一國之事也、孟子以周代具備之道、推唐虞之古耳、左傳史記、蓋得古意、昔帝鴻氏有不才子。【集解】賈逵曰、帝鴻、黃帝也、不才子、其苗裔讙兜也、掩義隱賊、好行凶慝。天下謂之渾沌。【正義】慝、惡也、一本云、天下之民謂之渾沌、渾沌即讙兜也、言掩義事、陰爲賊害、而好凶惡、故謂之渾沌也、杜預云、渾沌、不開通之貌、神異經云、崑崙西有獸焉、其狀如犬、長毛四足、似羆而無爪、有目而不見、行不開、有兩耳而不聞、有人知性、有腹無五藏、有腸、直而不旋、食徑過、人有德行而往抵觸之、有凶德則往依憑之、名渾沌、又莊子云、南海之帝爲儵、北海之帝爲忽、中央之帝爲渾沌、儵忽乃相遇於渾沌之地、渾沌待之甚善、儵與忽謀欲報渾沌之德、曰、人皆有七竅、以視聽食息、此獨無有、嘗試鑿之、日鑿一竅、七日而渾沌死、案言讙兜性似、故號之也、少皞氏有不才子。【集解】服虔曰、少皞、金天氏帝號、毀信惡忠、崇飾惡言。天下謂之窮奇。【集解】服虔曰、謂共工氏也、其行窮而好奇、【正義】謂共工、言毀敗信行、惡其忠直、有惡言語、高粉飾之、故謂

之窮奇、案常行終必窮、極好諂諛、奇異於人也、神異經云、西北有獸、其狀似虎、有翼能飛、便勦食人、知人言語、聞人鬪、輒食直者、聞人忠信、輒食其鼻、聞人惡逆不善、輒殺獸往饋之、名曰窮奇、案言共工性似、故號之也、【考證】楓、三本、無毀信惡忠崇飾惡言八字、

顓頊氏有不才子。不可教訓、不知話言。天下謂之檮杌。【集解】賈逵曰、檮杌、頑凶無疇匹之貌、謂鯀也、【正義】檮音道刀反、杌音五骨反、謂鯀也、凶頑不可教訓、不從詔令、故謂之檮杌、案言無疇匹、言自縱恣也、神異經云、西方荒中有獸焉、其狀如虎而大、毛長二尺、人面虎足、豬口牙、尾長一丈八尺、攪亂荒中、名檮杌、一名傲很、一名難訓、案言鯀性似、故號之也、【考證】楓、三、南本、無不可教訓不知話言八字、

此三族世憂之、至于堯。堯未能去。縉雲氏有不才子。【集解】賈逵曰、縉雲氏、姜姓也、炎帝之苗裔、當黃帝時、任縉雲之官也、【正義】今括州縉雲縣、蓋其所封也、字書云、縉、赤繒也、

貪于飲食、冒于貨賄。天下謂之饕餮。【正義】謂三苗也、言貪飲食冒貨賄、故謂之饕餮、神異經云、西南有人焉、身多毛、頭上戴豕、性很惡好息、積財而不用、善奪人穀物、強者奪老弱者、畏羣而擊單、名饕餮、言三苗性似、故號之、【考證】楓、三、南本、無貪于飲食冒于貨賄八字、愚按依楓、三、南本、上文掩義隱賊、好行凶慝八字、亦當衍、

天下惡之、比之三凶。【集解】杜預曰、非帝子孫、故別之以比三凶也、【正義】此以上四處、皆左傳文、或本有、竝文次相類四凶、故書之、恐本錯脫耳、【考證】正義有訛脫、館本刪之、

舜賓於四門、【正義】杜預云、闢四

門、達四聰、以賓禮衆賢也、

乃流四凶族、遷于四裔、【集解】賈逵曰、四裔之地、去王城四千里、

以御螭魅。【集解】服虔曰、螭魅、人面獸身、四足、好惑人、山林異氣所生、以爲人害、【正義】御、音魚呂反、螭、音丑知反、魅、音媚、案御螭魅、恐更有邪諂之人、故流放四凶以禦之也、故下云無凶人也、

於是四門辟、言毋凶人也。【考證】昔高陽氏以下、采左傳文公十八年文、通鑑輯覽云、自孔安國書傳以饕餮爲三苗、而杜預左傳注遂幷以渾沌窮奇檮杌卽驩兜共工鯀、由是經之四罪、傳之四凶、混而爲一、不知四凶之投裔在舜賓門之時、四罪之咸服在舜攝位之後、時殊人異、經傳可據、且鯀則殛死、而四凶不過投諸四裔、又何可强爲牽合、梁玉繩曰、堯之放四罪、共驩苗鯀也、事出尙書、舜之流四凶族不才子也、事出左傳太史克語、事既各出、時亦相縣、史公分載堯舜兩紀、未嘗言四罪卽四凶族、後儒察見人數之同、遂幷八憝爲一、豈非賈服杜孔之謬哉、

舜入于大麓。烈風雷雨不迷。【考證】楓、三、南本、無烈風雷雨不迷六字、

堯乃知舜之足授天下。堯老、使舜攝行天子政、巡狩。舜得舉、用事二十年、而堯使攝政。攝政八年而堯崩。【考證】中井積德曰、舜徵用三載、攝位又二十八載、而堯崩也、此年數差誤、且與堯紀不合、

三年喪畢、讓丹朱。天下歸舜。而禹・皋陶・契・后稷・伯夷・夔・龍・倕・益・彭祖、【索隱】彭祖、卽陸終氏之第三子、籛鏗之

後、後爲大彭、亦稱彭祖、【正義】皋陶、高姚二音、字庭堅、英六二國、是其後也、契音薛、殷之祖也、伯夷、齊太公之祖也、夔、巨龜反、樂官也、倕音垂、亦作垂、內言之官也、益、伯翳也、卽秦趙之祖、彭祖自堯時舉用、歷夏殷封於大彭、【考證】彭祖之名、不見於尙書、大戴禮五帝德亦但言帝堯舉舜彭祖而不言舜用彭祖、史記下文亦無彭祖分職、

自堯時而皆舉用、未有分職。【正義】分、符問反、又如字、謂封疆爵土也、【考證】梁玉繩曰、既曰舉用、又曰未有分職、語意相戾、中井積德曰、未有分職、元來訛舛之語、注更錯謬、

於是舜乃至於文祖、謀于四嶽、辟四門、明通四方耳目、命十二牧、論帝德、行厚德、遠佞人、則蠻夷率服。【正義】舜命十二牧、論帝堯之德、又敦之於民、遠離邪佞之人、言能如此、則夷狄亦服從也、【考證】牧下當補曰字、崔述曰、四岳十二牧皆舊官、以舜新卽位、故申儆之使敬厥職也、舊官故書其官於前、然則稷契皐陶之非舊官可知矣、四岳不載命詞者、統率羣僚無專責也、十二牧共一命詞者、域異職同、無分別也、

舜謂四嶽曰。有能奮庸美堯之事者、使居官相事。【集解】馬融曰、奮、明、庸、功也、

皆曰。伯禹爲司空。可美帝功。舜曰。嗟、然。禹。汝平水土。維是勉哉。禹拜稽首、讓於稷・契與皋陶。舜曰。然。往矣。【集解】鄭玄曰、然其舉得其人、汝往居此官、不聽其所讓也、

舜

曰。弃。黎民始飢。【集解】徐廣曰、今文尙書作祖飢、祖、始也、【索隱】古文作阻飢、孔氏以爲阻難也、祖阻聲相近、未知誰得、

汝后稷、播時百穀。【集解】鄭玄曰、時讀曰蒔、【正義】稷、農官也、播時謂順四時而種百穀、

舜曰。契。百姓不親、五品不馴。【集解】鄭玄曰、五品、父母兄弟子也、王肅曰、五品、五常也、【正義】馴音訓、【考證】尙書馴作遜、

汝爲司徒、而敬敷五教。在寬。【集解】馬融曰、五品之教、

舜曰。皋陶。蠻夷猾夏、【集解】鄭玄曰、猾夏、侵亂中國也、

寇賊姦軌。【集解】鄭玄曰、由內爲姦、起外爲軌、【正義】亦作宄、

汝作士。【集解】馬融曰、獄官之長、【正義】案若大理卿也、

五刑有服。五服三就。【集解】馬融曰、五刑、墨劓剕宮大辟、三就、謂大罪陳諸原野、次罪於市朝、同族適甸師氏、既服五刑、當就三處、【正義】孔安國云、服、從也、言得輕重之中正也、案墨、點鑿其額、涅以墨、劓、截鼻也、剕、刖足也、宮、淫刑也、男子割勢、婦人幽閉也、大辟、死刑也、

五流有度。【正義】度、音徒洛反、尙書作宅、孔安國云、五刑之流、各有所居也、

五度三居。【正義】案謂度其遠近爲三等之居也、

維明能信。【集解】馬融曰、謂在八議、君不忍刑、宥之以遠、五等之差、亦有三等之居、大罪投四裔、次九州之外、次中國之外、當明其罪、能使信服之、【考證】崔述曰、禹於堯之季年已成司空、但莅事不久、水土猶未平、故舜仍其官、而專責之以平水土、水土平、然後耕耨可興、故命稷次之、衣食足、然後禮義可教、故命契次之、不教而殺、謂之虐、教之不從、然後齊之以刑、故命皐陶次之、此四官皆

救民之急務、正民之要術、故舜先之。舜曰。誰能馴予工。【集解】馬融曰、謂主百工之官也、皆曰。垂可。於是以垂爲共工。【集解】馬融曰、爲司空、共理百工之事、【考證】徐孚遠曰、是時禹爲司空宅百揆、垂亦何得亦爲司空、抑禹自宅揆解司空之職、以授垂邪、將共工別爲一官、與司空分職、而馬說誤邪、梁玉繩曰、史依尚書、並載禹益諸臣之讓、而垂獨缺、疑有脫文。舜曰。誰能馴予上下草木鳥獸。【集解】馬融曰、上謂原、下謂隰、皆曰。益可。於是以益爲朕虞。【集解】馬融曰、虞掌山澤之官名、【考證】梁玉繩曰、書所謂朕虞、舜自言之也、此連文爲官名、非、王莽改水衡都尉曰予虞、漢書百官表序亦曰、益爲朕虞、地理志曰、爲舜朕虞、豈皆誤讀尚書邪、愚按朕字後人從漢書誤補、益拜稽首、讓于諸臣朱虎・熊羆。【索隱】即高辛氏之子、伯虎仲熊也、【正義】孔安國云、朱虎熊羆二臣名、垂益所讓四人、皆在元凱之中也、舜曰。往矣。汝諧。遂以朱虎・熊羆爲佐。【正義】爲益之佐也、【考證】尚書無諸臣二字、蓋注文竄入、又不言以朱虎熊羆爲佐、或今本尚書訛脫邪、抑史公以意推之也、崔述曰、本務舉、而後末務可圖、人性盡、而後物性可遂、故命垂命益次之、舜曰。嗟四嶽。有能典朕三禮。【集解】馬融曰、三禮、天神地祇人鬼之禮也、鄭玄曰、天事地事人事之禮也、皆曰。伯夷可。舜曰。嗟、伯夷。以汝爲秩宗。【集解】鄭玄曰、主次秩尊卑、【正義】若太常也、漢書百官

表云、王莽改太常曰秩宗、依古也、孔安國云、秩、序、宗、尊也、主郊廟之官也、【考證】張文虎曰、正義百官表、當作王莽傳、夙夜維敬、直哉維靜絜。【正義】靜、淸也、絜、明也、孔安國云、職典禮施政敎、使正直而淸明、伯夷讓夔・龍。舜曰。然。【正義】孔安國云、然其推賢、不許其讓也、以夔爲典樂敎稺子。【集解】鄭玄曰、國子也、案尚書作胄子、稺胄聲相近、【正義】稺、胄雉反、孔安國云、胄、長也、謂元子以下至卿大夫子弟、以歌詩蹈之舞之、敎長國子中和祇庸孝友、直而溫。【集解】馬融曰、正直而色溫和、寬而栗。【集解】馬融曰、寬大而謹敬戰栗也、剛而毋虐。簡而毋傲。【正義】孔安國云、剛失之虐、簡失之傲、敎之以防其失也、詩言意、歌長言。【集解】馬融曰、歌所以長言詩之意也、【正義】孔安國云、詩言志以導其心、歌詠其義以長其言也、【考證】尚書意作志、長作永、邵晉涵曰、以意易志、疑後漢人避桓帝所改也、聲依永、律和聲。【集解】鄭玄曰、聲之曲折、又依長言、聲中律、乃爲和也、【正義】孔安國云、聲、五聲、宮商角徵羽也、律、謂六律六呂、十二月之音氣也、當依聲律和樂也、八音能諧、毋相奪倫、神人以和。【集解】鄭玄曰、祖考來格、羣后德讓、其一隅也、【正義】八音、金石絲竹匏土革木也、孔安國云、倫、理也、八音能諧、理不錯奪、則神人咸和、命夔使勉也、夔曰。於、予擊石拊石、百獸率舞。【集解】鄭玄曰、百獸、服不氏所養者也、率舞、言音和也、【正義】於、音烏、孔安國云、石、磬、音之淸者、拊亦擊也、舉淸者和則其餘皆從矣、樂

感百獸、使相率而舞、則神人和可知也、案磬、一片黑石也、不、音福尤反、周禮云、夏官有服不氏、掌服猛獸、下士一人、徒四人、鄭玄云、服不服之獸也、舜曰。龍。朕畏忌讒說殄僞、振驚朕衆。【集解】徐廣曰、一云齊說殄行振驚衆、駰案鄭玄曰、所謂色取仁而行違、是驚動我之衆臣、使之疑惑、【正義】僞、音危睡反、言畏惡利口讒說之人、兼殄絕姦僞人黨、恐其驚動我衆、使龍遏絕之、出入其命惟信實也、此僞字太史公變尚書文也、尚書僞字作行、音下孟反、言己畏忌有利口讒說之人、殄絕無德行之官也、【考證】尚書畏忌、作塈、僞讀爲爲、尚書作行、字異義同、讒說殄爲對言、殄、傷絕也、殄爲傷絕之行、命汝爲納言。夙夜出入朕命、惟信。【正義】孔安國云、納言、喉舌之官也、聽下言納於上、受上言宣於下、必信也、舜曰。嗟、女二十有二人。敬哉。惟時相天事。【集解】馬融曰、稷契皋陶、皆居官久有成功、但述而美之、無所復勑、禹及垂已下、皆初命、凡六人、與上十二牧四嶽、凡二十二人、鄭玄曰、皆格于文祖時所勑命也、【正義】相、視也、舜命二十二人、各敬行其職、惟在順時視天所宜而行事也、【考證】蔡沈曰、二十二人、謂四岳九官十二牧也、崔適曰、自禹至彭祖、共爲十人、加以十二牧、乃爲二十二人也、愚按在尚書、則當如蔡說、在史則崔說近是、但彭祖無分職、未審史公之意、相天事、堯典作亮天功、三歲一考功、三考絀陟遠近。衆功咸興。分北三苗。【集解】鄭玄曰、所竄三苗、爲西裔諸侯者猶爲惡、乃復分析流之、【考證】於是舜乃至文祖以下、采尚書堯典、絀陟遠近、尚書作黜陟幽明、慶長本標記云、絀、丑律反、北如字、又爲

背、鄭誕生音步代反、愚按三苗有生熟之別、或既從化、或猶抗命、所以分處之、此二十二人、咸成厥功。皋陶爲大理平、民各伏得其實。【正義】皋陶作士、正平天下罪惡也、【考證】大當作士、字之訛也、故正義以作士解之、戴記五帝德、皋陶作士、忠信疏通、本書夏本紀亦云、皋陶作士以理民、張文虎曰、御覽八十一引史伏作服、李笠曰、伏通作服、項羽紀一府中皆慴伏、下文作諸將皆慴服、又衆乃皆伏、漢書項籍傳伏作服、伯夷主禮、上下咸讓。垂主工師、百工致功。【正義】工師、若今大匠卿也、益主虞、山澤辟。【正義】婢亦反、開也、弃主稷、百穀時茂。契主司徒、百姓親和。龍主賓客、遠人至。十二牧行、而九州莫敢辟違。【正義】禹九州之民、無敢辟違舜十二牧也、唯禹之功爲大。披九山、【正義】披、音皮義反、謂傍其山邊以通、通九澤、決九河、定九州、各以其職來貢、不失厥宜。方五千里至于荒服。【考證】披九山以下、采尚書禹貢、楓三、南本、九河作九川、南、撫交阯・北發、【索隱】一句西、戎・析枝・渠廋・氐羌。【索隱】一句、【考證】南本、廋作搜、北、山戎・發・息愼。東、長・鳥夷。【集解】鄭玄曰、息愼、或謂之肅愼、東北夷、【索隱】此

言帝舜之德，皆撫及四方夷人，故先以撫字總之，北發當云北戶，南方有地名北戶，又案漢書北發是北方國名，今以北發爲南方之國，誤也。此文省略，四夷之名錯亂，西戎上少一西字，山戎下少一北字，長字下少一夷字，長夷也，鳥夷也，其意宜然。今案大戴禮亦云長夷，則長是夷號，又云鮮支渠搜，則鮮支當此析枝也，鮮析音相近，鄒氏劉氏云，息竝音肅，非也，且夷狄之名，古書不必皆同，今讀如字也。【正義】注鳥或作嶋，括地志云，百濟國西南海中有大嶋十五所，皆置邑有人居，屬百濟，又倭國西南大海中，嶋居凡百餘小國，在京南萬三千五百里，案武后改倭國爲日本國。【考證】南撫交趾以下，采大戴記五帝德，但北發作大發，大戴記少間篇云，舜以天德嗣堯，海外肅愼北發渠搜氐羌來服，查德基曰，北發疑當作大發，西戎之戎，發息愼之發，疑皆衍字，說苑修文篇，南交趾大發西析支渠搜北山戎息愼東長夷島夷，似可據以正史，鳥島古通用，愚按北發國名，又見管子及漢武紀韓安國傳，大敎大發北發三者，未知其孰是，又按西北東下，亦當有撫字，以上文撫字該之，是古文簡處。四海之內，咸戴帝舜之功。【正義】爾雅云，九夷八狄七戎六蠻，謂之四海。於是禹乃興九招之樂，致異物，鳳皇來翔。【索隱】招音韶，卽舜樂簫韶，九成，故曰九招。【考證】楓三南本，招作韶，尚書皐陶謨，簫韶九成，鳳皇來儀，德齡曰，禹字當作夔，敘禹于諸臣之後者，以禹功最大也，而大樂之作，所以告成功，故又敘夔于禹之後，其次序固秩然不紊也，夏本紀，舜德大明，于是夔行樂一段，尤可爲夔字明證。天下明德，皆自虞帝始。舜年二十以孝聞，年三十堯舉之，年五十攝行天子

事。年五十八堯崩。年六十一代堯踐帝位。【集解】皇甫謐曰，舜所都，或言蒲阪，或言平陽，或言潘，潘，今上谷也。【正義】括地志云，平陽，今晉州城是也，潘，今嬀州城是也，蒲阪，今蒲州南二里河東縣界蒲阪故城是也。踐帝位三十九年。南巡狩，崩於蒼梧之野。葬於江南九疑。是爲零陵。【集解】皇覽曰，舜冢在零陵營浦縣，其山九谿皆相似，故曰九疑，傳曰，舜葬蒼梧，象爲之耕，禮記曰，舜葬蒼梧，二妃不從，山海經曰，蒼梧山，帝舜葬于陽，丹朱葬于陰，皇甫謐曰，或曰，二妃葬衡山，【考證】堯典云，舜生三十徵庸，三十在位，五十載陟方乃死，孟子離婁篇云，舜生於諸馮，遷於負夏，卒於鳴條，禮記檀弓篇云，舜葬於蒼梧之野，蓋三妃未之從也，大戴記五帝德云，舜之少也，惡顇勞苦，二十以孝聞乎天下，三十在位，嗣帝所，五十乃死，葬于蒼梧之野，史公蓋采檀弓五帝德，崔適曰，年三十堯擧之，卽尚書所謂三十徵庸也，年五十攝行天子事，卽上文所謂舜得擧用事二十年，而堯使攝政也，堯崩時年六十一，代堯踐帝位，卽上文所謂攝政八年而堯崩，三年喪畢，讓丹朱，天下歸舜也，踐帝位三十九年崩，乃尚書所謂五十載陟方乃死，自攝政八年，居喪三年，在位三十九年，合爲五十載也，愚按史公之意與尚書孟子異，說見上文、舜之踐帝位，載天子旗，往朝父瞽叟。夔夔唯謹，如子道。【集解】徐廣曰，夔夔，和敬貌，【考證】孟子萬章篇，書曰，祗載見瞽瞍，夔夔齊栗，瞽瞍亦允若、封弟象爲諸侯。【集解】孟子曰，封之有庳，音鼻，【正義】帝王紀云，舜弟象封於有鼻，括地志云，鼻亭神在營道

縣北六十里，故老傳云，舜葬九疑，象來至此，後人立祠，名爲鼻亭神，輿地志云，零陵郡應陽縣東有山，山有象廟，王隱晉書云，泉陵縣北部東五里，有鼻墟，象所封也。【考證】孟子萬章篇，吳裕垂曰，道州之有庳亭，猶靈博之有象祠也，南蠻苗夷所建，不必問其所自始，而有庳之封，必近帝都，方得常常而見，原原而來、舜子商均亦不肖。【集解】皇甫謐曰，娥皇無子，女英生商均，【正義】譙周云，以虞封舜子，今宋州虞城縣，括地志云，虞國舜後所封邑也，或云，封舜子均於商，故號商均也、舜乃豫薦禹於天。十七年而崩。【索隱】薦於天，謂告天使之攝位也，【考證】楓三本無乃字、三年喪畢。禹亦乃讓舜子，如舜讓堯子。【正義】括地志云，禹居洛州陽城者，避商均，非時久居也，【考證】楓三南本，崩下重崩字，無乃字、諸侯歸之。然後禹踐天子位。【考證】舜子商均亦不肖以下，采孟子萬章篇、堯子丹朱、舜子商均，皆有疆土、【集解】譙周曰，以唐封堯之子，以虞封舜之子，【索隱】漢書律歷志云，封堯子朱於丹淵爲諸侯，商均封虞，在梁國，今虞城縣也，【正義】括地志云，定州唐縣，堯後所封，宋州虞城縣，舜後所封也、以奉先祀。服其服，禮樂如之。以客見天子。天子弗臣。示不敢專也。【正義】爲天子之賓客也，【考證】尚書皐陶謨云，虞賓在位，傳云，丹朱爲王者後，故稱賓，禮記郊特牲云，王者存二代之後，猶尊賢也，尊賢不過二代、自黃帝至舜禹，皆同姓。而

異其國號，以章明德。【集解】徐廣曰，外傳曰，黃帝二十五子，其得姓者十四人，虞翻云，以德爲氏姓，又虞說以凡有二十五人，其十二人同姓姬，又十一人爲十一姓，酉祁己滕葴任荀釐姞儇衣是也，餘十二姓，德薄不紀錄，【正義】釐音力其反，姞音其吉反，儇音在宣反，【考證】外傳，國語，晉語，崔述曰，上古之時，人情樸略，容有未受姓者，故因錫土而遂賜之，所以禹貢有錫土姓之文，非每人皆賜之以姓也，安有同父而異姓者哉，姓也者，生也，有姓者所以辨其所由生也，苟同父而各賜姓其姓，則所由生者無可辨，有姓曷取焉，自國語始有一人子孫分爲數姓之說，而大戴記從而衍之，史記又從而采之，遂謂唐虞三代共出一祖，而帝王之族姓遂亂雜而失其眞矣，然則誣古聖而惑後儒者，皆國語爲之濫觴也，且晉語前既云，青陽與夷鼓爲己姓，後又云，青陽與倉林爲姬姓，是青陽一人而有兩姓矣，晉語既云，黃帝之子青陽夷鼓皆爲己姓，鄭語又云，祝融之後，己姓昆吾蘇顧溫董，是己一姓，而又有兩祖矣，其自矛盾如是，焉可爲信哉，梁玉繩曰，黃帝至禹，諸帝王竝非一族，安得同姓，史于五帝之姓多缺不具，而夏之姓姒，下文已明書之，何云同姓哉，此史通所謂連行接句，頓成乖角者也，歐陽修曰，司馬遷所作本紀，出於大戴禮世本諸書，今依其說，圖而考之，堯舜夏商周皆同出於黃帝，堯之崩也，下傳其四世孫舜，舜之崩也，復上傳其四世祖禹，而舜禹皆壽百歲，稷契於高辛爲子，乃同父異母之兄弟，今以其世次而下之，湯與王季同世，湯下傳十六世而爲紂，王季下傳一世而爲文王，二世而爲武王，是文王以十五世祖臣事十五世孫紂，而武王以十四世祖伐十四世孫而代之王，何其繆哉、故黃帝爲有熊。【考證】黃帝爲有熊，傳記無所概見、帝顓頊爲高陽。帝嚳爲高辛。帝堯爲陶唐。

【集解】韋昭曰、陶、唐皆國名、猶湯稱殷商矣、張晏曰、堯爲唐侯、國於中山唐縣是也、帝舜爲有虞。【集解】皇甫謐曰、舜嬪于虞、因以爲氏、今河東大陽西山上虞城是也、帝禹爲夏后、而別氏。姓姒氏。【考證】梁玉繩曰、夏代稱后、故云夏后氏、王則間稱之、何論帝也、帝禹之稱、且以帝與后連書亦複、又曰、三代以前、必著功德、然後賜姓命氏、故人不皆有姓、三代以降、族類繁亂、皆所謂姓、但有氏而已、姓一定而不易、雖百世弗改、氏遞出而不窮、卽再傳可變、史公承秦項焚燹之餘、譜學已紊、姓氏遂混、有以姓爲氏者、如夏之姒商之子姓也、非氏也、而連氏于其下、曰姒氏子氏、有以氏爲姓者、如秦之趙漢之劉氏也、非姓也、而加姓于其上、曰姓趙姓劉、然其謬非始于史公、穀梁隱九年、南季來聘、傳云、南氏姓也、則已混稱之矣、或問春秋書姜氏子氏、姜與子俱姓、而書氏何居、曰古者男子稱氏、婦人稱姓、而姓之與氏、散亦得通、是以通志氏族序云、姓可呼爲氏、氏不可呼爲姓、從未有姓氏幷稱之者、易言黃帝堯舜氏作、則又以號爲氏、以名爲氏、亦稱姓爲氏之比矣、

契爲商。姓子氏。【索隱】禮緯曰、禹母脩已、吞薏苡而生禹、因姓姒氏、而契姓子氏者、亦以其母吞乙子而生、弃爲周。姓姬氏。【集解】鄭玄駁許愼五經異義曰、春秋左傳、無駭卒、羽父請諡與族、公問族於衆仲、衆仲對曰、天子建德、因生以賜姓、胙之土而命之氏、諸侯以字爲氏、因以爲族、官有世功、則有官族、邑亦如之、公命以字爲展氏、以此言之、天子賜姓命氏、諸侯命族、族者氏之別名也、姓者所以統繫百世使不別也、氏者所以別子孫之所出、故世本之篇、言姓則在上、言氏則在下也、

太史公曰。【正義】太史公、司馬遷自謂也、自叙傳云、太史公曰、先人有言、又云、太史公曰、余聞之董生、又云、太史公遭李陵之禍、明太史公司馬遷自號也、遷爲太史公官、題贊首也、虞喜云、古者主天官者、皆上公、非獨遷、【考證】姚鼐曰、太史公係後人尊稱之辭、漢官儀乃云其官本名太史公、此謬說也、漢書臣瓚注引茂陵書、司馬談以太史丞爲令、又孔北海告高密縣曰、昔太史公、廷尉吳公、謁者僕射鄧公、皆漢之名臣、世嘉其高、皆悉稱公、然則公者仁德之正號、不必三事大夫也、據此則凡史記內以太史公稱談者、卽子長所加、以稱子長者、皆後人所益、又何疑焉、若文選載報任安書首云、太史公牛馬走、公字乃令字之誤耳、稱太史令、猶後人之列銜、稱牛馬走、猶後人稱僕稱弟之類、梁玉繩曰、太史公之稱、今上紀及自序傳注引桓譚新論云、東方朔所署、又引韋昭云、遷外孫楊惲所加、又引衞宏漢儀注謂太史公武帝置、位在丞相上、遷死後宣帝以其官爲令、行文書而已、又引虞喜志林謂古主天官者皆上公、由周至漢、其職轉卑、然朝會坐位、猶居公上、其官屬仍以舊名尊之、致史記遷死後稍出、至宣帝時始宣布、東方朔安得見之、索隱非之矣、遷傳有楊惲祖述其書之語、韋昭所本、索隱亦從之、但一部史記均稱太史公、惟自序中遷爲太史令一句稱令、然正義引史作公、疑今本傳譌、或依漢書改、豈盡惲增之邪、索隱以爲姚察非之矣、蓋太史公是官名、衞宏漢人、其言可信、又曰、史記祇天官書太史公推古天變及封禪書兩稱太史公、自序前篇六稱太史公、指司馬談、文義顯白、餘皆自謂、愚按太史令官名、太史令之稱太史公、猶太倉令之稱太倉公、自是當時官府通稱、固非官名、亦非尊加、姚梁之說恐皆非是、說又見于太史公自序、

學者多稱五帝尚矣。【索隱】尚、上也、言久遠也、然尚矣文出大戴禮、然尚書獨載堯以來。

而百家言黃帝、其文不雅馴。【正義】馴、訓也、謂百家之言、皆非典雅之訓、薦紳先生難言之。【集解】徐廣曰、薦紳、卽縉紳也、古字假借、【考證】五帝德云、夫黃帝尚矣、先生難言之、孔子所傳宰予問五帝德及帝繫姓、【正義】繫、音奚計反、儒者或不傳。【索隱】五帝德、帝繫姓、皆大戴禮及孔子家語篇名、以二者皆非正經、故漢時儒者以爲非聖人之言、故多不傳學也、余嘗西至空桐、【正義】余、太史公自稱也、嘗、曾也、空桐山、在原州平高縣西百里、黃帝問道於廣成子處、北過涿鹿、【正義】涿鹿山、在嬀州東南五十里、山側有涿鹿城、卽黃帝堯舜之都也、東漸於海、南浮江淮矣。至長老皆各往往稱黃帝・堯・舜之處、風教固殊焉。【考證】楓、三、南本、無至字、固作國、總之不離古文者近是。【索隱】古文、卽帝德帝系二書也、近是聖人之說、【考證】沈濤曰、總之不離古文者近是、是古文卽謂尚書、太史公自序、年十歲則誦古文、亦謂古文尚書、小司馬于紀贊則以爲帝德帝繫等書、于自序則以爲左傳國語等書、皆非是、又曰、漢書儒林傳曰、司馬遷亦從安國問故、遷書載堯典禹貢洪範微子金縢諸篇、多古文說、是史記之用古文、孟堅言之鑿然矣、自漢以來皆無異說、惟史遷每以訓詁字易經文、又兼采裴駰司馬貞張守節所據本、每多互異、蓋已爲六朝人所竄亂、然藉此以求古文之眞、尚可存十一於千百、愚按古文謂以古文書者、不止尚書一經、而是主斥尚書說、又見十二諸侯年表序、

予觀春秋國語、其發明五帝德帝繫姓章矣。【索隱】太史公言、己以春秋國語古書、博加考驗、益以發明五帝德等說甚章著也、【考證】中井積德曰、言春秋國語中多說五帝之事、顧弟弗深考。【集解】徐廣曰、弟、但也、史記漢書、見此者非一、又左思蜀都賦曰、弟如滇池而不詳者多、以爲字誤、學者安可不博觀乎、【正義】顧、念也、弟、且也、太史公言博考古文、擇其言表見之、不虛甚章著矣、思念亦且不須更深考論、【考證】錢大昕曰、弟但、聲相近、中井積德曰、弗深考、譏儒者不傳也、其所表見皆不虛。【索隱】言帝德帝系所有表見者、皆不爲虛妄也、書缺有閒矣。【正義】言古文尚書缺失、其閒多矣、而無說黃帝之語、【考證】中井積德曰、書缺有閒、尚書殘缺有年載也、

其軼乃時時見於他說。【索隱】言古典殘缺有年載、故曰有閒、然帝皇遺事散軼、乃時時旁見於他記說、卽帝德帝系等說也、故己今採案而備論黃帝已來事耳、非好學深思、心知其意、固難爲淺見寡聞道也。

余幷論次、擇其言尤雅者、故著爲本紀書首。【正義】太史公據古文幷諸子百家、論次擇其言語典雅者、故著爲五帝本紀、在史記百三十篇書之首、【考證】趙恆曰、此論本紀所以首黃帝之意、蓋尚書獨載堯以來、而史記始黃帝、史記之所據者、五帝德帝繫姓也、乃儒者或不傳之書也、然遷以所涉歷、驗之風教而近是、參之春秋國語、而所表見爲不虛、是以尚書雖缺、而其軼之見於他說、如五帝德帝繫姓者、不可不言而傳之也、要在學

帝者博聞深思、精擇而愼取之耳、故以黃帝著爲本紀首、則顓頊高辛在其中矣、

索隱述贊、帝出少典、居于軒丘、既代炎曆、遂禽蚩尤、高陽嗣位、靜深有謀、小大遠近、莫不懷柔、爰洎帝嚳、列聖同休、帝摯之弟、其號放勳、就之如日、望之如雲、郁夷東作、昧谷西曛、明敭仄陋、玄德升聞、能讓天下、賢哉二君、**考證**中井積德曰、索隱述贊百三十篇無一篇可觀、並削之可也、

五帝本紀第一　　史記一

三皇本紀

小司馬氏撰 幷注

小司馬氏云、太史公作史記、古今君臣宜應上自開闢、下迄當代、以爲一家之首尾、今闕三皇、而以五帝爲首者、正以大戴禮有五帝德篇、又帝系皆敍自黃帝已下、故因以五帝本紀爲首、其實三皇已還、載籍罕備、然君臣之始、敎化之先、旣論古史、不合全闕、近代皇甫謐作帝王代紀、徐整作三五歷、皆論三皇已來事、斯亦近古之一證、今並採而集之作三皇本紀、雖復淺近、聊補闕云、

太皞庖犧氏、風姓。代燧人氏、繼天而王。母曰華胥。履大人迹於雷澤、而生庖犧於成紀。蛇身人首。按伏犧風姓、出國語、其華胥已下、出帝王世紀、然雷澤澤名、卽舜所漁之地、在濟陰、成紀亦地名、按天水有成紀縣、有聖德。仰則觀象於天、俯則觀法於地、旁觀鳥獸之文、與地之宜、近取諸身、遠取諸物。始畫八卦、以通神明之德、以類萬物之情。造書契以代結繩之政。於是始制嫁娶、以儷皮爲禮。按譙周古史考、伏犧制嫁娶、以儷皮爲禮也、結網罟以教佃漁。故曰

宓犧氏。按事出漢書歷志、宓、音伏、養犧牲以庖廚。故曰庖犧。考論 索隱單本、以下無庖廚故曰四字、有龍瑞。以龍紀官。號曰龍師。作三十五弦之瑟。木德王。注春令。故易稱帝出乎震、月令孟春其帝太皞。是也。按位在東方、象日之明、故稱太皞、皞、明也、都於陳。東封太山。立一百一十一年崩。按皇甫謐曰、伏犧葬南郡、或曰、冢在山陽高平之西也、其後裔、當春秋時、有任・宿・須・句・顓臾、皆風姓之胤也。女媧氏亦風姓。蛇身人首。有神聖之德。代宓犧立。號曰女希氏。無革造。惟作笙簧。按禮明堂位及系本、皆云、女媧作笙簧、故易不載。不承五運。一曰。女媧亦木德王。蓋宓犧之後、已經數世。金木輪環、周而復始。特擧女媧、以其功高而充三皇。故頻木王也。當其末年也、諸侯有共工氏。任智刑、以强霸而不王。以水承木。考論 各本承作乘、今從單本、乃與

祝融戰、不勝而怒。乃頭觸不周山。崩。天柱折、地維缺。女媧乃鍊五色石以補天、斷鼇足以立四極、聚蘆灰以止滔水、以濟冀州。按其事出淮南子也、於是地平天成、不改舊物。女媧氏沒、神農氏作。按三皇說者不同、譙周以燧人爲皇、宋均以祝融爲皇、而鄭玄依春秋緯、以女媧爲皇、承伏犧、皇甫謐亦同、今依之爲說也、炎帝神農氏、姜姓。母曰女登。有媧氏之女。爲少典妃。感神龍而生炎帝。人身牛首。長於姜水。因以爲姓。按國語、炎帝黃帝皆少典之子、其母又皆有媧氏之女、據諸子及古史考、炎帝之後、凡八代、五百餘年、軒轅氏代之、豈炎帝黃帝、是昆弟而同母氏乎、皇甫謐以爲少典有媧氏諸侯國號、然則姜姬二帝、同出少典氏、黃帝之母、又是神農母氏之後代女、所以同是有媧氏之女也、火德王。故曰炎帝。以火名官。斲木爲耜、揉木爲耒、耒耨之用、以敎萬人。始敎耕。故號神農氏。於是作蜡祭、以赭鞭鞭草木。始嘗百草、始有醫藥。又作五弦之瑟。敎人日中爲市、交易而

退、各得其所。遂重八卦爲六十四爻。初都陳、後居曲阜。按今淮陽有神農井、又左傳、魯有大庭氏之庫、是也、立一百二十年崩。葬長沙。神農本起烈山。故左氏稱、烈山氏之子曰柱。亦曰厲山氏。禮曰。厲山氏之有天下。是也。按鄭玄云、厲山、神農所起、亦曰有烈山、皇甫謐曰、厲山今隨之厲鄉也、神農納奔水氏之女曰聽訞。爲妃。生帝魁、魁生帝承、承生帝明、明生帝直、直生帝氂、氂生帝哀、哀生帝克、克生帝榆罔。凡八代、五百三十年。而軒轅氏興焉。按神農之後凡八代、事見帝王代紀及古史考、然古典亡矣、況譙皇二氏、皆前聞君子、考按古書而爲此說、豈至今鑿空乎、此紀示據以爲說、其易稱神農氏沒、卽榆罔、榆罔猶襲神農之號也、考論 生帝魁以下二十字、各本脫、今依單本、其後有州・甫・甘・許・戲・露・齊・紀・怡・向・申・呂。皆姜姓之後。並爲諸侯。或分掌四岳。當周室、甫侯・申伯、爲王賢相。齊・許列爲諸侯。霸於中國。蓋聖人德澤廣

大、故其祚胤繁昌久長云。一說、三皇謂天皇・地皇・人皇爲三皇。既是開闢之初。君臣之始。圖緯所載、不可全弃。故兼序之。天地初立、有天皇氏。十二頭。澹泊無所施爲、而俗自化。木德王。歲起攝提。兄弟十二人。立各一萬八千歲。蓋天地初立、神人首出行化、故其年世長久也、然言十二頭者、非謂一人之身有十二頭、蓋古質、比之鳥獸頭數故也、地皇十一頭。火德王。姓十一人。興於熊耳・龍門等山。亦各萬八千歲。人皇九頭。乘雲車、駕六羽、出谷口。兄弟九人、分長九州。各立城邑。凡一百五十世。合四萬五千六百年。天皇已下、皆出河圖及三五歷也、自人皇已後有五龍氏。五龍氏、兄弟五人、並乘龍上下、故曰五龍氏也、燧人氏、按其君鑽燧出火、敎人熟食、在伏犧氏前、譙周以爲三皇之首也、大庭氏、栢皇氏、中央氏、卷須氏、栗陸氏、驪連氏、赫胥氏、尊盧氏、渾沌氏、昊英

氏、有巢氏、朱襄氏、葛天氏、陰康氏、無懷氏、斯蓋三皇已來有天下者之號、按皇甫謐以爲大庭已下一十五君、皆襲庖犧之號、事不經見、難可依從、然按古封太山者、首有無懷氏、乃在太昊之前、豈得如謐所說、但載籍不紀、莫知姓・王年代・所都之處。而韓詩以爲自古封太山禪梁甫者、萬有餘家。仲尼觀之、不能盡識。管子亦曰。古封太山七十二家。夷吾所識十有二焉。首有無懷氏。考證單本無無字、然則無懷之前、天皇已後、年紀悠邈、皇王何昇而告。但古書亡矣。不可備論。豈得謂無帝王耶。故春秋緯稱自開闢至於獲麟、凡三百二十七萬六千歲、分爲十紀。凡世七萬六百年。一曰九頭紀。二曰五龍紀。三曰攝提紀。四曰合雒紀。五曰連通紀。六曰序命紀。七曰脩飛紀。八曰回提紀。九曰禪

通紀。十曰流訖紀。蓋流訖當黃帝時、制九紀之間。是以錄於此補紀之也。考證趙翼曰、大戴禮五帝德、及史遷五帝本紀、皆專言五帝、而不言三皇、然三皇之號、見於周禮外史掌三皇五帝之書、不得言三代以前無此稱也、第未有專指其名者、其見於秦博士所議、但云天皇地皇人皇而已、孔安國書序、乃以伏羲神農黃帝爲三皇、少昊顓頊高辛堯舜爲五帝、司馬遷以黃帝入五帝之內、而無少昊、鄭康成依運斗樞註尚書中候、乃以伏羲女媧神農爲三皇、帝鴻金天高陽高辛唐虞爲五帝、司馬貞因之作三皇本紀、亦以伏羲女媧神農爲三皇、孔穎達註尚書最尊安國、故其駁鄭注、謂女媧但修伏羲之道、無所改作、不得列三皇、既不數女媧、則不可不取黃帝爲三皇、又曰、安國之意、以月令春曰太昊、夏曰炎帝、中央曰黃帝、依次以爲三皇、秋曰少昊、冬曰顓頊、自此以下、合之高辛堯舜、乃爲五帝耳、然穎達又云、諸儒說三皇、或數燧人、或數祝融、以配犧農、其五帝皆自軒轅、不數少昊、帝繫本紀家語、又以少昊卽黃帝子青陽、是穎達雖尊安國、亦未敢竟以黃帝入三皇之內、少昊列五帝之中、而顯與史記相戾也、宋五峯胡氏、直斷以孔子繫詞所述伏羲神農黃帝堯舜爲五帝、元人胡一桂又從而引伸之、謂孔子家語自伏羲以下皆稱帝、易大傳春秋內外傳有黃帝炎帝之稱、月令有帝太昊帝炎帝帝黃帝之文、可見太昊伏羲氏炎帝神農氏黃帝軒轅氏、本皆稱帝、秦以前未嘗列之於三皇也、其三皇之號、終不可泯、則仍以秦博士所謂天皇地皇人皇當之、而不必附會其人、此論較爲直捷、然近日王西莊又謂繫辭以羲農爲上古聖人、黃帝堯舜爲後世聖人、則羲農宜爲皇、黃帝宜爲帝、惟三皇中少一人、則司馬貞據康成說以女媧充數、亦未爲無據、西莊最尊鄭學、故持論如此、要之去古愈遠、載籍無

考、傳聞異詞、迄無定論、愚按三皇之名既無定說、何問其事有無、司馬貞爲補本紀、非也、今錄之索隱序後、以與史文區別、

70 大戴禮

文献名：70. 大戴禮

資料番号	伏羲	太皞	其他	女媧	其他	神農	炎帝	赤帝	其他	黄帝	軒轅氏	其他	顓頊	高陽	其他	注(左半葉) 注a	注b
1																	
2																	
3																	
4																	
5										1			1				
6								1		6	1		2	2			
7										4	2		5	1			
8																	
9																	
10										2							
11																	
12																	
13																	
計								1		13	3		8	3			

文献名：70. 大戴禮

帝嚳	高辛	其他	堯	陶唐	其他	舜	有虞	其他	禹	其他	三皇	五帝	注(右半葉) 注e	注f	注g	参考	資料番号
						1			1								1
									1								2
						2											3
									1								4
																	5
1	2		1		1(e)	3		1(f)	3	1(g)		2	放勳	重華	文命		6
3	1		4		1(e)	2		1(f)	2	2(g) (g)			放勛	重華	文命 文命		7
												1					8
			3			2											9
							2										10
			1			2	2		1								11
			1			1			1								12
			2			4			5								13
4	3		12		2	17	4	2	15	3		3					計

70 大戴禮

1 卷一《主言　第三十九》

孔子閒居，曾子侍。孔子曰：「參，今之君子，惟士與大夫之言之聞也，其至於君子之言者甚希矣。於乎！吾主言其不出而死乎！哀哉！」

曾子起曰：「敢問：何謂『主言』？」孔子不應。

……

曾子曰：「敢問不費不勞可以爲明乎？」

孔子愀然揚麋曰：「參！女以明主爲勞乎？昔者舜左禹而右皋陶，不下席而天下治。夫政之不中，君之過也。政之既中，令之不行，職事者之罪也。明主奚爲其勞也！昔者明主關譏而不征，市鄽而不税，税十取一，使民之力歲不過三日，入山澤以時，有禁而無征：此六者取財之路也。明主捨其四者而節其二者，明主焉取其費也！」　舜 禹

2 卷三《保傅　第四十八》

周后妃任成王於身，立而不跛，坐而不差，獨處而不倨，雖怒而不詈，胎教之謂也。

成王生，仁者養之，孝者襁之，四賢傍之。成王有知，而選太公爲師，周公爲傅，此前有與計，而後有與慮也。是以封泰山而禪梁甫，朝諸侯而一天下。猶此觀之，王左右不可不練也。昔者禹以夏王，桀以夏亡；湯以殷王，紂以殷亡；闔廬以吳戰勝無敵，而夫差以見禽於越；文公以晉國霸，而厲公以見殺於匠黎之宮；威王以齊強於天下，而簡公以弑於檀臺；穆公以秦顯名尊號，而二世以刺於望夷之宮：其所以君王者同而功迹不等者，所任異也。故成王處繈抱之中朝諸侯，周公用事也；武靈王五十而弑沙丘，任李兑也。齊桓公得管仲，九合諸侯，一匡天下，再爲義王。失管仲，任豎刁、狄牙，身死不葬，而爲天下笑。一人之身榮辱具施焉者，在所任也。故魏有公子無忌，而削地復得；趙得藺相如，而秦兵不敢出；安陵任周瞻，而國人獨立；楚有申包胥，而昭王反復；齊有田單，襄王得其國。由是觀之，無賢佐俊仕而能成功立名，安危繼絕者，未之有也。　禹

3 卷五《曾子制言中　第五十五》

是故君子以仁爲尊。天下之爲富，何爲富？則仁爲富也，天下之爲貴，何爲貴？則仁爲貴也。昔者，舜疋夫也，土地之厚，則得而有之；人徒之衆，則得而使之；舜唯以仁得之也。是故君子將說富貴，必勉於仁也。昔者，伯夷、叔齊，死於溝澮之間，其仁成名於天下；　舜 舜

夫二子者，居河濟之間，非有土地之厚、貨粟之富也，言爲文章、行爲表綴於天下。是故君子思仁義，晝則忘食，夜則忘寐，日旦就業，夕而自省，以役其身，亦可謂守業矣。

4 卷五《曾子制言下　第五十六》

曾子曰:「天下有道，則君子訢然以交同；天下無道，則衡言不革；諸侯不聽，則不干其土；聽而不賢，則不踐其朝；是以君子不犯禁而入人境，不通患而出危邑，則秉德之士不諂矣。
故君子不諂富貴以爲己說，不乘貧賤以居己尊。凡行不義，則吾不事；不仁，則吾不長。奉相仁義，則吾與之聚群；嚮爾寇盜，則吾與慮。國有道，則突若入焉；國無道，則突若出焉，如此之謂義。

夫有世，義者哉，曰:「仁者殆，恭者不入，愼者不見使，正直者
則邇於刑，弗違則殆於罪。是故君子錯在高山之上，深澤之污，聚橡
栗藜藿而食之，生耕稼以老十室之邑。是故昔者禹見耕者五耦而式，　禹
過十室之邑則下，爲秉德之士存焉。」

5 卷六《武王踐阼　第五十九》

武王踐阼，三日，召士大夫而問焉，曰:「惡有藏之約，行之行，萬世可以爲子孫常者乎？」諸大夫對曰:「未得聞也。」

然後召師尚父而問焉，曰:「黃帝、顓頊之道存乎，意亦忽不可得　黃帝 顓頊
見與？」

師尚父曰:「在丹書。王欲聞之，則齊矣。」三日，王端冕，師尚父亦端冕，奉書而入，負屏而立。王下堂，南面而立。師尚父曰:「先王之道，不北面。」王行西，折而南，東面而立。

6 卷七《五帝德　第六十二》　五帝

宰我問於孔子曰:「昔者予聞諸榮伊令，黃帝三百年。請問黃帝者　黃帝 黃帝
人邪？抑非人邪？何以至於三百年乎？」

孔子曰:「予！禹、湯、文、武、成王、周公、可勝觀邪！夫黃帝　禹 黃帝
尚矣，女何以爲？先生難言之。」

宰我曰:「上世之傳，隱微之說，卒業之辨，闇忽之意，非君子之道也，則予之問也固矣。」

孔子曰:「黃帝，少典之子也，曰軒轅。生而神靈，弱而能言，幼　黃帝 軒轅
而彗齊，長而敦敏，成而聰明。治五氣，設五量，撫萬民，度四方，
教熊羆貔豹虎，以與赤帝戰于版泉之野。三戰，然後得行其志。黃帝　赤帝 黃帝
黼黻，衣大帶，黼裳，乘龍扆雲，以順天地之紀，幽明之故，死生之
說，存亡之難。時播百穀中木，故教化淳鳥獸昆虫，歷離日月星辰，
極畋土石金玉，勞心力耳目，節用水火材物。生而民得其利百年，死

而民畏其神百年，亡而民用其教百年，故曰三百年。」

宰我請問帝顓頊。 顓頊

孔子曰：「五帝用記，三王用度，女欲一日辨聞古昔之說，躁哉予 五帝
也！」

宰我曰：「昔者，予也聞諸夫子曰：『小子無有宿問。』」

孔子曰：「顓頊，黃帝之孫、昌意之子也，曰高陽。洪淵以有謀， 顓頊 黃帝
疏通而知事，養材以任地，履時以象天，依鬼神以制義，治氣以教民，
潔誠以祭祀。乘龍而至四海，北至于幽陵，南至于交趾，西濟于流沙，
東至于蟠木。動靜之物，大小之神，日月所照，莫不祗屬。」

宰我曰：「請問帝嚳。」 帝嚳

孔子曰：「玄囂之孫，蟜極之子也，曰高辛。生而神靈，自言其名。 高辛
博施利物，不於其身。聰以知遠，明以察微。順天之義，知民之急。
仁而威，惠而信，修身而天下服。取地之財而節用之，撫教萬民而利
誨之，歷日月而迎送之，明鬼神而敬事之。其色郁郁，其德嶷嶷。其
動也時，其服也士。春夏乘龍，秋冬乘馬，黃黼黻衣，執中而獲天下，
日月所照，風雨所至，莫不從順。」

宰我曰：「請問帝堯。」 帝堯

孔子曰：「高辛之子也，曰放勳。其仁如天，其知如神，就之如日， 高辛 放勳
望之如雲。富而不驕，貴而不豫。黃黼黻衣，丹車白馬，伯夷主禮，
龍、夔教舞，舉舜、彭祖而任之，四時先民治之。流共工于幽州，以 舜
變北狄；放驩兜于崇山，以變南蠻；殺三苗于三危，以變西戎；殛鯀
于羽山，以變東夷。其言不貣，其德不回，四海之內，舟輿所至，莫
不說夷。」

宰我曰：「請問帝舜。」 帝舜

孔子曰：「蟜牛之孫，瞽叟之子也，曰重華。好學孝友，聞于四海， 重華
陶家事親，寬裕溫良，教敦而知時，畏天而知時，畏天而愛民，恤遠
而親親。承受大命，依于倪皇。叡明通知，爲天下王：使禹傅土，主 禹
明山川，以利於民；使后稷播種，務勤嘉穀，以作飲食；羲和掌曆，
敬授民時；使益行火，以辟山萊；伯夷主禮，以節天下；夔作樂，以
歌籥舞，和以鐘鼓；皋陶作士，忠信疏通，知民之情；契作司徒，教
民孝友，敬政率經。其言不惑，其德不慝，舉賢而天下平。南撫交阯、
大教，西鮮支、渠庾、氐、羌，北山戎、發、息慎，東長夷、鳥夷羽
民。舜之少也，惡顇勞苦，二十以孝聞乎天下，三十在位，嗣帝所， 舜
五十乃死，葬于蒼梧之野。」

宰我曰：「請問禹。」 禹

孔子曰：「高陽之孫，鯀之子也，曰文命。敏給克濟，其德不回， 高陽 文命
其仁可親，其言可信；聲爲律，身爲度，稱以出；亹亹穆穆，爲綱爲
紀。巡九州，通九道、陂九澤，度九山。爲神主，爲民父母，左准繩，

右規矩，履四時，據四海，平九州，戴九天，明耳目，治天下。舉皋陶與益以贊其身，舉干戈以征不享不道無道之民，四海之內，舟車所至，莫不賓服。」

孔子曰：「予！大者如說，民說至矣。予也非其人也。」

宰我曰：「予也不足，誠也，敬承命矣！」

他日，宰我以語人。有爲道諸孔子之所，孔子曰：「吾欲以顏色取人，於滅明邪改之。吾欲以語言取人，於予邪改之。吾欲以容貌取人，於師邪改之。」宰我聞之，懼，不敢見。

7 卷六《帝繫　第六十三》

少典產軒轅，是爲黃帝。

軒轅 黃帝

黃帝產玄囂，玄囂產蟜極，蟜極產高辛，是爲帝嚳。帝嚳產放勳，是爲帝堯。

黃帝 高辛 帝嚳
帝嚳 放勳 帝堯

黃帝產昌意，昌意產高陽，是爲帝顓頊。顓頊產窮蟬，窮蟬產敬康，敬康產句芒，句芒產蟜牛，蟜牛產瞽叟，瞽叟產重華，是爲帝舜，及象產，敖。顓頊產鯀，鯀產文命，是爲禹。

黃帝 高陽 顓頊
顓頊 重華 帝舜
顓頊 文命 禹

黃帝居軒轅之丘，娶于西陵氏之子，謂之嫘祖氏，產青陽及昌意。青陽降居泜水，昌意降居若水。昌意娶于蜀山氏，蜀山氏之子謂之昌濮氏，產顓頊。顓頊娶于滕奔氏，滕奔氏之子，謂之女祿氏，產老童。老童娶于竭水氏，竭水氏之子，謂之高緺氏，產重黎及吳回。

黃帝 軒轅
顓頊 顓頊

吳回產陸終。陸終娶于鬼方氏，鬼方氏之妹，謂之女隤氏，產六子，孕而不粥，三年，啓其左脅，六人出焉。其一曰樊，是爲昆吾；其二曰惠連，是爲參胡；其三曰籛，是爲彭祖：其四曰萊言，是爲云鄶人；其五曰安，是爲曹姓：其六曰季連，是爲芈姓。季連產付祖，付祖產內熊，九世至于渠婁鯀出。

自熊渠有子三人：其孟之名爲無康，爲句亶王；其中之名爲紅，爲鄂王；其季之名爲疵，爲戚章王。

昆吾者，衛氏也。參胡者，韓氏也。彭祖者，彭氏也。云鄶人者，鄭氏也。曹姓者，邾氏也。季連者，楚氏也。

帝嚳卜其四妃之子，而皆有天下。上妃，有邰氏之女也，曰姜嫄氏，產后稷；次妃，有娀氏之女也，曰簡狄氏，產契；次妃曰陳隆氏，產帝堯；次妃曰陬訾氏，產帝摯。

帝嚳
帝堯（帝摯）

帝堯娶于散宜氏之子，謂之女皇。帝舜娶于帝堯之子，謂之女匽。鯀娶于有莘氏，有莘氏之子，謂之女志氏，產文命。禹娶于塗山氏，塗山氏之子，謂之女憍氏，產啓。

帝堯 帝舜 帝堯
文命 禹

8 卷八《盛德　第六十六》

德法者御民之銜勒也，吏者轡也，刑者筴也，天子御者，內史、太史、左右手也。古者以德法爲銜勒，以官爲轡，以刑爲荚，以人爲手，故御天下數百年而不懈墮。善御馬者，正銜勒，齊轡荚，均馬力，和馬心，故口無聲，手不搖，荚不用，而馬爲行也。善御民者，正其德法，飭其官，而均民力，和民心，故聽言不出於口，刑不用而民治，是以民德美之。夫民善其德，必稱其人，故今之人稱五帝三王者，依 五帝
然若猶存者，其法誠德，其德誠厚。夫民思其德，必稱其人，朝夕祝之，升聞於皇天，上帝歆焉，故永其世而豐其年。不能御民者，棄其德法，專用刑辟，譬猶御馬，棄其轡勒而專以荚御馬，馬必傷，車必敗，無德法而專以刑法御民，民心走，國必亡。亡德法，民心無所法循，迷惑失道，上必以爲亂無道，苟以爲亂無道，則刑罰必不克，成其無道，上下俱無道。故今之稱惡者，必比之於夏桀、殷紂，何也？曰：法誠不德，其德誠薄。夫民惡之，必朝夕祝之，升聞于皇天，上帝不歆焉。故水旱並興，災害生焉。故曰：德法者，御民之本也。

9 卷九《四代　第六十九》

公曰：「四代之政刑，論其明者，可以爲法乎？」子曰：「何哉？四代之政刑，皆可法也。」

公曰：「以我行之，其可乎？」子曰：「否，不可。臣願君之立知而以觀聞也，四代之政刑，君若用之，則緩急將有所不節；不節，君將約之；約之，卒將棄法；棄法，是無以爲國家也。」

公曰：「巧匠輔繩而斲，胡爲其棄法也。」子曰：「心未之度，習未之狎，此以數踰而棄法也。

夫規矩準繩鈞衡，此昔者先王之所以爲天下也。小以及大，近以知遠，今日行之，可以知古，可以察今，其此邪！

水火金木土穀，此謂六府，廢一不可，進一不可，民並用之；今日行之，可以知古，可以察今，其此邪！

昔夏、商之未興也，伯夷謂此二帝之眇。」

公曰：「長國治民恆幹；論政之大體，以教民辨；歷大道，以時地性；興民之陽德以教民事；上服周德之典，以順事天子；脩政勤禮，以交諸侯；大節無廢，小眇後乎？」

子曰：「否，不可後也。詩云：『東有開明，於時雞三號，以興庶虞，庶虞動，蜚征作。嗇民執功，百草咸淳，地傾水流之。』是以天子盛服朝日于東堂，以教敬示威于天下也。是以祭祀，昭有神明；燕食，昭有慈愛；宗廟之事，昭有義；率禮朝廷，昭有五官；無廢甲冑之戒，昭果毅以聽；天子曰崩，諸侯曰薨，大夫曰卒，士曰不祿，庶人曰死，昭哀。哀愛無失節，是以父慈子孝兄愛弟敬。此皆先王之所先施於民也，君而後此則爲國家失本矣。」

公曰：「善哉，子察教我也。」子曰：「鄉也，君之言善，執國之節

也。君先眇而後善，中備以君子言，可以知古，可以察今。奐然而興，民壹始。」

公曰：「是非吾言也，吾一聞於師也。」子吁焉其色曰：「嘻，吾行道矣。」公曰：「道邪？」子曰：「道也！」

公曰：「吾未能知人，未能取人。」子曰：「君何爲不觀器視才？」公曰：「視可明乎？」子曰：「可以表儀。」

公曰：「願學之。」子曰：「平原大藪，瞻其草之高豐茂者，必有怪鳥獸居之，且草可財也，如艾而夷之，其地必宜五穀；高山多林，必有怪虎豹蕃孕焉；深淵大川，必有蛟龍焉；民亦如之，君察之此，可以見器見才矣。」

公曰：「吾猶未也。」子曰：「群然，戚然，頤然，罼然，踖然，柱然，抽然，首然，僉然，湛然，淵淵然，淑淑然，齊齊然，節節然，穆穆然，皇皇然。見才色修聲不視聞，怪物恪怪命不改志，舌不更氣，君見之舉也。得之取也，有事事也。事必與食，食必與位，無相越踰。昔虞舜以天德嗣堯，取相十有六人如此。」公曰：「嘻，美哉。子道廣 虞舜 堯
矣。」曰：「由德徑徑。吾恐惛而不能用也。何以哉？」

公曰：「請問圖德何尚？」子曰：「聖，知之華也；知，仁之實也；仁，信之器也；信，義之重也；義，利之本也。委利生孽。」

公曰：「嘻，言之至也。道天地以民輔之，聖人何尚？」子曰：「有天德，有地德，有人德，此謂三德。三德率行，乃有陰陽；陽曰德，陰曰刑。」

公曰：「善哉，再聞此矣！陽德何出？」子曰：「陽德出禮，禮出刑，刑出慮，慮則節事於近，而揚聲於遠。」

公曰：「善哉！載事何以？」子曰：「德以監位，位以充局，局以觀功，功以養民，民於此乎上。」

公曰：「祿不可後乎？」子曰：「食爲味，味爲氣，氣爲志，發志爲言，發言定名，名以出信，信載義而行之，祿不可後也。」

公曰：「所謂民與天地相參者，何謂也？」子曰：「天道以視，地道以履，人道以稽。廢一曰失統，恐不長饗國。」

公愀然其色。子曰：「君藏玉，惟慎用之，雖慎敬而勿愛。民亦如之。執事無貣，五官有差,喜無並愛，卑無加尊，淺無測深，小無招大，此謂樞機。樞機賓薦不蒙。昔舜徵薦此道於堯，堯親用之，不亂上下。」 舜 堯 堯

公曰：「請問民徵。」子曰：「無以爲也。難行。」

公曰：「願學之，幾必能。」子曰：「貪於味不讓，妨於政。願富不久，妨於政。慕寵假貴，妨於政。治民惡重，妨於政。爲父不慈，妨於政。爲子不孝，妨於政。大縱耳目，妨於政。好色失志，妨於政。好見小利，妨於政。變從無節，橈弱不立，妨於政。剛毅犯神，妨於政。鬼神過節，妨於政。」

幼勿與衆，克勿與比，依勿與謀，放勿與游，徼勿與事。

臣聞之弗慶，非事君也。君聞之弗用，以亂厥德，臣將慶其簡者。蓋人有可知者焉，貌色聲衆有美焉，必有美質在其中者矣。貌色聲衆有惡焉，必有惡質在其中者矣。此者伯夷之所後出也。」

子曰：「伯夷建國建政，脩國脩政。」公曰：「善哉。」

10 卷九《虞戴德　第七十》 虞

公曰：「昔有虞戴德何以？深慮何及？高舉安取？」 有虞

子曰：「君以聞之，唯丘無以更也。君之聞如未成也，黃帝慕脩之 黃帝
曰明。法于天明，開施教于民，行此，以上明于天化也，物必起，是故民命而弗改也。」

公曰：「善哉！以天教于民，可以班乎？」子曰：「可哉。雖可而弗由，此以上知所以行斧鉞也。父之於子，天也。君之於臣，天也。有子不事父，有臣不事君，是非反天而到行耶？故有子不事父，不順；有臣不事君，必刃。

順天作刑，地生庶物，是故聖人之教於民也，率天如祖地，能用民德。是以高舉不過天，深慮不過地，質知而好仁，能用民力，此三常之禮明而名不蹇。

禮失則壞，名失則惛。是故上古不諱，正天名也；天子之宮四通，正地事也；天子御珽，諸侯御荼，大夫服笏，正民德也；斂此三者而一舉之，戴天履地，以順民事。

天子告朔於諸侯，率天道而敬行之，以示威于天下也。諸侯內貢於天子，率名□地實也，是以不至必誅。

諸侯相見，卿爲介。以其教士畢行，使仁守會朝於天子。

天子以歲二月爲壇於東郊，建五色，設五兵、具五味、陳六律、品奏五聲，聽明教。置離，抗大侯規鵠，堅物。

九卿佐三公，三公佐天子。天子踐位，諸侯各以其屬就位。乃升諸侯，諸侯之教士，教士執弓挾矢，揖讓而升，履物以射其地，心端色容正，時以□伎。時有慶以地，不時有讓以地。

天下之有道也，有天子存；國之有道也，君得其正；家之不亂也，有仁父存。是故聖人之教於民也，以其近而見者，稽其遠而明者。

天事曰明，地事曰昌，人事曰比兩以慶。違此三者，謂之愚民。愚民曰姦，姦必誅。是以天下平而國家治，民亦無貸。

居小不約，居大則治；衆則集，寡則繆；祀則得福，以征則服；此唯官民之上德也。」

公曰：「三代之相授，必更制典物，道乎？」子曰：「否。猷德保，保惛乎前，以小繼大，變民示也。」

公曰：「善哉！子之察教我也。」子曰：「丘於君唯無言，言必盡，

於他人則否。」

公曰：「教他人則如何？」子曰：「否，丘則不能。昔商老彭及仲傀，政之教大夫，官之教士，技之教庶人。揚則抑，抑則揚，綴以德行，不任以言，庶人以言，猶以夏后氏之祔懷袍褐也，行不越境。」

公曰：「善哉！我則問政，子事教我。」

子曰：「君問已參黃帝之制，制之大禮也。」 黃帝

公曰：「先聖之道，斯爲美乎？」子曰：「斯爲美。雖有美者必偏。屬於斯，昭天之福，迎之以祥；作地之福，制之以昌；興民之德，守之以長。」

公曰：「善哉。」

11 卷九《誥志　第七十一》

公曰：「誥志無荒，以會民義，齋戒必敬，會時必節，犧牲必全，齊盛必潔，上下禋祀，外內無失節，其可以省怨遠災乎？」子曰：「丘未知其可以省怨也！」

公曰：「然則何以事神？」子曰：「以禮會時。夫民見其禮則上下援，援則樂，樂斯毋憂，以此怨省而亂不作也。夫禮會其四時，四孟四季，五牲五穀，順至必時其節也，丘未知其可以爲遠災也。」

公曰：「然則爲此何以？」子曰：「知仁合則天地成，天地成則庶物時，
庶物時則民財敬，民財敬以時作，時作則節事，節事以動衆，動衆則
有極，有極以使民則勸，勸則有功，有功則無怨，無怨則嗣世久，世
久唯聖人。是故政以勝衆，非以陵衆；衆以勝事，非以傷事；事以靖
民，非以徵民：故地廣而民衆，非以爲災，長之禄也。丘聞周太史曰：
『政不率天，亦不由人，則凡事易壞而難成。』虞史伯夷曰：『明，孟 (虞)
也。幽，幼也。明幽，雌雄也。雌雄迭興，而順至正之統也。』日歸于
西，起明于東；月歸于東，起明于西。虞夏之歷，正建於孟春，於時 虞
冰泮發蟄，百草權輿，瑞雉無釋。物乃歲俱，生于東，以順四時，卒
于冬分。於時雞三號，平明。載于青色，撫十二月節，卒于丑。日月
成歲歷，再閏以順天道，此謂歲虞汁月。天曰作明，曰與維天是戴；
地曰作昌，曰與惟地是事；人曰作樂，曰與惟民是嬉。民之動能，不
遠厥事；民之悲色，不遠厥德。此謂表裏時合，物之所生，而蕃昌之
道如此。天生物，地養物，物備興而時用常節，曰聖人：主祭於天，
曰天子。天子崩，步于四川，代于四山，卒葬曰帝。天作仁，地作富，
人作治，樂治不倦，財富時節，是故聖人嗣則治。文王治以俟時；湯
治以伐亂；禹治以移衆，衆服以立天下；堯貴以樂治時，舉舜；舜治 禹 堯 舜 舜
以德使力。在國統民如恕，在家撫官而國，安之勿變，勸之勿沮，民
咸廢惡如進良，上誘善而行罰，百姓盡於仁而遂安之，此古之明制之
治天下也。仁者爲聖貴次力次，美次，射御次，古之治天下者必聖人。

聖人有國，則曰月不食，星辰不孛，海不運，河不滿溢，川澤不竭，山不崩解，陵不施，川浴不處，深淵不涸。於時龍至不閉，鳳降忘翼，鷙獸忘攫，爪鳥忘距，蜂蠆不螫嬰兒，蟁蝱不食夭駒，雒出服，河出圖。自上世以來，莫不降仁。國家之昌，國家之臧，信仁。是故不賞不罰，如民咸盡力，車不建戈，遠邇咸服，胤使來往，地賓畢極，無怨無惡，率惟懿德。此無空禮，無空名，賢人並憂，殘毒以時省，舉良良，舉善善，恤民使仁，日斆仁賓也。」

12 卷十一《用兵　第七十（五）〔六〕》

公曰：「用兵者，其由不祥乎？」

子曰：「胡爲其不祥也？聖人之用兵也，以禁殘止暴於天下也；及後世貪者之用兵也，以刈百姓，危國家也。」

公曰：「古之戎兵，何世安起？」子曰：「傷害之生久矣，與民皆生。」

公曰：「蚩尤作兵與？」子曰：「否。蚩尤，庶人之貪者也，及利無義，不顧厥親，以喪厥身。蚩尤惛慾而無猒者也，何兵之能作！蜂蠆挾螫而生見害，而校以衛厥身者也。人生有喜怒，故兵之作，與民皆生，聖人利用而彌之，亂人興之喪厥身。《詩》云：『魚在在藻，厥志在餌。』『鮮民之生矣，不如死之久矣』。『校德不塞，嗣武孫武子』。聖人愛百姓而憂海內，及後世之人，思其德必稱其仁，故今之道堯、舜、禹、湯、文、武者，猶威致王今若存。夫民思其德，必稱其人，朝夕祝之，升聞皇天，上神歆焉，故永其世而豐其年也。夏桀、商紂羸暴於天下，暴極不辜，殺戮無罪，不祥于天，粒食之民，布散厥親；踈遠國老，幼色是與，而暴慢是親，讒貸處穀，法言法行處辟；殀替天道，逆亂四時，禮樂不行，而幼風是御；曆失制，攝提失方，孟鄒大無紀；不告朔於諸侯，玉瑞不行，諸侯力政，不朝於天子，六蠻、四夷交伐於中國。於是降之災，水旱臻焉，霜雪大薄，甘露不降，百草殨黃，五穀不升，民多夭疾，六畜饣 胔，此大上之不論不議也。殀傷厥身，失墜天下。夫天下之報殃於無德者，必與其民。」

堯 舜 禹

公懼焉，曰：「在民上者，可以無懼乎哉？」

13 卷十一《少問　第七十（六）〔七〕》

公曰：「今日少閒，我請言情於子。」子愀焉變色，遷席而辭曰：「君不可以言情於臣，臣請言情於君，君則不可。」

公曰：「師之而不言情焉？其私不同。」子曰：「否，臣事君而不言情於君則不臣，君而不言情於臣則不君。有臣而不臣猶可，有君而不君，民無所錯手足。」

公曰：「君度其上下咸通之，權其輕重居之；準民之色，目既見之；

鼓民之聲，耳既聞之；動民之德，心既和之；通民之欲，兼而壹之；愛民親賢而教不能，民庶說乎？」

子曰：「說則說矣，可以爲家，不可以爲國。」公曰：「可以爲家，胡爲不可以爲國？國之民、家之民也。」

子曰：「國之民誠家之民也；然其名異，不可同也。同名同食曰同等。唯不同等，民以知極。故天子昭有神於天地之閒，以示威於天下也；諸侯修禮於封內，以事天子；大夫修官守職，以事其君；士修四衛，執技論力，以聽乎大夫；庶人仰視天文，俯視地理，力時使，以聽乎父母。此唯不同等，民以可治也。」

公曰：「善哉！上與下不同乎？」子曰：「將以時同、時不同；上謂之閑，下謂之多疾。君時同於民，布政也；民時同於君，服聽也；上下相報，而終於施。大猶已成，發其小者；遠猶已成，發其近者；將行重器，先其輕者。先清而後濁者，天地也。天政曰正，地政曰生，人政曰辨。苟本正則華英必得其節以秀孚矣，此官民之道也。」

公曰：「善哉！請少復進焉。」子曰：「昔堯取人以狀，舜取人以色，禹 堯 舜 禹
取人以言，湯取人以聲，文王取人以度。此四代五王之取人，以治天下如此。」

公曰：「嘻！善之不同也。」子曰：「何謂其不同也？」公曰：「同乎？」子曰：「同。」公曰：「人狀可知乎？」子曰：「不可知也。」

公曰：「五王取人，各有以舉之，胡爲人之不可知也？」子曰：「五王取人，比而視，相而望。五王取人各以己焉，是以同狀。」

公曰：「以子相人何如？」子曰：「否，丘則不能五王取人。丘也傳聞之以委於君，丘則否能，亦又不能。」

公曰：「我聞子之言始蒙矣。」子曰：「由君居之，成於純，胡爲其
蒙也。雖古之治天下者，豈生於異州哉！昔虞舜以天德嗣堯，布功散 虞舜 堯
德制禮，朔方幽都來服，南撫交趾，出入日月，莫不率俾，西王母來
獻其白琯，粒食之民，昭然明視，民明教，通于四海，海外肅愼、北
發、渠搜、氐、羌來服。舜有禹代興，禹卒受命，乃遷邑姚姓于陳。 舜 禹 禹
作物配天，脩德使力，民明教通于四海，海之外，肅愼、北發、渠搜、
氐、羌來服。禹崩，十有七世，乃有末孫桀即位。桀不率先王之明德， 禹
乃荒耽于酒，淫泆于樂，德昏政亂，作宮室高臺汙池，土察以民爲虐，
粒食之民，惛焉幾亡。乃有商履代興。商履循禮法以觀天子，天子不
說，。則嫌於死。成湯卒受天命，不忍天下粒食之民刈戮、不得以疾死，
故乃放移夏桀，散亡其佐，乃遷姒姓于杞。發厥明德，順民天心嗇地，
作物配天，制典慈民。咸合諸侯，作八政，命於總章。服禹功，以脩 禹
舜緒，爲副于天，粒食之民，昭然明視，民明教，通于四海，海之外， 舜
肅愼、北發、渠搜、氐、羌來服。成湯卒崩，殷德小破，二十有二世，
乃有武丁即位。開先祖之府，取其明法，以爲君臣上下之節，殷民更

眩，近者說，遠者至，粒食之民，昭然明視。武丁卒崩，殷德大破，九世，乃有末孫紂即位。紂不率先王之明德，乃上祖夏桀行，荒耽于酒，淫泆於樂，德昏政亂，作宮室高臺，汙池土察，以爲民虐，粒食之民，忽然幾亡。乃有周昌霸諸侯以佐之。紂不說諸侯之聽於周昌，則嫌於死。乃退伐崇許魏，以客事天子。文王卒受天命，作物配天，制典慈民，用行三明，親親尚賢，民明教，通于四海，海之外，肅愼、北發、渠搜、氐、羌來服。君其志焉，或俟將至也。」

公曰：「大哉！子之教我政也。列五王之德，煩煩如繁諸乎。」

71 禮記

文献名：71. 禮記

資料番号	伏羲	太皞	其他	女媧	其他	神農	炎帝	赤帝	其他	黄帝	軒轅氏	其他	顓頊	高陽	其他	注(左半葉) 注a	注b
1																	
2																	
3																	
4																	
5																	
6		1															
7		1															
8		1															
9							1										
10							1										
11							1										
12						2											
13										1							
14																	
15																	
16																	
17													1				
18													1				
19													1				
20																	
21																	
22																	
23																	
24									1(a)							伊耆氏	
25																	
26																	
27																	
28																	
29																	
30									1(a)							伊耆氏	
31																	
32				1													
33																	
34																	
35																	
36																	
37																	
38																	
39																	
40										1							

文献名：71. 禮記

帝嚳	高辛	其他	堯	陶唐	其他	舜	有虞	其他	禹	其他	三皇	五帝	注(右半葉) 注e	注f	参考	資料番号
							2									1
						1										2
							1									3
							1									4
							2									5
																6
																7
																8
																9
																10
																11
																12
																13
															少皞	14
															少皞	15
															少皞	16
																17
																18
																19
							1									20
									1							21
									1							22
			1			2			1							23
																24
							1									25
												2				26
							1									27
							1									28
							1									29
																30
							1									31
																32
							1									33
							1									34
							1									35
							1									36
							2									37
												1				38
						1										39
			1													40

文献名：71. 禮記

資料番号	伏羲	太皞	其他	女媧	其他	神農	炎帝	赤帝	其他	黄帝	軒轅氏	其他	顓頊	高陽	其他	注(左半葉) 注a	注b
41																	
42										2			2				
43									1(a)	1			1			厲山氏	
44																	
45																	
46																	
47																	
48																	
49																	
50																	
51																	
計		3		1		2	3		3	5			6				

文献名：71. 禮記

帝嚳	高辛	其他	堯	陶唐	其他	舜	有虞	其他	禹	其他	三皇	五帝	注(右半葉) 注e	注f	参考	資料番号
												1				41
3			1				1		1							42
1			1			1			1							43
							2									44
						3										45
						1										46
			1			1										47
						1			1							48
							5									49
									1							50
			1			1										51
4			6			12	26		7			4				計

71 禮記

1 《檀弓上　第三》

有虞氏瓦棺，夏后氏堲周，殷人棺槨，周人牆置翣。周人以殷人之棺槨葬長殤，以夏后氏之堲周葬中殤下殤，以有虞氏之瓦棺葬無服之殤。 有虞氏 有虞氏

2 《檀弓上　第三》

舜葬於蒼梧之野，蓋三妃未之從也。季武子曰：「周公蓋祔。」曾子之喪，浴於爨室。 舜

3 《檀弓下　第四》

魯人有周豐也者，哀公執摯請見之。而曰不可。公曰：「我其已夫。」使人問焉。曰：「有虞氏未施信於民而民信之，夏后氏未施敬於民而民敬之，何施而得斯於民也？」對曰：「墟墓之間，未施哀於民而民哀；社稷宗廟之中，未施敬於民而民敬。殷人作誓而民始畔，周人作會而民始疑，苟無禮義忠信誠慤之心以涖之，雖固結之，民其不解乎？」 有虞氏

4 《王制　第五》

凡養老：有虞氏以燕禮，夏后氏以饗禮，殷人以食禮，周人脩而兼用之。五十養於鄉，六十養於國，七十養於學，達於諸侯。 有虞氏

5 《王制　第五》

有虞氏養國老於上庠，養庶老於下庠。夏后氏養國老於東序，養庶老於西序。殷人養國老於右學，養庶老於左學。周人養國老於東膠，養庶老於虞庠：虞庠在國之西郊。有虞氏皇而祭，深衣而養老。夏后氏收而祭，燕衣而養老。殷人冔而祭，縞衣而養老。周人冕而祭，玄衣而養老。凡三王養老皆引年。八十者一子不從政，九十者其家不從政，廢疾非人不養者一人不從政。父母之喪，三年不從政。齊衰大功之喪，三月不從政。將徙於諸侯，三月不從政。自諸侯來徙家，期不從政。 有虞氏 有虞氏

6 《月令　第六》

孟春之月，日在營室，昏參中，旦尾中。其日甲乙，其帝大皞，其神句芒。其蟲鱗。其音角。律中大蔟。其數八。其味酸。其臭羶。其祀戶，祭先脾。 大皞

7 《月令　第六》

仲春之月，日在奎，昏弧中，旦建星中。其日甲乙，其帝大皞，其神句芒。其蟲鱗。其音角，律中夾鍾。其數八。其味酸，其臭羶，其祀戶，祭先脾。 大皞

8 《月令　第六》

季春之月，日在胃，昏七星中，旦牽牛中。其日甲乙。其帝大皞，其神句芒。其蟲鱗。其音角，律中姑洗。其數八其味酸。其臭羶，其祀戶，祭先脾。 大皞

9 《月令　第六》

孟夏之月，日在畢，昏翼中，旦婺女中。其日丙丁。其帝炎帝，其神祝融。其蟲羽。其音徵，律中中呂。其數七。其味苦，其臭焦。其祀竈，祭先肺。螻蟈鳴，蚯蚓出，王瓜生，苦菜秀。 炎帝

10 《月令　第六》

仲夏之月，日在東井，昏亢中，旦危中。其日丙丁。其帝炎帝，其神祝融。其蟲羽，其音徵，律中蕤賓。其數七。其味苦，其臭焦，其祀竈，祭先肺。 炎帝

11 《月令　第六》

季夏之月，日在柳，昏火中，旦奎中。其日丙丁。其帝炎帝，其神祝融。其蟲羽。其音徵，律中林鍾。其數七。其味苦，其臭焦。其祀竈，祭先肺。溫風始至，蟋蟀居壁，鷹乃學習，腐草爲螢。 炎帝

12 《月令　第六》

是月也，樹木方盛，乃命虞人，入山行木，毋有斬伐。不可以興土功，不可以合諸侯，不可以起兵動衆，毋舉大事，以搖養氣。毋發令而待，以妨神農之事也。水潦盛昌，神農將持功，舉大事則有天殃。 神農 神農

13 《月令　第六》

中央土。其日戊己，其帝黃帝，其神后土。其蟲倮，其音宮，律中黃鍾之宮。其數五。其味甘，其臭香。其祀中霤，祭先心。天子居大廟大室。乘大路，駕黃駵，載黃旂，衣黃衣，服黃玉。食稷與牛。其器圜以閎。 黃帝

14 《月令　第六》

參考　孟秋之月，日在翼，昏建星中，旦畢中。其日庚辛。其帝少皞， (少皞)

其神蓐收。其蟲毛。其音商，律中夷則。其數九。其味辛，其臭腥。其祀門，祭先肝。

15 《月令　第六》

參考　仲秋之月，日在角，昏牽牛中，旦觜觿中。其日庚辛，其帝少皥，其神蓐收。其蟲毛。其音商，律中南呂。其數九。其味辛，其臭腥。其祀門，祭先肝。 (少皥)

16 《月令　第六》

參考　季秋之月，日在房，昏虛中，旦柳中。其日庚辛。其帝少皥，其神蓐收。其蟲毛，其音商，律中無射。其數九。其味辛，其臭腥。其祀門，祭先肝。 (少皥)

17 《月令　第六》

孟冬之月，日在尾，昏危中，旦七星中。其日壬癸。其帝顓頊，其神玄冥。其蟲介。其音羽，律中應鍾。其數六。其味鹹，其臭朽。其祀行，祭先腎。 顓頊

18 《月令　第六》

仲冬之月，日在斗，昏東壁中，旦軫中。其日壬癸。其帝顓頊，其神玄冥。其蟲介。其音羽，律中黃鍾。其數六。其味鹹，其臭朽。其祀行，祭先腎。 顓頊

19 《月令　第六》

季冬之月，日在婺女，昏婁中，旦氐中。其日壬癸。其帝顓頊，其神玄冥。其蟲介。其音羽，律中大呂。其數六。其味鹹，其臭朽。其祀行，祭先腎。 顓頊

20 《文王世子　第八》

凡三王教世子必以禮樂。樂，所以脩內也；禮，所以脩外也。禮樂交錯於中，發形於外，是故其成也懌，恭敬而溫文。立大傅少傅以養之，欲其知父子君臣之道也。大傅審父子君臣之道以示之，少傅奉世子，以觀大傅之德行而審喻之。大傅在前，少傅在後；入則有保，出則有師，是以教喻而德成也。師也者，教之以事而喻諸德者也；保也者，慎其身以輔翼之而歸諸道者也。記曰：「虞夏商周，有師保，有 虞
疑丞，設四輔及三公。不必備，唯其人。」語使能也。君子曰德，德成而教尊，教尊而官正，官正而國治，君之謂也。仲尼曰：「昔者周公攝政，踐阼而治，抗世子法於伯禽，所以善成王也。聞之曰：爲人臣者，

殺其身有益於君則爲之，況于其身以善其君乎？周公優爲之！」是故知爲人子，然後可以爲人父；知爲人臣，然後可以爲人君；知事人，然後能使人。成王幼，不能涖阼，以爲世子，則無爲也，是故抗世子法於伯禽，使之與成王居，欲令成王之知父子君臣長幼之義也。君之於世子也，親則父也，尊則君也。有父之親，有君之尊，然後兼天下而有之。是故，養世子不可不慎也。行一物而三善皆得者，唯世子而已。其齒於學之謂也。故世子齒於學，國人觀之曰：「將君我而與我齒讓何也？」曰：「有父在則禮然。」然而衆知父子之道矣。其二曰：「將君我而與我齒讓何也？」曰：「有君在則禮然。」然而衆著於君臣之義也。其三曰：「將君我而與我齒讓何也？」曰：「長長也。」然而衆知長幼之節矣。故父在斯爲子，君在斯謂之臣，居子與臣之節，所以尊君親親也。故學之爲父子焉，學之爲君臣焉，學之爲長幼焉，父子君臣長幼之道得，而國治。語曰：「樂正司業，父師司成，一有元良，萬國以貞。」世子之謂也。周公踐阼。庶子之正於公族者，教之以孝弟睦友子愛，明父子之義，長幼之序。其朝于公：內朝，則東面北上；臣有貴者，以齒。其在外朝，則以官，司士爲之。其在宗廟之中，則如外朝之位。宗人授事，以爵以官。其登餕獻受爵，則以上嗣。庶子治之，雖有三命，不踰父兄。其公大事，則以其喪服之精麤爲序。雖於公族之喪亦如之，以次主人。若公與族燕，則異姓爲賓，膳宰爲主人，公與父兄齒。族食，世降一等。

21 《禮運　第九》

昔者仲尼與於蜡賓，事畢，出遊於觀之上，喟然而嘆。仲尼之嘆，蓋嘆魯也。言偃在側曰：「君子何嘆？」孔子曰：「大道之行也，與三代之英，丘未之逮也，而有志焉。大道之行也，天下爲公。選賢與能，講信脩睦，故人不獨親其親，不獨子其子，使老有所終，壯有所用，幼有所長，矜寡孤獨廢疾者，皆有所養。男有分，女有歸。貨惡其棄於地也，不必藏於己；力惡其不出於身也，不必爲己。是故，謀閉而不興，盜竊亂賊而不作，故外戶而不閉，是謂大同。今大道既隱，天下爲家，各親其親，各子其子，貨力爲己，大人世及以爲禮。城郭溝池以爲固，禮義以爲紀；以正君臣，以篤父子，以睦兄弟，以和夫婦，以設制度，以立田里，以賢勇知，以功爲己。故謀用是作，而兵由此
起。禹湯文武成王周公，由此其選也。此六君子者，未有不謹於禮者 禹
也。以著其義，以考其信，著有過，刑仁講讓，示民有常。如有不由此者，在埶者去，衆以爲殃，是謂小康。」

22 《禮運　第九》

孔子曰：「於呼哀哉！我觀周道，幽厲傷之，吾舍魯何適矣！魯之

郊禘，非禮也，周公其衰矣！杞之郊也禹也，宋之郊也契也，是天子之事守也。故天子祭天地，諸侯祭社稷。」 禹

23 《禮器 第十》

禮，時爲大，順次之，體次之，宜次之，稱次之。堯授舜，舜授禹。湯放桀，武王伐紂。時也。《詩》云：「匪革其猶，聿追來孝。」 堯 舜 舜 禹

24 《郊特牲 第十一》

天子大蜡八。伊耆氏始爲蜡，蜡也者，索也。歲十二月，合聚萬物而索饗之也。蜡之祭也，主先嗇而祭司嗇也。祭百種，以報嗇也。饗農，及郵表畷，禽獸，仁之至，義之盡也。古之君子，使之必報之。迎貓，爲其食田鼠也。迎虎，爲其食田豕也，迎而祭之也。祭坊與水庸，事也。曰：「土反其宅，水歸其壑，昆蟲毋作，草木歸其澤」。皮弁素服而祭。素服，以送終也。葛帶榛杖，喪殺也。蜡之祭，仁之至，義之盡也。黃衣黃冠而祭，息田夫也。野夫黃冠，黃冠，草服也。 伊耆氏

25 《郊特牲 第十一》

有虞氏之祭也，尚用氣。血腥爓祭，用氣也。 有虞氏

26 《內則 第十二》

曾子曰：「孝子之養老也，樂其心不違其志，樂其耳目，安其寢處，以其飲食忠養之孝子之身終，終身也者，非終父母之身，終其身也；是故父母之所愛亦愛之，父母之所敬亦敬之，至於犬馬盡然，而況於人乎！」凡養老，五帝憲，三王有乞言。五帝憲，養氣體而不乞言，有善則記之爲惇史。三王亦憲，既養老而后乞言，亦微其禮，皆有惇史。 五帝 五帝

27 《明堂位 第十四》

鸞車，有虞氏之路也。鉤車，夏后氏之路也。大路，殷路也。乘路，周路也。 有虞氏

28 《明堂位 第十四》

有虞氏之旂，夏后氏之綏，殷之大白，周之大赤。 有虞氏

29 《明堂位 第十四》

泰，有虞氏之尊也。山罍，夏后氏之尊也。著，殷尊也。犧象，周尊也。 有虞氏

30 《明堂位　第十四》

士鼓，蕢桴，葦籥，伊耆氏之樂也，拊搏，玉磬，揩擊，大琴，大瑟，中琴，小瑟，四代之樂器也。 (伊耆氏)

31 《明堂位　第十四》

米廩，有虞氏之庠也；序，夏后氏之序也；瞽宗，殷學也；頖宮，周學也。 有虞氏

32 《明堂位　第十四》

垂之和鍾，叔之離磬，女媧之笙簧。 女媧

33 《明堂位　第十四》

夏后氏之龍簨虡，殷之崇牙，周之璧翣。有虞氏之兩敦，夏后氏之四連，殷之六瑚，周之八簋。 有虞氏

34 《明堂位　第十四》

俎，有虞氏以梡，夏后氏以嶡，殷以椇，周以房俎。 有虞氏

35 《明堂位　第十四》

有虞氏服韍，夏后氏山，殷火，周龍章。 有虞氏

36 《明堂位　第十四》

有虞氏祭首，夏后氏祭心，殷祭肝，周祭肺。 有虞氏

37 《明堂位　第十四》

有虞氏官五十，夏后氏官百，殷二百，周三百。有虞氏之綏，夏后氏之綢練，殷之崇牙，周之璧翣。凡四代之服，器，官，魯兼用之。是故，魯，王禮也，天下傳之久矣。君臣，未嘗相弑也；禮樂刑法政俗，未嘗相變也。天下以爲有道之國。是故，天下資禮樂焉。 有虞氏 有虞氏

38 《樂記　第十九》

王者功成作樂，治定制禮。其功大者其樂備，其治辯者其禮具。干戚之舞非備樂也，孰亨而祀非達禮也。五帝殊時，不相沿樂；三王異世，不相襲禮。樂極則憂，禮粗則偏矣。及夫敦樂而無憂，禮備而不偏者，其唯大聖乎？ 五帝

39 《樂記　第十九》

昔者，舜作五弦之琴以歌南風，夔始制樂以賞諸侯。 舜

40 《樂記　第十九》

賓牟賈侍坐於孔子，孔子與之言及樂，曰：「夫武之備戒之已久，何也？對曰：「病不得其衆也。「詠歎之，淫液之，何也？對曰：「恐不逮事也。」「發揚蹈厲之已蚤，何也？」對曰：「及時事也。」「武坐致右憲左，何也？」對曰：「非武坐也。」「聲淫及商何也。」對曰：「非武音也。」子曰：「若非武音，則何音也？」對曰：「有司失其傳也。若非有司失其傳，則武王之志荒矣。」子曰：「唯！丘之聞諸萇弘，亦若吾子之言是也。」賓牟賈起，免席而請曰：「夫武之備戒之已久，則既聞命矣，敢問：遲之遲而又久，何也？」子曰：「居！吾語汝。夫樂者，象成者也；總干而山立，武王之事也；發揚蹈厲，大公之志也。武亂皆坐，周召之治也。且夫武，始而北出，再成而滅商。三成而南，四成而南國是疆，五成而分周公左召公右，六成復綴，以崇天子。夾振之而駟伐，盛威於中國也。分夾而進，事蚤濟也。久立於綴，以待諸侯
之至也。且女獨未聞牧野之語乎？武王克殷，反商。未及下車而封黃 黃帝
帝之後於薊，封帝堯之後於祝，封帝舜之後於陳。下車而封夏后氏之 帝堯 帝舜
後於杞，投殷之後於宋。封王子比干之墓：釋箕子之囚，使之行商容而復其位。庶民弛政，庶士倍祿。濟河而西，馬，散之華山之陽，而弗復乘；牛，散之桃林之野，而弗復服。車甲衅而藏之府庫，而弗復用。倒載干戈，包之以虎皮；將帥之士，使爲諸侯；名之曰：『建櫜』。然後，天下知武王之不復用兵也。散軍而郊射，左射《貍首》，右射《騶虞》，而貫革之射息也。裨冕搢笏，而虎賁之士說劍也。祀乎明堂而民知孝。朝覲，然後諸侯知所以臣；耕藉，然後諸侯知所以敬。五者，天下之大教也。食三老五更於大學，天子袒而割牲，執醬而饋，執爵而酳，冕而摠干，所以教諸侯之弟也。若此，則周道四達，禮樂交通。則夫武之遲久，不亦宜乎？」君子曰：禮樂不可斯須去身。致樂以治心，則易直子諒之心油然生矣。易直子諒之心生則樂，樂則安，安則久，久則天，天則神。天則不言而信，神則不怒而威，致樂以治心者也。致禮以治躬則莊敬，莊敬則嚴威。心中斯須不和不樂，而鄙詐之心入之矣。外貌斯須不莊不敬，而易慢之心入之矣。故樂也者，動於內者也；禮也者，動於外者也。樂極和，禮極順，內和而外順，則民瞻其顏色，而弗與爭也；望其容貌，而民不生易慢焉。故德煇動於內，而民莫不承聽；理發諸外，而民莫不承順。故曰：「致禮樂之道，舉而錯之，天下無難矣。」樂也者，動於內者也；禮也者，動於外者也。故禮主其減，樂主其盈。禮減而進，以進爲文；樂盈而反，以反爲文。禮減而不進則銷，樂盈而不反則放；故禮有報而樂有反。禮得其報則樂，樂得其反則安；禮之報，樂之反，其義一也。夫樂者樂也，人情之所不能免也。樂必發於聲音，形於動靜，人之道也。聲音動靜，性術之變，盡於此矣。故人不耐無樂，樂不耐無形，形而不爲道不耐無

亂。

41 《樂記　第十九》

子贛見師乙而問焉，曰：「賜聞聲歌各有宜也，如賜者，宜何歌也？」師乙曰：「乙賤工也，何足以問所宜？請誦其所聞，而吾子自執焉。愛者宜歌商；溫良而能斷者宜歌齊。夫歌者，直己而陳德也。動己而天地應焉，四時和焉，星辰理焉，萬物育焉。故商者，五帝之遺聲也。寬而靜，柔而正者宜歌《頌》。廣大而靜，疏達而信者宜歌《大雅》。恭儉而好禮者，宜歌《小雅》，正直而靜，廉而謙者宜歌《風》。肆直而慈愛。商之遺聲也，商人識之，故謂之商。齊者，三代之遺聲也，齊人識之，故謂之齊。明乎商之音者，臨事而屢斷，明乎齊之音者，見利而讓。臨事而屢斷，勇也；見利而讓，義也。有勇有義，非歌孰能保此？故歌者，上如抗，下如隊，曲如折，止如槀木，倨中矩，句中鉤，纍纍乎端如貫珠。故歌之爲言也，長言之也。說之，故言之；言之不足，故長言之；長言之不足，故嗟歎之；嗟歎之不足，故不知手之舞之，足之蹈之也。」子貢問樂。

五帝

42 《祭法　第二十四》

祭法：有虞氏禘黃帝而郊嚳，祖顓頊而宗堯。夏后氏亦禘黃帝而郊鯀，祖顓頊而宗禹。殷人禘嚳而郊冥，祖契而宗湯，周人禘嚳而郊稷，祖文王而宗武王。

有虞氏 黃帝 嚳 顓頊 堯 黃帝 顓頊 禹 嚳 嚳

43 《祭法　第二十四》

夫聖王之制祭祀也：法施於民，則祀之；以死勤事，則祀之；以勞定國，則祀之；能禦大菑，則祀之；能捍大患，則祀之。是故，厲山氏之有天下也，其子曰農，能殖百穀；夏之衰也，周棄繼之，故祀以爲稷。共工氏之霸九州也，其子曰后土，能平九州，故祀以爲社。帝嚳能序星辰以著衆；堯能賞均刑法以義終；舜勤衆事而野死。鯀鄣鴻水而殛死，禹能脩鯀之功。黃帝正名百物以明民共財，顓頊能脩之。契爲司徒而民成；冥勤其官而水死。湯以寬治民而除其虐；文王以文治，武王以武功，去民之菑。此皆有功烈於民者也。及夫日月星辰，民所瞻仰也；山林川谷丘陵，民所取財用也。非此族也，不在祀典。

厲山氏 帝嚳 堯 舜 禹 黃帝 顓頊

44 《祭義　第二十五》

昔者，有虞氏貴德而尚齒，夏后氏貴爵而尚齒，殷人貴富而尚齒，周人貴親而尚齒。虞夏，殷周，天下之盛王也，未有遺年者。年之貴乎天下，久矣；次乎事親也。

有虞氏 虞

45 《中庸　第三十二》

子曰：「舜其大知也與！舜好問而好察邇言，隱惡而揚善。執其兩 舜 舜
端，用其中於民，其斯以爲舜乎！」 舜

46 《中庸　第三十二》

子曰：「舜其大孝也與！德爲聖人，尊爲天子，富有四海之內，宗 舜
廟饗之，子孫保之。故大德必得其位，必得其祿，必得其名，必得其壽。故天之生物，必因其材而篤焉。故栽者培之，傾者覆之。《詩》曰：『嘉樂君子，憲憲令德。宜民宜人，受祿于天。保佑命之。自天申之。』故大德者必受命。」

47 《中庸　第三十二》

仲尼祖述堯舜，憲章文武，上律天時，下襲水土；辟如天地之無 堯 舜
不持載，無不覆幬。辟如四時之錯行，如日月之代明。萬物並育而不相害，道並行而不相悖，小德川流，大德敦化，此天地之所以爲大也。唯天下至聖爲能聰明睿知足以有臨也。寬裕溫柔足以有容也。發強剛毅足以有執也。齊莊中正足以有敬也。文理密察足以有別也。溥博淵泉而時出之。溥博如天，淵泉如淵。見而民莫不敬，言而民莫不信，行而民莫不說。是以聲名洋溢乎中國，施及蠻貊；舟車所至，人力所通，天之所覆，地之所載，日月所照，霜露所隊，凡有血氣者莫不尊親；故曰配天。唯天下至誠爲能經綸天下之大經，立天下之大本，知天地之化育，夫焉有所倚？肫肫其仁，淵淵其淵，浩浩其天。苟不固聰明聖知達天德者其孰能知之？《詩》曰：「衣錦尚絅，」惡其文之著也。故君子之道闇然而日章。小人之道的然而日亡。君子之道淡而不厭，簡而文，溫而理，知遠之近，知風之自，知微之顯，可與入德矣。《詩》云：「潛雖伏矣，亦孔之昭。」故君子內省不疚，無惡於志。君子所不可及者，其唯人之所不見乎！《詩》云：「相在爾室，尚不愧于屋漏，」故君子不動而敬，不言而信。《詩》曰：「奏假無言，時靡有爭，」是故君子不賞而民勸，不怒而民威於鈇鉞。《詩》曰：「不顯惟德，百辟其刑之！」是故君子篤恭而天下平。《詩》曰：「予懷明德，不大聲以色。」

48 《表記　第三十三》

子言之：「君子之所謂義者，貴賤皆有事於天下；天子親耕，粢盛秬鬯以事上帝，故諸侯勤以輔事於天子。」子曰：「下之事上也，雖有庇民之大德，不敢有君民之心，仁之厚也。是故君子恭儉以求役仁，信讓以求役禮，不自尚其事，不自尊其身，儉於位而寡於欲，讓於賢，卑己而尊人，小心而畏義，求以事君，得之自是，不得自是，以聽天

命。《詩》云：莫莫葛藟，施于條枚；凱弟君子，求福不回。其舜、禹、 舜 禹
文王、周公之謂與！有君民之大德，有事君之小心。《詩》云：惟此文
王，小心翼翼，昭事上帝，聿懷多福，厥德不回，以受方國。子曰：「先
王謚以尊名，節以壹惠，恥名之浮於行也。是故君子不自大其事，不
自尚其功，以求處情；過行弗率，以求處厚；彰人之善而美人之功，
以求下賢。是故君子雖自卑，而民敬尊之。」子曰：「后稷，天下之爲
烈也，豈一手一足哉！唯欲行之浮於名也，故自謂便人。」

49 《表記　第三十三》

子曰：「虞夏之道，寡怨於民；殷周之道，不勝其敝。」子曰：「虞 虞 虞
夏之質，殷周之文，至矣。虞夏之文不勝其質；殷周之質不勝其文。」 虞
子言之曰：「後世雖有作者，虞帝弗可及也已矣；君天下，生無私，死 虞帝
不厚其子；子民如父母，有憯怛之愛，有忠利之教；親而尊，安而敬，
威而愛，富而有禮，惠而能散；其君子尊仁畏義，恥費輕實，忠而不
犯，義而順，文而靜，寬而有辨。《甫刑》曰：德威惟威，德明惟明。
非虞帝其孰能如此乎？」 虞帝

50 《緇衣　第三十四》

子曰：「禹立三年，百姓以仁遂焉，豈必盡仁？《詩》云：赫赫師 禹
尹，民具爾瞻。《甫刑》曰：一人有慶，兆民賴之。《大雅》曰：成王
之孚，下土之式。」

51 《大學　第四十三》

子曰：「聽訟吾猶人也，必也使無訟乎！」無情者不得盡其辭。大
畏民志，此謂知本。所謂脩身在正其心者，身有所忿懥，則不得其正；
有所恐懼，則不得其正；有所好樂，則不得其正；有所憂患，則不得
其正；心不在焉，視而不見，聽而不聞，食而不知其味。此謂脩身在
正其心。所謂齊其家在脩其身者：人之其所親愛而辟焉，之其所賤惡
而辟焉，之其所畏敬而辟焉，之其所哀矜而辟焉，之其所敖惰而辟焉。
故好而知其惡，惡而知其美者，天下鮮矣！故諺有之曰：「人莫知其子
之惡，莫知其苗之碩。」此謂身不脩不可以齊其家。所謂治國必先齊其
家者，其家不可教而能教人者無之。故君子不出家而成教於國：孝者
所以事君也；弟者所以事長也；慈者所以使衆也。《康誥》曰：「如保
赤子」，心誠求之，雖不中不遠矣。未有學養子而後嫁者也！一家仁，
一國興仁；一家讓，一國興讓；一人貪戾，一國作亂；其機如此。此
謂一言僨事，一人定國。堯舜率天下以仁而民從之；桀紂率天下以暴 堯 舜
而民從之；其所令反其所好而民不從。是故君子有諸己而后求諸人，
無諸己而后非諸人。所藏乎身不恕而能喻諸人者，未之有也。故治國

在齊其家。《詩》云：「桃之夭夭，其葉蓁蓁；之子于歸，宜其家人。」宜其家人，而后可以教國人。《詩》云：「宜兄宜弟。」宜兄宜弟，而后可以教國人。《詩》云：「其儀不忒，正是四國。」其爲父子兄弟足法而后民法之也。此謂治國在齊其家。所謂平天下在治其國者：上老老而民興孝，上長長而民興弟，上恤孤而民不倍，是以君子有絜矩之道也。所惡於上毋以使下；所惡於下毋以事上；所惡於前毋以先後；所惡於後毋以從前；所惡於右毋以交於左；所惡於左毋以交於右；此之謂絜矩之道。《詩》云：「樂只君子，民之父母。」民之所好好之，民之所惡惡之，此之謂民之父母。《詩》云：「節彼南山，維石巖巖，赫赫師尹，民具爾瞻。」有國者不可以不慎，辟則爲天下僇矣。《詩》云：「殷之未喪師，克配上帝；儀監于殷，峻命不易。」道得衆則得國，失衆則失國。是故君子先慎乎德。有德此有人，有人此有土，有土此有財，有財此有用。德者本也，財者末也，外本內末，爭民施奪。是故財聚則民散，財散則民聚。是故言悖而出者亦悖而入；貨悖而入者亦悖而出。《康誥》曰：「惟命不于常！」道善則得之，不善則失之矣。《楚書》曰：「楚國無以爲寶，惟善以爲寶。」舅犯曰：「亡人無以爲寶，仁親以爲寶。」《秦誓》曰：「若有一个臣，斷斷兮無他技，其心休休焉，其如有容焉。人之有技，若己有之，人之彥聖，其心好之，不啻若自其口出，寔能容之，以能保我子孫黎民，尚亦有利哉！人之有技，媢嫉以惡之，人之彥聖，而違之俾不通，寔不能容，以不能保我子孫黎民，亦曰殆哉！」唯仁人放流之，迸諸四夷，不與同中國。此謂唯仁人爲能愛人，能惡人。見賢而不能舉，舉而不能先，命也；見善而不能退，退而不能遠，過也。好人之所惡，惡人之所好，是謂拂人之性，菑必逮夫身。是故君子有大道，必忠信以得之，驕泰以失之。生財有大道，生之者衆，食之者寡，爲之者疾，用之者舒，則財恆足矣。仁者以財發身，不仁者以身發財。未有上好仁而下不好義者也；未有好義其事不終者也；未有府庫財非其財者也。孟獻子曰：「畜馬乘，不察於雞豚，伐冰之家不畜牛羊，百乘之家不畜聚斂之臣，與其有聚斂之臣，寧有盜臣。」此謂國不以利爲利，以義爲利也。長國家而務財用者，必自小人矣。彼爲善之，小人之使爲國家，菑害並至。雖有善者亦無如之何矣！此謂國不以利爲利，以義爲利也。

72 金 人 銘

文献名：72. 金人銘

資料番号	伏羲	太皞	其他	女媧	其他	神農	赤帝	炎帝	其他	黄帝	軒轅氏	其他	顓頊	高陽	其他	注(左半葉) 注a	注b
1										1							
計										1							

《金人銘》(《黄帝銘》六篇之一)

〔參考〕

インタネットホームページ＜中華文化網＞上に<金人銘> 頁があり、以下の説明がある。

【説明】《漢書·藝文誌》有《黄帝銘》六篇，今已亡。《金文銘》據學者考證，即為《黄帝銘》六篇之一（王應麟《〈漢書·藝文誌〉考》)。《金文銘》載劉向《說苑·敬慎篇》："孔子之周，觀於太廟。左陛之前，有金人焉。三緘其口，而名其背曰" 云云，《孔子家語·觀周》所載與此大致相同，很可能就抄自《說苑》。劉向在漢成帝河平三年（公元前２６年）以光祿大夫之職受詔校經傳諸子詩賦，遍覽皇室藏書，所著《說苑》保存了大量先秦史料。１９７３年河北定縣４０號漢墓出土了一批竹簡，其中有先秦古籍《儒家者言》，許多內容見於《說苑》，足以說明《說苑》之真實可信。道家向來被稱為黄老之術，以《金人銘》對照《老子》，亦可知其為《老子》的思想源頭。

ここではこの部分を《黄帝銘》として採録した。資料數としては篇名扱いでもって「黄帝」語１として扱った。

《說苑·敬慎篇》

孔子之周，觀於太廟。左陛之前，有金人焉。三緘其口，而名其背曰：
古之慎言人也，戒之哉！
無多言，多言多敗；
無多事，多事多患。
安樂以戒，無行所悔。
勿謂何傷，其禍將長；

72 金人銘

文献名：72. 金人銘

帝嚳	高辛	其他	堯	陶唐	其他	舜	有虞	其他	禹	其他	三皇	五帝	注(右半葉)		参考	資料番号
													注e	注f		
																1
																計

勿謂何害，其禍將大；
勿謂何殘，其禍將然。（《家語》無此二句）
勿謂莫聞，天妖伺人。（《家語》作“勿謂不聞，神將伺人＂）
熒熒不滅，炎炎奈何；
涓涓不壅，將成江河；
綿綿不絕，將成網羅；
青青不伐，將尋斧柯。
誠不能慎之，禍之根也。（《家語》作“誠能慎之，福之根也＂）
曰是何傷，禍之門也。（“曰＂《家語》作“口＂，當從之）
強梁者不得其死，好勝者必遇其敵。
盜怨主人，民害其貴。（《家語》作“盜憎主人，民怨其上＂）
君子知天下之不可蓋也，
故後之下之，使人慕之。
執雌持下，莫能與之爭者。
人皆趨彼，我獨守此。（“趨＂《家語》作“取＂）
眾人惑惑，我獨不從。（前句《家語》作“人皆惑之＂，“從＂作“徙＂）
內藏我知，不與人論技。（後句《家語》作“不示人技＂）
我雖尊高，人莫害我。
夫江河長百谷者，以其卑下也。
天道無親，常與善人。
戒之哉！戒之哉！

73 關 尹 子

文献名：73. 關尹子

資料番号	伏羲	太皞	其他	女媧	其他	神農	赤帝	炎帝	其他	黄帝	軒轅氏	其他	顓頊	高陽	其他	注(左半葉) 注a	注b
1																	
2										1							
計										1							

《三極篇》

1　關尹子曰：「聖人之治天下，不我賢愚，故因人之賢而賢之，因人之愚而愚之。不我是非，故因事之是而是之，因事之非而非之。知古今之大同，故或先古，或先今。知內外之大同，故或先內或先外。天下之物，無得以累之，故本之以謙；天下之物，無得以外之，故含之以虛；天下之物，無得以難之，故行之以易；天下之物，無得以窒之，故變之以權。以此中天下，可以制禮；以此和天下，可以作樂；以此公天下，可以理財；以此周天下，可以禦侮；以此因天下，可以立法；以此觀天下，可以制器。聖人不以一己治天下，而以天下治天下。天下歸功於聖人，聖人任功於天下。所以堯舜禹湯之治天下，天下皆曰自然。」 堯 舜 禹

2　《五鑑篇》

關尹子曰：「人之平日，目忽見非常之物者，皆精有所結而使之然。人之病日，目忽見非常之物者，皆心有所歉而使之然。苟知吾心能于無中示有，則知吾心能于有中示無。但不信之，自然不神。或曰：厥識既昏，孰能不信？我應之曰：如捕蛇師，心不怖蛇。彼雖夢蛇，而不怖畏。故黄帝曰：『道無鬼神，獨往獨來』。」 黄帝

文献名：73.關尹子

帝嚳	高辛	其他	堯	陶唐	其他	舜	有虞	其他	禹	其他	三皇	五帝	注(右半葉) 注e	注f	参考	資料番号
			1			1			1							1
																2
			1			1			1							計

二　近年出土簡帛資料

近年出土簡帛資料

近年出土簡帛は次の８グループ、總計３７地點の考古發掘で出た簡策の出版資料を對象にしている。

A　《楚帛書》
B　《馬王堆漢墓帛書（一、三、四)》
C　《銀雀山漢墓竹簡（一)》
D　《居延漢簡釋文合校》
E　《散見簡牘合輯》
F　《武威漢簡》
G　《武威漢代醫簡》
H　《睡虎地秦墓竹簡》
I　《郭店楚墓竹簡》

Aは千九百三十年代に湖南省長沙市子彈庫戰國楚墓中より發掘され出土した帛書である。ここでは李零著《長沙子彈庫戰國楚帛書研究》中華書局 1985 年を用いた。

B から H まで８點は香港中文大學中國文化研究所古文獻資料中心出版の漢達古籍資料庫發行のＣＤロム《出土竹簡帛書文獻第１輯》を利用した。すべて文物出版社より發行された書籍にもとづくものである。

馬王堆漢墓帛書《五行篇》については次の本を參照した。

龐朴著《帛書《五行篇》校注》(馬王堆出土帛書)
《中華文史論叢 1979 年第４輯》掲載　上海古籍出版社 1979
龐朴著《帛書五行篇研究》齊魯書社 1980

書簡Ｉは荊門市博物館編《郭店楚墓竹簡》文物出版社 1998 を用いた。

E 散見簡牘合輯は後掲する２９地點出土の簡策帛書を含んでおり、総計３７地點の簡策帛書を對象としている。

BからHまで８點が含む簡策帛書の書籍篇名は以下の通りである。

B《馬王堆漢墓帛書》

1 老子甲本
2 老子甲本卷後古佚書
 a 五行
 b 九主
 c 明君
 d 德聖
3 老子乙本卷前古佚書

a 經法
b 十六經（十大經）
c 稱
d 道原
4 老子乙本
5 春秋事語圖版
6 戰國縱横家書釋文
7 足臂十一脈灸經釋文
8 陰陽十一脈灸經甲本釋文
9 脈法釋文
10 陰陽脈死候釋文
11 五十二病方釋文
12 穀食氣釋文
13 陰陽十一脈灸經乙本釋文
14 導引圖題記釋文
15 養生方釋文
16 雜療方釋文
17 胎產書釋文
18 十問釋文
19 合陰陽釋文
20 雜禁方釋文
21 天下至道談釋文

C《銀雀山漢墓竹簡》
1 孫子兵法
2 孫臏兵法
3 尉繚子
4 晏子
5 六韜
6 守法守令等十三篇

D《居延漢簡釋文合校》

E《散見簡牘合輯》
1 敦煌研究院收藏的漢簡
2 甘肅武威磨咀子十八號漢墓王杖十簡
3 甘肅甘谷漢簡
4 甘肅玉門花海漢簡
5 甘肅武威磨咀子漢墓王杖詔書令冊
6 甘肅敦煌酥油土漢簡

7 甘肅武威五壩山三號漢墓木牘
8 甘肅武威旱灘坡十九號晉墓木牘
9 甘肅高台常封晉墓木牘
10 青海大通縣上孫家寨一一五號漢墓木簡
11 河北定縣八角廊四十號漢墓竹簡儒家者言
12 四川青川縣郝家坪五十號秦墓木牘
13 湖北雲夢大墳頭一號漢墓木牘
14 湖北江陵鳳凰山八號漢墓竹簡
15 湖北江陵鳳凰山九號漢墓木牘、竹簡
16 湖北江陵鳳凰山十號漢墓木牘、竹簡
17 湖北江陵鳳凰山一六八號漢墓竹牘、衡杆文字
18 湖北江陵鳳凰山一六七號漢墓木簡、木楬
19 湖北雲夢睡虎地四號秦墓木牘
20 湖北鄂城泥廠一號・墓木刺
21 江西南昌東湖區永外正街一號晉墓木刺、木牘
22 江西南昌東・高・墓木刺、木牘
23 江蘇連雲港市海州西漢侍其・墓木牘
24 江蘇連雲港市花果山竹木間牘
25 江蘇邗江胡場五號漢墓木牘、木楬、封檢
26 江蘇揚州平山養殖場漢墓木楬
27 江蘇揚州胥浦一零一號漢墓竹簡、木牘、封檢
28 湖南長沙馬王堆一號漢墓竹簡、木楬
29 廣西貴縣羅泊灣一號漢墓木牘、木簡、封檢

F《武威漢簡》

甲本士相見之禮釋文　甲本服傳釋文
甲本特牲釋文　甲本少牢釋文
甲本有司釋文　甲本燕禮釋文
甲本泰射釋文　乙本服傳釋文
丙本喪服釋文　雜簡及其它考釋

G《武威漢代醫簡》

1 第一類簡
2 第二類簡
3 木牘

H《睡虎地秦墓竹簡》

1 編年記
2 語書
3 秦律十八種

4 效律
5 秦律雜抄
6 法律答問
7 封診式
8 爲吏之道
9 日書甲種
10 日書乙種

本書採録資料

本書に採録した関係資料は以下の通り。→で示したものは通常文獻の番號箇所に掲載してある。ａｂｃの番號は前記發掘地點番號とは別にここでの番號をつけてある。

a 楚帛書

→文獻 48《楚帛書》

b 馬王堆資料

1《老子甲本卷後古佚書》
〈五行(篇)〉
2《老子乙本卷前古佚書》
〈十六經〉→文獻 49《十大經》
3《戰國縱橫家書》
4《五十二病方》→文獻 37《五十二病方》
5《養生方》
6《雜療方》
7《胎產書》
8《十問》

c 銀雀山漢墓竹簡

1《孫臏兵法》→文獻 47《孫臏兵法》

d 武威漢代醫簡

1《第一類簡》

2《木牘》

e 睡虎地秦墓竹簡

1《日書甲種》
2《日書乙種》

f 郭店楚墓竹簡

1《唐虞之道》

出土簡帛資料凡例

（馬王堆出土簡帛、雲夢睡虎地十一號秦墓等及び郭店一號楚墓竹簡　凡例）

（　）: 異體字、假借字は通行字によって示し、（　）をつける。
〈　〉: 簡文の原有の錯字は正字を注し〈　〉をつける。
【　】: 原有の殘缺字で補足可能な場合に補足した字は【　】を附加。（睡虎地竹簡）
　字の外側を四角で圍む：　同上（郭店楚墓竹簡）
　□：補足不能な字は□で示す。
　☐：殘缺が多數で字數の判斷不能な場合は☐で示す。（睡虎地竹簡）
……：　　同上（郭店楚墓竹簡）
釋文不能もしくは隸定不能字は原形通り模寫。
釋文は嚴格に竹簡原來の字體通りにはよらない。一般に現行する字體で代置する。
簡文に原有の奪字、衍字は釋文中で增删しない。

漢達古籍資料庫發行ＣＤロムによる画面では、本來あるべき文字は薄い字でもって簡帛文中に挿入されている。本書の影印も、その點はっきりしないが、薄い印刷となっている。

本書の近年出土簡帛資料の印刷面は印刷面が著しく統一に欠けるが各種の書、ＣＤロム等を用いてのもののあるためでご容赦いただきたい。

近年出土簡帛資料一覧

資料數：25

出土簡帛名	篇名	資料内番	伏羲	太皞	女媧	神農	炎帝	赤帝	黄帝	軒轅氏	顓頊	高陽
b 馬王堆漢墓帛書												
	1 五行(篇)	1										
		2										
	3 戰國縱橫家書											
	5 養生方	1										
		2										
		3										
	6 雜療方	1										
		2										
		3										
	7 胎產書											
	8 十問	1							1			
		2							1			
		3							1			
		4							1			
		5										
		6										
d 武威漢代醫簡												
	1 第一類簡								1			
	2 木牘											
e 睡虎地秦墓竹簡												
	1 日書甲種	1										
		2										
		3										
		4										
		5										
	2 日書乙種											
f 郭店楚墓竹簡												
	1 唐虞之道											
計									5			

出土簡帛名	篇名	資料内番	帝嚳	高辛	堯	陶唐	其他	舜	有虞	其他	禹	其他	三皇	五帝
b　馬王堆漢墓帛書														
	1　五行(篇)	1			1			1						
		2						5						
	3　戰國縱横家書				1			1						
	5　養生方	1									1			
		2									1			
		3									1			
	6　雜療方	1									1			
		2									1			
		3									1			
	7　胎產書										1			
	8　十問	1												
		2												
		3												
		4												
		5			1			1						
		6									1			
d　武威漢代醫簡														
	1　第一類簡													
	2　木牘										1			
e　睡虎地秦墓竹簡														
	1　日書甲種	1									1			
		2									1			
		3									1			
		4									1			
		5									1			
	2　日書乙種										2			
f　郭店楚墓竹簡														
	1　唐虞之道				6	2		8	3		1			
計					9	2		16	3		17			

三皇五帝夏禹資料

a 楚帛書

→文獻 48《楚帛書》

b 馬王堆漢墓簡帛

1《老子甲本卷後古佚書》〈五行(篇)〉

1-1 〈經 21〉君子雜（集）泰（大）成。能進之，爲君子，不能進，客（各）止於其〔裏〕。大而罕者，能有取焉；小而軫者，能有取焉。索纑纑達于君子道，胃（謂）之賢。君子知而舉之，胃（謂）之尊賢，君子從而事之，胃（謂）之尊賢，前王公之尊賢者〔也，後士之尊賢〕道者也。

〈說〉（“君子集大成”）者，猶造之也，猶具之也。大成也者，金聲玉辰（振）之也。唯金聲〔而玉振之〕，然後忌（己）仁而以人仁，忌（己）義而以人義。大成至矣，神耳矣，人以爲弗可爲囗囗繇（由）至焉耳，而不然。

“能進之，爲君子，弗能進，各止於其裏”。能進端，能終（充）端，則爲君子耳矣。弗能進，各各止於其裏。不莊（藏）尤（欲）割（害）人，仁之理也；不受許（吁）差（嗟）者，義之理也。弗能進也，則各止於其裏耳矣。終（充）其不莊（藏）尤（欲）割（害）人之心，而仁復（覆）四海；終（充）其不受許（吁）差（嗟）之心，而義襄天下。仁復（覆）四海，義襄天下，而成（誠）繇（由）其中心行〔之〕，亦君子已。

“大而炭（罕）者，能有取焉”。大而炭（罕）也者，言義也；能有取焉也者，能行（之也）。

“（小）而軫者，能有取焉”。小而軫者言仁也；能有取焉者也，能行之〔也〕。

“（索纑纑達于君子道，謂）之（賢）。”囗衡盧盧也者，言其達於君子道也。能仁義遂達于〔君子道，謂〕之賢。

“君子〔知〕而舉之，胃（謂）之尊賢”。君子知而舉之也者，猶堯之舉舜，〔商湯〕之舉伊尹也。舉之也者，成（誠）舉之也。知而弗舉，未可胃（謂）尊賢。 堯 舜

“君子從而士（事）之”也〔者〕，猶顏子、子路之士（事）孔子也。士（事）之者，成（誠）士（事）之也。知而弗士（事），未可胃（謂）尊賢也。

“前王公之尊賢者也，後士之尊賢者也”。直之也。

1-2 〈經 24〉辟（譬）而知之，〔謂之〕進之。

〈說〉“譬而知之，胃（謂）之進之”，弗辟（譬）也，辟（譬） 舜
則知之矣，知之則進耳。辟（譬）丘之與山也，丘之所以不名山者，
不責（積）也。舜有仁，我亦有仁而不如舜之仁，不責（積）也。舜 舜 舜 舜
有義，而〔我有義不如舜之〕義，不責（積）也。辟（譬）比之而知 舜
吾所以不如舜，進耳。

2《老子乙本卷前古佚書》

〈十六經〉→文獻 49《十大經》

3《戰國縱横家書》

〈卿造謂穰侯章〉

●胃（謂）穰侯：「秦封君以陶，假君天下數年矣。攻齊之事成，陶爲萬乘，長小國，衛（率）以朝，天下必聽，五伯之事也。攻齊不成，陶爲廉監而莫之據。故攻齊之於陶也，存亡之幾（機）◎也。君欲成之，侯（何）不使人胃（謂）燕相國曰：『聖人不能爲時，
時至亦弗失也。舜雖賢，非適禺（遇）堯，不王也。湯、武雖賢，不當桀、紂，不王天 舜 堯
下。三王者皆賢矣，不曹（遭）時不王。今天下攻齊，此君之大時也。因天下之力，伐讎國之齊，報惠王之醜（耻），成昭襄王之功，除萬世之害，此燕之利也，而君之大名也。《詩》曰：樹德者莫如茲（滋），除怨者莫如盡。吳不亡越，越故亡吳，齊不亡燕，燕故亡齊。吳亡於越，齊亡於燕，余（除）疾不盡也。非以此時也，成君之功，除萬世之害，秦有它事而從齊，齊趙親，其讎君必深矣。挾君之讎以於燕後雖悔之，不可得已。君悉燕兵而疾贊之，天下之從於君也，如報父子之仇。誠爲粼（鄰）世世无患。願君之剸（專）志於攻齊而毋有它慮也。』」・三百・大凡二千八百七十。

4 《五十二病方》→文獻３７《五十二病方》

5《養生方》

5-1〈走〉

一曰：行宿，自謼（呼）：「大山之陽，天□□□，□□先□，城郭不完，□以金關。」即禹步三，曰以產（生）荊長二寸周晝〈畫〉中。一曰：
行宿，自謼（呼）：「大山之陽，天□□□，□□先□，城郭不完，□以
金關。」即禹步三，曰以產（生）荊長二寸周晝〈畫〉中。 禹

5-2　　〈疾行〉

一曰：行欲毋足痛者，南鄉（嚮）禹步三，曰：「何水不截，何道不枯，氣我□□。」末即取突墨□□□□□□內（納）履中。

5-3

□語：□見三月吉日在□，禹乃□□入於漩（璇）房，其狀變，色甚雄以美，乃若台（始）壯。羣河（娥）見之，□□□□□□□□□□□□□□□□□河（娥）月之□治釦而見□，凡彼亶〈莫〉不潓（既）萵有英。今人□□□□□□□□□□□□□□□□□□□□□□我須（鬚）麋（眉）潓（既）化，血氣不足，我無所樂，□□□□□□□□□□□□□□□□□□□□□□□□□□□欲毋言，王有□色，□□□□□□□□□□□□□□□□□□□□□□□□□□□□□□□昏有吾（悟）。南河（娥）□□□□女子之□□□□□□□□□□□□□□□□□□□□□□□□□□□□□□□□不能已。西河（娥）□□□□□□□□□□□□□俞曰：□□□□□□□□□□□□□□□□□堅病而□而不已，恐過而不吾（悟）。少河（娥）□合（答）麋（眉）脥（睫）□□□□□□□□□□□□□□□其□撞而問之，以謁情故。少河（娥）進合（答）曰：女子之樂有□□□□□□□□□□□□□□幼疾，暴進暴退，良氣不節。禹曰：善戋（哉）言㰦（乎）。□□□□□□□□□□□□□□□□□我欲合氣，男女蕃茲，爲之若何？少河（娥）曰：凡合氣之道，必□□□□□□□□□□□曰：君何不羹（羹）茅必至□思？氣不□□（鬱）。禹曰：善戋（哉）言（乎）！今我血氣外揖▨艾，取甚湛，以實五賞石膏白□□□□□□□□□□□□□□□□□，端夜茨琼，白雖賞，登左下右，亦毋暴成。 禹

6　《雜療方》

6-1

●內加：取犬肝，置入蠭（蜂）房，旁令蠭（蜂）□螫之，閱十餘房。冶陵橀（藁）一升，漬美醯一參中，五宿，去陵橀（藁）。因取禹熏、□□各三指大最（撮）一，與肝并入醯中，再□□□□□□以善絮□□□□□□□盡醯，善臧（藏）筒中，勿令歇（泄）。用之以纏中身，舉，去之。 禹

6-2

●約：取蕃（礬）石、蕉（皂）莢、禹熏三物等，□□□一物，皆冶，并合。爲，爲小囊，入前中，如食間，去之。 禹

6-3

●禹臧（藏）貍（埋）包（胞）圖法：貍（埋）包（胞），避小時、大時所在，以產月，視數多者貍（埋）包（胞）□。 禹

7 《胎產書》

●禹問幼頻曰：我欲埴（殖）人產子，何如而有？幼頻合（答）曰：月朔已去汁□，三日中 禹
從之，有子。其一日南（男），其二日女殹（也）。故人之產殹（也），入於冥冥，出於冥冥，乃始爲人。一月名曰留（流）刑，食飮必精，酸羹必熟，毋食辛星（腥），是謂財（哉）貞。二月始膏，毋食辛臊，居處必靜，男子勿勞，百節皆病，是胃（謂）始臧（藏）。三月始脂，果隋（蓏）宵效，當是之時，未有定義（儀），見物而化，是故君公大人，毋使朱（侏）儒，不觀木（沐）候（猴），不食茵（葱）薑，不食兔羹；□欲產男，置弧矢，□雄雉，乘牡馬，觀牡虎；欲產女，佩蠶（簪）耳（珥），呻（紳）朱（珠）子，是謂內象成子。四月而水受（授）之，乃始成血，其食稻麥，鱓（鱓）魚□□，以清血而明目。五月而火受（授）之，乃始成氣，晏起□沐，厚衣居堂，朝吸天光，辟（避）寒央（殃），其食稻麥，其羹牛羊，和以茱臾（萸），毋食□，以養氣。六月而金受（授）之，乃始成筋，勞□□□，出游於野，數觀走犬馬，必食□□殹（也），未□□□，是胃（謂）變奏（腠）□筋，□□□□。七月而木受（授）之，乃始成骨，居燥處，毋使定止，□□□□□□□□□□□□，飮食辟（避）寒，□□□□□□□□□美齒。・八月而土受（授）之，乃始成膚革，□□□□□□□□，是胃（謂）密腠理。九月而石授之，乃始成豪（毫）毛，□□□□□□□□□□□□□□□□□□□□□□□□□□□□司（伺）之。十月氣陳□□，以爲▨。

8 《十問》

8-1

●黃帝問於天師曰：「萬勿（物）何得而行？草木何得而長？日月何得而明？」天師曰： 黃帝
「壐（爾）察天地之請（情），陰陽爲正，萬勿（物）失之而不䜌（繼），得之而贏。食陰楧（擬）陽，稽於神明。食陰之道，虛而五臧（藏），廣而三咎，若弗能出楃（樸）。食之貴靜而神風，距而兩柃（峙），參築而毋遂，神風乃生，五聲乃對。翕（吸）毋過五，致之口，枚之心，四輔所貴，玄尊乃至。飮毋過五，口必甘昧（味），至之五臧（藏），刑（形）乃極退。搏（搏）而肌膚，及夫髮末，毛脈乃遂，陰水乃至，淺（濺）坡（彼）陽炥（勃），堅蹇不死，飮食賓膿（體），此胃（謂）復奇之方，通於神明。」天師之食神氣之道。

8-2

●黃帝問於大成曰：「民何失而䫉（顏）色鹿〈麄〉貍〈貍〉（黎），黑而蒼？民何得而奏（腠）理靡曼，鮮白有光？」大成合（答）曰：「君欲練色鮮白，則察觀尺汙（蠖）。尺汙（蠖）之食方，通於陰陽，食蒼則蒼，食黃則黃。唯君所食，以變五色。君必食陰以爲當（常），助以柏實盛良，飲走獸泉英，可以却老復壯，曼澤有光。椄（接）陰將眾，䋣（繼）以蜚虫，春䨷（爵）（雀）員駘（子），興坡（彼）鳴雄，鳴雄有精，誠能服此，玉筴（策）復生。大（太）上埶（藝）遇，廱（壅）坡（彼）玉竇，盛乃從之，員駘（子）送之；若不埶遇，置之以䴡。誠能服此，可以起死。」大成之起死食鳥精之道。

8-3

●黃帝問於曹熬曰：「民何失而死？何得而生？」曹熬答曰：「□□□□□而取其精。侍（待）坡（彼）合氣，而微動其刑（形）。能動其刑（形），以致五聲，乃入其精，虛者可使充盈，壯者可使久榮，老者可使長生。長生之稽，偵用玉閉，玉閉時辟，神明來積。積必見章，玉閉堅精，必使玉泉毋頃（傾），則百疾弗嬰，故能長生。椄（接）陰之道，必心塞葆。刑（形）氣相葆，故曰：壹至勿星（瀉），耳目葱（聰）明；再至勿星（瀉），音氣高陽（揚）；三至勿星（瀉），被（皮）革有光；四至勿星（瀉），脊胠不陽（傷）；五至勿星（瀉），尻脾（髀）能方（壯）；六至勿星（瀉），百脈通行；七至勿星（瀉），冬（終）身失〈无〉央（殃）；八至勿星（瀉），可以壽長；九至勿星（瀉），通於神明。」曹熬之椄（接）陰治神氣之道。 、

8-4

●黃帝問於容成曰：「民始蒲（敷）淳溜刑，何得而生？溜刑成體（體），何失而死？何曳（泄）之人也，有惡有好，有夭有壽？欲聞民氣贏屈施（弛）張之故。」容成合（答）曰：「君若欲壽，則順察天地之道。天氣月盡月盈，故能長生。地氣歲有寒暑，險易相取，故地久而不腐。君必察天地之請（情），而行之以身。有徵可智（知），間雖聖人，非其所能，唯道者智（知）之。天地之至精，生於無徵，長於無刑（形），成於無體（體），得者壽長，失者夭死。故善治氣槫（摶）精者，以無徵爲積，精神泉益（溢），翕（吸）甘潞（露）以爲積，飲榣（瑤）泉靈尊以爲經，去惡好俗，神乃溜刑。翕（吸）氣之道，必致之末，精生而不厥。尙（上）下皆精，塞〈寒〉溫安生？息必探（深）而久，新氣易守。宿氣爲老，新氣爲壽。善治氣者，使宿氣夜散，新氣朝最，以徹九徼（竅），而實六府。食氣有禁，春辟（避）濁陽，夏辟（避）湯風，秋辟（避）霜潛（霧），冬辟（避）凌陰，必去四咎，乃棎（深）息以爲壽。朝息之志，亓（其）出也潘（務）合於天，亓（其）入也楑（揆）坡（彼）閨誦（滿），如臧（藏）於淵，則陳氣日盡，而新氣日盈，則刑（形）有云（雲）光。以精爲充，故能久長。晝息之志，虖（呼）吸必微，耳目葱（聰）明，陰陰孷（喜）氣，中不薈（潰）腐，故身無苛（疴）央（殃）。莫（暮）息之志，深息長除，使耳勿聞，且以安侵（寢）。云云（魂）柏（魄）安刑（形），故能長生。夜半之息也，覺啎（寤）毋變侵（寢）刑（形），探（深）余（徐）去埶（勢），六府皆發，以長爲極。將欲壽神，必以奏（腠）理息。治氣之精，出死入生，驩欣咪（美）穀（穀），以此充刑（形），此胃（謂）槫（摶）精。治氣有經，務在積精，精盈必寫（瀉），精出必補。補寫（瀉）之時，於卧爲之。出入，以脩美浬，軲白內成，何病之有？坡（彼）生有央（殃），必亓（其）陰精屚（漏）泄，百脈菀（菀）廢，喜怒不時，不明大道，生氣去之。俗人芒生，乃持（恃）巫醫，行年黍十，刑

（形）必夭貍（埋），頌事白（自）殺，亦傷（傷）悲戋（哉）。死生安在，徹士製（制）之，實下閉精，氣不扁（漏）泄。心製（制）死生，孰爲之敗？慎守勿失，長生纍迣（世）。纍迣（世）安樂長壽，長壽生於蓄積。坡（彼）生之多，尙（上）察於天，下播於地，能者必神，故能刑（形）解。明大道者，亓（其）行陵雲，上自麇楊，水溜（流）能遠，龔（龍）登能高，疾不力倦，□□□□□□□□巫成柖□□不死。巫成柖以四時爲輔，天地爲經，巫成柖與陰陽皆生。陰陽不死，巫成柖興（與）相視，有道之士亦如此。」酒食五味，以志治氣。目明耳葱（聰），被（皮）革有光，百脈充盈，陰乃盈生，繇使則可以久交、可以遠行，故能壽長。

8-5

●堯問於舜曰：「天下孰最貴？」舜曰：「生最貴。」堯曰：「治生奈何？」舜曰：「審 堯舜
夫陰陽。」堯曰：「人有九繳（竅）十二節，皆設而居，何故而陰與人具（俱）生而先身去？」舜曰：「飲食弗以，謀慮弗使，諱其名而匿其體（體），亓（其）使甚多而無寬禮，故興（與）身俱生而先身死。」堯曰：「治之奈何？」舜曰：「必愛而喜之，教而謀之，飲而食之，使其題頯（崪）堅強而緩事之，必鹽之而勿予，必樂矣而勿寫（瀉），材將積，氣將褚（畜），行年百歲，賢於往者。」舜之椄（接）陰治氣之道。

8-6

●禹問於師癸曰：「明耳目之智，以治天下，上均湛（沈）地，下因江水，至會稽之山， 禹
處水十年矣。今四枝（肢）不用，家大紊（亂），治之奈何？」師癸合（答）曰：「凡治正（政）之紀，必自身始。血氣宜行而不行，此胃（謂）款（竅）央（殃），六極之宗也。此氣血之續也，筋脈之族（族）也，不可廢忘也。於腦（腦）也施，於味也移，道（導）之以志，動之以事。非味也，無以充亓（其）中而長其節；非志也，無以智（知）其中虛興（與）實；非事也，無以動亓（其）四支（肢）而移去其疾。故覺侵（寑）而引陰，此胃（謂）練筋；既（既）信（伸）有（又）詘（屈），此胃（謂）練骨。動用必當，精故泉出。行此道也，何迣（世）不物？（忽）」禹於是飲湩，酒食五味，以志治氣。目明耳葱（聰），被（皮）革有光，百脈充盈，陰乃盈生。以安后姚，家乃復寧。師癸治神氣之道。

d 武威漢代醫簡

1 《第一類簡》

瘧愈出箴：❙寒氣在胃莞腹瘧腸▨□□□□畄〈留〉箴病者呼四、五十乃出箴。次刾膝下五寸分閒榮深三分，畄〈留〉箴如炊一升米，頃出箴，名曰三里。次刾頸從上下十一椎俠椎兩刾榮深四分，畄〈留〉箴百廿息乃出箴，名曰肺輸，刾后三日病愈，平復。❙黃帝治病神魂忌：人生一歲毋灸心，十日而死。人生二歲毋灸腹，五日而死。人生三歲毋灸背，廿日死。人生四歲毋灸頭，三日而死。人生五歲毋久足，六日而死。人生六歲毋灸手，二日死。人生七日毋灸脛，卅日而死。人生八歲毋灸肩，九日而死。人者與五歲同，六十至七十者與六歲同，七十至八十者與七歲同，八十至九十者與八歲同，九十至百歲者與九歲同，年已過百歲者不可灸刾。氣脈壹絕，灸刾者隨箴灸死矣。獨 黃

2 《木牘》

樊石二分半　　牡麴三分
禹餘量四分　　黃芩七分
蘗米三分　　　凡六物皆冶合，和丸以白密丸大
❙厚朴三分　　如吾實，旦吞七丸，餔吞九丸，

莫吞十一丸，服藥十日，知小便數多，廿日愈。
公孫君方

e　睡虎地秦墓竹簡

1《日書甲種》

1-1

此所胃（謂）艮山，禹之離日也。從上右方數朔之初日及枳（支）各一日，數之而復從上數。□與枳（支）刺夾艮山之胃（謂）離日。離日不可以家（嫁）女、取婦及入人民畜生，唯利以分異。離日不可以行，行不反（返）。　禹

1-2

禹須臾：戊己丙丁庚辛旦行，有二喜。甲乙壬癸丙丁日中行，有五喜。庚辛戊己壬癸餔時行，有七喜。壬癸庚辛甲乙夕行，有九喜。　禹

1-3

癸丑、戊午、己未，禹以取梌山之女日也，不棄，必以子死。　禹

1-4

禹須臾，辛亥、辛巳、甲子、乙丑、乙未、壬申、壬寅、癸卯、庚戌、庚辰、莫（暮）市以行有九喜。　禹

1-5

行到邦門困（閫），禹步三，勉壹步，譆（呼）：「皋，敢告曰：某行毋（無）咎，先為禹除道。」即五畫地，掓其畫中央土而懷之。　禹

2　《日書乙種》

出邦門，可〼行〼禹符，左行，置，右環（還），曰□□□□右環（還），　禹
曰：行邦〼令行。投符地，禹步三，曰：皋，敢告〼符，上車毋顧，上。　禹

f　郭店楚墓竹簡

1《唐虞之道》

唐虞之道，禪而不傳。堯舜之王，利天下而弗利也。唐　虞
禪而不傳，聖之盛也。利天下而弗利也，仁之至也。
故昔賢仁聖者如此。身窮不均，[illegible]而弗利，躬仁嘻[illegible]。
正其身，然後正世，聖道備嘻。故唐虞之口口　唐　虞
也。夫聖人上事天，教民有尊也；下事地，教民有親
也；時事山川，教民有敬也；親事祖廟，教民孝也；
大教之中，天子親齒，教民弟也。先聖與後聖考，後
而逯先，教民大順之道也。堯舜之行，愛親尊賢。愛 堯　舜
親故孝，尊賢故禪。孝之方，愛天下之民。禪之[illegible]，
世亡忄乚德。孝，仁之冕也。禪，義之至也。六帝興於
古，咸由此也。愛親忘賢，仁而未義也。尊賢遺親，
義而未仁也。古者虞舜篤事[illegible]寞，乃弋其孝；忠事帝 虞舜
堯，乃弋其臣。愛親尊賢，虞舜其人也。禹治水，益 虞舜　禹
治火，后稷治土，足民養口口口

□卩（節？）乎脂膚血氣之情，養性命之正，安命而弗
夭，養生而弗傷，智口口

口禮畏守樂孫民教也。咎　由內用五刑，出弋兵革，
罪涇枯（？）口口

用威，夏用戈，正不服也。愛而正之，虞夏之治也。虞

僮而不傳，義恆口口

治也。古者堯生於天子而有天下，聖以遇命，仁以 堯
逹時，未嘗遇口口並於大時，神明均（？）從，天地
佑之。縱仁、聖可與，時弗可及嘻。夫古者舜居於草 舜
茅之中而不憂，身爲天子而不驕。居草茅之中而不
憂，知命也。身爲天子而不驕，不[illegible]也。洡乎大人之
興，美也。今之戈於德者，未年不戈, 君民而不驕，
卒王天下而不疑。方在下位，不以仄夫爲輕；及其有
天下也，不以天下爲重。有天下弗能益，亡天下弗能
損。極仁之至，利天下而弗利也。僮也者，上德授賢
之謂也。上德則天下有君而世明。授賢則民興教而化
乎道。不僮而能化民者，自生民未之有也。

之正者，能以天下僮嘻。古者堯之與舜也：聞舜孝， 堯 舜 舜
知其能養天下之老也；聞舜弟，知其能嗣天下之長 舜
也；聞舜慈乎弟口口口口口口爲民主也。故其爲[illegible]寞 舜
子也，甚孝；及其爲堯臣也，甚忠。堯僮天下而授之， 堯 堯
南面而王天下而甚君。故堯之僮乎舜也，如此也。古 堯 舜
者聖人二十而曰，三十而有家，五十而治天下，七十
而致政。四枳朕陞，耳目聍明衰，僮天下而授賢，退
而養其生。此以知其弗利也。《吳陒》曰：大明不出，
完物皆訇。聖者不在上，天下杙壞，治之，至養不喿；

亂之，至滅賢。仁者爲此進

如此也。

【說 明】

本篇存簡二九枚。竹簡兩端平齊，簡長二八・一—二八・三釐米。編綫兩道，編綫間距約一四・三釐米。因竹簡殘損，只能綴連成數段文字，其大意仍可瞭解。本文贊揚堯舜的禪讓，着重叙述舜知命修身及具有的仁、義、孝、弟的品德。簡文有關舜的史實亦見於《史記・五帝本紀》等書，但簡文全篇未見傳本。原無篇題，今據簡文擬加。

湯（唐）吴（虞）之道〔一〕，徸而不徝（傳）〔二〕。堯舜之王〔三〕，利天下而弗利也。徸而不徝（傳），聖之一盛也〔四〕。利天下而弗利也，急（仁）之至也。古（故）昔臤（賢）急（仁）聖者女（如）此〔五〕。身窮不EEE（均），[illegible]二而弗利，窮（躳）急（仁）歆（嘻）杧〔六〕。正其身，肰（然）后（後）正世，𦔻（聖）道備歆（嘻）。古（故）湯（唐）吴（虞）之□□三

也。夫聖人上事天，效（教）民又（有）尊也；下事陞（地），效（教）民又（有）新（親）也；旹（時）事山川，效（教）民四又（有）敬也；新（親）事且（祖）漳（廟）〔七〕，效（教）民孝也；大教之中〔八〕，天子罕（親）齒，效（教）民弟也。先聖五牙（與）後耴（聖）考，後而退先，效（教）民大川（順）之道也。堯舜之行，㤅（愛）罕（親）障（尊）臤（賢）。㤅（愛）六罕（親）古（故）孝，尊臤（賢）古（故）徸。孝之[illegible]（方），㤅（愛）天下之民。徸之[illegible]，世亡㥁（德）〔九〕。孝，急（仁）之免（冕）也〔一〇〕。七徸，義之至也。六帝興於古，虐（咸）采（由）此也〔一一〕。㤅（愛）罕（親）亡（忘）臤（賢），急（仁）而未義也。尊臤（賢）八遺罕（親），我（義）而未急（仁）也。古者吴（虞）舜篤（篤）事亽寞〔一二〕，乃弋其孝；忠事帝堯，乃弋其臣。九㤅（愛）罕（親）尊臤（賢），吴（虞）舜其人也。墨（禹）幻（治）水〔一三〕，膉（益）幻（治）火，后禝（稷）幻（治）土，足民羧（養）□□□一〇卩（節？）虖（乎）脂膚血劈（氣）之青（情）〔一四〕，羧（養）眚（性）命之正〔一五〕，安命而弗宎（夭）〔一六〕，羧（養）生而弗𢼸（傷），智□□一一

□豊（禮）愄（畏）守樂孫民效（教）也。咎采內用五型（刑）〔一七〕，出弋兵革，辠（罪）涇怯（？）□□一二

用慨（威），虽（夏）用戈，正不備（服）也〔一八〕。㤅（愛）而正之，吴（虞）虽（夏）之幻（治）也。徸而不遑（傳），義互（恆）□□
一三

幻（治）也。古者堯生於天子而又（有）天下，聖以堣命〔一九〕，急（仁）以逵旹（時）〔二〇〕，未嘗堣（遇）□□一四並於大旹（時），神明均（？）從，天陞（地）右（佑）之。從（縱）急（仁）、聖可与，旹（時）弗可秉〈及〉歆（嘻）。夫古者一五舜佢（居）於艸（草）茅

之中而不悥（憂）〔二一〕，身為天子而不喬（驕）〔二二〕。佢（居）艸（草）茅之中而不悥（憂），智（知）命一六也。身為天子而不喬（驕），不[illegible]也。浗虖（乎）大人之興〔二三〕，散（美）也。今之弋於直（德）者，未一七年不弋，君民而不喬（驕），卒王天下而不矣（疑）。方才（在）下立（位），不以仄夫為一八巠（輕）〔二四〕；秉〈及〉其又（有）天下也，不以天下為重。又（有）天下弗能益，亡天下弗能員（損）〔二五〕。亟（極）悬（仁）一九之至，利天下而弗利也。徸也者，上直（德）受（授）臤（賢）之胃（謂）也〔二六〕。上直（德）則天下又（有）君而二〇世明。受（授）臤（賢）則民興效（教）而蝺（化）虖（乎）道。不徸而能蝺（化）民者，自生民未之又（有）也。二一

之正者，能以天下徸歖（嘻）。古者堯之與舜也：昏（聞）舜孝，智（知）其能羧（養）天下二二之老也；昏（聞）舜弟，智（知）其能幻（嗣）天下之長也〔二七〕；昏（聞）舜幺（慈）虖（乎）弟□□□□□二三為民宔（主）也。古（故）其為𠆢寞子也，甚孝〔二八〕；秉〈及〉其為堯臣也，甚忠。堯徸天下二四而受（授）之，南面而王而〈天〉下而甚君。古（故）堯之徸虖（乎）舜也，女（如）此也。古者聖（聖）人廿（二十）而二五冒（曰）〔二九〕，卅（三十）而又（有）家，五十而幻（治）天下，七十而至（致）正（政）。四枳肰陛〔三〇〕，耳目[illegible]明衰〔三一〕，徸天下而二六受（授）臤（賢），退而羧（養）其生。此以智（知）其弗利也。《吳陟》曰〔三二〕：大明不出，完勿（物）虘（皆）訇〔三三〕。聖二七者不才（在）上，天下朼壞〔三四〕，幻（治）之，至羧（養）不枲〔三五〕；亂之，至滅臤（賢）。悬（仁）者為此進二八

女（如）此也。二九

【注　釋】

〔一〕湯，借作「唐」。吳，借作「虞」。《史記・五帝本紀》「帝堯為陶唐，帝舜為有虞」集解引韋昭曰：「陶唐皆國名。張晏曰：堯為唐侯，國於中山唐縣是也。皇甫謐曰：舜嬪于虞國以為氏。今河東太陽西上虞城是也」。簡文的「湯吳之道」即「唐虞之道」，亦即堯舜之道。

〔二〕徸，从「彳」从「亩」从「壬」，義為禪讓。

〔三〕堯，簡文上部从「㚘」，與《說文》「堯」字古文同，下部从「土」。舜，簡文與《說文》「舜」字古文、《汗簡》引《古尚書》「舜」字形同。

〔四〕聖，簡文寫作[illegible]、[illegible]、[illegible]等形，金文「聖」有作[illegible]（[illegible]平鐘）者，與上列簡文第一例近。簡文第二例之下部係从「壬」省。第三例下部从「口」。

〔五〕昔，簡文从「田」不从「日」，與中山王嚳鼎「昔」字相同。悬，从「身」聲，讀作「仁」。第二號簡「仁」从「千」。「身」「千」「仁」古音皆相近。者，簡文寫作[illegible]，也有寫作[illegible]的。裘按：「古昔」下一字，下文屢見，從文義上可以斷定是「臤」字省寫，讀為「賢」。簡文「臤」字多作左从「臣」，右从「[illegible]」，簡文即其右

半之變形。本篇「仁」字實皆从「千」或「人」聲，从「千」者正與《說文》古文合。後面《忠信之道》八號簡「仁」字亦从「千」。

〔六〕裘按：「枍」从「才」聲。疑當屬下句，似有「始」義。「歖」當讀為「矣」，下同。此二字上古音極近。「仁歖（矣）」上「窮」字疑當屬上句。

〔七〕潮，下部為「潮」字，通「朝」。

〔八〕裘按：「大教」讀為「太學」。

〔九〕㥯，从「乚」聲，亦通作「隱」。

〔一〇〕免，包山楚簡中亦多見此字。在本句中，「免」借作「冕」。

〔一一〕㝘，下部作「含」，从「今」聲。讀作「咸」。裘按：此字似即「㝘（皆）」之訛體。采，讀為「由」。《說文》「䌷」字正篆即以之為聲旁。

〔一二〕[illegible]寞，當指舜父瞽叟。

〔一三〕幻，从「司」聲，讀作「治」。

〔一四〕旡，从「力」「既」聲，讀作「氣」。

〔一五〕眚，簡文字形與一般「性」字有別，疑為「眚」字異體。

〔一六〕宎，讀作「夭」。《釋名·釋喪制》：「少壯而死曰夭」。

〔一七〕咎采，人名，亦作「咎繇」，皋陶，是帝舜之臣，制作五刑。事見《尚書·舜典》。裘按：「采」音「由」，與「繇」通。

〔一八〕慨，讀作「威」。關於，「畏字，參看《緇衣》注八六。

〔一九〕堣，裘按：讀為「遇」。

〔二〇〕逢，裘按：疑此字从「辵」，其聲旁為一从「丰」聲之字，似可讀為「逢」。

〔二一〕㥄，上部為「百」之異體。

〔二二〕身，一般寫作[illegible]、[illegible]。簡文寫作 ，為異體。裘按：此字似可釋為「升」，「升」猶言「登」。下簡亦有此字。

〔二三〕浗，裘按：疑讀為「求」。

〔二四〕裘按：據文義，「仄夫」似應為「匹夫」之誤寫。

〔二五〕員，簡文字形亦多見于《緇衣》等篇。在此借作「損」。

〔二六〕受，讀作「授」。

〔二七〕幻，讀作「嗣」。《爾雅·釋詁》：「嗣，繼也」。裘按：從文義看，此字也有可能讀為「事」。

〔二八〕甚，簡文字形與《說文》「甚」字古文同。

〔二九〕冒，簡文下部作[illegible]，係「目」之誤，讀作「冃」。《說文》：「小兒及蠻夷頭衣也」。《禮記·曲禮》：「二十日弱冠。」簡文「二十而冒」，係言年二十加冠為成人。

〔三〇〕裘按：「四枳肰陛」應讀為「四肢倦惰」。

〔三一〕 目，簡文字形與《古文四聲韻》引《古老子》「目」字同。

〔三二〕 吴[阝寺]，似為古書篇名。它與下引文句不見于今本古籍。裘按：「吴[阝寺]」疑當讀為「虞詩」。

〔三三〕 完，簡文寫作[illegible]。《汗簡》引王存乂《切韻》「完」作[illegible]。簡文下部所从與《汗簡》不同，當為「完」之本字。裘按：或疑此字本應作「万」（即《說文》「丏」字），讀為「萬」。

〔三四〕 壞，簡文與《說文》「壞」字古文同。

〔三五〕 裘按：「不桌」疑當讀為「不肖」。

三　參考資料

少皞資料

（資料數：２６）

夏后氏資料

（資料數：９２）

少皞資料

「少皞」（少昊・帝摯・玄囂・青陽・金天氏）資料
　資料數：２６

1　08《逸周書》〈嘗麥　第五十六〉　「少昊」
　王若曰：「宗揜大正，昔天之初，誕作二后，乃設建典，命赤帝分正二卿，命蚩尤宇于少昊，以臨四方，司□□上天未成之慶，蚩尤乃逐帝，爭于涿鹿之河，九隅無遺，赤帝大懾，乃說于黃帝，執蚩尤殺之于中冀，以甲兵釋怒，用大正，順天思序，紀于大帝，用名之曰絕轡之野，乃命少昊清司馬鳥師，以正五帝之官，故名曰質，天用大成，至于今不亂，其在啟之五子，忘伯禹之命，假國無正，用胥興作亂，遂凶厥國，皇天哀禹，賜以彭壽，思正夏略，今予小子，聞有古遺訓，予亦述朕文考之言，不易。

2　08《逸周書》〈逸文〉　「少昊」「青陽」
　少昊曰：「清清者，黃帝之子青陽也。」

3　11《國語》〈卷第十八　楚語下〉　「少皞」
　「及少皞之衰也，九黎亂德，民神雜糅，不可方物。夫人作享，家爲巫史，無有要質。民匱於祀，而不知其福。烝享無度，民神同位。民瀆齊盟，無有嚴威。神狎民則，不蠲其爲。嘉生不降，無物以享。禍災薦臻，莫盡其氣。顓頊受之，乃命南正重司天以屬神，命火正黎司地以屬民，使復舊常，無相侵瀆，是謂絕地天通。

4　25《山海經》〈西山經〉　「少昊」
又西二百里，曰長留之山，其神白帝少昊居之。其獸皆文尾，其鳥皆文首。是多文玉石。實惟員神磈氏之宮。是神也，主司反景。

5　25《山海經》〈大荒東經〉　「少昊」
　東海之外大壑，少昊之國。少昊孺帝顓頊于此，棄其琴瑟。有甘山者，甘水出焉，生甘淵。

6　25《山海經》〈大荒南經〉　「少昊」
　有襄山。又有重陰之山。有人食獸，曰季釐。帝俊生季釐，故曰季釐之國。有緡淵。少昊生倍伐，倍伐降處緡淵。有水四方，名曰俊壇。

7　25《山海經》〈大荒北經〉　「少昊」

有人一目，當面中生，一曰是威姓，少昊之子，食黍。

8　25《山海經》〈海内經〉　「少皞」
少皞生般，般是始爲弓矢。

9　41《尸子》〈卷下〉　「少昊金天氏」
少昊金天氏邑於窮桑，日五色，下照窮桑。
（『諸子彙函』、『太平御覧』三、『事類賦注』、『路史· 後紀七』、『天中記』一、『海録碎事』一）

10　51《竹書紀年》〈卷上〉　「少昊氏」
母曰女樞，見瑤光之星貫月如虹，感己於幽房之宮，生顓頊於若水。首戴干戈，有聖德。生十年而佐少昊氏，二十而登帝位。

11　58《呂氏春秋》〈卷第七　孟秋紀〉　「少皞」
孟秋之月：日在翼，昏斗中，旦畢中。其日庚辛。其帝少皞。其神蓐收。

12　58《呂氏春秋》〈卷第八　仲秋紀〉　「少皞」
仲秋之月：日在角，昏牽牛中，旦觜嶲中。其日庚辛。其帝少皞。其神蓐收。

13　58《呂氏春秋》〈卷第九　季秋紀〉　「少皞」
季秋之月：日在房，昏虛中，旦柳中。其日庚辛。其帝少皞。其神蓐收。

14　62《世本》〈五帝世系〉　「帝少皞金天氏」「玄囂」
帝少皞金天氏，
玄囂

15　62《世本》〈帝繫〉　「玄囂」「青陽」「少昊」「契」「金天氏」
少典生軒轅，是爲黃帝，黃帝生(元)〔玄〕囂，(元)〔玄〕囂生僑極，僑極生高辛，是爲帝嚳，帝嚳生堯。

（宋忠曰：(元)〔玄〕囂、青陽，是爲少昊，繼黃帝立者，高辛、地名，因以爲號，嚳、名也，少昊、黃帝之子，名契，字青陽，黃帝歿，契立，王以金德，號曰金天氏，同度量，調律呂，封泰山，作九泉之樂，以鳥紀宮。

16　62《世本》〈王侯大夫譜〉　「摯」「玄囂」「青陽」「少皞」「金天氏」
帝嚳卜其四妃，四妃之子皆有天下；元妃有邰氏之女曰姜嫄，而生后稷；次妃有娀氏之女曰簡狄，而生契；次妃陳鋒氏之女曰慶都，生帝堯；次妃娵訾氏之女曰常儀，生摯，黃帝生(元)〔玄〕囂，(元)〔玄〕囂生僑極，僑極生帝嚳，帝嚳生堯，顓頊娶於滕□氏，謂之女祿，產老童，老童娶於根水氏，謂之驕福，產重及黎，黃帝娶于西陵氏之子，謂之□祖，產青陽及昌意，昌意生顓頊，顓頊生鯀，顓頊母獨山氏之〔子〕，青陽即少皞，黃帝之子，代黃帝而有天下，號曰金天氏。

17　62《世本》〈少皞〉　「少皞」「金天氏少皞」「青陽」「金天氏」「摯」「少昊」「契」

少皞是黃帝之子，金天氏少皞，青陽即是少皞，黃帝之子，代黃帝而有天下，號曰金天氏，少昊名摯，少昊、黃帝之子，名契，字青陽，黃帝沒，契立，王以金德，號金天氏，同度量，調律呂，封泰山，作九泉之樂，以鳥紀官。

18　67《淮南子》〈卷三　天文訓〉　「少昊」

西方，金也，其帝少昊，其佐蓐收，執矩而治秋。其神爲太白，其獸白虎，其音商，其日庚辛。

19　67《淮南子》〈卷五　時則訓〉　「少皞」

其令曰：平而不阿，明而不苛，包裹覆露，無不囊懷，溥氾無私，正靜以和，行稃鬻，養老衰，弔死問疾，以送萬物之歸。西方之極，自昆侖絕流沙、沈羽，西至三危之國，石城金室，飲氣之民，不死之野，少皞、蓐收之所司者，萬二千里。

20　69《史記》〈卷一　五帝本紀〉　「帝摯」

帝嚳娶陳鋒氏女，生放勛。娶娵訾氏女，生摯。帝嚳崩，而摯代立。帝摯立，不善（崩），而弟放勛立，是為帝堯。

21　69《史記》〈卷二十八　封禪書　第六〉　「少皞」

秦襄公攻戎救周，始列爲諸侯。秦襄公既侯，居西垂，自以爲主少皞之神，作西畤，祠白帝，其牲用騮駒黃牛羝羊各一云。

22　69《史記》〈卷三十三　魯周公世家　第三〉　「少昊」

周公旦者，周武王弟也。……十一年，伐紂，至牧野，周公佐武王，作牧誓。破殷，入商宮。已殺紂，周公把大鉞，召公把小鉞，以夾武王，釁社，告紂之罪于天，及殷民。釋箕子之囚。封紂子武庚祿父，使管叔、蔡叔傅之，以續殷祀。遍封功臣同姓戚者。封周公旦於少昊之虛曲阜，是爲魯公。

23　70《大戴禮》〈帝繫　第六十三〉　「帝摯」

帝嚳卜其四妃之子，而皆有天下。上妃有邰氏之女也，曰姜原，氏產后稷；次妃有娀氏之女也，曰簡狄，氏產契；次妃曰陳隆氏，產帝堯；次妃陬訾氏，產帝摯。

24　71《禮記》〈月令〉　「少皞」

孟秋之月，日在翼，昏建星中，旦畢中，其日庚辛。其帝少皞。其神蓐收，其蟲毛，其音商，律中夷則，其數九，其味辛，其臭腥，其祀門，祭先肝。

25　71《禮記》〈月令〉　「少皞」

仲秋之月，日在角，昏牽牛中，旦觜觿中，其日庚辛，其帝少皞，其神蓐收，其蟲毛，其音商，律中南呂，其數九，其味辛，其臭腥，其祀門，祭先肝。

26　71《禮記》〈月令〉　「少皞」

季秋之月，日在房，昏虛中，旦柳中，其日庚辛，其帝少皞，其神蓐收，其蟲毛，其音商，律中無射，其數九，其味辛，其臭腥，其祀門，祭先肝。

夏后氏資料

「夏后氏」資料　　資料數：９２

1　04《儀禮》〈士冠禮〉

三加彌尊。諭其志也。冠而字之。敬其名也。委貌。周道也。章甫。殷道也。毋追。夏后氏之道也。周弁。殷?。夏收。三王共皮弁素積。無大夫冠禮。而有其昏禮。古者五十而后爵。何大夫冠禮之有。公侯之有冠禮也。夏之末造也。天子之元子猶士也。天下無生而貴者也。繼世以立諸侯。象賢也。以官爵人德之殺也。死而諡今也。古者生無爵。死無諡。

2　05《詩經》〈大雅　蕩〉

枝葉未有害，本實先撥。殷鑒不遠，在夏后之世。

3　08《逸周書》〈史記　弟六十一〉

諂諛日近，方正日遠，則邪人專國政禁而生亂，華氏以亡。好貨財珍怪，則邪人進，邪人進，則賢良日蔽而遠，賞罰無位，隨財而行，夏后氏以亡。嚴兵而不仁者，其臣懾，其臣懾則不敢忠，不敢忠則民不親其吏，刑始於親，遠者寒心，殷商以亡。

4　10《左傳》〈僖公三十二年〉

蹇叔之子與師，哭而送之曰：「晉人禦師必於殽，殽有二陵焉。其南陵，夏后皐之墓也；其北陵，文王之所辟風雨也。必死是間，余收爾骨焉。」秦師遂東。

5　10《左傳》〈昭公二十六年〉

詩曰：『我無所監，夏后及商。用亂之故，民卒流亡。』若德回亂，民將流亡，祝史之爲，無能補也。」

6　10《左傳》〈昭公二十九年〉

及有夏孔甲，擾于有帝，帝賜之乘龍，河漢各二，各有雌雄。孔甲不能食，而未獲豢龍氏，有陶唐氏既衰，其後有劉累學擾龍于豢龍氏，以事孔甲，能飲食之。夏后嘉之，賜氏曰御龍。以更豕韋之後。

7　10《左傳》〈定公四年〉

昔武王克商，成王定之，選建明德，以藩屏周。故周公相王室，以尹天下，於周爲睦。分魯公以大路大旂，夏后氏之璜，封父之繁弱，殷民六族．條氏、徐氏、蕭氏、索氏、長勺氏、尾勺氏使帥其宗氏．輯其分族．將其類醜．以法則周公。用即命于周。

8　10《左傳》〈哀公元年〉

伍員曰：「不可。臣聞之：『樹德莫如滋，去疾莫如盡。』昔有過澆殺斟灌以伐斟鄩，滅夏后相，后緡方娠，逃出自竇，歸于有仍，生少康焉。爲仍牧正，惎澆能戒之。……。」

9　10《左傳》〈哀公十四年〉

司馬牛致其邑與珪焉，而適齊。向魋出於衛地，公文氏攻之，求夏后氏之璜焉。與之他玉，而奔齊，陳成子使爲次卿，司馬牛又致其邑焉，而適吳。

10　11《国語》〈卷第三　周語下〉

「天所崇之子孫，或在畎畝，由欲亂民也，畎畝之人，或在社稷，由欲靖民也，無有異焉！詩云：『殷鑒不遠，在夏后之世，』將焉用飾宮？其以徼亂也，度之天神，則非祥也，比之地物，則非義也，類之民則，則非仁也，方之時動，則非順也，咨之前訓，則非正也，觀之詩書，與民之憲言，則皆亡王之爲也，上下議之，無所比度，王其圖之！

11　11《国語》〈卷第四　魯語上〉（２次）

故有虞氏禘黃帝而祖顓頊，郊堯而宗舜；夏后氏禘黃帝而祖顓頊，郊▪而宗禹；商人禘舜而祖契，郊冥而宗湯；周人禘嚳而郊稷，祖文王而宗武王；幕，能帥顓頊者也，有虞氏報焉；杼，能帥禹者也，夏后氏報焉；上甲微，能帥契者也，商人報焉；高圉、大王，能帥稷者也，周人報焉。凡禘、郊、祖、宗、報，此五者國之典祀也。

12　11《国語》〈卷第十六　鄭語〉

曰：『夏之衰也，褒人之神化爲二龍，以同于王庭，而言曰：「余，褒之二君也。」夏后卜殺之與去之與止之，莫吉。卜請其漦而藏之，吉。……。』

13　15《司馬法》〈天子之義　第二〉（２次）

有虞氏戒於國中，欲民體其命也。夏后氏誓於軍中，欲民先成其慮也。殷誓於軍門之外，欲民先意以待事也。周將交刃而誓之，以致民志也。夏后氏正其德也，未用兵之刃。故其兵不雜。殷義也，始用兵之刃矣。周力也，盡用兵之刃矣。

14　15《司馬法》〈天子之義　第二〉

戎車，夏后氏曰鉤車，先正也。殷曰寅車，先疾也。周曰元戎，先良也。

15　15《司馬法》〈天子之義　第二〉

旂，夏后氏玄首，人之執也。殷白，天之義也。周黃，地之道也。

16　15《司馬法》〈天子之義　第二〉

章，夏后氏以日月，尚明也。殷以虎，尚威也。周以龍，尚文也。

17　16《管子》〈國准　第七十九〉

桓公曰：「何謂視時而立儀？」對曰：「黃帝之王，謹逃其爪牙。有虞之王，枯澤童山。夏后之王，燒增藪，焚沛澤，不益民之利。

18　20《文子》〈上義〉

老子[文子]曰：天下幾有常法哉！當於世事，得於人理，順於天地，詳於鬼神，即可以正治矣。昔者三皇無制令而民從，五帝有制令而無刑罰，夏后氏不負言，殷人誓，周人盟。末世之衰也，忍垢而輕辱，貪得而寡羞，故法度制令者，論民俗而節緩急，器械者，因時變而制宜適。

19　24《論語》〈八佾　第三〉

哀公問社於宰我。宰我對曰：「夏后氏以松，殷人以柏，周人以栗。」曰：「使民戰栗。」

20　25《山海經》〈第七　海外西經〉　「夏后啟」

大樂之野，夏后啟于此儛九代；乘兩龍，雲蓋三層，左手操翳，右手操環，佩玉璜，在大運山北，一曰大遺之野。

21　25《山海經》〈第七　海外西經〉　「夏后啟」

三身國在夏后啟北，一首而三身。

22　25《山海經》〈第十　海內南經〉　「夏后啟」

夏后啟之臣曰孟涂，是司神于巴，人請訟于孟涂之所，其衣有血者乃執之，是請生，居山上；在丹山西，丹山在丹陽南，丹陽居屬也。

23　25《山海經》〈第十六　大荒西經〉　「夏后開」

西南海之外，赤水之南，流沙之西，有人珥兩青蛇，乘兩龍，名曰夏后開，開上三嬪于天，得九辯與九歌以下，此天穆之野，高二千仞，開焉得始歌九招。

24　30《墨子》〈耕柱　第四十六〉（２次）

乙又言兆之由曰：『饗矣！逢逢白雲，一南一北，一西一東，九鼎既成，遷於三國。』夏后氏失之，殷人受之；殷人失之，周人受之。夏后、殷、周之相受也。數百歲矣。……。」

25　32《愼子》〈愼子逸文〉

孔子云，有虞氏不賞不罰，夏后氏賞而不罰，殷人罰而不賞，周人賞且罰，罰，

禁也，賞，使也，

26　36《周禮》〈冬官考工記〉

攻皮之工，函，鮑，韗，韋，裘，設色之工，畫，繢，鍾，筐，㡛，刮摩之工，玉，楖，雕，矢，磬，搏埴之工，陶，瓬，有虞氏上陶，夏后氏上匠，殷人上梓，周人上輿，故一器而工聚焉者車爲多，車有六等之數，車軫四尺，謂之一等，戈柲六尺，有六寸，既建而迆，崇於軫四尺，謂之二等，人長八尺，崇於戈四尺，謂之三等，

27　36《周禮》〈冬官考工記〉

匠人營國，方九里，旁三門，國中九經，九緯，經涂九軌，左祖右社，面朝後市，市朝一夫，夏后氏世室，堂脩二七，廣四脩一，五室三四步，四三尺，九階，四旁兩夾?，

28　42《孟子》〈卷三　公孫丑章句上〉

齊人有言曰：『雖有智慧，不如乘勢；雖有鎡基，不如待時。』今時則易然也。夏后、殷、周之盛，地未有過千里者也，而齊有其地矣；雞鳴狗吠相聞，而達乎四境，而齊有其民矣。地不改辟矣，民不改聚矣，行仁政而王，莫之能禦也。

29　42《孟子》〈卷五　滕文公章句上　三〉

君子小人，每相反而已矣。夏后氏五十而貢，殷人七十而助，周人百畝而徹，其實皆什一也。徹者，徹也；助者，藉也。

30　42《孟子》〈卷七　離婁章句上　二〉

名之曰『幽厲』，雖孝子慈孫，百世不能改也。詩云『殷鑒不遠，在夏后之世』，此之謂也。」

31　42《孟子》〈卷九　萬章章句上　六〉

太甲顛覆湯之典刑，伊尹放之於桐。三年，太甲悔過，自怨自艾，於桐處仁遷義；三年，以聽伊尹之訓己也，復歸于亳。周公之不有天下，猶益之於夏，伊尹之於殷也。孔子曰：『唐虞禪，夏后、殷、周繼，其義一也。』」

32　50《晏子春秋》〈景公使祝史禳彗星晏子諫　第六〉

君無違德，方國將至，何患于彗？詩曰：『我無所監，夏后及商，用亂之故，民卒?亡，』若德之回亂，民將?亡，祝史之爲，無能補也，」公說，乃止，

33　51《竹書紀年》〈夏紀〉　　「夏后開」

《竹書》曰：夏后開舞九招也。

34　51《竹書紀年》〈卷上　帝舜有虞氏〉
十五年，帝命夏后有事于太室。

35　51《竹書紀年》〈卷上　帝舜有虞氏〉
三十二年，帝命夏后總師，遂陟方岳。

36　51《竹書紀年》〈卷上　帝舜有虞氏〉
三十三年春正月，夏后受命于神宗。

37　51《竹書紀年》〈卷上　帝舜有虞氏〉
三十五年，帝命夏后征有苗。有苗氏來朝。

38　51《竹書紀年》
帝禹夏后氏。

39　51《竹書紀年》〈帝杼〉
杼或作帝宁，一曰伯杼，(均見上，)杼能帥禹者也，故夏后氏報焉。

40　51《竹書紀年》〈帝孔甲〉（２次）
七年，劉累遷于魯陽，王好事鬼神，肆行淫亂，諸侯化之，夏政始衰，田於東陽萯山，天大風晦盲，孔甲迷惑，入於民室，主人方乳，或曰：“后來見良日也，之子必大吉，”或又曰：“不勝也，之子必有殃，”孔甲聞之曰：“以爲余一人子，夫誰殃之，”乃取其子以歸，既長，爲斧所戕，乃作《破斧之歌》，是爲東音，劉累所畜龍一雌死，潛醢以食夏后，夏后饗之，既而使求之，懼而遷于魯陽，其後爲范氏，

41　52《穆天子傳》〈卷之五〉
丙辰，天子南遊于黃口室之丘，以觀夏后啟之所居，乃口于啟室。天子筮獵苹澤，其卦遇訟……。」

42　58《呂氏春秋》〈卷第三　季春紀〉　「夏后相」（２次）
當今之世，巧謀並行，詐術遞用，攻戰不休，亡國辱主愈眾，所事者末也。夏后相與有扈戰於甘澤而不勝，六卿請復之，夏后相曰：『不可。吾地不淺，吾民不寡，戰而不勝，是吾德薄而教不善也。』

43　58《呂氏春秋》〈卷第六　季夏紀〉　「夏后氏孔甲」
音初　三曰――　夏后氏孔甲田于東陽萯山，天大風晦盲，孔甲迷惑，入于民室，主人方乳，或曰『后來是良日也，之子是必大吉』，或曰『不勝也，之子是必有殃』。

44　58《呂氏春秋》〈卷第十五　愼大〉

盡行伊尹之盟，不避旱殃，祖伊尹世世享商。武王勝殷，入殷，未下轝，命封黃帝之後於鑄，封帝堯之後於黎，封帝舜之後於陳；下轝，命封夏后之後於杞，立成湯之後於宋以奉桑林。武王乃恐懼，太息流涕，命周公旦進殷之遺老，而問殷之亡故，又問衆之所說、民之所欲。

45　58《呂氏春秋》〈卷第二十　恃君〉　「夏后啟」

國士知其若此也，故以義爲之決而安處之。白圭問於鄒公子夏后啓曰：『踐繩之節，四上之志，三晉之事，此天下之豪英。以處於晉，而迭聞晉事。

46　58《呂氏春秋》〈卷第二十　恃君〉　「夏后啟」（５次）

白圭問於鄒公子夏后啟曰：『踐繩之節，四上之志，三晉之事，此天下之豪英。以處於晉，而迭聞晉事。未嘗聞踐繩之節、四上之志，願得而聞之。』夏后啟曰：『鄙人也，焉足以問？』白圭曰：『願公子之毋讓也。』夏后啟曰：『以爲可爲，故爲之；爲之，天下弗能禁矣。以爲不可爲，故釋之；釋之，天下弗能使矣。』白圭曰：『利弗能使乎？威弗能禁乎？』夏后啟曰：『生不足以使之，則利曷足以使之矣？死不足以禁之，則害曷足以禁之矣？』白圭無以應。夏后啟辭而出。凡使賢不肖異：使不肖以賞罰，使賢以義。故賢主之使其下也必義，審賞罰，然後賢不肖盡爲用矣。

47　59《韓非子》〈十過　第十〉

「……舜禪天下而傳之於禹，禹作爲祭器，墨染其外，而朱畫其內，縵帛爲茵，蔣席頗緣，觴酌有采，而樽俎有飾，此彌侈矣，而國之不服者三十三。夏后氏沒，殷人受之，作爲大路，而建九旒，食器雕琢，觴酌刻鏤，四壁堊墀，茵席雕文，此彌侈矣，而國之不服者五十三。」

48　59《韓非子》〈五蠹　第四十九〉

中古之世，天下大水，而鯀、禹決瀆。近古之世，桀、紂暴亂，而湯、武征伐。今有搆木鑽燧於夏后氏之世者，必爲鯀、禹笑矣。有決瀆於殷、周之世者，必爲湯、武笑矣。然則今有美堯、舜、湯、武、禹之道於當今之世者，必爲新聖笑矣。

49　65《列子》〈黃帝　第二〉

狀不必童而智童，智不必童而狀童，聖人取童智而遺童狀，▪人近童狀而疏童智，狀與我童者，近而愛之；狀與我異者，疏而畏之，有七尺之骸，手足之異，戴髮含齒，倚而趣者，謂之人；而人未必無獸心，雖有獸心，以狀而見親矣，傅翼戴角，分牙布爪，仰飛伏走，謂之禽獸；而禽獸未必無人心，雖有人心，以狀而見疏矣，庖犧氏、女媧氏、神農氏、夏后氏，蛇身人面，牛首虎鼻：此有非人之狀，而有大聖之德，夏桀、殷紂、魯桓、楚穆，狀貌七竅，皆同於人，而有禽獸之心，而▪人守一狀以求至智，未可幾也，黃帝與炎帝戰於阪泉之野，帥熊、羆、狼、豹、貙、虎爲前驅，鵰、鶡、鷹、鳶爲旗幟，此以力使禽獸者也，堯使夔典樂，擊石拊石，百獸率舞；簫韶九成，鳳皇來儀：此以聲致禽獸者也，然則禽獸之心，奚爲異人？，

50　66《尚書大傳》〈卷五　周傳七〉

子曰：「吳越之俗，男女同川而浴，其刑重而不勝，由無禮也。中國之教，内外有分，男女不同椸架、不同巾櫛，其刑不重而勝，由有禮也。語曰：夏后不殺，不刑罰有罪，而民不輕犯。」

51　66《尚書大傳》〈卷六〉

夏后逆於廟庭，殷人逆於堂，周人逆於戶。衣錦尚蘏。

52　66《尚書大傳》〈卷六〉

夏后氏主教以忠，周人之教以文，上教以文君子。其失也小人薄。

53　67《淮南子》〈卷二　俶真訓〉

乃至神農、黄帝，剖判大宗，竅領天地，襲九窾，重九埑，提挈陰陽，嫥捖剛柔，枝解葉貫，萬物百族，使各有經紀條貫，於此萬民睢睢盱盱然，莫不竦身而載聽視，是故治而不能和下。棲遲至於昆吾、夏后之世，嗜欲連於物，聰明誘於外，而性命失其得。施及周室之衰，澆淳散樸，雜道以偽，儉德以行，而巧故萌生。周室衰而王道廢，儒墨乃始列道而議，分徒而訟。

54　67《淮南子》〈卷七　精神訓〉

故心者，形之主也；而神者，心之寶也。形勞而不休則蹶，精用而不已則竭，是故聖人貴而尊之，不敢越也。夫有夏后氏之璜者，匣匵而藏之，寶之至也。夫精神之可寶也，非直夏后氏之璜也。是故聖人以無應有，必究其理；以虛受實，必窮其節；恬愉虛靜，以終其命。是故無所甚疏，而無所甚親，抱德煬和，以順于天。

55　67《淮南子》〈卷十一　齊俗訓〉

昔有扈氏爲義而亡，知義而不知宜也；魯治禮而削，知禮而不知體也。有虞氏之祀，其社用土，祀中霤，葬成畝，其樂咸池、承雲、九韶，其服尚黃。夏后氏，其社用松，祀戶，葬牆置翣，其樂夏籥、九成、六佾、六列、六英，其服尚青。殷人之禮，其社用石，祀門，葬樹松，其樂大濩、晨露，其服尚白。

56　67《淮南子》〈卷十三　氾論訓〉（3次）

立子以長，文王舍伯邑考而用武王，非制也。禮三十而娶，文王十五而生武王，非法也。夏后氏殯於阼階之上，殷人殯於兩楹之間，周人殯於西階之上，此禮之不同者也。有虞氏用瓦棺，夏后氏堲周，殷人用槨，周人牆置翣，此葬之不同者也。夏后氏祭於闇，殷人祭於陽，周人祭於日出以朝，此祭之不同者也。堯大章，舜九韶，禹

大夏，湯大濩，周武象，此樂之
不同者也。故五帝異道而德覆天下，三王殊事而名施後世，此皆因時變而制禮樂者。

57　67《淮南子》〈卷十三　氾論訓〉
今世德益衰，民俗益薄，欲以樸重之法，治既弊之民，是猶無鏑銜・策錣而御馯馬也。昔者，神農無制令而民從，唐、虞有制令而無刑罰，夏后氏不負言，殷人誓，周人盟。逮至當今之世，忍詢而輕辱，貪得而寡羞，欲以神農之道治之，則其亂必矣。

58　67《淮南子》〈卷十三　氾論訓〉
責人以人力，易償也；自修以道德，難爲也。難爲則行高矣，易償則求澹矣。夫夏后氏之璜不能無考，明月之珠不能無纇，然而天下寶之者，何也？其小惡不足妨大美也。

59　67《淮南子》〈卷十六　說山訓〉
楚王有白蝯，王自射之，則搏矢而熙；使養由基射之，始調弓矯矢，未發而蝯擁柱號矣，有先中中者也。咼氏之璧，夏后之璜，揖讓而進之，以合歡；夜以投入，則爲怨；時與不時。畫西施之面，美而不可說；規孟賁之目，大而不可畏；君形者亡焉。

60　67《淮南子》〈卷十七　說林訓〉
雖時有所合，然而不足貴也。譬若旱歲之土龍，疾疫之芻狗，是時爲帝者也。曹氏之裂布，蛷者貴之，然非夏后氏之璜。無古無今，無始無終，未有天地而生天地，至深微廣大矣。

61　68《韓詩外傳》〈卷三〉
既反商，及下車，封黃帝之後於薊，封帝堯之後於祝，封舜之後於陳。下車而封夏后氏之後於杞，封殷之後於宋，封比干之墓，釋箕子之囚，表商容之閭。濟河而西，馬放華山之陽，示不復乘；牛放桃林之野，示不復服也；車甲・而藏之於府庫，示不復用也。

62　68《韓詩外傳》〈卷五〉
故殷可以鑒於夏，而周可以鑒於殷。詩曰：「殷鑒不遠，在夏后之世。」

63　69《史記》〈卷一　五帝本紀〉
自黃帝至舜、禹，皆同姓而異其國號，以章明德。故黃帝爲有熊，帝顓頊爲高陽，帝嚳爲高辛，帝堯爲陶唐，帝舜爲有虞。帝禹爲夏后而別氏，姓姒氏。契爲商，姓子氏。棄爲周，姓姬氏。

64　69《史記》〈卷二　夏本紀　第二〉
帝舜薦禹於天，爲嗣。十七年而帝舜崩。三年喪畢，禹辭辟舜之子商均於陽城。

天下諸侯皆去商均而朝禹。禹於是遂即天子位，南面朝天下，國號曰夏后，姓姒氏。

65　69《史記》〈卷二　夏本紀　第二〉　「夏后帝・」

及禹崩，雖授益，益之佐禹日淺，天下未洽。故諸侯皆去益而朝啟，曰：「吾君帝禹之子也」。於是啟遂即天子之位，是爲夏后帝啟。

66　69《史記》〈卷二　夏本紀　第二〉　「夏后帝・」

夏后帝啟，禹之子，其母涂山氏之女也。

67　69《史記》〈卷二　夏本紀　第二〉　「夏后帝・」

夏后帝啟崩，子帝太康立。帝太康失國，昆弟五人，須于洛汭，作五子之歌。

68　69《史記》〈卷二　夏本紀　第二〉　「帝孔甲」、「夏后」（3次）

帝扃崩，子帝廑立。帝廑崩，立帝不降之子孔甲，是爲帝孔甲。帝孔甲立，好方鬼神，事淫亂。夏后氏德衰，諸侯畔之。天降龍二，有雌雄，孔甲不能食，未得豢龍氏。陶唐既衰，其後有劉累，學擾龍于豢龍氏，以事孔甲。孔甲賜之姓曰御龍氏，受豕韋之後。龍一雌死，以食夏后。夏后使求，懼而遷去。

69　69《史記》〈卷二　夏本紀　第二〉

太史公曰：禹爲姒姓，其後分封，用國爲姓，故有夏后氏、有扈氏、有男氏、斟尋氏、彤城氏、褒氏、費氏、杞氏、繒氏、辛氏、冥氏、斟（氏）戈氏。孔子正夏時，學者多傳夏小正云。自虞、夏時，貢賦備矣。

70　69《史記》〈卷四　周本紀　第四〉

后稷卒，子不窋立。不窋末年，夏后氏政衰，去稷不務，不窋以失其官而奔戎狄之閒。不窋卒，子鞠立。

71　69《史記》〈卷四　周本紀　第四〉　「夏帝卜」

周太史伯陽讀史記曰：「周亡矣。」昔自夏后氏之衰也，有二神龍止於夏帝庭而言曰：「餘，褒之二君。」夏帝卜殺之與去之與止之，莫吉。

72　69《史記》〈卷二十四　樂書　第二〉

且夫女獨未聞牧野之語乎？武王克殷反商，未及下車，而封黃帝之後於薊，封帝堯之後於祝，封帝舜之後於陳；下車而封夏后氏之後於杞，封殷之後於宋，封王子比干之墓，釋箕子之囚，使之行商容而復其位。庶民弛政，庶士倍祿。

73　69《史記》〈卷三十一　吳太伯世家　第一〉　「夏后帝相」

伍子胥諫曰：「昔有過氏殺斟灌以伐斟尋，滅夏后帝相。帝相之妃後緡方娠，逃於有仍而生少康……。」

74　69《史記》〈卷三十六　陳杞世家　第六〉

舜已崩，傳禹天下，而舜子商均爲封國。夏后之時，或失或續。至于周武王克殷紂，乃復求舜後，得嬀滿，封之於陳，以奉帝舜祀，是爲胡公。

75　69《史記》〈卷三十六　陳杞世家　第六〉　「夏后禹」

杞東樓公者，夏后禹之後苗裔也。殷時或封或絕。周武王克殷紂，求禹之後，得東樓公，封之於杞，以奉夏后氏祀。

76　69《史記》〈卷四十一　越王句踐世家　第十一〉　「夏后帝少康」

越王句踐，其先禹之苗裔，而夏后帝少康之庶子也。封於會稽，以奉守禹之祀。

77　69《史記》〈卷百一十　匈奴列傳　第五十〉

匈奴，其先祖夏后氏之苗裔也，曰淳維。唐虞以上有山戎、獫狁、葷粥，居于北蠻，隨畜牧而轉移。其畜之所多則馬、牛、羊，其奇畜則橐?、驢、?、駃騠、騊駼、?騱。逐水草遷徙，毋城郭常處耕田之業，然亦各有分地。毋文書，以言語爲約束。

78　69《史記》〈卷百一十七　司馬相如列傳　第五十七〉

昔者鴻水浡出，氾濫衍溢，民人登降移徙，陭區而不安。夏后氏戚之，乃堙鴻水，決江疏河，灑沈贍菑，東歸之於海，而天下永寧。當斯之勤，豈唯民哉。心煩於慮而身親其勞，躬胝無胈，膚不生毛。

79　70《大戴禮》〈曾子事父母　第五十三〉

公曰：「教他人則如何？」子曰：「否，丘則不能。昔商老彭及仲傀，政之教大夫，官之教士，技之教庶人。揚則抑，抑則揚，綴以德行，不任以言，庶人以言，猶以夏后氏之祔懷袍褐也，行不越境。」

80　71《禮記》〈檀弓上〉（２次）

有虞氏瓦棺，夏后氏塈周，殷人棺槨，周人牆置翣。周人以殷人之棺槨葬長殤，以夏后氏之塈周葬中殤下殤，以有虞氏之瓦棺葬無服之殤。

81　71《禮記》〈檀弓上〉

夏后氏尚黑，大事斂用昏，戎事乘驪，牲用玄。殷人尚白，大事斂用日中，戎事乘翰，牲用白。周人尚赤，大事斂用日出，戎事乘騵，牲用騂。

82　71《禮記》〈檀弓上〉

夫子曰：「賜，爾來何遲也？夏后氏殯於東階之上，則猶在阼也。殷人殯於兩楹之間，則與賓主夾之也。周人殯於西階之上，則猶賓之也。……。」

83　71《禮記》〈檀弓上〉

仲憲言於曾子曰：「夏后氏用明器，示民無知也。殷人用祭器，示民有知也。周人兼用之，示民疑也。」

84　71《禮記》〈檀弓下〉

魯人有周豐也者，哀公執摯請見之，而曰不可。公曰：「我其已夫。」使人問焉。曰：「有虞氏未施信於民而民信之；夏后氏未施敬於民，而民敬之。何施而得斯於民也？」

85　71《禮記》〈王制〉

凡養老，有虞氏以燕禮，夏后氏以饗禮，殷人以食禮，周人脩而兼用之。五十養於鄉，六十養於國，七十養於學，達於諸侯。

86　71《禮記》〈王制〉（２次）

有虞氏養國老於上庠，養庶老於下庠；夏后氏養國老於東序，養庶老於西序；殷人養國老於右學，養庶老於左學；周人養國老於東膠，養庶老於虞庠。虞庠在國之西郊。有虞氏皇而祭。深衣而養老，夏后氏收而祭，燕衣而養老；殷人冔而祭，縞衣而養老；周人冕而祭，玄衣而養老。

87　71《禮記》〈曾子問〉

子曰，夏后氏三年之喪，既殯而致事，殷人既葬而致事，記曰，君子

88　71《禮記》〈郊特牲〉

章甫，殷道也，毋追，夏后氏之道也，周弁，殷冔，夏收，三王共

89　71《禮記》〈明堂位〉（２０次）

鸞車,有虞氏之路也；鉤車,夏后氏之路也；大路,殷路也；乘路,周路也。

有虞氏之旂,夏后氏之綏,殷之大白,周之大赤。

夏后氏駱馬,黑鬣；殷人白馬,黑首；周人黄馬,蕃鬣。

夏后氏牲尚黑,殷白牡,周騂剛。

泰,有虞氏之尊也；山罍,夏后氏之尊也；著,殷尊也；犧象,周尊也。

爵,夏后氏以琖,殷以斝,周以爵。

灌尊,夏后氏以雞夷。殷以斝,周以黄目。

其勺,夏后氏以龍勺,殷以疏勺,周以蒲勺。

士鼓、蕢桴、葦籥,伊耆氏之樂也；拊搏、玉磬、揩擊、大琴、大瑟、中琴、小瑟,四代之樂器也。

魯公之廟,文世室也；武公之廟,武世室也。

米廩,有虞氏之庠也；序,夏后氏之序也；瞽宗,殷學也；頖宮,周學也。

崇鼎、貫鼎、大璜、封父龜,天子之器也；越棘、大弓,天子之戎器也。

夏后氏之鼓,足,殷楹鼓,周縣鼓。

垂之和鍾,叔之離磬,女媧之笙簧。

夏后氏之龍簨虡,殷之崇牙,周之璧翣。有虞氏之兩敦,夏后氏之四連,殷之六瑚,周之八簋。

俎,有虞氏以梡,夏后氏以嶡,殷以椇,周以房俎。

夏后氏以揭豆,殷玉豆,周獻豆。

有虞氏服韍,夏后氏山,殷火,周龍章。

有虞氏祭首,夏后氏祭心,殷祭肝,周祭肺。

夏后氏尚明水,殷尚醴,周尚酒。有虞氏官五十,夏后氏官百,殷二百,周三百。有虞氏之綏,夏后氏之綢練,殷之崇牙,周之璧翣。凡四代之服、器、官,魯兼用之。是故魯,王禮也,天下傳之久矣,君臣未嘗相弒也,禮樂、刑法、政俗未嘗相變也。天下以為有道之國,是故天下資禮樂焉。

90　71《禮記》〈祭法〉

祭法：有虞氏禘黃帝而郊嚳,祖顓頊而宗堯。夏后氏亦禘黃帝而郊鯀,祖顓頊而宗禹。殷人禘嚳而郊冥,祖契而宗湯。周人禘嚳而郊稷,祖文王而宗武王。

91　71《禮記》〈祭義〉

郊之祭,大報天而主日,配以月。夏后氏祭其闇,殷人祭其陽,周人祭日．以朝及闇。

92　71《禮記》〈祭義〉

昔者有虞氏貴德而尚齒,夏后氏貴爵而尚齒,殷人貴富而尚齒,周人貴親而尚齒。虞、夏、殷、周,天下之盛王也,未有遺年者。年之貴乎天下久矣,次乎事親也。

あとがき

本書に取りかかったのは１９９４年の後半で、現在までにすでに６年半の歳月を要した。しかし実はそれまでに次のような經過があってのことであった。

１９９１年４月から１９９３年３月までの二年間、私は愛知大學から派遣されて、北京語言學院（現北京語言文化大學）に留學する機會を得た。その時、わが友佐藤保氏（現お茶ノ水女子大學學長）がたまたま北京の日本學研究中心（在北京外語學院内）所長として赴任して來た。北京大學中文系には１９８２年以来親しく交わらせていただいていた袁行霈先生がおられ、私は袁先生と佐藤君に普段に接することができるというまたとない幸運に惠まれたのである。その時、我々三人は神話研究の現狀に飽きたらず、私から提案して、神話と歴史の全面的な資料編纂の作業に取り組む運びとなり、早速その作業に取りかかったのである。それは、今にしては何とも無謀なことだが、中国先秦時代の現存するすべての文獻から、すべての神話的人物と、更に、折角採集するならついでだからということで、すべての祭祀に關する資料をも集め、資料集として出版するという計画であった。中華書局編集部の、袁先生の愛弟子であった胡友鳴氏の協力を仰いで、マネージャーを担当いただき、その作業は始まった。その時ありがたいことに畏友坂本健彦氏（當時汲古書院社長）の賛同を得て、巨額の編集費用を提供していただいて、十數名の中國側研究者に採取作業を依頼して作業を進めた。約二年間の作業の結果、ほぼ作業は完了した。しかし、その後の日本經濟はかつての好況ぶりとは全く一變した姿を見せていた。この資料集の印刷の組代は巨額に登って、販賣の見通しからして到底採算に合わないのではなかと危惧された。結果、我々はその出版を當分見合わせることした。當分ということではあったが、實は今にして思えば、事實上の中止ということであった。提案者である私は事の責任を責められても致し方ない立場だった。

計画の延期が決まった後、私は何としてもこうした資料集出版の計画をあきらめる氣にはなれなかった。神話と歴史を總合する觀点に立った資料集という最初の趣旨を捨てきれなかったのである。すべての神話的人物が無理だとしても、計画を縮小して進めれば、何とかなるのではないかの思いであった。少なくとも中國文明の幕開けに位置する中心人物、三皇五帝に限ればあながち可能かもしれないの思いである。ということで、私一人でやれる限りをやってみようと心に決めた。私は大學の個人研究助成の給付も受けることができ、こうして私一人での計画が再出發した。

本書の計画は、そもそも袁行霈先生（北京大學教授）、佐藤保氏（お茶の水大學學長）、坂本健彦氏（汲古書院會長）三氏に負う所が大きい。本書を三氏に獻げる所以である。私の三氏に對する負い目の一端なりとお許しいただければ幸いである。

ここで、この場を借りて袁先生の「六一先生」の外號について一言書き記しておきたい。

袁行霈先生が１９８２年４月から１９８３年３月までの一年間、外國人教師として東京大學に赴任されていた時、我々當初のメンバー、伊藤虎丸、竹田晃、山之内正彦、佐藤保、今西凱夫諸氏及び私の六人は、袁先生にお願いし、宋詞についての讀書會を開いていただくことにした。讀んだのは歐陽脩の詞だった。一人の先生に對する六人、歐陽脩六一居士、それに初回が開かれた６月１日に因んで、私たちはこの讀書會を「六一會」と名付け、先生に「六一先生」の外號を獻上したのだった。我々は回毎にそれぞれの分担を決め、下手ながら（今西は上手さにおいて別格だったが）一應、中國語で報告する定めとした。報告の後、先生は自分の考えをコメントされた。それには必ず我々をして成る程と唸らせる見解が含まれていた。我々が先生に傾倒するに至ったのにはそういう事情があった。袁先生には１９８７年、１９９４年と２回、愛知大學で集中講義を行っていただいた。

1998 年９月、最初の原稿が完成し、愛知大學文學會に文學會叢書として出版すべく提出した。その時、４名の同様の希望があり、抽選で私は三番目となって、2000年度の出版が決まった。出版を豫定した汲古書院からは、本書の場合、印刷の組が並み大抵の困難ではなく、また巨額の費用がかかるので、經費は汲古で負担し、當方でコンピューター入力による印刷版下を作るようにと依頼された。ここから苦難の道が始まったのである。漢字フォントが欠け揃わないこと。豫想外の文字化け、神人名の入力（ファイルボックス方式による右欄への入力）が並みたいていではなかったこと等々、コンピューターの作業は豫想を超えて困難を極めた。幸い鄭凱希氏（日本名板橋凱希、凱希メディア・サービス社長）の協力によりこの難關は乗り切るに至った。鄭氏の優れたコンピューターの能力と獻身的な盡力がなかったならば、本書は決して完成することはなかったと言える。鄭氏に心からの感謝を表明したい。おかげで、我々は先秦のほぼ全ての文獻について、様々な方法でもって電子ファイルを手元に完備するに至った。從って、前記したような費用大のため出版を諦めた事態も今後は先秦文獻出版の必要が生じた時には直ちに印刷用の版下としてファイルを出力プリントアウトできる體制を入手したのである。何とも大きな成果である。

鄭さんのほかにも、田宮昌子女史には最初から一貫して、特に１９９９年４月に宮崎公立大學に赴任するまでの數年間、獻身的に作業に取り組んでいただいた。彼女のサポートがなければ、同じように本書の完成はなかっただろう。また石田卓生君、竹澤英輝君には私の身近で大きくサポートしていただいた。復旦大學出版社社長賀聖遂氏（當時副社長）、中華書局編集部胡友鳴氏、呉思齊氏、林美茂氏（愛知大學大學院博士課程院生）、王賀英女史（元同院生、現遼寧大學講師）、陳彬彬女史（元四川大學助教授）には大きな援助を賜った。山之内正彦氏、劉柏林氏、陳文芷氏、王建氏の老朋友からは古くから一貫して有形無形の助力をいただいてきた。汲古書院社長石坂叡志氏、編集部小林詔子女史にも前々からお世話になってき、今回もお世話いただいた。以上の方々、更にその他、様々なご支援を賜った大勢の方々、特にインターネット・ホームページ＜中華文化網＞に對しても、心からの謝意を捧げたい。荊妻さかえ及び家族にも、前々から家族を放り出しての私の身勝手とも言える作業のせいで迷惑をかけてきた。まあ當たり前と言えば當たり前のことだが、ここを借りて謝意を表明したい。

本書は愛知大學文學會叢書として同會の支援によって出版の運びとなった。同會と同會幹事伊東利勝教授に對し衷心より感謝申し上げる。考えてみれば、私は愛知大學から二年間の北京語言學院での留學を許され、1994年、1995年と神話資料採取作業のための研究助成費を支給してもらった。その上、今回の愛知大學文學會叢書として本書の出版である。定年を一年後に控えての今、愛知大學から私が受けてきた３１年間の生活と研究に對する支えに對し、ここを借りて深甚な謝意を表したい。

前回『唐詩類苑』及び同書研究の作業をやり終えた時、まさしく刑期を終え釋放される感ありと記しもしたが、今回も同様である。厖大な文獻資料を前にしての果てしなく續く作業は、手でもって山を掘り崩すかのような感があった。山を移した愚公の氣持ちもかくありなんとの思いであった。『唐詩選』三冊、『唐詩類苑』『古詩類苑』全十一冊に續いての、それぞれ六、七年に及ぶ、言うならば獄中生活のような生活となり、その三回目の刑期満了を目前に控える氣持ちである。そして、殘り少ない人生、後、何回の獄中生活を送ることになるのやら、目論見だけは盡きないことである。

今回掲載を割愛した論文は「歴史と神話への視座」の論題でもって來年２月発行の愛知大學現代中國学部發行の雑誌『中国２１』に掲載の豫定である。また文獻の時代順　排列についての參考資料は、論文「先秦文獻成立・成書繫年排列考——參考資料篇」として愛知大學『文學論叢』に掲載したいと考えている。

２００１年季春　　　　　　中島識

中國神話人物資料集
——三皇五帝夏禹先秦資料集成——　　**愛知大學文學會叢書Ⅵ**

平成 13 年 3 月 31 日　發行

編　者／中島敏夫
發行者／石坂叡志
整版者／凱希メディアサービス・榮光

發行所　汲古書院
〒 102－0072 東京都千代田區飯田橋 2-5-4
電話 03-3265-9764　FAX 03-3222-1845

ISBN4-7629-2660-4　C3000

KYUKO-SHOIN. Co.,ltd. Tokyo

愛知大学『文學会叢書』発刊に寄せて

文學会委員長　安　本　博

平成８年11月に愛知大学は創立50周年を迎えることができた。文學会は、昭和24(1949）年の文学部開設を承けて同年11月に創設されているので、創立50周年を迎えた大学の歴史と足並みが揃っているわけではないが、ほぼ半世紀の足跡を印したことになる。

この間、文学部や教養部に籍を置く人文科学系教員がその研究成果を発表する場としての『文學論叢』を編集し発行することを主要な任務の一つとしてきた。平成８年度末には第114輯が上梓されている。年平均２回を超える発刊を実現してきたことになる。

研究成果発表の機関誌としては、着実な歩みを続けてきたと自負することができるだけでなく、発表された研究成果の中には斯界でそれ相当の評価を受けた論文も少なからずあると聞き及んでいる。

世の有為転変につれて、大学へ進学する学生が同世代の40％を超えるほどになり、大学を取り巻く環境の変化に促されながら大学のあり方も変わってきた。数十年前には想像だにできなかったいろいろな名称の学部が、各大学で設立されている。研究の領域が拡大され、研究対象も方法も多面的になった反映でもある。愛知大学でも世界に類例をみない現代中国学部がこの４月から正式に発足する。そして来年度開設にむけて国際コミュニケーション学部が認可申請中である。かかる大きな時代の変容の只中で、国立大学では教員の任期制の強制的導入が指呼の間に迫っているとも伝えられる。

顧みれば、世界のありようが大きく変わる中で、学問それ自体、あるいは大学それ自体のありようが問われる、といったようなことは既に昭和40年代に経験したことである。

当時先鋭な学生によって掲げられた主要なテーマの一つでもあった「大学解体」が、それこそ深く静かに形を変えながら進行しつつあるのが、大学のおかれている現状だと言ってもよいのかもしれぬ。

かかる変化の時代に愛知大学文學会叢書の刊行が実現したのは、文学会の、すなわち構成員の活動範囲における画期である。この叢書は奔放な企画に基づいている。一定の制約は設けているが、評議員たる構成員の関わるあらゆる領域、分野、あるいは種類、形態の学術的研究成果の発表が叢書刊行の主目的である。

世の変化を映しつつも、世の変化に動じない、しかし世の中を変えるような研究の成果が毎年堅実に公表されて、叢書刊行の意義が共有されればと祈っている次第である。

平成９年３月